Insolvenzrecht und Unternehmenssanierung

Jahrbuch **2021**

IMPRESSUM

Dezember 2020

Haftungsausschluss: Alle Angaben wurden sorgfältig recherchiert und zusammengestellt.
Für die Richtigkeit und Vollständigkeit des Inhalts sowie für die Aktualität aufgrund zwischenzeitlicher Änderungen wird keine Gewähr übernommen.

Herausgeber:
Schultze & Braun GmbH & Co. KG
Eisenbahnstraße 19–23
77855 Achern
Geschäftsführer: Achim Frank, Siegfried Wörner

Redaktionelle Bearbeitung und juristisches Fachlektorat: Textbüro Erb, Ronja Erb, F – 67000 Straßburg
Korrektorat: Die Sprachkiste, Priska Schorlemmer, 68542 Heddesheim

Satz: Der zweite Blick Kommunikationsdesign, Simone Schubert, 63579 Freigericht
Druck: Franz X. Stückle Druck und Verlag e.K., 77955 Ettenheim
Bindung: Josef Spinner Großbuchbinderei GmbH, 77833 Ottersweier

ISBN: 978-3-9820481-8-5

Vorwort

2020 wurde dominiert von Covid-19 – natürlich auch ein Schwerpunktthema im diesjährigen Jahrbuch. Eine der ersten Maßnahmen des deutschen Gesetzgebers war die Aussetzung der Insolvenzantragspflicht. Aber auch alle anderen Staaten haben auf den Ausbruch der Pandemie reagiert und bestehende Regelungen angepasst oder neue Instrumente geschaffen. In unserem Beitrag hierzu stellen wir am Beispiel von Deutschland, Frankreich, Italien, Polen und den Niederlanden vor, welche Sonderregelungen zur Rettung von Unternehmen getroffen wurden. So haben Frankreich und Polen ebenfalls die Insolvenzantragspflicht ausgesetzt, nicht jedoch die Niederlande, denn das niederländische Recht kennt keine Insolvenzantragspflicht. Mehrere europäische Länder haben außerdem die Pandemiegesetzgebung dazu genutzt, früher als geplant, den Präventiven Restrukturierungsrahmen einzuführen, so auch Deutschland. Frankreich ist sogar noch einen Schritt weitergegangen und hat gleich ein ganzes Konjunkturpaket, den Wiederaufbauplan *France Relance,* erlassen, der nicht nur auf die kurzfristige Bekämpfung der Pandemiefolgen gerichtet ist, sondern Frankreichs Wirtschaft langfristig wieder in Schwung bringen soll.

Die Tourismusbranche ist eine derjenigen Branchen, die am stärksten von der Pandemie betroffen war und ist. Lockdown, Reisebeschränkungen und Grenzschließungen haben den Tourismus im Frühling und Sommer 2020 weitgehend zum Erliegen gebracht, und nach dem Anrollen der zweiten Welle im Spätsommer 2020 kam bei den sonst so reisefreudigen Deutschen auch keine rechte Buchungslust für die Herbst-/Wintersaison auf. Reiseveranstalter, Hotels und Airlines hatten 2020 einen fast vollständigen Umsatzausfall zu verzeichnen. Im Beitrag zu diesem Thema nehmen wir eine Lageanalyse vor und zeigen erste Lösungsansätze auf.

Aber wir reisen doch etwas, zumindest gedanklich, nämlich nach Singapur. Denn ein weiterer Beitrag beleuchtet die großen Linien des dortigen Insolvenz- und Restrukturierungsrechts sowie die im Jahr 2020 erfolgten Anpassungen zur Bekämpfung der Pandemiefolgen.

Wie oben erwähnt, hat Deutschland bereits die Vorgaben aus der Richtlinie (EU) über Restrukturierung und Insolvenz vom 20. Juni 20219 umgesetzt und zum 1. Januar 2021 den Präventiven Restrukturierungsrahmen eingeführt. Ein Beitrag des Jahrbuches setzt sich mit diesem neuen Instrument auseinander.

Im Serviceteil finden Sie die Fortsetzung des Glossars mit englischen, französischen und italienischen Begriffen aus dem Insolvenzrecht sowie die jüngsten Insolvenzstatistiken. Darüber hinaus enthält das Insolvenzjahrbuch, wie gewohnt, die aktuellen Gesetzestexte, insbesondere auch das CoVInsAG (in der Fassung vom 22. Dezember 2020) sowie das StaRUG.

Achern, im Dezember 2020
Dr. Eberhard Braun
Rechtsanwalt – Wirtschaftsprüfer

Inhaltsverzeichnis

Insolvenzrecht und Unternehmenssanierung – Jahrbuch 2021

1. Teil

Singapurs neues Insolvenzgesetz

Von Debby Lim, Geschäftsführerin, BlackOak LLC

Ziele des IRDA

Singapurs lang erwarteter *Insolvency, Restructuring and Dissolution Act 2018 (IRDA)* wurde am 1. Oktober 2018 von Singapurs Parlament verabschiedet und trat am 30. Juli 2020 in Kraft.[1] Der *IRDA* verfolgt ein dreifaches Ziel: Erstens fasst er die geschriebenen Gesetze über Privat- und Unternehmensinsolvenz sowie Umschuldung in einem ganzheitlichen Gesetz zusammen. Diese Konsolidierung führt zu einem kohärenteren Ansatz, da die Prinzipien, auf denen die Regelungen über Privat- und Unternehmensinsolvenz fußen, eng miteinander verknüpft sind. Zweitens stärkt der *IRDA* die bestehenden Insolvenz- und Umschuldungsgesetze und macht so Singapurs System der Umschuldung wirkungsvoller. Drittens etabliert der *IRDA* ein Regulierungssystem für Insolvenzverwalter. Damit wird ein gemeinsamer und einheitlicher Rahmen für die berufsständischen Regelungen festgelegt und ein Kontrollsystem eingeführt.

Kernpunkte

Der *IRDA baut,* zusammen mit 48 flankierenden, subsidiären Rechtsvorschriften, auf der bahnbrechenden Reform des Restrukturierungs- und Insolvenzrechts aus dem Jahr 2017 auf und übernimmt auch bewährte Verfahren aus Rechtsordnungen aus der ganzen Welt. Erwähnenswerte Merkmale des *IRDA* sind Beschränkungen der Wirksamkeit von Ipso-facto-Klauseln, die außergerichtliche Verwaltung und eine neue Vorschrift zur Insolvenzverschleppung.

Dieser Beitrag gibt einen Überblick über die wegweisenden Änderungen aus dem Jahr 2017, den *2017 Amendments*, untersucht einige der wichtigsten Änderungen, die im *IRDA* enthalten sind, und stellt das künftige, vereinfachte Insolvenzprogramm vor.

Indem die von Singapur beschlossenen Reformen der breiteren internationalen *Restructuring Community* mitgeteilt werden, möchte dieser Beitrag auch einen Gedankenaustausch über die Grenzen von Rechtsordnungen hinweg fördern.

Die 2017 Amendments

Das frühe Ideal des Insolvenzrechts in Singapur folgte der traditionellen Gläubiger-ausrichtung des *Common Law.* Mit den *2017 Amendments* wurde schrittweise ein Weg zur Schaffung eines Klimas eingeschlagen, das der Rettung von Unternehmen zuträglicher ist.

Zusammenfassend lässt sich festhalten, dass mit den am 23. Mai 2017 in Kraft getretenen *2017 Amendments to the Companies Act* bedeutende neue Rettungsinstrumente eingeführt und die bestehenden Instrumente der Unternehmenssanierung – *Judicial Management* (gerichtliche Verwaltung) und *Schemes of Arrangement* (Vergleichspläne) – verbessert wurden. Die *2017 Amendments* nahmen verschiedene Aspekte des *Chapter 11* des *U.S. Bankruptcy Code* auf. Hierzu gehören die prioritäre Rettungsfinanzierung, *Cram-down*-Befugnisse und beschleunigte, vorverhandelte Sanierungspläne. Diese Elemente aus *Chapter 11* wurden im

1 www.mlaw.gov.sg/news/press-releases/2020-07-23-insolvency-restructuring-and-dissolution-act-commencement.

Wesentlichen auf die bestehenden Bestimmungen, des am englischen Vorbild orientierten *Schemes of Arrangement*,[2] aufgepfropft.

Moratorium für Unternehmensgruppen

Ein hervorstechendes Merkmal ist, dass der Schuldner auch eine Ausdehnung des Moratoriums auf die mit ihm verbundenen Unternehmen,[3] einschließlich ausländischer Unternehmen, beantragen kann. Dies ist möglich, wenn der Schuldner nachweisen kann, dass das verbundene Unternehmen eine notwendige und wesentliche Rolle in dem Vergleich oder in der Einigung spielt, der Vergleich oder die Einigung zu Fall gebracht werden, wenn das Moratorium nicht auf das verbundene Unternehmen ausgedehnt wird, und die Gläubiger des verbundenen Unternehmens durch die Ausdehnung des Moratoriums auf das verbundene Unternehmen nicht unverhältnismäßig benachteiligt werden.

Dieses Konzept eines „Moratoriums für Unternehmensgruppen" ist eine mutige Neuerung, die über das *Chapter 11* hinausgeht, da eine Aussetzung nach *Chapter 11* nur den Schuldner schützt und die Reichweite gerichtlicher Anordnungen nicht auf Dritte ausdehnt, die keine Schuldner sind.[4] Das „Moratorium für Unternehmensgruppen" ist hilfreich, wenn die verbundenen Unternehmen Bürgen für die Schulden des Unternehmens sind, das saniert wird.

Die *2017 Amendments* haben auch den Zugang ausländischer Unternehmen zu den Insolvenzverfahren Singapurs erleichtert. Ein ausländisches Unternehmen kann beim Gericht in Singapur ein *Scheme of Arrangement*, eine gerichtliche Verwaltung oder eine Abwicklung der Gesellschaft beantragen, wenn es eine Verbindung zu Singapur nachweisen kann. Vor den *2017 Amendments* war es nur in Singapur gegründeten Unternehmen möglich, eine gerichtliche Verwaltung zu beantragen.[5]

Zudem wurde das *UNCITRAL*-Modellgesetz über grenzüberschreitende Insolvenzen verabschiedet, welches die Möglichkeiten des Gerichts von Singapur zur Teilnahme an grenzüberschreitenden Insolvenzverfahren und zur Erleichterung dieser Verfahren verbessert. Dies ermöglicht es ausländischen Vertretern, die Anerkennung eines ausländischen Insolvenzverfahrens bei einem Gericht in Singapur zu beantragen und Unterstützung und Zusammenarbeit in Bezug auf die ausländischen Insolvenzverfahren anzustreben. Für die Anerkennung ausländischer Verfahren ist es nicht erforderlich, dass die ausländische Rechtsordnung das Modellgesetz verabschiedet hat.

Außergerichtliche Verwaltung

Nach § 94 *IRDA* kann sich ein Unternehmen ohne Gerichtsbeschluss unter gerichtliche Verwaltung begeben, wenn die Gläubiger dem zustimmen. Grundsätzlich muss das Unternehmen zunächst einen Gläubigerbeschluss einholen, um unter gerichtliche Verwaltung gestellt werden zu können.

2 *Paul Apathy* und *Emmanuel Chua*, *„Singapore's new ‚supercharged' scheme of arrangement"* (Singapurs neues „vollgepacktes" Scheme of Arrangement), (2017) 5 *Butterworths Journal of International Banking and Financial Law* 272.

3 *Noel McCoy*, *„Will Singapore become an international centre of debt restructuring? A comparative analysis of Singapore's bold insolvency reforms"*, (Wird Singapur zu einem internationalen Zentrum der Umschuldung werden? Eine vergleichende Analyse der mutigen Insolvenzreformen Singapurs), Special Report, INSOL International, November 2018, Abschnitt 9.

4 Ebenda.

5 Ein auf Bermuda gegründetes und an der Börse von Singapur notiertes Unternehmen war das erste ausländische Unternehmen, das unter gerichtliche Verwaltung gestellt wurde: www.conventuslaw.com/report/china-sportswear-manufacturer-is-the-first-foreign/.

Dadurch werden die Formalitäten, Verzögerungen und Kosten in Verbindung mit der Beantragung einer Anordnung auf gerichtliche Verwaltung bei Gericht auf ein Minimum reduziert. Das beschleunigte Verfahren ermöglicht es dem angeschlagenen Unternehmen, seine Ressourcen für Sanierungsbemühungen einzusetzen. Zudem verringert das Instrument der außergerichtlichen Verwaltung die mit einer gerichtlichen Verwaltung verbundene Stigmatisierung, da keine Notwendigkeit besteht, einen offiziellen Weg über das Gericht einzuschlagen.

Sobald das Unternehmen jedoch der gerichtlichen Verwaltung unterstellt wird, wird das Verfahren der gerichtlichen Verwaltung in der gleichen Weise sowie unter der Aufsicht des Gerichts fortgesetzt, selbst wenn es auf außergerichtlichem Wege eingeleitet wurde. Damit wird sichergestellt, dass die Rechte der Gläubiger gewahrt bleiben.

Der Inhaber eines schwebenden Sicherungsrechts am gesamten (oder fast am gesamten) Vermögen des Schuldners kann einen Antrag auf außergerichtliche Verwaltung blockieren, denn für die Bestellung des *Judicial Managers* (vorläufiger Sachwalter) ist seine Zustimmung erforderlich. Bei einem Antrag auf gerichtliche Verwaltung bei Gericht ist es dem Inhaber des schwebenden Sicherungsrechts jedoch nicht uneingeschränkt möglich, gegen den Antrag auf gerichtliche Verwaltung Einspruch zu erheben, und das Gericht wird die Interessen der ungesicherten Gläubiger berücksichtigen.

Änderungen hinsichtlich der Schemes of Arrangement

Der § 64 *IRDA* hat den § 211B *Companies Act* wieder in Kraft gesetzt, wobei jedoch bestimmt wird, dass weder ein Gerichtsbeschluss zur Einstellung eines Verfahrens gegen ein Unternehmen in einem Scheme of Arrangement noch das automatische Moratorium auf die Einleitung oder Fortsetzung eines Verfahrens, das durch Verordnungen vorgeschrieben werden kann, Einfluss haben.

In Anerkennung der Bedeutung Singapurs als wichtiger globaler, maritimer Knotenpunkt[6] wird vorgeschrieben, dass die Einreichung einer dinglichen Verfügung gegen ein Schiff wiederum nicht durch die Moratorien behindert wird. Damit sollen die Ansprüche gegen die Schiffe erhalten bleiben, denn die Zeit läuft nicht weiter, sobald der Anspruch eingereicht wurde. Eine Partei muss jedoch nach wie vor eine Genehmigung des Gerichts einholen, um mit einem solchen Verfahren fortfahren zu können.

Mit den *2017 Amendments* wurden klassenübergreifende *Cram-downs* eingeführt, mit denen das Gericht befugt war, ein geplantes *Scheme of Arrangement* trotz ablehnender Gläubigerklassen zu billigen, wenn das *Scheme* keine sachlich nicht gerechtfertigte Ungleichbehandlung zwischen zwei oder mehr Gläubigerklassen vornahm und den ablehnenden Klassen gegenüber fair und gerecht war und sich der Regel des absoluten Vorrangs unterwarf. Die klassenübergreifende *Cram-down*-Regelung wurde bisher nicht angewandt.

Nach der Regel des absoluten Vorrangs dürfen mit dem *Cram-down* der ungesicherten Gläubiger die bisherigen Anteilseigner keinen ihrer Anteile an dem

6 *Teri Cheng* und *Benjamin Foo*, *„A Balancing Act: The interplay between Singapore's Insolvency and Admiralty Regimes"* (Ein Balanceakt: das Wechselspiel zwischen den Regelungen des Insolvenz- und Seerechts Singapurs), INSOL World 1. Vierteljahr 2019, 13.

Unternehmen zurückbehalten, solange nicht alle ungesicherten Gläubiger in vollem Umfang befriedigt sind. Mit der Regel des absoluten Vorrangs gibt es praktische Schwierigkeiten, da Singapur keinen gesetzlichen Mechanismus hatte, um Anteilseigner zwangsweise von ihren Anteilen an dem Unternehmen zu trennen. Es ist unwahrscheinlich, dass sich Anteilseigner freiwillig von ihren Anteilen trennen.

Daher wurde im neuen § 70 *IRDA* der entsprechende Abschnitt dahingehend klarer formuliert, dass sich Anteilseigner vor einem *Cram-down* nicht von ihren Anteilen trennen müssen.

Beschränkung der Wirksamkeit von Ipso-facto-Klauseln

Ipso-facto-Klauseln in Verträgen erlauben die Beendigung oder Änderung eines Vertrages bei Eintritt eines festgelegten auslösenden Ereignisses, wie es zum Beispiel die Insolvenz oder Restrukturierung des Unternehmens darstellt. Sind derartige Klauseln in wichtigen Verträgen, die das angeschlagene Unternehmen abgeschlossen hat, vorhanden, ist eine Restrukturierung des Unternehmens schwierig, da die Verträge, auf die sich das Unternehmen stützt, von den Parteien einseitig gekündigt werden könnten. Dadurch werden die Restrukturierungsmaßnahmen des Unternehmens möglicherweise zunichte gemacht.

Die Wortwahl in § 440 *IRDA* nimmt Bezug auf § 34 des kanadischen *Companies Creditors Arrangement Act*. § 440 *IRDA* beschränkt eine Partei darin,

— eine beschleunigte Zahlung oder das Erlöschen einer Frist aus einem Vertrag mit einem Unternehmen zu beenden, zu ändern oder zu fordern; oder

— ein Recht oder eine Verpflichtung aus einem Vertrag (einschließlich einer Sicherheitsvereinbarung) mit einem Unternehmen zu beenden oder zu ändern,

nur weil das Unternehmen ein Verfahren zur gerichtlichen Verwaltung eingeleitet oder sich einem *Scheme-of-Arrangement*-Verfahren unterworfen hat oder weil das Unternehmen zahlungsunfähig ist.

Die Beschränkung gilt für Verträge, die am oder nach dem 30. Juli 2020 abgeschlossen wurden.

Darüber hinaus ist zu beachten, dass diese Beschränkungen der Wirksamkeit von Ipso-facto-Klauseln auf bestimmte Verträge nicht anwendbar sind, wie z. B. das kommerzielle Chartern eines Schiffes sowie bestimmte vorgeschriebene, förderfähige Finanzverträge.[7]

Durch die Beschränkung der Ipso-facto-Klauseln wird angeschlagenen Unternehmen ein gewisser Schutz gewährt. Dies erleichtert die Restrukturierung, wenn sich das Geschäft eines angeschlagenen Unternehmens auf kritische Verträge stützt, die Ipso-facto-Klauseln enthalten, und dürfte zu erfolgreicheren Restrukturierungsmaßnahmen führen.

7 Das Justizministerium war der Ansicht, dass der Vorschlag, für Darlehensverträge einen Ausschluss zu formulieren, zu weit gefasst und nicht zu rechtfertigen sei. Insbesondere verhindert das Nichtvorliegen eines Ausschlusses nicht die Kündigung oder die Ausübung vertraglicher Rechte, wenn der Darlehensnehmer gegen eine gesonderte vertragliche Verpflichtung verstößt, z. B. die Rückzahlung von Darlehensverbindlichkeiten (www.mlaw.gov.sg/files/IRDA-Govt-Response-s440-Feedback.pdf/).

Darüber hinaus kann ein ausländischer Schuldner von diesen Beschränkungen offenbar Gebrauch machen, solange er eine hinreichende Verbindung zu Singapur herstellen kann, die es ihm ermöglicht, einen Antrag auf ein *Scheme of Arrangement* oder eine gerichtliche Verwaltung zu stellen. Auch sei darauf hingewiesen, dass diese Beschränkung nicht ausdrücklich Verträgen vorbehalten ist, die dem Recht Singapurs unterliegen.

Es ist zu beachten, dass die Beschränkung nach § 440 *IRDA* keine Ipso-facto-Klauseln verhindert, die aus anderen Gründen, z. B. aufgrund der Nichtzahlung fälliger Beträge, geltend gemacht werden. Dies ist ein Anreiz für den Schuldner, den Insolvenzschutz über ein *Scheme of Arrangement* oder eine gerichtliche Verwaltung früher zu beantragen, um das Sicherheitsnetz von § 440 *IRDA* in Anspruch nehmen zu können, bevor er im Rahmen seiner Verträge in Verzug gerät.

Im Hinblick auf die Behandlung eines Drittverzugs kann es für die verbundenen Unternehmen des Unternehmens auch wichtig sein, ein Moratorium für verbundene Unternehmen zu beantragen, um den Schutz nach § 440 *IRDA* ebenfalls in Anspruch nehmen zu können. Dies ist äußerst wichtig, wenn die verbundenen Unternehmen Bürgen für die Schulden des Unternehmens sind.

Änderungen hinsichtlich der Liquidationsverfahren

Zuvor war das Gericht gemäß § 279 *Companies Act* nur befugt, ein Liquidationsverfahren auszusetzen. So konnte das Gericht eine permanente Aussetzung (welche die Liquidation praktisch beendet) oder einen Aufschub für einen begrenzten Zeitraum gewähren. Das Gericht war jedoch nicht befugt, einen Liquidationsbeschluss aufzuheben.[8]

Nach § 186 *IRDA* ist das Gericht ausdrücklich dazu befugt, die Liquidation eines Unternehmens auszusetzen oder zu beenden, sowie, bei einer solchen Beendigung, die Wiederaufnahme der Geschäftsführung und Kontrolle des Unternehmens durch die leitenden Angestellten anzuordnen. Dies ermöglicht eine reibungslosere Wiederaufnahme der Geschäftsführung und des Geschäftsbetriebs nach Beendigung der Liquidation.

Unternehmen haben nun die Möglichkeit, einen Antrag auf Beendigung der Liquidation, anstatt nur auf Aussetzung, zu stellen, sodass die Unternehmen anschließend in der Lage sind, den Geschäftsbetrieb fortzusetzen, und eine Liquidation nicht mehr angezeigt ist. Dies fördert die Rettung potenziell lebensfähiger Unternehmen, die vorübergehend zahlungsunfähig geworden sind oder bei denen ein *White Knight* die Anteile des angeschlagenen Unternehmens erwerben und das Unternehmen wiederbeleben möchte.

Die §§ 209 und 210 *IRDA* sehen ein beschleunigtes Verfahren für die Auflösung eines Unternehmens vor. Dies findet Anwendung, wenn es berechtigten Grund zu der Annahme gibt, dass die Vermögenswerte des Unternehmens zur Deckung der Liquidationskosten nicht ausreichen und dass die Geschäfte des Unternehmens keiner weiteren Untersuchung bedürfen.

8 *Interocean Holdings Group (BVI) Ltd* gegen *Zi-Techasia (Singapore) Pte Ltd* (in Liquidation), 2014, SGHC 9.

Regelung zur Insolvenzverschleppung

Bislang ist die strafrechtliche Haftung eine Voraussetzung für die zivilrechtliche Haftung bei zahlungsunfähigen Geschäften gewesen (d. h., es musste zunächst ein Strafurteil erwirkt werden). § 239 *IRDA* führt ein neues Konzept der Insolvenzverschleppung ein (übernommen aus dem englischen Recht).

Insolvenzverschleppung wird definiert als *„das Eingehen von Schulden oder Verbindlichkeiten ohne vernünftige Aussicht, dass diese vollständig beglichen werden können, wenn das Unternehmen zahlungsunfähig ist oder infolge dieser Schulden zahlungsunfähig wird"*. Mit dieser neuen Bestimmung zur Insolvenzverschleppung, die im Wege des *IRDA* eingeführt wurde, ist die strafrechtliche Haftung nicht länger Voraussetzung für eine zivilrechtliche Haftbarmachung.

Auch wenn der Abschnitt „Insolvenzverschleppung" lautet, es also um das Betreiben unrechtmäßiger Geschäfte geht, basiert die Haftung nicht auf den Geschäften an sich, sondern darauf, dass das Unternehmen sich verschuldet, wenn es zahlungsunfähig ist, oder das Eingehen von Schulden das Unternehmen des Schuldners zahlungsunfähig macht, ohne vernünftige Aussichten, diese vollumfänglich begleichen zu können.

Die Prüfung auf Insolvenzverschleppung hängt nicht vom Geisteszustand der Person(en) ab, die die Entscheidung zur Aufnahme der Schuld trifft (treffen).

Dies bedeutet, dass der *IRDA* die Feststellung der Haftung erleichtert, da der zivilrechtliche Beweisstandard niedriger ist als der bei einer strafrechtlichen Haftung. Daher muss die Unternehmensleitung angeschlagener Unternehmen, die Verträge abschließen will, größere Vorsicht walten lassen. Die Gerichte können die jeweilige Person jedoch von der persönlichen Haftung befreien, wenn sie sich davon überzeugt haben, dass die jeweilige Person unter Berücksichtigung aller Umstände des Falles ehrlich gehandelt hat und sie angemessenerweise von der persönlichen Haftung befreit werden sollte.

Darüber hinaus sieht § 239 Abs. 10 *IRDA* vor, dass ein Unternehmen oder eine Person, die an der Ausübung von Geschäften mit einem Unternehmen beteiligt oder daran interessiert ist, bei den Gerichten eine Erklärung beantragen kann, dass eine bestimmte Verhaltensweise, Transaktion oder Reihe von Transaktionen keine Insolvenzverschleppung begründet.

Drittmittel

Angeschlagene Unternehmen verfügen meist nicht über genügend Mittel zur Geltendmachung von Ansprüchen. Eine Finanzierung durch Dritte ermöglicht es einem angeschlagenen Unternehmen, diese Ansprüche zu verfolgen, und bietet seinen Gläubigern eine Möglichkeit der Befriedigung. Vor dem *IRDA* hatten die Gerichte in Singapur die Finanzierung von Rechtsstreitigkeiten im Zusammenhang mit Insolvenz unter den entsprechenden Umständen zugelassen. Ein Insolvenzverwalter konnte jedoch nur den Erlös aus den Forderungen des Unternehmens an Dritte abtreten, nicht aber das Recht, Maßnahmen durchzuführen, die den Judicial Manager oder Insolvenzverwalter direkt betreffen.

Nach dem *IRDA* sind sowohl Judicial Manager als auch Insolvenzverwalter befugt, für bestimmte Klagegründe, einschließlich derer, die sie direkt betreffen,

Drittmittel zu beantragen. Es ist jedoch eine Genehmigung des Gerichts oder des Gläubigerausschusses erforderlich. Dies gilt für Klagen im Zusammenhang mit Geschäften unter Wert, unlauteren Vorzugsgeschäften, wucherischen Kreditgeschäften, Betrug, Insolvenzverschleppung oder der Festsetzung von Schadensersatz gegen säumige Führungskräfte des Unternehmens.

Vereinfachtes Insolvenzprogramm

Vor dem Hintergrund der Pandemie führen viele Länder auf der ganzen Welt derzeit besondere Insolvenzregeln für Kleinst- und Kleinunternehmen ein oder planen dies.[9] Singapur macht da keine Ausnahme. Das Parlament in Singapur wird im Oktober einen Gesetzentwurf zur Einrichtung eines vereinfachten *Insolvenzprogramms (Simplified Insolvency Programme, SIP)* einbringen, um Kleinst- und Kleinunternehmen bei der Umschuldung oder der Abwicklung ihres Unternehmens auf schnellere, einfachere und kostengünstigere Weise zu unterstützen.[10] Dies geschieht in der Folge der Pandemie, die viele Industriezweige hart getroffen und einen schweren wirtschaftlichen Schaden hinterlassen hat. Die Lösungen des *IRDA* eignen sich möglicherweise nicht für angeschlagene Kleinst- und Kleinunternehmen, insbesondere nicht für solche, die ihre Ressourcen aufgrund der Pandemie aufgebraucht haben.

Das geplante *SIP* macht die Sache etwas einfacher, indem es Kleinst- und Kleinunternehmen, die die entsprechenden Voraussetzungen erfüllen, die Möglichkeit gibt, umzuschulden oder ihren Geschäftsbetrieb durch zwei temporäre und neue, nach dem Vorbild des *IRDA* angepasste und modifizierte Prozesse abzuwickeln. Das *SIP* wird diesen Unternehmen eine schnelle Restrukturierung ermöglichen. Ist eine Sanierung nicht möglich, können die infrage kommenden Unternehmen schneller und effizienter abgewickelt werden.

Zu den Kriterien, nach denen die Unternehmen für das *SIP* ausgewählt werden, gehören Obergrenzen für die Gesamtverbindlichkeiten des Unternehmens, die Anzahl der Gläubiger und Mitarbeiter sowie die Höhe und der Wert der realisierbaren Vermögenswerte bei der Abwicklung.

Das *SIP* wird für einen Zeitraum von sechs Monaten ab Inkrafttreten der vorgeschlagenen Gesetzgebung verfügbar sein. Die Antragsfrist kann um einen vom Minister festgelegten Zeitraum verlängert werden. Das Programm wird vom Insolvenzverwalter durchgeführt, der nicht amtliche Insolvenzverwalter damit beauftragen kann, die Fälle entsprechend zu bearbeiten.

Fazit

Das Inkrafttreten des *IRDA* ist in dieser Wirtschaftskrise opportun, da er angeschlagenen Unternehmen helfen wird, die finanziellen Probleme wieder in den Griff zu bekommen. Die Verbesserungen des in Singapur bestehenden Systems der Restrukturierung haben Singapur für London und New York zu einer attraktiven Option in Asien gemacht. In dem Maße, wie Singapur auf seinem Kurs zu einem internationalen Umschuldungszentrum bleibt,[11] schafft der IRDA

9 https://cebcla.smu.edu.sg/sgri/blog/2020/10/02/implementing-efficient-insolvency-framework-micro-and-small-enterprises.

10 www.mlaw.gov.sg/news/press-releases/simplified-insolvency-programme#:~:text=The%20Simplified%20Insolvency%20Programme%20complements,help%20businesses%20facing%20financial%20distress.&text=An%20extension%20of%20support%20by,relief%20or%20restructuring%20in%202021.

11 www.mlaw.gov.sg/files/NotebySMSonRestructuringHubReport.pdf.

möglicherweise auch neue Möglichkeiten für Insolvenzexperten, Fonds für notleidende Kredite und Finanzinstitute.

Die im IRDA und SIP enthaltenen Reformen werden Singapur in die Lage versetzen, mit einer stärkeren, widerstandsfähigeren und wettbewerbsfähigeren Wirtschaft aus der Pandemie hervorzugehen. In Verbindung mit den finanzpolitischen Maßnahmen der Regierung Singapurs werden diese Reformen das Vertrauen und die Geschäftstätigkeit ankurbeln, wenn die Wirtschaft Singapurs in die Erholungsphase eintritt.

Basierend auf den Ergebnissen des jährlichen „Doing Business Reports" der Weltbank[12] wird darüber hinaus erwartet, dass Singapur hinsichtlich der Lösung von Insolvenzfällen aufgrund des IRDA im Rang steigt. Diese Studie misst weltweit die Effizienz von Insolvenzregelungen. Zu den Indikatoren gehören die Erholungsrate und die Frage, ob die jeweilige Volkswirtschaft international anerkannte, bewährte Verfahren im Bereich der Insolvenz aufgenommen hat.

Debby Lim hat sich einen überzeugenden Ruf als Anwältin in Berufungsverfahren erarbeitet. Jüngst erschien sie vor dem Berufungsgericht von Singapur (mit einer vollen Besetzung von fünf Richtern) in den Rechtssachen *SK Engineering & Construction Co Ltd* gegen *Conchubar Aromatics Ltd* und einer weiteren Berufung (2017) SGCA 51, *Diablo Fortune Inc* gegen *Duncan, Cameron Lindsay* und weitere (2018) SGCA 26 und *AnAn Group (Singapur) Pte Ltd* gegen *VTB Bank* (öffentliche Aktiengesellschaft) (2020) SGCA 33, einer Dreierkombination juristisch bedeutsamer insolvenzbezogener Berufungen, um den Gerichten in Singapur entgegenzutreten.
Debby Lim verfügt auch über umfangreiche Erfahrung in den Bereichen Restrukturierung und nichtstreitige Insolvenzen. In vielen dieser Fälle vertritt sie börsennotierte Unternehmen, unter anderem beim ersten „vorgefertigten" *Scheme of Arrangement* und bei der ersten gerichtlichen Verwaltung mit Beteiligung eines im Ausland gegründeten Unternehmens. Hierbei handelt es sich um Präzedenzfälle mit Auswirkung auf die Art und Weise, wie die Branche zukünftig mit ähnlichen Fällen umgeht. Debby Lim ist eine der ersten drei in Singapur ausgebildeten Anwälte, denen der angesehene Status eines *Fellowship der INSOL International* verliehen wurde.
Debby Lim ist derzeit stellvertretende Vorsitzende des *Singapore Network of the International Women's Insolvency & Restructuring Confederation.* Darüber hi-naus ist sie Gründungsmitglied der *Law Society of Singapore's Women in Practice Task Force.*
E-Mail: *debby.lim@blackoak-llc.com*

---

12 Deutschland befindet sich derzeit auf Rang 4 und Singapur auf Rang 27 (www.doingbusiness.org/en/rankings).

Corona-Pandemie: Sonderregelungen in Deutschland, Frankreich, Italien, Polen und den Niederlanden

Das Herunterfahren des öffentlichen Lebens, teilweise mehrmals wochenlange Lockdowns, haben in vielen europäischen Ländern, aber auch weltweit, zu einem Straucheln der Wirtschaft geführt. Alle Staaten haben hierauf mit Sofortmaßnahmen reagiert und quasi über Nacht bestehende Regelungen – zeitlimitiert – angepasst oder neue Instrumente geschaffen, um Unternehmen, kleine wie große, zu unterstützen. Im folgenden Beitrag stellen wir beispielhaft die in Deutschland, Frankreich, Italien, Polen und den Niederlanden aufgrund der Pandemie erlassenen Sonderregelungen vor.

Eine der ersten Maßnahmen des deutschen Gesetzgebers war die Aussetzung der Insolvenzantragspflicht. Darüber hinaus wurden zinslose Steuerstundungen und die Senkung der Mehrwertsteuer beschlossen. Sodann wurden als Finanzspritze für angeschlagene Unternehmen u. a. die Kreditprogramme der Kreditanstalt für Wiederaufbau (KfW) ausgeweitet oder neu geschaffen – wie z. B. der KfW-Schnellkredit.

Auch in Frankreich und Polen wurde die Insolvenzantragspflicht ausgesetzt. Das niederländische Insolvenzrecht hingegen kennt keine Insolvenzantragspflicht. Ebenso gab es vor der Corona-Krise in den Niederlanden das Instrument der Kurzarbeit nicht. Mit der *Tijdelijke Noodmaatregel Overbrugging voor Werkgelegenheid* (*NOW* – Befristete Notmaßnahme Überbrückung für die Beschäftigungslage) wurde nun eine für die Niederlande neuartige Regelung eingeführt, die mit dem deutschen Instrument der Kurzarbeit vergleichbar ist. Auch in Polen gibt es keine dem deutschen Recht vergleichbare Kurzarbeit. Jedoch ist hier eine Verkürzung der Arbeitszeit infolge des von der polnischen Regierung verabschiedeten „Anti-Krisenschilds" möglich. Eine weitere Überschneidung gibt es in beiden Ländern: Sowohl Polen als auch die Niederlande haben die Pandemiemaßnahmen genutzt, um einen Präventiven Restrukturierungsrahmen einzuführen; ebenso Deutschland.

Frankreich ist noch einen Schritt weitergegangen und hat gleich ein ganzes Konjunkturpaket, den Wiederaufbauplan France *Relance*, erlassen, der nicht nur auf die kurzfristige Bekämpfung der Pandemiefolgen gerichtet ist, sondern Frankreichs Wirtschaft langfristig wieder auf Kurs bringen sowie den ökologischen Wandel weiterführen soll. So enthält das Konjunkturpaket z. B. Anreize für den Kauf von umweltfreundlicheren Fahrzeugen und die Förderung der Gebäuderenovierung im Sinne der Energieeffizienz.

Was die kurzfristigen Maßnahmen angeht, so hat Frankreich, um den Konsum zu stimulieren, keine massiven Regelungen – wie z. B. die Senkung der Mehrwertsteuer in Deutschland – getroffen. Die Strategie der französischen Regierung besteht darin, eine angebotsorientierte Politik durch konsequente Steuererleichterungen für Unternehmen zu verfolgen. Jedoch ist – im Vergleich zu Deutschland

– an die großzügigere Kurzarbeitsregelung zu erinnern, die in hohem Maße in Anspruch genommen wurde.

Italien hat aufgrund der Pandemie die eigentlich vorgesehene Insolvenzrechtsreform verschoben. Die geplante Einführung eines Frühwarnsystems hätte bei den pandemiegebeutelten Unternehmen wie ein Brandbeschleuniger gewirkt. Stattdessen hat Italien eine Vielzahl von Hilfsmaßnahmen erlassen, so z. B. den wortgewaltigen *Superbonus 110 %*, der zur Förderung von Investitionen dienen soll.

1. Deutschland

a. Insolvenzrechtliche Regelungen[1]

Von Dr. Jürgen Erbe, MBA, Rechtsanwalt und Fachanwalt für Insolvenzrecht

COVInsAG

Durch das „Gesetz zur vorübergehenden Aussetzung der Insolvenzantragspflicht und zur Begrenzung der Organhaftung bei einer durch die COVID-19-Pandemie bedingten Insolvenz“ (COVID-19-Insolvenzaussetzungsgesetz – COVInsAG)[2] wurden die insolvenzrechtlichen Regelungen modifiziert. Im Wesentlichen sind in dem Gesetz, die Insolvenzantragspflicht des Schuldners (§ 1 COVInsAG), das (Fremd-) Antragsrecht eines Gläubigers (§ 3 COVInsAG) sowie die Folgen während der Aussetzung (§ 2 COVInsAG) geregelt. Durch das SanInsFoG wurde das COVInsAG um die §§ 4 bis 7 erweitert. Die Ergänzungen treten zum 1. Januar 2021 in Kraft.

Aussetzung der Insolvenzantragspflicht

Gemäß § 1 COVInsAG ist die Insolvenzantragspflicht (§ 15a InsO/§ 42 Abs. 2 BGB) ausgesetzt, sofern diese auf Umstände zurückzuführen ist, die durch die COVID-19-Pandemie hervorgerufen wurden, und konkrete Aussichten auf Beseitigung des Insolvenzantragsgrundes bestehen. War der Schuldner am 31. Dezember 2019 nicht zahlungsunfähig, wird vermutet, dass die Insolvenzreife auf den Auswirkungen der COVID-19-Pandemie beruht und Aussicht darauf besteht, eine bestehende Zahlungsunfähigkeit wieder zu beseitigen. Die Aussetzung gilt gleichermaßen für den Antragsgrund der Überschuldung. Durch den neu eingefügten § 1 Abs. 3 COVInsAG ist eine Antragspflicht nach Maßgabe des § 1 Abs. 1 COVInsAG ebenfalls ausgesetzt, die vom 1. November 2020 bis zum 31. Dezember 2020 die „Corona-Finanzhilfen“ beantragt haben. Eine Aussetzung kommt nur dann nicht in Betracht, wenn die Antragssteller offensichtlich keine Aussicht auf Erlangung einer solchen Hilfe haben oder die Erlangung eine Insolvenzreife nicht beseitigen würde.

Fremdantragsrecht modifiziert

Damit die Aussetzung der Insolvenzantragspflicht nicht durch Gläubigeranträge konterkariert wird, hat der Gesetzgeber in § 3 COVInsAG eine entsprechende Regelung aufgenommen, die Erfolgsaussichten von (Fremd-)Insolvenzanträgen an modifizierte Voraussetzungen knüpft. Insolvenzanträge von Gläubigern zwischen dem 28. März 2020 und dem 28. Juni 2020 waren demnach nur begründet, wenn schon am 1. März 2020 Insolvenzreife vorlag.

1 Aktuelle Informationen zu den insolvenz- und arbeitsrechtlichen Sonderregelungen finden Sie auch unter www.schultze-braun.de, hier der Reiter „Corona“.

2 Im 2. Teil des Buches abgedruckt.

Folgen der Aussetzung

In § 2 COVInsAG sind die Folgen der Aussetzung geregelt. Grundsätzlich haften Geschäftsleiter für Zahlungen nach Eintritt der materiellen Insolvenzreife, wenn die Sorgfalt eines ordentlichen Geschäftsmannes nicht gewahrt wurde. Dieser Haftungsmaßstab gilt unabhängig von der Aussetzung der Antragspflicht. Jedoch gelten Zahlungen, die im ordnungsgemäßen Geschäftsgang erfolgen, insbesondere solche Zahlungen, die der Aufrechterhaltung oder Wiederaufnahme des Geschäftsbetriebes oder der Umsetzung eines Sanierungskonzepts dienen, als mit der Sorgfalt eines ordentlichen und gewissenhaften Geschäftsleiters (§ 2 Abs. 1 Nr. 1 COVInsAG) erbracht. Gleichzeitig werden die Voraussetzungen in Bezug auf Anfechtung (§ 2 Abs. 1 Nr. 2 und 4 COVInsAG) und die Haftung des Kreditgebers (§ 2 Abs. 1 Nr. 3 COVInsAG) erhöht, falls es im Nachgang zu einem Insolvenzverfahren kommen sollte.

Ändeurngen durch das SanInsFoG

In den ergänzten §§ 4 bis 7 COVInsAG werden weitere Regelungen in das COVInsAG mit folgendem Inhalt eingefügt: Durch § 4 COVInsAG wird der Prognosezeitraum für die Überschuldungsprüfung von zwölf auf vier Monate verkürzt, wenn die Überschuldung des Schuldners auf die COVID-19-Pandemie zurückzuführen ist. Unter welchen Voraussetzungen dies vermutet wird, hat der Gesetzgeber in den Ziffern 1–3 dieses Paragraphen geregelt.

Durch das SanInsFOG werden die Zugangsvoraussetzungen zu Eigenverwaltungsverfahren verschärft. § 5 COVInsAG regelt jedoch die Anwendbarkeit der §§ 270–285 InsO aF, wenn das Bedürfnis zum Eintritt in ein Eigenverwaltungsverfahren seine Ursache in der Pandemie hat. Die Voraussetzungen hierfür sind in § 5 Abs. 2 und 3 COVInsAG geregelt. Wenn das Gericht Kenntnis erlangt, dass die Insolvenzgründe nicht auf die Pandemie zurückzuführen sind, kann es das Verfahren nachträglich aufheben und einen vorläufigen Insolvenzverwalter bestellen.

Eine ähnliche Regelung enthält § 6 COVInsAG, wonach auch die Zahlungsunfähigkeit des Schuldners der Anordnung eines Schutzschirmverfahrens nicht entgegen stehen soll, wenn der Schuldner die Voraussetzungen der Ziffern 1–3 dieses Paragraphen erfüllt. Dies ist deshalb bemerkenswert, da die Zahlungsunfähigkeit den Zugang zu einem Schutzschirmverfahren in der bisherigen Fassung des § 270b InsO kategorisch ausgeschlossen hat.

Der neu eingefügte § 7 COVInsAG betrifft den Umgang mit Finanzhilfen und deren Einbeziehung in Restrukturierungs- oder Insolvenzpläne.

Rechtsanwalt Dr. Jürgen Erbe, MBA Fachanwalt für Insolvenzrecht, leitet den Standort von Schultze & Braun in Mannheim. Den Schwerpunkt seiner Tätigkeit bilden dabei die Übernahmen des Amtes als (vorläufiger) Insolvenzverwalter als auch als (vorläufiger) Sachwalter in Eigenverwaltungsverfahren, sowie die Beratung der Geschäftsführung in Eigenverwaltungsverfahren. Herr Dr. Erbe wird regelmäßig an den Gerichten Mannheim, Heidelberg, Darmstadt, Ludwigshafen und Worms zum Insolvenzverwalter bestellt.
E-Mail: *JErbe@schultze-braun.de*

b. Maßnahmen im Arbeits- und Sozialrecht

Von Alexander von Saenger, Rechtsanwalt und Fachanwalt für Arbeitsrecht

KugV

Zunächst wurden durch das „Gesetz zur befristeten krisenbedingten Verbesserung der Regelungen für das Kurzarbeitergeld" und die darauf beruhenden Verordnungen (Kurzarbeitergeldverordnung – KugV) die Zugangsvoraussetzungen zum Bezug des Kurzarbeitergeldes erleichtert. Die Erleichterungen gelten seit dem 1. März 2020. Sie sind für Betriebe, die bis zum 31. März 2021 Kurzarbeit eingeführt haben, bis zum 31. Dezember 2020 befristet.

Leiharbeiter

Ein wichtiger Hebel ist die 100%-ige Erstattung der Sozialversicherungsbeiträge für ausgefallene Arbeitsstunden. Ein Novum ist auch die Ausweitung der Kurzarbeitergeldregelungen für Leiharbeitnehmer.

Erhöhung des Kurzarbeitergeldes

Der Gesetzgeber hat im Rahmen des Sozialschutz-Pakets II die stufenweise Erhöhung des Kurzarbeitergeldes beschlossen. Die erhöhten Sätze gelten dann, wenn der Anspruch auf Kurzarbeitergeld bis zum 31. März 2021 entstanden ist, zunächst bis zum 31. Dezember 2021. Für die Zahlung des erhöhten Kurzarbeitergeldes muss ein Arbeitsausfall von mindestens 50 % vorgelegen haben.

Mit dem gleichen Gesetz wurden auch die wichtigen Hinzuverdienstmöglichkeiten zum Kurzarbeitergeld vereinfacht.

Rechtsanwalt Alexander von Saenger leitet den arbeitsrechtlichen Standort von Schultze & Braun in Bremen, von dem aus der gesamte Norden Deutschlands betreut wird. Den Schwerpunkt seiner Tätigkeit bildet dabei die Beratung in arbeitsrechtlichen Restrukturierungsmaßnahmen und dem Arbeitsrecht in M&A-Prozessen sowohl innerhalb als auch außerhalb des Insolvenzverfahrens. Zu seinen Mandanten zählen dabei Insolvenzverwalter, Unternehmen und auch Investoren.
E-Mail: *ASaenger@schultze-braun.de*

c. Finanzbeihilfen

Von Nils Andersson-Lindström, Rechtsanwalt

Voraussetzung

Um von der Pandemie betroffene Unternehmen finanziell zu unterstützen, hat der Gesetzgeber eine ganze Reihe von Hilfsmaßnahmen beschlossen. Da es sich bei sämtlichen Stützungsmaßnahmen um Beihilfen handelt, haben diese zur Voraussetzung, dass die Antragsteller am 31. Dezember 2019 kein Unternehmen in Schwierigkeiten (UiS) im Sinne des EU-Rechts waren. Dies wäre etwa dann der Fall, wenn schon damals Insolvenzantragsgründe vorlagen, bereits einmal eine sog. Rettungsbeihilfe gewährt wurde oder das Stammkapital durch Verluste um die Hälfte geschmälert wäre. Großunternehmen sind bspw. UiS, wenn über einen

Zeitraum von zwei Jahren das Fremdkapital mehr als das 7,5-Fache des Eigenkapitals beträgt oder das operative Ergebnis nicht ausreicht, um die Zinsen zu zahlen.

Der Bund hat diverse Kreditprogramme der Kreditanstalt für Wiederaufbau (KfW) ausgeweitet oder neu geschaffen.

Vereinfachte Kreditvergabe

So wurden die Konditionen für die Kreditvergabe unter den bestehenden Programmen für Unternehmerkredite, Konsortialfinanzierungen und Gründerkredite aus Mitteln des *European Recovery Program* erheblich verbessert. Hierbei werden insbesondere niedrigere Zinssätze, eine vereinfachte Risikoprüfung aufseiten der KfW und eine Haftungsfreistellung bis zu 90 % gewährt. Da sämtliche dieser Programme ein Restrisiko für die jeweilige Hausbank des Kreditnehmers beinhalten, müssen diese aufsichtsrechtlich eine Bonitätsprüfung durchführen, was zu erheblichem Zeitverlust führen kann.

KfW-Schnellkredit

Als Reaktion hierauf hat der Bund den KfW-Schnellkredit geschaffen. Er steht Unternehmen mit mehr als zehn Beschäftigten zur Verfügung, die seit mindestens 1. Januar 2019 am Markt aktiv sind. Das Kreditvolumen beträgt bis zu drei Monatsumsätze des Jahres 2019. Es ist für Unternehmen mit über 50 Beschäftigten auf 800.000 Euro, für Unternehmen mit unter 50 Beschäftigten auf 500.000 Euro begrenzt. Der Zinssatz beträgt 3 % bei einer Laufzeit von zehn Jahren. Die Hausbank erhält eine Haftungsfreistellung in voller Höhe durch die KfW, abgesichert durch eine Garantie des Bundes. Der Kredit soll ohne weitere Risikoprüfung bewilligt werden, um den Kredit so schnell wie möglich auszahlen zu können.

Überbrückungs- und Novemberhilfen

Die Corona-Überbrückungshilfen sind ein Gemeinschaftswerkzeug von Bund und Ländern und wurden als nicht-rückzahlbarer Zuschuss gewährt. Sie konnten nur für die Monate Juni 2020 bis August 2020 (ÜH I) und September 2020 bis Dezember 2020 (ÜH II) beantragt werden und bemaßen sich nach den erwarteten Umsatzeinbrüchen der Fördermonate im Verhältnis zu den jeweiligen Vorjahresmonaten. Die Überbrückungshilfen erstatteten einen Anteil der Fixkosten von bis zu 80 % (ÜH I) bzw. 90 % (ÜH II) in Abhängigkeit von der Höhe des Umsatzeinbruchs, maximal jedoch 50.000 Euro pro Monat. Daneben stand den von dem Lockdown direkt oder indierekt betroffenen Unternehmen die sog. Novemberhilfe zur Verfügung. Mit dieser wurden 75 % des Umsatzes aus dem Vorjahres-November als Zuschuss gewährt. Die zwingende Antragstellung über Wirtschaftsprüfer, Steuerberater oder Rechtsanwälte machte diese Instrumente für Kleinunternehmen aber unattraktiv.

Wirtschaftsstabilisierungsfonds

Für die Unterstützung großer und systemrelevanter Unternehmen hat der Bund den Wirtschaftsstabilisierungsfonds (WSF) geschaffen. Voraussetzung für eine Förderung durch den WSF eine klare, eigenständige Fortführungsperspektive nach Überwindung der Pandemie, ohne dass eine anderweitige Finanzierungsmöglichkeit zur Verfügung steht. Der WSF gewährt Garantien für bis zum 31. Dezember 2021 gegebene Schuldtitel und Verbindlichkeiten zur Behebung von Liquiditätsengpässen und zur Refinanzierung am Kapitalmarkt. Alternativ ermöglicht der WSF auch die direkte Beteiligung des Bundes an Krisenunternehmen zu marktgerechten Konditionen, etwa in Form von stillen Beteiligungen (wie bei der

Lufthansa), Genussrechten, Anleihen (wie bei TUI) oder einer direkten Anteilsübernahme, soweit dies zur Stabilisierung des Unternehmens erforderlich ist.

Rechtsanwalt Nils Andersson-Lindström begleitet regelmäßig Unternehmen bei M&A- sowie Finanzierungstransaktionen in Krise und Insolvenz.
E-Mail: *NAndersson@schultze-braun.de*

d. Steuerentlastungen

Von Oksana Miglietti, Wirtschaftsprüfer und Steuerberater, und Arno Abenheimer, Rechtsanwalt, Fachanwalt für Steuerrecht und Steuerberater

Zur Stabilisierung der Wirtschaft haben Bund und Länder neben den zahlreichen, oben aufgeführten Hilfsprogrammen auch steuerliche und sozialversicherungsrechtliche Maßnahmen für Unternehmen und Selbstständige beschlossen.

Stundungen und Erstattungen

Bis zum 31. März 2021 können zinslose Steuerstundungen für fällige oder fällig werdende Einkommen-, Körperschaft- und Umsatzsteuer beim Finanzamt sowie für Gewerbesteuer bei der Gemeinde beantragt werden. Voraussetzung für die Stundung ist eine infolge der Corona-Pandemie unmittelbare und nicht unerhebliche Betroffenheit des Steuerpflichtigen. Die Stundungen laufen bis 30. Juni 2021. Eine Stundung der Lohnsteuer ist davon ausgenommen.

Für Sozialversicherungsbeiträge bestand für die Beitragsmonate März bis einschließlich Mai 2020 eine vereinfachte Möglichkeit der Stundung bis zur Fälligkeit der Beitragszahlung im Juni 2020. Stundungszinsen, Säumniszuschläge und Mahngebühren wurden insoweit nicht erhoben. Voraussetzung war, dass Entlastungsmöglichkeiten wie Kurzarbeit und sonstige Fördermittel und Kredite in Anspruch genommen wurden. Auch Beiträge für freiwillig Versicherte waren von den Stundungsmöglichkeiten mit umfasst. Von Juni 2020 an kam eine Ratenzahlung in Betracht. Über diese vereinfachte Stundungsmöglichkeit hinaus besteht weiterhin die Möglichkeit der (verzinslichen) Stundung bei Vorliegen einer erheblichen Härte. Sozialversicherungsbeiträge im Rahmen von Kurzarbeit wurden zunächst bis zum 30. Juni 2021 vollständig durch die Bundesagentur für Arbeit erstattet. Vom 1. Juli 2021 bis zum 31. Dezember 2021 werden diese für alle Betriebe, die Kurzarbeit bis zum 30. Juni 2021 eingeführt haben, zur Hälfte erstattet.

Anpassung von Vorauszahlungen

Steuerpflichtige können die Höhe der Vorauszahlungen auf die Einkommen-, Körperschaft- und Gewerbesteuer (Messbetrag) an ihre wirtschaftlichen Verhältnisse anpassen lassen. Eine für das Jahr 2020 bereits geleistete Umsatzsteuer-Sondervorauszahlung konnte bei Wahrung der Dauerfristverlängerung vollständig erstattet werden.

Verrechnung von erwarteten Verlusten

Kleine und mittelständische Unternehmen durften erwartete Verluste in 2020 für Zwecke der Anpassung der für 2019 bereits geleisteten Steuervorauszahlungen zurücktragen und mit Gewinnen des Jahres 2019 verrechnen.

Mehrwertsteuersatz

Der Mehrwertsteuersatz wurde für den Zeitraum vom 1. Juli 2020 bis 31. Dezember 2020 von 19 % auf 16 % gesenkt, der ermäßigte Steuersatz von 7 % auf 5 %. Darüber hinaus wurde eine weitergehende Maßnahme für die Gastronomie beschlossen: Die Abgabe von Speisen unterfällt im Zeitraum 1. Juli 2020 bis 30. Juni 2021 generell dem ermäßigten Steuersatz. Nicht unter den ermäßigten Steuersatz fällt jedoch die Abgabe von Getränken.

Vollstreckungsmaßnahmen

Rückständige und fällig werdende Steuern sollen bis zum 30. Juni 2021 nicht vollstreckt werden. Säumniszuschläge, die im Zeitraum 19. März 2020 bis 31. Dezember 2020 verwirkt werden, sollen bei Tilgung der Hauptschuld erlassen werden.

Sozialversicherungsrechtliche Prüfungen

Sozialversicherungsrechtliche Prüfungen seitens der Deutschen Rentenversicherung Bund werden seit dem 16. März 2020 bis auf Weiteres elektronisch durchgeführt.

Fristen

Die Frist zur Abgabe der Steuererklärungen für 2018 wurde für von einem Steuerberater beratene Steuerpflichtige bis 31. Mai 2020 verlängert, die Abgabefrist für Steuererklärungen für 2019 wurde bis 31. März 2021 verlängert. Die Frist zur Abgabe der Lohnsteueranmeldungen während der Corona-Krise kann auf Antrag des Arbeitgebers im Einzelfall um bis zu zwei Monate verlängert werden. Der Arbeitgeber muss dafür nachweisen, dass er unverschuldet daran gehindert ist, die Lohnsteueranmeldungen pünktlich zu übermitteln.

Rechnungslegung

Bilanzielle Konsequenzen in Folge der Pandemie sind als wertbegründende Ereignisse einzustufen und in den Abschlüssen mit Stichtag zum 31. Dezember 2019 nicht zu berücksichtigen. Für Abschlüsse mit Stichtag nach dem 31. Dezember 2019 ist grundsätzlich davon auszugehen, dass die Folgen der Corona-Krise als werterhellende Ereignisse anzusehen und bei der Bilanzierung zu berücksichtigen sind. Zum 31. März 2020 ist regelmäßig davon auszugehen, dass die Pandemie im Abschluss abgebildet werden muss.

Erhöhung des Verlustrücktrags

Der Verlustrücktrag auf das Vorjahr ist auf einen Betrag von einer Million Euro begrenzt, im Fall der Zusammenveranlagung auf zwei Millionen Euro. Diese Beträge wurden für die Jahre 2020 und 2021 auf fünf Millionen Euro bzw. zehn Millionen Euro erhöht, so dass auf die Jahre 2019 und 2020 jeweils ein erhöhter Verlustrücktrag erfolgen kann.

Wiedereinführung der degressiven Abschreibung

Der Steuerpflichtige kann für bewegliche Wirtschaftsgüter des Anlagevermögens, die in den Jahren 2020 und 2021 angeschafft oder hergestellt werden, anstelle der linearen Abschreibung eine degressive Abschreibung in Anspruch nehmen. Die degressive Abschreibung erfolgt vom jeweiligen Buchwert (Restwert) in Höhe eines Prozentsatzes, der das bis zu 2,5-Fache der linearen Abschreibung betragen darf, maximal jedoch 25 %.

Der Rückwirkungszeitraum wurde für Umwandlungen, die in den Jahren 2020 und 2021 zum Handelsregister angemeldet werden, sowie für Einbringungen, bei denen der Einbringungsvertrag in den Jahren 2020 und 2021 geschlossen wird, von acht auf zwölf Monate verlängert.

Verlängerung des Rückwirkungszeitraums bei Umwandlungen

Die Fälligkeit der Einfuhrumsatzsteuer wurde um ca. sechs Wochen auf den 26. des zweiten, der Einfuhr folgenden Monats verschoben. Dies bewirkt für Unternehmen, die eine Dauerfristverlängerung für die Abgabe ihrer Umsatzsteuervoranmeldung in Anspruch nehmen, einen positiven Liquiditätseffekt, da nunmehr ein sich aus der Anrechnung der Einfuhrumsatzsteuer als Vorsteuer ergebendes Umsatzsteuerguthaben zur Begleichung der Einfuhrumsatzsteuer zur Verfügung steht.

Fälligkeit der Einfuhrumsatzsteuer

Eine Sonderzahlung, die der Arbeitgeber dem Arbeitnehmer zusätzlich zum ohnehin geschuldeten Arbeitslohn zur Abmilderung der zusätzlichen Belastungen durch die Corona-Krise gewährt, ist bis zu einem Betrag von 1.500 Euro steuer- und sozialversicherungsfrei. Die Sonderzahlung muss im Zeitraum zwischen 1. März 2020 und 30. Juni 2021 geleistet werden.

Steuerfreie Sonderzahlung an Arbeitnehmer

Familien werden im Jahr 2020 mit einem einmaligen Kinderbonus von 300 Euro pro Kind unterstützt.

Kinderbonus

Der Entlastungsbetrag für Alleinerziehende wurde für die Jahre 2020 und 2021 von 1.908 Euro auf 4.008 Euro angehoben.

Entlastungsbetrag Alleinerziehende

Liegt kein häusliches Arbeitszimmer vor oder verzichtet der Steuerpflichtige auf den Abzug der Aufwendungen für ein häusliches Arbeitszimmer, so kann er für jeden Kalendertag, an dem er seine betriebliche oder berufliche Tätigkeit ausschließlich in der häuslichen Wohnung ausübt und keine außerhalb der häuslichen Wohnung belegene Betätigungsstätte aufsucht, einen Betrag von 5 Euro abziehen, höchstens jedoch 600 Euro pro Jahr.

Homeoffice-Pauschale

Wirtschaftsprüfer Oksana Miglietti, Steuerberater, Diplom-Kauffrau (FH), ist als Wirtschaftsprüfer/Steuerberater im Geschäftsbereich Wirtschaftsprüfung/Steuerberatung tätig. Ihre Fachgebiete sind Rechnungslegung, Jahresabschlussprüfung, Unternehmensbewertung, Steuerrecht sowie betriebswirtschaftliche Analysen.
E-Mail: *OMiglietti@schultze-braun.de*

Rechtsanwalt Arno Abenheimer, Fachanwalt für Steuerrecht und Steuerberater, ist im Geschäftsbereich Steuerberatung/Wirtschaftsprüfung tätig. Seine Fachgebiete sind Steuerrecht, steuerliches Verfahrensrecht und Insolvenzsteuerberatung.
E-Mail: *AAbenheimer@schultze-braun.de*

2. Frankreich

Einleitung

Wenige Tage nach dem am 17. März 2020 angeordneten *confinement* – der landesweiten Ausgangssperre – verabschiedete der französische Gesetzgeber das Eilgesetz zur Bekämpfung der COVID-19-Epidemie vom 23. März 2020[3] und schuf damit die Grundlage zur Erklärung des nationalen epidemischen Notstands per Beschluss im Ministerrat. Ferner wurde die Regierung dazu ermächtigt, innerhalb von drei Monaten Gesetze im Verordnungswege zu erlassen. Von dieser Möglichkeit hat die Regierung von *Edouard Philippe* regen Gebrauch gemacht[4] und innerhalb von wenigen Tagen mehr als 30 Verordnungen erlassen.[5]

a. Insolvenz- und arbeitsrechtliche Regelungen

Von Patrick Ehret, Rechtsanwalt und Avocat (AMCO), frz. Fachanwalt für internationales Recht und EU-Recht

Aussetzung der Insolvenzantragspflicht

Die französische Regierung musste die zunächst vertretene Auffassung, aufgrund der Soforthilfen für die Unternehmen gäbe es keinen Anpassungsbedarf im insolvenzrechtlichen Bereich, schnell revidieren. Mit den Verordnungen N° 2020-341 vom 27. März 2020[6] und Nr. 2020-596 vom 20. Mai 2020[7] wurde zunächst die Pflicht, bei Zahlungsunfähigkeit innerhalb von 45 Tagen seit Eintritt des Eröffnungsgrundes Insolvenzantrag zu stellen, bis zum 23. August 2020 ausgesetzt. Voraussetzung war dabei, dass das fragliche Unternehmen am Stichtag des 12. März 2020 nicht bereits zahlungsunfähig war. Durch diese Maßnahme sollte den von den wirtschaftlichen Auswirkungen der Pandemie betroffenen Unternehmen ermöglicht werden, auf die Präventivverfahren der *Conciliation* bzw. der *Sauvegarde,* die das Nichtvorliegen der Zahlungsunfähigkeit bzw. den Nichtablauf der 45-Tagesfrist voraussetzen, zurückzugreifen. Ferner sollte die Geschäftsführung der betroffenen Unternehmen dahingehend geschützt werden, dass die weitreichende Haftung bei verspäteter Antragsstellung ausgeschlossen werden sollte.

Neben verfahrensrechtlichen Erleichterungen für die Beantragung und die Durchführung von Präventiv- und Insolvenzverfahren wurde die Höchstdauer der Conciliationsverfahren auf insgesamt bis zu zehn Monaten – durch besonders zu begründeten Beschluss des Gerichtspräsidenten – verlängert. Das präventive Element der *Conciliation* wurde dahingehend gestärkt, dass Wirtschaftsprüfern weitere Befugnisse im Rahmen des sog. Frühwarnverfahrens übertragen wurden. Ferner wurde in dem bisher rein konsensualen Verfahren die Möglichkeit

---

3 Veröffentlicht im Amtsblatt Nr. 0072 vom 24. März 2020 und mit sofortiger Wirkung in Kraft getreten.

4 Für eine Übersicht der gesamten Covid-Gesetzgebung in Frankreich: https://www.e-tlf.com/2020/09/01/mesures-relatives-a-la-lutte-contre-la-propagation-du-virus-covid-19-arrete-du-14-03-20/.

5 Für einen Überblick über die ersten 30 ordonnances: https://www.franceinvest.eu/actualites/30-ordonnances-publiees-pour-faire-face-a-lepidemie-du-covid-19.

6 *Ordonnance n° 2020-341 du 27 mars 2020 portant adaptation des règles relatives aux difficultés des entreprises et des exploitations agricoles à l'urgence sanitaire et modifiant certaines dispositions de procédure pénale,* veröffentlicht im Amtsblatt Nr. 0076 vom 28. März 2020.

7 *Ordonnance n° 2020-596 du 20 mai 2020 portant adaptation des règles relatives aux difficultés des entreprises et des exploitations agricoles aux conséquences de l'épidémie de covid-19,* veröffentlicht im Amtsblatt Nr. 0124 vom 21. Mai 2020.

eingeführt, einem die vom *Conciliateur* geforderte Stundung verweigernden Gläubiger ein Titulierungs- und Vollstreckungsverbot aufzuerlegen.

Für die sich im Insolvenzverfahren befindlichen Unternehmen wird die sanierende Übertragung dahingehend erleichtert, dass nunmehr auch die Geschäftsführung unter erleichterten Bedingungen den Zuschlag erhalten kann. Diese Maßnahme war kritisiert worden und lief zum 31. Dezember 2020 aus.

Zum Schutz der Unternehmen, die sich im Stadium der Planerfüllung befinden, wurden die Möglichkeit geschaffen, die im französischen Recht häufig auch gegen den Willen der Gläubiger durchgesetzten Entschuldungspläne um bis zu zwei Jahre zu strecken. Ferner können Rückzahlungen um bis zu zwei Jahre ausgesetzt werden. Neue Pläne sollen anstatt einer Höchstdauer von zehn Jahren nunmehr einer Höchstdauer von zwölf Jahren haben können.

Stärkung der Restrukturierungsinstrumente

Schließlich hat der französische Gesetzgeber die Pandemie zum Anlass genommen, im Vorgriff auf die bis Mitte 2021 umzusetzende Restrukturierungsrichtlinie,[8] bis zum 31. Dezember 2021 zur Anwendung kommende Übergangsvorschriften zur Stärkung der Restrukturierungsinstrumente zu erlassen. So wurden zum einen die Schwellenwerte für den Anwendungsbereich der semikollektiven sog. beschleunigten (Finanz-)*Sauvegarde*-Verfahren herabgesetzt, um einen weiteren Anreiz für Konsensuallösungen im Conciliationsverfahren zu setzen. Zum anderen wurde das sog. *New-Money*-Privileg auf die Fortführungsphase und die Planfinanzierung ausgeweitet. Schließlich wurden Maßnahmen zur einfacheren Entschuldung von Geschäftsführern und zur Förderung einer zweiten Chance umgesetzt.

Neuregelung der Kurzarbeit

Die COVID-Pandemie hat neben der Stärkung der *télétravail* (Heimarbeit) eine Vielzahl von Anpassungen im französischen Arbeitsrecht mit sich gebracht. Die wesentliche ist dabei die Neuregelung der Kurzarbeit, der sog. *activité partielle*, über welche 70 % des Bruttogehalts beschränkt auf die 4,5-malige Höhe des Mindestlohns, abgedeckt waren. Im Rahmen des Anfang September verkündeten Konjunkturprogramms wurden 7,6 Milliarden Euro für die Finanzierung der Langzeitkurzarbeit eingeplant.

Rechtsanwalt und Avocat Patrick Ehret leitet das French Desk von Schultze & Braun. Er berät Unternehmen in Fragen des deutsch-französischen Wirtschafts- und Insolvenzrechts.
E-Mail: *PEhret@schultze-braun.de*

8 RICHTLINIE (EU) 2019/1023 DES EUROPÄISCHEN PARLAMENTS UND DES RATES vom 20. Juni 2019 über Präventive Restrukturierungsrahmen, über Entschuldung und über Tätigkeitsverbote sowie über Maßnahmen zur Steigerung der Effizienz von Restrukturierungs-, Insolvenz- und Entschuldungsverfahren und zur Änderung der Richtlinie (EU) 2017/1132 (Richtlinie über Restrukturierung und Insolvenz).

b. Finanzhilfen

Von Ellen Delzant, Rechtsanwältin (zugelassen in Deutschland und Frankreich)

Staatlich verbürgte Darlehen und Erleichterungen bei der Kreditaufnahme

Um Liquiditätsengpässen vorzubeugen, können Unternehmen über ihre Banken Kredite aufnehmen, die von der Staatsbank *Bpifrance* bis zu einer Gesamtsumme von 300 Milliarden Euro und bis zu 90 % garantiert werden. In diesem Rahmen haben Unternehmen jeder Größe und Rechtsform bis zum 30. Juni 2021 die Möglichkeit, bei ihrer Hausbank einen staatlich verbürgten Kredit zu beantragen. Ausgenommen sind Unternehmen, über die bereits vor dem 31. Dezember 2019 ein Insolvenzverfahren eröffnet wurde.

Außerdem können KMU und mittelständische Unternehmen bei der *Bpifrance* verschiedene, anlässlich der Corona-Krise aufgelegte Kreditprogramme *(Prêt rebond, Prêt Atout)* in Anspruch nehmen, ohne eine Sicherheit leisten zu müssen.

Zur Unterstützung exportierender französischer Unternehmen wurde für die Dauer der Pandemie ein spezielles Programm zur Absicherung von Exportbürgschaften und Exportfinanzierungen durch die französische Staatsbank aufgelegt. Dieses Programm sieht eine Ergänzung bereits existierender Mechanismen der Rückversicherung von Lieferantenkreditversicherungen vor, die es exportierenden Unternehmen ermöglicht, die Deckungszusage ihrer Kreditversicherer aufgrund der von der *Bpifrance* gewährten Rückversicherung zu erhöhen.

Branchenspezifische Unterstützungen

Hinzu kommen für einzelne Branchen entwickelte Unterstützungspläne, insbesondere zugunsten der Automobilindustrie, Luftfahrt- oder Tourismusbranche, die spezielle Hilfen, staatliche Beteiligungen, Darlehen und andere Maßnahmen vorsehen.

Wiederaufbauplan „Relance France"

Am 3. September 2020 hat die französische Regierung einen auf zwei Jahre angelegten Wiederaufbauplan mit einem Volumen von 100 Milliarden Euro angekündigt, den sog. Plan *France Relance*. Dieser soll die durch die Corona-Krise schwer getroffene französische Wirtschaft auf der einen Seite kurzfristig ankurbeln, auf der anderen Seite auf lange Sicht verändern, indem Investitionen in innovative Branchen und in die ökologische Transformation gefördert und gleichzeitig fiskalische Anreize für Unternehmen geschaffen werden. Die ca. 70 verschiedenen Maßnahmen drehen sich um drei Hauptachsen: den ökologischen Umbau der Wirtschaft (30 Milliarden), den Ausbau der Wettbewerbsfähigkeit der Unternehmen (35 Milliarden) und den sozialen Zusammenhalt, insbesondere den Erhalt bzw. die Schaffung von Arbeitsplätzen (35 Milliarden). Zur Förderung der Wettbewerbsfähigkeit werden nicht nur die Produktionskosten der Unternehmen durch erhebliche Steuersenkungen reduziert (s. dazu nachfolgenden Beitrag). In einem Gesamtvolumen von drei Milliarden Euro soll außerdem die Eigenkapitalbasis französischer Unternehmen mittels einer staatlichen, über die Staatsbank *Bpifrance* gestellten Bürgschaft für Beteiligungsdarlehen von Banken und Investmentfonds gestärkt werden. Weitere Milliarden sollen in die Förderung von Investitionsprojekten in Schlüsselmärkten und die Relokalisierung von strategisch wichtigen Branchen fließen. Kleine und mittlere Unternehmen sollen außerdem Hilfen für ihre digitale Transformation erhalten.

Rechtsanwältin und Avocate Ellen Delzant hat sich auf Europäisches Insolvenzrecht spezialisiert. Sie gehört zum French Desk von Schultze & Braun und berät Unternehmen in grenzüberschreitenden Sanierungs- und Insolvenzfragen.
E-Mail: *EDelzant@schultze-braun.de*

c. Steuerentlastungen

Von Jérémy Reis, Steuerberater (zugelassen in Frankreich)

Steuerentlastungen hat Frankreich in zwei Schritten erlassen: Dringende Maßnahmen wurden umgehend getroffen, um die kurzfristigen Auswirkungen der Pandemie aufzufangen. Für einen langfristigen Wirtschaftsaufschwung wurde das oben schon erwähnte Konjunkturprogramm *France Relance* beschlossen.

Fristverlängerungen und Zahlungsaufschübe

Zunächst wurde die Frist für die Einreichung der Einnahmeüberschussrechnung – normalerweise im Mai einzureichen – für Einzelunternehmen, die durch die Pandemie in Schwierigkeiten geraten sind, auf den 30. Juni 2020 verschoben.

Darüber hinaus konnten alle Unternehmen, die in eine finanzielle Schieflage geraten waren, eine Stundung für die Anzahlung auf die Körperschaftsteuer und Gewerbesteuer bis zum 30. Juni 2020 beantragen. Die Anzahlung von Mai 2020 für die sog. *taxe sur les salaires* (Steuer auf die gezahlten Gehälter für Unternehmen, die der Mehrwertsteuer nicht unterworfen sind) konnte um drei Monate verschoben werden.

Bzgl. der jährlichen Umsatzsteuererklärung, die in Frankreich normalerweise am 5. Mai abzugeben ist, wurde allen Steuerberatern ein Zeitpuffer seitens der Finanzverwaltung eingeräumt, wenn die Zusammenstellung der notwendigen Unterlagen Schwierigkeiten bereitete.

Stundung von Steuerschulden

Kleine und mittlere Unternehmen können für die Begleichung ihrer Steuerlast eine Ratenzahlung über einen Zeitraum von 12, 24 oder 36 Monaten beantragen. Diese Unterstützungsmaßnahme betrifft alle Steuern, die zwischen dem 1. März 2020 und dem 31. Mai 2020 fällig waren. Der Antrag muss bis zum 31. Dezember 2020 eingereicht werden.

Die Senkung der Körperschaftsteuer

Bereits vor der Pandemie war ein Reformprozess zur Reduzierung der Körperschaftsteuer in Frankreich eingeleitet worden. Der Steuersatz der Körperschaftsteuer war von 33,33 % auf 28 % im Jahr 2020 gesunken. Eine weitere Senkung des Steuersatzes auf 26,5 % im Jahr 2021 und auf 25 % im Jahr 2022 war ursprünglich vorgesehen, verzögerte sich dann aber. Die ursprünglich geplante Senkung wurde nun umgesetzt, sodass die Unternehmen die Auswirkungen der Pandemie besser bekämpfen können.

Steuermaßnahmen aus dem Konjunkturprogramm

Der Plan *France Relance* sieht für den 1. Januar 2021 die Senkung der betrieblichen Steuern vor.

In Frankreich entspricht die *Contribution économique territoriale (CET)* der deutschen Gewerbesteuer. Sie besteht aus der *CVAE* (*cotisation sur la valeur ajoutée* – Abgabe auf den Mehrwert) und der *CFE* (*cotisation foncière des entreprises* – Abgabe auf Immobilieneigentum von Unternehmen). Die Anstrengungen der Regierung konzentrieren sich grundsätzlich auf diese beiden Steuern.

In erster Linie ist eine Senkung der *CVAE* in Höhe von 50 % für alle Unternehmen vorgesehen.

Darüber hinaus verringern sich die Steuern auf das Eigentum an oder die Nutzung von Grundstücken und Gebäuden in Höhe von 50 % für alle Industriebetriebe (Fabriken, Produktionsstätten usw.). Zwei Steuern sind betroffen: die *CFE* (siehe oben) und die Grundsteuer. Unternehmen, die Eigentümer ihrer Geschäftsräume sind, werden von der Senkung der Grundsteuer profitieren.

Als weitere spezifische Maßnahme wird es auch eine Begrenzung der *CET* geben. In Frankreich ist die *CET* auf einen Betrag in Höhe von 3 % der Bruttowertschöpfung begrenzt. Diese Höchstgrenze wird auf 2 % abgesenkt. Das heißt konkret, dass, wenn die *CET* einen Betrag von 2 % der Bruttowertschöpfung überschreitet, die betroffenen Unternehmen eine Steuerermäßigung erhalten werden. Diese Entlastung wird dann mit der *CFE* verrechnet.

Diese Maßnahmen wenden sich hauptsächlich an kleine und mittlere Unternehmen, die in einem unsicheren wirtschaftlichen Umfeld oft strukturell am meisten gefährdet sind.

Jérémy Reis, Expert-comptable (Steuerberater, zugelassen in Frankreich), gehört zum French Desk von Schultze & Braun.
E-Mail: *JReis@schultze-braun.de*

3. Italien

Von Alessandro Honert, Rechtsanwalt und Avvocato (zugelassen in Deutschland und Italien), und Dr. Sara Puglia Mueller, Steuerberaterin und Wirtschaftsprüferin (zugelassen in Italien)

Der italienische Gesetzgeber hat seit Beginn der Corona-Krise eine Reihe von Maßnahmen umgesetzt, die der wirtschaftlichen Unterstützung von Unternehmen dienen.

a. Insolvenzrechtliche Regelungen

Inkrafttreten der Insolvenzrechtsreform vertagt

Im Hinblick auf die insolvenzrechtlichen Sonderregelungen in Italien ist auf das zweite Dekret zur Eindämmung der Folgen Pandemie (*Decreto Legge Liquidità* Nr. 23 vom 8. April 2020) zu verweisen, dessen Art. 5 das Inkrafttreten der Insolvenzrechtsreform bis zum 1. September 2021 vertagt hat. Die Reform sollte ursprünglich am 15. August 2020 in Kraft treten und sieht als zentrales Element die Schaffung eines Frühwarnverfahrens auf Basis der gesetzlich festgelegter Krisenindikatoren vor; dieses Frühwarnsystem drohte in der aktuellen makroökonomischen Krise gleichsam zu einem „Brandbeschleuniger" für Insolvenzverfahren zu denaturieren.

Ferner sieht das *Decreto Legge Liquidità* in Art. 6 die zeitlich bis zum 31. Dezember 2020 befristete Aussetzung der für Kapitalgesellschaften geltenden gesellschaftsrechtlichen Kapitalerhaltungsbestimmungen vor; damit soll verhindert werden, dass eine etwaige Überschuldung der Gesellschaft das Geschäftsführungsorgan dazu zwingt, dem Firmenregister die Auflösung der Gesellschaft anzuzeigen.

Going concern wird unterstellt

Von Bedeutung über den 31. Dezember 2020 hinaus ist der Umstand, dass nach Maßgabe von Art. 7 des *Decreto Legge Liquidità* in Bezug auf das am 31. Dezember 2020 laufende Geschäftsjahr für Bilanzzwecke der *going concern* unterstellt wird, wenn dieser in der letzten vor der Corona-Krise verabschiedeten Bilanz gegeben war. Auf diese Weise soll vermieden werden, dass die Unternehmen infolge der Corona-Krise dazu gezwungen sind, Zerschlagungswerte zu bilanzieren, was in vielen Fällen die Überschuldung der Gesellschaft zur Folge hätte.

Insolvenzrechtliche Auswirkungen über das Jahr 2020 hinaus entfaltet die in Art. 8 des *Decreto Legge Liquidità* enthaltene Regelung, der zufolge in der Zeit zwischen dem 9. April 2020 und 31. Dezember 2020 gewährte Gesellschafterdarlehen nicht dem sonst gesetzlich angeordneten Rangrücktritt unterliegen. Die Folge ist, dass Rückzahlungen auf solche Gesellschafterdarlehen auch dann nicht angefochten werden können, wenn nachfolgend binnen zwölf Monaten ein Insolvenzverfahren eröffnet wird.

Fristverlängerungen

Große praktische Auswirkungen hat Art. 9 des *Decreto Legge Liquidità:* Die Frist für Zahlungen in Ausführung von präventiven Vergleichsverfahren und Vereinbarungen zur Schuldenumstrukturierung, die zwischen dem 23. Februar 2020 und dem 31. Dezember 2021 fällig werden, wird um sechs Monate verlängert. Außerdem kann der Schuldner vor dem Termin für die gerichtliche Bestätigung des

Vergleichsplans etc. die einseitige Verlängerung der dort vorgesehenen Fristen um maximal sechs Monate beantragen.

Vergleich mit Finanzbehörden

Besondere Tragweite kommt der mit *Legge 159/2020* am 4. Dezember 2020 in Kraft getretenen Reform des Instituts der sog. *transazione fiscale,* also dem Vergleich mit Finanz- oder Sozialversicherungsbehörden zu: Im präventiven Vergleichsverfahren und der Vereinbarung zur Schuldenumstrukturierung kann die erforderliche gerichtliche Bestätigung jetzt auch dann erfolgen, wenn mangels Zustimmung der Behörden die erforderlichen Gläubigermehrheiten nicht erreicht worden sind; Voraussetzung hierfür ist, dass der Schuldner auf Grundlage eines Gutachtens eines unabhängigen Fachmanns dartun kann, dass die vorgeschlagene Sanierung für die Gläubiger vorteilhafter ist als die Liquidation des Vermögens im Rahmen der Regelinsolvenz.

b. Arbeitsrechtliche Regelungen

Die arbeitsrechtlichen Sonderregelungen betreffen im Wesentlichen zwei Themenkreise.

Kurzarbeit

Die bereits in dem ersten Dekret zur Eindämmung der Folgen von COVID-19 *(Decreto Legge Cura Italia* Nr. 18 vom 17. März 2020) vorgesehene erweiterte und vereinfachte Inanspruchnahme der Kurzarbeiterkasse wird durch das Bilanzgesetz 2021 *(Legge di Bilanci 2021)* verlängert und kann bis längstens 31. März 2021 *(CIGO)* bzw. 30. Juni 2021 *(CIGD)* bezogen werden.

Kündigungsverbote

Das Kündigungsverbot aus betriebsbedingten Gründen wurde vom Bilanzgesetz 2021 zeitlich verlängert und gilt nun bis zum 31. März 2021 für alle Arbeitgeber. Das Kündigungsverbot gilt nicht im Falle der Betriebseinstellung oder der Insolvenz ohne Betriebsfortführung (Art. 14 *Decreto Legge Agosto*).

Die Details sind in dem Gesetzesdekret Nr. 104 vom 14. August 2020 geregelt und im *Decreto Ristori* (Kurzarbeiterkasse) sowie der *Legge di Bilancio* 2021 fortgeschrieben worden.

c. Finanzhilfen

Stützung der Liquidität

Kleinste, kleine und mittlere Unternehmen können beantragen, dass ihnen gewährte Darlehen und Kreditlinien bis zum 31. Januar 2021 nicht gekündigt und Kredit- sowie Leasingzahlungsverpflichtungen ausgesetzt werden (Art. 65 *Decreto Legge Agosto*). Das Bilanzgesetz 2021 sieht die Verlängerung des Kündigungsverbots bis zum 30. Juni 2021 vor.

Der Stützung der Liquidität dient auch die Gewährung von Kreditsicherheiten seitens der *SACE S.p.A.* zugunsten von Unternehmen zwecks Erlangung von Bankdarlehen mit einer Laufzeit von maximal sechs Jahren. Die Darlehensmittel müssen zu bestimmten, gesetzlich detailliert geregelten Zwecken eingesetzt werden; zudem muss sich das Unternehmen dazu verpflichten, für 2020 keine Dividenden auszuschütten (Art. 1 *Decreto Legge Liquidità*). Die Regelungen waren zunächst bis zum 31. Dezember 2020 befristet und wurden mit der *Legge di Bilancio* 2021 bis zum 30. Juni 2021 verlängert. Darüber hinaus und über dieses Datum hinaus erhält die *SACE S.p.A* die Befugnis, zu marktüblichen Konditionen Kreditsicherheiten jedweder Form im Gesamtvolumen von bis zu 200 Milliarden Euro zugunsten von Banken zu übernehmen, die Unternehmen mit Sitz in Italien finanzieren. Die von der *SACE S.p.A* gewährte Kreditsicherheit ist mit einer vom italienischen Staat übernommenen Bürgschaft gesichert (Art. 2 *Decreto Legge Liquidità*).

Mit unentgeltlichen Kreditsicherheiten des „Zentralen Garantiefonds für kleine und mittlere Unternehmen" für Darlehen bis zu einer Höhe von fünf Millionen Euro soll kleinen und mittleren Unternehmen der Zugang zu Bankkrediten erleichtert werden (*Art. 13 Decreto Legge Liquidità*). Die Regelung war bis zum 31. Dezember 2020 befristet und wurde mit der *Legge di Bilancio* 2021 bis zum 30. Juni 2021 verlängert.

Förderung des Export und der Internationalisierung

Mit Wirkung ab dem 1. Januar 2021 wird das System der Versicherung und Rückversicherung politischer, wirtschaftlicher und handelsbedingter Risiken, denen italienische Unternehmer bei internationalen Geschäften ausgesetzt sind, reformiert (Art. 2 *Decreto Legge Liquidità)*. Die Exportversicherungen werden in Zukunft im Umfang von 90 % seitens des italienischen Staats und zu 10 % von *SACE S.p.A* übernommen. Die *SACE S.p.A* soll die strategischen Sektoren der italienischen Wirtschaft (Landwirtschaft, Lebensmittel, Mode, *Made in Italy*) sowie Operationen mit strategischen Handelspartnern privilegieren.

Stützung der Kapitalisierung der Unternehmen und Gewährung verlorener Zuschüsse

Das *Decreto Legge Rilancio* Nr. 34/2020 vom 19. Mai 2020 (insb. Art. 25) und das *Decreto Legge Agosto* (insb. Art. 9 ff., 58 f.) sowie die insgesamt vier sog. *Decreto Legge Ristori* Nr. 137, 149, 154 und 157 sehen eine Reihe von verlorenen Zuschüssen für Unternehmen und Freiberufler vor, die infolge der Corona-Krise Umsatzverluste erlitten haben.

Des Weiteren werden zugunsten von KMU, die in der Zeit zwischen dem 1. März 2020 und dem 30. April 2020 Umsatzrückgänge gegenüber dem Vorjahr im Umfang von 33 % erlitten und in der Zeit zwischen dem 20. Mai 2020 und dem 31. Dezember 2020 Kapitalerhöhungen im Umfang von wenigstens 250.000 Euro beschlossen und ausgeführt haben, Steuergutschriften für (i) Kapitalerhöhungen und (ii) im Geschäftsjahr 2020 erlittene Verluste gewährt. Auch ist ein Fonds eingerichtet worden, der von KMU ausgegebene Schuldverschreibungen zeichnen kann (Art. 26 *Decreto Legge Rilancio*).

Der Stützung der Kapitalausstattung der Unternehmen dient weiter die bereits erwähnte in Art. 8 des *Decreto Legge Liquidità* vorgesehene Bestimmung, nach Maßgabe derer in der Zeit zwischen dem 9. April 2020 und dem 31. Dezember 2020 gewährte Gesellschafterdarlehen nicht dem sonst gesetzlich angeordneten Rangrücktritt unterliegen; in dieser Weise soll die Bereitschaft der Gesellschafter, den Unternehmen frische Finanzmittel zu gewähren, gefördert werden.

d. Steuerentlastungen

Aussetzung, Stundung und Aufhebung von Zahlungsverpflichtungen; Einräumung von Steuergutschriften, Verrechnung von Steuerguthaben

Der italienische Krisengesetzgeber hat insbesondere in den *Decreti Legge Cura Italia, Liquidità* und *Rilancio* sowie *Ristori* eine Vielzahl im Jahre 2020 fällig werdender Steuern und Abgaben zeitweise ausgesetzt und gestundet. Des Weiteren wurde in Art. 24 des *Decreto Legge Rilancio* für Unternehmen mit einem Umsatz von nicht mehr als 250.000 Euro die Verpflichtung zur Zahlung der letzten Rate der Gewerbesteuer für das Jahr 2019 und des ersten Gewerbesteuervorschusses für das Jahr 2020 aufgehoben.

Darüber hinaus werden Unternehmen Steuergutschriften für eine Reihe von Ausgaben gewährt. Dies betrifft insbesondere:

- gewerbliche Mieten der Monate März 2020 bis Dezember 2020 (die Dauer hängt von der Branche ab), Art. 28 *Decreto Legge Rilancio;*

- Kosten der baulichen Anpassung und Desinfektion der Betriebe für die Zwecke der COVID-Prävention, Art. 120, 125 *Decreto Legge Rilancio*;

- Investitionen in Hoteleinrichtungen, Thermalschwimmbäder und Unterkünfte im Freien, die in den Jahren 2020 und 2021 getätigt werden oder getätigt worden sind. Die Steuergutschrift beläuft sich auf 65 % der Investitionssumme (Art. 79 *Decreto Legge Agosto*).

Von erheblicher praktischer Bedeutung ist Art. 147 des *Decreto Legge Rilancio*. Zur Stützung der Liquidität der Unternehmen besteht im Jahre 2020 die Möglichkeit, steuerliche Guthaben im Umfang von einer Million Euro (insbesondere Umsatzsteuerforderungen, deren Auszahlung in Italien vielfach Monate in Anspruch nimmt und oftmals nur gegen die Beibringung von Sicherheiten erfolgt) mit Verbindlichkeiten gegenüber dem Fiskus zu verrechnen; zuvor war die Verrechnung auf 700.000 Euro beschränkt.

„Superbonus 110 %"

Der Förderung von Investitionen dient die Einführung des sog. „Superbonus" im Umfang von 110 % (Art. 119 *Decreto Legge Rilancio)* der Investitionen in:

- Maßnahmen zur energietechnischen Verbesserung von Gebäuden:
  - thermische Isolierung,
  - Ersetzung von Heizungsanlagen;

- Maßnahmen zur Verbesserung der Erdbebensicherheit von Gebäuden;

- Aufdach-PV-Anlagen;

- Ladestellen für Elektroautos,

die in der Zeit vom 1. Juli 2020 bis zum 31. Dezember 2021 getätigt werden.

Der „Superbonus" kann von Hauseigentümergemeinschaften, Verbrauchern sowie gemeinnützigen Organisationen in Anspruch genommen werden; Unternehmen haben keinen Anspruch auf den „Superbonus".

Die Geltendmachung des „Superbonus" erfolgt in der Weise, dass ein Betrag entsprechend 110 % der zugelassenen Investitionssumme vom Inhaber in fünf gleichen Jahresraten von der jeweiligen Steuerschuld in Abzug gebracht werden kann.

Als Alternative zum Steuerabzug besteht die Möglichkeit, von dem Lieferanten der förderfähigen Investitionsgüter einen Vorabbeitrag in Form eines Rechnungsabzugs zu erhalten; möglich ist des Weiteren die (entgeltliche) Zession des Steuerguthabens.

Erlass von Grundsteuer für die Jahre 2020, 2021 und 2022

Unternehmen der Tourismus-, Messe- sowie Kino-, Theater- und Konzertbranche sind von der Verpflichtung zur Zahlung der zweiten Grundsteuerrate *(IMU)* entbunden (Art. 78 *Decreto Legge Agosto)*. Für Kino-, Theater-, Ausstellungs- und Konzertbetriebe wird diese Freistellung auch auf die Jahre 2021 und 2022 erstreckt.

Buchwertaufstockung

In der Bilanz per 31. Dezember 2020 können die Buchwerte des Anlagenvermögens der Unternehmen aufgestockt werden. Wenn die Buchwertaufwertung auch zu steuerlichen Zwecken erfolgen soll, ist eine Ersatzsteuer in Höhe von 3 % des Aufstockungswerts zu entrichten (Art. 110 *Decreto Legge Agosto)*.

Rechtsanwalt und Avvocato Alessandro Honert leitet das Italy Desk von Schultze & Braun. Er berät Unternehmen zu Fragen im deutsch-italienischen Wirtschafts- und Insolvenzrecht.
E-Mail: *AHonert@schultze-braun.it*

Wirtschaftsprüferin Dr. Sara Puglia Mueller, Steuerberaterin (zugelassen in Italien), gehört zum Italy Desk von Schultze & Braun.
E-Mail: *SPugliamueller@schultze-braun.it*

4. Niederlande

Von Dr. Michael Rozijn, Rechtsanwalt und Fachanwalt für IT-Recht

Bereits am 12. März 2020 wurden in den Niederlanden die ersten Maßnahmen gegen die wirtschaftlichen Folgen der Corona-Pandemie, z. B. eine umfassende Steuerstundung, verkündet. Kurz darauf, am 17. März 2020, erließ die niederländische Regierung ein erstes, umfassendes Hilfspaket. Am 28. August 2020 kündigte die Regierung ein drittes Hilfspaket an, dessen langfristigere Maßnahmen bis in das Jahr 2021 hinein gelten. In Anbetracht der zweiten Pandemie-Welle und eines neuerlichen Teil-Lockdowns hat die Regierung Ende 2020 weitere Hilfen, für besonders betroffene Branchen, angekündigt.

a. Insolvenzrechtliche Regelungen

Zurückhaltung bei Insolvenzanträgen

Das niederländische Insolvenzrecht kennt, wie bereits oben erwähnt, keine Insolvenzantragspflicht, die wegen der Auswirkungen der Pandemie zum Schutz der Unternehmen hätte ausgesetzt werden können. Seit Erlass der staatlichen Corona-Beschränkungen wird in der gerichtlichen Praxis Zurückhaltung in Bezug auf Vollstreckungs- und Insolvenzanträge gegen Unternehmen geübt. Der Gesetzgeber hat dieser Praxis mit dem *Tijdelijke wet COVID-19 SZW en JenV* nun auch eine gesetzliche Grundlage gegeben. Hiernach wird das Gericht dazu ermächtigt, den Insolvenzantrag eines Gläubigers auf Antrag des Schuldners zwei Monate – mit der Option auf Verlängerung um bis zu zwei weitere Monate – auszusetzen. Es handelt sich nicht um ein pauschales Moratorium, da der Richter dazu verpflichtet bleibt, zwischen Schuldner- und Gläubigerinteressen abzuwägen. Mit Bewilligung des Antrags kann dem Schuldner unter Aufhebung der Verzugsregeln eine zivilrechtliche Stundung von Altforderungen des antragstellenden Gläubigers gewährt werden. Zudem kann das Gericht Vollstreckungsmaßnahmen des Gläubigers aussetzen. Letzteres gilt auch für Schuldner, gegen die kein Insolvenzantrag eingereicht worden ist. Im Fall einer späteren Insolvenz ist die Anfechtbarkeit von Zahlungen des Schuldners aus der Zeit des Zahlungsaufschubs ausgesetzt. Die Gesetzesmaßnahme hat eine begrenzte Laufzeit bis zum 1. Februar 2021, wobei Verlängerungen für jeweils zwei Monate per Verordnung möglich sind.

Aufgrund der Corona-Pandemie beschleunigte der Gesetzgeber sein bereits eingeleitetes Gesetzgebungsverfahren zur Einführung des *Wet homologatie onderhands akkoord* (*WHOA* – Gesetz zur Genehmigung eines außergerichtlichen Vergleichs), das am 1. Januar 2021 in Kraft tritt. Mit dem *WHOA* haben die Niederlande die Richtlinie (EU) 2019/1023 über präventive Restrukturierung und Insolvenz umgesetzt und damit den Präventiven Restrukturierungsrahmen eingeführt. Das WOAH tritt als vorinsolvenzliches Instrument neben die beiden bisherigen Standardverfahren *faillissement* (Insolvenz) und *surseance van betaling* (Zahlungsaufschub). Die neuen Regelungen sind als Bestandteil in das *Faillissements-wet* (niederländisches Insolvenzgesetz) integriert worden. Bis dato sah das Insolvenzrecht keine obligatorische Vergleichsvereinbarung außerhalb des Insolvenzverfahrens vor. Die neuen Regelungen eröffnen Unternehmen in einer Krise und bei drohender Insolvenz die Möglichkeit, ihre Schulden außerhalb des gerichtlichen Insolvenzverfahrens durch einen Vergleich mit Gläubigern umzustrukturieren. Stimmt eine der Gläubigerklassen, die im Verfahren gebildet werden, der Umstrukturierungsvereinbarung zu, kann die Vereinbarung dem Gericht zur Genehmigung (ndl. *homologatie*) vorgelegt werden. Durch die gerichtliche Genehmigung sind dann alle an dem Verfahren beteiligten Gläubiger und Gesellschafter, auch die widersprechenden, an die Vereinbarung gebunden (ndl. *dwangakkoord*). Als weitere pandemiebedingte Unterstützungsmaßnahme räumte der Gesetzgeber den Unternehmen mit dem sog. *time-out-arrangement (TOA)* die Möglichkeit ein, bereits vor dem Inkrafttreten des *WOAH* am 1. Januar 2021 den Vergleich vorzubereiten, d. h., die Maßnahmen soweit zu ergreifen und umzusetzen, dass der Vergleich direkt ab dem 1. Januar 2021 dem Gericht zur Genehmigung vorgelegt werden kann.

b. Arbeitsrechtliche Regelungen

Kurzarbeit eingeführt

Mit der *Tijdelijke Noodmaatregel Overbrugging voor Werkgelegenheid (NOW* – Befristete Notmaßnahme Überbrückung für die Beschäftigungslage) wurde eine für die Niederlande neuartige Regelung eingeführt, die mit dem deutschen Instrument der Kurzarbeit vergleichbar ist. Hierbei gewährt der niederländische Staat einem Unternehmen, das über einen Zeitraum von drei aufeinanderfolgenden Monaten coronabedingte Umsatzeinbußen von mindestens 20 % (ab dem 2. Quartal 2021: 30 %) erwartet, je nach Höhe der Verluste einen Zuschuss von 80 % (bis 1. Quartal 2021) bzw. 60 % (2. Quartal 2021) der Lohnkosten zuzüglich eines Aufschlags von 40 % für weitere Arbeitgeberkosten wie etwa Rentenbeiträge. Parallel zur Abnahme der Zuschüsse können die Arbeitgeber die Löhne um 10 % (bis 1. Quartal 2021) senken, was nicht zulasten des *NOW*-Zuschusses geht. Auf den Zuschuss wird ein dreiteiliger Vorschuss von 80 % geleistet. Ab einem Vorschuss von 100.000 Euro (oder mehr) bzw. einem definitiven Zuschuss von 125.000 Euro (oder mehr) ist Voraussetzung die Aussetzung von Dividenden- und Bonuszahlungen für das Jahr 2020 bis zur Gesellschafterversammlung 2021. Die Regelung wurde am 1. Oktober 2020 ein weiteres Mal verlängert und gilt nun – jeweils in dreimonatigen Abschnitten – bis zum 1. Juli 2021 (*NOW 3.0*).

c. Finanzhilfen

Wie viele andere Staaten stellen auch die Niederlande immense Hilfsgelder in zahlreichen Finanzierungsprogrammen für die eigene Wirtschaft bereit. Stand Anfang Dezember 2020 beliefen sich die geleisteten Hilfen auf 33,7 Milliarden Euro bei einem regulären Staatshaushalt von gut 300 Milliarden Euro. Weitere 3,7 Milliarden Euro wurden – Stand Anfang Dezember 2020 – in Aussicht gestellt. Für das Jahr 2021 wurde – Stand Oktober 2020 – mit weiteren 14,4 Milliarden Euro an Hilfen gerechnet. Ein Großteil der Programme gewährt Zuschüsse, so etwa für das Kurzarbeitprogramm *NOW*. Zusätzlich werden Garantien für Unternehmen (u. a. für *Koninklijke Luchtvaart Maatschappij N.V. – KLM*) sowie für Programme der EU in Höhe von insgesamt 33 Milliarden Euro gewährt. Im dritten Hilfspaket sind

Investitionen in öffentliche Infrastrukturprojekte und innovative Unternehmen ein Schwerpunkt.

Garantien Mittel- und Kleinbetriebe-Kredite

Eine bereits bestehende staatliche Absicherung von Finanzierungsmaßnahmen für kleine und mittlere Betriebe (*Borgstelling MKB-kredieten – BMKB*, Garantien Mittel- und Kleinbetriebe-Kredite), ist von effektiv 45 % auf 67,5 % ausgeweitet worden (jetzt *BMKB-C)*. Überbrückungs- und Dispokredite können so bis zu einem Höchstbetrag von 1,5 Millionen Euro finanziert werden. Kleinere und mittlere Betriebe (einschließlich Selbstständiger) machen ca. 99 % der Betriebe in den Niederlanden aus und erwirtschaften rund 60 % des Landesumsatzes. *BMKB-C* läuft bis Ende 2021.

Hilfsprogramm für besonders betroffene Branchen

Ein weiteres Finanzierungsprogramm wurde als branchenspezifische Unterstützung für die von den staatlichen Corona-Beschränkungen besonders betroffenen Sektoren, etwa das Gaststättengewerbe, aufgelegt. Die bereits ausgelaufene *Beleidsregel tegemoetkoming ondernemers getroffen sectoren COVID-1 (TOGS –* Richtlinie zur Entschädigung von Unternehmern in betroffenen Sektoren COVID-19) sah einen Einmalzuschuss von 4.000 Euro für kleine und mittlere Unternehmen (KMU) vor. Mit dem Nachfolgeprogramm, der *Regeling subsidie financiering vaste lasten MKB COVID-1*, (*TVL* – Regelung Zuschuss zur Finanzierung von Fixkosten) werden KMU und Selbstständige bei der Finanzierung von sonstigen Fixkosten (außer Personalkosten) – abhängig von den Umsatzeinbußen – mit bis zu 90.000 Euro pro drei Monate unterstützt. Die Regelung gilt bis zum 1. Juli 2021. Im letzten Quartal 2020 und im ersten Quartal 2021 steht die Fixkosten-Unterstützung nun den Unternehmen aller Branchen zur Verfügung. Außerdem gibt es weitere spezifische Hilfen für Unternehmen des Gaststättengewerbes und der Veranstaltungsbranche.

Selbstständige

Mit der *Tijdelijke overbruggingsregeling zelfstandige ondernemers (Tozo* – Befristete Überbrückungsregelung für Selbstständige) werden Selbstständigen, die immerhin zwei Drittel aller Unternehmen in den Niederlanden ausmachen, Zuschüsse für den privaten Lebensunterhalt und dreijährige Betriebskredite von bis zu 10.157 Euro zum Zins von 2 % p. a. gewährt. Voraussetzung ist, dass die Liquiditätsprobleme Folge der Pandemie sind. Ab dem 2. Quartal 2021 wird im Vorfeld zusätzlich eine Überprüfung des Barvermögens durchgeführt. Die Auszahlung erfolgt durch die Gemeinde. Im Fall der Insolvenz kann diese das Darlehen sofort zurückfordern. Seit dem 1. Oktober 2020 gilt die dritte Auflage des Programms *(Tozo 3.0); vom 1. April 2020 bis 1. Juli 2020 wird die vierte Version gelten (Tozo 4)*. Flankierend bieten die Gemeinden Unterstützung bei Maßnahmen zur Weiterbildung, Umschulung und Neuorientierung von selbstständigen Unternehmern.

Staatsbürgschaften

Für größere Unternehmen ist die staatliche *Garantie Ondernemersfinanciering* (*GO* – Bürgschaft Unternehmensfinanzierung) ausgeweitet worden (jetzt *GO-C*). Mit *GO-C* sichert der Staat rentablen Unternehmen Kredite in Höhe von 1,5 bis 150 Millionen Euro bei akkreditierten Finanzierern mit Garantien in Höhe von 80 % bzw. 90 % (statt wie üblich 50 %) ab. *GO-C* läuft bis zum 1. Juli 2021. Ausgenommen von *BMKB-C* und *GO-C* sind unter anderem die Finanzbranche und die Immobilienverwaltung.

Fluggesellschaft KLM

Die Fluggesellschaft *KLM*, an deren Holding *Air France-KLM S.A.* der niederländische Staat mit 14 % beteiligt ist und die einer der größten Arbeitgeber in den Niederlanden ist, wird mit 3,4 Milliarden Euro in Form von Garantien und Darlehen unterstützt. Gekoppelt wird die Hilfe an eine Reihe von Auflagen, deren Einhaltung von einem *government state agent* kontrolliert wird.

d. Steuerentlastungen

Die wirtschaftspolitischen Hilfsmaßnahmen der Niederlande zur Unterstützung der Wirtschaft gegen die Auswirkungen der Corona-Pandemie beinhalten auch steuerliche Maßnahmen. Bis zum 1. April 2021 kann eine dreimonatige Stundung der Einkommensteuer *(inkomstenbelasting)* und der Körperschaftsteuer *(vennootschapsbelasting)* sowie einer Reihe weiterer Steuern, darunter auch indirekte Steuern wie Umsatz-, Lohn- und Energiesteuer, beantragt werden. Ausgenommen sind die Dividendensteuer sowie Sozialversicherungsbeiträge. Außerdem sind für denselben Zeitraum bestimmte administrative Verpflichtungen bezüglich der Lohnsteuer ausgesetzt.

Keine generelle Senkung des Umsatzsteuersatzes

Der niederländische Gesetzgeber sah davon ab, als steuerliche Unterstützungsmaßnahme eine befristete generelle Senkung des Umsatzsteuersatzes von derzeit 21 % bzw. 9 % einzuführen. Für den Erwerb eines Mund-Nasen-Schutzes und von Corona-Testkits und Impfstoffen gilt bis zum 1. April 2021 ein reduzierter Umsatzsteuersatz von 0 % anstatt der regulären 21 %. Die Schenkung medizinischer Hilfsgüter und -geräte – so eine entsprechende Initiative der EU-Kommission – sowie die Überlassung medizinischen Personals waren ebenfalls von der Umsatzsteuer befreit. Bei den getroffenen Maßnahmen handelte es sich ganz überwiegend um Beschlüsse der Exekutive, nicht um Gesetze.

Die Stundung der Steuerlast wird einem Unternehmen, das nach Einreichen seiner Steuerklärung den Steuerbescheid erhielt, auf Antrag für die Dauer von drei Monaten gewährt. Die Stundung kann nach drei Monaten verlängert werden. Bei einer Steuerschuld von weniger als 20.000 Euro reicht ein eigener Nachweis der Umsatzrückgänge aus. Bei einer höheren Steuerschuld ist für den Verlängerungsantrag die Bestätigung eines externen Fachkundigen (Wirtschaftsprüfer, Steuerberater) vorzulegen, dass die Umsatzrückgänge wahrscheinlich im Wesentlichen auf die Corona-Krise zurückzuführen waren. Weitere Voraussetzungen für eine Verlängerung der Stundung sind ein Auszahlungsstopp von Boni und Dividenden sowie ein Nicht-Kauf eigener Anteile. Zusätzlich ist der Zinssatz für verspätet gezahlte Steuern *(invorderingsrente)* für die Zeit bis zum 31. Dezember 2021 von 4 % auf 0,01 % gesenkt worden. Vorübergehend wurde für 2020 auch der Zinssatz für zu wenig gezahlte Steuern *(belastingrente)* in dieser Weise reduziert sowie das Säumnisbußgeld *(verzuimboete)* ausgesetzt. Für die Rückzahlung der ausgesetzten Steuern kann der Steuerschuldner für die Zeit zwischen dem 1. Juli 2021 und dem 1. Juli 2024 einen flexiblen, dreijährigen Zahlungsplan mit der Finanzverwaltung vereinbaren.

Für das Steuerjahr 2020 ist der Prozentsatz für steuerfreie Leistungen an Arbeitnehmer *(werkkostenregeling)* von 1,7 % auf 3 % der Lohnsumme erhöht worden.

Unternehmen können für die Körperschaftsteuer 2019 in Form der sog. Corona-Reserve einfacher die erwarteten Corona-Verluste im Jahr 2020 geltend machen *(carry back)*.

Steuerstundung

Über 185.000 Unternehmen, knapp einem Zehntel aller Betriebe in den Niederlanden, wurde eine Steuerstundung gewährt. Der dabei gestundete Betrag belief sich auf 8,73 Milliarden Euro (Stand: 7. Oktober 2020). Das niederländische Wirtschaftsministerium geht aufgrund der zu erwartenden zwischenzeitlichen Insolvenzen davon aus, dass es sich bei einem Teil der Stundungen, genauer gesagt: bei 4,2 % bis 9,4 %, am Ende de facto um Zuschüsse handeln wird.

Rechtsanwalt Dr. Michael Rozijn, Fachanwalt für IT-Recht, leitet das Dutch Desk von Schultze & Braun. Er berät deutsche und niederländische Unternehmen und Insolvenzverwalter in grenzüberschreitenden Angelegenheiten des Wirtschafts-, Restrukturierungs- und Insolvenzrechts.
E-Mail: *MRozijn@schultze-braun.de*

5. Polen

Von Dr. Alexandra Josko de Marx, Rechtsanwältin

Einleitung

Am 13. März 2020 verkündete das polnische Gesundheitsministerium bis auf Weiteres wegen der SARS-CoV-2-Pandemie den drohenden Notstand, am 20. März 2020 sodann den nationalen epidemischen Notstand. Um die wirtschaftlichen Folgen der Pandemie abzumildern, hat die polnische Regierung am 18. März 2020 ein als *tarcza antykryzysowa* (Anti-Krisen-Schutzschild) bezeichnetes Maßnahmenpaket vorgestellt, welches fortlaufend aktualisiert wird. Es soll mit einem Gesamtvolumen von 312 Milliarden PLN (etwa 68 Milliarden Euro) der polnischen Wirtschaft unter die Arme greifen. Die letzte Ergänzung (das sog. Anti-Krisen-Schutzschild 6.0) wurde am 15. Dezember 2020 im polnischen Gesetzblatt veröffentlicht. Sie enthält u. a. Erweiterungen hinsichtlich des Kreises der Berechtigten für die Beantragung von Zuschüssen zu Mitarbeitergehältern, zu der Befreiung von Sozialversicherungsbeiträgen und zu der Vergabe von Mikrokrediten.

a. Insolvenzrechtliche Regelungen

Aussetzung der Insolvenzantragspflicht

Im Rahmen der Notstandsgesetzgebung sieht das polnische Schutzschild im Hinblick auf insolvenzrechtliche Sonderregelungen in Art.15zzra des Gesetzes vom 2. März 2020 über spezifische Vorkehrungen zur Verhütung, Prävention und Bekämpfung von COVID-19, anderen übertragbaren Krankheiten und den dadurch verursachten Krisen *(Ustawa z dnia 2 marca 2020 r. o szczególnych rozwiązaniach związanych z zapobieganiem, przeciwdziałaniem i zwalczaniem COVID-19, innych chorób zakaźnych oraz wywołanych nimi sytuacji kryzysowych)* eine Aussetzung der im polnischen Insolvenzgesetzbuch vorgesehenen Pflicht, bei Zahlungsunfähigkeit oder Überschuldung innerhalb von 30 Tagen seit Eintritt des Eröffnungsgrundes Insolvenzantrag zu stellen, vor. Diese beginnt nunmehr nicht bzw. wird unterbrochen, wenn die Pandemie ursächlich für die Insolvenzreife ist. Hierbei wird die Ursächlichkeit vermutet, sofern die Zahlungsunfähigkeit während des epidemischen Notstands eingetreten ist. Für die Beurteilung der Zahlungsunfähigkeit wird insofern auf den Stichtag des 12. März 2020 abgestellt.

Einführung eines vereinfachten außergerichtlichen Restrukturierungsverfahrens

In der im Juni 2020 vom polnischen Sejm verabschiedeten Aktualisierung des Schutzschildes wurde zudem ein vereinfachtes außergerichtliches Restrukturierungsverfahren eingeführt. Vorerst bis zum 30. Juni 2021 ist somit in Ergänzung zu den bisherigen Verfahren eine Restrukturierung im Wege eines Vergleichs-/Planverfahrens auch dergestalt möglich, dass dem Schuldner einmalig unter gleichzeitiger Gewährung von Vollstreckungs- und Kündigungsschutz die Möglichkeit eingeräumt wird, Verhandlungen mit seinen Gläubigern mit dem Ziel eines Vergleichsabschlusses aufzunehmen, auch ohne dass es hierfür der formellen Eröffnung eines Verfahrens durch ein Gericht bedürfte. Stattdessen wird der Abschluss einer Vereinbarung mit einem staatlich anerkannten Restrukturierungsberater über die Aufsicht über den Verfahrensablauf vorausgesetzt. Nach der obligatorischen Veröffentlichung des Verfahrens im Gerichts- und Handelsamtsblatt sowie der Benachrichtigung des Gerichts, welches für die Genehmigung des Vergleichs zuständig ist, seitens des Restrukturierungsberaters innerhalb von drei Tagen nach Bekanntgabe des Verfahrens, hat der Schuldner vier Monate Zeit, den Vergleich abzuschließen und genehmigen zu lassen. Verstreicht diese Frist fruchtlos, wird das Verfahren von Amts wegen eingestellt.

b. Arbeitsrechtliche Regelungen

Zuschüssen für Arbeitnehmer aus den Mitteln des Fonds für garantierte Leistungen

In arbeitsrechtlicher Hinsicht ist zu bemerken, dass die polnischen arbeitsrechtlichen Vorschriften eine Kurzarbeit, wie sie das deutsche Arbeitsrecht im Hinblick auf eine vorübergehende Verminderung der regulären Arbeitszeit aufgrund einer wirtschaftlichen Krise kennt, nicht grundsätzlich vorsehen. Zum Schutz von Arbeitsplätzen in der Pandemie wurden jedoch zuletzt Unterstützungsmaßnahmen für Arbeitgeber eingeführt, beispielsweise in Form von Zuschüssen aus den Mitteln des Fonds für garantierte Leistungen an Arbeitnehmer (sog. *FGŚP*). Für einen bestimmten Zeitraum wurden zudem Beschränkungen hinsichtlich betriebsbedingter Kündigungen festgelegt.

Die jüngsten Maßnahmen sehen für Arbeitgeber, die als Folge der COVID-19-Pandemie einen Rückgang ihrer Einnahmen aus dem Verkauf von Waren und Dienstleistungen verzeichnen, zudem für die Dauer von sechs Monaten die Möglichkeit vor, auf der Grundlage einer Vereinbarung mit den Arbeitnehmervertretern die Arbeitszeiten der Arbeitnehmer zu verkürzen oder wirtschaftliche Ausfallzeiten einzuführen. Des Weiteren kann ausstehender Urlaub (d. h. Urlaub, der in den vergangenen Jahren nicht genommen wurde) von bis zu 30 Tagen nunmehr auch ohne Zustimmung der Arbeitnehmer gewährt werden. Einen wesentlichen Einschnitt beim Schutz von Arbeitnehmerrechten bildet zudem die Möglichkeit des Arbeitgebers, die Anwendung bestimmter tarifvertraglicher Bestimmungen, Vergütungsregelungen oder Bestimmungen des betrieblichen Sozialleistungsfonds auszusetzen.

c. Finanzhilfen

Finanzschild mit einem Volumen von 100 Milliarden PLN

Die polnische Regierung stellte im Wege sog. Anti-Krisen-Schutzschilder in den vergangenen Monaten verschiedene Instrumente für alle Unternehmergruppen von Kleinst- über mittelständische bis hin zu großen Unternehmen zur Verfügung. Das sog. Finanzschild *(Tarcza Finansowa)* hat bislang ein Volumen von rund 100 Milliarden PLN und richtet sich an um die 670.000 polnische Unternehmen, deren Umsatz infolge der COVID-19-Krise zurückgegangen ist.

Subventionen aus Entwicklungsfonds

Abhängig von der Unternehmensgröße können beim Polnischen Entwicklungsfonds *(Polski Fundusz Rozwoju)* unterschiedliche Subventionen beantragt werden, die teilweise nicht erstattet werden müssen. Voraussetzung ist jeweils, dass in einem beliebigen Monat nach dem 1. Februar 2020 ein auf COVID-19 zurückzuführender Umsatzrückgang von mindestens 25 % gegenüber demselben Monat des Vorjahres oder dem Vormonat zu verzeichnen ist, bei Antragstellung des Gewerbetreibenden noch kein Restrukturierungs-, Insolvenz- oder Liquidationsverfahren eröffnet worden ist, das Unternehmen im Jahr 2019 wirtschaftlich tätig war und keine Steuer- oder Sozialabgaben schuldig ist sowie in Polen steuerlich ansässig ist. Die finanziellen Subventionen richten sich nach der Anzahl der Beschäftigten und dem Rückgang des Umsatzes.

So können beispielsweise Unternehmen mit weniger als 250 Angestellten und einem Jahresumsatz für das Jahr 2019 von umgerechnet unter 50 Millionen Euro bzw. einer Bilanzsumme von umgerechnet unter 43 Millionen Euro für einen mehrmonatigen Zeitraum Zuschüsse zu den Gehältern ihrer Angestellten beantragen. Berechnungsgrundlage hierfür ist der polnische Mindestlohn. Weiterhin besteht für alle Unternehmergruppen die Möglichkeit, die Arbeitszeit (und entsprechend die Entlohnung) um höchstens 20 % für einen Zeitraum von bis zu drei Monaten zu verringern.

Auch Einzelunternehmern, die natürliche Personen sind und keine Arbeitnehmer beschäftigen, ersetzt der polnische Staat im Falle eines Rückgangs des Wirtschaftsumsatzes im Volumen oder im Wert infolge von COVID-19 einen Teil der Kosten für die Ausübung der Geschäftstätigkeit. Im Falle eines Komplettausfalls besteht die Möglichkeit, einen einmaligen Zuschuss, abhängig u. a. vom Umsatz des Vormonats, zu beantragen.

Betroffene Unternehmen näher spezifizierter Branchen, so z. B. aus dem Tourismus-, Hotellerie- oder Messebereich, können auf Antrag von der Zahlung von Sozialversicherungsbeiträgen für die Dauer von drei Monaten freigestellt werden sowie weitere Unterstützungsleistungen beantragen. Anderen Unternehmen steht die Möglichkeit offen, die Stundung oder Ratenzahlung dieser Beiträge zu beantragen. Solche Kleinstunternehmer, die zumindest einen Arbeitnehmer beschäftigen, können zudem einen einmaligen Mikrokredit zur Deckung ihrer laufenden Kosten beantragen. Dieser wird für maximal zwölf Monate aus dem Arbeitsfonds gewährt, ist sechs Monate tilgungsfrei und muss unter bestimmten Umständen nicht zurückgezahlt werden.

Unterstützungsprogramme für Großunternehmen

Für Großunternehmen sehen die Unterstützungsprogramme die Möglichkeit der Erteilung von Vorzugszinsen auf Liquiditätskredite, die Gewährung von Darlehen zu Vorzugsbedingungen sowie weitere Kapitalinstrumente, beispielsweise die Möglichkeit von Kapitalerhöhungen, vor. Banken können darüber hinaus auch die Bedingungen oder Rückzahlungstermine eines Kredits oder Darlehens an Kleinst-, Klein- oder mittlere Unternehmen zu deren Gunsten ändern. Das Anti-Krisen-Schutzschild 4.0 führt zudem weitere Subventionsmechanismen, auch für bisher gewährte Darlehen, ein. Die Zinszuschüsse belaufen sich auf 2 % für Kleinst-, Klein- und Mittelunternehmer bzw. auf 1 % für andere Unternehmer.

Anhebung des Arbeitslosengeldes

Im Juni 2020 wurden in Polen außerdem weitere Zuschüsse für drei Monate für Arbeitnehmer eingeführt, die nach dem 15. März erwerbslos geworden sind. Außerdem wird von September 2020 an das Arbeitslosengeld angehoben: auf 1.200 PLN (ca. 270 Euro) für die ersten 90 Tage bzw. auf 942,30 PLN (ca. 214 Euro) für die Zeit danach.

d. Steuerentlastungen

Unternehmen können Verluste aus dem Jahr 2020 mit Einnahmen aus dem Jahr 2019 ausgleichen, indem sie den Steuerverlust aus nicht landwirtschaftlicher Tätigkeit bei Einkommenssteuer und Körperschaftssteuer rückwirkend anrechnen lassen. Dazu muss der Jahresabschluss 2020 vorliegen und darüber hinaus müssen die Erlöse im Jahr 2020 im Vergleich zu den Erlösen im Jahr 2019 um 50 % niedriger ausfallen. Die Einkünfte sollen des Weiteren einmalig im Ergebnis um nicht mehr als fünf Millinen PLN reduziert werden können.

Erlass von Rückständen

Unternehmer, welche infolge der COVID-19-Pandemie Probleme mit der fristgerechten Zahlung ihrer Steuerschulden haben, können einen Nachlass oder einen Erlass der Rückstände beantragen. Sie haben zudem die Möglichkeit, die Aussetzung von steuerlichen Außenprüfungen, Steuerverfahren sowie Finanz- und Zollkontrollen für die Dauer der Epidemie zu beantragen.

Bestimmte Schenkungen und (Sach-)Spenden welche „im Kampf gegen COVID-19" geleistet wurden, können nunmehr von der Steuerbemessungsgrundlage abgezogen werden.

Von der Anwendung der Bestimmungen über sog. uneinbringliche Forderungen wird Steuerschuldnern gegenüber in Bezug auf Einkommenssteuer- und Körperschaftssteuervorauszahlungen abgesehen, wenn infolge der COVID-19-Pandemie die Einnahmen des Steuerpflichtigen im Jahr 2020 mindestens um 50 % niedriger sein werden als im vorangegangenen Geschäftsjahr. Dies gilt auch für Steuerpflichtige, die einer Pauschalbesteuerung unterliegen.

Änderung von Fristen

Unter anderem folgende steuerliche Fristen wurden für Unternehmen, die von der Pandemie betroffen sind und durch sie negative wirtschaftliche Folgen erlitten haben, geändert. Im Einzelnen:

— Die Frist für die Zahlung von Einkommenssteuervorauszahlungen für die Monate März und April wurde verschoben.

— Die Frist für die Zahlung der Steuer auf Einkünfte aus Vermietung und gewerblicher Nutzung von Gebäuden für die Monate März bis Mai 2020 wurde verschoben, sofern die Einnahmen für den betreffenden Monat im Vergleich zu 2019 um 50 % gesunken sind.

— Sog. kleine (Körperschafts-)Steuerpflichtige können zur Verbesserung ihrer Liquidität für den Zeitraum März bis Dezember 2020 auf vereinfachte Steuervorauszahlungen verzichten. Ihre monatlichen Vorauszahlungen für diesen Zeitraum werden dann auf der Grundlage des tatsächlichen Einkommens berechnet.

— Gemeinden hatten die Befugnis, die Zahlungsfristen für Grundsteuerraten, die im April, Mai und Juni 2020 fällig wurden, bis zum 30. September 2020 zu verlängern. Sie können auch für einen bestimmten Zeitraum Befreiungen von der Grundsteuer für geschäftlich genutzte Immobilien beschließen.

— Die Frist für die Abgabe der Körperschaftsteuererklärung CIT-8 für NGOs wurde verlängert.

— Die Pflicht von Großunternehmen zur Abgabe der neuen Matrix für Umsatzsteuersätze wurde gestundet; sie gilt seit dem 1. Juli 2020.

— Aussetzung der Einzelhandelssteuer: Steuerpflichtige müssen für die Abrechnungsperioden Juli bis Dezember 2020 keine Steuern zahlen, d. h., die Anwendung der Vorschriften über die Einzelhandelssteuer wurde vom 1. Juli 2020 auf den 1. Januar 2021 verschoben.

— Vom 1. März 2020 bis zum 31. Dezember 2020 sind Einnahmen aus dem Eigentum an Gebäuden von der Steuer befreit.

Die Steuerbehörden erheben bei der Verschiebung von Zahlungsfristen oder bei Ratenzahlungen bei rechtzeitiger Antragsstellung keine zusätzlichen (Verlängerungs-) Gebühren oder Zinsen. Während des epidemischen Notstands wird der Lauf von Verfahrensfristen in bestimmten steuerlichen Angelegenheiten ausgesetzt.

Rechtsanwältin Dr. Alexandra Josko de Marx, LL.M., arbeitet im Cross-border-Team von Schultze & Braun. Sie hat sich auf die Beratung von Unternehmen in grenzuberschreitenden Insolvenz- und Restrukturierungsfällen, hauptsächlich mit Bezug zu Polen, spezialisiert.
E-Mail: *AJoskodeMarx@schultze-braun.de*

„Klimawandel" im Sanierungs- und Insolvenzrecht: das StaRUG

Von Stefan Ludwig, Rechtsanwalt und Fachanwalt für Insolvenzrecht

Vorbemerkung

In Umsetzung der Europäischen Richtlinie zur Einführung eines Präventiven Restrukturierungsrahmens[1] hat die Bundesregierung am 14. Oktober 2020 den Regierungsentwurf eines Gesetzes zur Fortentwicklung des Sanierungs- und Insolvenzrechts (Sanierungs- und Insolvenzfortentwicklungsgesetz – SanInsFoG-E) vorgelegt. Dieser orientiert sich an dem vorangegangenen Referentenentwurf des Bundesministeriums der Justiz und für Verbraucherschutz (BMJV) vom 18. September 2020. Der Regierungsentwurf wurde im Laufe des Gesetzgebungsverfahrens nochmals an einigen Stellen erheblich verändert. Zum 1. Januar 2021 tritt das Unternehmensstabilisierungs- und -restrukturierungsgesetz (StaRUG) nunmehr in Kraft.

Kernstück des neuen Gesetzes ist die Schaffung eines Restrukturierungsrahmens außerhalb eines förmlichen Insolvenzverfahrens. Hierdurch soll es Unternehmen ermöglicht werden, sich bereits im Stadium der drohenden Zahlungsunfähigkeit unter eigenständiger Verhandlung eines Restrukturierungsplans zu sanieren und somit eine Insolvenz abzuwenden.

Mit Einführung des StaRUG wird nunmehr die Lücke zwischen außergerichtlicher Sanierung und einer Sanierung im Rahmen eines Insolvenzverfahrens geschlossen, denn das StaRUG erweitert den modularen Baukasten für eine Unternehmenssanierung, indem es eine Verfahrensart zur Sanierung außerhalb eines Insolvenzverfahrens mit den bewährten Sanierungsmethoden des Insolvenzrechts bereithält und damit einen weiteren Meilenstein für die Verbesserung des Sanierungsklimas am Wirtschaftsstandort Deutschland und darüber hinaus darstellt.

Wesentliche Regelungen des StaRUG

Der Sanierungs- und Restrukturierungsrahmen wurde im Rahmen des SanInsFoG als eigenes Gesetz ausgestaltet. Er ist also nicht – wie beispielsweise in den Niederlanden[2] – Teil der Insolvenzordnung, sondern hat mit dem StaRUG ein eigenes, selbstständig neben der InsO stehendes Gesetz erhalten. Damit wird erstmalig ein spezifisches Instrumentarium für die Sanierung von Unternehmen außerhalb eines Insolvenzverfahrens und damit ein eigenständiges und vom Insolvenzrecht unabhängiges Restrukturierungs- und Sanierungsrecht geschaffen.

Das StaRUG enthält folgende Kernelemente, auf deren Regelungsgehalt im Nachgang noch detailliert eingegangen werden soll:

— Krisenfrüherkennung und Krisenmanagement,

— Stabilisierungs- und Restrukturierungsrahmen (insbesondere Restrukturierungsplan und Restrukturierungs- und Stabilisierungsinstrumente) und die

1 RL (EU) 2019/1023 des Europäischen Parlaments und des Rats vom 20. Juni 2019, ABl. der EU 2019 Nr. L 172 vom 26. Juni 2019

2 Siehe hierzu auch den Beitrag auf S. 36.

— Sanierungsmoderation.

Krisenfrüherkennung und Krisenmanagement

Gemäß § 1 StaRUG werden die Geschäftsleiter von juristischen Personen und Gesellschaften ohne Rechtspersönlichkeit im Sinne von § 15a Abs. 1 S. 3 und Abs. 2 InsO nunmehr ausdrücklich dazu verpflichtet, fortlaufend über Entwicklungen, welche den Fortbestand der Gesellschaft gefährden können, zu wachen. Dies setzt die Einrichtung sog. „Frühwarnsysteme" voraus, die je nach Größe, Branche, Struktur und auch Rechtsform des Unternehmens unterschiedlich ausgestaltet sein können.

Ab Anzeige des Restrukturierungsvorhabens beim Restrukturierungsgericht muss die Geschäftsleitung nach § 32 Abs. 1 StaRUG die Restrukturierungssache mit der „Sorgfalt eines ordentlichen und gewissenhaften Sanierungsgeschäftsführerin" betreiben und Maßnahmen unterlassen, die das Restrukturierungsziel gefährden. Sie hat hierbei auch die Interessen der Gläubigergesamtheit zu wahren. Anders als noch im Regierungsentwurf vorgesehen, gilt die Pflicht zur Wahrung der Gläubigerinteressen nicht allgemein ab Eintritt der drohenden Zahlungsunfähigkeit, sondern erst ab Rechtshängigkeit der Restrukturierungssache. Schadenersatzansprüche bei Pflichtverletzung kann nur das Unternehmen selbst, nicht aber der einzelne Gläubiger geltend machen.

Im Gegenzug werden Geschäftsleiter aber auch entlastet. Denn Zahlungen, die im ordnungsgemäßen Geschäftsgang erfolgen, insbesondere solche Zahlungen, die der Aufrechterhaltung des Geschäftsbetriebs dienen, ziehen nunmehr trotz Vorliegens einer Überschuldung keine Haftung nach (§ 15b InsO) nach sich. Der neue § 15b InsO verlagert die Haftungsvorschriften für Zahlungen der Geschäftsleitung nach Eintritt der Insolvenzreife (etwa § 64 GmbHG, § 92 Abs. 2 AktG, § 130a HGB) nun rechtsformübergreifend in die Insolvenzordnung.

Die Ausarbeitung und Abstimmung über den Restrukturierungsplan erfordern grundsätzlich keine gerichtliche Beteiligung. Nur die sog. Instrumente des Stabilisierungs- und Restrukturierungsrahmens erfordern eine Anzeige des Restrukturierungsvorhabens beim Restrukturierungsgericht und dessen Tätigwerden (§ 31 StaRUG):

— die Durchführung eines gerichtlichen Planabstimmungsverfahrens (gerichtliche Planabstimmung),

— die gerichtliche Bestätigung eines Restrukturierungsplans (Planbestätigung),

— die gerichtliche Vorprüfung von Fragen, die für die Bestätigung des Restrukturierungsplans erheblich sind (Vorprüfung) und

— die gerichtliche Anordnung von Regelungen zur Einschränkung von Maßnahmen der individuellen Rechtsdurchsetzung (Stabilisierung).

Der Zugang zu dem durch das StaRUG geschaffenen Stabilisierungs- und Restrukturierungsrahmen soll nur dann möglich sein, wenn drohende Zahlungsunfähigkeit

(§ 18 InsO) und damit noch keine Insolvenzantragspflicht wegen Zahlungsunfähigkeit (§ 17 InsO) und/oder Überschuldung (§ 19 InsO) besteht.[3]

Voraussetzung für die Inanspruchnahme der Instrumente des Stabilisierungs- und Restrukturierungsrahmens ist gemäß § 31 Abs. 1 StaRUG weiterhin die Anzeige des Restrukturierungsvorhabens bei dem zuständigen Restrukturierungsgericht.[4] Dieser Anzeige sind gemäß § 31 Abs. 2 StaRUG folgende Unterlagen beizufügen:

— der Entwurf eines Restrukturierungsplans oder zumindest eines Restrukturierungskonzepts,

— eine Darstellung des Verhandlungsstands mit den betroffenen Gläubigern sowie

— eine Darstellung der Vorkehrungen, welche der Schuldner zur Sicherung seiner ihm durch das StaRUG auferlegten Pflichten getroffen hat.

Mit der Anzeige wird die Restrukturierungssache rechtshängig (§ 31 Abs. 3 StaRUG).

Das Restrukturierungsgericht kann die Restrukturierungssache von Amts wegen aufheben (vgl. § 33 StaRUG), z. B. wenn der Schuldner einen Insolvenzantrag stellt, über das Vermögen des Schuldners ein Insolvenzverfahren eröffnet ist oder Umstände bekannt werden, aus denen sich ergibt, dass das angezeigte Restrukturierungsverfahren keine Aussicht auf Umsetzung hat. Auch der schwerwiegende Verstoß des Schuldners gegen seine Verpflichtungen während des Restrukturierungsverfahrens (vgl. § 32 StaRUG) kann zu einer Aufhebung des Restrukturierungsverfahrens durch das Restrukturierungsgericht führen.

Restrukturierungsplan als modulares und flexibles Instrument zur Sanierung und Restrukturierung

Als wesentliches Instrument zur Beseitigung der drohenden Zahlungsunfähigkeit und zur nachhaltigen Sanierung und Restrukturierung des betroffenen Schuldners hält das StaRUG den Restrukturierungsplan (§§ 2 ff. StaRUG) bereit. Die Anforderungen entsprechen im Wesentlichen denen des Insolvenzplans. Dies bezieht sich insbesondere auf den Aufbau bzw. die Gliederung des Plans (Einteilung in darstellenden und gestaltenden Teil).

Der Restrukturierungsplan kann daher spezifisch an die Bedürfnisse der konkreten Sanierungssituation angepasst werden. Insbesondere können die Auswahl und Einbeziehung nach sachgerechten Kriterien auf bestimmte Gläubigergruppen beschränkt werden (§ 8 StaRUG), um die obstruktive Störung der Sanierungsbemühungen durch sog. „Akkord-Störer“ zu vermeiden.

3 Der Prognosezeitraum der drohenden Zahlungsfähigkeit beträgt nun 24 Monate (§ 18 Abs. 2 InsO), derjenige der Überschuldung zwölf Monate (§ 19 Abs. 2 S. 1 InsO).

4 Das Restrukturierungsgericht ist grundsätzlich das Amtsgericht, in dessen Bezirk ein Oberlandesgericht seinen Sitz hat. Dies bedeutet eine höhere Verfahrenskonzentration als bei Insolvenzverfahren. Ebenfalls gehört wurde die Forderung mancher Bundesländer, dass Restrukturierungsgerichte auch länderübergreifend eingerichtet werden können. Das Gesetz eröffnet nun die Möglichkeit, dass mehrere Länder ein Amtsgericht für Restrukturierungssachen über die Landesgrenzen hinaus für zuständig erklären können und eine für mehrere Länder zuständige, gemeinsame Restrukturierungsabteilung eines Amtsgerichts geschaffen werden kann. Das ist insbesondere für Länder wichtig, die nur ein Oberlandesgericht haben und auf diese Weise bezirksübergreifende Zuständigkeiten schaffen können.

Gestaltbare Rechtsverhältnisse

Auch hinsichtlich der inhaltlichen Vorgaben (Gestaltung von Rechtsverhältnissen und Art und Weise der Planabstimmung) orientiert sich der Restrukturierungsplan weitestgehend an den bekannten Regelungen zum Insolvenzplan.

Gestaltbare Rechtsverhältnisse können sog. Restrukturierungsforderungen (§ 2 Abs. 1 Nr. 1 StaRUG) und Absonderungsanwartschaften (§ 2 Abs. 1 Nr. 2 StaRUG) sein. Die Begrifflichkeiten orientieren sich insoweit an den vergleichbaren Begriffen „Insolvenzforderungen“ (§ 38 InsO) und „Absonderungsrechte“ (§§ 49 ff. InsO), nur hier außerhalb eines Insolvenzverfahrens. Ausdrücklich ausgenommen sind vom Wortlaut des Gesetzes hierbei Finanzsicherheiten im Sinne des § 1 Abs. 17 des Kreditwesengesetzes oder Sicherheiten, die dem Betreiber eines Systems nach § 1 Abs. 16 des Kreditwesengesetzes zur Absicherung seiner Ansprüche aus dem System oder der Zentralbank eines Mitgliedsstaats der Europäischen Union oder der Europäischen Zentralbank gestellt wurden (Absonderungsanwartschaften).

Daneben können im Restrukturierungsplan auch vertragliche Nebenbestimmungen sowie Anteils- und Mitgliedschaftsrechte geregelt werden. Möglich sind demnach auch die Regelung eines sog. Debt-to-Equity-Swaps, bei der Gläubigerforderungen in Anteilsrechte umgewandelt werden, sowie sämtliche weiteren, gesellschaftsrechtlich zulässigen Kapitalmaßnahmen. Im Gegensatz zum Regierungsentwurf sieht § 7 Abs. 4 StaRUG indes keine Umwandlung gegen den Willen der betroffenen Gläubiger mehr vor.

Eine wesentliche Neuerung stellt die Möglichkeit dar, gruppeninterne Sicherheiten in den Restrukturierungsplan einzubeziehen, was im Rahmen von Konzernstrukturen dazu beitragen kann, die Insolvenz von verbundenen Unternehmen allein aufgrund einer für die Verbindlichkeiten des Schuldners abgegebenen Bürgschaft oder Garantie zu verhindern (vgl. 2 Abs. 4 StaRUG). Der Gestaltungsspielraum wurde in der abschließenden Gesetzesfassung noch einmal erweitert. Waren nach dem Regierungsentwurf nur Tochterunternehmen einbezogen, erweitert die verabschiedete Fassung des StaRUG dieses auf sämtliche verbundenen Unternehmen nach § 15 des Aktiengesetzes. Dies soll die Restrukturierung von Konzernen erleichtern. Die Interessen der Gläubiger werden nach Ansicht des Gesetzgebers auch in dieser Konstellation hinreichend geschützt, da in einem solchen Fall eine angemessene Entschädigung für den Gläubiger erforderlich ist.

Nicht eingegriffen werden darf indes in Forderungen von Arbeitnehmern, Forderungen aus vorsätzlich begangenen unerlaubten Handlungen und Forderungen nach § 39 Abs. 1 Nr. 3 InsO (Geldstrafen, Geldbußen etc.), vgl. § 4 StaRUG.

Darstellender Teil

Wie bereits oben ausgeführt, folgt der Restrukturierungsplan hinsichtlich seines Aufbaus und Inhalts in den Grundsätzen der Struktur des Insolvenzplans.

Grundlegender Unterschied ist jedoch, dass im Restrukturierungsplan die vom Plan betroffenen Gläubiger (= die sog. Planbetroffenen) zunächst zu definieren sind (§ 8 StaRUG). Während im Insolvenzplan alle Insolvenzgläubiger zu berücksichtigen sind, kann der Schuldner beim Restrukturierungsplan entscheiden, welche Gläubiger er in den Restrukturierungsplan einbeziehen möchte und welche nicht. Zwar darf die Auswahl der Planbetroffenen nicht willkürlich sein, sondern hat insoweit nach sachgerechten Kriterien zu erfolgen. Dennoch besteht hier ein auszuschöpfender Ermessens- bzw. Gestaltungsspielraum. So wäre beispielsweise ein Restrukturierungsplan gemäß § 8 Nr. 2 StaRUG zulässig, in dem lediglich Finanzverbindlichkeiten und die zu deren Sicherung bestellten Sicherheiten gestaltet würden oder die Forderungen von Kleingläubigern, insbesondere Verbrauchern, Klein- und Kleinstunternehmen oder mittleren Unternehmen, unberührt blieben.

Der darstellende Teil muss zwingend eine Vergleichsrechnung enthalten, in der die Auswirkungen des Restrukturierungsplans auf die Befriedigungsaussichten der Planbetroffenen dargestellt werden (§ 6 Abs. 2 S. 2 StaRUG). Sieht der Plan eine Fortführung des Unternehmens vor, ist für die Ermittlung der Befriedigungsaussichten ohne Plan zu unterstellen, dass das Unternehmen fortgeführt wird. Dies gilt nur dann nicht, wenn ein Verkauf des Unternehmens oder eine anderweitige Fortführung aussichtslos ist.

Soll in die Drittsicherheiten von verbundenen Unternehmen durch den Restrukturierungsplan eingegriffen werden, müssen auch die Verhältnisse dieser verbundenen Unternehmen dargestellt und die Auswirkungen des Plans auf diese Unternehmen einbezogen werden (§ 6 Abs. 3 StaRUG).

Ferner ist dem Restrukturierungsplan gemäß § 14 StaRUG (ähnlich dem Begriff der Sanierungsfähigkeit) eine begründete Erklärung zu den Aussichten darauf beizufügen, dass die drohende Zahlungsunfähigkeit des Schuldners durch den Plan beseitigt werden und dass die Bestandsfähigkeit des Schuldners sicher- oder wiederhergestellt werden kann. Zum Nachweis hierfür ist dem Plan auch eine Liquiditätsplanung für die Zeit des Restrukturierungsverfahrens beizufügen.

Schließlich können gemäß § 12 StaRUG neue Finanzierungen, die für die Restrukturierung erforderlich sind, dargestellt und damit vor einer späteren Anfechtung geschützt werden. Dies gilt auch für die Besicherung einer neuen Finanzierung.

Planabstimmung

Der Restrukturierungsplan wird den Planbetroffenen als sog. Planangebot (§ 17 Abs. 1 StaRUG) zur Abstimmung vorgelegt.

Zur Abstimmung über den Plan werden – wie im Rahmen des Insolvenzplans – die in den Plan einzubeziehenden Gläubiger bzw. sonstigen Beteiligten in Gruppen von Betroffenen mit gleicher Rechtsstellung eingeteilt. Betroffene der gleichen Gruppe sind hierbei grundsätzlich gleich zu behandeln. Bei der Einteilung nach Gruppen ist gemäß § 9 StaRUG zu unterscheiden zwischen

— den Inhabern von Absonderungsanwartschaften (= gesicherte Gläubiger),

— den Inhabern von Forderungen, die im Falle der Eröffnung des Insolvenzverfahrens als nicht nachrangige Insolvenzforderungen geltend zu machen wären, nebst darauf entfallender Zinsen und Säumniszuschläge (einfache Restrukturierungsgläubiger),

- den Inhabern von Forderungen, die im Falle der Eröffnung des Insolvenzverfahrens nach § 39 Abs. 1 Nr. 4, 5 oder Abs. 2 InsO als nachrangige Forderungen anzumelden waren (nachrangige Restrukturierungsgläubiger), wobei für jede Rangklasse eine Gruppe zu bilden ist,

- den Inhabern von Anteils- oder Mitgliedschaftsrechten und

- (soweit relevant) Gläubigern aus gruppeninternen Drittsicherheiten.

Über die Annahme des Angebots wird im Anschluss in einer „Versammlung der Planbetroffenen" (§ 20 StaRUG) entschieden, die nach der gesetzgeberischen Konstruktion auch ohne Beteiligung des (Restrukturierungs-)Gerichts und auch auf elektronischem Wege erfolgen kann (vgl. § 20 StaRUG). Der Schuldner kann den Restrukturierungsplan jedoch auch in einem gerichtlichen Verfahren zur Abstimmung stellen, welches dann nach den §§ 45 und 46 StaRUG in Verbindung mit den §§ 24 bis 28 StaRUG sowie §§ 239 bis 242 InsO durchzuführen ist.

Zur Annahme des Restrukturierungsplans ist grundsätzlich die Annahme durch jede Gruppe mit mindestens 75 % der Stimmrechte erforderlich (§ 25 Abs. 1 StaRUG). Die Stimmrechte richten sich bei Restrukturierungsforderungen nach deren Betrag, bei Absonderungsanwartschaften und gruppeninternen Drittsicherheiten nach deren Wert und bei Anteils- und Mitgliedschaftsrechten nach dem Anteil am gezeichneten Kapital oder Vermögen des Schuldners (§ 24 StaRUG).

Wird in einer Gruppe die nach § 25 StaRUG erforderliche Mehrheit nicht erreicht, gilt die Zustimmung dieser Gruppe gemäß § 26 Abs. 1 StaRUG dennoch als erteilt (sog. *„Cross-Class Cram-Down"*), wenn

- die Mitglieder dieser Gruppe durch den Restrukturierungsplan voraussichtlich nicht schlechter gestellt werden, als sie ohne einen Plan stünden,

- die Mitglieder dieser Gruppe angemessen an dem wirtschaftlichen Wert beteiligt werden, der auf der Grundlage des Plans den Planbetroffenen zufließen soll (Planwert), und

- die Mehrheit der abstimmenden Gruppen dem Plan mit den erforderlichen Mehrheiten zugestimmt hat.

Bemerkenswert ist insoweit, dass in Fällen, in denen nur zwei Gruppen gebildet wurden, die Zustimmung der einen Gruppe ausreicht, um die andere Gruppe zu überstimmen (§ 26 Abs. 1 Nr. 3 StaRUG). Dies gilt indes nicht, wenn die zustimmende Gruppe ausschließlich durch Anteilsinhaber oder nachrangige Restrukturierungsgläubiger gebildet wird.

Eine weitere wichtige Neuregelung im Gegensatz zu dem Regierungsentwurf betrifft das Verhältnis der von einem Restrukturierungsplan betroffenen Gläubigergruppen untereinander. Der bisherige Gesetzentwurf hatte eine Ungleichbehandlung von gleichrangigen Gläubigergruppen zugelassen, wenn es dafür gute

Gründe gegeben hätte. Das Gesetz sieht in § 28 Abs. 1 StaRUG jetzt vor, dass dies nicht sachgerecht wäre, wenn die Gläubigergruppe, die gegen den Restrukturierungsplan gestimmt hat, mehr als die Hälfte der Stimmrechte gleichrangiger Gläubiger vereint. Entfallen über die Gruppen hinweg betrachtet mehr als die Hälfte der in dieser Rangklasse betroffenen Restrukturierungsforderungen auf die den Restrukturierungsplan ablehnende Gruppe, ist eine schlechtere Behandlung im Verhältnis zu den übrigen Gruppen von Gläubigern derselben Rangklasse nicht möglich.

Auf Antrag des Schuldners bestätigt das Gericht den von den Planbetroffenen angenommenen Restrukturierungsplan durch Beschluss (§ 60 Abs. 1 S. 1 StaRUG). Erfolgt die Abstimmung unter Beteiligung des Gerichts in einem gerichtlichen Erörterungs- und Abstimmungstermin (§ 45 StaRUG), kann dieser Antrag auch im Erörterungs- und Abstimmungstermin gestellt werden. Die Bestätigung des Restrukturierungsplans ist gemäß § 63 StaRUG von Amts wegen zu versagen, wenn der Schuldner nicht drohend zahlungsunfähig ist (Nr. 1), die Vorschriften über die verfahrensmäßige Behandlung des Restrukturierungsplans sowie über die Annahme des Plans durch die Planbetroffenen in einem wesentlichen Punkt nicht beachtet worden sind und der Schuldner den Mangel nicht beheben kann oder innerhalb einer angemessenen, vom Restrukturierungsgericht gesetzten Frist nicht behebt (Nr. 2) oder die Ansprüche, die den Planbetroffenen durch den gestaltenden Teil zugewiesen werden, und die durch den Plan nicht berührten Ansprüche der übrigen Gläubiger offensichtlich nicht erfüllt werden können (Nr. 3). Sieht der Restrukturierungsplan eine neue Finanzierung vor, ist die Bestätigung zu versagen, wenn das dem Plan zugrunde liegende Restrukturierungskonzept unschlüssig ist oder wenn Umstände bekannt sind, aus denen sich ergibt, dass das Konzept nicht von den tatsächlichen Gegebenheiten ausgeht oder keine begründeten Aussichten auf Erfolg vermittelt (§ 63 Abs. 2 StaRUG).

Gegen den Beschluss, durch den der Restrukturierungsplan bestätigt wird, steht jedem Planbetroffenen die sofortige Beschwerde zu. Dem Schuldner steht die sofortige Beschwerde zu, wenn die Bestätigung des Restrukturierungsplans abgelehnt wurde (§ 66 Abs. 1 StaRUG).

Stabilisierungsanordnung bzw. Moratorium, §§ 49 ff. StaRUG

Als weitere Maßnahmen im Rahmen des modularen Baukastensystems kann der Schuldner beim Restrukturierungsgericht auch sog. „Stabilisierungsanordnungen“ beantragen, also

- Maßnahmen der Zwangsvollstreckung gegen den Schuldner zu untersagen oder einstweilen einzustellen (Vollstreckungssperre) und

- Rechte an Gegenständen des beweglichen Vermögens, die im Falle der Eröffnung des Insolvenzverfahrens als Ab- oder Aussonderungsrechte geltend gemacht werden könnten, von dem Gläubiger nicht durchgesetzt werden dürfen und dass solche Gegenstände zur Fortführung des Unternehmens des Schuldners eingesetzt werden können, soweit sie hierfür von erheblicher Bedeutung sind (Verwertungssperre).

Dem Antrag sind u. a. der aktualisierte Entwurf des Restrukturierungsplans sowie ein Finanzplan für sechs Monate unter Darlegung der Zahlungsfähigkeit sowie der Finanzierungsquellen, durch die die Zahlungsfähigkeit in diesem Zeitraum sichergestellt ist, beizufügen.

Die Stabilisierungsanordnungen werden vom Gericht gemäß § 51 Abs. 1 StaRUG angeordnet, wenn die vom Schuldner vorgelegte Restrukturierungsplanung vollständig und schlüssig ist und keine Umstände bekannt sind, nach denen die im Antrag gemachten Angaben falsch sind (Nr. 1), die Restrukturierung aussichtslos (Nr. 2), der Schuldner noch nicht drohend zahlungsunfähig oder die beantragte Anordnung nicht erforderlich ist.

Bestehen erhebliche Zahlungsrückstände aus Arbeitsverhältnissen, Pensionszusagen oder aus Steuerschuldverhältnissen, so kann eine Stabilisierungsanordnung nur getroffen werden, wenn trotz dieser Umstände zu erwarten ist, dass der Schuldner bereit und in der Lage ist, seine Geschäftsführung an den Interessen der Gläubigergesamtheit auszurichten. Dies gilt auch dann, wenn in den letzten drei Jahren vor dem Antrag Vollstreckungs- und Verwertungssperren oder vorläufige Sicherungsanordnungen nach § 21 Abs. 1 S. 2 Nr. 3 oder 5 InsO angeordnet wurden (§ 51 Abs. 2 StaRUG).

Die Stabilisierungsanordnung kann maximal für eine Dauer von bis zu drei Monaten (Anordnungshöchstdauer) ergehen (§ 53 StaRUG). Eine Verlängerung auf insgesamt bis zu acht Monate ist allerdings möglich, wenn und solange ein angenommener Restrukturierungsplan noch nicht bestätigt wurde (§ 53 Abs. 3 StaRUG).

Während der Verwertungssperre sind den hiervon betroffenen Gläubigern die geschuldeten Zinsen und der durch die Nutzung eintretende Wertverlaust zu zahlen (§ 54 Abs. 1 StaRUG). Erlöse aus der Verwertung von mit Absonderungsanwartschaften behaftetem Umlaufvermögen, sind an die Berechtigten auszukehren oder unterscheidbar zu verwahren, es sei denn, der Schuldner trifft mit dem Betroffenen eine andere Vereinbarung (§ 54 Abs. 2 StaRUG).

Wichtige Vertragspartner des Schuldners dürfen nach Anordnung einer entsprechenden Stabilisierungsanordnung nicht allein wegen rückständiger Leistungen die ihnen obliegenden Leistungen verweigern oder den Vertrag kündigen (§ 55 StaRUG). Ist der Vertragspartner vorleistungspflichtig, hat er indes das Recht, die ihm obliegende Leistung gegen Sicherheitsleistung oder Zug um Zug zu erbringen (§ 55 Abs. 3 S. 1 StaRUG). Ein Darlehen muss indes nicht mehr ausgezahlt werden (§ 55 Abs. 3 S. 2 StaRUG). Unberührt bleiben gemäß § 56 StaRUG Finanzsicherheiten und Systeme nach § 1 Nr. 17 KWG, Verrechnungssysteme nach § 1 Nr. 16 KWG sowie das Liquidationsnetting nach § 104 Abs. 3 und 4 InsO.

Ebenso ist ein aufgrund eines Gläubigerantrags eingeleitetes Insolvenzantragsverfahren für die Anordnungsdauer auszusetzen (§ 58 StaRUG).

Werden nachträglich Umstände bekannt, unter denen die Stabilisierungsanordnung nicht hätte ergehen dürfen, kann das Restrukturierungsgericht die Stabilisierungsanordnung aufheben (§ 59 StaRUG) und zudem eine maximal dreiwöchige

Frist für eine Überleitung in ein Insolvenzverfahren gewähren (§ 59 Abs. 3 StaRUG). Wurde die Stabilisierungsanordnung aufgrund von unrichtigen Angaben erwirkt, ist der Geschäftsleiter den davon betroffenen Gläubigern zum Schadensersatz verpflichtet, es sei denn, er hat dies nicht zu vertreten (§ 57 StaRUG).

Restrukturierungs-beauftragte

Grundsätzlich handelt es sich bei dem Restrukturierungsverfahren nach dem StaRUG um ein Verfahren, dass der Schuldner ohne Beteiligung einer vom Gericht eingesetzten Aufsichtsperson (z. B. eines Sachwalters im Eigenverwaltungsverfahren) oder eines Vermögensverwalters (z. B. eines vorläufigen Insolvenzverwalters) selbst steuert. Er behält daher während des gesamten Verfahrens die vollständige Kontrolle über sein Unternehmen.

Die Bestellung eines Restrukturierungsbeauftragten soll daher nur im Ausnahmefall (s. u.) notwendig sein, ansonsten auf Antrag der Schuldnerin oder von mindestens 25% der Restrukturierungsgläubiger einer Restrukturierungsgruppe, die zur Übernahme der Kosten bereit sind, erfolgen (§ 77 Abs. 1 StaRUG).

In bestimmten Fällen sieht das Gesetz jedoch auch die notwendige Bestellung eines Restrukturierungsbeauftragten durch das Gericht vor.

— Eine Bestellung von Amts wegen hat gemäß § 73 StaRUG in den folgenden Konstellationen zu erfolgen:

— bei Eingriff in die Rechte von Verbrauchern oder mittleren, kleinen oder Kleinstunternehmen (Nr. 1),

— bei Stabilisierungsanordnungen gegen alle oder im Wesentlichen alle Gläubiger (Nr. 2),

— soweit der Restrukturierungsplan eine Überwachung der Erfüllung der den Gläubigern zustehenden Ansprüche vorsieht (§ 72 StaRUG) und

— soweit die Zustimmung zum Restrukturierungsplan nur durch eine gruppenübergreifende Mehrheitsentscheidung (= *Cross-Class-Cram-Down,* siehe Ausführungen oben) erreichbar ist.

Darüber hinaus kann ein Restrukturierungsbeauftragter vom Gericht bestellt werden, um bestimmte Prüfungen als Sachverständiger vorzunehmen, insbesondere zu den Voraussetzungen für die Bestätigung des Restrukturierungsplans in den §§ 63, 64 StaRUG oder zur Angemessenheit der Entschädigung bei einem Eingriff in gruppeninterne Drittsicherheiten oder einer Beschränkung der Haftung von unbeschränkt haftenden Gesellschaftern (§ 73 Abs. 3 StaRUG).

Zum Restrukturierungsbeauftragten ist ein für den jeweiligen Einzelfall geeigneter, in Restrukturierungs- und Insolvenzsachen erfahrener Steuerberater, Wirtschaftsprüfer oder Rechtsanwalt oder eine sonstige natürliche Person mit vergleichbarer Qualifikation zu bestellen, die von den Gläubigern und dem Schuldner unabhängig ist und die aus dem Kreis aller zur Übernahme des Amtes bereiten Personen auszuwählen ist.

Entsprechende Vorschlagsrechte des Schuldners sowie qualifizierter Gläubigerquoren sieht das Gesetz in den §§ 74 Abs. 2, 78 Abs. 2 StaRUG vor. Von diesen Vorschlägen kann das Restrukturierungsgericht nur dann abweichen, wenn die Person offensichtlich ungeeignet ist oder der Schuldner widerspricht. Die Abweichung ist zu begründen (§§ 74 Abs. 2, 78 Abs. 2 StaRUG).

Die Vergütung des Restrukturierungsbeauftragten erfolgt auf der Grundlage angemessener Stundensätze, die von der Unternehmensgröße, der Art und dem Umfang der wirtschaftlichen Schwierigkeiten des Schuldners und der Qualifikation des Restrukturierungsbeauftragten sowie der qualifizierten Mitarbeiter abhängig sind, sowie festzusetzender Stundenbudgets (§ 81 StaRUG). Die Vergütung soll im Regelfall auf bis zu 350,00 EUR pro Stunde für die persönliche Tätigkeit des Restrukturierungsbeauftragten und 200,00 EUR pro Stunde für qualifizierte Mitarbeiter betragen. In besonderen Fällen können auch höhere Stundensätze oder andere Bemessungsgrundlagen (Wert der in den Restrukturierungsplan einbezogenen Forderungen oder des Unternehmensvermögens) festgesetzt werden (vgl. § 83 StaRUG).

Veröffentlichung

Nach dem Willen des Gesetzgebers soll das Restrukturierungsverfahren nach dem StaRUG weitestgehend außergerichtlich erfolgen und sich dabei auf den Kreis der am Verfahren beteiligten Personen beschränken. Eine Veröffentlichung des Verfahrens findet daher nur in Ausnahmefällen statt.

Insbesondere die Aufnahme von Sanierungs- und Restrukturierungsverhandlungen sowie die Ausarbeitung eines Restrukturierungsplans können (zunächst) ohne eine Anzeige beim Restrukturierungsgericht erfolgen.

Beabsichtigt der Schuldner indes eine gerichtliche Vorprüfung des Restrukturierungsplans, eine gerichtliche Durchführung des Abstimmungsverfahrens oder eine gerichtliche Bestätigung des Plans, was z. B. im Fall der gruppenübergreifenden Mehrheitsentscheidung zwingend erforderlich ist, muss eine Anzeige des Restrukturierungsvorhabens beim zuständigen Restrukturierungsgericht erfolgen.

Dies gilt auch bei einer beabsichtigten Anordnung von Stabilisierungsmaßnahmen nach §§ 49 ff. StaRUG.

Ruhen der Insolvenzantragspflicht

Hat der Schuldner die Einleitung des Restrukturierungsverfahrens beim zuständigen Restrukturierungsgericht angezeigt, ruht für die Dauer der Rechtshängigkeit der Restrukturierungssache die Insolvenzantragspflicht nach § 15a InsO bzw. § 42 Abs. 2 BGB. Allerdings hat der Schuldner dem Restrukturierungsgericht eine während der Rechtshängigkeit des Verfahrens eingetretene Zahlungsunfähigkeit (§ 17 InsO) oder Überschuldung (§ 19 InsO) ohne schuldhaftes Zögern anzuzeigen (§ 42 Abs. 1 S. 2 StaRUG). Die Unterlassung ist strafbewehrt. Das Restrukturierungsgericht hebt das Restrukturierungsverfahren dann von Amts wegen auf (§ 33 Abs. 2 Nr. 1 StaRUG). Von einer Aufhebung kann abgesehen werden, wenn die Eröffnung eines Insolvenzverfahrens mit Blick auf den erreichten Stand der Restrukturierungssache offensichtlich nicht im Interesse der Gläubiger ist oder die Insolvenzreife durch eine Kündigung bzw. Fälligstellung einer Forderung eingetreten ist, die der Gestaltung des angezeigten Restrukturierungsplans unterworfen ist, und sofern die erfolgreiche Umsetzung des Plans überwiegend wahrscheinlich ist.

Bis zur Aufhebung der Restrukturierungssache haftet der Geschäftsleiter, der die Zahlungsunfähigkeit oder die Überschuldung angezeigt hat, nicht für Zahlungen im ordnungsgemäßen Geschäftsgang, insbesondere nicht für Zahlungen, die für die Fortführung der gewöhnlichen Geschäftstätigkeit und die Umsetzung des angezeigten Restrukturierungsvorhabens erforderlich sind (§ 89 Abs. 3 S. 1 StaRUG). Dies gilt indes nicht für Zahlungen, die bis zu der absehbar zu erwartenden Entscheidung des Restrukturierungsgerichts zurückgehalten werden können, ohne dass damit Nachteile für eine Fortsetzung des Restrukturierungsvorhabens verbunden sind.

Privilegierung

Eine der wesentlichen Vorteile des Restrukturierungsverfahrens nach dem StaRUG in Bezug auf außergerichtliche Sanierungen nach derzeitiger Gesetzeslage ist die anfechtungsrechtliche Privilegierung von Rechtshandlungen, die in Vollzug des Restrukturierungsplans vorgenommen werden.

Gemäß § 90 Abs. 1 StaRUG sind die Regelungen eines rechtskräftig bestätigten Restrukturierungsplans und Rechtshandlungen, die in Vollzug eines solchen Plans erfolgen, bis zum Eintritt einer nachhaltigen Sanierung grundsätzlich unanfechtbar, es sei denn, die Bestätigung erfolgte auf der Grundlage unrichtiger oder unvollständiger Angaben des Schuldners und dem anderen Teil war dies bekannt.

Die Regelung privilegiert insoweit insbesondere Neufinanzierungen externer Dritter und deren Besicherung im Zusammenhang mit dem Restrukturierungsverfahren, die ebenfalls Gegenstand eines Restrukturierungsplans sein können (vgl. § 12 StaRUG), jedenfalls bis zum Eintritt einer nachhaltigen Sanierung.

Transaktionen im Zusammenhang mit nicht bestätigten, d. h. letztlich nicht erfolgreich umgesetzten Restrukturierungsplänen unterfallen der Privilegierung indes nicht.

Ausgenommen von der Privilegierung sind ferner Forderungen im Rang des § 39 Abs. 1 Nr. 5 InsO und Sicherheitsleistungen, die nach § 135 InsO anfechtbar sind.

Sanierungsmoderation

Neben dem Restrukturierungsplanverfahren hält das StaRUG auch die Möglichkeit der Bestellung eines Sanierungsmoderators bereit, der zwischen dem Schuldner und den Gläubigern vermitteln soll.

Die Sanierungsmoderation ist nach der Gesetzesbegründung vor allem für Kleinst- und Kleinunternehmen vorgesehen, die die Kosten einer professionellen externen Sanierungsberatung nicht tragen können.

Ergebnis einer Sanierungsmoderation kann die Ausarbeitung eines Sanierungsvergleichs sein, der im Falle der gerichtlichen Bestätigung die gleichen anfechtungsrechtlichen Privilegien genießt wie ein Restrukturierungsplan.

Allerdings ist anders als beim Restrukturierungsplan eine Durchsetzung des Sanierungsvergleichs gegen den Willen obstruierender Gläubiger nicht möglich.

Fazit

Mit dem vorliegenden Gesetzentwurf des StaRUG würde erstmalig ein eigenständiger Rechtsrahmen für die Sanierung von Unternehmen außerhalb eines förmlichen Insolvenzverfahrens geschaffen. Er schließt damit die bislang bestehende Lücke zwischen außergerichtlicher Sanierung und der Sanierung durch ein förmliches Insolvenzverfahren und verbessert die Möglichkeiten einer erfolgreichen Sanierung und Restrukturierung außerhalb eines förmlichen Insolvenzverfahrens. Insbesondere mit Blick auf andere Rechtsordnungen, in denen bereits vergleichbare Restrukturierungsrahmen bestehen (z. B. das englische *Scheme of Arrangement)*, würde dies zu einer deutlichen Verbesserung des Sanierungsklimas am Wirtschaftsstandort Bundesrepublik Deutschland beitragen und damit auch eine Flucht in ausländische Rechtsordnungen verhindern.

Allerdings wurden im Rahmen des Gesetzgebungsverfahrens auch wichtige Sanierungsinstrumente, wie z. B. die Eingriffe in laufende Verträge eliminiert, die Rechtsordnungen anderer EU-Staaten (z. B. in den Niederlanden) bereitstellen. Inwieweit dies zukünftig zu einer Flucht von Unternehmen unter den Schutz anderer Rechtsordnungen beiträgt, bleibt abzuwarten.

Rechtsanwalt Stefan Ludwig ist Fachanwalt für Insolvenzrecht und Leiter der Niederlassung Berlin für den Bereich Insolvenzverwaltung der Schultze & Braun Rechtsanwaltsgesellschaft für Insolvenzverwaltung mbH. Die fachlichen Schwerpunkte seiner Tätigkeit liegen in der Insolvenzverwaltung, in der Sanierung und Restrukturierung von Unternehmen und im Bank- und Kapitalmarktrecht. Er wird regelmäßig von verschiedenen Insolvenzgerichten als Insolvenzverwalter oder Sachwalter bestellt und begleitete im Rahmen seiner mehr als 20-jährigen Tätigkeit in diesem Bereich bereits zahlreiche Unternehmen erfolgreich durch Insolvenz- oder Eigenverwaltungsverfahren.
E-Mail: *SLudwig@schultze-braun.de*

Präventiver Restrukturierungsrahmen

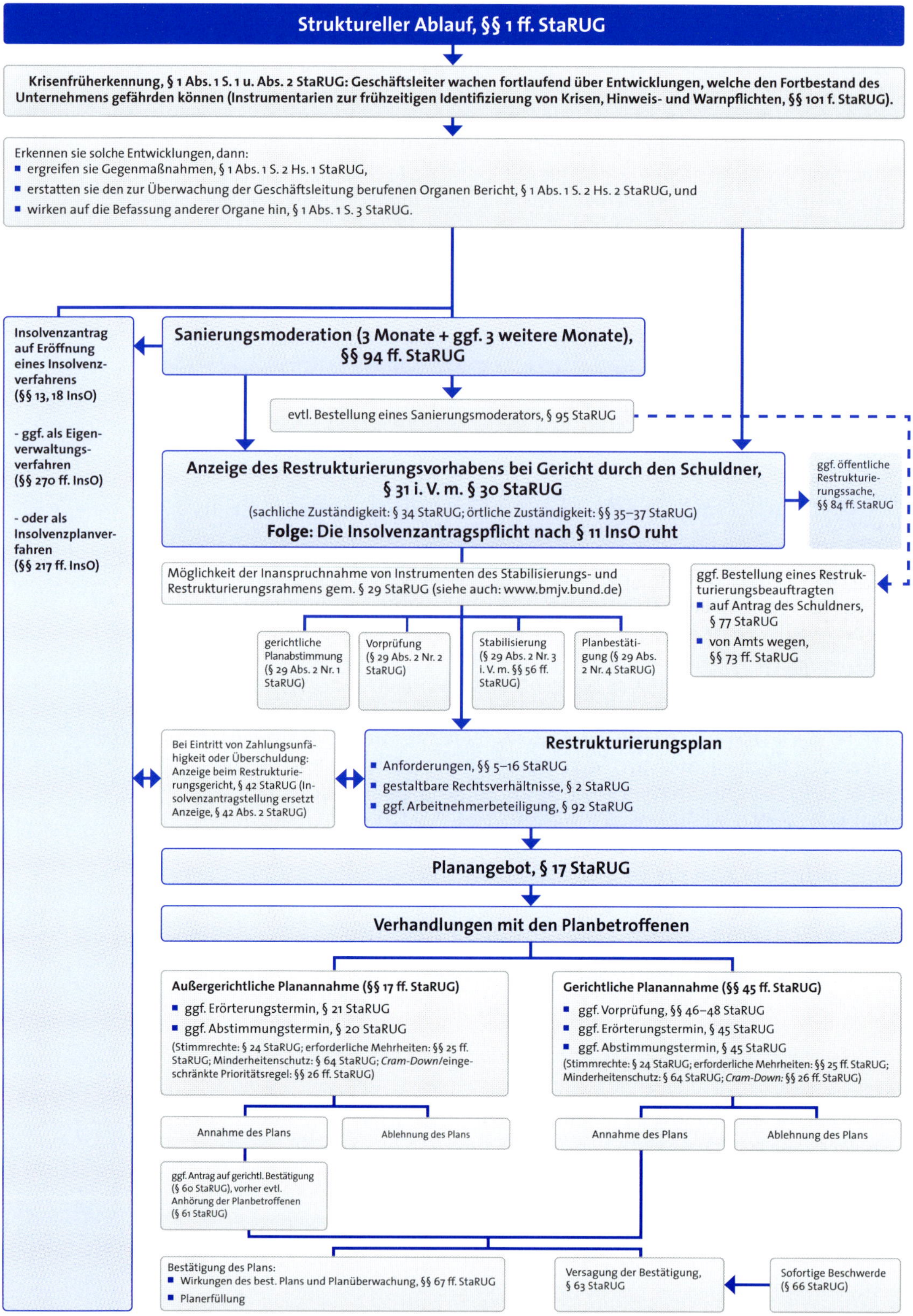

Kriselnde Tourismusbranche – Lageanalyse und Lösungsansätze

Von André Bäcker, Wirtschaftsprüfer und Steuerberater, und Dr. Christoph von Wilcken, Rechtsanwalt

I. Tourismus – vielschichtige Branche mit großen Herausforderungen

Die deutsche Tourismusbranche befindet sich seit Ausbruch der Corona-Pandemie in einer dramatischen Krise: Pressemeldungen zu fast vollständigem Umsatzentfall bei Reiseveranstaltern, Hotels und Airlines wechseln sich mit Berichten über die gleichfalls beispiellosen Dimensionen staatlich gewährter Hilfen ab. Wurde noch im September 2019 der dem Urlaubsflieger Condor gewährte, öffentlich verbürgte Kredit von 350 Millionen Euro als historisch gewürdigt, wird heute für den Erhalt touristischer Wertschöpfungsträger ein Vielfaches mobilisiert.

Die Anatomie der Branche ist dabei so heterogen wie fragil: Angefangen von der Angebotsstrukturierung eines Reiseangebotes (pauschal oder individuell) über dessen Vertrieb (stationär oder online) bis hin zu Produktion (Übernachtung, Transport, Gastronomie, Zusatzleistungen – mit eigenen Assets oder „asset-light“) und *Servicing*, sind voll integrierte oder fragmentierte Wertschöpfungsmodelle im Markt etabliert und meist auch international verknüpft, sodass komplexe Interdependenzen entstehen.

85 % der Reiseveranstalter und -vermittler existenzbedroht

Mag auch für den Einzelnen der erzwungene Verzicht auf Urlaubsreisen nicht existenzbedrohend sein, so ist er es unzweifelhaft für eine Branche, die mit immerhin knapp drei Millionen Beschäftigten und einem Anteil am BIP von fast 4 % (in- und ausländische Touristen rd. 80:20, Privat- und Geschäftsreisende ebenfalls rd. 80:20)[1] in ihrer Bedeutung mit anderen Eckpfeilern der deutschen Wirtschaft wie dem Einzelhandel oder dem Maschinenbau gleichauf ist. Aktuell sehen sich 85 % der Reiseveranstalter und -vermittler in ihrer Existenz bedroht. Dies ist mehr als in jeder anderen Branche.[2]

Dabei waren die deutschen Urlauber bislang verlässliche Kunden: Der Deutsche reist, und zwar weitgehend unbeeindruckt von konjunkturellen Situationen – zuletzt in der Finanzmarktkrise 2008/2009 eindrucksvoll demonstriert. Erst Reiseverbote und -warnungen vermögen des Deutschen Reisefreude stoppen.

Daraus die Schlussfolgerung zu ziehen, das reine Durchhalten führe zum Licht am Ende des Tunnels, wäre jedoch verkürzt: Denn einerseits ist derzeit noch völlig ungewiss, welche Effekte die Corona-Krise auf die Höhe und die Allokation des verfügbaren Einkommens haben wird; andererseits werden Unternehmen der touristischen Wertschöpfungskette, mit hohen Belastungen aus der Krise gehen;

1 BMWi (2015), Wirtschaftsfaktor Tourismus in Deutschland.

2 Ifo-Institut, Pressemeldung vom 6. Juli 2020.

Belastungen, die diese ohne weitere Maßnahmen nur schwer werden schultern können.

Im vorliegenden Beitrag sollen die aktuellen Auswirkungen der Corona-Krise und der staatlichen Hilfen auf den deutschen Tourismusmarkt (als Quell- und Zielmarkt) betrachtet werden (mit Fokus auf die Situation der Vermittler und Veranstalter; selektiv wird auch Bezug auf Spezifika der Hotels und Holiday-Airlines genommen).

II. Lageanalyse und -prognose

Ausgangslage vor Corona

Das Geschäftsmodell der Touristiker wurde bereits vor Corona durch den digitalen Wandel getroffen: Das klassische Geschäftsmodell mit stationärem Vertrieb über Reisebüros, typischerweise begleitet durch einen saisonalen Katalog mit festen Hotel- und Flugpartnern sowie -kontingenten, sieht sich schon lange durch den Online-Vertrieb (OTAs) und die Digitalisierung in der Wertschöpfungskette (Direktbuchung, Dynamic Packaging, adaptiven Pricing-Tools) einer Disruption ausgesetzt, die zu erhöhtem Wettbewerb bei gestiegener Preistransparenz führt. Denn so verlässlich die Deutschen auch ihren Urlaub buchen, so preissensitiv sind sie, sodass auch schon wenige Euro Preisdifferenz zu messbaren Kundenwanderungen führen.

Die Deutschen gaben 2019 rund 69,5 Milliarden Euro[3] für Urlaubsreisen aus; der Trend war bis dahin ungebrochen steigend. Dabei zieht es die Deutschen heute mittlerweile zu rund einem Viertel ins Inland (Tendenz steigend), zu knapp 10 % in Fernziele, im Übrigen schwerpunktmäßig weiter in den Mittelmeerraum. Im Jahr 2019 wurde knapp die Hälfte direkt bei Leistungsträgern oder Produktportalen gebucht; mehrheitlich fand die Buchung über Veranstalter oder Reisebüros statt. Anders als man vermuten würde, nahm seit 1995 der Anteil der über Veranstalter und Reisebüros gebuchten Reisen zu, jedoch mit einer Verschiebung der Anteile zugunsten von Online-Buchungen auch bei Veranstaltern/Reisebüros. Dennoch existieren heute immer noch ca. 11.000 stationäre Reisebüros[4] in Deutschland, wobei der Online-Vertrieb den stationären Vertrieb seit 2018 überholt hat. Offensichtlich ist aber die professionelle Organisation einer Reise im Vergleich zur vollständig individuell organisierten Reise nicht entfallen.

Auch wenn die All-Inclusive- sowie Sun&Beach-Reisen weiter dominierten und Kreuzfahrten immer beliebter wurden, nahm der Wunsch nach Individualisierung, beispielsweise durch Trends wie Experience, Authenticity, Smart Health, Augmented Reality, zu. Dies führte z. T. zur Spezialisierung mit aufwendigen, zielgruppenorientierten Multi-Brand-Strategien und damit zum Wachstum spezialisierter Nischenanbieter (Destination, Reiseart). Auch das Thema „nachhaltiges Reisen" i. V. m. der sog. Flugscham sind Faktoren, die der Tourismus zu berücksichtigen hat, auch wenn diese aktuell noch nicht zu spürbaren Auswirkungen im Reiseverhalten geführt haben.

3 DRV (2020), Der deutsche Reisemarkt – Zahlen und Fakten 2019.

4 Von diesen sind knapp 95 % systemgebunden, d. h. Kette, Franchise oder Kooperation.

So stiegen auch die Veranstalter- und Reisebüroumsätze noch kontinuierlich, wobei sich 2019 ca. 50 % des Marktvolumens bei den großen Veranstaltern *(TUI, DER, Thomas Cook,*[5] *FTI, Aida Cruises, Alltours* und *Schauinsland)* konzentrierten, bei rund 2.300 deutschen Veranstaltern insgesamt. Im Jahr 2019 wuchs das klein- und mittelständische Segment stärker als das der großen Player, Ausdruck der zunehmenden Spezialisierung. Dieses Segment ist auch tendenziell profitabler.

Dass die Renditen in der Branche dabei auch bereits vor Corona schwach waren, ist ein offenes Geheimnis: Von den Rohmargen von 18 % müssen fast zwei Drittel in den (internen oder externen) Vertrieb gesteckt werden. Viel bleibt nicht, um den strukturellen Herausforderungen gerecht zu werden und notwendige Investitionen in Transformation zu finanzieren.

Des Weiteren ist dem Geschäftsmodell im Tourismus noch ein weiteres Spezifikum inhärent: Während in anderen Branchen regelmäßig der Cash-Conversion-Cycle durch entsprechende Working-Capital-Finanzierungen vorzufinanzieren ist, stellen Urlauber und Flugreisende wie selbstverständlich den Reisepreis ganz oder zu großen Teilen vor dem Leistungszeitpunkt zur Verfügung. Dieses Finanzierungsinstrument wird jedoch bei rückläufigem Geschäft gefährlich, denn dann fehlt ein wichtiger Finanzierungsbestandteil. Im Worst Case – und der ist nun eingetreten – sind Erstattungen zu leisten.

Corona-Impact

Während zu Beginn der Corona-Krise noch die Hoffnung bestand, dass im zweiten Halbjahr 2020 wesentliche Destinationen wieder bereist werden können, um so zumindest Teile der Hauptsaison noch mitnehmen zu können, ist schnell Ernüchterung eingetreten: So rechnete das Kompetenzzentrum Tourismus des Bundes im Juli 2020[6] für den Inlandstourismus mit einem Umsatzrückgang von > 40 % im Vergleich zu 2019. Im Inland soll der Umsatz das Niveau 2019 erst wieder 2022 erreichen. Für den internationalen Tourismus wird für 2020 mit einem Rückgang von knapp 60 % im Vergleich zu 2019 gerechnet, wobei sich das Niveau aus 2019 selbst bis 2022 erst zu 70 % wieder einstellen soll. Ähnlich erschreckend wie für den internationalen Tourismus fällt der prognostische Befund im Airline-Segment aus: Hier erwartet die IATA erst bis 2024 eine Erholung mit Rückkehr auf das Niveau 2019.[7]

Auch nach Ende des ersten Lockdowns in Deutschland und vielen anderen Ländern, sprang das Buchungsverhalten nicht spürbar an: Selbst wenn keine Reisewarnung für Zielgebiete mehr bestand und Urlauber tatsächlich wieder reisen konnten, waren die Einschränkungen vor Ort (Hygieneregeln, Abstandsgebote) oder bei der Rückkehr (Corona-Test, u. U. Quarantäne) weiter so groß, dass keine wirkliche Reiselust aufkam. Zudem fürchteten Urlauber weiterhin, nicht mehr aus Destinationen zurückkehren zu können. Generell ist ein kurzfristigeres Buchungsverhalten beobachtbar, was wiederum negative Auswirkungen auf Kapazitätssteuerung und Anzahlungsfinanzierung hat.

---

5 *Thomas Cook* (mit den Kern-Marken *Neckermann, ÖgerBucher* u. v. m.) schied Ende 2019 insolvenzbedingt aus dem Markt aus.

6 Kompetenzzentrum Tourismus des Bundes, Recovery Check #3, 17. Juli 2020.

7 IATA, Covid19-Impact Assessment, 28. Juli 2020.

Zwar hatte sich das Stimmungsbarometer im Hotel-/Gastgewerbe mit den Lockerungen im Juli 2020 spürbar gebessert; bei den Reiseveranstaltern und -vermittlern ist blieb die Stimmung jedoch weiter am Boden und trübt sich wegen des zweiten Lockdowns nun weiter ein. Das spiegelt auch die Börse: Der EuroStoxx Europe 600 Travel&Leisure hat seit Beginn der Corona-Krise einen Wertverlust von rund 40% erlitten.

Die Touristik kämpft nicht nur mit den ausbleibenden Buchungen und dem hieraus fehlenden Cashflow: Vorauszahlungen werden von Urlaubern zurückgefordert (Refunds) und belasten den Cashflow zusätzlich in erheblichem Umfang. Und weil es immer noch schlimmer kommen kann, hat hierzu das AG Frankfurt[8] entschieden, dass bei außergewöhnlichen Ereignissen (und hierzu zählt danach auch die konkret erwartbare Ansteckungsgefahr ohne Vorliegen einer formellen Reisewarnung) die Reise storniert und der Reisepreis ohne Stornokosten in voller Höhe zurückgefordert werden kann.

III. Ansätze zur Stabilisierung und Restrukturierung

a) Ansätze zur kurzfristigen Stabilisierung

Seit Beginn der Corona-Krise wurden in Deutschland Hilfspakete und Maßnahmenprogramme aufgelegt, die unterschiedlich großen Nutzen für die Tourismusbranche entfalteten.

Kurzarbeitergeld

Durch die (mehrfach) verbesserten Regelungen zur Kurzarbeit, die gegenwärtig bis Ende 2021 befristet sind, konnten viele Unternehmen ihre Situation spürbar entlasten. Gerade in Reisebüros macht der Personalkostenanteil zwischen 50 und 60 % aller Kosten aus.

Nicht übersehen werden darf dabei jedoch, dass bei Veranstaltern und Vermittlern trotz ausbleibenden Umsatzes ganz erhebliche Arbeit im Hinblick auf das Management von Stornos- und Umbuchungen anfällt, sodass der tatsächliche Arbeitsausfall auch bei einem Umsatzausfall von 100 % weit geringer ist. Zudem muss auch der Wiederanlauf personalkostenseitig vorfinanziert werden.

Umsatzsteuer- und SV-Beitrags-Stundungen sowie temporäre Umsatzsteuer-absenkung

Aufgrund der Tatsache, dass erst bei Neubuchungen (und hierauf zu leistenden Anzahlungen) neue Umsatzsteuer anfällt, können die durch die vereinfachten Stundungsregularien entstehenden Umsatzsteuer-Entlastungseffekte erst bei einem spürbaren Wiederanziehen des Geschäfts Entlastungen bringen. Zudem bringt die bisherige Rechtsprechung des Bundesfinanzhofs zur Haftung der Geschäftsleitung für solche gestundeten Steuerbeträge persönliche Haftungsrisiken mit sich, die die Beantragung einer Stundung nur dann empfehlenswert erscheinen lässt, wenn die Liquidität zur Bedienung bei Fälligkeit zu 100 % sicher vorhanden ist. Dann aber bedarf es im Regelfall einer solchen Stundung nicht. Auch die Absenkung des Umsatzsteuersatzes um drei Prozentpunkte hat (wie wohl gemeinhin in der deutschen Wirtschaft) kaum eine Impulswirkung – Urlaub wird nicht deswegen in eine bestimmte Periode gelegt oder vorgezogen.

8 AG Frankfurt, AZ 32 C 2136/20 (18).

Überbrückungshilfe für KMU

Gerade für Reisebüros und kleinere Veranstalter sind die nicht rückzahlbaren Betriebskostenzuschüsse sicherlich geeignet, einen Teil der Umsatzverluste zu kompensieren. Wie weit aber (trotz KUG) ein Reisebüro mit mehr als zehn Beschäftigten mit max. 150.000 Euro Zuschuss vor dem Hintergrund der erwartbaren Dauer der Krise kommt, sei dahingestellt. Auch der für die Monate April bis Juni 2020 gewährte Schutz vor Kündigungen bei Mietrückstand half grundsätzlich den Reisebüros, war aber in seiner Auswirkung überschaubar.

Kredite aus Sonderprogrammen der KfW

Das zwischenzeitlich umfängliche Programm an coronabedingten KfW-Krediten hilft, den Finanzierungsbedarf zu decken. Voraussetzung ist jedoch jeweils, dass sich eine Hausbank zur Übernahme des Risikoanteils (10 bis 20 %) findet. Dies ist auch bei solide aufgestellten Unternehmen keine Formalität, da die Prognose der weiteren Branchenentwicklung extrem schwer fällt, und es im Ergebnis um eine Finanzierung von Verlusten durch Kredite geht. Angesichts der schwachen Ertragslage der Branche auch vor Corona wird damit das Problem, so denn keine weiteren Maßnahmen gleichzeitig ergriffen werden, nicht gelöst, sondern nur vertagt. Zudem lehrt die Erfahrung, dass die KfW – da es sich im touristischen Bereich selbstverständlich um Verlustfinanzierung handelt – hier primär den Eigenkapitalgeber in der Pflicht sieht und auch auf den WSF verweist.

Mittel aus Wirtschaftsstabilisierungsfonds

Erst bei entsprechender Größe (Umsatz > 50 Millionen Euro) und Bedeutung des einzelnen Unternehmens und explizit subsidiär zu anderen Programmen, kommen dann auch Mittel mit eigenkapital- oder eigenkapitalnahem Charakter in Reichweite, entweder als Bürgschaften, Stille Beteiligungen oder individuell strukturiert.

Anpassung der Refund-Regularien

Der deutsche Versuch, eine Pflicht zur Annahme von Gutscheinen statt Refunds gesetzlich zu verordnen, scheiterte an der EU-Kommission. Herausgekommen ist zumindest das Recht, dem Kunden einen Gutschein für Pauschalreisen anbieten zu dürfen, der dann auch staatlich gegen eine Insolvenz des Veranstalters abgesichert ist (auch über die Gesamtsumme von 110 Millionen Euro aus dem Reisesicherungsschein hinaus). An dem Wahlrecht des Kunden „Cash oder Gutschein" ändert dies nichts; der DRV spricht von Akzeptanzquoten für Gutscheine zwischen 10 und 20 %.

Maßnahmen zur Stützung der Buchungssituation und des Vertriebsnetzes

Gleichzeitig versuchen die Veranstalter aktuell, den Kunden Buchungssicherheit zu vermitteln, in dem erweiterte Umbuchungsmöglichkeiten (stornokostenfrei) und/oder zusätzliche Versicherungen für die etwaige Rückholung (bspw. FairVersicherung von *Schauinsland*) angeboten werden. Daneben werden die Konditionen für die Reisebüros angepasst, in dem Provisionen zeitlich früher ausgezahlt werden bzw. Stornoprovisionen später zurückgefordert werden.

Trotz COVInsAG[9] traten bereits gehäuft sowohl bei Veranstaltern als auch bei Vermittlern Insolvenzen auf (z. B. *Medina Reisen, China Tours, Galeria Reisen, STA Travel, Fahrenkrog, Transocean, NRS, RB Alster* u. v. m.).

9 Gesetz zur Abmilderung der Folgen der COVID-19-Pandemie im Zivil-, Insolvenz- und Strafrecht (COVInsAG), BGBl 2020 Teil I Nr. 14, 569 ff.

b) Ansätze zur mittel- und langfristigen Restrukturierung

Gerade die o. g. kreditbasierten Stabilisierungsmaßnahmen erfordern die gleichzeitige Neuausrichtung der betroffenen Unternehmen, die bereits vor Corona Strukturanpassungserfordernisse hatten und dies nun zwingend in einer drastischen und voraussichtlich nicht nur kurzfristigen Nachfragekrise umsetzen müssen. Insoweit wirkt die Corona-Krise auch als Katalysator.

Dabei steht vor der Definition von Einzelmaßnahmen die Definition einer erfolgversprechenden Strategie, auf deren Umsetzung diese Maßnahmen auszurichten sind. Auch wenn generelle Antworten schwierig sind und den Rahmen dieses Beitrages sprengen würden, sollen hier einige Grundüberlegungen formuliert werden.

Grundsätzlich sieht sich die Tourismusbranche ähnlichen Herausforderungen gegenüber wie andere Branchen: Neue digitalisierte Geschäftsmodelle disruptieren tradierte Strukturen, sofern diese keinen hinreichenden Mehrwert bieten. Hierfür ist der Einzelhandel ein prominentes Beispiel. Nur wenn die (stationäre) Struktur einen Mehrwert gegenüber der Online-Welt mit niedrigeren Transaktionskosten liefert, hat sie ihre Existenzberechtigung. Dies wird schwierig im Standardprodukt und gelingt umso besser, je stärker die Faktoren Marke, Qualität in Produkt und Beratung, Individualisierung des Angebotes und Aftersales an Bedeutung gewinnen. Zumindest für einen relevanten und wachsenden Teil der Nachfrage trifft dies zu. Dennoch sahen sich viele Veranstalter, getrieben durch hohe Fixkosten und niedrige Margen, bislang zu (wenig profitablem) Wachstum verdammt. Spezialisierte Nischenanbieter leben jedoch bereits vor, dass Wachstum und Marge mit fokussierten Angeboten leichter zu erzielen sind.

Daher wird es auch im Tourismus nach Einschätzung der Verfasser dieses Beitrages künftig eher einen zweigeteilten Markt geben: Einerseits wird es ein hoch standardisiertes Commodity-Angebot, das mit extrem hoher Effizienz (IT, Prozesse) zu produzieren sein wird und am Ende im Wesentlichen preisgetrieben online vermarktet wird, mit flexiblen Partnerschaften im Vertrieb und Modellen in der Produktion geben. Margenchancen ergeben sich hier vor allem aus den ergänzenden oder nachgelagerten, weniger vergleichbaren Individualisierungen (Upgrades, Logistik) und Angeboten im Zielgebiet, die als Add-on vor Ort oder gleich online gebucht werden können. Andererseits existiert und wächst ein Markt, der ein individuelles Urlaubserlebnis sucht, der hierfür Beratung und Service benötigt und dessen Preissensitivität deutlich geringer ist. Um diesen Markt zu bedienen, bedarf es zielgruppenspezifischer Brands, Beratungskompetenz im stationären Vertrieb, einer damit verbundenen, echten Omni-Channel-Delivery und eines flexiblen, hochqualitativen Produktes.

Ob Veranstalter dann auf den Wertschöpfungsstufen asset-light oder asset-heavy agieren (Airlines, Hotels, Cruises), ist letztlich eine Rendite-Risiko-Abwägung: In stabilen Situationen profitierten Asset-heavy-Anbieter von den Margen der Wertschöpfungsstufen; im aktuellen Downturn stellen die Fixkosten jedoch extreme Belastungen dar.

Basierend auf der definierten Strategie werden dann gleich mehrfach Investitionen erforderlich: in IT, in Prozesse und in Strukturanpassung. Letztere werden im Wesentlichen das stationäre Netz und Personal betreffen. Es haben bereits zahlreiche Veranstalter angekündigt, im eigenen Netz relevante Bereinigungen des Filialportfolios und auch darüber hinaus Personalanpassungen vornehmen zu wollen bzw. zu müssen. Dies spiegelt sich auch in den avisierten Anpassungen der Airlines wider, die allesamt planen, ihre Kapazitäten drastisch zu reduzieren (*Lufthansa*, *Condor* und *TUI-Fly*).

c) Rechtliches Umfeld

Um den Unternehmen die Möglichkeit einer Stabilisierung zu geben und die beschriebenen Angebote, mit denen der Gesetzgeber auf die Krise reagiert hat, zu nutzen, wurde die Insolvenzantragsfrist zunächst bis zum 30. September 2020 ausgesetzt, für den Tatbestand der Überschuldung i. S. d. § 19 InsO in einem Zwischenschritt bis 31. Dezember 2020.[10] Unter der Voraussetzung, dass der Antrag auf staatliche Hilfe zur Abmilderung der Folgen der COVID-19-Pandemie gestellt wurde, bleibt für diesen Tatbestand die Antragspflicht bis zum 31. Januar 2021 ausgesetzt.[11] Unabhängig davon, für welchen Zeitraum die Aussetzung der Antragspflicht noch weiter verlängert wird, dies wäre durch Verordnung bis zum 31. März 2021 möglich, ist sie allein nicht geeignet, den Herausforderungen der Branche zu begegnen. Neben den bereits bestehenden gerichtlichen Restrukturierungsverfahren könnte vor allem das Gesetz über den Stabilisierungs- und Restrukturierungsrahmen für Unternehmen (StaRUG), das zum 1. Januar 2021 in Kraft getreten ist, neue Möglichkeiten für die betroffenen Unternehmen eröffnen.

Aussetzung der Insolvenzantragspflicht

Die Aussetzung der Insolvenzantragspflicht durch das COVInsAG war eine folgerichtige Reaktion auf die hereinbrechende Pandemie und deren Auswirkungen auf die Wirtschaft, die in der Tourismusbranche wohl zunächst am augenfälligsten zutage traten. Der nach Eintritt der Antragspflicht sonst höchstens zur Verfügung stehende Zeitrahmen von drei Wochen, um den Antragsgrund zu beseitigen, wäre für die allermeisten Unternehmen nicht ausreichend gewesen. Die zusätzliche Liquidität, die durch die staatlichen Maßnahmen zur Verfügung gestellt wurde, wäre zu spät gekommen. Der Gesetzgeber hat nicht nur die Antragspflicht selbst suspendiert, sondern auch weitere Rechtsfolgen der Aussetzung geregelt. Insbesondere wurde die persönliche Haftung der Verwaltungsorgane aus dem Zahlungsverbot der §§ 62 GmbHG, 92 AktG, 99 GenG und § 130a HGB auch i. V. m. § 170a HGB eingeschränkt. Es wurden außerdem Anreize geschaffen, den Unternehmen zusätzliche Kredite während des Aussetzungszeitraums zur Verfügung zu stellen. Darüber hinaus wurde in der Zeit zwischen dem 28. März und dem 28. Juni 2020 die Fremdantragsmöglichkeit eingeschränkt. Schließlich wurde die bereits erwähnte Verordnungsermächtigung zur Verlängerung der Ausnahmeregelungen bis höchstens zum 31. März 2021 aufgenommen.

---

10 Gesetz zur Abmilderung der Folgen der COVID-19-Pandemie im Zivil-, Insolvenz- und Strafrecht (COVInsAG) BGBl. I 2020, 569 ff.; Gesetz zur Änderung des COVID-19-Insolvenzantragsgesetzes, BGBl. I 2020, 2016.

11 Art. 10 SanInsFoG, BR-Drucks. 762/20.

Die Aussetzung der Antragspflicht gilt nur, wenn die Insolvenzreife auf der Ausbreitung des SARS-CoV2-Virus beruht. Bereits aufgrund des beschriebenen Strukturwandels dürfte das für einige Unternehmen der Branche schon nicht der Fall gewesen sein. Es kann davon ausgegangen werden, dass der Umstand, ob nicht bereits vor dem Auftreten des Virus in Deutschland im März 2020 ein Insolvenzgrund vorlag, für einige Unternehmen noch hinterfragt werden wird. Das COVInsAG hilft in diesen Fällen für die Haftung der Organe nicht; im Ergebnis wird bei ihnen eine Insolvenzverschleppung mit allen Konsequenzen zu konstatieren sein. Auch in Fällen, in denen man sich berechtigt auf die Aussetzung der Antragspflicht beruft, bleibt es bei einem Risiko für die handelnden Personen, dies nötigenfalls gerichtsfest belegen zu können. Die Organe werden zudem zwar von der Haftung wegen des Verstoßes gegen die gesetzlichen Zahlungsverbote bei Eintritt der Insolvenzreife ausgenommen; ungeklärt vom Gesetz bleibt aber die Frage, ob sie nicht im Verhältnis zu ihren Geschäftspartnern haften, wenn sie trotz Insolvenzreife den Geschäftsbetrieb aufrechterhalten.

Sanierung im Schutzschirm-/ Insolvenzverfahren

Für die Unternehmen, die berechtigterweise von einem Insolvenzantrag abgesehen haben, wird es darauf ankommen, die Auswirkungen der Krise bei der weiteren Finanzierung zutreffend einzuschätzen. Neben der Ausstattung mit Liquidität ist in der Regel auch die Anpassung wesentlicher Vertragsverhältnisse für die Vermeidung einer zukünftigen Insolvenz entscheidend. Dabei sind die Tarifvereinbarungen für die meisten Unternehmen der Touristik von Bedeutung, jedoch auch andere langfristige Verträge, insbesondere Mietverträge oder für die Fluggesellschaften Leasing-Vereinbarungen über das Fluggerät. Hier ist es durchaus möglich, dass je nach weiterem Verlauf der Pandemie zusätzliche Anpassungen erforderlich werden. Spätestens nach Beendigung des Aussetzungszeitraums wird eine Reihe von Unternehmen ein Insolvenzverfahren nicht vermeiden können. Die Sanierung des Unternehmens ist aber auch in einem solchen Verfahren möglich. Der Gesetzgeber hat sich im Nachgang zur Finanzkrise 2009 darum bemüht, die Möglichkeiten einer Sanierung auch im Rahmen eines gerichtlichen Verfahrens zu verbessern. Allerdings stellt ein solches Verfahren eine besondere Herausforderung für eine Branche dar, deren Kunden – gerade auch nach den jüngsten Erfahrungen – sehr kritisch auf Anzeichen einer Insolvenz reagieren dürften. Reiseveranstalter werden bei Insolvenz keinen Vertragspartner für einen Kundengeldabsicherungsvertrag mehr finden. Inwieweit die geforderte Fonds-Lösung zur Absicherung von Erstattungsansprüchen der Reisekunden weiterhelfen wird, bleibt abzuwarten. Zumindest für die Luftfahrtindustrie konnte eine wesentliche Hürde, die einer Sanierung im gerichtlichen Verfahren entgegen stand, ausgeräumt werden. Bei einer Eigenverwaltung bleibt die bisherige Geschäftsleitung verfügungsbefugt, so dass für diese Verfahrensart die Zulassung für den Flugbetrieb *(Air Operation Certificate, AOC)* nicht automatisch durch das Luftfahrt-Bundesamt entzogen wird. Die Einleitung eines Verfahrens bietet, soweit die Beteiligten durch eine angemessene Kommunikation mitgenommen werden, zusätzliche Möglichkeiten, um eine Sanierung zu erreichen. Dabei dürften die verlängerten Regelungen zum Kurzarbeitergeld die vereinfachten arbeitsrechtlichen Maßnahmen noch in den Hintergrund treten lassen; darüber hinaus bietet das Insolvenzrecht aber auch verkürzte Kündigungsfristen oder den Nichteintritt in unerwünschte Verträge zu erklären. Insbesondere bei Verhandlungen über Mietimmobilien und ggf. der Reduktion von Standorten stellen die

Instrumentarien der Insolvenzordnung eine große Hilfe bei der Sanierung dar. Schließlich hilft das 2012 eingeführte sog. „Schutzschirmverfahren" dadurch, dass es zunächst nicht öffentlich ist und bei vielen Beteiligten das Stigma der Insolvenz nicht trägt, auch im Hinblick auf die Kommunikation weiter. Leider erschweren die mit dem Gesetz zur Fortentwicklung des Sanierungs- und Insolvenzrechts (SanInsFoG)[12] ab Januar 2021 vorgesehenen Änderungen der InsO nun aber gerade den Zugang zur Eigenverwaltung, was sich aus einer ESUG-Evaluation herleitet, die unter gänzlich anderen gesamtwirtschaftlichen Rahmenbedingungen stattfand. Es bleibt zu hoffen, dass die verschobene Anwendbarkeit der neuen Regeln zum Eigenverwaltungsverfahren bis Ende 2021 für die zu bewältigende Krise ausreicht.

Präventiver Restrukturierungsrahmen

Der ab dem 1. Januar 2021 geltende Präventive Restrukturierungsrahmen (pRR)[13] schafft ein neues Instrument im Werkzeugkasten des Restrukturierers.

Der Zugang soll sich jedoch auf Unternehmen beschränken, die sich im Stadium der drohenden Zahlungsunfähigkeit (zu prüfen für einen Zeitraum von 24 Monaten) befinden. Ist bereits eine Zahlungsunfähigkeit oder Überschuldung (weiter zweistufig definiert, nun mit einem Prognosezeitraum für die Fortbestehensprognose von zwölf Monaten) eingetreten, die auch durch einen pRR nicht mit überwiegender Wahrscheinlichkeit geheilt werden kann, bleibt der Zugang verwehrt. Aufgrund des auch durch einen pRR nicht „heilbaren", regelmäßig erforderlichen Mittelzuflusses erscheint insoweit der Anwendungsbereich im Tourismus beschränkt, es sei denn, allein die bereits bestehende Verschuldung stünde der Bereitstellung frischer Mittel entgegen und würde erst durch einen pRR möglich werden.

Die Möglichkeiten des Restrukturierungsrahmen beschränken sich auf rein finanzwirtschaftliche Restrukturierungen. Insbesondere in Arbeitnehmerrechte kann durch das StaRUG nicht eingegriffen werden. Insofern könnte der pRR den Touristikern in Zukunft bei hoher (75 %) Gläubigerzustimmung dabei helfen, die in der Krise aufgebürdeten Lasten zu reduzieren oder umzustrukturieren, ggf. auch mit hochgranularen Refund-Forderungen (zulasten ihrer Kunden) umzugehen. Die Möglichkeit, die Sanierung auf einzelne Gläubigergruppen zu beschränken und sie nicht öffentlich durchzuführen, könnte dabei die Verunsicherung bei den Kunden vermeiden helfen. Den Akteuren des Gesetzgebungsverfahrens ist die zeitliche Sequenz, in der die Aussetzung der Antragspflicht ausläuft und ein neues, außergerichtliches Sanierungsverfahren zur Verfügung stehen sollte, bewusst. Es wird für die Unternehmen darauf ankommen, sich schnell mit den neuen Möglichkeiten auseinanderzusetzen. Ein durch Kurzarbeitergeld und andere Alimentationen mögliches Zuwarten ist schädlich.

IV. Fazit

Bei der sich abzeichnenden Dauer der Corona-Krise werden die bisherigen Hilfsprogramme alleine nicht ausreichen, um eine flächendeckende Insolvenzwelle

12 SanInsFoG, BR-Drucks. 762/20.

13 Richtlinie (EU) 2019/1023 des Europäischen Parlaments und des Rates vom 20. Juni 2019; L 172/18.

im Bereich touristischer Wertschöpfungsträger zu verhindern. Zum Teil befinden sich Veranstalter bereits in der zweiten oder dritten Finanzierungsrunde, die – selbst wenn diese gelingen sollten – am Ende des Tages die Unternehmen mit nicht zu bewältigenden finanziellen Lasten zurücklassen. Nachfolgende finanzwirtschaftliche Restrukturierungen sind unausweichlich. Wenn dies auch zunehmend den kreditgebenden öffentlichen Stellen bewusst wird, wird dies die Kreditbereitschaft nicht erhöhen. Daher stellt sich die Frage, wie ein Überbrückungsmodell für die Tourismusindustrie aussehen könnte. Dieses kann nur aus einer Kombination von nicht rückzahlbaren Zuschüssen (wie bspw. einem ggf. inhaltlich und zeitlich erweiterten Kurzarbeiter- oder Insolvenzgeld) in Verbindung mit der Umsetzung der auch bereits vor Corona erforderlichen Strukturanpassungsmaßnahmen zur (Wieder-)Herstellung der Profitabilität gelingen. Letztere zu finanzieren, ergibt dann auch wieder für Neukreditgeber Sinn, wird jedoch für Altgläubiger und Anteilseigner die Realisierung eines – bei nüchterner Betrachtung bereits eingetretenen – Wertverlustes bedeuten, der aber zumindest den Erhalt der Unternehmen sicherstellen könnte. Kann dies nicht konsensual vereinbart werden, bleibt der Weg durch den pRR oder ein sanierendes Eigenverwaltungsverfahren.

Wirtschaftsprüfer und Steuerberater André Bäcker ist Partner im Bereich Restrukturierung bei PricewaterhouseCoopers und berät seit fast 20 Jahren in insolvenznahen Sanierungssituationen sowie in Eigenverwaltungsverfahren (bspw. in den Fällen *Air Berlin, Cook, Condor*). Branchenschwerpunkte sind dabei Travel & Tourism, Retail & Consumer Goods sowie Industrial Manufacturing.
E-Mail: *andre.baecker@pwc.com*

Rechtsanwalt Dr. Christoph von Wilcken berät mit seinem Team Unternehmen in Sanierungssituationen und unterstützt sie insbesondere in Eigenverwaltungsverfahren. Zu seinen Mandanten gehören aber auch auf diese Situationen spezialisierte Investoren. Seine Fachgebiete sind Gesellschafts- und Insolvenzrecht; er ist regelmäßig als Referent zu diesen Themenbereichen tätig.
E-Mail: *CWilcken@schultze-braun.de*

Insolvenzstatistiken

Von Volker Böhm, Rechtsanwalt und Fachanwalt für Insolvenzrecht

Das Jahr 2020 war von der Corona-Krise geprägt. Die deutsche Wirtschaft hat durch sie einen größeren Einbruch erlebt als in der Finanzmarktkrise im Jahr 2008. Der Internationale Währungsfonds (IWF) rechnete schon im April 2020 mit der schlimmsten Rezession seit der Großen Depression in den 1930er-Jahren.[1] In seiner zweiten Konjunkturprognose seit dem Ausbruch der COVID-19-Pandemie aus dem Juni 2020 hat der Sachverständigenrat der Wirtschaftsforschungsinstitute für das Jahr 2020 einen Rückgang des Bruttoinlandsproduktes um 6,5 % prognostiziert.[2] Im März 2020 hatte der Rat bereits ein Sondergutachten zur Corona-Pandemie veröffentlicht, in dem er sogar von einem Rückgang um 8,5 % ausgegangen war. Für 2021 wird ein Wachstum von 4,9 % vorhergesagt, bevor sich nach den Erwartungen der „Wirtschaftsweisen" das BIP im Jahr 2022 wieder auf dem Niveau wie vor der Pandemie befinden dürfte.

Besonders von dem Shutdown und seinen Folgen betroffen waren und sind die Reise- und Tourismusbranche[3] sowie die Gastronomie. Aber auch die ohnehin schon angeschlagene Automobilindustrie und der Maschinenbau haben erheblich unter den eingeschränkten Exportmöglichkeiten und den Unterbrechungen von Lieferketten gelitten. Zwar hat die Bundesregierung das größte (finanzielle) Hilfspaket in der Geschichte der Bundesrepublik Deutschlands geschnürt, das „haushaltswirksame Maßnahmen" im Gesamtumfang von 353,3 Milliarden Euro sowie Garantien von 819,7 Milliarden Euro umfasst.[4] Jedoch dürften insbesondere die Soforthilfen von 9.000 Euro (Betriebe bis fünf Mitarbeiter) bzw. 15.000 Euro (bis zehn Mitarbeiter) für max. drei Monate für viele Unternehmen nur ein Tropfen auf den heißen Stein gewesen sein.

Anders als man erwarten könnte, hat sich die Zahl der Insolvenzen aber nicht erhöht. Vielmehr ist nicht nur im Jahr 2019 noch einmal – und damit das achte Jahr in Folge – die Zahl der Unternehmensinsolvenzen bundesweit gesunken. Auch im ersten Halbjahr 2020 ist trotz der Corona-Pandemie nochmals ein Rückgang gegenüber dem Vorjahreszeitraum um rund 5 % (6.864 auf 6.498 eröffnete Insolvenzverfahren) zu verzeichnen. Dies ergibt sich aus der ersten und zweiten Statistik, welche die jeweilige Gesamtzahl der eröffneten Unternehmensinsolvenzen (einschließlich Einzelunternehmen) im Jahr 2019 sowie im ersten Halbjahr 2020, aufgeteilt nach Bundesländern, zeigen.

Ein Vergleich der Insolvenzzahlen der Bundesländer sieht – wenig überraschend – wiederum Nordrhein-Westfalen als das bevölkerungs- und insolvenzreichste Bundesland an der Spitze, mit mehr als doppelt so viel eröffneten Insolvenzverfahren

1 *Erholung 2021 unter Vorbehalt: IWF erwartet globale Rezession.* In: *FAZ.NET.* ISSN 0174-4909.

2 https://www.sachverstaendigenrat-wirtschaft.de/konjunkturprognose-2021.html

3 Siehe hierzu Beitrag auf S. 59.

4 https://www.bundesfinanzministerium.de/Content/DE/Standardartikel/Themen/Schlaglichter/Corona-Schutzschild/2021-03-13-Milliarden-Schutzschild-fuer-Deutschland.html

wie in Bayern, das an zweiter Stelle rangiert. Die Eröffnungsquote ist nur leicht, um nicht einmal einen Prozentpunkt, auf rund 72,32 % gestiegen.

Bemerkenswerte Änderungen haben sich in Bezug auf die Summe der durch eine Insolvenz betroffenen Forderungen ergeben. Im Jahresdurchschnitt 2019 entfielen auf jeden Insolvenzantrag Gläubigerforderungen von durchschnittlich 1,199 Millionen Euro, was eine leichte Steigerung gegenüber dem Vorjahr darstellt (1,083 Millionen Euro). Die Statistik aus dem ersten Halbjahr 2020 allerdings weist durchschnittlich betroffene Gläubigerforderungen von 1,801 Millionen Euro auf, und damit einen Anstieg gegenüber dem Jahr 2019 von fast 40 %. Dies deckt sich mit der Feststellung des Leibniz-Instituts für Wirtschaftsforschung Halle, dass im Jahr 2020 zwar weniger, aber dafür größere Unternehmen in die Insolvenz gehen bzw. gegangen sind.[5] Die Gesamtsumme der Insolvenzforderungen ist im Jahr 2019 gegenüber dem Vorjahr wieder leicht angestiegen, von 21,0 auf 22,4 Milliarden Euro. Auffällig ist auch hier der Anstieg im ersten Halbjahr 2020: Von Januar bis Juni 2020 sind schon Gläubigerforderungen von rund 16,2 Milliarden Euro aufgelaufen; hochgerechnet auf das Gesamtjahr ergäbe sich damit eine Gesamtforderungssumme von 32,4 Milliarden Euro, was einen Anstieg gegenüber dem Vorjahr um rund 30 % bedeuten würde.

Diese Betrachtung relativiert auch die aus der folgenden Grafik ersichtliche Entwicklung der (Unternehmens-)Insolvenzzahlen im Überblick seit dem Jahr 2010, die auf den amtlichen Statistiken des Bundes und der Länder basiert. Zwar sinkt seit 2011 die Anzahl der Insolvenzverfahren; jedoch kann man daraus nicht schließen, dass sich die durch Insolvenzen verursachten Ausfälle ebenfalls reduzieren – wie die oben genannten Zahlen anschaulich zeigen.

Aus den nächsten beiden Aufstellungen, welche die im Jahr 2019 bzw. im ersten Halbjahr 2020 eröffneten Regelinsolvenzverfahren aufgeteilt auf die einzelnen Insolvenzgerichte darstellen, ergibt sich abermals Berlin als unangefochtener Spitzenreiter mit 1.479 eröffneten Unternehmensinsolvenzverfahren. Diese umfassen – anders als in den obigen Statistiken – auch ehemals selbstständig tätige, natürliche Personen. An zweiter Stelle hat Köln mit 962 Verfahren München abgelöst.

Die Zahl der Eigenverwaltungs- und Schutzschirmverfahren hat sich gegenüber dem Vorjahr leicht verringert auf 217 Fälle; ihr Anteil an der Gesamtzahl der Insolvenzverfahren beläuft sich auf 1,60 % (im Jahr 2018 waren es 1,63 %). Im ersten Halbjahr 2021 gab es mit 167 ESUG-Verfahren verhältnismäßig viele Eigenverwaltungen und Schutzschirme. Rechnet man diesen Wert auf das ganze Jahr hoch, würde sich mit 334 der mit Abstand höchste Wert seit Einführung des ESUG ergeben.

Aus der abschließenden Übersicht der nach Verwalterbestellungen geordneten Top-10-Sozietäten im Jahr 2019 ergibt sich kaum Überraschendes: Die vordere Tabellenhälfte ist von den überregional vertretenen Kanzleien mit einer zweistelligen Anzahl bestellter Verwalter belegt. Auch in der zweiten Tabellenhälfte hat es

5 Sächsische Zeitung Dresden vom 7. Oktober 2021.

gegenüber dem Vorjahr wenige Veränderungen gegeben. Der Anteil der Gesellschaftsinsolvenzen, der von Verwaltern aus den Top-10-Kanzleien verwaltet wird, ist von 22 % im Jahr 2018 auf 23 % im Jahr 2019 und sogar rund 25 % im ersten Halbjahr 2020 gestiegen. Dies spricht zwar für eine gefestigte Marktpositionierung der Top-10-Kanzleien, bedeutet umgekehrt aber auch, dass immerhin 75 % der Insolvenzverfahren an Verwalter vergeben werden, die in kleineren bzw. regionalen Einheiten tätig sind.

Unternehmensinsolvenzen[1)] Deutschland 2019

Nr.	Anzahl der Insolvenz-gerichte	Bundesland	Eröffnete Verfahren	Mangels Masse abgelehnte Verfahren	Gesamt	Eröffnungs-quote in %	Angemeldete Forderungen in 1.000 Euro	Höhe pro Antrag in 1.000 Euro
1	24	Baden-Württemberg	1.287	532	1.819	70,75	5.029.719	2.765
2	29	Bayern	1.923	700	2.623	73,31	2.018.418	770
3	1	Berlin	896	468	1.382	64,83	811.688	587
4	4	Brandenburg	307	75	382	80,37	360.846	945
5	2	Bremen	111	36	147	75,51	464.412	3.159
6	1	Hamburg	596	150	746	79,89	4.109.606	5.509
7	18	Hessen	905	466	1.371	66,01	4.853.085	3.540
8	4	Meckl.-Vorpommern	189	62	251	75,30	224.447	894
9	33	Niedersachsen	1.049	441	1.490	70,40	1.400.721	940
10	19	Nordrhein-Westfalen	3.925	1.426	5.351	k. A.	k. A.	k. A.
11	22	Rheinland-Pfalz	517	184	701	73,75	333.552	476
12	1	Saarland	205	80	285	71,93	49.057	172
13	3	Sachsen	525	160	685	76,64	296.600	433
14	4	Sachsen-Anhalt	312	145	457	68,27	465.869	1.019
15	13	Schleswig-Holstein	615	172	787	78,14	1.628.525	2.069
16	4	Thüringen	168	53	221	76,02	369.927	1.674
	182	Summe:	13.530	5.150	18.698	72,36	22.416.472	1.199

Unternehmensinsolvenzen[1)] Deutschland 1. Halbjahr 2020

Nr.	Anzahl der Insolvenz-gerichte	Bundesland	Eröffnete Verfahren	Mangels Masse abgelehnte Verfahren	Gesamt	Eröffnungs-quote in %	Angemeldete Forderungen in 1.000 Euro	Höhe pro Antrag in 1.000 Euro
1	24	Baden-Württemberg	633	315	948	66,77	1.319.074	1.391
2	29	Bayern	932	371	1.303	71,53	2.867.017	2.200
3	1	Berlin	458	227	685	66,86	278.072	406
4	4	Brandenburg	144	49	193	74,61	124.687	646
5	2	Bremen	88	38	126	69,84	326.851	2.594
6	1	Hamburg	222	22	244	90,98	41.040	168
7	18	Hessen	475	243	718	66,16	6.384.859	8.893
8	4	Meckl.-Vorpommern	104	21	125	83,20	159.729	1.278
9	33	Niedersachsen	533	202	735	72,52	543.806	740
10	19	Nordrhein-Westfalen	1.735	664	2.399	72,32	3.327.624	1.387
11	22	Rheinland-Pfalz	257	98	355	72,39	252.856	712
12	1	Saarland	80	35	115	69,57	28.738	250
13	3	Sachsen	263	82	345	76,23	184.900	536
14	4	Sachsen-Anhalt	147	75	222	66,22	112.131	505
15	13	Schleswig-Holstein	343	15	361	95,01	29.018	80
16	4	Thüringen	84	35	119	70,59	208.152	1.749
	182	Summe:	6.498	2.492	8.990	72,28	16.188.554	1.801

1) Einschließlich Einzelunternehmer und freie Berufe.

Quelle: Amtliche Statistik des Bundes und der Länder (Statistisches Bundesamt; Statistische Landesämter).

Eröffnete Unternehmensinsolvenzen[1)] Deutschland 2010–2019

Anzahl Insolvenzgerichte	Bundesland	2010	2011	2012	2013	2014	2015	2016	2017	2018	2019
24	Baden-Württemberg	1.637	1537	1.481	1.417	1.256	1.272	1.122	1.221	1.329	1.287
29	Bayern	2.626	2436	2.364	2.239	2.174	2.341	1.932	1.867	1.764	1.923
1	Berlin	1.017	911	881	811	817	916	924	842	896	896
4	Brandenburg	511	497	446	444	440	363	404	334	319	307
2	Bremen	162	180	163	165	198	179	107	113	168	111
1	Hamburg	719	609	626	839	870	640	735	584	536	596
18	Hessen	1.215	1209	1.103	1.148	977	967	931	935	916	905
4	Meckl.-Vorpommern	368	344	284	251	238	258	245	189	203	189
33	Niedersachsen	1.794	1802	1.740	1.602	1.559	1.363	1.379	1.273	1.185	1.049
19	Nordrhein-Westfalen	8.819	8567	8.275	6.871	5.993	5.485	4.982	4.249	4.038	3.925
22	Rheinland-Pfalz	965	945	836	804	678	650	565	535	509	517
1	Saarland	254	308	240	254	222	211	219	168	201	205
3	Sachsen	1.352	1206	1.077	967	856	786	836	732	644	525
4	Sachsen-Anhalt	609	579	480	525	434	427	369	359	334	312
13	Schleswig-Holstein	986	2092	913	798	809	842	797	715	614	615
4	Thüringen	448	364	399	339	318	279	241	231	251	168
182	Summe	23.482	23.586	21.308	19.474	17.839	16.979	15.788	14.347	13.907	13.530

1. Nach Anzahl Insolvenzen

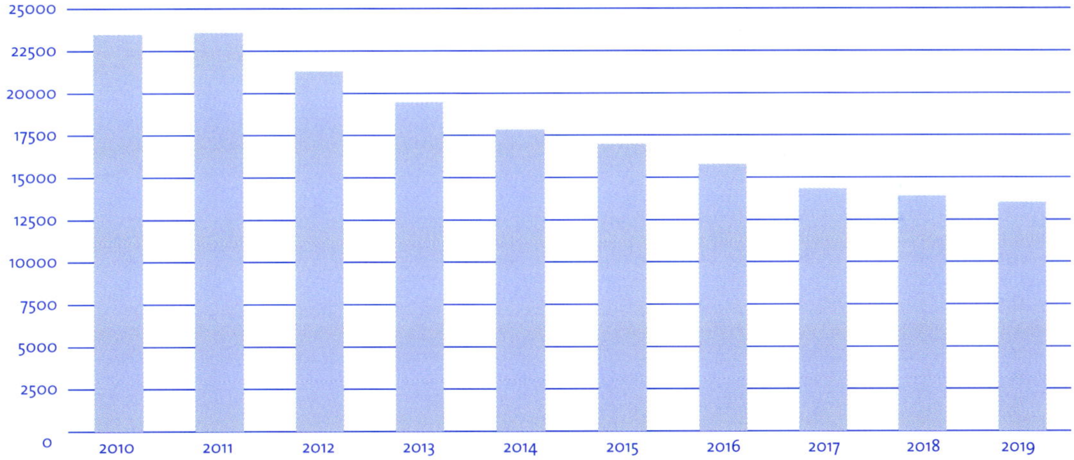

2. Veränderung zum Vorjahr in %

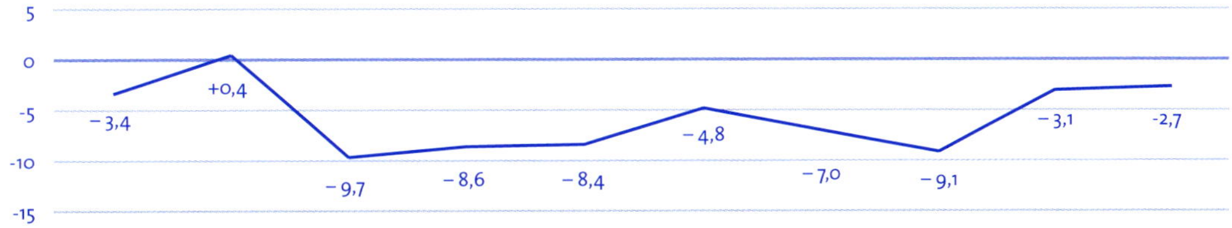

1) Einschließlich Einzelunternehmer und freie Berufe.

Quelle: Amtliche Statistik des Bundes und der Länder (Statistisches Bundesamt; Statistische Landesämter).

Eröffnete IN-Verfahren Deutschland 2019

1. Sortiert nach Insolvenzgerichten A–Z

Insolvenzgericht	Anzahl gesamt	Davon jurist.[1] Personen	Davon natürl. Personen
Aachen	340	82	258
Aalen	102	30	72
Alzey	18	2	16
Amberg	71	23	48
Ansbach	69	19	50
Arnsberg	122	35	87
Aschaffenburg	91	25	66
Augsburg	238	59	179
Aurich	68	13	55
Bad Hersfeld	22	5	17
Bad Homburg v. d. H.	56	27	29
Bad Kreuznach	65	22	43
Bad Neuenahr-Ahrweiler	56	12	44
Baden-Baden	83	15	68
Bamberg	84	20	64
Bayreuth	81	29	52
Berlin	1479	578	901
Bersenbrück	26	10	16
Betzdorf	47	9	38
Bielefeld	368	125	243
Bingen/Rh.	29	8	21
Bitburg	36	9	27
Bochum	333	91	242
Bonn	347	85	262
Braunschweig	104	34	70
Bremen	233	119	114
Bremerhaven	52	13	39
Bückeburg	49	16	33
Celle	78	22	56
Chemnitz	407	82	325
Cloppenburg	63	35	28
Coburg	81	21	60
Cochem	16	3	13
Cottbus	154	38	116
Crailsheim	21	9	12
Cuxhaven	84	29	55
Darmstadt	366	117	249
Deggendorf	44	12	32
Delmenhorst	56	15	41
Dessau	114	30	84
Detmold	91	23	68
Dortmund	433	105	328
Dresden	348	89	259
Duisburg	415	114	301
Düsseldorf	514	234	280
Erfurt	184	53	131
Eschwege	29	5	24
Essen	483	164	319
Esslingen	160	51	109
Eutin	66	8	58
Flensburg	116	43	73
Frankfurt/M.	411	162	249
Frankfurt/O.	170	48	122
Freiburg	162	26	136
Friedberg	81	17	64
Fritzlar	38	7	31
Fulda	41	16	25
Fürth (Bay)	150	38	112
Gera	144	29	115
Gießen	71	16	55

Insolvenzgericht	Anzahl gesamt	Davon jurist.[1] Personen	Davon natürl. Personen
Gifhorn	95	28	67
Göppingen	85	27	58
Goslar	51	10	41
Göttingen	121	17	104
Hagen	245	71	174
Halle-Saalkreis	187	57	130
Hamburg	857	332	525
Hameln	100	27	73
Hanau	116	32	84
Hannover	307	110	197
Hechingen	78	15	63
Heidelberg	101	34	67
Heilbronn	260	68	192
Hildesheim	72	16	56
Hof	62	14	48
Holzminden	7		7
Husum	37	11	26
Idar-Oberstein	45	9	36
Ingolstadt	119	45	74
Itzehoe	26	5	21
Kaiserslautern	83	15	68
Karlsruhe	242	73	169
Kassel	140	30	110
Kempten	129	24	105
Kiel	109	22	87
Kleve	155	47	108
Koblenz	97	28	69
Köln	962	314	648
Königstein	25	5	20
Konstanz	108	30	78
Korbach	28	8	20
Krefeld	161	69	92
Landau (i. d. Pf.)	73	23	50
Landshut	193	49	144
Leer	62	22	40
Leipzig	416	79	337
Limburg	53	16	37
Lingen	25	9	16
Lörrach	31	7	24
Lübeck	105	21	84
Ludwigsburg	148	47	101
Ludwigshafen/Rh.	136	23	113
Lüneburg	79	25	54
Magdeburg	226	68	158
Mainz	102	26	76
Mannheim	239	73	166
Marburg	70	12	58
Mayen	53	13	40
Meiningen	90	21	69
Meldorf	53	9	44
Memmingen	53	6	47
Meppen	52	15	37
Mönchengladbach	252	74	178
Montabaur	84	14	70
Mosbach	49	9	40
Mühldorf (a. Inn)	66	16	50
Mühlhausen	86	18	68
München	871	295	576
Münster	398	130	268
Neubrandenburg	131	42	89

Insolvenzgericht	Anzahl gesamt	Davon jurist.[1] Personen	Davon natürl. Personen
Neumünster	204	45	159
Neuruppin	115	36	79
Neustadt/Wstr.	38	10	28
Neu-Ulm	93	18	75
Neuwied	56	11	45
Niebüll	46	21	25
Nordenham	28	8	20
Norderstedt	99	36	63
Nordhorn	27	9	18
Nördlingen	42	6	36
Nürnberg	414	111	303
Offenbach/M.	205	77	128
Offenburg	115	37	78
Oldenburg (Oldb.)	88	29	59
Osnabrück	125	44	81
Osterode	25	7	18
Paderborn	178	57	121
Passau	83	20	63
Pforzheim	122	34	88
Pinneberg	124	41	83
Pirmasens	26	6	20
Potsdam	212	70	142
Ravensburg	129	36	93
Regensburg	153	54	99
Reinbek	73	32	41
Rosenheim	122	33	89
Rostock	127	30	97
Rottweil	74	20	54
Saarbrücken/Sulzbach	333	92	241
Schwarzenbek	72	22	50
Schweinfurt	70	23	47
Schwerin	133	38	95
Siegen	108	39	69
Stade	46	22	24
Stendal	67	21	46
Stralsund	107	24	83
Straubing	34	9	25
Stuttgart	392	115	277
Syke	97	23	74
Tostedt	59	19	40
Traunstein	44	13	31
Trier	87	17	70
Tübingen	159	57	102
Uelzen	49	10	39
Ulm	104	34	70
Vechta	36	10	26
Verden	75	29	46
Villingen-Schwenningen	66	16	50
Waldshut-Tiengen	28	7	21
Walsrode	37	11	26
Weiden i. d. OPf.	52	15	37
Weilheim i. OB	78	27	51
Wetzlar	67	14	53
Wiesbaden	180	46	134
Wilhelmshaven	54	17	37
Wittlich	38	9	29
Wolfratshausen	62	20	42
Wolfsburg	65	16	49
Worms	45	8	37
Wuppertal	375	109	266
Würzburg	145	42	103
Zweibrücken	38	10	28
Summe	**26.211**	**7.853**	**18.358**

2. Top-20-Insolvenzgerichte

Rang	Insolvenzgericht	Anzahl gesamt	Davon jurist.[1] Personen	Davon natürl. Personen
1	Berlin	1479	578	901
2	Köln	962	314	648
3	München	871	295	576
4	Hamburg	857	332	525
5	Düsseldorf	514	234	280
6	Essen	483	164	319
7	Dortmund	433	105	328
8	Leipzig	416	79	337
9	Duisburg	415	114	301
10	Nürnberg	414	111	303
11	Frankfurt/M.	411	162	249
12	Chemnitz	407	82	325
13	Münster	398	130	268
14	Stuttgart	392	115	277
15	Wuppertal	375	109	266
16	Bielefeld	368	125	243
17	Darmstadt	366	117	249
18	Dresden	348	89	259
19	Bonn	347	85	262
20	Aachen	340	82	258
	Summe	**10.596**	**3.422**	**7.174**

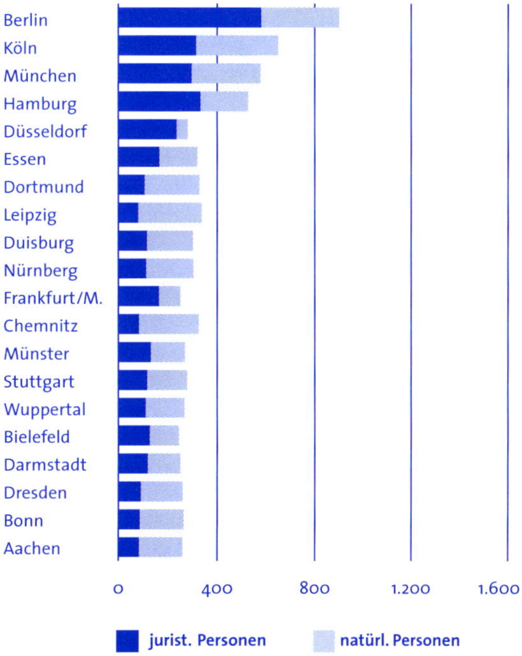

▶ 11 % der Insolvenzgerichte sind zuständig für 40 % der Verfahren.

1) Einschließlich Gesellschaften ohne Rechtspersönlichkeit.

Quelle: WBDat Wirtschafts- und Branchendaten GmbH, Köln.

Eröffnete IN-Verfahren Deutschland 1. Halbjahr 2020

1. Sortiert nach Insolvenzgerichten A–Z

Insolvenzgericht	Anzahl gesamt	Davon jurist.[1)] Personen	Davon natürl. Personen
Aachen	170	58	112
Aalen	46	12	34
Alzey	14	3	11
Amberg	44	13	31
Ansbach	33	11	22
Arnsberg	50	19	31
Aschaffenburg	47	14	33
Augsburg	106	30	76
Aurich	34	8	26
Bad Hersfeld	13	2	11
Bad Homburg v. d. H.	25	13	12
Bad Kreuznach	39	8	31
Bad Neuenahr-Ahrweiler	30	3	27
Baden-Baden	39	16	23
Bamberg	28	12	16
Bayreuth	28	11	17
Berlin	714	312	402
Bersenbrück	20	9	11
Betzdorf	16	3	13
Bielefeld	194	74	120
Bingen/Rh.	15	7	8
Bitburg	10	2	8
Bochum	139	42	97
Bonn	127	43	84
Braunschweig	49	15	34
Bremen	136	76	60
Bremerhaven	19	7	12
Bückeburg	11	6	5
Celle	35	11	24
Chemnitz	183	42	141
Cloppenburg	25	6	19
Coburg	45	7	38
Cochem	7	3	4
Cottbus	73	22	51
Crailsheim	10	2	8
Cuxhaven	39	14	25
Darmstadt	163	62	101
Deggendorf	15	4	11
Delmenhorst	38	19	19
Dessau	39	11	28
Detmold	46	18	28
Dortmund	212	59	153
Dresden	165	38	127
Duisburg	186	60	126
Düsseldorf	209	88	121
Erfurt	71	17	54
Eschwege	8	1	7
Essen	230	94	136
Esslingen	73	34	39
Eutin	26	5	21
Flensburg	57	18	39
Frankfurt/M.	235	95	140
Frankfurt/O.	66	21	45
Freiburg	83	26	57
Friedberg	45	13	32
Fritzlar	18	2	16
Fulda	26	12	14
Fürth (Bay)	89	27	62
Gera	62	18	44
Gießen	29	9	20
Gifhorn	46	15	31
Göppingen	49	18	31
Goslar	17	2	15
Göttingen	57	21	36
Hagen	141	55	86
Halle-Saalkreis	99	36	63
Hamburg	370	151	219
Hameln	40	12	28
Hanau	68	18	50
Hannover	149	59	90
Hechingen	31	4	27
Heidelberg	46	13	33
Heilbronn	121	27	94
Hildesheim	28	11	17
Hof	32	6	26
Holzminden	13	4	9
Husum	14	2	12
Idar-Oberstein	20	5	15
Ingolstadt	55	11	44
Itzehoe	17	9	8
Kaiserslautern	30	6	24
Karlsruhe	101	43	58
Kassel	46	12	34
Kempten	70	25	45
Kiel	52	14	38
Kleve	68	26	42
Koblenz	46	15	31
Köln	393	153	240
Königstein	23	7	16
Konstanz	49	15	34
Korbach	13	1	12
Krefeld	58	13	45
Landau (i. d. Pf.)	38	10	28
Landshut	100	21	79
Leer	28	7	21
Leipzig	189	41	148
Limburg	17	6	11
Lingen	10		10
Lörrach	24	9	15
Lübeck	47	5	42
Ludwigsburg	77	21	56
Ludwigshafen/Rh.	68	14	54
Lüneburg	52	20	32
Magdeburg	87	29	58
Mainz	37	10	27
Mannheim	113	31	82
Marburg	31	8	23
Mayen	25	5	20
Meiningen	51	15	36
Meldorf	33	9	24
Memmingen	24	6	18
Meppen	38	19	19
Mönchengladbach	97	33	64
Montabaur	43	11	32
Mosbach	26	6	20
Mühldorf (a. Inn)	36	7	29
Mühlhausen	24	10	14
München	413	155	258
Münster	198	71	127
Neubrandenburg	41	16	25

Insolvenzgericht	Anzahl gesamt	Davon jurist.[1] Personen	Davon natürl. Personen
Neumünster	68	15	53
Neuruppin	57	13	44
Neustadt/Wstr.	17	8	9
Neu-Ulm	42	13	29
Neuwied	31	6	25
Niebüll	15	6	9
Nordenham	13	6	7
Norderstedt	32	10	22
Nordhorn	17	9	8
Nördlingen	22	7	15
Nürnberg	174	60	114
Offenbach/M.	102	36	66
Offenburg	45	16	29
Oldenburg (Oldb.)	39	11	28
Osnabrück	51	16	35
Osterode	6	1	5
Paderborn	73	25	48
Passau	36	9	27
Pforzheim	42	13	29
Pinneberg	62	23	39
Pirmasens	20	3	17
Potsdam	103	33	70
Ravensburg	56	13	43
Regensburg	60	19	41
Reinbek	41	15	26
Rosenheim	56	16	40
Rostock	42	14	28
Rottweil	44	18	26
Saarbrücken/Sulzbach	129	34	95
Schwarzenbek	25	5	20
Schweinfurt	34	11	23
Schwerin	70	18	52
Siegen	46	19	27
Stade	20	6	14
Stendal	23	4	19
Stralsund	51	29	22
Straubing	25	11	14
Stuttgart	166	49	117
Syke	66	15	51
Tostedt	30	5	25
Traunstein	32	8	24
Trier	44	11	33
Tübingen	95	32	63
Uelzen	17	5	12
Ulm	49	18	31
Vechta	23	11	12
Verden	22	5	17
Villingen-Schwenningen	28	10	18
Waldshut-Tiengen	16	3	13
Walsrode	12	2	10
Weiden i. d. OPf.	35	15	20
Weilheim i. OB	46	18	28
Wetzlar	37	13	24
Wiesbaden	88	17	71
Wilhelmshaven	24	8	16
Wittlich	17	4	13
Wolfratshausen	36	16	20
Wolfsburg	22	4	18
Worms	22	8	14
Wuppertal	159	52	107
Würzburg	58	13	45
Zweibrücken	17	6	11
Summe	12.083	4.010	8.073

2. Top-20-Insolvenzgerichte

Rang	Insolvenzgericht	Anzahl gesamt	Davon jurist.[1] Personen	Davon natürl. Personen
1	Berlin	714	312	402
2	München	413	155	258
3	Köln	393	153	240
4	Hamburg	370	151	219
5	Frankfurt/M.	235	95	140
6	Essen	230	94	136
7	Dortmund	212	59	153
8	Düsseldorf	209	88	121
9	Münster	198	71	127
10	Bielefeld	194	74	120
11	Leipzig	189	41	148
12	Duisburg	186	60	126
13	Chemnitz	183	42	141
14	Nürnberg	174	60	114
15	Aachen	170	58	112
16	Stuttgart	166	49	117
17	Dresden	165	38	127
18	Darmstadt	163	62	101
19	Wuppertal	159	52	107
20	Hannover	149	59	90
	Summe	4.872	1.773	3.099

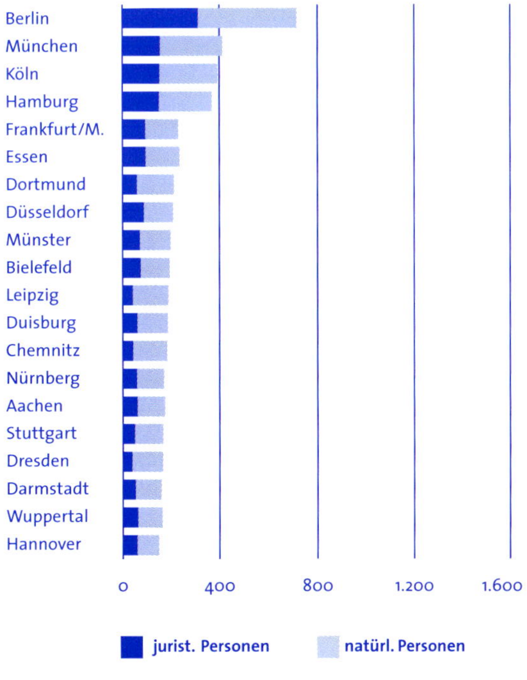

▶ 11 % der Insolvenzgerichte sind zuständig für 40 % der Verfahren.

1) Einschließlich Gesellschaften ohne Rechtspersönlichkeit.

Quelle: WBDat Wirtschafts- und Branchendaten GmbH, Köln.

Anzahl der Eigenverwaltungen seit Einführung des ESUG im März 2012

ESUG/ Eigenverwaltungen	2012	2013	2014	2015	2016	2017	2018	2019	2020 1. Hj	Gesamt
§ 270a InsO	105	185	216	138	103	185	213	201	103	**1.449**
§ 270b InsO	75	92	42	27	23	21	14	16	38	**348**
Gesamt	180	277	258	165	126	206	227	217	141	**1.797**

Hinweis: Es handelt sich jeweils um Mindestzahlen. Da diese Verfahren von den Gerichten nicht zwingend veröffentlicht werden müssen, sind die Zahlen nicht 100%ig abschließend.

Quelle: www.insolvenz-portal.de

ESUG/Eigenverwaltungen 2012–2019

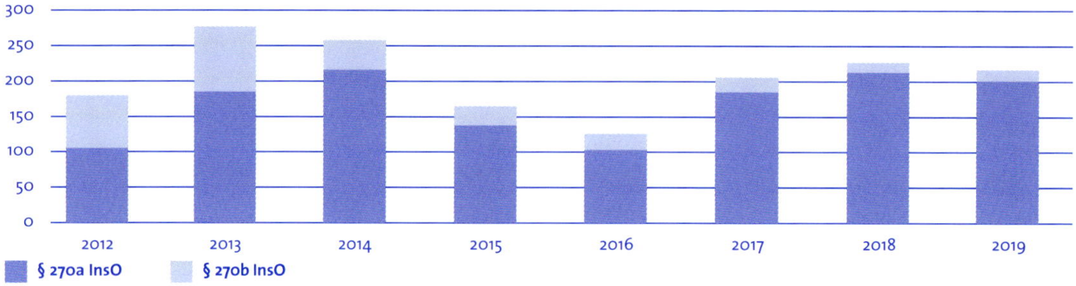

Anteil der ESUG-Verfahren an den Gesamtverfahren

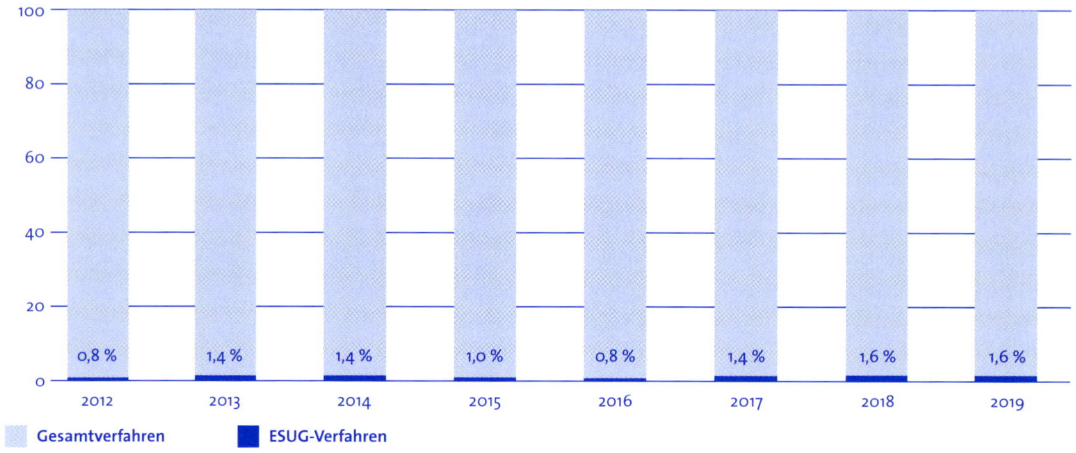

Ranking Top-10-Sozietäten 2019

Eröffnete IN-Verfahren Deutschland (ohne Verbraucherinsolvenzen)

Rang	Kanzleiname	Jurist.[1] Personen	Anteil Kanzlei (Top 10) in %	Anteil Kanzlei (Dtl.) in %	Anzahl bestellter Verwalter	Natürl. Personen	Anteil Kanzlei (Top 10) in %	Anteil Kanzlei (Dtl.) in %	Anzahl bestellter Verwalter	Anzahl (gesamt)
1	PLUTA Rechtsanwalts-GmbH	295	16,03	3,76	38	418	16,97	2,28	44	713
2	White & Case Insolvenz GbR	276	15,00	3,51	18	255	10,35	1,39	20	531
3	Schultze & Braun	266	14,46	3,39	37	416	16,89	2,27	36	682
4	Görg Rechtsanwälte	199	10,82	2,53	22	315	12,79	1,72	24	514
5	BBL Bernsau Brockdorff	184	10,00	2,34	19	243	9,87	1,32	25	427
6	hww hermann wienberg wilhelm	163	8,86	2,08	19	214	8,69	1,17	24	377
7	Brinkmann & Partner	140	7,61	1,78	17	280	11,37	1,53	20	420
8	Münzel & Böhm	123	6,68	1,57	6	101	4,10	0,55	8	224
9	Dr. Beck & Partner GbR	98	5,33	1,25	7	89	3,61	0,48	7	187
10	AndresPartner	96	5,22	1,22	7	132	5,36	0,72	8	228
	Summe	**1.840**	**100,00**	**23,43**	**190**	**2.463**	**100,00**	**13,42**	**216**	**4.303**

Anzahl	Deutschland	Jurist. 1) Personen	Anteil Top 10 jurist. Pers.	Anteil Top 10 in % jurist. Pers.	Natürl. Personen	Anteil Top 10 natürl. Pers.	Anteil Top 10 in % natürl. Pers.	Anzahl gesamt	Anteil Top 10 in %	Anzahl bestellter Verwalter
	Alle Amtsgerichte	**7.853**	**1.840**	**23,43**	**18.358**	**2.463**	**13,42**	**26.211**	**16,42**	**1.911**

Ranking Top-10-Sozietäten 1. Halbjahr 2020

Eröffnete IN-Verfahren Deutschland (ohne Verbraucherinsolvenzen)

Rang	Kanzleiname	Jurist.[1] Personen	Anteil Kanzlei (Top 10) in %	Anteil Kanzlei (Dtl.) in %	Anzahl bestellter Verwalter	Natürl. Personen	Anteil Kanzlei (Top 10) in %	Anteil Kanzlei (Dtl.) in %	Anzahl bestellter Verwalter	Anzahl (gesamt)
1	PLUTA Rechtsanwalts-GmbH	219	22,26	5,46	37	233	21,26	2,89	41	452
2	White & Case Insolvenz GbR	144	14,63	3,59	14	107	9,76	1,33	15	251
3	Schultze & Braun	141	14,33	3,52	31	183	16,70	2,27	36	324
4	hww hermann wienberg wilhelm	88	8,94	2,19	20	89	8,12	1,10	20	177
5	Görg Rechtsanwälte	82	8,33	2,04	17	118	10,77	1,46	24	200
6	Brinkmann & Partner	78	7,93	1,95	13	132	12,04	1,64	18	210
7	BBL Bernsau Brockdorff	77	7,83	1,92	17	129	11,77	1,60	20	206
8	Dr. Beck & Partner GbR	53	5,39	1,32	7	37	3,38	0,46	7	90
9	Jaffé Rechtsanwälte Insolvenzverwalter	53	5,39	1,32	7	15	1,37	0,19	6	68
10	AndresPartner	49	4,98	1,22	8	53	4,84	0,66	7	102
	Summe	**984**	**100,00**	**24,54**	**171**	**1.096**	**100,00**	**13,58**	**194**	**2.080**

Anzahl	Deutschland	Jurist. 1) Personen	Anteil Top 10 jurist. Pers.	Anteil Top 10 in % jurist. Pers.	Natürl. Personen	Anteil Top 10 natürl. Pers.	Anteil Top 10 in % natürl. Pers.	Anzahl gesamt	Anteil Top 10 in %	Anzahl bestellter Verwalter
182	**Alle Amtsgerichte**	**4.010**	**984**	**24,54**	**8.073**	**1.096**	**13,58**	**12.083**	**17,21**	**1.738**

1) Einschließlich Gesellschaften ohne Rechtspersönlichkeit.

Quelle: WBDat Wirtschafts- und Branchendaten GmbH, Köln.

Insolvenzgerichte Deutschland und Standorte Schultze & Braun Rechtsanwaltsgesellschaft für Insolvenzverwaltung mbH

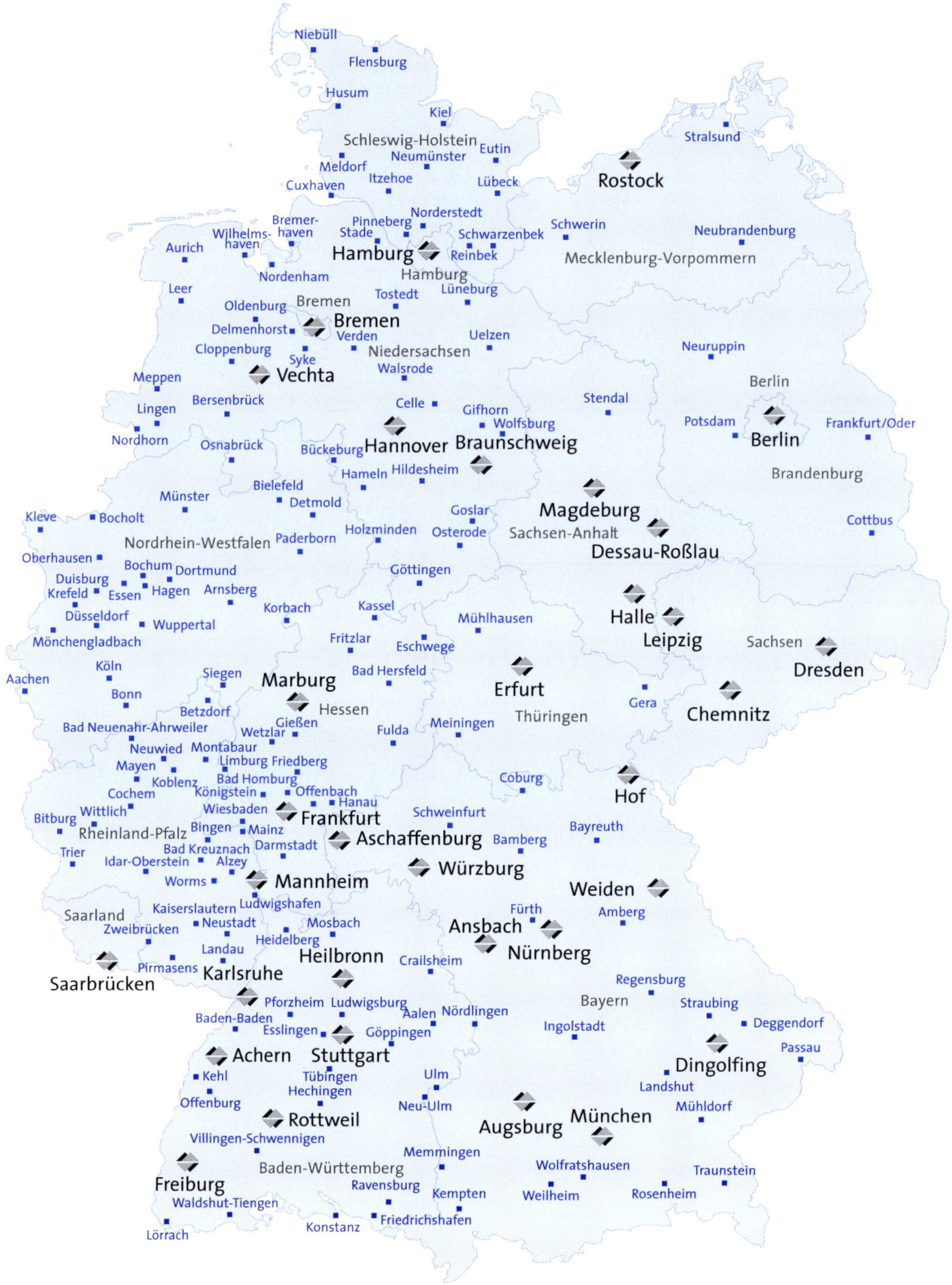

Standorte Schultze & Braun Rechtsanwaltsgesellschaft für Insolvenzverwaltung mbH, Stand: Dezember 2020

Schultze & Braun Rechtsanwaltsgesellschaft für Insolvenzverwaltung mbH

1. Achern
Eisenbahnstr. 19-23
77855 Achern
Telefon 0981 487787-17
Telefax 0981 4816487

2. Ansbach
Am Galgenrangen 12
91522 Ansbach
Telefon 07841 708-0
Telefax 07841 708-3 01

3. Aschaffenburg
Frohsinnstr. 29
63739 Aschaffenburg
Telefon 06021 58518-0
Telefax 06021 58518-110

4. Augsburg
Schaezlerstraße 13
86150 Augsburg
Telefon 0821 508822-0
Telefax 0821 508822-100

5. Berlin
Markgrafenstraße 22
10117 Berlin
Telefon 030 3083038-200
Telefax 030 3083038-111

6. Braunschweig
Museumstr. 5
38100 Braunschweig
Telefon 0531 6128720-0
Telefax 0531 6128720-100

7. Bremen
Domshof 18-20
28195 Bremen
Telefon 0421 3686-0
Telefax 0421 3686-100

8. Chemnitz
Promenadenstr. 3
09111 Chemnitz
Telefon 0371 38237-0
Telefax 0371 38237-10

9. Dessau-Roßlau
Stiftstraße 16
06844 Dessau-Roßlau
Telefon 0340 5210443
Telefax 0340 5710128

10. Dingolfing
Speisemarkt 7
84130 Dingolfing
Telefon 08731 32690-66
Telefax 08731 32690-67

11. Dresden
Boltenhagener Platz 9
01109 Dresden
Telefon 0351 88527-0
Telefax 0351 88527-40

12. Erfurt
Barbarossahof 3
99092 Erfurt
Telefon 0361 5513-0
Telefax 0361 5513-100

13. Frankfurt am Main
Olof-Palme-Str. 13
60439 Frankfurt
Telefon 069 50986-0
Telefax 069 50986-110

14. Freiburg im Breisgau
Fischerau 24-26
79098 Freiburg
Telefon 0761 296732-0
Telefax 0761 296732-100

15. Halle
Kleine Märkerstraße 10
06108 Halle
Telefon 0345 5200-111
Telefax 0345 5200-066

16. Hamburg
Willy-Brandt-Str. 57
20457 Hamburg
Telefon 040 3060457-0

17. Hannover
Berliner Allee 7
30175 Hannover
Telefon 0511 554706-0
Telefax 0511 554706-99

18. Heilbronn
Im Zukunftspark 10
74076 Heilbronn
Telefon 07131 20565-0
Telefax 07131 20565-100

19. Hof
Pfarr 1
95028 Hof
Telefon 09281 880-500
Telefax 09281 880-510

20. Karlsruhe
Kriegsstraße 113
76135 Karlsruhe
Telefon 0721 91957-0
Telefax 0721 91957-11

21. Leipzig
Inselstraße 29
04103 Leipzig
Telefon 0341 26972-0
Telefax 0341 26972-10

22. Magdeburg
Bei der Hauptwache 2
39104 Magdeburg
Telefon 0391 5354-0
Telefax 0391 5354-100

23. Mannheim
N7, 12
68161 Mannheim
Telefon 0621 480264-0
Telefax 0621 480264-10

24. Marburg
Software Center 5a
35037 Marburg
Telefon 06421 94813-50
Telefax 06421 94813-60

25. München
Elsenheimerstraße 55a
80687 München
Telefon 089 3300809-0
Telefax 089 3300809-99

26. Nürnberg
Marienbergstr. 94
90411 Nürnberg
Telefon 0911 60079-0
Telefax 0911 60079-10

27. Rostock
Gerhart-Hauptmann-Str. 24
18055 Rostock
Telefon 0381 49139-50
Telefax 0381 49139-77

28. Rottweil
Neckartal 100
78628 Rottweil
Telefon 0741 17464-30
Telefax 0741 17464-40

29. Saarbrücken
Saarbrücker Str. 4
66130 Saarbrücken
Telefon 0681 87625-0
Telefax 0681 87625-100

30. Stuttgart
Paulinenstraße 41
70178 Stuttgart
Telefon 0711 23889-0
Telefax 0711 23889-200

31. Vechta
An der Gräfte 22
49377 Vechta
Telefon 04441 978862
Telefax 0421 3686-100

32. Weiden
Bgm.-Probst-Str. 5b
92637 Weiden
Telefon 0961 47012-89
Telefax 0961 47012-92

33. Würzburg
Augustinerstraße 5
97070 Würzburg
Telefon 0931-6609983-0
Telefax 0931-6609983-99

Veranstaltungstermine zum Insolvenzrecht 2021

Januar	Februar	März	April	Mai	Juni
01 Fr Neujahr	01 Mo	01 Mo	01 Do	01 Sa Maifeiertag	01 Di
02 Sa	02 Di	02 Di	02 Fr Karfreitag	02 So	02 Mi
03 So	03 Mi	03 Mi	03 Sa	03 Mo	03 Do Fronleichnam[3]
04 Mo	04 Do	04 Do	04 So Ostersonntag	04 Di	04 Fr
05 Di	05 Fr	05 Fr	05 Mo Ostermontag	05 Mi	05 Sa
06 Mi Heilige Drei Könige[1]	06 Sa	06 Sa	06 Di	06 Do	06 So
07 Do	07 So	07 So	07 Mi	07 Fr	07 Mo
08 Fr	08 Mo	08 Mo Int. Frauentag[2]	08 Do	08 Sa	08 Di
09 Sa	09 Di	09 Di	09 Fr	09 So	09 Mi 9.–12.6.2021 AIRA – 37. Annual Bankruptcy & Restructuring Conference Newport Beach, Kalifornien
10 So	10 Mi	10 Mi	10 Sa	10 Mo	10 Do
11 Mo	11 Do	11 Do	11 So	11 Di	11 Fr
12 Di	12 Fr	12 Fr	12 Mo	12 Mi	12 Sa
13 Mi	13 Sa	13 Sa	13 Di 13.–17.4.2021 ABA – Annual Meeting Miami	13 Do Christi Himmelfahrt	13 So
14 Do	14 So	14 So	14 Mi	14 Fr	14 Mo
15 Fr	15 Mo	15 Mo	15 Do 15.–17.4.2021 ABI – 39. Annual Spring Meeting Washington D. C.	15 Sa	15 Di
16 Sa	16 Di	16 Di	16 Fr	16 So	16 Mi
17 So	17 Mi	17 Mi 17.3.2021 DAV – Jahrestagung der Zwangsverwalter (online)	17 Sa	17 Mo 17.–20.5.2021 ALI – 98. Annual Meeting Washington D. C.	17 Do
18 Mo	18 Do	18 Do 17.–19.3.2021 DAV – 18. Deutscher Insolvenzrechtstag Berlin	18 So	18 Di	18 Fr
19 Di	19 Fr	19 Fr	19 Mo	19 Mi	19 Sa
20 Mi	20 Sa	20 Sa	20 Di	20 Do	20 So
21 Do	21 So	21 So	21 Mi	21 Fr Christi Himmelfahrt	21 Mo
22 Fr 22.1.2021 DAV – 36. Verbraucherinsolvenzveranstaltung (online)	22 Mo	22 Mo	22 Do	22 Sa	22 Di
23 Sa	23 Di	23 Di	23 Fr	23 So Pfingstsonntag	23 Mi 23.–26.6.2021 NABT – Annual Convention Chicago
24 So	24 Mi 25.2.2021 IFPPC – 16. Entretiens de la sauvegarde (online)	24 Mi	24 Sa	24 Mo Pfingstmontag	24 Do
25 Mo	25 Do	25 Do	25 So	25 Di	25 Fr
26 Di	26 Fr	26 Fr	26 Mo 26.–28.4.2021 17. Handelsblatt Jahrestagung Restrukturierung Frankfurt/Main	26 Mi	26 Sa
27 Mi	27 Sa	27 Sa	27 Di	27 Do	27 So
28 Do	28 So	28 So	28 Mi	28 Fr	28 Mo
29 Fr		29 Mo	29 Do	29 Sa	29 Di
30 Sa		30 Di	30 Fr	30 So	30 Mi
31 So		31 Mi		31 Mo	

1) Heilige Drei Könige nur BW, BY, ST 2) Internationaler Frauentag nur Berlin 3) Fronleichnam nur BW, BY, HE, NW, RP, SL, Teile SN u. TH

Schulferien 2020/2021: Ferientermine aller Bundesländer in Deutschland[1] (Quelle: Kultusministerkonferenz der Länder; Angaben ohne Gewähr).

Land*	Weihnachten 20/21	Winter 21	Ostern/Frühjahr 21	Himmelfahrt/Pfingsten 21	Sommer 21	Herbst 21	Weihnachten 21/22
Baden–Württ. (4) [2]	23.12.-09.01.	–	01.04./06.04.-10.04.	25.05.-05.06.	29.07.-11.09.	31.10./02.11.-06.11.	23.12.-08.01.
Bayern (–)	23.12.-09.01.	–	15.02.-19.02./29.03.-10.04.	25.05.-04.06.	30.07.-13.09.	02.11.-05.11.	24.12.-08.01.
Berlin (–)	21.12.-02.01.	01.02.-06.02.	29.03.-10.04.	14.05.	24.06.-06.08.	11.10.-23.10.	24.12.-31.12.
Brandenburg (1)	21.12.-02.01.	01.02.-06.02.	29.03.-09.04.	–	24.06.-07.08.	11.10.-23.10.	23.12.-31.12.
Bremen (–)	23.12.-08.01.	01.02.-02.02.	27.03.-10.04.	14.05./25.05.	22.07.-01.09.	18.10.-30.10.	23.12.-08.01.
Hamburg (–)	21.12.-04.01.	29.01.	01.03.-12.03.	10.05.-14.05.	24.06.-04.08.	04.10.-15.10.	23.12.-04.01.
Hessen (3)	21.12.-09.01.	–	06.04.-16.04.	–	19.07.-27.08.	11.10.-23.10.	23.12.-08.01.
Meckl.-Vorpom. (–)	21.12.-02.01.	06.02.-18.02./19.02.	29.03.-07.04.	14.05./21.05.-25.05.	21.06.-31.07.	02.10.-09.10./01.11.-02.11.	22.12.-31.12.
Niedersachsen (–)	23.12.-08.01.	01.02.-02.02.	29.03.-09.04.	14.05./25.05.	22.07.-01.09.	18.10.-29.10.	23.12.-07.01.

Juli	August	September	Oktober	November	Dezember
01 Do	01 So	01 Mi	01 Fr	01 Mo Allerheiligen[7]	01 Mi
02 Fr	02 Mo	02 Do	02 Sa	02 Di	02 Do
03 Sa	03 Di	03 Fr	03 So Tag der Deutschen Einheit	03 Mi	03 Fr
04 So	04 Mi	04 Sa	04 Mo	04 Do	04 Sa
05 Mo	05 Do	05 So	05 Di	05 Fr	05 So
06 Di	06 Fr	06 Mo	06 Mi 6.–10.10.2021 NCBJ – 95. Annual Meeting Indianapolis, Indiana / 7.–10.10.2021 INSOL Europe – Annual Congress Dublin	06 Sa	06 Mo
07 Mi	07 Sa	07 Di	07 Do	07 So	07 Di
08 Do	08 So	08 Mi	08 Fr	08 Mo	08 Mi
09 Fr	09 Mo	09 Do	09 Sa	09 Di	09 Do
10 Sa	10 Di	10 Fr	10 So	10 Mi	10 Fr
11 So	11 Mi	11 Sa	11 Mo	11 Do	11 Sa
12 Mo	12 Do	12 So	12 Di	12 Fr	12 So
13 Di	13 Fr	13 Mo	13 Mi	13 Sa	13 Mo
14 Mi	14 Sa	14 Di	14 Do	14 So	14 Di
15 Do	15 So Mariä Himmelfahrt[4]	15 Mi	15 Fr	15 Mo	15 Mi
16 Fr	16 Mo	16 Do	16 Sa	16 Di	16 Do
17 Sa	17 Di	17 Fr	17 So	17 Mi	17 Fr
18 So	18 Mi	18 Sa	18 Mo	18 Do Buß- und Bettag[8]	18 Sa
19 Mo	19 Do	19 So	19 Di	19 Fr	19 So
20 Di	20 Fr	20 Mo	20 Mi	20 Sa	20 Mo
21 Mi	21 Sa	21 Di	21 Do	21 So	21 Di
22 Do	22 So	22 Mi	22 Fr	22 Mo	22 Mi
23 Fr	23 Mo	23 Do	23 Sa	23 Di	23 Do
24 Sa	24 Di 24.–28.8.2021 AIJA – 59. Annual Congress Zürich	24 Fr	24 So	24 Mi	24 Fr
25 So	25 Mi	25 Sa	25 Mo	25 Do	25 Sa 1. Weihnachtstag
26 Mo	26 Do	26 So	26 Di 26.10.2021 TMA – 33. Annual Conference Nashville / 27.–31.10.2021 UIA – 65. Congress Guadalajara, Mexiko	26 Fr	26 So 2. Weihnachtstag
27 Di	27 Fr	27 Mo	27 Mi	27 Sa	27 Mo
28 Mi	28 Sa	28 Di Weltkindertag[5]	28 Do	28 So	28 Di
29 Do	29 So	29 Mi	29 Fr	29 Mo	29 Mi
30 Fr	30 Mo	30 Do	30 Sa	30 Di	30 Do
31 Sa	31 Di		31 So		31 Fr

4) Mariä Himmelfahrt nur Teile BY, SL 5) Weltkindertag nur TH 6) Reformationstag nur BB, HB, HH, MV, NI, SN , ST, TH 7) Allerheiligen nur BW, BY, HE, NW, RP, SL 8) Buß– und Bettag nur SN

Land*	Weihnachten 20/21	Winter 21	Ostern/Frühjahr 21	Himmelfahrt/Pfingsten 21	Sommer 21	Herbst 21	Weihnachten 21/22
Nordrhein–Westf. (4)	23.12.-06.01.	–	29.03.-10.04.	25.05.	05.07.-17.08.	11.10.-23.10.	24.12.-08.01.
Rheinland–Pfalz (6)	21.12.-31.12.	–	29.03.-06.04.	25.05.-02.06.	19.07.-27.08.	11.10.-22.10.	23.12.-31.12.
Saarland (1)	21.12.-31.12.	15.02.-19.02.	29.03.-07.04.	25.05.-28.05.	19.07.-27.08.	18.10.-29.10.	23.12.-03.01.
Sachsen (2)	23.12.-02.01.	08.02.-20.02.	02.04.-10.04.	14.05.	26.07.-03.09.	18.10.-30.10.	23.12.-01.01.
Sachsen-Anhalt (1)	21.12.-05.01.	08.02.-13.02.	29.03.-03.04.	10.05.-22.05.	22.07.-01.09.	25.10.-30.10.	22.12.-08.01.
Schleswig-Hol. (3) [2]	21.12.-06.01.	–	01.04.-16.04.	14.05.-15.05.	21.06.-31.07.	04.10.-16.10.	23.12.-08.01.
Thüringen (2)	23.12.-02.01.	08.02.-13.02.	29.03.-10.04.	14.05.	26.07.-04.09.	25.10.-06.11.	23.12.-31.12.

1) Angegeben sind jeweils der erste und letzte Ferientag; nachträgliche Änderungen einzelner Länder sind vorbehalten.
2) Auf den Inseln Sylt, Föhr, Amrum und Helgoland sowie auf den Halligen gelten für die Sommer- und Herbstferien Sonderregelungen.
* Die Ziffern in Klammern geben, soweit bekannt, die Anzahl der beweglichen Feiertage an, mit denen besondere örtliche Verhältnisse berücksichtigt oder mit denen einzelne Ferienabschnitte verlängert werden können.

Glossare

Die Glossare sind Zusammenstellungen von Rechtsbegriffen, die es auch in der jeweils anderen Rechtsordnung gibt oder für die zumindest ein vergleichbares Rechtsinstitut existiert. Zusätzlich wird auch eine mögliche Übersetzung angegeben, die helfen soll, den Begriff für den Leser besser verständlich zu machen.

Die Übersetzung wie auch die Rechtsbegriffe müssen mit der nötigen Vorsicht verwendet werden; Schultze & Braun übernimmt keinerlei Haftung für ihre Verwendung.

DEUTSCH – ENGLISCH

	Deutsch	Übersetzungsmöglichkeit
1	Aktivlegitimation	locus standi
2	Betriebsvereinbarung	works agreement
3	Eil- oder Notverkaufsmaßnahme	emergency sale or fire sale
4	Fortführungsprognose	going-concern forecast
5	Geschäftsbesorgungsvertrag	business management contract
6	Haftungsgegenstand	liable asset
7	immaterieller Vermögensgegenstand	intangible assets
8	Insolvenzgläubiger	insolvency creditor
9	Insolvenzstraftat	insolvency offence
10	juristische Person	Legal entity
11	Kündigungsschutzprozess	action against unfair dismissal
12	Liquiditätsprognose	liquidity forecast
13	Masseunzulänglichkeit	deficiency of assets
14	Niederlassung	establishment
15	Parteifähigkeit	to be a party to court proceedings
16	Postsperre	postal redirection order
17	Rechtshandlung	legal act
18	Rückschlagsperre	reversal of enforcement [section 88]
19	Sanierungskredit	restructuring loans
20	Schuldumwandlungsvertrag	contract for novation
21	Sicherungsnehmer	secured party
22	Tabelle	schedule
23	Übernahmegesellschaft	takeover company
24	Verfahren des ersten Rechtszugs	proceedings at first instance
25	Vermögensübersicht	statement of assets and liabilities
26	Verteilungsverzeichnis	distribution schedule
27	Verwertungserlös	realisation proceeds
28	Vollstreckungsgericht	enforcement court
29	Wertvergütung	ad valorem remuneration
30	Zahlungsmittel	means of payment

DEUTSCH – FRANZÖSISCH

	Deutsch	Übersetzungsmöglichkeit	Entsprechendes Rechtsinstitut im französischen Recht
1	Aktivlegitimation	Qualité pour agir en justice	Qualité à agir
2	Betriebsvereinbarung	Accord d'entreprise	Accord d'entreprise
3	Eil- oder Notverkaufsmaßnahme	Mesure de vente d'urgence	***
4	Fortführungsprognose	Prévision de poursuite d'exploitation	Prévision portant sur la capacité de continuité d'exploitation
5	Geschäftsbesorgungsvertrag	Mandat	Mandat, contrat de prestation de services
6	Haftungsgegenstand	Objet sur lequel porte la responsabilité d'un débiteur	***
7	immaterieller Vermögensgegenstand	Biens immatériels / Immobilisations incorporelles	Biens immatériels / Immobilisations incorporelles
8	Insolvenzgläubiger	Créancier de l'insolvabilité	Créancier chirographaire
9	Insolvenzstraftat	Infraction d'insolvabilité	Infraction pénale issue du droit des procédures collectives
10	juristische Person	Personne morale	Personne morale
11	Kündigungsschutzprozess	Action en contestation d'un licenciement	Procédure en contestation d'un licenciement
12	Liquiditätsprognose	Previsionnel de trésorerie	Previsionnel de trésorerie
13	Masseunzulänglichkeit	Insuffisance de la masse	Situation dans laquelle l'actif disponible permet de couvrir les frais de la procédure collectives mais est insuffissant pour couvrir les créances postérieures à l'ouverture de la procédure
14	Niederlassung	Etablissement	Etablissement
15	Parteifähigkeit	Capacité d'ester en justice	Capacité d'agir
16	Postsperre	Suivi obligatoire du courrier à l'administrateur de l'insolvabilité	***
17	Rechtshandlung	Acte ayant pour conséquence un effet juridique	***
18	Rückschlagsperre	Nullité d'actes d'exécution forcée mise en oeuvre dans un délai déterminé avant la demande d'ouverture	***
19	Sanierungskredit	Crédit de redressement	Prêt destiné au financement du redressement / New money
20	Schuldumwandlungsvertrag	Novation	Novation
21	Sicherungsnehmer	Bénéficiaire de sûreté	Bénéficiaire de la sûreté
22	Tabelle	Etat des créances	Etat des créances
23	Übernahmegesellschaft	Société repreneuse	Repreneur (société)
24	Verfahren des ersten Rechtszugs	Procédure de première instance	Procédure de première instance
25	Vermögensübersicht	Etat du patrimoine	Etat du patrimoine

	Deutsch	Übersetzungsmöglichkeit	Entsprechendes Rechtsinstitut im französischen Recht
26	Verteilungsverzeichnis	Etat de répartition	Etat de collocation (cependant non spécifique à la matière immobilière en droit allemand)
27	Verwertungserlös	Produit de la réalisation	Produit de la réalisation d'actifs
28	Vollstreckungsgericht	Tribunal de l'exécution	Juridiction compétente en matière d'exécution forcée, juge de l'exécution
29	Wertvergütung	Rémunération en fonction de la valeur	Honoraires proportionnels déterminés selon un montant, une valeur
30	Zahlungsmittel	Moyen de paiement	Moyen de paiement

DEUTSCH – ITALIENISCH

	Deutsch	Übersetzungsmöglichkeit	Entsprechendes Rechtsinstitut im italienischen Recht
1	Aktivlegitimation	Legittimazione attiva	Art. 81 c. p. c. (legitimatio ad causam)
2	Betriebsvereinbarung	Accordi aziendali	Art. 51 Decreto legislativo 15 giugno 2015, n. 81
3	Eil- oder Notverkaufsmaßnahme	Vendita d'urgenza (di beni deperibili)	Art. 501, 685 Codice procedura civile
4	Fortführungsprognose	Previsione di continuità dell'azienda	Art. 2086 Codice Civile
5	Geschäftsbesorgungsvertrag	Contratto di mandato	Art. 1703 ss Codice Civile
6	Haftungsgegenstand	Beni su cui si estende la responsabilità patrimoniale del debitore	Art. 2740 Codice Civile
7	immaterieller Vermögensgegenstand	Beni immateriali	Avviamento/Good Will; Titolo IX del Libro quinto del Codice Civile "dei diritti sulle opere dell'ingegno e sulle invenzioni industriali"; D.lgs. 10 febbraio 2005, n. 30 (Codice della Proprietà industriale)
8	Insolvenzgläubiger	Creditore del fallimento	Art. 52 Legge Fallimentare (Art. 151 Codice della Crisi), aber beschränkt auf die vor Verfahrenseröffnung entstandenen Forderungen
9	Insolvenzstraftat	Reato fallimentare	Art. 216–235 Legge Fallimentare (Art. 322–347 Codice della Crisi)
10	juristische Person	Persona giuridica	Titolo V del Libro quinto del Codice Civile "delle società" (Artt. 2247–2510) Codice Civile; D.P.R. 10 febbraio 2000, n. 361;
11	Kündigungsschutzprozess	Giudizio di impugnazione del licenziamento	Art. 1 c. 48 Legge 92/2012; Artt. 409 und ff. codice procedura civile
12	Liquiditätsprognose	Previsione dei flussi di cassa	***
13	Masseunzulänglichkeit	Insufficienza della massa	Art. 118 c. 1 n. 4 Legge Fallimentare (Art. 233 c. 1 n. Codice della Crisi)
14	Niederlassung	Sede secondaria	Art. 2197 Codice Civile
15	Parteifähigkeit	Capacità di stare in giudizio	Art. 75 Codice di procedura civile

	Deutsch	Übersetzungsmöglichkeit	Entsprechendes Rechtsinstitut im italienischen Recht
16	Postsperre	Blocco postale	Art. 48 Legge Fallimentare (Art. 148 Codice della Crisi)
17	Rechtshandlung	Atto giuridico	Art. 1173 Codice Civile (fonte di obbligazioni)
18	Rückschlagsperre	Inefficacia delle misure di esecuzione forzata iniziate nel mese antecedente alla proposizone della domanda di fallimento o successivamente	***
19	Sanierungskredit	Finanziamento ai fini della ristrutturazione	Art. 182 quater, Art. 182 quinquies Legge Fallimentare (Art. 99 Codice della Crisi)
20	Schuldumwandlungsvertrag	Contratto di novazione	Art. 1230 Codice Civile
21	Sicherungsnehmer	Garantito	***
22	Tabelle	Stato passivo	Art. 96 Legge Fallimentare (Art. 204 Codice della Crisi)
23	Übernahmegesellschaft	Società che acquisisce gli asset (spesso l'intera azienda) del debitore	Art. 163bis Abs. 1, 186bis Abs. 1 Legge Fallimentare
24	Verfahren des ersten Rechtszugs	Procedimento di primo grado	Art. 163–322 Codice di procedura civile
25	Vermögensübersicht	Prospetto relativo allo stato Patrimoniale	Art. 2424 Codice Civile
26	Verteilungsverzeichnis	Progetto di riparto	Art. 110 c. 1 Legge Fallimentare (Art. 201 c. 1 Codice della Crisi)
27	Verwertungserlös	Ricavato dalla vendita forzata	Art. 509 Codice di procedura civile
28	Vollstreckungsgericht	Foro dell'esecuzione	Art. 26 Codice procedura civile
29	Wertvergütung	Compenso liquidato in base al valore	Parametri Forensi Civili ex Artt. 1–11, DM 55/2014
30	Zahlungsmittel	Mezzo di pagamento	Art. 1277 Codice Civile (Zahlung in Geld); Art. 1197 Codice Civile (Leistung an Erfüllungs Statt mit anderen Zahlungsmitteln)

*** ein vergleichbares Rechtsinstitut existiert nicht

2. Teil

Corona bringt COVInsAG und beschleunigt Verkürzung der Restschuldbefreiung

Von Dr. Elske Fehl-Weileder, Rechtsanwältin und Fachanwältin für Insolvenzrecht

Zur Bekämpfung der Auswirkungen der COVID-19-Pandemie hat die Insolvenzordnung im März 2020 eine blitzartige, nur vorübergehend wirksame Änderung erfahren. Durch das „Gesetz zur vorübergehenden Aussetzung der Insolvenzantragspflicht und zur Begrenzung der Organhaftung bei einer durch die Covid-19-Pandemie bedingten Insolvenz" (COVID-19-Insolvenzaussetzungsgesetz, kurz COVInsAG) vom 27. März 2020 wurde mit Rückwirkung zum 1. März 2020 insbesondere die Insolvenzantragspflicht des § 15a InsO ausgesetzt. Die Aussetzung war zunächst bis zum 30. September 2020 begrenzt. Im September 2020 wurde die Aussetzung der Insolvenzantragspflicht eingeschränkt verlängert. Für Unternehmen, die „nur" überschuldet, aber nicht zahlungsunfähig sind, galt die Aussetzung der Antragspflicht bis Ende 2020. Für den Monat Januar 2021 gibt es eine weitere Aussetzung der Insolvenzantragspflicht für solche Unternehmen, die für November und/oder Dezember 2020 staatliche Hilfsleistungen beantragt haben oder hätten beantragen können, aber noch keine Hilfen erhalten haben. Diese Aussetzung gilt sowohl für überschuldete als auch für bereits zahlungsunfähige Unternehmen, aber nur, wenn tatsächlich Aussicht auf die Erlangung der Hilfeleistungen besteht und wenn diese ausreichen, um den Insolvenzgrund zu beseitigen.

Kritiker sahen in einer weiteren Aussetzung der Insolvenzantragspflicht ein „völlig falsches Signal an die Wirtschaft". Es sei nicht im Interesse der Gläubiger und der Erhaltung gesunder wirtschaftlicher Strukturen, auch solche Insolvenzen zu verschleppen, die nicht ursächlich im Zusammenhang mit der COVID-19-Pandemie stehen (Pressemitteilung der CDU/CSU-Fraktion im Deutschen Bundestag vom 12. Augsut 2020, herausgegeben von *Dr. Jan-Marco Luczak*).[1]

Auch einen Alternativvorschlag blieben die Kritiker aus der CDU/CSU-Bundestagsfraktion nicht schuldig. Sie verwiesen darauf, dass eine Umsetzung der Europäischen Richtlinie EU 2019/1023 zur Einführung eines vorinsolvenzlichen Restrukturierungsverfahrens noch ihrer Umsetzung harrt, obwohl sie bis Sommer 2021 verpflichtend umzusetzen sei. Ein entsprechender Gesetzesentwurf der Bundesregierung ist im Oktober 2020 vorgelegt worden. Das in ihm geregelte Verfahren für eine außergerichtliche Sanierung soll Unternehme(r)n zur Verfügung stehen, die noch nicht zahlungsunfähig sind und sich über eine Einigung mit ihren Gläubigern über einen „haircut" sanieren wollen. Das Verfahren bietet verschiedene Möglichkeiten, einen entsprechenden Restrukturierungsplan zu beschließen und umzusetzen, abgestuft nach Stärke des Eingriffs in die Gläubigerrechte mit oder ohne gerichtliche Beteiligung und Beteiligung durch einen Sanierungsmoderator oder einen Restrukturierungsbeauftragten. Das Gesetz

1 https://www.cducsu.de/presse/pressemitteilungen/gesunden-unternehmen-helfen-selbstreinigungskraefte-des-marktes-erhalten.

wurde am 17. Dezember 2020 im Bundestag verabschiedet und ist zum 1. Januar 2021 in Kraft getreten.

Bereits im Juli 2020 wurde ein anderer Regelungsteil der EU-Richtlinie 2019/1023 in einen Gesetzesentwurf gegossen, nämlich die Verkürzung des Restschuldbefreiungsverfahrens auf drei Jahre. Auch dieses Gesetz wurde am 17. Dezember 2020 vom Bundestag beschlossen. Es sieht eine Rückwirkung für alle Verfahren vor, die ab dem 1. Oktober 2020 beantragt wurden. Für die ab dem 17. Dezember 2019 bis zum 1. Oktober 2020 beantragten Insolvenzverfahren ist eine schrittweise Verkürzung der Wohlverhaltensperiode von bislang sechs Jahren dergestalt vorgesehen, dass diese Verfahren zu demselben Zeitpunkt enden werden, wie diejenigen, die mit Inkrafttreten der Verkürzung beantragt werden. Mit dieser schon im Vorfeld von dem Bundesjustizministerium angekündigten Stufenregelung sollte vermieden werden, dass Insolvenzanträge hinausgezögert werden, um in den Genuss der verkürzten Frist zu kommen, und so verhindert werden, dass die Beratungsstellen, Gerichte und Insolvenzverwalter von einer Verfahrenswelle überrollt werden. Da sich aber bereits abzeichnete, dass für alle Verfahren, die ab dem 1. Oktober 2020 beantragt worden sind, im Wege der Rückwirkung die dreijährige Frist gelten soll, waren dennoch ganz verbreitet ein Abwarten und sinkende Antragszahlen zu verzeichnen, und ist davon auszugehen, dass mit Inkrafttreten des Gesetzes eine Vielzahl von Insolvenzanträgen natürlicher Personen gestellt werden.

Zur Vermeidung von Missbrauch solltedie Verkürzung der Restschuldbefreiung für Verbraucher – im Unterschied zu (ehemals) selbstständig tätigen, natürlichen Personen – zunächst nur für drei Jahre befristet gelten und parallel evaluiert werden, ob sich negative Auswirkungen auf das Zahlungsverhalten von Verbrauchern ergeben. Dies ergibt sich aus einem Eckpunktepapier des Koalitionsausschusses aus dem Juni 2020 und wurde nach Angaben der Justizministerin *Lambrecht* als Kompromiss dafür ausgehandelt, dass Verbraucher überhaupt in den Anwendungsbereich der Verkürzung aufgenommen werden. Nach den Vorgaben der Richtlinie könnte sich diese Regelung nämlich auch auf (ehemals) selbstständige Personen beschränken. Diese nur für Verbraucher geltende Befristung wurde als unangemessene Benachteiligung kritisiert und schließlich durch den Rechtsausschuss gestrichen, sodass nun auch über das Jahr 2023 hinaus für alle natürlichen Personen eine Restschuldbefreiung binnen drei Jahren zu erreichen ist, egal, ob es sich um Verbraucher oder (ehemals) selbstständige Personen handelt.

Insolvenzordnung (InsO)

Vom 5. Oktober 1994 (BGBl. I 1994, S. 2866),
zuletzt geändert durch die Gesetze vom 22. Dezember 2020 (BGBl. I 2020, S. 3256 und S. 3328)

Inhaltsübersicht

Erster Teil – Allgemeine Vorschriften

§ 1 Ziele des Insolvenzverfahrens

Das Insolvenzverfahren dient dazu, die Gläubiger eines Schuldners gemeinschaftlich zu befriedigen, indem das Vermögen des Schuldners verwertet und der Erlös verteilt oder in einem Insolvenzplan eine abweichende Regelung insbesondere zum Erhalt des Unternehmens getroffen wird. Dem redlichen Schuldner wird Gelegenheit gegeben, sich von seinen restlichen Verbindlichkeiten zu befreien.

§ 2 Amtsgericht als Insolvenzgericht

(1) Für das Insolvenzverfahren ist das Amtsgericht, in dessen Bezirk ein Landgericht seinen Sitz hat, als Insolvenzgericht für den Bezirk dieses Landgerichts ausschließlich zuständig.

(2) Die Landesregierungen werden ermächtigt, zur sachdienlichen Förderung oder schnelleren Erledigung der Verfahren durch Rechtsverordnung andere oder zusätzliche Amtsgerichte zu Insolvenzgerichten zu bestimmen und die Bezirke der Insolvenzgerichte abweichend festzulegen. Die Landesregierungen können die Ermächtigungen auf die Landesjustizverwaltungen übertragen.

(3) Rechtsverordnungen nach Absatz 2 sollen je Bezirk eines Oberlandesgerichts ein Insolvenzgericht bestimmen, an dem ein Gruppen-Gerichtsstand nach § 3a begründet werden kann. Die Zuständigkeit des bestimmten Insolvenzgerichts kann innerhalb eines Landes auch über den Bezirk eines Oberlandesgerichts erstreckt werden.

§ 3 Örtliche Zuständigkeit

(1) Örtlich zuständig ist ausschließlich das Insolvenzgericht, in dessen Bezirk der Schuldner seinen allgemeinen Gerichtsstand hat. Liegt der Mittelpunkt einer selbständigen wirtschaftlichen Tätigkeit des Schuldners an einem anderen Ort, so ist ausschließlich das Insolvenzgericht zuständig, in dessen Bezirk dieser Ort liegt.

(2) Hat der Schuldner in den letzten sechs Monaten vor der Antragstellung Instrumente gemäß § 29 des Unternehmensstabilisierungs- und -restrukturierungsgesetzes in Anspruch genommen, ist auch das Gericht örtlich zuständig, das als Restrukturierungsgericht für die Maßnahmen zuständig war.

(3) Sind mehrere Gerichte zuständig, so schließt das Gericht, bei dem zuerst die Eröffnung des Insolvenzverfahrens beantragt worden ist, die übrigen aus.

Kommentar:
Durch das Gesetz über den Stabilisierungs- und Restrukturierungsrahmen für Unternehmen (BGBl. I 2020, S. 3256) wurde mit Wirkung zum 1. Januar 2021 in § 3 ein neuer Abs. 2 eingefügt; der bisherige Abs. 2 wird Abs. 3.

§ 3a Gruppen-Gerichtsstand

(1) Auf Antrag eines Schuldners, der einer Unternehmensgruppe im Sinne von § 3e angehört (gruppenangehöriger Schuldner), erklärt sich das angerufene Insolvenzgericht für die Insolvenzverfahren über die anderen gruppenangehörigen Schuldner (Gruppen-Folgeverfahren) für zuständig, wenn in Bezug auf den Schuldner ein zulässiger Eröffnungsantrag vorliegt und der Schuldner nicht offensichtlich von untergeordneter Bedeutung für die gesamte Unternehmensgruppe ist. Eine untergeordnete Bedeutung ist in der Regel nicht anzunehmen, wenn im vorangegangenen abgeschlossenen Geschäftsjahr die Zahl der vom Schuldner im Jahresdurchschnitt beschäftigten Arbeitnehmer mehr als 15 Prozent der in der Unternehmensgruppe im Jahresdurchschnitt beschäftigten Arbeitnehmer ausmachte und
1. die Bilanzsumme des Schuldners mehr als 15 Prozent der zusammengefassten Bilanzsumme der Unternehmensgruppe betrug oder
2. die Umsatzerlöse des Schuldners mehr als 15 Prozent der zusammengefassten Umsatzerlöse der Unternehmensgruppe betrugen.
Haben mehrere gruppenangehörige Schuldner zeitgleich einen Antrag nach Satz 1 gestellt oder ist bei mehreren Anträgen unklar, welcher Antrag zuerst gestellt worden ist, ist der Antrag des Schuldners maßgeblich, der im vergangenen abgeschlossenen Geschäftsjahr die meisten Arbeitnehmer beschäftigt hat; die anderen Anträge sind unzulässig. Erfüllt keiner der gruppenangehörigen Schuldner die Voraussetzungen des Satzes 2, kann der Gruppen-Gerichtsstand jedenfalls bei dem Gericht begründet werden, das für die Eröffnung des Verfahrens für den gruppenangehörigen Schuldner zuständig ist, der im vorangegangenen abgeschlossenen Geschäftsjahr im Jahresdurchschnitt die meisten Arbeitnehmer beschäftigt hat.

(2) Bestehen Zweifel daran, dass eine Verfahrenskonzentration am angerufenen Insolvenzgericht im gemeinsamen Interesse der Gläubiger liegt, kann das Gericht den Antrag nach Absatz 1 Satz 1 ablehnen.

(3) Das Antragsrecht des Schuldners geht mit der Eröffnung des Insolvenzverfahrens auf den Insol-

venzverwalter und mit der Bestellung eines vorläufigen Insolvenzverwalters, auf den die Verwaltungs- und Verfügungsbefugnis über das Vermögen des Schuldners übergeht, auf diesen über.

(4) Auf Antrag des Schuldners erklärt sich unter den Voraussetzungen des Absatzes 1 das für Gruppen-Folgeverfahren zuständige Gericht, sofern es nach § 34 des Unternehmensstabilisierungs- und -restrukturierungsgesetzes für Entscheidungen in Restrukturierungssachen zuständig ist, als Restrukturierungsgericht auch für Gruppen-Folgeverfahren in Insolvenzsachen nach Absatz 1 für zuständig.

Kommentar:
Durch das Gesetz über den Stabilisierungs- und Restrukturierungsrahmen für Unternehmen (BGBl. I 2020, S. 3256) wurde mit Wirkung zum 1. Januar 2021 dem § 3a ein Abs. 4 hinzugefügt.

§ 3b Fortbestehen des Gruppen-Gerichtsstands

Ein nach § 3a begründeter Gruppen-Gerichtsstand bleibt von der Nichteröffnung, Aufhebung oder Einstellung des Insolvenzverfahrens über den antragstellenden Schuldner unberührt, solange an diesem Gerichtsstand ein Verfahren über einen anderen gruppenangehörigen Schuldner anhängig ist.

§ 3c Zuständigkeit für Gruppen-Folgeverfahren

(1) Am Gericht des Gruppen-Gerichtsstands ist für Gruppen-Folgeverfahren die Abteilung zuständig, die für das Verfahren zuständig ist, in dem der Gruppen-Gerichtsstand begründet wurde.

(2) Der Antrag auf Eröffnung eines Gruppen-Folgeverfahrens kann auch bei dem nach § 3 Absatz 1 zuständigen Gericht gestellt werden.

Kommentar:
Durch das Gesetz über den Stabilisierungs- und Restrukturierungsrahmen für Unternehmen (BGBl. I 2020, S. 3256) wurde mit Wirkung zum 1. Januar 2021 be § 3c der Abs. 1 geändert.

§ 3d Verweisung an den Gruppen-Gerichtsstand

(1) Wird die Eröffnung eines Insolvenzverfahrens über das Vermögen eines gruppenangehörigen Schuldners bei einem anderen Insolvenzgericht als dem Gericht des Gruppen-Gerichtsstands beantragt, kann das angerufene Gericht das Verfahren an das Gericht des Gruppen-Gerichtsstands verweisen. Eine Verweisung hat auf Antrag zu erfolgen, wenn der Schuldner unverzüglich nachdem er Kenntnis von dem Eröffnungsantrag eines Gläubigers erlangt hat, einen zulässigen Eröffnungsantrag bei dem Gericht des Gruppen-Gerichtsstands stellt.

(2) Antragsberechtigt ist der Schuldner. § 3a Absatz 3 gilt entsprechend.

(3) Das Gericht des Gruppen-Gerichtsstands kann den vom Erstgericht bestellten vorläufigen Insolvenzverwalter entlassen, wenn dies erforderlich ist, um nach § 156b eine Person zum Insolvenzverwalter in mehreren oder allen Verfahren über die gruppenangehörigen Schuldner zu bestellen.

§ 3e Unternehmensgruppe

(1) Eine Unternehmensgruppe im Sinne dieses Gesetzes besteht aus rechtlich selbständigen Unternehmen, die den Mittelpunkt ihrer hauptsächlichen Interessen im Inland haben und die unmittelbar oder mittelbar miteinander verbunden sind durch
1. die Möglichkeit der Ausübung eines beherrschenden Einflusses oder
2. eine Zusammenfassung unter einheitlicher Leitung.

(2) Als Unternehmensgruppe im Sinne des Absatzes 1 gelten auch eine Gesellschaft und ihre persönlich haftenden Gesellschafter, wenn zu diesen weder eine natürliche Person noch eine Gesellschaft zählt, an der eine natürliche Person als persönlich haftender Gesellschafter beteiligt ist, oder sich die Verbindung von Gesellschaften in dieser Art fortsetzt.

§ 4 Anwendbarkeit der Zivilprozeßordnung

Für das Insolvenzverfahren gelten, soweit dieses Gesetz nichts anderes bestimmt, die Vorschriften der Zivilprozeßordnung entsprechend. § 128a der Zivilprozessordnung gilt mit der Maßgabe, dass bei Gläubigerversammlungen sowie sonstigen Versammlungen und Terminen die Beteiligten in der Ladung auf die Verpflichtung hinzuweisen sind, wissentliche Ton- und Bildaufzeichnungen zu unterlassen und durch geeignete Maßnahmen sicherzustellen, dass Dritte die Ton- und Bildübertragung nicht wahrnehmen können.

Kommentar:
Durch das Gesetz über den Stabilisierungs- und Restrukturierungsrahmen für Unternehmen (BGBl. I 2020, S. 3256) wurde mit Wirkung zum 1. Januar 2021 bei § 4 der Satz 2 hinzugefügt.

§ 4a Stundung der Kosten des Insolvenzverfahrens

(1) Ist der Schuldner eine natürliche Person und hat er einen Antrag auf Restschuldbefreiung gestellt,

so werden ihm auf Antrag die Kosten des Insolvenzverfahrens bis zur Erteilung der Restschuldbefreiung gestundet, soweit sein Vermögen voraussichtlich nicht ausreichen wird, um diese Kosten zu decken. Die Stundung nach Satz 1 umfasst auch die Kosten des Verfahrens über den Schuldenbereinigungsplan und des Verfahrens zur Restschuldbefreiung. Der Schuldner hat dem Antrag eine Erklärung beizufügen, ob ein Versagungsgrund des § 290 Abs. 1 Nr. 1 vorliegt. Liegt ein solcher Grund vor, ist eine Stundung ausgeschlossen.

(2) Werden dem Schuldner die Verfahrenskosten gestundet, so wird ihm auf Antrag ein zur Vertretung bereiter Rechtsanwalt seiner Wahl beigeordnet, wenn die Vertretung durch einen Rechtsanwalt trotz der dem Gericht obliegenden Fürsorge erforderlich erscheint. § 121 Abs. 3 bis 5 der Zivilprozessordnung gilt entsprechend.

(3) Die Stundung bewirkt, dass
1. die Bundes- oder Landeskasse
a) die rückständigen und die entstehenden Gerichtskosten,
b) die auf sie übergegangenen Ansprüche des beigeordneten Rechtsanwalts nur nach den Bestimmungen, die das Gericht trifft, gegen den Schuldner geltend machen kann;
2. der beigeordnete Rechtsanwalt Ansprüche auf Vergütung gegen den Schuldner nicht geltend machen kann.
Die Stundung erfolgt für jeden Verfahrensabschnitt besonders. Bis zur Entscheidung über die Stundung treten die in Satz 1 genannten Wirkungen einstweilig ein. § 4b Abs. 2 gilt entsprechend.

§ 4b Rückzahlung und Anpassung der gestundeten Beträge

(1) Ist der Schuldner nach Erteilung der Restschuldbefreiung nicht in der Lage, den gestundeten Betrag aus seinem Einkommen und seinem Vermögen zu zahlen, so kann das Gericht die Stundung verlängern und die zu zahlenden Monatsraten festsetzen. § 115 Absatz 1 bis 3 sowie § 120 Absatz 2 der Zivilprozessordnung gelten entsprechend.

(2) Das Gericht kann die Entscheidung über die Stundung und die Monatsraten jederzeit ändern, soweit sich die für sie maßgebenden persönlichen oder wirtschaftlichen Verhältnisse wesentlich geändert haben. Der Schuldner ist verpflichtet, dem Gericht eine wesentliche Änderung dieser Verhältnisse unverzüglich anzuzeigen. § 120a Absatz 1 Satz 2 und 3 der Zivilprozessordnung gilt entsprechend. Eine Änderung zum Nachteil des Schuldners ist ausgeschlossen, wenn seit der Beendigung des Verfahrens vier Jahre vergangen sind.

§ 4c Aufhebung der Stundung

Das Gericht kann die Stundung aufheben, wenn
1. der Schuldner vorsätzlich oder grob fahrlässig unrichtige Angaben über Umstände gemacht hat, die für die Eröffnung des Insolvenzverfahrens oder die Stundung maßgebend sind, oder eine vom Gericht verlangte Erklärung über seine Verhältnisse nicht abgegeben hat;
2. die persönlichen oder wirtschaftlichen Voraussetzungen für die Stundung nicht vorgelegen haben; in diesem Fall ist die Aufhebung ausgeschlossen, wenn seit der Beendigung des Verfahrens vier Jahre vergangen sind;
3. der Schuldner länger als drei Monate mit der Zahlung einer Monatsrate oder mit der Zahlung eines sonstigen Betrages schuldhaft in Rückstand ist;
4. der Schuldner keine angemessene Erwerbstätigkeit ausübt und, wenn er ohne Beschäftigung ist, sich nicht um eine solche bemüht oder eine zumutbare Tätigkeit ablehnt und dadurch die Befriedigung der Insolvenzgläubiger beeinträchtigt; dies gilt nicht, wenn den Schuldner kein Verschulden trifft; § 296 Abs. 2 Satz 2 und 3 gilt entsprechend;
5. die Restschuldbefreiung versagt oder widerrufen wird.

§ 4d Rechtsmittel

(1) Gegen die Ablehnung der Stundung oder deren Aufhebung sowie gegen die Ablehnung der Beiordnung eines Rechtsanwalts steht dem Schuldner die sofortige Beschwerde zu.

(2) Wird die Stundung bewilligt, so steht der Staatskasse die sofortige Beschwerde zu. Diese kann nur darauf gestützt werden, dass nach den persönlichen oder wirtschaftlichen Verhältnissen des Schuldners die Stundung hätte abgelehnt werden müssen.

§ 5 Verfahrensgrundsätze

(1) Das Insolvenzgericht hat von Amts wegen alle Umstände zu ermitteln, die für das Insolvenzverfahren von Bedeutung sind. Es kann zu diesem Zweck insbesondere Zeugen und Sachverständige vernehmen.

(2) Sind die Vermögensverhältnisse des Schuldners überschaubar und ist die Zahl der Gläubiger oder die Höhe der Verbindlichkeiten gering, wird das Verfahren schriftlich durchgeführt. Das Insolvenzgericht kann anordnen, dass das Verfahren oder einzelne seiner Teile mündlich durchgeführt werden, wenn dies zur Förderung des Verfahrensablaufs angezeigt ist. Es kann diese Anordnung jederzeit aufheben oder ändern. Die Anordnung, ihre Aufhebung oder Abänderung sind öffentlich bekannt zu machen.

(3) Die Entscheidungen des Gerichts können ohne mündliche Verhandlung ergehen. Findet eine mündliche Verhandlung statt, so ist § 227 Abs. 3 Satz 1 der Zivilprozeßordnung nicht anzuwenden.

(4) Tabellen und Verzeichnisse können maschinell hergestellt und bearbeitet werden. Die Landesregierungen werden ermächtigt, durch Rechtsverordnung nähere Bestimmungen über die Führung der Tabellen und Verzeichnisse, ihre elektronische Einreichung sowie die elektronische Einreichung der dazugehörigen Dokumente und deren Aufbewahrung zu treffen. Dabei können sie auch Vorgaben für die Datenformate der elektronischen Einreichung machen. Die Landesregierungen können die Ermächtigung auf die Landesjustizverwaltungen übertragen.

(5) Insolvenzverwalter sollen ein elektronisches Gläubigerinformationssystem vorhalten, mit dem jedem Insolvenzgläubiger, der eine Forderung angemeldet hat, alle Entscheidungen des Insolvenzgerichts, alle an das Insolvenzgericht übersandten Berichte, welche nicht ausschließlich die Forderungen anderer Gläubiger betreffen, und alle die eigenen Forderungen betreffenden Unterlagen in einem gängigen Dateiformat zur Verfügung gestellt werden können. Hat der Schuldner im vorangegangenen Geschäftsjahr mindestens zwei der drei in § 22a Absatz 1 genannten Merkmale erfüllt, muss der Insolvenzverwalter ein elektronisches Gläubigerinformationssystem vorhalten und die in Satz 1 genannten Dokumente unverzüglich zum elektronischen Abruf zur Verfügung stellen. Den Einsichtsberechtigten stellt der Verwalter die für den Zugang erforderlichen Daten unverzüglich zur Verfügung.

Kommentar:
Durch das Gesetz über den Stabilisierungs- und Restrukturierungsrahmen für Unternehmen (BGBl. I 2020, S. 3256) wurde mit Wirkung zum 1. Januar 2021 bei § 5 der Abs. 5 hinzugefügt.

§ 6 Sofortige Beschwerde

(1) Die Entscheidungen des Insolvenzgerichts unterliegen nur in den Fällen einem Rechtsmittel, in denen dieses Gesetz die sofortige Beschwerde vorsieht. Die sofortige Beschwerde ist bei dem Insolvenzgericht einzulegen.

(2) Die Beschwerdefrist beginnt mit der Verkündung der Entscheidung oder, wenn diese nicht verkündet wird, mit deren Zustellung.

(3) Die Entscheidung über die Beschwerde wird erst mit der Rechtskraft wirksam. Das Beschwerdegericht kann jedoch die sofortige Wirksamkeit der Entscheidung anordnen.

§ 7 (weggefallen)

§ 8 Zustellungen

(1) Die Zustellungen erfolgen von Amts wegen, ohne dass es einer Beglaubigung des zuzustellenden Schriftstücks bedarf. Sie können dadurch bewirkt werden, dass das Schriftstück unter der Anschrift des Zustellungsadressaten zur Post gegeben wird; § 184 Abs. 2 Satz 1, 2 und 4 der Zivilprozessordnung gilt entsprechend. Soll die Zustellung im Inland bewirkt werden, gilt das Schriftstück drei Tage nach Aufgabe zur Post als zugestellt.

(2) An Personen, deren Aufenthalt unbekannt ist, wird nicht zugestellt. Haben sie einen zur Entgegennahme von Zustellungen berechtigten Vertreter, so wird dem Vertreter zugestellt.

(3) Das Insolvenzgericht kann den Insolvenzverwalter beauftragen, die Zustellungen nach Absatz 1 durchzuführen. Zur Durchführung der Zustellung und zur Erfassung in den Akten kann er sich Dritter, insbesondere auch eigenen Personals, bedienen. Der Insolvenzverwalter hat die von ihm nach § 184 Abs. 2 Satz 4 der Zivilprozessordnung angefertigten Vermerke unverzüglich zu den Gerichtsakten zu reichen.

§ 9 Öffentliche Bekanntmachung

(1) Die öffentliche Bekanntmachung erfolgt durch eine zentrale und länderübergreifende Veröffentlichung im Internet[1]; diese kann auszugsweise geschehen. Dabei ist der Schuldner genau zu bezeichnen, insbesondere sind seine Anschrift und sein Geschäftszweig anzugeben. Die Bekanntmachung gilt als bewirkt, sobald nach dem Tag der Veröffentlichung zwei weitere Tage verstrichen sind.

(2) Das Insolvenzgericht kann weitere Veröffentlichungen veranlassen, soweit dies landesrechtlich bestimmt ist. Das Bundesministerium der Justiz und für Verbraucherschutz wird ermächtigt, durch Rechtsverordnung mit Zustimmung des Bundesrates die Einzelheiten der zentralen und länderübergreifenden Veröffentlichung im Internet zu regeln. Dabei sind insbesondere Löschungsfristen vorzusehen sowie Vorschriften, die sicherstellen, dass die Veröffentlichungen
1. unversehrt, vollständig und aktuell bleiben,
2. jederzeit ihrem Ursprung nach zugeordnet werden können.

(3) Die öffentliche Bekanntmachung genügt zum Nachweis der Zustellung an alle Beteiligten, auch wenn dieses Gesetz neben ihr eine besondere Zustellung vorschreibt.

1 www.insolvenzbekanntmachungen.de

§ 10 Anhörung des Schuldners

(1) Soweit in diesem Gesetz eine Anhörung des Schuldners vorgeschrieben ist, kann sie unterbleiben, wenn sich der Schuldner im Ausland aufhält und die Anhörung das Verfahren übermäßig verzögern würde oder wenn der Aufenthalt des Schuldners unbekannt ist. In diesem Fall soll ein Vertreter oder Angehöriger des Schuldners gehört werden.

(2) Ist der Schuldner keine natürliche Person, so gilt Absatz 1 entsprechend für die Anhörung von Personen, die zur Vertretung des Schuldners berechtigt oder an ihm beteiligt sind. Ist der Schuldner eine juristische Person und hat diese keinen organschaftlichen Vertreter (Führungslosigkeit), so können die an ihm beteiligten Personen gehört werden; Absatz 1 Satz 1 gilt entsprechend.

§ 10a Vorgespräch

(1) Ein Schuldner, der mindestens zwei der drei in § 22a Absatz 1 genannten Voraussetzungen erfüllt, hat an dem für ihn zuständigen Insolvenzgericht Anspruch auf ein Vorgespräch über die für das Verfahren relevanten Gegenstände, insbesondere die Voraussetzungen für eine Eigenverwaltung, die Eigenverwaltungsplanung, die Besetzung des vorläufigen Gläubigerausschusses, die Person des vorläufigen Insolvenzverwalters oder Sachwalters, etwaige weitere Sicherungsanordnungen und die Ermächtigung zur Begründung von Masseverbindlichkeiten. Wenn der Schuldner nach Satz 1 keinen Anspruch auf ein Vorgespräch hat, liegt das Angebot eines Vorgesprächs im Ermessen des Gerichts.

(2) Mit Zustimmung des Schuldners kann das Gericht Gläubiger anhören, insbesondere um deren Bereitschaft für eine Mitgliedschaft in einem vorläufigen Gläubigerausschuss zu erörtern.

(3) Die Abteilung, für die der Richter das Vorgespräch nach Absatz 1 Satz 1 führt, ist in den sechs Monaten nach dem Vorgespräch für das Insolvenzverfahren über das Vermögen des Schuldners zuständig.

> **Kommentar:**
> Durch das Gesetz über den Stabilisierungs- und Restrukturierungsrahmen für Unternehmen (BGBl. I 2020, S. 3256) wurde mit Wirkung zum 1. Januar 2021 der § 10a neu hinzugefügt.

Zweiter Teil – Eröffnung des Insolvenzverfahrens. Erfaßtes Vermögen und Verfahrensbeteiligte

Erster Abschnitt – Eröffnungsvoraussetzungen und Eröffnungsverfahren

§ 11 Zulässigkeit des Insolvenzverfahrens

(1) Ein Insolvenzverfahren kann über das Vermögen jeder natürlichen und jeder juristischen Person eröffnet werden. Der nicht rechtsfähige Verein steht insoweit einer juristischen Person gleich.

(2) Ein Insolvenzverfahren kann ferner eröffnet werden:
1. über das Vermögen einer Gesellschaft ohne Rechtspersönlichkeit (offene Handelsgesellschaft, Kommanditgesellschaft, Partnerschaftsgesellschaft, Gesellschaft des Bürgerlichen Rechts, Partenreederei, Europäische wirtschaftliche Interessenvereinigung);
2. nach Maßgabe der §§ 315 bis 334 über einen Nachlaß, über das Gesamtgut einer fortgesetzten Gütergemeinschaft oder über das Gesamtgut einer Gütergemeinschaft, das von den Ehegatten oder Lebenspartnern gemeinschaftlich verwaltet wird.

(3) Nach Auflösung einer juristischen Person oder einer Gesellschaft ohne Rechtspersönlichkeit ist die Eröffnung des Insolvenzverfahrens zulässig, solange die Verteilung des Vermögens nicht vollzogen ist.

§ 12 Juristische Personen des öffentlichen Rechts

(1) Unzulässig ist das Insolvenzverfahren über das Vermögen
1. des Bundes oder eines Landes;
2. einer juristischen Person des öffentlichen Rechts, die der Aufsicht eines Landes untersteht, wenn das Landesrecht dies bestimmt.

(2) Hat ein Land nach Absatz 1 Nr. 2 das Insolvenzverfahren über das Vermögen einer juristischen Person für unzulässig erklärt, so können im Falle der Zahlungsunfähigkeit oder der Überschuldung dieser juristischen Person deren Arbeitnehmer von dem Land die Leistungen verlangen, die sie im Falle der Eröffnung eines Insolvenzverfahrens nach den Vorschriften des Dritten Buches Sozialgesetzbuch über das Insolvenzgeld von der Agentur für Arbeit und nach den Vorschriften des Gesetzes zur Verbesserung der betrieblichen Altersversorgung vom Träger der Insolvenzsicherung beanspruchen könnten.

§ 13 Eröffnungsantrag

(1) Das Insolvenzverfahren wird nur auf schriftlichen Antrag eröffnet. Antragsberechtigt sind die Gläubiger und der Schuldner. Dem Antrag des Schuldners ist ein Verzeichnis der Gläubiger und ihrer

Forderungen beizufügen. Wenn der Schuldner einen Geschäftsbetrieb hat, der nicht eingestellt ist, sollen in dem Verzeichnis besonders kenntlich gemacht werden
1. die höchsten Forderungen,
2. die höchsten gesicherten Forderungen,
3. die Forderungen der Finanzverwaltung,
4. die Forderungen der Sozialversicherungsträger sowie
5. die Forderungen aus betrieblicher Altersversorgung.

Der Schuldner hat in diesem Fall auch Angaben zur Bilanzsumme, zu den Umsatzerlösen und zur durchschnittlichen Zahl der Arbeitnehmer des vorangegangenen Geschäftsjahres zu machen. Die Angaben nach Satz 4 sind verpflichtend, wenn
1. der Schuldner Eigenverwaltung beantragt,
2. der Schuldner die Merkmale des § 22a Absatz 1 erfüllt oder
3. die Einsetzung eines vorläufigen Gläubigerausschusses beantragt wurde.

Dem Verzeichnis nach Satz 3 und den Angaben nach den Sätzen 4 und 5 ist die Erklärung beizufügen, dass die enthaltenen Angaben richtig und vollständig sind.

(2) Der Antrag kann zurückgenommen werden, bis das Insolvenzverfahren eröffnet oder der Antrag rechtskräftig abgewiesen ist.

(3) Ist der Eröffnungsantrag unzulässig, so fordert das Insolvenzgericht den Antragsteller unverzüglich auf, den Mangel zu beheben und räumt ihm hierzu eine angemessene Frist ein.

(4) Das Bundesministerium der Justiz und für Verbraucherschutz wird ermächtigt, durch Rechtsverordnung mit Zustimmung des Bundesrates für die Antragstellung durch den Schuldner ein Formular einzuführen. Soweit nach Satz 1 ein Formular eingeführt ist, muss der Schuldner dieses benutzen. Für Verfahren, die von den Gerichten maschinell bearbeitet, und für solche, die nicht maschinell bearbeitet werden, können unterschiedliche Formulare eingeführt werden.

§ 13a Antrag zur Begründung eines Gruppen-Gerichtsstands

(1) In einem Antrag nach § 13a Absatz 1 sind anzugeben:
1. Name, Sitz, Unternehmensgegenstand sowie Bilanzsumme, Umsatzerlöse und die durchschnittliche Zahl der Arbeitnehmer des letzten Geschäftsjahres der anderen gruppenangehörigen Unternehmen, die nicht lediglich von untergeordneter Bedeutung für die Unternehmensgruppe sind; für die übrigen gruppenangehörigen Unternehmen sollen entsprechende Angaben gemacht werden,
2. aus welchen Gründen eine Verfahrenskonzentration am angerufenen Insolvenzgericht im gemeinsamen Interesse der Gläubiger liegt,
3. ob eine Fortführung oder Sanierung der Unternehmensgruppe oder eines Teils davon angestrebt wird,
4. welche gruppenangehörigen Unternehmen Institute im Sinne des § 11 Absatz 1b des Kreditwesengesetzes, Finanzholding-Gesellschaften im Sinne des § 11 Absatz 3a des Kreditwesengesetzes, Kapitalverwaltungsgesellschaften im Sinne des § 17 Absatz 1 des Kapitalanlagegesetzbuches, Zahlungsdienstleister im Sinne des § 11 Absatz 1 des Zahlungsdiensteaufsichtsgesetzes oder Versicherungsunternehmen im Sinne des § 17 Nummer 33 des Versicherungsaufsichtsgesetzes sind, und
5. die gruppenangehörigen Schuldner, über deren Vermögen die Eröffnung eines Insolvenzverfahrens beantragt oder ein Verfahren eröffnet wurde, einschließlich des zuständigen Insolvenzgerichts und des Aktenzeichens.

(2) Dem Antrag nach § 13a Absatz 1 ist der letzte konsolidierte Abschluss der Unternehmensgruppe beizufügen. Liegt ein solcher nicht vor, sind die letzten Jahresabschlüsse der gruppenangehörigen Unternehmen beizufügen, die nicht lediglich von untergeordneter Bedeutung für die Unternehmensgruppe sind. Die Jahresabschlüsse der übrigen gruppenangehörigen Unternehmen sollen beigefügt werden.

§ 14 Antrag eines Gläubigers

(1) Der Antrag eines Gläubigers ist zulässig, wenn der Gläubiger ein rechtliches Interesse an der Eröffnung des Insolvenzverfahrens hat und seine Forderung und den Eröffnungsgrund glaubhaft macht. Der Antrag wird nicht allein dadurch unzulässig, dass die Forderung erfüllt wird.

(2) Ist der Antrag zulässig, so hat das Insolvenzgericht den Schuldner zu hören.

(3) Wird die Forderung des Gläubigers nach Antragstellung erfüllt, so hat der Schuldner die Kosten des Verfahrens zu tragen, wenn der Antrag als unbegründet abgewiesen wird. Der Schuldner hat die Kosten auch dann zu tragen, wenn der Antrag eines Gläubigers wegen einer zum Zeitpunkt der Antragstellung wirksamen nichtöffentlichen Stabilisierungsanordnung nach dem Unternehmensstabilisierungs- und -restrukturierungsgesetz abgewiesen wird und der Gläubiger von der Stabilisierungsanordnung keine Kenntnis haben konnte.

Kommentar:
Durch das Gesetz über den Stabilisierungs- und Restrukturierungsrahmen für Unternehmen (BGBl. I 2020, S. 3256) wurde mit Wirkung zum 1. Januar 2021 bei § 14 der Abs. 3 Satz 2 hinzugefügt.

§ 15 Antragsrecht bei juristischen Personen und Gesellschaften ohne Rechtspersönlichkeit

(1) Zum Antrag auf Eröffnung eines Insolvenzverfahrens über das Vermögen einer juristischen Person oder einer Gesellschaft ohne Rechtspersönlichkeit ist außer den Gläubigern jedes Mitglied des Vertretungsorgans, bei einer Gesellschaft ohne Rechtspersönlichkeit oder bei einer Kommanditgesellschaft auf Aktien jeder persönlich haftende Gesellschafter, sowie jeder Abwickler berechtigt. Bei einer juristischen Person ist im Fall der Führungslosigkeit auch jeder Gesellschafter, bei einer Aktiengesellschaft oder einer Genossenschaft zudem auch jedes Mitglied des Aufsichtsrats zur Antragstellung berechtigt.

(2) Wird der Antrag nicht von allen Mitgliedern des Vertretungsorgans, allen persönlich haftenden Gesellschaftern, allen Gesellschaftern der juristischen Person, allen Mitgliedern des Aufsichtsrats oder allen Abwicklern gestellt, so ist er zulässig, wenn der Eröffnungsgrund glaubhaft gemacht wird. Zusätzlich ist bei Antragstellung durch Gesellschafter einer juristischen Person oder Mitglieder des Aufsichtsrats auch die Führungslosigkeit glaubhaft zu machen. Das Insolvenzgericht hat die übrigen Mitglieder des Vertretungsorgans, persönlich haftenden Gesellschafter, Gesellschafter der juristischen Person, Mitglieder des Aufsichtsrats oder Abwickler zu hören.

(3) Ist bei einer Gesellschaft ohne Rechtspersönlichkeit kein persönlich haftender Gesellschafter eine natürliche Person, so gelten die Absätze 1 und 2 entsprechend für die organschaftlichen Vertreter und die Abwickler der zur Vertretung der Gesellschaft ermächtigten Gesellschafter. Entsprechendes gilt, wenn sich die Verbindung von Gesellschaften in dieser Art fortsetzt.

§ 15a Antragspflicht bei juristischen Personen und Gesellschaften ohne Rechtspersönlichkeit

(1) Wird eine juristische Person zahlungsunfähig oder überschuldet, haben die Mitglieder des Vertretungsorgans oder die Abwickler ohne schuldhaftes Zögern einen Eröffnungsantrag zu stellen. Der Antrag ist spätestens drei Wochen nach Eintritt der Zahlungsunfähigkeit und sechs Wochen nach Eintritt der Überschuldung zu stellen. Das Gleiche gilt für die organschaftlichen Vertreter der zur Vertretung der Gesellschaft ermächtigten Gesellschafter oder die Abwickler bei einer Gesellschaft ohne Rechtspersönlichkeit, bei der kein persönlich haftender Gesellschafter eine natürliche Person ist; dies gilt nicht, wenn zu den persönlich haftenden Gesellschaftern eine andere Gesellschaft gehört, bei der ein persönlich haftender Gesellschafter eine natürliche Person ist.

(2) Bei einer Gesellschaft im Sinne des Absatzes 1 Satz 3 gilt Absatz 1 sinngemäß, wenn die organschaftlichen Vertreter der zur Vertretung der Gesellschaft ermächtigten Gesellschafter ihrerseits Gesellschaften sind, bei denen kein persönlich haftender Gesellschafter eine natürliche Person ist, oder sich die Verbindung von Gesellschaften in dieser Art fortsetzt.

(3) Im Fall der Führungslosigkeit einer Gesellschaft mit beschränkter Haftung ist auch jeder Gesellschafter, im Fall der Führungslosigkeit einer Aktiengesellschaft oder einer Genossenschaft ist auch jedes Mitglied des Aufsichtsrats zur Stellung des Antrages verpflichtet, es sei denn, diese Person hat von der Zahlungsunfähigkeit und der Überschuldung oder der Führungslosigkeit keine Kenntnis.

(4) Mit Freiheitsstrafe bis zu drei Jahren oder mit Geldstrafe wird bestraft, wer entgegen Absatz 1 Satz 1 und 2, auch in Verbindung mit Satz 3 oder Absatz 2 oder Absatz 3, einen Eröffnungsantrag
1. nicht oder nicht rechtzeitig stellt oder
2. nicht richtig stellt.

(5) Handelt der Täter in den Fällen des Absatzes 4 fahrlässig, ist die Strafe Freiheitsstrafe bis zu einem Jahr oder Geldstrafe.

(6) Im Falle des Absatzes 4 Nummer 2, auch in Verbindung mit Absatz 5, ist die Tat nur strafbar, wenn der Eröffnungsantrag rechtskräftig als unzulässig zurückgewiesen wurde.

(7) Auf Vereine und Stiftungen, für die § 42 Absatz 2 des Bürgerlichen Gesetzbuchs gilt, sind die Absätze 1 bis 6 nicht anzuwenden.

Kommentar:
Durch das Gesetz über den Stabilisierungs- und Restrukturierungsrahmen für Unternehmen (BGBl. I 2020, S. 3256) wurden mit Wirkung zum 1. Januar 2021 bei § 15a die Abs. 1, 2 und 4 geändert.

§ 15b Zahlungen bei Zahlungsunfähigkeit und Überschuldung; Verjährung

(1) Die nach § 15a Absatz 1 Satz 1 antragspflichtigen Mitglieder des Vertretungsorgans und Abwickler einer juristischen Person dürfen nach dem Eintritt der Zahlungsunfähigkeit oder der Überschuldung der juristischen Person keine Zahlungen mehr für diese vornehmen. Dies gilt nicht für

Zahlungen, die mit der Sorgfalt eines ordentlichen und gewissenhaften Geschäftsleiters vereinbar sind.

(2) Zahlungen, die im ordnungsgemäßen Geschäftsgang erfolgen, insbesondere solche Zahlungen, die der Aufrechterhaltung des Geschäftsbetriebs dienen, gelten vorbehaltlich des Absatzes 3 als mit der Sorgfalt eines ordentlichen und gewissenhaften Geschäftsleiters vereinbar. Im Rahmen des für eine rechtzeitige Antragstellung maßgeblichen Zeitraums nach § 15a Absatz 1 Satz 1 und 2 gilt dies nur, solange die Antragspflichtigen Maßnahmen zur nachhaltigen Beseitigung der Insolvenzreife oder zur Vorbereitung eines Insolvenzantrags mit der Sorgfalt eines ordentlichen und gewissenhaften Geschäftsleiters betreiben. Zahlungen, die im Zeitraum zwischen der Stellung des Antrags und der Eröffnung des Verfahrens geleistet werden, gelten auch dann als mit der Sorgfalt eines ordentlichen und gewissenhaften Geschäftsleiters vereinbar, wenn diese mit Zustimmung eines vorläufigen Insolvenzverwalters vorgenommen wurden.

(3) Ist der nach § 15a Absatz 1 Satz 1 und 2 für eine rechtzeitige Antragstellung maßgebliche Zeitpunkt verstrichen und hat der Antragspflichtige keinen Antrag gestellt, sind Zahlungen in der Regel nicht mit der Sorgfalt eines ordentlichen und gewissenhaften Geschäftsleiters vereinbar.

(4) Werden entgegen Absatz 1 Zahlungen geleistet, sind die Antragspflichtigen der juristischen Person zur Erstattung verpflichtet. Ist der Gläubigerschaft der juristischen Person ein geringerer Schaden entstanden, beschränkt sich die Ersatzpflicht auf den Ausgleich dieses Schadens. Soweit die Erstattung oder der Ersatz zur Befriedigung der Gläubiger der juristischen Person erforderlich ist, wird die Pflicht nicht dadurch ausgeschlossen, dass dieselben in Befolgung eines Beschlusses eines Organs der juristischen Person gehandelt haben. Ein Verzicht der juristischen Person auf Erstattungs- oder Ersatzansprüche oder ein Vergleich der juristischen Person über diese Ansprüche ist unwirksam. Dies gilt nicht, wenn der Erstattungs- oder Ersatzpflichtige zahlungsunfähig ist und sich zur Abwendung des Insolvenzverfahrens mit seinen Gläubigern vergleicht, wenn die Erstattungs- oder Ersatzpflicht in einem Insolvenzplan geregelt wird oder wenn ein Insolvenzverwalter für die juristische Person handelt.

(5) Absatz 1 Satz 1 und Absatz 4 gelten auch für Zahlungen an Personen, die an der juristischen Person beteiligt sind, soweit diese zur Zahlungsunfähigkeit der juristischen Person führen mussten, es sei denn dies war auch bei Beachtung der in Absatz 1 Satz 2 bezeichneten Sorgfalt nicht erkennbar. Satz 1 ist auf Genossenschaften nicht anwendbar.

(6) Die Absätze 1 bis 5 gelten auch für die nach § 15a Absatz 1 Satz 3 und Absatz 2 zur Stellung des Antrags verpflichteten organschaftlichen Vertreter der zur Vertretung der Gesellschaft ermächtigten Gesellschafter.

(7) Die Ansprüche aufgrund der vorstehenden Bestimmungen verjähren in fünf Jahren. Besteht zum Zeitpunkt der Pflichtverletzung eine Börsennotierung verjähren die Ansprüche in zehn Jahren.

(8) Eine Verletzung steuerrechtlicher Zahlungspflichten liegt nicht vor, wenn zwischen dem Eintritt der Zahlungsunfähigkeit nach § 17 oder der Überschuldung nach § 19 und der Entscheidung des Insolvenzgerichts über den Insolvenzantrag Ansprüche aus dem Steuerschuldverhältnis nicht oder nicht rechtzeitig erfüllt werden, sofern die Antragspflichtigen ihren Verpflichtungen nach § 15a nachkommen. Wird entgegen der Verpflichtung nach § 15a ein Insolvenzantrag verspätet gestellt, gilt dies nur für die nach Bestellung eines vorläufigen Insolvenzverwalters oder Anordnung der vorläufigen Eigenverwaltung fällig werdenden Ansprüche aus dem Steuerschuldverhältnis. Wird das Insolvenzverfahren nicht eröffnet und ist dies auf eine Pflichtverletzung der Antragspflichtigen zurückzuführen, gelten die Sätze 1 und 2 nicht.

Kommentar:
Durch das Gesetz über den Stabilisierungs- und Restrukturierungsrahmen für Unternehmen (BGBl. I 2020, S. 3256) wurde mit Wirkung zum 1. Januar 2021 der § 15b neu hinzugefügt.

§ 16 Eröffnungsgrund

Die Eröffnung des Insolvenzverfahrens setzt voraus, daß ein Eröffnungsgrund gegeben ist.

§ 17 Zahlungsunfähigkeit

(1) Allgemeiner Eröffnungsgrund ist die Zahlungsunfähigkeit.

(2) Der Schuldner ist zahlungsunfähig, wenn er nicht in der Lage ist, die fälligen Zahlungspflichten zu erfüllen. Zahlungsunfähigkeit ist in der Regel anzunehmen, wenn der Schuldner seine Zahlungen eingestellt hat.

§ 18 Drohende Zahlungsunfähigkeit

(1) Beantragt der Schuldner die Eröffnung des Insolvenzverfahrens, so ist auch die drohende Zahlungsunfähigkeit Eröffnungsgrund.

(2) Der Schuldner droht zahlungsunfähig zu werden, wenn er voraussichtlich nicht in der Lage sein wird, die bestehenden Zahlungspflichten im Zeitpunkt

der Fälligkeit zu erfüllen. In aller Regel ist ein Prognosezeitraum von 24 Monaten zugrunde zu legen.

(3) Wird bei einer juristischen Person oder einer Gesellschaft ohne Rechtspersönlichkeit der Antrag nicht von allen Mitgliedern des Vertretungsorgans, allen persönlich haftenden Gesellschaftern oder allen Abwicklern gestellt, so ist Absatz 1 nur anzuwenden, wenn der oder die Antragsteller zur Vertretung der juristischen Person oder der Gesellschaft berechtigt sind.

Kommentar:
Durch das Gesetz über den Stabilisierungs- und Restrukturierungsrahmen für Unternehmen (BGBl. I 2020, S. 3256) wurde mit Wirkung zum 1. Januar 2021 dem Abs. 2 ein Satz 2 angefügt.

§ 19 Überschuldung

(1) Bei einer juristischen Person ist auch die Überschuldung Eröffnungsgrund.

(2) Überschuldung liegt vor, wenn das Vermögen des Schuldners die bestehenden Verbindlichkeiten nicht mehr deckt, es sei denn, die Fortführung des Unternehmens in den nächsten zwölf Monaten ist nach den Umständen überwiegend wahrscheinlich. Forderungen auf Rückgewähr von Gesellschafterdarlehen oder aus Rechtshandlungen, die einem solchen Darlehen wirtschaftlich entsprechen, für die gemäß § 39 Abs. 2 zwischen Gläubiger und Schuldner der Nachrang im Insolvenzverfahren hinter den in § 39 Abs. 1 Nr. 1 bis 5 bezeichneten Forderungen vereinbart worden ist, sind nicht bei den Verbindlichkeiten nach Satz 1 zu berücksichtigen.

(3) Ist bei einer Gesellschaft ohne Rechtspersönlichkeit kein persönlich haftender Gesellschafter eine natürliche Person, so gelten die Absätze 1 und 2 entsprechend. Dies gilt nicht, wenn zu den persönlich haftenden Gesellschaftern eine andere Gesellschaft gehört, bei der ein persönlich haftender Gesellschafter eine natürliche Person ist.

Kommentar:
Durch das Gesetz über den Stabilisierungs- und Restrukturierungsrahmen für Unternehmen (BGBl. I 2020, S. 3256) wurde mit Wirkung zum 1. Januar 2021 der Abs. 2 Satz 1 geändert.

§ 20 Auskunfts- und Mitwirkungspflicht im Eröffnungsverfahren. Hinweis auf Restschuldbefreiung

(1) Ist der Antrag zulässig, so hat der Schuldner dem Insolvenzgericht die Auskünfte zu erteilen, die zur Entscheidung über den Antrag erforderlich sind, und es auch sonst bei der Erfüllung seiner Aufgaben zu unterstützen. Die §§ 97, 98, 101 Abs. 1 Satz 1, 2, Abs. 2 gelten entsprechend.

(2) Ist der Schuldner eine natürliche Person, so soll er darauf hingewiesen werden, dass er nach Maßgabe der §§ 286 bis 303a Restschuldbefreiung erlangen kann.

§ 21 Anordnung vorläufiger Maßnahmen

(1) Das Insolvenzgericht hat alle Maßnahmen zu treffen, die erforderlich erscheinen, um bis zur Entscheidung über den Antrag eine den Gläubigern nachteilige Veränderung in der Vermögenslage des Schuldners zu verhüten. Gegen die Anordnung der Maßnahme steht dem Schuldner die sofortige Beschwerde zu.

(2) Das Gericht kann insbesondere

1. einen vorläufigen Insolvenzverwalter bestellen, für den § 8 Abs. 3 und die §§ 56, 56b, 58 bis 66 und 269a entsprechend gelten;

1a.einen vorläufigen Gläubigerausschuss einsetzen, für den § 67 Absatz 2, 3 und die §§ 69 bis 73 entsprechend gelten; zu Mitgliedern des Gläubigerausschusses können auch Personen bestellt werden, die erst mit Eröffnung des Verfahrens Gläubiger werden;

2. dem Schuldner ein allgemeines Verfügungsverbot auferlegen oder anordnen, daß Verfügungen des Schuldners nur mit Zustimmung des vorläufigen Insolvenzverwalters wirksam sind;

3. Maßnahmen der Zwangsvollstreckung gegen den Schuldner untersagen oder einstweilen einstellen, soweit nicht unbewegliche Gegenstände betroffen sind;

4. eine vorläufige Postsperre anordnen, für die die §§ 99, 101 Abs. 1 Satz 1 entsprechend gelten;

5. anordnen, dass Gegenstände, die im Falle der Eröffnung des Verfahrens von § 166 erfasst würden oder deren Aussonderung verlangt werden könnte, vom Gläubiger nicht verwertet oder eingezogen werden dürfen und dass solche Gegenstände zur Fortführung des Unternehmens des Schuldners eingesetzt werden können, soweit sie hierfür von erheblicher Bedeutung sind; § 169 Satz 2 und 3 gilt entsprechend; ein durch die Nutzung eingetretener Wertverlust ist durch laufende Zahlungen an den Gläubiger auszugleichen. Die Verpflichtung zu Ausgleichszahlungen besteht nur, soweit der durch die Nutzung entstehende Wertverlust die Sicherung des absonderungsberechtigten Gläubigers beeinträchtigt. Zieht der vorläufige Insolvenzverwalter eine zur Sicherung eines Anspruchs abgetretene Forderung anstelle des Gläubigers ein, so gelten die §§ 170, 171 entsprechend.

Die Anordnung von Sicherungsmaßnahmen berührt nicht die Wirksamkeit von Verfügungen über Finanzsicherheiten nach § 1 Abs. 17 des Kreditwesengesetzes und die Wirksamkeit der Verrechnung von Ansprüchen und Leistungen aus Zahlungsaufträgen, Aufträgen zwischen Zahlungsdienstleistern oder zwischengeschalteten Stellen oder Aufträgen zur Übertragung von Wertpapieren, die in Systeme nach § 1 Abs. 16 des Kreditwesengesetzes eingebracht wurden. Dies gilt auch dann, wenn ein solches Rechtsgeschäft des Schuldners am Tag der Anordnung getätigt und verrechnet oder eine Finanzsicherheit bestellt wird und der andere Teil nachweist, dass er die Anordnung weder kannte noch hätte kennen müssen; ist der andere Teil ein Systembetreiber oder Teilnehmer in dem System, bestimmt sich der Tag der Anordnung nach dem Geschäftstag im Sinne des § 1 Absatz 16b des Kreditwesengesetzes.

(3) Reichen andere Maßnahmen nicht aus, so kann das Gericht den Schuldner zwangsweise vorführen und nach Anhörung in Haft nehmen lassen. Ist der Schuldner keine natürliche Person, so gilt entsprechendes für seine organschaftlichen Vertreter. Für die Anordnung von Haft gilt § 98 Abs. 3 entsprechend.

Kommentar:
Durch das Gesetz über den Stabilisierungs- und Restrukturierungsrahmen für Unternehmen (BGBl. I 2020, S. 3256) wurde mit Wirkung zum 1. Januar 2021 der Abs. 2 Satz 1 Nr. 1a geändert.

§ 22 Rechtsstellung des vorläufigen Insolvenzverwalters

(1) Wird ein vorläufiger Insolvenzverwalter bestellt und dem Schuldner ein allgemeines Verfügungsverbot auferlegt, so geht die Verwaltungs- und Verfügungsbefugnis über das Vermögen des Schuldners auf den vorläufigen Insolvenzverwalter über. In diesem Fall hat der vorläufige Insolvenzverwalter:

1. das Vermögen des Schuldners zu sichern und zu erhalten;

2. ein Unternehmen, das der Schuldner betreibt, bis zur Entscheidung über die Eröffnung des Insolvenzverfahrens fortzuführen, soweit nicht das Insolvenzgericht einer Stillegung zustimmt, um eine erhebliche Verminderung des Vermögens zu vermeiden;

3 zu prüfen, ob das Vermögen des Schuldners die Kosten des Verfahrens decken wird; das Gericht kann ihn zusätzlich beauftragen, als Sachverständiger zu prüfen, ob ein Eröffnungsgrund vorliegt und welche Aussichten für eine Fortführung des Unternehmens des Schuldners bestehen.

(2) Wird ein vorläufiger Insolvenzverwalter bestellt, ohne daß dem Schuldner ein allgemeines Verfügungsverbot auferlegt wird, so bestimmt das Gericht die Pflichten des vorläufigen Insolvenzverwalters. Sie dürfen nicht über die Pflichten nach Absatz 1 Satz 2 hinausgehen.

(3) Der vorläufige Insolvenzverwalter ist berechtigt, die Geschäftsräume des Schuldners zu betreten und dort Nachforschungen anzustellen. Der Schuldner hat dem vorläufigen Insolvenzverwalter Einsicht in seine Bücher und Geschäftspapiere zu gestatten. Er hat ihm alle erforderlichen Auskünfte zu erteilen und ihn bei der Erfüllung seiner Aufgaben zu unterstützen; die §§ 97, 98, 101 Abs. 1 Satz 1, 2, Abs. 2 gelten entsprechend.

§ 22a Bestellung eines vorläufigen Gläubigerausschusses

(1) Das Insolvenzgericht hat einen vorläufigen Gläubigerausschuss nach § 21 Absatz 2 Nummer 1a einzusetzen, wenn der Schuldner im vorangegangenen Geschäftsjahr mindestens zwei der drei nachstehenden Merkmale erfüllt hat:

1. mindestens 6 000 000 Euro Bilanzsumme nach Abzug eines auf der Aktivseite ausgewiesenen Fehlbetrags im Sinne des § 268 Absatz 3 des Handelsgesetzbuchs;

2. mindestens 12 000 000 Euro Umsatzerlöse in den zwölf Monaten vor dem Abschlussstichtag;

3. im Jahresdurchschnitt mindestens fünfzig Arbeitnehmer.

(2) Das Gericht soll auf Antrag des Schuldners, des vorläufigen Insolvenzverwalters oder eines Gläubigers einen vorläufigen Gläubigerausschuss nach § 21 Absatz 2 Nummer 1a einsetzen, wenn Personen benannt werden, die als Mitglieder des vorläufigen Gläubigerausschusses in Betracht kommen und dem Antrag Einverständniserklärungen der benannten Personen beigefügt werden.

(3) Ein vorläufiger Gläubigerausschuss ist nicht einzusetzen, wenn der Geschäftsbetrieb des Schuldners eingestellt ist, die Einsetzung des vorläufigen Gläubigerausschusses im Hinblick auf die zu erwartende Insolvenzmasse unverhältnismäßig ist oder die mit der Einsetzung verbundene Verzögerung zu einer nachteiligen Veränderung der Vermögenslage des Schuldners führt.

(4) Auf Aufforderung des Gerichts hat der Schuldner oder der vorläufige Insolvenzverwalter Personen zu benennen, die als Mitglieder des vorläufigen Gläubigerausschusses in Betracht kommen.

§ 23 Bekanntmachung der Verfügungsbeschränkungen

(1) Der Beschluß, durch den eine der in § 21 Abs. 2 Nr. 2 vorgesehenen Verfügungsbeschränkungen

angeordnet und ein vorläufiger Insolvenzverwalter bestellt wird, ist öffentlich bekanntzumachen. Er ist dem Schuldner, den Personen, die Verpflichtungen gegenüber dem Schuldner haben, und dem vorläufigen Insolvenzverwalter besonders zuzustellen. Die Schuldner des Schuldners sind zugleich aufzufordern, nur noch unter Beachtung des Beschlusses zu leisten.

(2) Ist der Schuldner im Handels-, Genossenschafts-, Partnerschafts- oder Vereinsregister eingetragen, so hat die Geschäftsstelle des Insolvenzgerichts dem Registergericht eine Ausfertigung des Beschlusses zu übermitteln.

(3) Für die Eintragung der Verfügungsbeschränkung im Grundbuch, im Schiffsregister, im Schiffsbauregister und im Register über Pfandrechte an Luftfahrzeugen gelten die §§ 32, 33 entsprechend.

§ 24 Wirkungen der Verfügungsbeschränkungen

(1) Bei einem Verstoß gegen eine der in § 21 Abs. 2 Nr. 2 vorgesehenen Verfügungsbeschränkungen gelten die §§ 81, 82 entsprechend.

(2) Ist die Verfügungsbefugnis über das Vermögen des Schuldners auf einen vorläufigen Insolvenzverwalter übergegangen, so gelten für die Aufnahme anhängiger Rechtsstreitigkeiten § 85 Abs. 1 Satz 1 und § 86 entsprechend.

§ 25 Aufhebung der Sicherungsmaßnahmen

(1) Werden die Sicherungsmaßnahmen aufgehoben, so gilt für die Bekanntmachung der Aufhebung einer Verfügungsbeschränkung § 23 entsprechend.

(2) Ist die Verfügungsbefugnis über das Vermögen des Schuldners auf einen vorläufigen Insolvenzverwalter übergegangen, so hat dieser vor der Aufhebung seiner Bestellung aus dem von ihm verwalteten Vermögen die entstandenen Kosten zu berichtigen und die von ihm begründeten Verbindlichkeiten zu erfüllen. Gleiches gilt für die Verbindlichkeiten aus einem Dauerschuldverhältnis, soweit der vorläufige Insolvenzverwalter für das von ihm verwaltete Vermögen die Gegenleistung in Anspruch genommen hat.

§ 26 Abweisung mangels Masse

(1) Das Insolvenzgericht weist den Antrag auf Eröffnung des Insolvenzverfahrens ab, wenn das Vermögen des Schuldners voraussichtlich nicht ausreichen wird, um die Kosten des Verfahrens zu decken. Die Abweisung unterbleibt, wenn ein ausreichender Geldbetrag vorgeschossen wird oder die Kosten nach § 4a gestundet werden. Der Beschluss ist unverzüglich öffentlich bekannt zu machen.

(2) Das Gericht ordnet die Eintragung des Schuldners, bei dem der Eröffnungsantrag mangels Masse abgewiesen worden ist, in das Schuldnerverzeichnis nach § 882b der Zivilprozessordnung an und übermittelt die Anordnung unverzüglich elektronisch dem zentralen Vollstreckungsgericht nach § 882h Abs. 1 der Zivilprozessordnung. § 882c Abs. 3 der Zivilprozessordnung gilt entsprechend.

(3) Wer nach Absatz 1 Satz 2 einen Vorschuß geleistet hat, kann die Erstattung des vorgeschossenen Betrages von jeder Person verlangen, die entgegen den Vorschriften des Insolvenz- oder Gesellschaftsrechts den Antrag auf Eröffnung des Insolvenzverfahrens pflichtwidrig und schuldhaft nicht gestellt hat. Ist streitig, ob die Person pflichtwidrig und schuldhaft gehandelt hat, so trifft sie die Beweislast.

(4) Zur Leistung eines Vorschusses nach Absatz 1 Satz 2 ist jede Person verpflichtet, die entgegen den Vorschriften des Insolvenz- oder Gesellschaftsrechts pflichtwidrig und schuldhaft keinen Antrag auf Eröffnung des Insolvenzverfahrens gestellt hat. Ist streitig, ob die Person pflichtwidrig und schuldhaft gehandelt hat, so trifft sie die Beweislast. Die Zahlung des Vorschusses kann der vorläufige Insolvenzverwalter sowie jede Person verlangen, die einen begründeten Vermögensanspruch gegen den Schuldner hat.

§ 26a Vergütung des vorläufigen Insolvenzverwalters

(1) Wird das Insolvenzverfahren nicht eröffnet, setzt das Insolvenzgericht die Vergütung und die zu erstattenden Auslagen des vorläufigen Insolvenzverwalters durch Beschluss fest.

(2) Die Festsetzung erfolgt gegen den Schuldner, es sei denn, der Eröffnungsantrag ist unzulässig oder unbegründet und den antragstellenden Gläubiger trifft ein grobes Verschulden. In diesem Fall sind die Vergütung und die zu erstattenden Auslagen des vorläufigen Insolvenzverwalters ganz oder teilweise dem Gläubiger aufzuerlegen und gegen ihn festzusetzen. Ein grobes Verschulden ist insbesondere dann anzunehmen, wenn der Antrag von vornherein keine Aussicht auf Erfolg hatte und der Gläubiger dies erkennen musste. Der Beschluss ist dem vorläufigen Verwalter und demjenigen, der die Kosten des vorläufigen Insolvenzverwalters zu tragen hat, zuzustellen. Die Vorschriften der Zivilprozessordnung über die Zwangsvollstreckung aus Kostenfestsetzungsbeschlüssen gelten entsprechend.

(3) Gegen den Beschluss steht dem vorläufigen Verwalter und demjenigen, der die Kosten des vorläufigen Insolvenzverwalters zu tragen hat, die sofortige Beschwerde zu. § 567 Absatz 2 der Zivilprozessordnung gilt entsprechend.

§ 27 Eröffnungsbeschluß

(1) Wird das Insolvenzverfahren eröffnet, so ernennt das Insolvenzgericht einen Insolvenzverwalter. § 270 bleibt unberührt.

(2) Der Eröffnungsbeschluß enthält:
1. Firma oder Namen und Vornamen, Geburtsdatum, Registergericht und Registernummer, unter der der Schuldner in das Handelsregister eingetragen ist, Geschäftszweig oder Beschäftigung, gewerbliche Niederlassung oder Wohnung des Schuldners;
2. Namen und Anschrift des Insolvenzverwalters;
3. die Stunde der Eröffnung;
4. die Gründe, aus denen das Gericht von einem einstimmigen Vorschlag des vorläufigen Gläubigerausschusses zur Person des Verwalters abgewichen ist; dabei ist der Name der vorgeschlagenen Person nicht zu nennen;
5. eine abstrakte Darstellung der für personenbezogene Daten geltenden Löschungsfristen nach § 3 der Verordnung zu öffentlichen Bekanntmachungen in Insolvenzverfahren im Internet vom 12. Februar 2002 (BGBl. I S. 677), die zuletzt durch Artikel 2 des Gesetzes vom 13. April 2007 (BGBl. I S. 509) geändert worden ist.

(3) Ist die Stunde der Eröffnung nicht angegeben, so gilt als Zeitpunkt der Eröffnung die Mittagsstunde des Tages, an dem der Beschluß erlassen worden ist.

§ 28 Aufforderungen an die Gläubiger und die Schuldner

(1) Im Eröffnungsbeschluß sind die Gläubiger aufzufordern, ihre Forderungen innerhalb einer bestimmten Frist unter Beachtung des § 174 beim Insolvenzverwalter anzumelden. Die Frist ist auf einen Zeitraum von mindestens zwei Wochen und höchstens drei Monaten festzusetzen.

(2) Im Eröffnungsbeschluß sind die Gläubiger aufzufordern, dem Verwalter unverzüglich mitzuteilen, welche Sicherungsrechte sie an beweglichen Sachen oder an Rechten des Schuldners in Anspruch nehmen. Der Gegenstand, an dem das Sicherungsrecht beansprucht wird, die Art und der Entstehungsgrund des Sicherungsrechts sowie die gesicherte Forderung sind zu bezeichnen. Wer die Mitteilung schuldhaft unterlässt oder verzögert, haftet für den daraus entstehenden Schaden.

(3) Im Eröffnungsbeschluß sind die Personen, die Verpflichtungen gegenüber dem Schuldner haben, aufzufordern, nicht mehr an den Schuldner zu leisten, sondern an den Verwalter.

§ 29 Terminbestimmungen

(1) Im Eröffnungsbeschluß bestimmt das Insolvenzgericht Termine für:
1. eine Gläubigerversammlung, in der auf der Grundlage eines Berichts des Insolvenzverwalters über den Fortgang des Insolvenzverfahrens beschlossen wird (Berichtstermin); der Termin soll nicht über sechs Wochen und darf nicht über drei Monate hinaus angesetzt werden;
2. eine Gläubigerversammlung, in der die angemeldeten Forderungen geprüft werden (Prüfungstermin); der Zeitraum zwischen dem Ablauf der Anmeldefrist und dem Prüfungstermin soll mindestens eine Woche und höchstens zwei Monate betragen.

(2) Die Termine können verbunden werden. Das Gericht soll auf den Berichtstermin verzichten, wenn die Vermögensverhältnisse des Schuldners überschaubar sind und die Zahl der Gläubiger oder die Höhe der Verbindlichkeiten gering ist.

§ 30 Bekanntmachung des Eröffnungsbeschlusses

(1) Die Geschäftsstelle des Insolvenzgerichts hat den Eröffnungsbeschluß sofort öffentlich bekanntzumachen.

(2) Den Gläubigern und Schuldnern des Schuldners und dem Schuldner selbst ist der Beschluß besonders zuzustellen.

(3) (aufgehoben)

§ 31 Handels-, Genossenschafts-, Partnerschafts- und Vereinsregister

Ist der Schuldner im Handels-, Genossenschafts-, Partnerschafts- oder Vereinsregister eingetragen, so hat die Geschäftsstelle des Insolvenzgerichts dem Registergericht zu übermitteln:
1. im Falle der Eröffnung des Insolvenzverfahrens eine Ausfertigung des Eröffnungsbeschlusses;
2. im Falle der Abweisung des Eröffnungsantrags mangels Masse eine Ausfertigung des abweisenden Beschlusses, wenn der Schuldner eine juristische Person oder eine Gesellschaft ohne Rechtspersönlichkeit ist, die durch die Abweisung mangels Masse aufgelöst wird.

§ 32 Grundbuch

(1) Die Eröffnung des Insolvenzverfahrens ist in das Grundbuch einzutragen:
1. bei Grundstücken, als deren Eigentümer der Schuldner eingetragen ist;
2. bei den für den Schuldner eingetragenen Rechten an Grundstücken und an eingetragenen Rechten, wenn nach der Art des Rechts und den Umständen zu befürchten ist, daß ohne die Eintragung die Insolvenzgläubiger benachteiligt würden.

(2) Soweit dem Insolvenzgericht solche Grundstücke oder Rechte bekannt sind, hat es das Grundbuchamt von Amts wegen um die Eintragung zu ersuchen. Die Eintragung kann auch vom Insolvenzverwalter beim Grundbuchamt beantragt werden.

(3) Werden ein Grundstück oder ein Recht, bei denen die Eröffnung des Verfahrens eingetragen worden ist, vom Verwalter freigegeben oder veräußert, so hat das Insolvenzgericht auf Antrag das

Grundbuchamt um Löschung der Eintragung zu ersuchen. Die Löschung kann auch vom Verwalter beim Grundbuchamt beantragt werden.

§ 33 Register für Schiffe und Luftfahrzeuge

Für die Eintragung der Eröffnung des Insolvenzverfahrens in das Schiffsregister, das Schiffsbauregister und das Register für Pfandrechte an Luftfahrzeugen gilt § 32 entsprechend. Dabei treten an die Stelle der Grundstücke die in diese Register eingetragenen Schiffe, Schiffsbauwerke und Luftfahrzeuge, an die Stelle des Grundbuchamts das Registergericht.

§ 34 Rechtsmittel

(1) Wird die Eröffnung des Insolvenzverfahrens abgelehnt, so steht dem Antragsteller und, wenn die Abweisung des Antrags nach § 26 erfolgt, dem Schuldner die sofortige Beschwerde zu.

(2) Wird das Insolvenzverfahren eröffnet, so steht dem Schuldner die sofortige Beschwerde zu.

(3) Sobald eine Entscheidung, die den Eröffnungsbeschluß aufhebt, Rechtskraft erlangt hat, ist die Aufhebung des Verfahrens öffentlich bekanntzumachen. § 200 Abs. 2 Satz 2 gilt entsprechend. Die Wirkungen der Rechtshandlungen, die vom Insolvenzverwalter oder ihm gegenüber vorgenommen worden sind, werden durch die Aufhebung nicht berührt.

Zweiter Abschnitt – Insolvenzmasse. Einteilung der Gläubiger

§ 35 Begriff der Insolvenzmasse

(1) Das Insolvenzverfahren erfasst das gesamte Vermögen, das dem Schuldner zur Zeit der Eröffnung des Verfahrens gehört und das er während des Verfahrens erlangt (Insolvenzmasse).

(2) Übt der Schuldner eine selbstständige Tätigkeit aus oder beabsichtigt er, demnächst eine solche Tätigkeit auszuüben, hat der Insolvenzverwalter ihm gegenüber zu erklären, ob Vermögen aus der selbstständigen Tätigkeit zur Insolvenzmasse gehört und ob Ansprüche aus dieser Tätigkeit im Insolvenzverfahren geltend gemacht werden können. § 295 Absatz 2a gilt entsprechend. Auf Antrag des Gläubigerausschusses oder, wenn ein solcher nicht bestellt ist, der Gläubigerversammlung ordnet das Insolvenzgericht die Unwirksamkeit an.

(3) Der Schuldner hat den Verwalter unverzüglich über die Aufnahme oder Fortführung einer selbständigen Tätigkeit zu informieren. Ersucht der Schuldner den Verwalter um die Freigabe einer solchen Tätigkeit, hat sich der Verwalter unverzüglich, spätestens nach einem Monat zu dem Ersuchen zu erklären.

(4) Die Erklärung des Insolvenzverwalters ist dem Gericht gegenüber anzuzeigen. Das Gericht hat die Erklärung und den Beschluss über ihre Unwirksamkeit öffentlich bekannt zu machen.

Kommentar:
Durch das Gesetz zur weiteren Verkürzung des Restschuldbefreiungsverfahrens und zur Anpassung pandemiebedingter Vorschriften im Gesellschafts-, Genossenschafts-, Vereins- und Stiftungsrecht sowie im Miet- und Pachtrecht (BGBl. I 2020, S. 3328) wurde der Abs. 2 geändert und der Abs. 3 neu eingefügt. Der bisherige Abs. 3 wird Abs. 4. Die Änderungen sind zum 31. Dezember 2020 in Kraft getreten.

§ 36 Unpfändbare Gegenstände

(1) Gegenstände, die nicht der Zwangsvollstreckung unterliegen, gehören nicht zur Insolvenzmasse. Die §§ 850, 850a, 850c, 850e, 850f Abs. 1, §§ 850g bis 850l, 851c, 851d 899 bis 904, 905 Satz 1 und 3 sowie § 906 Absatz 2 bis 4 der Zivilprozessordnung gelten entsprechend. Verfügungen des Schuldners über Guthaben, das nach den Vorschriften der Zivilprozessordnung über die Wirkungen des Pfändungsschutzkontos nicht von der Pfändung erfasst wird, bedürfen zu ihrer Wirksamkeit nicht der Freigabe dieses Kontoguthabens durch den Insolvenzverwalter.

(2) Zur Insolvenzmasse gehören jedoch
1. die Geschäftsbücher des Schuldners; gesetzliche Pflichten zur Aufbewahrung von Unterlagen bleiben unberührt;
2. die Sachen, die nach § 811 Abs. 1 Nr. 4 und 9 der Zivilprozeßordnung nicht der Zwangsvollstreckung unterliegen.

(3) Sachen, die zum gewöhnlichen Hausrat gehören und im Haushalt des Schuldners gebraucht werden, gehören nicht zur Insolvenzmasse, wenn ohne weiteres ersichtlich ist, daß durch ihre Verwertung nur ein Erlös erzielt werden würde, der zu dem Wert außer allem Verhältnis steht.

(4) Für Entscheidungen, ob ein Gegenstand nach den in Absatz 1 Satz 2 genannten Vorschriften der Zwangsvollstreckung unterliegt, ist das Insolvenzgericht zuständig. Anstelle eines Gläubigers ist der Insolvenzverwalter antragsberechtigt. Für das Eröffnungsverfahren gelten die Sätze 1 und 2 entsprechend.

Kommentar:
Durch das Pfändungsschutzkonto-Fortentwicklungsgesetz (BGBl. I 2020, S. 2466) wird mit Wirkung zum 1. Dezember 2021 der Abs. 1 Satz 2 geändert und der Satz 3 neu hinzugefügt.

§ 37 Gesamtgut bei Gütergemeinschaft

(1) Wird bei dem Güterstand der Gütergemeinschaft das Gesamtgut von einem Ehegatten allein verwaltet und über das Vermögen dieses Ehegatten das Insolvenzverfahren eröffnet, so gehört das Gesamtgut zur Insolvenzmasse. Eine Auseinandersetzung des Gesamtguts findet nicht statt. Durch das Insolvenzverfahren über das Vermögen des anderen Ehegatten wird das Gesamtgut nicht berührt.

(2) Verwalten die Ehegatten das Gesamtgut gemeinschaftlich, so wird das Gesamtgut durch das Insolvenzverfahren über das Vermögen eines Ehegatten nicht berührt.

(3) Absatz 1 ist bei der fortgesetzten Gütergemeinschaft mit der Maßgabe anzuwenden, daß an die Stelle des Ehegatten, der das Gesamtgut allein verwaltet, der überlebende Ehegatte, an die Stelle des anderen Ehegatten die Abkömmlinge treten.

(4) Die Absätze 1 bis 3 gelten für Lebenspartner entsprechend.

§ 38 Begriff der Insolvenzgläubiger

Die Insolvenzmasse dient zur Befriedigung der persönlichen Gläubiger, die einen zur Zeit der Eröffnung des Insolvenzverfahrens begründeten Vermögensanspruch gegen den Schuldner haben (Insolvenzgläubiger).

§ 39 Nachrangige Insolvenzgläubiger

(1) Im Rang nach den übrigen Forderungen der Insolvenzgläubiger werden in folgender Rangfolge, bei gleichem Rang nach dem Verhältnis ihrer Beträge, berichtigt:

1. die seit der Eröffnung des Insolvenzverfahrens laufenden Zinsen und Säumniszuschläge auf Forderungen der Insolvenzgläubiger;
2. die Kosten, die den einzelnen Insolvenzgläubigern durch ihre Teilnahme am Verfahren erwachsen;
3. Geldstrafen, Geldbußen, Ordnungsgelder und Zwangsgelder sowie solche Nebenfolgen einer Straftat oder Ordnungswidrigkeit, die zu einer Geldzahlung verpflichten;
4. Forderungen auf eine unentgeltliche Leistung des Schuldners;
5. nach Maßgabe der Absätze 4 und 5 Forderungen auf Rückgewähr eines Gesellschafterdarlehens oder Forderungen aus Rechtshandlungen, die einem solchen Darlehen wirtschaftlich entsprechen.

Satz 1 Nummer 5 ist nicht anzuwenden, wenn eine staatliche Förderbank oder eines ihrer Tochterunternehmen einem Unternehmen, an dem die staatliche Förderbank oder eines ihrer Tochterunternehmen beteiligt ist, ein Darlehen gewährt oder eine andere einer Darlehensgewährung wirtschaftlich entsprechende Rechtshandlung vorgenommen hat.

(2) Forderungen, für die zwischen Gläubiger und Schuldner der Nachrang im Insolvenzverfahren vereinbart worden ist, werden im Zweifel nach den in Absatz 1 bezeichneten Forderungen berichtigt.

(3) Die Zinsen der Forderungen nachrangiger Insolvenzgläubiger und die Kosten, die diesen Gläubigern durch ihre Teilnahme am Verfahren entstehen, haben den gleichen Rang wie die Forderungen dieser Gläubiger.

(4) Absatz 1 Nr. 5 gilt für Gesellschaften, die weder eine natürliche Person noch eine Gesellschaft als persönlich haftenden Gesellschafter haben, bei der ein persönlich haftender Gesellschafter eine natürliche Person ist. Erwirbt ein Gläubiger bei drohender oder eingetretener Zahlungsunfähigkeit der Gesellschaft oder bei Überschuldung Anteile zum Zweck ihrer Sanierung, führt dies bis zur nachhaltigen Sanierung nicht zur Anwendung von Absatz 1 Nr. 5 auf seine Forderungen aus bestehenden oder neu gewährten Darlehen oder auf Forderungen aus Rechtshandlungen, die einem solchen Darlehen wirtschaftlich entsprechen.

(5) Absatz 1 Nr. 5 gilt nicht für den nicht geschäftsführenden Gesellschafter einer Gesellschaft im Sinne des Absatzes 4 Satz 1, der mit 10 Prozent oder weniger am Haftkapital beteiligt ist.

Kommentar:
Durch das Gesetz über den Stabilisierungs- und Restrukturierungsrahmen für Unternehmen (BGBl. I 2020, S. 3256) wurde mit Wirkung zum 1. Januar 2021 bei § 39 Abs. 1 der S. 2 hinzugefügt.

§ 40 Unterhaltsansprüche

Familienrechtliche Unterhaltsansprüche gegen den Schuldner können im Insolvenzverfahren für die Zeit nach der Eröffnung nur geltend gemacht werden, soweit der Schuldner als Erbe des Verpflichteten haftet. § 100 bleibt unberührt.

§ 41 Nicht fällige Forderungen

(1) Nicht fällige Forderungen gelten als fällig.

(2) Sind sie unverzinslich, so sind sie mit dem gesetzlichen Zinssatz abzuzinsen. Sie vermindern sich dadurch auf den Betrag, der bei Hinzurechnung der gesetzlichen Zinsen für die Zeit von der Eröffnung des Insolvenzverfahrens bis zur Fälligkeit dem vollen Betrag der Forderung entspricht.

§ 42 Auflösend bedingte Forderungen

Auflösend bedingte Forderungen werden, solange die Bedingung nicht eingetreten ist, im Insolvenzverfahren wie unbedingte Forderungen berücksichtigt.

§ 43 Haftung mehrerer Personen

Ein Gläubiger, dem mehrere Personen für dieselbe Leistung auf das Ganze haften, kann im Insolvenzverfahren gegen jeden Schuldner bis zu seiner vollen Befriedigung den ganzen Betrag geltend machen, den er zur Zeit der Eröffnung des Verfahrens zu fordern hatte.

§ 44 Rechte der Gesamtschuldner und Bürgen

Der Gesamtschuldner und der Bürge können die Forderung, die sie durch eine Befriedigung des Gläubigers künftig gegen den Schuldner erwerben könnten, im Insolvenzverfahren nur dann geltend machen, wenn der Gläubiger seine Forderung nicht geltend macht.

§ 44a Gesicherte Darlehen

In dem Insolvenzverfahren über das Vermögen einer Gesellschaft kann ein Gläubiger nach Maßgabe des § 39 Abs. 1 Nr. 5 für eine Forderung auf Rückgewähr eines Darlehens oder für eine gleichgestellte Forderung, für die ein Gesellschafter eine Sicherheit bestellt oder für die er sich verbürgt hat, nur anteilsmäßige Befriedigung aus der Insolvenzmasse verlangen, soweit er bei der Inanspruchnahme der Sicherheit oder des Bürgen ausgefallen ist.

§ 45 Umrechnung von Forderungen

Forderungen, die nicht auf Geld gerichtet sind oder deren Geldbetrag unbestimmt ist, sind mit dem Wert geltend zu machen, der für die Zeit der Eröffnung des Insolvenzverfahrens geschätzt werden kann. Forderungen, die in ausländischer Währung oder in einer Rechnungseinheit ausgedrückt sind, sind nach dem Kurswert, der zur Zeit der Verfahrenseröffnung für den Zahlungsort maßgeblich ist, in inländische Währung umzurechnen.

§ 46 Wiederkehrende Leistungen

Forderungen auf wiederkehrende Leistungen, deren Betrag und Dauer bestimmt sind, sind mit dem Betrag geltend zu machen, der sich ergibt, wenn die noch ausstehenden Leistungen unter Abzug des in § 41 bezeichneten Zwischenzinses zusammengerechnet werden. Ist die Dauer der Leistungen unbestimmt, so gilt § 45 Satz 1 entsprechend.

§ 47 Aussonderung

Wer auf Grund eines dinglichen oder persönlichen Rechts geltend machen kann, daß ein Gegenstand nicht zur Insolvenzmasse gehört, ist kein Insolvenzgläubiger. Sein Anspruch auf Aussonderung des Gegenstands bestimmt sich nach den Gesetzen, die außerhalb des Insolvenzverfahrens gelten.

§ 48 Ersatzaussonderung

Ist ein Gegenstand, dessen Aussonderung hätte verlangt werden können, vor der Eröffnung des Insolvenzverfahrens vom Schuldner oder nach der Eröffnung vom Insolvenzverwalter unberechtigt veräußert worden, so kann der Aussonderungsberechtigte die Abtretung des Rechts auf die Gegenleistung verlangen, soweit diese noch aussteht. Er kann die Gegenleistung aus der Insolvenzmasse verlangen, soweit sie in der Masse unterscheidbar vorhanden ist.

§ 49 Abgesonderte Befriedigung aus unbeweglichen Gegenständen

Gläubiger, denen ein Recht auf Befriedigung aus Gegenständen zusteht, die der Zwangsvollstreckung in das unbewegliche Vermögen unterliegen (unbewegliche Gegenstände), sind nach Maßgabe des Gesetzes über die Zwangsversteigerung und die Zwangsverwaltung zur abgesonderten Befriedigung berechtigt.

§ 50 Abgesonderte Befriedigung der Pfandgläubiger

(1) Gläubiger, die an einem Gegenstand der Insolvenzmasse ein rechtsgeschäftliches Pfandrecht, ein durch Pfändung erlangtes Pfandrecht oder ein gesetzliches Pfandrecht haben, sind nach Maßgabe der §§ 166 bis 173 für Hauptforderung, Zinsen und Kosten zur abgesonderten Befriedigung aus dem Pfandgegenstand berechtigt.

(2) Das gesetzliche Pfandrecht des Vermieters oder Verpächters kann im Insolvenzverfahren wegen der Miete oder Pacht für eine frühere Zeit als die letzten zwölf Monate vor der Eröffnung des Verfahrens sowie wegen der Entschädigung, die infolge einer Kündigung des Insolvenzverwalters zu zahlen ist, nicht geltend gemacht werden. Das Pfandrecht des Verpächters eines landwirtschaftlichen Grundstücks unterliegt wegen der Pacht nicht dieser Beschränkung.

§ 51 Sonstige Absonderungsberechtigte

Den in § 50 genannten Gläubigern stehen gleich:

1. Gläubiger, denen der Schuldner zur Sicherung eines Anspruchs eine bewegliche Sache übereignet oder ein Recht übertragen hat;
2. Gläubiger, denen ein Zurückbehaltungsrecht an einer Sache zusteht, weil sie etwas zum Nutzen der Sache verwendet haben, soweit ihre Forderung aus der Verwendung den noch vorhandenen Vorteil nicht übersteigt;
3. Gläubiger, denen nach dem Handelsgesetzbuch ein Zurückbehaltungsrecht zusteht;
4. Bund, Länder, Gemeinden und Gemeindeverbände, soweit ihnen zoll- und steuerpflichtige Sachen nach gesetzlichen Vorschriften als Sicherheit für öffentliche Abgaben dienen.

§ 52 Ausfall der Absonderungsberechtigten

Gläubiger, die abgesonderte Befriedigung beanspruchen können, sind Insolvenzgläubiger, soweit ihnen der Schuldner auch persönlich haftet. Sie sind zur anteilsmäßigen Befriedigung aus der Insolvenzmasse jedoch nur berechtigt, soweit sie auf eine abgesonderte Befriedigung verzichten oder bei ihr ausgefallen sind.

§ 53 Massegläubiger

Aus der Insolvenzmasse sind die Kosten des Insolvenzverfahrens und die sonstigen Masseverbindlichkeiten vorweg zu berichtigen.

§ 54 Kosten des Insolvenzverfahrens

Kosten des Insolvenzverfahrens sind:

1. die Gerichtskosten für das Insolvenzverfahren;
2. die Vergütungen und die Auslagen des vorläufigen Insolvenzverwalters, des Insolvenzverwalters und der Mitglieder des Gläubigerausschusses.

§ 55 Sonstige Masseverbindlichkeiten

(1) Masseverbindlichkeiten sind weiter die Verbindlichkeiten:
1. die durch Handlungen des Insolvenzverwalters oder in anderer Weise durch die Verwaltung, Verwertung und Verteilung der Insolvenzmasse begründet werden, ohne zu den Kosten des Insolvenzverfahrens zu gehören;
2. aus gegenseitigen Verträgen, soweit deren Erfüllung zur Insolvenzmasse verlangt wird oder für die Zeit nach der Eröffnung des Insolvenzverfahrens erfolgen muß;
3. aus einer ungerechtfertigten Bereicherung der Masse.

(2) Verbindlichkeiten, die von einem vorläufigen Insolvenzverwalter begründet worden sind, auf den die Verfügungsbefugnis über das Vermögen des Schuldners übergegangen ist, gelten nach der Eröffnung des Verfahrens als Masseverbindlichkeiten. Gleiches gilt für Verbindlichkeiten aus einem Dauerschuldverhältnis, soweit der vorläufige Insolvenzverwalter für das von ihm verwaltete Vermögen die Gegenleistung in Anspruch genommen hat.

(3) Gehen nach Absatz 2 begründete Ansprüche auf Arbeitsentgelt nach § 169 des Dritten Buches Sozialgesetzbuch auf die Bundesagentur für Arbeit über, so kann die Bundesagentur diese nur als Insolvenzgläubiger geltend machen. Satz 1 gilt entsprechend für die in § 175 Abs. 1 des Dritten Buches Sozialgesetzbuch bezeichneten Ansprüche, soweit diese gegenüber dem Schuldner bestehen bleiben.

(4) Umsatzsteuerverbindlichkeiten des Insolvenzschuldners, die von einem vorläufigen Insolvenzverwalter oder vom Schuldner mit Zustimmung eines vorläufigen Insolvenzverwalters oder vom Schuldner nach Bestellung eines vorläufigen Sachwalters begründet worden sind, gelten nach Eröffnung des Insolvenzverfahrens als Masseverbindlichkeit. Den Umsatzsteuerverbindlichkeiten stehen die folgenden Verbindlichkeiten gleich:
1. sonstige Ein- und Ausfuhrabgaben,
2. bundesgesetzlich geregelte Verbrauchsteuern,
3. die Luftverkehr- und die Kraftfahrzeugsteuer und
4. die Lohnsteuer.

> **Kommentar:**
> Durch das Gesetz über den Stabilisierungs- und Restrukturierungsrahmen für Unternehmen (BGBl. I 2020, S. 3256) wurde mit Wirkung zum 1. Januar 2021 bei § 55 der Abs. 4 geändert.

Dritter Abschnitt – Insolvenzverwalter. Organe der Gläubiger

§ 56 Bestellung des Insolvenzverwalters

(1) Zum Insolvenzverwalter ist eine für den jeweiligen Einzelfall geeignete, insbesondere geschäftskundige und von den Gläubigern und dem Schuldner unabhängige natürliche Person zu bestellen, die aus dem Kreis aller zur Übernahme von Insolvenzverwaltungen bereiten Personen auszuwählen ist. Wer als Restrukturierungsbeauftragter oder Sanierungsmoderator in einer Restrukturierungssache des Schuldners tätig war, kann, wenn der Schuldner mindestens zwei der drei in § 22a Absatz 1 genannten Voraussetzungen erfüllt, nur dann zum Insolvenzverwalter bestellt werden, wenn der vorläufige Gläubigerausschuss zustimmt. Die Bereitschaft zur Übernahme von Insolvenzverwaltungen kann auf bestimmte Verfahren beschränkt werden. Die erforderliche Unabhängigkeit wird nicht schon dadurch ausgeschlossen, dass die Person
1. vom Schuldner oder von einem Gläubiger vorgeschlagen worden ist oder
2. den Schuldner vor dem Eröffnungsantrag in allgemeiner Form über den Ablauf eines Insolvenzverfahrens und dessen Folgen beraten hat.

(2) Der Verwalter erhält eine Urkunde über seine Bestellung. Bei Beendigung seines Amtes hat er die Urkunde dem Insolvenzgericht zurückzugeben.

> **Kommentar:**
> Durch das Gesetz über den Stabilisierungs- und Restrukturierungsrahmen für Unternehmen (BGBl. I 2020, S. 3256) wurde mit Wirkung zum 1. Januar 2021 in Abs. 1 nach Satz 1 ein weiterer Satz eingefügt.

§ 56a Gläubigerbeteiligung bei der Verwalterbestellung

(1) Vor der Bestellung des Verwalters ist dem vorläufigen Gläubigerausschuss Gelegenheit zu geben, sich zu den Anforderungen, die an den Verwalter zu stellen sind, und zur Person des Verwalters zu äußern, soweit dies nicht innerhalb von zwei Werktagen offensichtlich zu einer nachteiligen Veränderung der Vermögenslage des Schuldners führt.

(2) Das Gericht darf von einem einstimmigen Vorschlag des vorläufigen Gläubigerausschusses zur Person des Verwalters nur abweichen, wenn die vorgeschlagene Person für die Übernahme des Amtes nicht geeignet ist. Das Gericht hat bei der Auswahl des Verwalters die vom vorläufigen Gläubigerausschuss beschlossenen Anforderungen an die Person des Verwalters zugrunde zu legen.

(3) Sieht das Gericht mit Rücksicht auf eine nachteilige Veränderung der Vermögenslage des Schuldners von einer Anhörung nach Absatz 1 ab, hat es seine Entscheidung schriftlich zu begründen. Der vorläufige Gläubigerausschuss kann in seiner ersten Sitzung einstimmig eine andere Person als die bestellte zum Insolvenzverwalter wählen.

Kommentar:
Durch das Gesetz über den Stabilisierungs- und Restrukturierungsrahmen für Unternehmen (BGBl. I 2020, S. 3256) wurden mit Wirkung zum 1. Januar 2021 die Abs. 1 und 3 geändert.

§ 156b Verwalterbestellung bei Schuldnern derselben Unternehmensgruppe

(1) Wird über das Vermögen von gruppenangehörigen Schuldnern die Eröffnung eines Insolvenzverfahrens beantragt, so haben die angegangenen Insolvenzgerichte sich darüber abzustimmen, ob es im Interesse der Gläubiger liegt, lediglich eine Person zum Insolvenzverwalter zu bestellen. Bei der Abstimmung ist insbesondere zu erörtern, ob diese Person alle Verfahren über die gruppenangehörigen Schuldner mit der gebotenen Unabhängigkeit wahrnehmen kann und ob mögliche Interessenkonflikte durch die Bestellung von Sonderinsolvenzverwaltern ausgeräumt werden können.

(2) Von dem Vorschlag oder den Vorgaben eines vorläufigen Gläubigerausschusses nach § 156a kann das Gericht abweichen, wenn der für einen anderen gruppenangehörigen Schuldner bestellte vorläufige Gläubigerausschuss eine andere Person einstimmig vorschlägt, die sich für eine Tätigkeit nach Absatz 1 Satz 1 eignet. Vor der Bestellung dieser Person ist der vorläufige Gläubigerausschuss anzuhören. Ist zur Auflösung von Interessenkonflikten ein Sonderinsolvenzverwalter zu bestellen, findet § 156a entsprechende Anwendung.

§ 57 Wahl eines anderen Insolvenzverwalters

In der ersten Gläubigerversammlung, die auf die Bestellung des Insolvenzverwalters folgt, können die Gläubiger an dessen Stelle eine andere Person wählen. Die andere Person ist gewählt, wenn neben der in § 76 Abs. 2 genannten Mehrheit auch die Mehrheit der abstimmenden Gläubiger für sie gestimmt hat. Das Gericht kann die Bestellung des Gewählten nur versagen, wenn dieser für die Übernahme des Amtes nicht geeignet ist. Gegen die Versagung steht jedem Insolvenzgläubiger die sofortige Beschwerde zu.

§ 58 Aufsicht des Insolvenzgerichts

(1) Der Insolvenzverwalter steht unter der Aufsicht des Insolvenzgerichts. Das Gericht kann jederzeit einzelne Auskünfte oder einen Bericht über den Sachstand und die Geschäftsführung von ihm verlangen.

(2) Erfüllt der Verwalter seine Pflichten nicht, so kann das Gericht nach vorheriger Androhung Zwangsgeld gegen ihn festsetzen. Das einzelne Zwangsgeld darf den Betrag von fünfundzwanzigtausend Euro nicht übersteigen. Gegen den Beschluß steht dem Verwalter die sofortige Beschwerde zu.

(3) Absatz 2 gilt entsprechend für die Durchsetzung der Herausgabepflichten eines entlassenen Verwalters.

§ 59 Entlassung des Insolvenzverwalters

(1) Das Insolvenzgericht kann den Insolvenzverwalter aus wichtigem Grund aus dem Amt entlassen. Die Entlassung kann von Amts wegen oder auf Antrag des Verwalters, des Schuldners, des Gläubigerausschusses, der Gläubigerversammlung oder eines Insolvenzgläubigers erfolgen. Auf Antrag des Schuldners oder eines Insolvenzgläubigers erfolgt die Entlassung nur, wenn dies innerhalb von sechs Monaten nach der Bestellung beantragt wird und der Verwalter nicht unabhängig ist; dies ist von dem Antragsteller glaubhaft zu machen. Vor der Entscheidung des Gerichts ist der Verwalter zu hören.

(2) Gegen die Entlassung steht dem Verwalter die sofortige Beschwerde zu. Gegen die Ablehnung des Antrags steht dem Antragsteller die sofortige Beschwerde zu. Hat die Gläubigerversammlung den Antrag gestellt, steht auch jedem Insolvenzgläubiger die sofortige Beschwerde zu.

Kommentar:
Durch das Gesetz über den Stabilisierungs- und Restrukturierungsrahmen für Unternehmen (BGBl. I 2020, S. 3256) wurden mit Wirkung zum 1. Januar 2021 der Abs. 1 Satz 2 und der Abs. 2 Satz 2 geändert.

§ 60 Haftung des Insolvenzverwalters

(1) Der Insolvenzverwalter ist allen Beteiligten zum Schadenersatz verpflichtet, wenn er schuldhaft die Pflichten verletzt, die ihm nach diesem Gesetz obliegen. Er hat für die Sorgfalt eines ordentlichen und gewissenhaften Insolvenzverwalters einzustehen.

(2) Soweit er zur Erfüllung der ihm als Verwalter obliegenden Pflichten Angestellte des Schuldners im Rahmen ihrer bisherigen Tätigkeit einsetzen muß und diese Angestellten nicht offensichtlich ungeeignet sind, hat der Verwalter ein Verschulden dieser Personen nicht gemäß § 278 des Bürgerlichen Gesetzbuchs zu vertreten, sondern ist nur für deren Überwachung und für Entscheidungen von besonderer Bedeutung verantwortlich.

§ 61 Nichterfüllung von Masseverbindlichkeiten

Kann eine Masseverbindlichkeit, die durch eine Rechtshandlung des Insolvenzverwalters begründet worden ist, aus der Insolvenzmasse nicht voll erfüllt werden, so ist der Verwalter dem Massegläubiger zum Schadenersatz verpflichtet. Dies gilt nicht, wenn der Verwalter bei der Begründung der Verbindlichkeit nicht erkennen konnte, daß die Masse voraussichtlich zur Erfüllung nicht ausreichen würde.

§ 62 Verjährung

Die Verjährung des Anspruchs auf Ersatz des Schadens, der aus einer Pflichtverletzung des Insolvenzverwalters entstanden ist, richtet sich nach den Regelungen über die regelmäßige Verjährung nach dem Bürgerlichen Gesetzbuch. Der Anspruch verjährt spätestens in drei Jahren von der Aufhebung oder der Rechtskraft der Einstellung des Insolvenzverfahrens an. Für Pflichtverletzungen, die im Rahmen einer Nachtragsverteilung (§ 203) oder einer Überwachung der Planerfüllung (§ 260) begangen worden sind, gilt Satz 2 mit der Maßgabe, daß an die Stelle der Aufhebung des Insolvenzverfahrens der Vollzug der Nachtragsverteilung oder die Beendigung der Überwachung tritt.

§ 63 Vergütung des Insolvenzverwalters

(1) Der Insolvenzverwalter hat Anspruch auf Vergütung für seine Geschäftsführung und auf Erstattung angemessener Auslagen. Der Regelsatz der Vergütung wird nach dem Wert der Insolvenzmasse zur Zeit der Beendigung des Insolvenzverfahrens berechnet. Dem Umfang und der Schwierigkeit der Geschäftsführung des Verwalters wird durch Abweichungen vom Regelsatz Rechnung getragen.

(2) Sind die Kosten des Verfahrens nach § 4a gestundet, steht dem Insolvenzverwalter für seine Vergütung und seine Auslagen ein Anspruch gegen die Staatskasse zu, soweit die Insolvenzmasse dafür nicht ausreicht.

(3) Die Tätigkeit des vorläufigen Insolvenzverwalters wird gesondert vergütet. Er erhält in der Regel 25 Prozent der Vergütung des Insolvenzverwalters bezogen auf das Vermögen, auf das sich seine Tätigkeit während des Eröffnungsverfahrens erstreckt. Maßgebend für die Wertermittlung ist der Zeitpunkt der Beendigung der vorläufigen Verwaltung oder der Zeitpunkt, ab dem der Gegenstand nicht mehr der vorläufigen Verwaltung unterliegt. Beträgt die Differenz des tatsächlichen Werts der Berechnungsgrundlage der Vergütung zu dem der Vergütung zugrunde gelegten Wert mehr als 20 Prozent, so kann das Gericht den Beschluss über die Vergütung des vorläufigen Insolvenzverwalters bis zur Rechtskraft der Entscheidung über die Vergütung des Insolvenzverwalters ändern.

§ 64 Festsetzung durch das Gericht

(1) Das Insolvenzgericht setzt die Vergütung und die zu erstattenden Auslagen des Insolvenzverwalters durch Beschluss fest.

(2) Der Beschluss ist öffentlich bekanntzumachen und dem Verwalter, dem Schuldner und, wenn ein Gläubigerausschuss bestellt ist, den Mitgliedern des Ausschusses besonders zuzustellen. Die festgesetzten Beträge sind nicht zu veröffentlichen; in der öffentlichen Bekanntmachung ist darauf hinzuweisen, dass der vollständige Beschluss in der Geschäftsstelle eingesehen werden kann.

(3) Gegen den Beschluss steht dem Verwalter, dem Schuldner und jedem Insolvenzgläubiger die sofortige Beschwerde zu. § 567 Abs. 2 der Zivilprozessordnung gilt entsprechend.

§ 65 Verordnungsermächtigung

Das Bundesministerium der Justiz und für Verbraucherschutz wird ermächtigt, die Vergütung und die Erstattung der Auslagen des vorläufigen Insolvenzverwalters und des Insolvenzverwalters sowie das hierfür maßgebliche Verfahren durch Rechtsverordnung zu regeln.

§ 66 Rechnungslegung

(1) Der Insolvenzverwalter hat bei der Beendigung seines Amtes einer Gläubigerversammlung Rechnung zu legen.

(2) Vor der Gläubigerversammlung prüft das Insolvenzgericht die Schlußrechnung des Verwalters. Es legt die Schlußrechnung mit den Belegen, mit einem Vermerk über die Prüfung und, wenn ein Gläubigerausschuß bestellt ist, mit dessen Bemerkungen zur Einsicht der Beteiligten aus; es kann dem Gläubigerausschuß für dessen Stellungnahme eine Frist setzen. Der Zeitraum zwi-

schen der Auslegung der Unterlagen und dem Termin der Gläubigerversammlung soll mindestens eine Woche betragen.

(3) Die Gläubigerversammlung kann dem Verwalter aufgeben, zu bestimmten Zeitpunkten während des Verfahrens Zwischenrechnung zu legen. Die Absätze 1 und 2 gelten entsprechend.

(4) Der Insolvenzplan kann eine abweichende Regelung treffen.

Kommentar:
Durch das Gesetz über den Stabilisierungs- und Restrukturierungsrahmen für Unternehmen (BGBl. I 2020, S. 3256) wurde mit Wirkung zum 1. Januar 2021 der Abs. 1 Satz 2 aufgehoben und Abs. 4 neu angefügt.

§ 67 Einsetzung des Gläubigerausschusses

(1) Vor der ersten Gläubigerversammlung kann das Insolvenzgericht einen Gläubigerausschuß einsetzen.

(2) Im Gläubigerausschuß sollen die absonderungsberechtigten Gläubiger, die Insolvenzgläubiger mit den höchsten Forderungen und die Kleingläubiger vertreten sein. Dem Ausschuss soll ein Vertreter der Arbeitnehmer angehören.

(3) Zu Mitgliedern des Gläubigerausschusses können auch Personen bestellt werden, die keine Gläubiger sind.

§ 68 Wahl anderer Mitglieder

(1) Die Gläubigerversammlung beschließt, ob ein Gläubigerausschuss eingesetzt werden soll. Hat das Insolvenzgericht bereits einen Gläubigerausschuss eingesetzt, so beschließt sie, ob dieser beibehalten werden soll.

(2) Sie kann vom Insolvenzgericht bestellte Mitglieder abwählen und andere oder zusätzliche Mitglieder des Gläubigerausschusses wählen.

§ 69 Aufgaben des Gläubigerausschusses

Die Mitglieder des Gläubigerausschusses haben den Insolvenzverwalter bei seiner Geschäftsführung zu unterstützen und zu überwachen. Sie haben sich über den Gang der Geschäfte zu unterrichten sowie die Bücher und Geschäftspapiere einsehen und den Geldverkehr und -bestand prüfen zu lassen.

§ 70 Entlassung

Das Insolvenzgericht kann ein Mitglied des Gläubigerausschusses aus wichtigem Grund aus dem Amt entlassen. Die Entlassung kann von Amts wegen, auf Antrag des Mitglieds des Gläubigerausschusses oder auf Antrag der Gläubigerversammlung erfolgen. Vor der Entscheidung des Gerichts ist das Mitglied des Gläubigerausschusses zu hören; gegen die Entscheidung steht ihm die sofortige Beschwerde zu.

§ 71 Haftung der Mitglieder des Gläubigerausschusses

Die Mitglieder des Gläubigerausschusses sind den absonderungsberechtigten Gläubigern und den Insolvenzgläubigern zum Schadenersatz verpflichtet, wenn sie schuldhaft die Pflichten verletzen, die ihnen nach diesem Gesetz obliegen. § 62 gilt entsprechend.

§ 72 Beschlüsse des Gläubigerausschusses

Ein Beschluß des Gläubigerausschusses ist gültig, wenn die Mehrheit der Mitglieder an der Beschlussfassung teilgenommen hat und der Beschluß mit der Mehrheit der abgegebenen Stimmen gefaßt worden ist.

§ 73 Vergütung der Mitglieder des Gläubigerausschusses

(1) Die Mitglieder des Gläubigerausschusses haben Anspruch auf Vergütung für ihre Tätigkeit und auf Erstattung angemessener Auslagen. Dabei ist dem Zeitaufwand und dem Umfang der Tätigkeit Rechnung zu tragen.

(2) § 63 Abs. 2 sowie die §§ 64 und 65 gelten entsprechend.

§ 74 Einberufung der Gläubigerversammlung

(1) Die Gläubigerversammlung wird vom Insolvenzgericht einberufen. Zur Teilnahme an der Versammlung sind alle absonderungsberechtigten Gläubiger, alle Insolvenzgläubiger, der Insolvenzverwalter, die Mitglieder des Gläubigerausschusses und der Schuldner berechtigt.

(2) Die Zeit, der Ort und die Tagesordnung der Gläubigerversammlung sind öffentlich bekanntzumachen. Die öffentliche Bekanntmachung kann unterbleiben, wenn in einer Gläubigerversammlung die Verhandlung vertagt wird.

§ 75 Antrag auf Einberufung

(1) Die Gläubigerversammlung ist einzuberufen, wenn dies beantragt wird:

1. vom Insolvenzverwalter;
2. vom Gläubigerausschuß;
3. von mindestens fünf absonderungsberechtigten Gläubigern oder nicht nachrangigen Insolvenzgläubigern, deren Absonderungsrechte und Forderungen nach der Schätzung des Insolvenzgerichts zusammen ein Fünftel der Summe erreichen, die sich aus dem Wert aller Absonderungsrechte und den Forderungsbeträgen aller nicht nachrangigen Insolvenzgläubiger ergibt;
4. von einem oder mehreren absonderungsberechtigten Gläubigern oder nicht nachrangigen

Insolvenzgläubigern, deren Absonderungsrechte und Forderungen nach der Schätzung des Gerichts zwei Fünftel der in Nummer 3 bezeichneten Summe erreichen.

(2) Der Zeitraum zwischen dem Eingang des Antrags und dem Termin der Gläubigerversammlung soll höchstens drei Wochen betragen.

(3) Wird die Einberufung abgelehnt, so steht dem Antragsteller die sofortige Beschwerde zu.

§ 76 Beschlüsse der Gläubigerversammlung

(1) Die Gläubigerversammlung wird vom Insolvenzgericht geleitet.

(2) Ein Beschluß der Gläubigerversammlung kommt zustande, wenn die Summe der Forderungsbeträge der zustimmenden Gläubiger mehr als die Hälfte der Summe der Forderungsbeträge der abstimmenden Gläubiger beträgt; bei absonderungsberechtigten Gläubigern, denen der Schuldner nicht persönlich haftet, tritt der Wert des Absonderungsrechts an die Stelle des Forderungsbetrags.

§ 77 Feststellung des Stimmrechts

(1) Ein Stimmrecht gewähren die Forderungen, die angemeldet und weder vom Insolvenzverwalter noch von einem stimmberechtigten Gläubiger bestritten worden sind. Nachrangige Gläubiger sind nicht stimmberechtigt.

(2) Die Gläubiger, deren Forderungen bestritten werden, sind stimmberechtigt, soweit sich in der Gläubigerversammlung der Verwalter und die erschienenen stimmberechtigten Gläubiger über das Stimmrecht geeinigt haben. Kommt es nicht zu einer Einigung, so entscheidet das Insolvenzgericht. Es kann seine Entscheidung auf den Antrag des Verwalters oder eines in der Gläubigerversammlung erschienenen Gläubigers ändern.

(3) Absatz 2 gilt entsprechend
1. für die Gläubiger aufschiebend bedingter Forderungen;
2. für die absonderungsberechtigten Gläubiger.

§ 78 Aufhebung eines Beschlusses der Gläubigerversammlung

(1) Widerspricht ein Beschluß der Gläubigerversammlung dem gemeinsamen Interesse der Insolvenzgläubiger, so hat das Insolvenzgericht den Beschluß aufzuheben, wenn ein absonderungsberechtigter Gläubiger, ein nicht nachrangiger Insolvenzgläubiger oder der Insolvenzverwalter dies in der Gläubigerversammlung beantragt.

(2) Die Aufhebung des Beschlusses ist öffentlich bekanntzumachen. Gegen die Aufhebung steht jedem absonderungsberechtigten Gläubiger und jedem nicht nachrangigen Insolvenzgläubiger die sofortige Beschwerde zu. Gegen die Ablehnung des Antrags auf Aufhebung steht dem Antragsteller die sofortige Beschwerde zu.

§ 79 Unterrichtung der Gläubigerversammlung

Die Gläubigerversammlung ist berechtigt, vom Insolvenzverwalter einzelne Auskünfte und einen Bericht über den Sachstand und die Geschäftsführung zu verlangen. Ist ein Gläubigerausschuß nicht bestellt, so kann die Gläubigerversammlung den Geldverkehr und -bestand des Verwalters prüfen lassen.

Dritter Teil – Wirkungen der Eröffnung des Insolvenzverfahrens

Erster Abschnitt – Allgemeine Wirkungen

§ 80 Übergang des Verwaltungs- und Verfügungsrechts

(1) Durch die Eröffnung des Insolvenzverfahrens geht das Recht des Schuldners, das zur Insolvenzmasse gehörende Vermögen zu verwalten und über es zu verfügen, auf den Insolvenzverwalter über.

(2) Ein gegen den Schuldner bestehendes Veräußerungsverbot, das nur den Schutz bestimmter Personen bezweckt (§§ 135, 136 des Bürgerlichen Gesetzbuchs), hat im Verfahren keine Wirkung. Die Vorschriften über die Wirkungen einer Pfändung oder einer Beschlagnahme im Wege der Zwangsvollstreckung bleiben unberührt.

§ 81 Verfügungen des Schuldners

(1) Hat der Schuldner nach der Eröffnung des Insolvenzverfahrens über einen Gegenstand der Insolvenzmasse verfügt, so ist diese Verfügung unwirksam. Unberührt bleiben die §§ 892, 893 des Bürgerlichen Gesetzbuchs, §§ 16, 17 des Gesetzes über Rechte an eingetragenen Schiffen und Schiffsbauwerken und §§ 16, 17 des Gesetzes über Rechte an Luftfahrzeugen. Dem anderen Teil ist die Gegenleistung aus der Insolvenzmasse zurückzugewähren, soweit die Masse durch sie bereichert ist.

(2) Für eine Verfügung über künftige Forderungen auf Bezüge aus einem Dienstverhältnis des Schuldners oder an deren Stelle tretende laufende Bezüge gilt Absatz 1 auch insoweit, als die Bezüge für die Zeit nach der Beendigung des Insolvenzverfahrens betroffen sind. Das Recht des Schuldners zur Abtretung dieser Bezüge an einen Treuhänder mit dem Ziel der gemeinschaftlichen Befriedigung der Insolvenzgläubiger bleibt unberührt.

(3) Hat der Schuldner am Tag der Eröffnung des Verfahrens verfügt, so wird vermutet, daß er nach der Eröffnung verfügt hat. Eine Verfügung des Schuldners über Finanzsicherheiten im Sinne des § 1 Abs. 17 des Kreditwesengesetzes nach der Eröffnung ist, unbeschadet der §§ 129 bis 147, wirksam, wenn sie am Tag der Eröffnung erfolgt und der

andere Teil nachweist, dass er die Eröffnung des Verfahrens weder kannte noch kennen musste.

§ 82 Leistungen an den Schuldner

Ist nach der Eröffnung des Insolvenzverfahrens zur Erfüllung einer Verbindlichkeit an den Schuldner geleistet worden, obwohl die Verbindlichkeit zur Insolvenzmasse zu erfüllen war, so wird der Leistende befreit, wenn er zur Zeit der Leistung die Eröffnung des Verfahrens nicht kannte. Hat er vor der öffentlichen Bekanntmachung der Eröffnung geleistet, so wird vermutet, daß er die Eröffnung nicht kannte.

§ 83 Erbschaft. Fortgesetzte Gütergemeinschaft

(1) Ist dem Schuldner vor der Eröffnung des Insolvenzverfahrens eine Erbschaft oder ein Vermächtnis angefallen oder geschieht dies während des Verfahrens, so steht die Annahme oder Ausschlagung nur dem Schuldner zu. Gleiches gilt von der Ablehnung der fortgesetzten Gütergemeinschaft.

(2) Ist der Schuldner Vorerbe, so darf der Insolvenzverwalter über die Gegenstände der Erbschaft nicht verfügen, wenn die Verfügung im Falle des Eintritts der Nacherbfolge nach § 2115 des Bürgerlichen Gesetzbuchs dem Nacherben gegenüber unwirksam ist.

§ 84 Auseinandersetzung einer Gesellschaft oder Gemeinschaft

(1) Besteht zwischen dem Schuldner und Dritten eine Gemeinschaft nach Bruchteilen, eine andere Gemeinschaft oder eine Gesellschaft ohne Rechtspersönlichkeit, so erfolgt die Teilung oder sonstige Auseinandersetzung außerhalb des Insolvenzverfahrens. Aus dem dabei ermittelten Anteil des Schuldners kann für Ansprüche aus dem Rechtsverhältnis abgesonderte Befriedigung verlangt werden.

(2) Eine Vereinbarung, durch die bei einer Gemeinschaft nach Bruchteilen das Recht, die Aufhebung der Gemeinschaft zu verlangen, für immer oder auf Zeit ausgeschlossen oder eine Kündigungsfrist bestimmt worden ist, hat im Verfahren keine Wirkung. Gleiches gilt für eine Anordnung dieses Inhalts, die ein Erblasser für die Gemeinschaft seiner Erben getroffen hat, und für eine entsprechende Vereinbarung der Miterben.

§ 85 Aufnahme von Aktivprozessen

(1) Rechtsstreitigkeiten über das zur Insolvenzmasse gehörende Vermögen, die zur Zeit der Eröffnung des Insolvenzverfahrens für den Schuldner anhängig sind, können in der Lage, in der sie sich befinden, vom Insolvenzverwalter aufgenommen werden. Wird die Aufnahme verzögert, so gilt § 239 Abs. 2 bis 4 der Zivilprozeßordnung entsprechend.

(2) Lehnt der Verwalter die Aufnahme des Rechtsstreits ab, so können sowohl der Schuldner als auch der Gegner den Rechtsstreit aufnehmen.

§ 86 Aufnahme bestimmter Passivprozesse

(1) Rechtsstreitigkeiten, die zur Zeit der Eröffnung des Insolvenzverfahrens gegen den Schuldner anhängig sind, können sowohl vom Insolvenzverwalter als auch vom Gegner aufgenommen werden, wenn sie betreffen:
1. die Aussonderung eines Gegenstands aus der Insolvenzmasse,
2. die abgesonderte Befriedigung oder
3. eine Masseverbindlichkeit.

(2) Erkennt der Verwalter den Anspruch sofort an, so kann der Gegner einen Anspruch auf Erstattung der Kosten des Rechtsstreits nur als Insolvenzgläubiger geltend machen.

§ 87 Forderungen der Insolvenzgläubiger

Die Insolvenzgläubiger können ihre Forderungen nur nach den Vorschriften über das Insolvenzverfahren verfolgen.

§ 88 Vollstreckung vor Verfahrenseröffnung

(1) Hat ein Insolvenzgläubiger im letzten Monat vor dem Antrag auf Eröffnung des Insolvenzverfahrens oder nach diesem Antrag durch Zwangsvollstreckung eine Sicherung an dem zur Insolvenzmasse gehörenden Vermögen des Schuldners erlangt, so wird diese Sicherung mit der Eröffnung des Verfahrens unwirksam.

(2) Die in Absatz 1 genannte Frist beträgt drei Monate, wenn ein Verbraucherinsolvenzverfahren nach § 304 eröffnet wird.

§ 89 Vollstreckungsverbot

(1) Zwangsvollstreckungen für einzelne Insolvenzgläubiger sind während der Dauer des Insolvenzverfahrens weder in die Insolvenzmasse noch in das sonstige Vermögen des Schuldners zulässig.

(2) Zwangsvollstreckungen in künftige Forderungen auf Bezüge aus einem Dienstverhältnis des Schuldners oder an deren Stelle tretende laufende Bezüge sind während der Dauer des Verfahrens auch für Gläubiger unzulässig, die keine Insolvenz-gläubiger sind. Dies gilt nicht für die Zwangsvollstreckung wegen eines Unterhaltsanspruchs oder einer Forderung aus einer vorsätzlichen unerlaubten Handlung in den Teil der Bezüge, der für andere Gläubiger nicht pfändbar ist.

(3) Über Einwendungen, die auf Grund des Absatzes 1 oder 2 gegen die Zulässigkeit einer Zwangsvollstreckung erhoben werden, entscheidet das Insolvenzgericht. Das Gericht kann vor der Entscheidung eine einstweilige Anordnung erlassen; es kann insbesondere anordnen, daß die Zwangs-

vollstreckung gegen oder ohne Sicherheitsleistung einstweilen einzustellen oder nur gegen Sicherheitsleistung fortzusetzen sei.

§ 90 Vollstreckungsverbot bei Masseverbindlichkeiten

(1) Zwangsvollstreckungen wegen Masseverbindlichkeiten, die nicht durch eine Rechtshandlung des Insolvenzverwalters begründet worden sind, sind für die Dauer von sechs Monaten seit der Eröffnung des Insolvenzverfahrens unzulässig.

(2) Nicht als derartige Masseverbindlichkeiten gelten die Verbindlichkeiten:
1. aus einem gegenseitigen Vertrag, dessen Erfüllung der Verwalter gewählt hat;
2. aus einem Dauerschuldverhältnis für die Zeit nach dem ersten Termin, zu dem der Verwalter kündigen konnte;
3. aus einem Dauerschuldverhältnis, soweit der Verwalter für die Insolvenzmasse die Gegenleistung in Anspruch nimmt.

§ 91 Ausschluß sonstigen Rechtserwerbs

(1) Rechte an den Gegenständen der Insolvenzmasse können nach der Eröffnung des Insolvenzverfahrens nicht wirksam erworben werden, auch wenn keine Verfügung des Schuldners und keine Zwangsvollstreckung für einen Insolvenzgläubiger zugrunde liegt.

(2) Unberührt bleiben die §§ 878, 892, 893 des Bürgerlichen Gesetzbuchs, § 3 Abs. 3, §§ 16, 17 des Gesetzes über Rechte an eingetragenen Schiffen und Schiffsbauwerken, § 5 Abs. 3, §§ 16, 17 des Gesetzes über Rechte an Luftfahrzeugen und § 20 Abs. 3 der Schiffahrtsrechtlichen Verteilungsordnung.

§ 92 Gesamtschaden

Ansprüche der Insolvenzgläubiger auf Ersatz eines Schadens, den diese Gläubiger gemeinschaftlich durch eine Verminderung des zur Insolvenzmasse gehörenden Vermögens vor oder nach der Eröffnung des Insolvenzverfahrens erlitten haben (Gesamtschaden), können während der Dauer des Insolvenzverfahrens nur vom Insolvenzverwalter geltend gemacht werden. Richten sich die Ansprüche gegen den Verwalter, so können sie nur von einem neu bestellten Insolvenzverwalter geltend gemacht werden.

§ 93 Persönliche Haftung der Gesellschafter

Ist das Insolvenzverfahren über das Vermögen einer Gesellschaft ohne Rechtspersönlichkeit oder einer Kommanditgesellschaft auf Aktien eröffnet, so kann die persönliche Haftung eines Gesellschafters für die Verbindlichkeiten der Gesellschaft während der Dauer des Insolvenzverfahrens nur vom Insolvenzverwalter geltend gemacht werden.

§ 94 Erhaltung einer Aufrechnungslage

Ist ein Insolvenzgläubiger zur Zeit der Eröffnung des Insolvenzverfahrens kraft Gesetzes oder auf Grund einer Vereinbarung zur Aufrechnung berechtigt, so wird dieses Recht durch das Verfahren nicht berührt.

§ 95 Eintritt der Aufrechnungslage im Verfahren

(1) Sind zur Zeit der Eröffnung des Insolvenzverfahrens die aufzurechnenden Forderungen oder eine von ihnen noch aufschiebend bedingt oder nicht fällig oder die Forderungen noch nicht auf gleichartige Leistungen gerichtet, so kann die Aufrechnung erst erfolgen, wenn ihre Voraussetzungen eingetreten sind. Die §§ 41, 45 sind nicht anzuwenden. Die Aufrechnung ist ausgeschlossen, wenn die Forderung, gegen die aufgerechnet werden soll, unbedingt und fällig wird, bevor die Aufrechnung erfolgen kann.

(2) Die Aufrechnung wird nicht dadurch ausgeschlossen, daß die Forderungen auf unterschiedliche Währungen oder Rechnungseinheiten lauten, wenn diese Währungen oder Rechnungseinheiten am Zahlungsort der Forderung, gegen die aufgerechnet wird, frei getauscht werden können. Die Umrechnung erfolgt nach dem Kurswert, der für diesen Ort zur Zeit des Zugangs der Aufrechnungserklärung maßgeblich ist.

§ 96 Unzulässigkeit der Aufrechnung

(1) Die Aufrechnung ist unzulässig,
1. wenn ein Insolvenzgläubiger erst nach der Eröffnung des Insolvenzverfahrens etwas zur Insolvenzmasse schuldig geworden ist,
2. wenn ein Insolvenzgläubiger seine Forderung erst nach der Eröffnung des Verfahrens von einem anderen Gläubiger erworben hat,
3. wenn ein Insolvenzgläubiger die Möglichkeit der Aufrechnung durch eine anfechtbare Rechtshandlung erlangt hat,
4. wenn ein Gläubiger, dessen Forderung aus dem freien Vermögen des Schuldners zu erfüllen ist, etwas zur Insolvenzmasse schuldet.

(2) Absatz 1 sowie § 95 Abs. 1 Satz 3 stehen nicht der Verfügung über Finanzsicherheiten im Sinne des § 1 Abs. 17 des Kreditwesengesetzes oder der Verrechnung von Ansprüchen und Leistungen aus Zahlungsaufträgen, Aufträgen zwischen Zahlungsdienstleistern oder zwischengeschalteten Stellen oder Aufträgen zur Übertragung von Wertpapieren entgegen, die in Systeme im Sinne des § 1 Abs. 16 des Kreditwesengesetzes eingebracht wurden, das der Ausführung solcher Verträge dient, sofern die Verrechnung spätestens am Tage der Eröffnung des Insolvenzverfahrens erfolgt; ist der andere Teil ein Systembetreiber oder Teilnehmer in dem System, bestimmt sich

der Tag der Eröffnung nach dem Geschäftstag im Sinne des § 1 Absatz 16b des Kreditwesengesetzes.

§ 97 Auskunfts- und Mitwirkungspflichten des Schuldners

(1) Der Schuldner ist verpflichtet, dem Insolvenzgericht, dem Insolvenzverwalter, dem Gläubigerausschuß und auf Anordnung des Gerichts der Gläubigerversammlung über alle das Verfahren betreffenden Verhältnisse Auskunft zu geben. Er hat auch Tatsachen zu offenbaren, die geeignet sind, eine Verfolgung wegen einer Straftat oder einer Ordnungswidrigkeit herbeizuführen. Jedoch darf eine Auskunft, die der Schuldner gemäß seiner Verpflichtung nach Satz 1 erteilt, in einem Strafverfahren oder in einem Verfahren nach dem Gesetz über Ordnungswidrigkeiten gegen den Schuldner oder einen in § 52 Abs. 1 der Strafprozeßordnung bezeichneten Angehörigen des Schuldners nur mit Zustimmung des Schuldners verwendet werden.

(2) Der Schuldner hat den Verwalter bei der Erfüllung von dessen Aufgaben zu unterstützen.

(3) Der Schuldner ist verpflichtet, sich auf Anordnung des Gerichts jederzeit zur Verfügung zu stellen, um seine Auskunfts- und Mitwirkungspflichten zu erfüllen. Er hat alle Handlungen zu unterlassen, die der Erfüllung dieser Pflichten zuwiderlaufen.

§ 98 Durchsetzung der Pflichten des Schuldners

(1) Wenn es zur Herbeiführung wahrheitsgemäßer Aussagen erforderlich erscheint, ordnet das Insolvenzgericht an, daß der Schuldner zu Protokoll an Eides Statt versichert, er habe die von ihm verlangte Auskunft nach bestem Wissen und Gewissen richtig und vollständig erteilt. Die §§ 478 bis 480, 483 der Zivilprozeßordnung gelten entsprechend.

(2) Das Gericht kann den Schuldner zwangsweise vorführen und nach Anhörung in Haft nehmen lassen,
1. wenn der Schuldner eine Auskunft oder die eidesstattliche Versicherung oder die Mitwirkung bei der Erfüllung der Aufgaben des Insolvenzverwalters verweigert;
2. wenn der Schuldner sich der Erfüllung seiner Auskunfts- und Mitwirkungspflichten entziehen will, insbesondere Anstalten zur Flucht trifft, oder
3. wenn dies zur Vermeidung von Handlungen des Schuldners, die der Erfüllung seiner Auskunfts- und Mitwirkungspflichten zuwiderlaufen, insbesondere zur Sicherung der Insolvenzmasse, erforderlich ist.

(3) Für die Anordnung von Haft gelten die § 802g Abs. 2, §§ 802h und 802j Abs. 1 der Zivilprozessordnung entsprechend. Der Haftbefehl ist von Amts wegen aufzuheben, sobald die Voraussetzungen für die Anordnung von Haft nicht mehr vorliegen. Gegen die Anordnung der Haft und gegen die Abweisung eines Antrags auf Aufhebung des Haftbefehls wegen Wegfalls seiner Voraussetzungen findet die sofortige Beschwerde statt.

§ 99 Postsperre

(1) Soweit dies erforderlich erscheint, um für die Gläubiger nachteilige Rechtshandlungen des Schuldners aufzuklären oder zu verhindern, ordnet das Insolvenzgericht auf Antrag des Insolvenzverwalters oder von Amts wegen durch begründeten Beschluß an, dass die in dem Beschluss bezeichneten Unternehmen bestimmte oder alle Postsendungen für den Schuldner dem Verwalter zuzuleiten haben. Die Anordnung ergeht nach Anhörung des Schuldners, sofern dadurch nicht wegen besonderer Umstände des Einzelfalls der Zweck der Anordnung gefährdet wird. Unterbleibt die vorherige Anhörung des Schuldners, so ist dies in dem Beschluß gesondert zu begründen und die Anhörung unverzüglich nachzuholen.

(2) Der Verwalter ist berechtigt, die ihm zugeleiteten Sendungen zu öffnen. Sendungen, deren Inhalt nicht die Insolvenzmasse betrifft, sind dem Schuldner unverzüglich zuzuleiten. Die übrigen Sendungen kann der Schuldner einsehen.

(3) Gegen die Anordnung der Postsperre steht dem Schuldner die sofortige Beschwerde zu. Das Gericht hat die Anordnung nach Anhörung des Verwalters aufzuheben, soweit ihre Voraussetzungen fortfallen.

§ 100 Unterhalt aus der Insolvenzmasse

(1) Die Gläubigerversammlung beschließt, ob und in welchem Umfang dem Schuldner und seiner Familie Unterhalt aus der Insolvenzmasse gewährt werden soll.

(2) Bis zur Entscheidung der Gläubigerversammlung kann der Insolvenzverwalter mit Zustimmung des Gläubigerausschusses, wenn ein solcher bestellt ist, dem Schuldner den notwendigen Unterhalt gewähren. In gleicher Weise kann den minderjährigen unverheirateten Kindern des Schuldners, seinem Ehegatten, seinem früheren Ehegatten, seinem Lebenspartner, seinem früheren Lebenspartner und dem anderen Elternteil seines Kindes hinsichtlich des Anspruchs nach den §§ 1615l, 1615n des Bürgerlichen Gesetzbuchs Unterhalt gewährt werden.

§ 101 Organschaftliche Vertreter. Angestellte

(1) Ist der Schuldner keine natürliche Person, so gelten die §§ 97 bis 99 entsprechend für die Mitglieder des Vertretungs- oder Aufsichtsorgans und die vertretungsberechtigten persönlich haftenden Gesellschafter des Schuldners. § 97 Abs. 1 und

§ 98 gelten außerdem entsprechend für Personen, die nicht früher als zwei Jahre vor dem Antrag auf Eröffnung des Insolvenzverfahrens aus einer in Satz 1 genannten Stellung ausgeschieden sind; verfügt der Schuldner über keinen Vertreter, gilt dies auch für die Personen, die an ihm beteiligt sind. § 100 gilt entsprechend für die vertretungsberechtigten persönlich haftenden Gesellschafter des Schuldners.

(2) § 97 Abs. 1 Satz 1 gilt entsprechend für Angestellte und frühere Angestellte des Schuldners, sofern diese nicht früher als zwei Jahre vor dem Eröffnungsantrag ausgeschieden sind.

(3) Kommen die in den Absätzen 1 und 2 genannten Personen ihrer Auskunfts- und Mitwirkungspflicht nicht nach, können ihnen im Fall der Abweisung des Antrags auf Eröffnung des Insolvenzverfahrens die Kosten des Verfahrens auferlegt werden.

§ 102 Einschränkung eines Grundrechts

Durch § 21 Abs. 2 Nr. 4 und die §§ 99, 101 Abs. 1 Satz 1 wird das Grundrecht des Briefgeheimnisses sowie des Post- und Fernmeldegeheimnisses (Artikel 10 Grundgesetz) eingeschränkt.

Zweiter Abschnitt – Erfüllung der Rechtsgeschäfte. Mitwirkung des Betriebsrats

§ 103 Wahlrecht des Insolvenzverwalters

(1) Ist ein gegenseitiger Vertrag zur Zeit der Eröffnung des Insolvenzverfahrens vom Schuldner und vom anderen Teil nicht oder nicht vollständig erfüllt, so kann der Insolvenzverwalter anstelle des Schuldners den Vertrag erfüllen und die Erfüllung vom anderen Teil verlangen.

(2) Lehnt der Verwalter die Erfüllung ab, so kann der andere Teil eine Forderung wegen der Nichterfüllung nur als Insolvenzgläubiger geltend machen. Fordert der andere Teil den Verwalter zur Ausübung seines Wahlrechts auf, so hat der Verwalter unverzüglich zu erklären, ob er die Erfüllung verlangen will. Unterläßt er dies, so kann er auf der Erfüllung nicht bestehen.

§ 104 Fixgeschäfte, Finanzleistungen, vertragliches Liquidationsnetting

(1) War die Lieferung von Waren, die einen Markt- oder Börsenpreis haben, genau zu einer festbestimmten Zeit oder innerhalb einer festbestimmten Frist vereinbart und tritt die Zeit oder der Ablauf der Frist erst nach Eröffnung des Insolvenzverfahrens ein, so kann nicht Erfüllung verlangt, sondern nur eine Forderung wegen Nichterfüllung geltend gemacht werden. Dies gilt auch für Geschäfte über Finanzleistungen, die einen Markt- oder Börsenpreis haben und für die eine bestimmte Zeit oder eine bestimmte Frist vereinbart war, die nach der Eröffnung des Verfahrens eintritt oder abläuft. Als Finanzleistungen gelten insbesondere

1. die Lieferung von Edelmetallen,
2. die Lieferung von Finanzinstrumenten oder vergleichbaren Rechten, soweit nicht der Erwerb einer Beteiligung an einem Unternehmen zur Herstellung einer dauernden Verbindung beabsichtigt ist,
3. Geldleistungen,
a) die in ausländischer Währung oder in einer Rechnungseinheit zu erbringen sind oder
b) deren Höhe unmittelbar oder mittelbar durch den Kurs einer ausländischen Währung oder einer Rechnungseinheit, durch den Zinssatz von Forderungen oder durch den Preis anderer Güter oder Leistungen bestimmt wird,
4. von Nummer 2 nicht ausgeschlossene Lieferungen und Geldleistungen aus derivativen Finanzinstrumenten,
5. Optionen und andere Rechte auf Lieferungen nach Satz 1 oder auf Lieferungen, Geldleistungen, Optionen und Rechte im Sinne der Nummern 1 bis 5,
6. Finanzsicherheiten im Sinne des § 1 Absatz 17 des Kreditwesengesetzes.

Finanzinstrumente im Sinne von Satz 3 Nummer 2 und 4 sind die in Anhang I Abschnitt C der Richtlinie 2014/65/EU des Europäischen Parlaments und des Rates vom 15. Mai 2014 über Märkte für Finanzinstrumente sowie zur Änderung der Richtlinien 2002/92/EG und 2011/61/EU (ABl. L 173 vom 12. 6. 2014, S. 349; L 74 vom 18. März 2015, S. 38; L 188 vom 13. Juli 2016, S. 28; L 273 vom 8. Oktober 2016, S. 35), die zuletzt durch die Richtlinie (EU) 2016/1034 (ABl. L 175 vom 30. Juni 2016, S. 8) geändert worden ist, genannten Instrumente.

(2) Die Forderung wegen Nichterfüllung bestimmt sich nach dem Markt- oder Börsenwert des Geschäfts. Als Markt- oder Börsenwert gilt

1. der Markt- oder Börsenpreis für ein Ersatzgeschäft, das unverzüglich, spätestens jedoch am fünften Werktag nach der Eröffnung des Verfahrens abgeschlossen wird, oder
2. falls kein Ersatzgeschäft nach Nummer 1 abgeschlossen wird, der Markt- oder Börsenpreis für ein Ersatzgeschäft, das am zweiten Werktag nach der Verfahrenseröffnung hätte abgeschlossen werden können.

Sofern das Marktgeschehen den Abschluss eines Ersatzgeschäfts nach Satz 2 Nummer 1 oder 2 nicht zulässt, ist der Markt- und Börsenwert nach Methoden und Verfahren zu bestimmen, die Gewähr für eine angemessene Bewertung des Geschäfts bieten.

(3) Werden Geschäfte nach Absatz 1 durch einen Rahmenvertrag oder das Regelwerk einer zentralen Gegenpartei im Sinne von § 1 Absatz 31 des Kreditwesengesetzes zu einem einheitlichen Vertrag zusammengefasst, der vorsieht, dass die einbezogenen Geschäfte bei Vorliegen bestimmter Gründe nur einheitlich beendet werden können, gilt die Gesamtheit der einbezogenen Geschäfte als ein Geschäft im Sinne des Absatzes 1. Dies gilt auch dann, wenn zugleich andere Geschäfte einbezogen werden; für letztere gelten die allgemeinen Bestimmungen.

(4) Die Vertragsparteien können abweichende Bestimmungen treffen, sofern diese mit den wesentlichen Grundgedanken der jeweiligen gesetzlichen Regelung vereinbar sind, von der abgewichen wird. Sie können insbesondere vereinbaren,
1. dass die Wirkungen nach Absatz 1 auch vor der Verfahrenseröffnung eintreten, insbesondere bei Stellung des Antrags einer Vertragspartei auf Eröffnung eines Insolvenzverfahrens über das eigene Vermögen oder bei Vorliegen eines Eröffnungsgrundes (vertragliche Beendigung),
2. dass einer vertraglichen Beendigung auch solche Geschäfte nach Absatz 1 unterliegen, bei denen die Ansprüche auf die Lieferung der Ware oder die Erbringung der Finanzleistung vor der Verfahrenseröffnung, aber nach dem für die vertragliche Beendigung vorgesehenen Zeitpunkt fällig werden,
3. dass zwecks Bestimmung des Markt- oder Börsenwerts des Geschäfts
a) der Zeitpunkt der vertraglichen Beendigung an die Stelle der Verfahrenseröffnung tritt,
b) die Vornahme des Ersatzgeschäfts nach Absatz 2 Satz 2 Nummer 1 bis zum Ablauf des 20. Werktags nach der vertraglichen Beendigung erfolgen kann, soweit dies für eine wertschonende Abwicklung erforderlich ist,
c) anstelle des in Absatz 2 Satz 2 Nummer 2 genannten Zeitpunkts ein Zeitpunkt oder Zeitraum zwischen der vertraglichen Beendigung und dem Ablauf des fünften darauf folgenden Werktags maßgeblich ist.

(5) Der andere Teil kann die Forderung wegen Nichterfüllung nur als Insolvenzgläubiger geltend machen.

§ 105 Teilbare Leistungen

Sind die geschuldeten Leistungen teilbar und hat der andere Teil die ihm obliegende Leistung zur Zeit der Eröffnung des Insolvenzverfahrens bereits teilweise erbracht, so ist er mit dem der Teilleistung entsprechenden Betrag seines Anspruchs auf die Gegenleistung Insolvenzgläubiger, auch wenn der Insolvenzverwalter wegen der noch ausstehenden Leistung Erfüllung verlangt. Der andere Teil ist nicht berechtigt, wegen der Nichterfüllung seines Anspruchs auf die Gegenleistung die Rückgabe einer vor der Eröffnung des Verfahrens in das Vermögen des Schuldners übergegangenen Teilleistung aus der Insolvenzmasse zu verlangen.

§ 106 Vormerkung

(1) Ist zur Sicherung eines Anspruchs auf Einräumung oder Aufhebung eines Rechts an einem Grundstück des Schuldners oder an einem für den Schuldner eingetragenen Recht oder zur Sicherung eines Anspruchs auf Änderung des Inhalts oder des Ranges eines solchen Rechts eine Vormerkung im Grundbuch eingetragen, so kann der Gläubiger für seinen Anspruch Befriedigung aus der Insolvenzmasse verlangen. Dies gilt auch, wenn der Schuldner dem Gläubiger gegenüber weitere Verpflichtungen übernommen hat und diese nicht oder nicht vollständig erfüllt sind.

(2) Für eine Vormerkung, die im Schiffsregister, Schiffsbauregister oder Register für Pfandrechte an Luftfahrzeugen eingetragen ist, gilt Absatz 1 entsprechend.

§ 107 Eigentumsvorbehalt

(1) Hat vor der Eröffnung des Insolvenzverfahrens der Schuldner eine bewegliche Sache unter Eigentumsvorbehalt verkauft und dem Käufer den Besitz an der Sache übertragen, so kann der Käufer die Erfüllung des Kaufvertrages verlangen. Dies gilt auch, wenn der Schuldner dem Käufer gegenüber weitere Verpflichtungen übernommen hat und diese nicht oder nicht vollständig erfüllt sind.

(2) Hat vor der Eröffnung des Insolvenzverfahrens der Schuldner eine bewegliche Sache unter Eigentumsvorbehalt gekauft und vom Verkäufer den Besitz an der Sache erlangt, so braucht der Insolvenzverwalter, den der Verkäufer zur Ausübung des Wahlrechts aufgefordert hat, die Erklärung nach § 103 Abs. 2 Satz 2 erst unverzüglich nach dem Berichtstermin abzugeben. Dies gilt nicht, wenn in der Zeit bis zum Berichtstermin eine erhebliche Verminderung des Wertes der Sache zu erwarten ist und der Gläubiger den Verwalter auf diesen Umstand hingewiesen hat.

§ 108 Fortbestehen bestimmter Schuldverhältnisse

(1) Miet- und Pachtverhältnisse des Schuldners über unbewegliche Gegenstände oder Räume sowie Dienstverhältnisse des Schuldners bestehen mit Wirkung für die Insolvenzmasse fort. Dies gilt auch für Miet- und Pachtverhältnisse, die der Schuldner als Vermieter oder Verpächter eingegangen war und die sonstige Gegenstände betreffen, die einem Dritten, der ihre Anschaffung

oder Herstellung finanziert hat, zur Sicherheit übertragen wurden.

(2) Ein vom Schuldner als Darlehensgeber eingegangenes Darlehensverhältnis besteht mit Wirkung für die Masse fort, soweit dem Darlehensnehmer der geschuldete Gegenstand zur Verfügung gestellt wurde.

(3) Ansprüche für die Zeit vor der Eröffnung des Insolvenzverfahrens kann der andere Teil nur als Insolvenzgläubiger geltend machen.

§ 109 Schuldner als Mieter oder Pächter

(1) Ein Miet- oder Pachtverhältnis über einen unbeweglichen Gegenstand oder über Räume, das der Schuldner als Mieter oder Pächter eingegangen war, kann der Insolvenzverwalter ohne Rücksicht auf die vereinbarte Vertragsdauer oder einen vereinbarten Ausschluss des Rechts zur ordentlichen Kündigung kündigen; die Kündigungsfrist beträgt drei Monate zum Monatsende, wenn nicht eine kürzere Frist maßgeblich ist. Ist Gegenstand des Mietverhältnisses die Wohnung des Schuldners, so tritt an die Stelle der Kündigung das Recht des Insolvenzverwalters zu erklären, dass Ansprüche, die nach Ablauf der in Satz 1 genannten Frist fällig werden, nicht im Insolvenzverfahren geltend gemacht werden können. Kündigt der Verwalter nach Satz 1 oder gibt er die Erklärung nach Satz 2 ab, so kann der andere Teil wegen der vorzeitigen Beendigung des Vertragsverhältnisses oder wegen der Folgen der Erklärung als Insolvenzgläubiger Schadenersatz verlangen.

(2) Waren dem Schuldner der unbewegliche Gegenstand oder die Räume zur Zeit der Eröffnung des Verfahrens noch nicht überlassen, so kann sowohl der Verwalter als auch der andere Teil vom Vertrag zurücktreten. Tritt der Verwalter zurück, so kann der andere Teil wegen der vorzeitigen Beendigung des Vertragsverhältnisses als Insolvenzgläubiger Schadenersatz verlangen. Jeder Teil hat dem anderen auf dessen Verlangen binnen zwei Wochen zu erklären, ob er vom Vertrag zurücktreten will; unterläßt er dies, so verliert er das Rücktrittsrecht.

§ 110 Schuldner als Vermieter oder Verpächter

(1) Hatte der Schuldner als Vermieter oder Verpächter eines unbeweglichen Gegenstands oder von Räumen vor der Eröffnung des Insolvenzverfahrens über die Miet- oder Pachtforderung für die spätere Zeit verfügt, so ist diese Verfügung nur wirksam, soweit sie sich auf die Miete oder Pacht für den zur Zeit der Eröffnung des Verfahrens laufenden Kalendermonat bezieht. Ist die Eröffnung nach dem fünfzehnten Tag des Monats erfolgt, so ist die Verfügung auch für den folgenden Kalendermonat wirksam.

(2) Eine Verfügung im Sinne des Absatzes 1 ist insbesondere die Einziehung der Miete oder Pacht. Einer rechtsgeschäftlichen Verfügung steht eine Verfügung gleich, die im Wege der Zwangsvollstreckung erfolgt.

(3) Der Mieter oder der Pächter kann gegen die Miet- oder Pachtforderung für den in Absatz 1 bezeichneten Zeitraum eine Forderung aufrechnen, die ihm gegen den Schuldner zusteht. Die §§ 95 und 96 Nr. 2 bis 4 bleiben unberührt.

§ 111 Veräußerung des Miet- oder Pachtobjekts

Veräußert der Insolvenzverwalter einen unbeweglichen Gegenstand oder Räume, die der Schuldner vermietet oder verpachtet hatte, und tritt der Erwerber anstelle des Schuldners in das Miet- oder Pachtverhältnis ein, so kann der Erwerber das Miet- oder Pachtverhältnis unter Einhaltung der gesetzlichen Frist kündigen. Die Kündigung kann nur für den ersten Termin erfolgen, für den sie zulässig ist.

§ 112 Kündigungssperre

Ein Miet- oder Pachtverhältnis, das der Schuldner als Mieter oder Pächter eingegangen war, kann der andere Teil nach dem Antrag auf Eröffnung des Insolvenzverfahrens nicht kündigen:

1. wegen eines Verzugs mit der Entrichtung der Miete oder Pacht, der in der Zeit vor dem Eröffnungsantrag eingetreten ist;
2. wegen einer Verschlechterung der Vermögensverhältnisse des Schuldners.

§ 113 Kündigung eines Dienstverhältnisses

Ein Dienstverhältnis, bei dem der Schuldner der Dienstberechtigte ist, kann vom Insolvenzverwalter und vom anderen Teil ohne Rücksicht auf eine vereinbarte Vertragsdauer oder einen vereinbarten Ausschluß des Rechts zur ordentlichen Kündigung gekündigt werden. Die Kündigungsfrist beträgt drei Monate zum Monatsende, wenn nicht eine kürzere Frist maßgeblich ist. Kündigt der Verwalter, so kann der andere Teil wegen der vorzeitigen Beendigung des Dienstverhältnisses als Insolvenzgläubiger Schadenersatz verlangen.

§ 114 (weggefallen)

§ 115 Erlöschen von Aufträgen

(1) Ein vom Schuldner erteilter Auftrag, der sich auf das zur Insolvenzmasse gehörende Vermögen bezieht, erlischt durch die Eröffnung des Insolvenzverfahrens.

(2) Der Beauftragte hat, wenn mit dem Aufschub Gefahr verbunden ist, die Besorgung des übertragenen Geschäfts fortzusetzen, bis der Insolvenzverwalter anderweitig Fürsorge treffen kann. Der

Auftrag gilt insoweit als fortbestehend. Mit seinen Ersatzansprüchen aus dieser Fortsetzung ist der Beauftragte Massegläubiger.

(3) Solange der Beauftragte die Eröffnung des Verfahrens ohne Verschulden nicht kennt, gilt der Auftrag zu seinen Gunsten als fortbestehend. Mit den Ersatzansprüchen aus dieser Fortsetzung ist der Beauftragte Insolvenzgläubiger.

§ 116 Erlöschen von Geschäftsbesorgungsverträgen

Hat sich jemand durch einen Dienst- oder Werkvertrag mit dem Schuldner verpflichtet, ein Geschäft für diesen zu besorgen, so gilt § 115 entsprechend. Dabei gelten die Vorschriften für die Ersatzansprüche aus der Fortsetzung der Geschäftsbesorgung auch für die Vergütungsansprüche. Satz 1 findet keine Anwendung auf Zahlungsaufträge sowie auf Aufträge zwischen Zahlungsdienstleistern oder zwischengeschalteten Stellen und Aufträge zur Übertragung von Wertpapieren; diese bestehen mit Wirkung für die Masse fort.

§ 117 Erlöschen von Vollmachten

(1) Eine vom Schuldner erteilte Vollmacht, die sich auf das zur Insolvenzmasse gehörende Vermögen bezieht, erlischt durch die Eröffnung des Insolvenzverfahrens.

(2) Soweit ein Auftrag oder ein Geschäftsbesorgungsvertrag nach § 115 Abs. 2 fortbesteht, gilt auch die Vollmacht als fortbestehend.

(3) Solange der Bevollmächtigte die Eröffnung des Verfahrens ohne Verschulden nicht kennt, haftet er nicht nach § 179 des Bürgerlichen Gesetzbuchs.

§ 118 Auflösung von Gesellschaften

Wird eine Gesellschaft ohne Rechtspersönlichkeit oder eine Kommanditgesellschaft auf Aktien durch die Eröffnung des Insolvenzverfahrens über das Vermögen eines Gesellschafters aufgelöst, so ist der geschäftsführende Gesellschafter mit den Ansprüchen, die ihm aus der einstweiligen Fortführung eilbedürftiger Geschäfte zustehen, Massegläubiger. Mit den Ansprüchen aus der Fortführung der Geschäfte während der Zeit, in der er die Eröffnung des Insolvenzverfahrens ohne sein Verschulden nicht kannte, ist er Insolvenzgläubiger; § 84 Abs. 1 bleibt unberührt.

§ 119 Unwirksamkeit abweichender Vereinbarungen

Vereinbarungen, durch die im voraus die Anwendung der §§ 103 bis 118 ausgeschlossen oder beschränkt wird, sind unwirksam.

§ 120 Kündigung von Betriebsvereinbarungen

(1) Sind in Betriebsvereinbarungen Leistungen vorgesehen, welche die Insolvenzmasse belasten, so sollen Insolvenzverwalter und Betriebsrat über eine einvernehmliche Herabsetzung der Leistungen beraten. Diese Betriebsvereinbarungen können auch dann mit einer Frist von drei Monaten gekündigt werden, wenn eine längere Frist vereinbart ist.

(2) Unberührt bleibt das Recht, eine Betriebsvereinbarung aus wichtigem Grund ohne Einhaltung einer Kündigungsfrist zu kündigen.

§ 121 Betriebsänderungen und Vermittlungsverfahren

Im Insolvenzverfahren über das Vermögen des Unternehmers gilt § 112 Abs. 2 Satz 1 des Betriebsverfassungsgesetzes mit der Maßgabe, daß dem Verfahren vor der Einigungsstelle nur dann ein Vermittlungsversuch vorangeht, wenn der Insolvenzverwalter und der Betriebsrat gemeinsam um eine solche Vermittlung ersuchen.

§ 122 Gerichtliche Zustimmung zur Durchführung einer Betriebsänderung

(1) Ist eine Betriebsänderung geplant und kommt zwischen Insolvenzverwalter und Betriebsrat der Interessenausgleich nach § 112 des Betriebsverfassungsgesetzes nicht innerhalb von drei Wochen nach Verhandlungsbeginn oder schriftlicher Aufforderung zur Aufnahme von Verhandlungen zustande, obwohl der Verwalter den Betriebsrat rechtzeitig und umfassend unterrichtet hat, so kann der Verwalter die Zustimmung des Arbeitsgerichts dazu beantragen, daß die Betriebsänderung durchgeführt wird, ohne daß das Verfahren nach § 112 Abs. 2 des Betriebsverfassungsgesetzes vorangegangen ist. § 113 Abs. 3 des Betriebsverfassungsgesetzes ist insoweit nicht anzuwenden. Unberührt bleibt das Recht des Verwalters, einen Interessenausgleich nach § 125 zustande zu bringen oder einen Feststellungsantrag nach § 126 zu stellen.

(2) Das Gericht erteilt die Zustimmung, wenn die wirtschaftliche Lage des Unternehmens auch unter Berücksichtigung der sozialen Belange der Arbeitnehmer erfordert, daß die Betriebsänderung ohne vorheriges Verfahren nach § 112 Abs. 2 des Betriebsverfassungsgesetzes durchgeführt wird. Die Vorschriften des Arbeitsgerichtsgesetzes über das Beschlußverfahren gelten entsprechend; Beteiligte sind der Insolvenzverwalter und der Betriebsrat. Der Antrag ist nach Maßgabe des § 61a Abs. 3 bis 6 des Arbeitsgerichtsgesetzes vorrangig zu erledigen.

(3) Gegen den Beschluß des Gerichts findet die Beschwerde an das Landesarbeitsgericht nicht statt. Die Rechtsbeschwerde an das Bundesarbeitsgericht findet statt, wenn sie in dem Beschluß des Arbeitsgerichts zugelassen wird; § 72 Abs. 2 und 3 des Arbeitsgerichtsgesetzes gilt entsprechend. Die Rechtsbeschwerde ist inner-

halb eines Monats nach Zustellung der in vollständiger Form abgefaßten Entscheidung des Arbeitsgerichts beim Bundesarbeitsgericht einzulegen und zu begründen.

§ 123 Umfang des Sozialplans

(1) In einem Sozialplan, der nach der Eröffnung des Insolvenzverfahrens aufgestellt wird, kann für den Ausgleich oder die Milderung der wirtschaftlichen Nachteile, die den Arbeitnehmern infolge der geplanten Betriebsänderung entstehen, ein Gesamtbetrag von bis zu zweieinhalb Monatsverdiensten (§ 10 Abs. 3 des Kündigungsschutzgesetzes) der von einer Entlassung betroffenen Arbeitnehmer vorgesehen werden.

(2) Die Verbindlichkeiten aus einem solchen Sozialplan sind Masseverbindlichkeiten. Jedoch darf, wenn nicht ein Insolvenzplan zustande kommt, für die Berichtigung von Sozialplanforderungen nicht mehr als ein Drittel der Masse verwendet werden, die ohne einen Sozialplan für die Verteilung an die Insolvenzgläubiger zur Verfügung stünde. Übersteigt der Gesamtbetrag aller Sozialplanforderungen diese Grenze, so sind die einzelnen Forderungen anteilig zu kürzen.

(3) Sooft hinreichende Barmittel in der Masse vorhanden sind, soll der Insolvenzverwalter mit Zustimmung des Insolvenzgerichts Abschlagszahlungen auf die Sozialplanforderungen leisten. Eine Zwangsvollstreckung in die Masse wegen einer Sozialplanforderung ist unzulässig.

§ 124 Sozialplan vor Verfahrenseröffnung

(1) Ein Sozialplan, der vor der Eröffnung des Insolvenzverfahrens, jedoch nicht früher als drei Monate vor dem Eröffnungsantrag aufgestellt worden ist, kann sowohl vom Insolvenzverwalter als auch vom Betriebsrat widerrufen werden.

(2) Wird der Sozialplan widerrufen, so können die Arbeitnehmer, denen Forderungen aus dem Sozialplan zustanden, bei der Aufstellung eines Sozialplans im Insolvenzverfahren berücksichtigt werden.

(3) Leistungen, die ein Arbeitnehmer vor der Eröffnung des Verfahrens auf seine Forderung aus dem widerrufenen Sozialplan erhalten hat, können nicht wegen des Widerrufs zurückgefordert werden. Bei der Aufstellung eines neuen Sozialplans sind derartige Leistungen an einen von einer Entlassung betroffenen Arbeitnehmer bei der Berechnung des Gesamtbetrags der Sozialplanforderungen nach § 123 Abs. 1 bis zur Höhe von zweieinhalb Monatsverdiensten abzusetzen.

§ 125 Interessenausgleich und Kündigungsschutz

(1) Ist eine Betriebsänderung (§ 111 des Betriebsverfassungsgesetzes) geplant und kommt zwischen Insolvenzverwalter und Betriebsrat ein Interessenausgleich zustande, in dem die Arbeitnehmer, denen gekündigt werden soll, namentlich bezeichnet sind, so ist § 1 des Kündigungsschutzgesetzes mit folgenden Maßgaben anzuwenden:
1. es wird vermutet, daß die Kündigung der Arbeitsverhältnisse der bezeichneten Arbeitnehmer durch dringende betriebliche Erfordernisse, die einer Weiterbeschäftigung in diesem Betrieb oder einer Weiterbeschäftigung zu unveränderten Arbeitsbedingungen entgegenstehen, bedingt ist;
2. die soziale Auswahl der Arbeitnehmer kann nur im Hinblick auf die Dauer der Betriebszugehörigkeit, das Lebensalter und die Unterhaltspflichten und auch insoweit nur auf grobe Fehlerhaftigkeit nachgeprüft werden; sie ist nicht als grob fehlerhaft anzusehen, wenn eine ausgewogene Personalstruktur erhalten oder geschaffen wird. Satz 1 gilt nicht, soweit sich die Sachlage nach Zustandekommen des Interessenausgleichs wesentlich geändert hat.

(2) Der Interessenausgleich nach Absatz 1 ersetzt die Stellungnahme des Betriebsrats nach § 17 Abs. 3 Satz 2 des Kündigungsschutzgesetzes.

§ 126 Beschlußverfahren zum Kündigungsschutz

(1) Hat der Betrieb keinen Betriebsrat oder kommt aus anderen Gründen innerhalb von drei Wochen nach Verhandlungsbeginn oder schriftlicher Aufforderung zur Aufnahme von Verhandlungen ein Interessenausgleich nach § 125 Abs. 1 nicht zustande, obwohl der Verwalter den Betriebsrat rechtzeitig und umfassend unterrichtet hat, so kann der Insolvenzverwalter beim Arbeitsgericht beantragen festzustellen, daß die Kündigung der Arbeitsverhältnisse bestimmter, im Antrag bezeichneter Arbeitnehmer durch dringende betriebliche Erfordernisse bedingt und sozial gerechtfertigt ist. Die soziale Auswahl der Arbeitnehmer kann nur im Hinblick auf die Dauer der Betriebszugehörigkeit, das Lebensalter und die Unterhaltspflichten nachgeprüft werden.

(2) Die Vorschriften des Arbeitsgerichtsgesetzes über das Beschlußverfahren gelten entsprechend; Beteiligte sind der Insolvenzverwalter, der Betriebsrat und die bezeichneten Arbeitnehmer, soweit sie nicht mit der Beendigung der Arbeitsverhältnisse oder mit den geänderten Arbeitsbedingungen einverstanden sind. § 122 Abs. 2 Satz 3, Abs. 3 gilt entsprechend.

(3) Für die Kosten, die den Beteiligten im Verfahren des ersten Rechtszugs entstehen, gilt § 12a Abs. 1 Satz 1 und 2 des Arbeitsgerichtsgesetzes entsprechend. Im Verfahren vor dem Bundesarbeitsgericht gelten die Vorschriften der Zivilprozeßordnung über die Erstattung der Kosten des Rechtsstreits entsprechend.

§ 127 Klage des Arbeitnehmers

(1) Kündigt der Insolvenzverwalter einem Arbeitnehmer, der in dem Antrag nach § 126 Abs. 1 bezeichnet ist, und erhebt der Arbeitnehmer Klage auf Feststellung, daß das Arbeitsverhältnis durch die Kündigung nicht aufgelöst oder die Änderung der Arbeitsbedingungen sozial ungerechtfertigt ist, so ist die rechtskräftige Entscheidung im Verfahren nach § 126 für die Parteien bindend. Dies gilt nicht, soweit sich die Sachlage nach dem Schluß der letzten mündlichen Verhandlung wesentlich geändert hat.

(2) Hat der Arbeitnehmer schon vor der Rechtskraft der Entscheidung im Verfahren nach § 126 Klage erhoben, so ist die Verhandlung über die Klage auf Antrag des Verwalters bis zu diesem Zeitpunkt auszusetzen.

§ 128 Betriebsveräußerung

(1) Die Anwendung der §§ 125 bis 127 wird nicht dadurch ausgeschlossen, daß die Betriebsänderung, die dem Interessenausgleich oder dem Feststellungsantrag zugrunde liegt, erst nach einer Betriebsveräußerung durchgeführt werden soll. An dem Verfahren nach § 126 ist der Erwerber des Betriebs beteiligt.

(2) Im Falle eines Betriebsübergangs erstreckt sich die Vermutung nach § 125 Abs. 1 Satz 1 Nr. 1 oder die gerichtliche Feststellung nach § 126 Abs. 1 Satz 1 auch darauf, daß die Kündigung der Arbeitsverhältnisse nicht wegen des Betriebsübergangs erfolgt.

Dritter Abschnitt – Insolvenzanfechtung

§ 129 Grundsatz

(1) Rechtshandlungen, die vor der Eröffnung des Insolvenzverfahrens vorgenommen worden sind und die Insolvenzgläubiger benachteiligen, kann der Insolvenzverwalter nach Maßgabe der §§ 130 bis 146 anfechten.

(2) Eine Unterlassung steht einer Rechtshandlung gleich.

§ 130 Kongruente Deckung

(1) Anfechtbar ist eine Rechtshandlung, die einem Insolvenzgläubiger eine Sicherung oder Befriedigung gewährt oder ermöglicht hat,
1. wenn sie in den letzten drei Monaten vor dem Antrag auf Eröffnung des Insolvenzverfahrens vorgenommen worden ist, wenn zur Zeit der Handlung der Schuldner zahlungsunfähig war und wenn der Gläubiger zu dieser Zeit die Zahlungsunfähigkeit kannte oder
2. wenn sie nach dem Eröffnungsantrag vorgenommen worden ist und wenn der Gläubiger zur Zeit der Handlung die Zahlungsunfähigkeit oder den Eröffnungsantrag kannte. Dies gilt nicht, soweit die Rechtshandlung auf einer Sicherungsvereinbarung beruht, die die Verpflichtung enthält, eine Finanzsicherheit, eine andere oder eine zusätzliche Finanzsicherheit im Sinne des § 1 Abs. 17 des Kreditwesengesetzes zu bestellen, um das in der Sicherungsvereinbarung festgelegte Verhältnis zwischen dem Wert der gesicherten Verbindlichkeiten und dem Wert der geleisteten Sicherheiten wiederherzustellen (Margensicherheit).

(2) Der Kenntnis der Zahlungsunfähigkeit oder des Eröffnungsantrags steht die Kenntnis von Umständen gleich, die zwingend auf die Zahlungsunfähigkeit oder den Eröffnungsantrag schließen lassen.

(3) Gegenüber einer Person, die dem Schuldner zur Zeit der Handlung nahestand (§ 138), wird vermutet, daß sie die Zahlungsunfähigkeit oder den Eröffnungsantrag kannte.

§ 131 Inkongruente Deckung

(1) Anfechtbar ist eine Rechtshandlung, die einem Insolvenzgläubiger eine Sicherung oder Befriedigung gewährt oder ermöglicht hat, die er nicht oder nicht in der Art oder nicht zu der Zeit zu beanspruchen hatte,
1. wenn die Handlung im letzten Monat vor dem Antrag auf Eröffnung des Insolvenzverfahrens oder nach diesem Antrag vorgenommen worden ist,
2. wenn die Handlung innerhalb des zweiten oder dritten Monats vor dem Eröffnungsantrag vorgenommen worden ist und der Schuldner zur Zeit der Handlung zahlungsunfähig war oder
3. wenn die Handlung innerhalb des zweiten oder dritten Monats vor dem Eröffnungsantrag vorgenommen worden ist und dem Gläubiger zur Zeit der Handlung bekannt war, daß sie die Insolvenzgläubiger benachteiligte.

(2) Für die Anwendung des Absatzes 1 Nr. 3 steht der Kenntnis der Benachteiligung der Insolvenzgläubiger die Kenntnis von Umständen gleich, die zwingend auf die Benachteiligung schließen lassen. Gegenüber einer Person, die dem Schuldner zur Zeit der Handlung nahestand (§ 138), wird vermutet, daß sie die Benachteiligung der Insolvenzgläubiger kannte.

§ 132 Unmittelbar nachteilige Rechtshandlungen

(1) Anfechtbar ist ein Rechtsgeschäft des Schuldners, das die Insolvenzgläubiger unmittelbar benachteiligt,
1. wenn es in den letzten drei Monaten vor dem Antrag auf Eröffnung des Insolvenzverfahrens vorgenommen worden ist, wenn zur Zeit des Rechtsgeschäfts der Schuldner zahlungsunfähig war und wenn der andere Teil zu dieser Zeit die Zahlungsunfähigkeit kannte oder

2. wenn es nach dem Eröffnungsantrag vorgenommen worden ist und wenn der andere Teil zur Zeit des Rechtsgeschäfts die Zahlungsunfähigkeit oder den Eröffnungsantrag kannte.

(2) Einem Rechtsgeschäft, das die Insolvenzgläubiger unmittelbar benachteiligt, steht eine andere Rechtshandlung des Schuldners gleich, durch die der Schuldner ein Recht verliert oder nicht mehr geltend machen kann oder durch die ein vermögensrechtlicher Anspruch gegen ihn erhalten oder durchsetzbar wird.

(3) § 130 Abs. 2 und 3 gilt entsprechend.

§ 133 Vorsätzliche Benachteiligung

(1) Anfechtbar ist eine Rechtshandlung, die der Schuldner in den letzten zehn Jahren vor dem Antrag auf Eröffnung des Insolvenzverfahrens oder nach diesem Antrag mit dem Vorsatz, seine Gläubiger zu benachteiligen, vorgenommen hat, wenn der andere Teil zur Zeit der Handlung den Vorsatz des Schuldners kannte. Diese Kenntnis wird vermutet, wenn der andere Teil wußte, daß die Zahlungsunfähigkeit des Schuldners drohte und daß die Handlung die Gläubiger benachteiligte.

(2) Hat die Rechtshandlung dem anderen Teil eine Sicherung oder Befriedigung gewährt oder ermöglicht, beträgt der Zeitraum nach Absatz 1 Satz 1 vier Jahre.

(3) Hat die Rechtshandlung dem anderen Teil eine Sicherung oder Befriedigung gewährt oder ermöglicht, welche dieser in der Art und zu der Zeit beanspruchen konnte, tritt an die Stelle der drohenden Zahlungsunfähigkeit des Schuldners nach Absatz 1 Satz 2 die eingetretene. Hatte der andere Teil mit dem Schuldner eine Zahlungsvereinbarung getroffen oder diesem in sonstiger Weise eine Zahlungserleichterung gewährt, wird vermutet, dass er zur Zeit der Handlung die Zahlungsunfähigkeit des Schuldners nicht kannte.

(4) Anfechtbar ist ein vom Schuldner mit einer nahestehenden Person (§ 138) geschlossener entgeltlicher Vertrag, durch den die Insolvenzgläubiger unmittelbar benachteiligt werden. Die Anfechtung ist ausgeschlossen, wenn der Vertrag früher als zwei Jahre vor dem Eröffnungsantrag geschlossen worden ist oder wenn dem anderen Teil zur Zeit des Vertragsschlusses ein Vorsatz des Schuldners, die Gläubiger zu benachteiligen, nicht bekannt war.

§ 134 Unentgeltliche Leistung

(1) Anfechtbar ist eine unentgeltliche Leistung des Schuldners, es sei denn, sie ist früher als vier Jahre vor dem Antrag auf Eröffnung des Insolvenzverfahrens vorgenommen worden.

(2) Richtet sich die Leistung auf ein gebräuchliches Gelegenheitsgeschenk geringen Werts, so ist sie nicht anfechtbar.

§ 135 Gesellschafterdarlehen

(1) Anfechtbar ist eine Rechtshandlung, die für die Forderung eines Gesellschafters auf Rückgewähr eines Darlehens im Sinne des § 39 Abs. 1 Nr. 5 oder für eine gleichgestellte Forderung

1. Sicherung gewährt hat, wenn die Handlung in den letzten zehn Jahren vor dem Antrag auf Eröffnung des Insolvenzverfahrens oder nach diesem Antrag vorgenommen worden ist, oder

2. Befriedigung gewährt hat, wenn die Handlung im letzten Jahr vor dem Eröffnungsantrag oder nach diesem Antrag vorgenommen worden ist.

(2) Anfechtbar ist eine Rechtshandlung, mit der eine Gesellschaft einem Dritten für eine Forderung auf Rückgewähr eines Darlehens innerhalb der in Absatz 1 Nr. 2 genannten Fristen Befriedigung gewährt hat, wenn ein Gesellschafter für die Forderung eine Sicherheit bestellt hatte oder als Bürge haftete; dies gilt sinngemäß für Leistungen auf Forderungen, die einem Darlehen wirtschaftlich entsprechen.

(3) Wurde dem Schuldner von einem Gesellschafter ein Gegenstand zum Gebrauch oder zur Ausübung überlassen, so kann der Aussonderungsanspruch während der Dauer des Insolvenzverfahrens, höchstens aber für eine Zeit von einem Jahr ab der Eröffnung des Insolvenzverfahrens nicht geltend gemacht werden, wenn der Gegenstand für die Fortführung des Unternehmens des Schuldners von erheblicher Bedeutung ist. Für den Gebrauch oder die Ausübung des Gegenstandes gebührt dem Gesellschafter ein Ausgleich; bei der Berechnung ist der Durchschnitt der im letzten Jahr vor Verfahrenseröffnung geleisteten Vergütung in Ansatz zu bringen, bei kürzerer Dauer der Überlassung ist der Durchschnitt während dieses Zeitraums maßgebend.

(4) § 39 Abs. 4 und 5 gilt entsprechend.

§ 136 Stille Gesellschaft

(1) Anfechtbar ist eine Rechtshandlung, durch die einem stillen Gesellschafter die Einlage ganz oder teilweise zurückgewährt oder sein Anteil an dem entstandenen Verlust ganz oder teilweise erlassen wird, wenn die zugrundeliegende Vereinbarung im letzten Jahr vor dem Antrag auf Eröffnung des Insolvenzverfahrens über das Vermögen des Inhabers des Handelsgeschäfts oder nach diesem Antrag getroffen worden ist. Dies gilt auch dann, wenn im Zusammenhang mit der Vereinbarung die stille Gesellschaft aufgelöst worden ist.

(2) Die Anfechtung ist ausgeschlossen, wenn ein Eröffnungsgrund erst nach der Vereinbarung eingetreten ist.

§ 137 Wechsel- und Scheckzahlungen

(1) Wechselzahlungen des Schuldners können nicht auf Grund des § 130 vom Empfänger zurückgefordert werden, wenn nach Wechselrecht der Empfänger bei einer Verweigerung der Annahme der Zahlung den Wechselanspruch gegen andere Wechselverpflichtete verloren hätte.

(2) Die gezahlte Wechselsumme ist jedoch vom letzten Rückgriffsverpflichteten oder, wenn dieser den Wechsel für Rechnung eines Dritten begeben hatte, von dem Dritten zu erstatten, wenn der letzte Rückgriffsverpflichtete oder der Dritte zu der Zeit, als er den Wechsel begab oder begeben ließ, die Zahlungsunfähigkeit des Schuldners oder den Eröffnungsantrag kannte. § 130 Abs. 2 und 3 gilt entsprechend.

(3) Die Absätze 1 und 2 gelten entsprechend für Scheckzahlungen des Schuldners.

§ 138 Nahestehende Personen

(1) Ist der Schuldner eine natürliche Person, so sind nahestehende Personen:

1. der Ehegatte des Schuldners, auch wenn die Ehe erst nach der Rechtshandlung geschlossen oder im letzten Jahr vor der Handlung aufgelöst worden ist;

1a. der Lebenspartner des Schuldners, auch wenn die Lebenspartnerschaft erst nach der Rechtshandlung eingegangen oder im letzten Jahr vor der Handlung aufgelöst worden ist;

2. Verwandte des Schuldners oder des in Nummer 1 bezeichneten Ehegatten oder des in Nummer 1a bezeichneten Lebenspartners in auf- und absteigender Linie und voll- und halbbürtige Geschwister des Schuldners oder des in Nummer 1 bezeichneten Ehegatten oder des in Nummer 1a bezeichneten Lebenspartners sowie die Ehegatten oder Lebenspartner dieser Personen;

3. Personen, die in häuslicher Gemeinschaft mit dem Schuldner leben oder im letzten Jahr vor der Handlung in häuslicher Gemeinschaft mit dem Schuldner gelebt haben sowie Personen, die sich auf Grund einer dienstvertraglichen Verbindung zum Schuldner über dessen wirtschaftliche Verhältnisse unterrichten können;

4. eine juristische Person oder eine Gesellschaft ohne Rechtspersönlichkeit, wenn der Schuldner oder eine der in den Nummern 1 bis 3 genannten Personen Mitglied des Vertretungs- oder Aufsichtsorgans, persönlich haftender Gesellschafter oder zu mehr als einem Viertel an deren Kapital beteiligt ist oder auf Grund einer vergleichbaren gesellschaftsrechtlichen oder dienstvertraglichen Verbindung die Möglichkeit hat, sich über die wirtschaftlichen Verhältnisse des Schuldners zu unterrichten.

(2) Ist der Schuldner eine juristische Person oder eine Gesellschaft ohne Rechtspersönlichkeit, so sind nahestehende Personen:

1. die Mitglieder des Vertretungs- oder Aufsichtsorgans und persönlich haftende Gesellschafter des Schuldners sowie Personen, die zu mehr als einem Viertel am Kapital des Schuldners beteiligt sind;

2. eine Person oder eine Gesellschaft, die auf Grund einer vergleichbaren gesellschaftsrechtlichen oder dienstvertraglichen Verbindung zum Schuldner die Möglichkeit haben, sich über dessen wirtschaftliche Verhältnisse zu unterrichten;

3. eine Person, die zu einer der in Nummer 1 oder 2 bezeichneten Personen in einer in Absatz 1 bezeichneten persönlichen Verbindung steht; dies gilt nicht, soweit die in Nummer 1 oder 2 bezeichneten Personen kraft Gesetzes in den Angelegenheiten des Schuldners zur Verschwiegenheit verpflichtet sind.

§ 139 Berechnung der Fristen vor dem Eröffnungsantrag

(1) Die in den §§ 88, 130 bis 136 bestimmten Fristen beginnen mit dem Anfang des Tages, der durch seine Zahl dem Tag entspricht, an dem der Antrag auf Eröffnung des Insolvenzverfahrens beim Insolvenzgericht eingegangen ist. Fehlt ein solcher Tag, so beginnt die Frist mit dem Anfang des folgenden Tages.

(2) Sind mehrere Eröffnungsanträge gestellt worden, so ist der erste zulässige und begründete Antrag maßgeblich, auch wenn das Verfahren auf Grund eines späteren Antrags eröffnet worden ist. Ein rechtskräftig abgewiesener Antrag wird nur berücksichtigt, wenn er mangels Masse abgewiesen worden ist.

§ 140 Zeitpunkt der Vornahme einer Rechtshandlung

(1) Eine Rechtshandlung gilt als in dem Zeitpunkt vorgenommen, in dem ihre rechtlichen Wirkungen eintreten.

(2) Ist für das Wirksamwerden eines Rechtsgeschäfts eine Eintragung im Grundbuch, im Schiffsregister, im Schiffsbauregister oder im Register für Pfandrechte an Luftfahrzeugen erforderlich, so gilt das Rechtsgeschäft als vorgenommen, sobald die übrigen Voraussetzungen für das Wirksamwerden erfüllt sind, die Willenserklärung des Schuldners für ihn bindend geworden ist und der andere Teil den Antrag auf Eintragung der Rechtsänderung gestellt hat. Ist der Antrag auf Eintragung einer Vormerkung zur Sicherung des Anspruchs auf die Rechtsänderung gestellt worden, so gilt Satz 1 mit der Maßgabe, daß dieser Antrag

an die Stelle des Antrags auf Eintragung der Rechtsänderung tritt.

(3) Bei einer bedingten oder befristeten Rechtshandlung bleibt der Eintritt der Bedingung oder des Termins außer Betracht.

§ 141 Vollstreckbarer Titel

Die Anfechtung wird nicht dadurch ausgeschlossen, daß für die Rechtshandlung ein vollstreckbarer Schuldtitel erlangt oder daß die Handlung durch Zwangsvollstreckung erwirkt worden ist.

§ 142 Bargeschäft

(1) Eine Leistung des Schuldners, für die unmittelbar eine gleichwertige Gegenleistung in sein Vermögen gelangt, ist nur anfechtbar, wenn die Voraussetzungen des § 133 Absatz 1 bis 3 gegeben sind und der andere Teil erkannt hat, dass der Schuldner unlauter handelte.

(2) Der Austausch von Leistung und Gegenleistung ist unmittelbar, wenn er nach Art der ausgetauschten Leistungen und unter Berücksichtigung der Gepflogenheiten des Geschäftsverkehrs in einem engen zeitlichen Zusammenhang erfolgt. Gewährt der Schuldner seinem Arbeitnehmer Arbeitsentgelt, ist ein enger zeitlicher Zusammenhang gegeben, wenn der Zeitraum zwischen Arbeitsleistung und Gewährung des Arbeitsentgelts drei Monate nicht übersteigt.

§ 143 Rechtsfolgen

(1) Was durch die anfechtbare Handlung aus dem Vermögen des Schuldners veräußert, weggegeben oder aufgegeben ist, muß zur Insolvenzmasse zurückgewährt werden. Die Vorschriften über die Rechtsfolgen einer ungerechtfertigten Bereicherung, bei der dem Empfänger der Mangel des rechtlichen Grundes bekannt ist, gelten entsprechend. Eine Geldschuld ist nur zu verzinsen, wenn die Voraussetzungen des Schuldnerverzugs oder des § 291 des Bürgerlichen Gesetzbuchs vorliegen; ein darüber hinausgehender Anspruch auf Herausgabe von Nutzungen eines erlangten Geldbetrags ist ausgeschlossen.

(2) Der Empfänger einer unentgeltlichen Leistung hat diese nur zurückzugewähren, soweit er durch sie bereichert ist. Dies gilt nicht, sobald er weiß oder den Umständen nach wissen muß, daß die unentgeltliche Leistung die Gläubiger benachteiligt.

(3) Im Fall der Anfechtung nach § 135 Abs. 2 hat der Gesellschafter, der die Sicherheit bestellt hatte oder als Bürge haftete, die dem Dritten gewährte Leistung zur Insolvenzmasse zu erstatten. Die Verpflichtung besteht nur bis zur Höhe des Betrags, mit dem der Gesellschafter als Bürge haftete oder der dem Wert der von ihm bestellten Sicherheit im Zeitpunkt der Rückgewähr des Darlehens oder der Leistung auf die gleichgestellte Forderung entspricht. Der Gesellschafter wird von der Verpflichtung frei, wenn er die Gegenstände, die dem Gläubiger als Sicherheit gedient hatten, der Insolvenzmasse zur Verfügung stellt.

§ 144 Ansprüche des Anfechtungsgegners

(1) Gewährt der Empfänger einer anfechtbaren Leistung das Erlangte zurück, so lebt seine Forderung wieder auf.

(2) Eine Gegenleistung ist aus der Insolvenzmasse zu erstatten, soweit sie in dieser noch unterscheidbar vorhanden ist oder soweit die Masse um ihren Wert bereichert ist. Darüber hinaus kann der Empfänger der anfechtbaren Leistung die Forderung auf Rückgewähr der Gegenleistung nur als Insolvenzgläubiger geltend machen.

§ 145 Anfechtung gegen Rechtsnachfolger

(1) Die Anfechtbarkeit kann gegen den Erben oder einen anderen Gesamtrechtsnachfolger des Anfechtungsgegners geltend gemacht werden.

(2) Gegen einen sonstigen Rechtsnachfolger kann die Anfechtbarkeit geltend gemacht werden:
1. wenn dem Rechtsnachfolger zur Zeit seines Erwerbs die Umstände bekannt waren, welche die Anfechtbarkeit des Erwerbs seines Rechtsvorgängers begründen;
2. wenn der Rechtsnachfolger zur Zeit seines Erwerbs zu den Personen gehörte, die dem Schuldner nahestehen (§ 138), es sei denn, daß ihm zu dieser Zeit die Umstände unbekannt waren, welche die Anfechtbarkeit des Erwerbs seines Rechtsvorgängers begründen;
3. wenn dem Rechtsnachfolger das Erlangte unentgeltlich zugewendet worden ist.

§ 146 Verjährung des Anfechtungsanspruchs

(1) Die Verjährung des Anfechtungsanspruchs richtet sich nach den Regelungen über die regelmäßige Verjährung nach dem Bürgerlichen Gesetzbuch.

(2) Auch wenn der Anfechtungsanspruch verjährt ist, kann der Insolvenzverwalter die Erfüllung einer Leistungspflicht verweigern, die auf einer anfechtbaren Handlung beruht.

§ 147 Rechtshandlungen nach Verfahrenseröffnung

Eine Rechtshandlung, die nach der Eröffnung des Insolvenzverfahrens vorgenommen worden ist und die nach § 81 Abs. 3 Satz 2, §§ 892, 893 des Bürgerlichen Gesetzbuchs, §§ 16, 17 des Gesetzes über Rechte an eingetragenen Schiffen und Schiffsbauwerken und §§ 16, 17 des Gesetzes über Rechte an Luftfahrzeugen wirksam ist, kann nach den Vorschriften angefochten werden, die für die Anfechtung einer vor der Verfahrenseröffnung vorgenommenen Rechtshandlung gelten. Satz 1 findet auf die den in § 96 Abs. 2 genannten Ansprüchen und Leistungen zugrunde liegenden Rechtshandlungen mit der Maßgabe Anwendung, dass durch die Anfechtung nicht die Verrechnung einschließlich des Saldenausgleichs rückgängig gemacht wird oder die betreffenden Zahlungsaufträge, Aufträge zwischen Zahlungsdienstleistern oder zwischengeschalteten Stellen oder Aufträge zur Übertragung von Wertpapieren unwirksam werden.

Vierter Teil – Verwaltung und Verwertung der Insolvenzmasse

Erster Abschnitt – Sicherung der Insolvenzmasse

§ 148 Übernahme der Insolvenzmasse

(1) Nach der Eröffnung des Insolvenzverfahrens hat der Insolvenzverwalter das gesamte zur Insolvenzmasse gehörende Vermögen sofort in Besitz und Verwaltung zu nehmen.

(2) Der Verwalter kann auf Grund einer vollstreckbaren Ausfertigung des Eröffnungsbeschlusses die Herausgabe der Sachen, die sich im Gewahrsam des Schuldners befinden, im Wege der Zwangsvollstreckung durchsetzen. § 766 der Zivilprozeßordnung gilt mit der Maßgabe, daß an die Stelle des Vollstreckungsgerichts das Insolvenzgericht tritt.

§ 149 Wertgegenstände

(1) Der Gläubigerausschuß kann bestimmen, bei welcher Stelle und zu welchen Bedingungen Geld, Wertpapiere und Kostbarkeiten hinterlegt oder angelegt werden sollen. Ist kein Gläubigerausschuß bestellt oder hat der Gläubigerausschuß noch keinen Beschluß gefaßt, so kann das Insolvenzgericht entsprechendes anordnen.

(2) Die Gläubigerversammlung kann abweichende Regelungen beschließen.

§ 150 Siegelung

Der Insolvenzverwalter kann zur Sicherung der Sachen, die zur Insolvenzmasse gehören, durch den Gerichtsvollzieher oder eine andere dazu gesetzlich ermächtigte Person Siegel anbringen lassen. Das Protokoll über eine Siegelung oder Entsiegelung hat der Verwalter auf der Geschäftsstelle zur Einsicht der Beteiligten niederzulegen.

§ 151 Verzeichnis der Massegegenstände

(1) Der Insolvenzverwalter hat ein Verzeichnis der einzelnen Gegenstände der Insolvenzmasse aufzustellen. Der Schuldner ist hinzuzuziehen, wenn dies ohne eine nachteilige Verzögerung möglich ist.

(2) Bei jedem Gegenstand ist dessen Wert anzugeben. Hängt der Wert davon ab, ob das Unternehmen fortgeführt oder stillgelegt wird, sind beide Werte anzugeben. Besonders schwierige Bewertungen können einem Sachverständigen übertragen werden.

(3) Auf Antrag des Verwalters kann das Insolvenzgericht gestatten, daß die Aufstellung des Verzeichnisses unterbleibt; der Antrag ist zu begründen. Ist ein Gläubigerausschuß bestellt, so kann der Verwalter den Antrag nur mit Zustimmung des Gläubigerausschusses stellen.

§ 152 Gläubigerverzeichnis

(1) Der Insolvenzverwalter hat ein Verzeichnis aller Gläubiger des Schuldners aufzustellen, die ihm aus den Büchern und Geschäftspapieren des Schuldners, durch sonstige Angaben des Schuldners, durch die Anmeldung ihrer Forderungen oder auf andere Weise bekannt geworden sind.

(2) In dem Verzeichnis sind die absonderungsberechtigten Gläubiger und die einzelnen Rangklassen der nachrangigen Insolvenzgläubiger gesondert aufzuführen. Bei jedem Gläubiger sind die Anschrift sowie der Grund und der Betrag seiner Forderung anzugeben. Bei den absonderungsberechtigten Gläubigern sind zusätzlich der Gegenstand, an dem das Absonderungsrecht besteht, und die Höhe des mutmaßlichen Ausfalls zu bezeichnen; § 151 Abs. 2 Satz 2 gilt entsprechend.

(3) Weiter ist anzugeben, welche Möglichkeiten der Aufrechnung bestehen. Die Höhe der Masseverbindlichkeiten im Falle einer zügigen Verwertung des Vermögens des Schuldners ist zu schätzen.

§ 153 Vermögensübersicht

(1) Der Insolvenzverwalter hat auf den Zeitpunkt der Eröffnung des Insolvenzverfahrens eine geordnete Übersicht aufzustellen, in der die Gegenstände der Insolvenzmasse und die Verbindlichkeiten des Schuldners aufgeführt und einander gegenübergestellt werden. Für die Bewertung der Gegenstände gilt § 151 Abs. 2 entsprechend, für die Gliederung der Verbindlichkeiten § 152 Abs. 2 Satz 1.

(2) Nach der Aufstellung der Vermögensübersicht kann das Insolvenzgericht auf Antrag des Verwalters oder eines Gläubigers dem Schuldner aufgeben, die Vollständigkeit der Vermögensübersicht eidesstattlich zu versichern. Die §§ 98, 101 Abs. 1 Satz 1, 2 gelten entsprechend.

§ 154 Niederlegung in der Geschäftsstelle

Das Verzeichnis der Massegegenstände, das Gläubigerverzeichnis und die Vermögensübersicht sind spätestens eine Woche vor dem Berichtstermin in der Geschäftsstelle zur Einsicht der Beteiligten niederzulegen.

§ 155 Handels- und steuerrechtliche Rechnungslegung

(1) Handels- und steuerrechtliche Pflichten des Schuldners zur Buchführung und zur Rechnungslegung bleiben unberührt. In Bezug auf die Insolvenzmasse hat der Insolvenzverwalter diese Pflichten zu erfüllen.

(2) Mit der Eröffnung des Insolvenzverfahrens beginnt ein neues Geschäftsjahr. Jedoch wird die Zeit bis zum Berichtstermin in gesetzliche Fristen für die Aufstellung oder die Offenlegung eines Jahresabschlusses nicht eingerechnet.

(3) Für die Bestellung des Abschlußprüfers im Insolvenzverfahren gilt § 318 des Handelsgesetzbuchs mit der Maßgabe, daß die Bestellung ausschließlich durch das Registergericht auf Antrag des Verwalters erfolgt. Ist für das Geschäftsjahr vor der Eröffnung des Verfahrens bereits ein Abschlußprüfer bestellt, so wird die Wirksamkeit dieser Bestellung durch die Eröffnung nicht berührt.

Zweiter Abschnitt – Entscheidung über die Verwertung

§ 156 Berichtstermin

(1) Im Berichtstermin hat der Insolvenzverwalter über die wirtschaftliche Lage des Schuldners und ihre Ursachen zu berichten. Er hat darzulegen, ob Aussichten bestehen, das Unternehmen des Schuldners im ganzen oder in Teilen zu erhalten, welche Möglichkeiten für einen Insolvenzplan bestehen und welche Auswirkungen jeweils für die Befriedigung der Gläubiger eintreten würden.

(2) Dem Schuldner, dem Gläubigerausschuß, dem Betriebsrat und dem Sprecherausschuß der leitenden Angestellten ist im Berichtstermin Gelegenheit zu geben, zu dem Bericht des Verwalters Stellung zu nehmen. Ist der Schuldner Handels- oder Gewerbetreibender oder Landwirt, so kann auch der zuständigen amtlichen Berufsvertretung der Industrie, des Handels, des Handwerks oder der Landwirtschaft im Termin Gelegenheit zur Äußerung gegeben werden.

§ 157 Entscheidung über den Fortgang des Verfahrens

Die Gläubigerversammlung beschließt im Berichtstermin, ob das Unternehmen des Schuldners stillgelegt oder vorläufig fortgeführt werden soll. Sie kann den Verwalter beauftragen, einen Insolvenz-plan auszuarbeiten, und ihm das Ziel des Plans vorgeben. Sie kann ihre Entscheidungen in späteren Terminen ändern.

§ 158 Maßnahmen vor der Entscheidung

(1) Will der Insolvenzverwalter vor dem Berichtstermin das Unternehmen des Schuldners stillegen oder veräußern, so hat er die Zustimmung des Gläubigerausschusses einzuholen, wenn ein solcher bestellt ist.

(2) Vor der Beschlußfassung des Gläubigerausschusses oder, wenn ein solcher nicht bestellt ist, vor der Stillegung oder Veräußerung des Unternehmens hat der Verwalter den Schuldner zu unterrichten. Das Insolvenzgericht untersagt auf Antrag des Schuldners und nach Anhörung des Verwalters die Stillegung oder Veräußerung, wenn diese ohne eine erhebliche Verminderung der Insolvenzmasse bis zum Berichtstermin aufgeschoben werden kann.

§ 159 Verwertung der Insolvenzmasse

Nach dem Berichtstermin hat der Insolvenzverwalter unverzüglich das zur Insolvenzmasse gehörende Vermögen zu verwerten, soweit die Beschlüsse der Gläubigerversammlung nicht entgegenstehen.

§ 160 Besonders bedeutsame Rechtshandlungen

(1) Der Insolvenzverwalter hat die Zustimmung des Gläubigerausschusses einzuholen, wenn er Rechtshandlungen vornehmen will, die für das Insolvenzverfahren von besonderer Bedeutung sind. Ist ein Gläubigerausschuß nicht bestellt, so ist die Zustimmung der Gläubigerversammlung einzuholen. Ist die einberufene Gläubigerversammlung beschlussunfähig, gilt die Zustimmung als erteilt; auf diese Folgen sind die Gläubiger bei der Einladung zur Gläubigerversammlung hinzuweisen.

(2) Die Zustimmung nach Absatz 1 ist insbesondere erforderlich,

1. wenn das Unternehmen oder ein Betrieb, das Warenlager im ganzen, ein unbeweglicher Gegenstand aus freier Hand, die Beteiligung des Schuldners an einem anderen Unternehmen, die der Herstellung einer dauernden Verbindung zu diesem Unternehmen dienen soll, oder das Recht auf den Bezug wiederkehrender Einkünfte veräußert werden soll;
2. wenn ein Darlehen aufgenommen werden soll, das die Insolvenzmasse erheblich belasten würde;
3. wenn ein Rechtsstreit mit erheblichem Streitwert anhängig gemacht oder aufgenommen, die Aufnahme eines solchen Rechtsstreits abgelehnt oder zur Beilegung oder zur Vermeidung eines solchen Rechtsstreits ein Vergleich oder ein Schiedsvertrag geschlossen werden soll.

§ 161 Vorläufige Untersagung der Rechtshandlung

In den Fällen des § 160 hat der Insolvenzverwalter vor der Beschlußfassung des Gläubigerausschusses oder der Gläubigerversammlung den Schuldner zu unterrichten, wenn dies ohne nachteilige

Verzögerung möglich ist. Sofern nicht die Gläubigerversammlung ihre Zustimmung erteilt hat, kann das Insolvenzgericht auf Antrag des Schuldners oder einer in § 75 Abs. 1 Nr. 3 bezeichneten Mehrzahl von Gläubigern und nach Anhörung des Verwalters die Vornahme der Rechtshandlung vorläufig untersagen und eine Gläubigerversammlung einberufen, die über die Vornahme beschließt.

§ 162 Betriebsveräußerung an besonders Interessierte

(1) Die Veräußerung des Unternehmens oder eines Betriebs ist nur mit Zustimmung der Gläubigerversammlung zulässig, wenn der Erwerber oder eine Person, die an seinem Kapital zu mindestens einem Fünftel beteiligt ist,
1. zu den Personen gehört, die dem Schuldner nahestehen (§ 138),
2. ein absonderungsberechtigter Gläubiger oder ein nicht nachrangiger Insolvenzgläubiger ist, dessen Absonderungsrechte und Forderungen nach der Schätzung des Insolvenzgerichts zusammen ein Fünftel der Summe erreichen, die sich aus dem Wert aller Absonderungsrechte und den Forderungsbeträgen aller nicht nachrangigen Insolvenzgläubiger ergibt.

(2) Eine Person ist auch insoweit im Sinne des Absatzes 1 am Erwerber beteiligt, als ein von der Person abhängiges Unternehmen oder ein Dritter für Rechnung der Person oder des abhängigen Unternehmens am Erwerber beteiligt ist.

§ 163 Betriebsveräußerung unter Wert

(1) Auf Antrag des Schuldners oder einer in § 75 Abs. 1 Nr. 3 bezeichneten Mehrzahl von Gläubigern und nach Anhörung des Insolvenzverwalters kann das Insolvenzgericht anordnen, daß die geplante Veräußerung des Unternehmens oder eines Betriebs nur mit Zustimmung der Gläubigerversammlung zulässig ist, wenn der Antragsteller glaubhaft macht, daß eine Veräußerung an einen anderen Erwerber für die Insolvenzmasse günstiger wäre.

(2) Sind dem Antragsteller durch den Antrag Kosten entstanden, so ist er berechtigt, die Erstattung dieser Kosten aus der Insolvenzmasse zu verlangen, sobald die Anordnung des Gerichts ergangen ist.

§ 164 Wirksamkeit der Handlung

Durch einen Verstoß gegen die §§ 160 bis 163 wird die Wirksamkeit der Handlung des Insolvenzverwalters nicht berührt.

Dritter Abschnitt – Gegenstände mit Absonderungsrechten

§ 165 Verwertung unbeweglicher Gegenstände

Der Insolvenzverwalter kann beim zuständigen Gericht die Zwangsversteigerung oder die Zwangsverwaltung eines unbeweglichen Gegenstands der Insolvenzmasse betreiben, auch wenn an dem Gegenstand ein Absonderungsrecht besteht.

§ 166 Verwertung beweglicher Gegenstände

(1) Der Insolvenzverwalter darf eine bewegliche Sache, an der ein Absonderungsrecht besteht, freihändig verwerten, wenn er die Sache in seinem Besitz hat.

(2) Der Verwalter darf eine Forderung, die der Schuldner zur Sicherung eines Anspruchs abgetreten hat, einziehen oder in anderer Weise verwerten.

(3) Die Absätze 1 und 2 finden keine Anwendung
1. auf Gegenstände, an denen eine Sicherheit zu Gunsten des Betreibers oder des Teilnehmers eines Systems nach § 1 Abs. 16 des Kreditwesengesetzes zur Sicherung seiner Ansprüche aus dem System besteht,
2. auf Gegenstände, an denen eine Sicherheit zu Gunsten der Zentralbank eines Mitgliedstaats der Europäischen Union oder Vertragsstaats des Europäischen Wirtschaftsraums oder zu Gunsten der Europäischen Zentralbank besteht, und
3. auf eine Finanzsicherheit im Sinne des § 1 Abs. 17 des Kreditwesengesetzes.

§ 167 Unterrichtung des Gläubigers

(1) Ist der Insolvenzverwalter nach § 166 Abs. 1 zur Verwertung einer beweglichen Sache berechtigt, so hat er dem absonderungsberechtigten Gläubiger auf dessen Verlangen Auskunft über den Zustand der Sache zu erteilen. Anstelle der Auskunft kann er dem Gläubiger gestatten, die Sache zu besichtigen.

(2) Ist der Verwalter nach § 166 Abs. 2 zur Einziehung einer Forderung berechtigt, so hat er dem absonderungsberechtigten Gläubiger auf dessen Verlangen Auskunft über die Forderung zu erteilen. Anstelle der Auskunft kann er dem Gläubiger gestatten, Einsicht in die Bücher und Geschäftspapiere des Schuldners zu nehmen.

§ 168 Mitteilung der Veräußerungsabsicht

(1) Bevor der Insolvenzverwalter einen Gegenstand, zu dessen Verwertung er nach § 166 berechtigt ist, an einen Dritten veräußert, hat er dem absonderungsberechtigten Gläubiger mitzuteilen, auf welche Weise der Gegenstand veräußert werden soll. Er hat dem Gläubiger Gelegenheit zu geben, binnen einer Woche auf eine andere, für den

Gläubiger günstigere Möglichkeit der Verwertung des Gegenstands hinzuweisen.

(2) Erfolgt ein solcher Hinweis innerhalb der Wochenfrist oder rechtzeitig vor der Veräußerung, so hat der Verwalter die vom Gläubiger genannte Verwertungsmöglichkeit wahrzunehmen oder den Gläubiger so zu stellen, wie wenn er sie wahrgenommen hätte.

(3) Die andere Verwertungsmöglichkeit kann auch darin bestehen, daß der Gläubiger den Gegenstand selbst übernimmt. Günstiger ist eine Verwertungsmöglichkeit auch dann, wenn Kosten eingespart werden.

§ 169 Schutz des Gläubigers vor einer Verzögerung der Verwertung

Solange ein Gegenstand, zu dessen Verwertung der Insolvenzverwalter nach § 166 berechtigt ist, nicht verwertet wird, sind dem Gläubiger vom Berichtstermin an laufend die geschuldeten Zinsen aus der Insolvenzmasse zu zahlen. Ist der Gläubiger schon vor der Eröffnung des Insolvenzverfahrens auf Grund einer Anordnung nach § 21 an der Verwertung des Gegenstands gehindert worden, so sind die geschuldeten Zinsen spätestens von dem Zeitpunkt an zu zahlen, der drei Monate nach dieser Anordnung liegt. Die Sätze 1 und 2 gelten nicht, soweit nach der Höhe der Forderung sowie dem Wert und der sonstigen Belastung des Gegenstands nicht mit einer Befriedigung des Gläubigers aus dem Verwertungserlös zu rechnen ist.

§ 170 Verteilung des Erlöses

(1) Nach der Verwertung einer beweglichen Sache oder einer Forderung durch den Insolvenzverwalter sind aus dem Verwertungserlös die Kosten der Feststellung und der Verwertung des Gegenstands vorweg für die Insolvenzmasse zu entnehmen. Aus dem verbleibenden Betrag ist unverzüglich der absonderungsberechtigte Gläubiger zu befriedigen.

(2) Überläßt der Insolvenzverwalter einen Gegenstand, zu dessen Verwertung er nach § 166 berechtigt ist, dem Gläubiger zur Verwertung, so hat dieser aus dem von ihm erzielten Verwertungserlös einen Betrag in Höhe der Kosten der Feststellung sowie des Umsatzsteuerbetrages (§ 171 Abs. 2 Satz 3) vorweg an die Masse abzuführen.

§ 171 Berechnung des Kostenbeitrags

(1) Die Kosten der Feststellung umfassen die Kosten der tatsächlichen Feststellung des Gegenstands und der Feststellung der Rechte an diesem. Sie sind pauschal mit vier vom Hundert des Verwertungserlöses anzusetzen.

(2) Als Kosten der Verwertung sind pauschal fünf vom Hundert des Verwertungserlöses anzusetzen. Lagen die tatsächlich entstandenen, für die Verwertung erforderlichen Kosten erheblich niedriger oder erheblich höher, so sind diese Kosten anzusetzen. Führt die Verwertung zu einer Belastung der Masse mit Umsatzsteuer, so ist der Umsatzsteuerbetrag zusätzlich zu der Pauschale nach Satz 1 oder den tatsächlich entstandenen Kosten nach Satz 2 anzusetzen.

§ 172 Sonstige Verwendung beweglicher Sachen

(1) Der Insolvenzverwalter darf eine bewegliche Sache, zu deren Verwertung er berechtigt ist, für die Insolvenzmasse benutzen, wenn er den dadurch entstehenden Wertverlust von der Eröffnung des Insolvenzverfahrens an durch laufende Zahlungen an den Gläubiger ausgleicht. Die Verpflichtung zu Ausgleichszahlungen besteht nur, soweit der durch die Nutzung entstehende Wertverlust die Sicherung des absonderungsberechtigten Gläubigers beeinträchtigt.

(2) Der Verwalter darf eine solche Sache verbinden, vermischen und verarbeiten, soweit dadurch die Sicherung des absonderungsberechtigten Gläubigers nicht beeinträchtigt wird. Setzt sich das Recht des Gläubigers an einer anderen Sache fort, so hat der Gläubiger die neue Sicherheit insoweit freizugeben, als sie den Wert der bisherigen Sicherheit übersteigt.

§ 173 Verwertung durch den Gläubiger

(1) Soweit der Insolvenzverwalter nicht zur Verwertung einer beweglichen Sache oder einer Forderung berechtigt ist, an denen ein Absonderungsrecht besteht, bleibt das Recht des Gläubigers zur Verwertung unberührt.

(2) Auf Antrag des Verwalters und nach Anhörung des Gläubigers kann das Insolvenzgericht eine Frist bestimmen, innerhalb welcher der Gläubiger den Gegenstand zu verwerten hat. Nach Ablauf der Frist ist der Verwalter zur Verwertung berechtigt.

Fünfter Teil – Befriedigung der Insolvenzgläubiger. Einstellung des Verfahrens

Erster Abschnitt – Feststellung der Forderungen

§ 174 Anmeldung der Forderungen

(1) Die Insolvenzgläubiger haben ihre Forderungen schriftlich beim Insolvenzverwalter anzumelden. Der Anmeldung sollen die Urkunden, aus denen sich die Forderung ergibt, in Abdruck beigefügt werden. Zur Vertretung des Gläubigers im Verfahren nach diesem Abschnitt sind auch Personen befugt, die Inkassodienstleistungen erbringen (registrierte Personen nach § 10 Abs. 1 Satz 1 Nr. 1 des Rechtsdienstleistungsgesetzes).

(2) Bei der Anmeldung sind der Grund und der Betrag der Forderung anzugeben sowie die Tatsachen, aus denen sich nach Einschätzung des Gläubigers ergibt, dass ihr eine vorsätzlich begangene unerlaubte Handlung, eine vorsätzliche pflichtwidrige Verletzung einer gesetzlichen Unterhaltspflicht oder eine Steuerstraftat des Schuldners nach den §§ 370, 373 oder § 374 der Abgabenordnung zugrunde liegt.

(3) Die Forderungen nachrangiger Gläubiger sind nur anzumelden, soweit das Insolvenzgericht besonders zur Anmeldung dieser Forderungen auffordert. Bei der Anmeldung solcher Forderungen ist auf den Nachrang hinzuweisen und die dem Gläubiger zustehende Rangstelle zu bezeichnen.

(4) Die Anmeldung kann durch Übermittlung eines elektronischen Dokuments erfolgen, wenn der Insolvenzverwalter der Übermittlung elektronischer Dokumente ausdrücklich zugestimmt hat. Als Urkunde im Sinne des Absatzes 1 Satz 2 kann in diesem Fall auch eine elektronische Rechnung übermittelt werden. Auf Verlangen des Insolvenzverwalters oder des Insolvenzgerichts sind Ausdrucke, Abschriften oder Originale von Urkunden einzureichen.

Kommentar:
Durch das Gesetz über den Stabilisierungs- und Restrukturierungsrahmen für Unternehmen (BGBl. I 2020, S. 3256) wurde mit Wirkung zum 1. Januar 2021 der Abs. 4 Satz 2 geändert.

§ 175 Tabelle

(1) Der Insolvenzverwalter hat jede angemeldete Forderung mit den in § 174 Abs. 2 und 3 genannten Angaben in eine Tabelle einzutragen. Die Tabelle ist mit den Anmeldungen sowie den beigefügten Urkunden innerhalb des ersten Drittels des Zeitraums, der zwischen dem Ablauf der Anmeldefrist und dem Prüfungstermin liegt, in der Geschäftsstelle des Insolvenzgerichts zur Einsicht der Beteiligten niederzulegen.

(2) Hat ein Gläubiger eine Forderung aus einer vorsätzlich begangenen unerlaubten Handlung, aus einer vorsätzlich pflichtwidrig verletzten gesetzlichen Unterhaltspflicht oder aus einer Steuerstraftat nach den §§ 370, 373 oder § 374 der Abgabenordnung angemeldet, so hat das Insolvenzgericht den Schuldner auf die Rechtsfolgen des § 302 und auf die Möglichkeit des Widerspruchs hinzuweisen.

§ 176 Verlauf des Prüfungstermins

Im Prüfungstermin werden die angemeldeten Forderungen ihrem Betrag und ihrem Rang nach geprüft. Die Forderungen, die vom Insolvenzverwalter, vom Schuldner oder von einem Insolvenzgläubiger bestritten werden, sind einzeln zu erörtern.

§ 177 Nachträgliche Anmeldungen

(1) Im Prüfungstermin sind auch die Forderungen zu prüfen, die nach dem Ablauf der Anmeldefrist angemeldet worden sind. Widerspricht jedoch der Insolvenzverwalter oder ein Insolvenzgläubiger dieser Prüfung oder wird eine Forderung erst nach dem Prüfungstermin angemeldet, so hat das Insolvenzgericht auf Kosten des Säumigen entweder einen besonderen Prüfungstermin zu bestimmen oder die Prüfung im schriftlichen Verfahren anzuordnen. Für nachträgliche Änderungen der Anmeldung gelten die Sätze 1 und 2 entsprechend.

(2) Hat das Gericht nachrangige Gläubiger nach § 174 Abs. 3 zur Anmeldung ihrer Forderungen aufgefordert und läuft die für diese Anmeldung gesetzte Frist später als eine Woche vor dem Prüfungstermin ab, so ist auf Kosten der Insolvenzmasse entweder ein besonderer Prüfungstermin zu bestimmen oder die Prüfung im schriftlichen Verfahren anzuordnen.

(3) Der besondere Prüfungstermin ist öffentlich bekanntzumachen. Zu dem Termin sind die Insolvenzgläubiger, die eine Forderung angemeldet haben, der Verwalter und der Schuldner besonders zu laden. § 74 Abs. 2 Satz 2 gilt entsprechend.

§ 178 Voraussetzungen und Wirkungen der Feststellung

(1) Eine Forderung gilt als festgestellt, soweit gegen sie im Prüfungstermin oder im schriftlichen Verfahren (§ 177) ein Widerspruch weder vom Insolvenzverwalter noch von einem Insolvenzgläubiger erhoben wird oder soweit ein erhobener Widerspruch beseitigt ist. Ein Widerspruch des Schuldners steht der Feststellung der Forderung nicht entgegen.

(2) Das Insolvenzgericht trägt für jede angemeldete Forderung in die Tabelle ein, inwieweit die Forderung ihrem Betrag und ihrem Rang nach festgestellt ist oder wer der Feststellung widersprochen hat. Auch ein Widerspruch des Schuldners ist einzutragen. Auf Wechseln und sonstigen Schuldurkunden ist vom Urkundsbeamten der Geschäftsstelle die Feststellung zu vermerken.

(3) Die Eintragung in die Tabelle wirkt für die festgestellten Forderungen ihrem Betrag und ihrem Rang nach wie ein rechtskräftiges Urteil gegenüber dem Insolvenzverwalter und allen Insolvenzgläubigern.

§ 179 Streitige Forderungen

(1) Ist eine Forderung vom Insolvenzverwalter oder von einem Insolvenzgläubiger bestritten worden, so bleibt es dem Gläubiger überlassen, die Feststellung gegen den Bestreitenden zu betreiben.

(2) Liegt für eine solche Forderung ein vollstreckbarer Schuldtitel oder ein Endurteil vor, so obliegt es dem Bestreitenden, den Widerspruch zu verfolgen.

(3) Das Insolvenzgericht erteilt dem Gläubiger, dessen Forderung bestritten worden ist, einen beglaubigten Auszug aus der Tabelle. Im Falle des Absatzes 2 erhält auch der Bestreitende einen solchen Auszug. Die Gläubiger, deren Forderungen festgestellt worden sind, werden nicht benachrichtigt; hierauf sollen die Gläubiger vor dem Prüfungstermin hingewiesen werden.

§ 180 Zuständigkeit für die Feststellung

(1) Auf die Feststellung ist im ordentlichen Verfahren Klage zu erheben. Für die Klage ist das Amtsgericht ausschließlich zuständig, bei dem das Insolvenzverfahren anhängig ist oder anhängig war. Gehört der Streitgegenstand nicht zur Zuständigkeit der Amtsgerichte, so ist das Landgericht ausschließlich zuständig, zu dessen Bezirk das Insolvenzgericht gehört.

(2) War zur Zeit der Eröffnung des Insolvenzverfahrens ein Rechtsstreit über die Forderung anhängig, so ist die Feststellung durch Aufnahme des Rechtsstreits zu betreiben.

§ 181 Umfang der Feststellung

Die Feststellung kann nach Grund, Betrag und Rang der Forderung nur in der Weise begehrt werden, wie die Forderung in der Anmeldung oder im Prüfungstermin bezeichnet worden ist.

§ 182 Streitwert

Der Wert des Streitgegenstands einer Klage auf Feststellung einer Forderung, deren Bestand vom Insolvenzverwalter oder von einem Insolvenzgläubiger bestritten worden ist, bestimmt sich nach dem Betrag, der bei der Verteilung der Insolvenzmasse für die Forderung zu erwarten ist.

§ 183 Wirkung der Entscheidung

(1) Eine rechtskräftige Entscheidung, durch die eine Forderung festgestellt oder ein Widerspruch für begründet erklärt wird, wirkt gegenüber dem Insolvenzverwalter und allen Insolvenzgläubigern.

(2) Der obsiegenden Partei obliegt es, beim Insolvenzgericht die Berichtigung der Tabelle zu beantragen.

(3) Haben nur einzelne Gläubiger, nicht der Verwalter, den Rechtsstreit geführt, so können diese Gläubiger die Erstattung ihrer Kosten aus der Insolvenzmasse insoweit verlangen, als der Masse durch die Entscheidung ein Vorteil erwachsen ist.

§ 184 Klage gegen einen Widerspruch des Schuldners

(1) Hat der Schuldner im Prüfungstermin oder im schriftlichen Verfahren (§ 177) eine Forderung bestritten, so kann der Gläubiger Klage auf Feststellung der Forderung gegen den Schuldner erheben. War zur Zeit der Eröffnung des Insolvenzverfahrens ein Rechtsstreit über die Forderung anhängig, so kann der Gläubiger diesen Rechtsstreit gegen den Schuldner aufnehmen.

(2) Liegt für eine solche Forderung ein vollstreckbarer Schuldtitel oder ein Endurteil vor, so obliegt es dem Schuldner binnen einer Frist von einem Monat, die mit dem Prüfungstermin oder im schriftlichen Verfahren mit dem Bestreiten der Forderung beginnt, den Widerspruch zu verfolgen. Nach fruchtlosem Ablauf dieser Frist gilt ein Widerspruch als nicht erhoben. Das Insolvenzgericht erteilt dem Schuldner und dem Gläubiger, dessen Forderung bestritten worden ist, einen beglaubigten Auszug aus der Tabelle und weist den Schuldner auf die Folgen einer Fristversäumung hin. Der Schuldner hat dem Gericht die Verfolgung des Anspruchs nachzuweisen.

§ 185 Besondere Zuständigkeiten

Ist für die Feststellung einer Forderung der Rechtsweg zum ordentlichen Gericht nicht gegeben, so ist die Feststellung bei dem zuständigen anderen Gericht zu betreiben oder von der zuständigen Verwaltungsbehörde vorzunehmen. § 180 Abs. 2 und die §§ 181, 183 und 184 gelten entsprechend. Ist die Feststellung bei einem anderen Gericht zu betreiben, so gilt auch § 182 entsprechend.

§ 186 Wiedereinsetzung in den vorigen Stand

(1) Hat der Schuldner den Prüfungstermin versäumt, so hat ihm das Insolvenzgericht auf Antrag die Wiedereinsetzung in den vorigen Stand zu gewähren. § 51 Abs. 2, § 85 Abs. 2, §§ 233 bis 236 der Zivilprozeßordnung gelten entsprechend.

(2) Die den Antrag auf Wiedereinsetzung betreffenden Schriftsätze sind dem Gläubiger zuzustellen, dessen Forderung nachträglich bestritten werden soll. Das Bestreiten in diesen Schriftsätzen steht, wenn die Wiedereinsetzung erteilt wird, dem Bestreiten im Prüfungstermin gleich.

Zweiter Abschnitt – Verteilung

§ 187 Befriedigung der Insolvenzgläubiger

(1) Mit der Befriedigung der Insolvenzgläubiger kann erst nach dem allgemeinen Prüfungstermin begonnen werden.

(2) Verteilungen an die Insolvenzgläubiger können stattfinden, sooft hinreichende Barmittel in der Insolvenzmasse vorhanden sind. Nachrangige Insolvenzgläubiger sollen bei Abschlagsverteilungen nicht berücksichtigt werden.

(3) Die Verteilungen werden vom Insolvenzverwalter vorgenommen. Vor jeder Verteilung hat er die Zustimmung des Gläubigerausschusses einzuholen, wenn ein solcher bestellt ist.

§ 188 Verteilungsverzeichnis

Vor einer Verteilung hat der Insolvenzverwalter ein Verzeichnis der Forderungen aufzustellen, die bei der Verteilung zu berücksichtigen sind. Das Verzeichnis ist auf der Geschäftsstelle zur Einsicht der Beteiligten niederzulegen. Der Verwalter zeigt dem Gericht die Summe der Forderungen und den für die Verteilung verfügbaren Betrag aus der Insolvenzmasse an; das Gericht hat die angezeigte Summe der Forderungen und den für die Verteilung verfügbaren Betrag öffentlich bekannt zu machen.

§ 189 Berücksichtigung bestrittener Forderungen

(1) Ein Insolvenzgläubiger, dessen Forderung nicht festgestellt ist und für dessen Forderung ein vollstreckbarer Titel oder ein Endurteil nicht vorliegt, hat spätestens innerhalb einer Ausschlußfrist von zwei Wochen nach der öffentlichen Bekanntmachung dem Insolvenzverwalter nachzuweisen, daß und für welchen Betrag die Feststellungsklage erhoben oder das Verfahren in dem früher anhängigen Rechtsstreit aufgenommen ist.

(2) Wird der Nachweis rechtzeitig geführt, so wird der auf die Forderung entfallende Anteil bei der Verteilung zurückbehalten, solange der Rechtsstreit anhängig ist.

(3) Wird der Nachweis nicht rechtzeitig geführt, so wird die Forderung bei der Verteilung nicht berücksichtigt.

§ 190 Berücksichtigung absonderungsberechtigter Gläubiger

(1) Ein Gläubiger, der zur abgesonderten Befriedigung berechtigt ist, hat spätestens innerhalb der in § 189 Abs. 1 vorgesehenen Ausschlußfrist dem Insolvenzverwalter nachzuweisen, daß und für welchen Betrag er auf abgesonderte Befriedigung verzichtet hat oder bei ihr ausgefallen ist. Wird der Nachweis nicht rechtzeitig geführt, so wird die Forderung bei der Verteilung nicht berücksichtigt.

(2) Zur Berücksichtigung bei einer Abschlagsverteilung genügt es, wenn der Gläubiger spätestens innerhalb der Ausschlußfrist dem Verwalter nachweist, daß die Verwertung des Gegenstands betrieben wird, an dem das Absonderungsrecht besteht, und den Betrag des mutmaßlichen Ausfalls glaubhaft macht. In diesem Fall wird der auf die Forderung entfallende Anteil bei der Verteilung zurückbehalten. Sind die Voraussetzungen des Absatzes 1 bei der Schlußverteilung nicht erfüllt, so wird der zurückbehaltene Anteil für die Schlußverteilung frei.

(3) Ist nur der Verwalter zur Verwertung des Gegenstands berechtigt, an dem das Absonderungsrecht besteht, so sind die Absätze 1 und 2 nicht anzuwenden. Bei einer Abschlagsverteilung hat der Verwalter, wenn er den Gegenstand noch nicht verwertet hat, den Ausfall des Gläubigers zu schätzen und den auf die Forderung entfallenden Anteil zurückzubehalten.

§ 191 Berücksichtigung aufschiebend bedingter Forderungen

(1) Eine aufschiebend bedingte Forderung wird bei einer Abschlagsverteilung mit ihrem vollen Betrag berücksichtigt. Der auf die Forderung entfallende Anteil wird bei der Verteilung zurückbehalten.

(2) Bei der Schlußverteilung wird eine aufschiebend bedingte Forderung nicht berücksichtigt, wenn die Möglichkeit des Eintritts der Bedingung so fernliegt, daß die Forderung zur Zeit der Verteilung keinen Vermögenswert hat. In diesem Fall wird ein gemäß Absatz 1 Satz 2 zurückbehaltener Anteil für die Schlußverteilung frei.

§ 192 Nachträgliche Berücksichtigung

Gläubiger, die bei einer Abschlagsverteilung nicht berücksichtigt worden sind und die Voraussetzungen der §§ 189, 190 nachträglich erfüllen, erhalten bei der folgenden Verteilung aus der restlichen Insolvenzmasse vorab einen Betrag, der sie mit den übrigen Gläubigern gleichstellt.

§ 193 Änderung des Verteilungsverzeichnisses

Der Insolvenzverwalter hat die Änderungen des Verzeichnisses, die auf Grund der §§ 189 bis 192 erforderlich werden, binnen drei Tagen nach Ablauf der in § 189 Abs. 1 vorgesehenen Ausschlußfrist vorzunehmen.

§ 194 Einwendungen gegen das Verteilungsverzeichnis

(1) Bei einer Abschlagsverteilung sind Einwendungen eines Gläubigers gegen das Verzeichnis bis zum Ablauf einer Woche nach dem Ende der in § 189 Abs. 1 vorgesehenen Ausschlußfrist bei dem Insolvenzgericht zu erheben.

(2) Eine Entscheidung des Gerichts, durch die Einwendungen zurückgewiesen werden, ist dem Gläubiger und dem Insolvenzverwalter zuzustellen. Dem Gläubiger steht gegen den Beschluß die sofortige Beschwerde zu.

(3) Eine Entscheidung des Gerichts, durch die eine Berichtigung des Verzeichnisses angeordnet wird, ist dem Gläubiger und dem Verwalter zuzustellen und in der Geschäftsstelle zur Einsicht der Beteiligten niederzulegen. Dem Verwalter und den Insolvenzgläubigern steht gegen den Beschluß die sofortige Beschwerde zu. Die Beschwerdefrist beginnt mit dem Tag, an dem die Entscheidung niedergelegt worden ist.

§ 195 Festsetzung des Bruchteils

(1) Für eine Abschlagsverteilung bestimmt der Gläubigerausschuß auf Vorschlag des Insolvenzverwalters den zu zahlenden Bruchteil. Ist kein Gläubigerausschuß bestellt, so bestimmt der Verwalter den Bruchteil.

(2) Der Verwalter hat den Bruchteil den berücksichtigten Gläubigern mitzuteilen.

§ 196 Schlußverteilung

(1) Die Schlußverteilung erfolgt, sobald die Verwertung der Insolvenzmasse mit Ausnahme eines laufenden Einkommens beendet ist.

(2) Die Schlußverteilung darf nur mit Zustimmung des Insolvenzgerichts vorgenommen werden.

§ 197 Schlußtermin

(1) Bei der Zustimmung zur Schlußverteilung bestimmt das Insolvenzgericht den Termin für eine abschließende Gläubigerversammlung. Dieser Termin dient

1. zur Erörterung der Schlußrechnung des Insolvenzverwalters,
2. zur Erhebung von Einwendungen gegen das Schlußverzeichnis und
3. zur Entscheidung der Gläubiger über die nicht verwertbaren Gegenstände der Insolvenzmasse.

(2) Zwischen der öffentlichen Bekanntmachung des Termins und dem Termin soll eine Frist von mindestens einem Monat und höchstens zwei Monaten liegen.

(3) Für die Entscheidung des Gerichts über Einwendungen eines Gläubigers gilt § 194 Abs. 2 und 3 entsprechend.

§ 198 Hinterlegung zurückbehaltener Beträge

Beträge, die bei der Schlußverteilung zurückzubehalten sind, hat der Insolvenzverwalter für Rechnung der Beteiligten bei einer geeigneten Stelle zu hinterlegen.

§ 199 Überschuß bei der Schlußverteilung

Können bei der Schlußverteilung die Forderungen aller Insolvenzgläubiger in voller Höhe berichtigt werden, so hat der Insolvenzverwalter einen verbleibenden Überschuß dem Schuldner herauszugeben. Ist der Schuldner keine natürliche Person, so hat der Verwalter jeder am Schuldner beteiligten Person den Teil des Überschusses herauszugeben, der ihr bei einer Abwicklung außerhalb des Insolvenzverfahrens zustünde.

§ 200 Aufhebung des Insolvenzverfahrens

(1) Sobald die Schlußverteilung vollzogen ist, beschließt das Insolvenzgericht die Aufhebung des Insolvenzverfahrens.

(2) Der Beschluß und der Grund der Aufhebung sind öffentlich bekanntzumachen. Die §§ 31 bis 33 gelten entsprechend.

§ 201 Rechte der Insolvenzgläubiger nach Verfahrensaufhebung

(1) Die Insolvenzgläubiger können nach der Aufhebung des Insolvenzverfahrens ihre restlichen Forderungen gegen den Schuldner unbeschränkt geltend machen.

(2) Die Insolvenzgläubiger, deren Forderungen festgestellt und nicht vom Schuldner im Prüfungstermin bestritten worden sind, können aus der Eintragung in die Tabelle wie aus einem vollstreckbaren Urteil die Zwangsvollstreckung gegen den Schuldner betreiben. Einer nicht bestrittenen Forderung steht eine Forderung gleich, bei der ein erhobener Widerspruch beseitigt ist. Der Antrag auf Erteilung einer vollstreckbaren Ausfertigung aus der Tabelle kann erst nach Aufhebung des Insolvenzverfahrens gestellt werden.

(3) Die Vorschriften über die Restschuldbefreiung bleiben unberührt.

§ 202 Zuständigkeit bei der Vollstreckung

(1) Im Falle des § 201 ist das Amtsgericht, bei dem das Insolvenzverfahren anhängig ist oder anhängig war, ausschließlich zuständig für Klagen:

1. auf Erteilung der Vollstreckungsklausel;
2. durch die nach der Erteilung der Vollstreckungsklausel bestritten wird, daß die Voraussetzungen für die Erteilung eingetreten waren;
3. durch die Einwendungen geltend gemacht werden, die den Anspruch selbst betreffen.

(2) Gehört der Streitgegenstand nicht zur Zuständigkeit der Amtsgerichte, so ist das Landgericht ausschließlich zuständig, zu dessen Bezirk das Insolvenzgericht gehört.

§ 203 Anordnung der Nachtragsverteilung

(1) Auf Antrag des Insolvenzverwalters oder eines Insolvenzgläubigers oder von Amts wegen ordnet das Insolvenzgericht eine Nachtragsverteilung an, wenn nach dem Schlußtermin

1. zurückbehaltene Beträge für die Verteilung frei werden,
2. Beträge, die aus der Insolvenzmasse gezahlt sind, zurückfließen oder

3. Gegenstände der Masse ermittelt werden.

(2) Die Aufhebung des Verfahrens steht der Anordnung einer Nachtragsverteilung nicht entgegen.

(3) Das Gericht kann von der Anordnung absehen und den zur Verfügung stehenden Betrag oder den ermittelten Gegenstand dem Schuldner überlassen, wenn dies mit Rücksicht auf die Geringfügigkeit des Betrags oder den geringen Wert des Gegenstands und die Kosten einer Nachtragsverteilung angemessen erscheint. Es kann die Anordnung davon abhängig machen, daß ein Geldbetrag vorgeschossen wird, der die Kosten der Nachtragsverteilung deckt.

§ 204 Rechtsmittel

(1) Der Beschluß, durch den der Antrag auf Nachtragsverteilung abgelehnt wird, ist dem Antragsteller zuzustellen. Gegen den Beschluß steht dem Antragsteller die sofortige Beschwerde zu.

(2) Der Beschluß, durch den eine Nachtragsverteilung angeordnet wird, ist dem Insolvenzverwalter, dem Schuldner und, wenn ein Gläubiger die Verteilung beantragt hatte, diesem Gläubiger zuzustellen. Gegen den Beschluß steht dem Schuldner die sofortige Beschwerde zu.

§ 205 Vollzug der Nachtragsverteilung

Nach der Anordnung der Nachtragsverteilung hat der Insolvenzverwalter den zur Verfügung stehenden Betrag oder den Erlös aus der Verwertung des ermittelten Gegenstands auf Grund des Schlußverzeichnisses zu verteilen. Er hat dem Insolvenzgericht Rechnung zu legen.

§ 206 Ausschluß von Massegläubigern

Massegläubiger, deren Ansprüche dem Insolvenzverwalter

1. bei einer Abschlagsverteilung erst nach der Festsetzung des Bruchteils,
2. bei der Schlußverteilung erst nach der Beendigung des Schlußtermins oder
3. bei einer Nachtragsverteilung erst nach der öffentlichen Bekanntmachung

bekanntgeworden sind, können Befriedigung nur aus den Mitteln verlangen, die nach der Verteilung in der Insolvenzmasse verbleiben.

Dritter Abschnitt – Einstellung des Verfahrens

§ 207 Einstellung mangels Masse

(1) Stellt sich nach der Eröffnung des Insolvenzverfahrens heraus, daß die Insolvenzmasse nicht ausreicht, um die Kosten des Verfahrens zu decken, so stellt das Insolvenzgericht das Verfahren ein. Die Einstellung unterbleibt, wenn ein ausreichender Geldbetrag vorgeschossen wird oder die Kosten nach § 4a gestundet werden; § 26 Abs. 3 gilt entsprechend.

(2) Vor der Einstellung sind die Gläubigerversammlung, der Insolvenzverwalter und die Massegläubiger zu hören.

(3) Soweit Barmittel in der Masse vorhanden sind, hat der Verwalter vor der Einstellung die Kosten des Verfahrens, von diesen zuerst die Auslagen, nach dem Verhältnis ihrer Beträge zu berichtigen. Zur Verwertung von Massegegenständen ist er nicht mehr verpflichtet.

§ 208 Anzeige der Masseunzulänglichkeit

(1) Sind die Kosten des Insolvenzverfahrens gedeckt, reicht die Insolvenzmasse jedoch nicht aus, um die fälligen sonstigen Masseverbindlichkeiten zu erfüllen, so hat der Insolvenzverwalter dem Insolvenzgericht anzuzeigen, daß Masseunzulänglichkeit vorliegt. Gleiches gilt, wenn die Masse voraussichtlich nicht ausreichen wird, um die bestehenden sonstigen Masseverbindlichkeiten im Zeitpunkt der Fälligkeit zu erfüllen.

(2) Das Gericht hat die Anzeige der Masseunzulänglichkeit öffentlich bekanntzumachen. Den Massegläubigern ist sie besonders zuzustellen.

(3) Die Pflicht des Verwalters zur Verwaltung und zur Verwertung der Masse besteht auch nach der Anzeige der Masseunzulänglichkeit fort.

§ 209 Befriedigung der Massegläubiger

(1) Der Insolvenzverwalter hat die Masseverbindlichkeiten nach folgender Rangordnung zu berichtigen, bei gleichem Rang nach dem Verhältnis ihrer Beträge:

1. die Kosten des Insolvenzverfahrens;
2. die Masseverbindlichkeiten, die nach der Anzeige der Masseunzulänglichkeit begründet worden sind, ohne zu den Kosten des Verfahrens zu gehören;
3. die übrigen Masseverbindlichkeiten, unter diesen zuletzt der nach den §§ 100, 101 Abs. 1 Satz 3 bewilligte Unterhalt.

(2) Als Masseverbindlichkeiten im Sinne des Absatzes 1 Nr. 2 gelten auch die Verbindlichkeiten

1. aus einem gegenseitigen Vertrag, dessen Erfüllung der Verwalter gewählt hat, nachdem er die Masseunzulänglichkeit angezeigt hatte;
2. aus einem Dauerschuldverhältnis für die Zeit nach dem ersten Termin, zu dem der Verwalter nach der Anzeige der Masseunzulänglichkeit kündigen konnte;
3. aus einem Dauerschuldverhältnis, soweit der Verwalter nach der Anzeige der Masseunzulänglichkeit für die Insolvenzmasse die Gegenleistung in Anspruch genommen hat.

§ 210 Vollstreckungsverbot

Sobald der Insolvenzverwalter die Masseunzulänglichkeit angezeigt hat, ist die Vollstreckung wegen einer Masseverbindlichkeit im Sinne des § 209 Abs. 1 Nr. 3 unzulässig.

§ 210a Insolvenzplan bei Masseunzulänglichkeit

Bei Anzeige der Masseunzulänglichkeit gelten die Vorschriften über den Insolvenzplan mit der Maßgabe, dass

1. an die Stelle der nicht nachrangigen Insolvenzgläubiger die Massegläubiger mit dem Rang des § 209 Absatz 1 Nummer 3 treten und
2. an die Stelle der nachrangigen Insolvenzgläubiger die nicht nachrangigen Insolvenzgläubiger treten.

Kommentar:
Durch das Gesetz über den Stabilisierungs- und Restrukturierungsrahmen für Unternehmen (BGBl. I 2020, S. 3256) wurde mit Wirkung zum 1. Januar 2021 die Nr. 2 geändert.

§ 211 Einstellung nach Anzeige der Masseunzulänglichkeit

(1) Sobald der Insolvenzverwalter die Insolvenzmasse nach Maßgabe des § 209 verteilt hat, stellt das Insolvenzgericht das Insolvenzverfahren ein.

(2) Der Verwalter hat für seine Tätigkeit nach der Anzeige der Masseunzulänglichkeit gesondert Rechnung zu legen.

(3) Werden nach der Einstellung des Verfahrens Gegenstände der Insolvenzmasse ermittelt, so ordnet das Gericht auf Antrag des Verwalters oder eines Massegläubigers oder von Amts wegen eine Nachtragsverteilung an. § 203 Abs. 3 und die §§ 204 und 205 gelten entsprechend.

§ 212 Einstellung wegen Wegfalls des Eröffnungsgrunds

Das Insolvenzverfahren ist auf Antrag des Schuldners einzustellen, wenn gewährleistet ist, daß nach der Einstellung beim Schuldner weder Zahlungsunfähigkeit noch drohende Zahlungsunfähigkeit noch, soweit die Überschuldung Grund für die Eröffnung des Insolvenzverfahrens ist, Überschuldung vorliegt. Der Antrag ist nur zulässig, wenn das Fehlen der Eröffnungsgründe glaubhaft gemacht wird.

§ 213 Einstellung mit Zustimmung der Gläubiger

(1) Das Insolvenzverfahren ist auf Antrag des Schuldners einzustellen, wenn er nach Ablauf der Anmeldefrist die Zustimmung aller Insolvenzgläubiger beibringt, die Forderungen angemeldet haben. Bei Gläubigern, deren Forderungen vom Schuldner oder vom Insolvenzverwalter bestritten werden, und bei absonderungsberechtigten Gläubigern entscheidet das Insolvenzgericht nach freiem Ermessen, inwieweit es einer Zustimmung dieser Gläubiger oder einer Sicherheitsleistung gegenüber ihnen bedarf.

(2) Das Verfahren kann auf Antrag des Schuldners vor dem Ablauf der Anmeldefrist eingestellt werden, wenn außer den Gläubigern, deren Zustimmung der Schuldner beibringt, andere Gläubiger nicht bekannt sind.

§ 214 Verfahren bei der Einstellung

(1) Der Antrag auf Einstellung des Insolvenzverfahrens nach § 212 oder § 213 ist öffentlich bekanntzumachen. Er ist in der Geschäftsstelle zur Einsicht der Beteiligten niederzulegen; im Falle des § 213 sind die zustimmenden Erklärungen der Gläubiger beizufügen. Die Insolvenzgläubiger können binnen einer Woche nach der öffentlichen Bekanntmachung schriftlich Widerspruch gegen den Antrag erheben.

(2) Das Insolvenzgericht beschließt über die Einstellung nach Anhörung des Antragstellers, des Insolvenzverwalters und des Gläubigerausschusses, wenn ein solcher bestellt ist. Im Falle eines Widerspruchs ist auch der widersprechende Gläubiger zu hören.

(3) Vor der Einstellung hat der Verwalter die unstreitigen Masseansprüche zu berichtigen und für die streitigen Sicherheit zu leisten.

§ 215 Bekanntmachung und Wirkungen der Einstellung

(1) Der Beschluß, durch den das Insolvenzverfahren nach § 207, 211, 212 oder 213 eingestellt wird, und der Grund der Einstellung sind öffentlich bekanntzumachen. Der Schuldner, der Insolvenzverwalter und die Mitglieder des Gläubigerausschusses sind vorab über den Zeitpunkt des Wirksamwerdens der Einstellung (§ 9 Abs. 1 Satz 3) zu unterrichten. § 200 Abs. 2 Satz 2 gilt entsprechend.

(2) Mit der Einstellung des Insolvenzverfahrens erhält der Schuldner das Recht zurück, über die Insolvenzmasse frei zu verfügen. Die §§ 201, 202 gelten entsprechend.

§ 216 Rechtsmittel

(1) Wird das Insolvenzverfahren nach § 207, 212 oder 213 eingestellt, so steht jedem Insolvenzgläubiger und, wenn die Einstellung nach § 207 erfolgt, dem Schuldner die sofortige Beschwerde zu.

(2) Wird ein Antrag nach § 212 oder § 213 abgelehnt, so steht dem Schuldner die sofortige Beschwerde zu.

Sechster Teil – Insolvenzplan

Erster Abschnitt – Aufstellung des Plans

§ 217 Grundsatz

(1) Die Befriedigung der absonderungsberechtigten Gläubiger und der Insolvenzgläubiger, die Verwertung der Insolvenzmasse und deren Verteilung an die Beteiligten sowie die Verfahrensabwicklung und die Haftung des Schuldners nach der Beendigung des Insolvenzverfahrens können in einem Insolvenzplan abweichend von den Vorschriften dieses Gesetzes geregelt werden. Ist der Schuldner keine natürliche Person, so können auch die Anteils- oder Mitgliedschaftsrechte der am Schuldner beteiligten Personen in den Plan einbezogen werden.

(2) Der Insolvenzplan kann ferner die Rechte der Inhaber von Insolvenzforderungen gestalten, die diesen aus einer von einem verbundenen Unternehmen im Sinne des § 15 des Aktiengesetzes als Bürge, Mitschuldner oder aufgrund einer anderweitig übernommenen Haftung oder an Gegenständen des Vermögens dieses Unternehmens (gruppeninterne Drittsicherheit) zustehen.

Kommentar:
Durch das Gesetz über den Stabilisierungs- und Restrukturierungsrahmen für Unternehmen (BGBl. I 2020, S. 3256) wurde mit Wirkung zum 1. Januar 2021 der Abs. 2 neu angefügt.

§ 218 Vorlage des Insolvenzplans

(1) Zur Vorlage eines Insolvenzplans an das Insolvenzgericht sind der Insolvenzverwalter und der Schuldner berechtigt. Die Vorlage durch den Schuldner kann mit dem Antrag auf Eröffnung des Insolvenzverfahrens verbunden werden. Ein Plan, der erst nach dem Schlußtermin beim Gericht eingeht, wird nicht berücksichtigt.

(2) Hat die Gläubigerversammlung den Verwalter beauftragt, einen Insolvenzplan auszuarbeiten, so hat der Verwalter den Plan binnen angemessener Frist dem Gericht vorzulegen.

(3) Bei der Aufstellung des Plans durch den Verwalter wirken der Gläubigerausschuß, wenn ein solcher bestellt ist, der Betriebsrat, der Sprecherausschuß der leitenden Angestellten und der Schuldner beratend mit.

§ 219 Gliederung des Plans

Der Insolvenzplan besteht aus dem darstellenden Teil und dem gestaltenden Teil. Ihm sind die in den §§ 229 und 230 genannten Anlagen beizufügen.

§ 220 Darstellender Teil

(1) Im darstellenden Teil des Insolvenzplans wird beschrieben, welche Maßnahmen nach der Eröffnung des Insolvenzverfahrens getroffen worden sind oder noch getroffen werden sollen, um die Grundlagen für die geplante Gestaltung der Rechte der Beteiligten zu schaffen.

(2) Der darstellende Teil muss alle sonstigen Angaben zu den Grundlagen und den Auswirkungen des Plans enthalten, die für die Entscheidung der Beteiligten über die Zustimmung zum Plan und für dessen gerichtliche Bestätigung erheblich sind. Er enthält insbesondere eine Vergleichsrechnung, in der die Auswirkungen des Plans auf die voraussichtliche Befriedigung der Gläubiger dargestellt werden. Sieht der Plan eine Fortführung des Unternehmens vor, ist für die Ermittlung der voraussichtlichen Befriedigung ohne Plan in der Regel zu unterstellen, dass das Unternehmen fortgeführt wird. Dies gilt nicht, wenn ein Verkauf des Unternehmens oder eine anderweitige Fortführung aussichtslos ist.

(3) Sieht der Insolvenzplan Eingriffe in die Rechte von Insolvenzgläubigern aus gruppeninternen Drittsicherheiten (§ 217 Absatz 2) vor, sind in die Darstellung auch die Verhältnisse des die Sicherheit gewährenden verbundenen Unternehmens und die Auswirkungen des Plans auf dieses Unternehmen einzubeziehen.

Kommentar:
Durch das Gesetz über den Stabilisierungs- und Restrukturierungsrahmen für Unternehmen (BGBl. I 2020, S. 3256) wurde mit Wirkung zum 1. Januar 2021 der Abs. 2 geändert und der Abs. 3 neu hinzugefügt.

§ 221 Gestaltender Teil

Im gestaltenden Teil des Insolvenzplans wird festgelegt, wie die Rechtsstellung der Beteiligten durch den Plan geändert werden soll. Der Insolvenzverwalter kann durch den Plan bevollmächtigt werden, die zur Umsetzung notwendigen Maßnahmen zu ergreifen und offensichtliche Fehler des Plans zu berichtigen.

§ 222 Bildung von Gruppen

(1) Bei der Festlegung der Rechte der Beteiligten im Insolvenzplan sind Gruppen zu bilden, soweit Beteiligte mit unterschiedlicher Rechtsstellung betroffen sind. Es ist zu unterscheiden zwischen

1. den absonderungsberechtigten Gläubigern, wenn durch den Plan in deren Rechte eingegriffen wird;
2. den nicht nachrangigen Insolvenzgläubigern;

3. den einzelnen Rangklassen der nachrangigen Insolvenzgläubiger, soweit deren Forderungen nicht nach § 225 als erlassen gelten sollen;
4. den am Schuldner beteiligten Personen, wenn deren Anteils- oder Mitgliedschaftsrechte in den Plan einbezogen werden;
5. den Inhabern von Rechten aus gruppeninternen Drittsicherheiten.

(2) Aus den Beteiligten mit gleicher Rechtsstellung können Gruppen gebildet werden, in denen Beteiligte mit gleichartigen wirtschaftlichen Interessen zusammengefaßt werden. Die Gruppen müssen sachgerecht voneinander abgegrenzt werden. Die Kriterien für die Abgrenzung sind im Plan anzugeben.

(3) Die Arbeitnehmer sollen eine besondere Gruppe bilden, wenn sie als Insolvenzgläubiger mit nicht unerheblichen Forderungen beteiligt sind. Für Kleingläubiger und geringfügig beteiligte Anteilsinhaber mit einer Beteiligung am Haftkapital von weniger als einem Prozent oder weniger als 1.000 Euro können besondere Gruppen gebildet werden.

Kommentar:
Durch das Gesetz über den Stabilisierungs- und Restrukturierungsrahmen für Unternehmen (BGBl. I 2020, S. 3256) wurde mit Wirkung zum 1. Januar 2021 bei Abs. 1 Satz 2 die Nr. 5 angefügt.

§ 223 Rechte der Absonderungsberechtigten

(1) Ist im Insolvenzplan nichts anderes bestimmt, so wird das Recht der absonderungsberechtigten Gläubiger zur Befriedigung aus den Gegenständen, an denen Absonderungsrechte bestehen, vom Plan nicht berührt. Eine abweichende Bestimmung ist hinsichtlich der Finanzsicherheiten im Sinne von § 1 Abs. 17 des Kreditwesengesetzes sowie der Sicherheiten ausgeschlossen, die
1. dem Betreiber oder dem Teilnehmer eines Systems nach § 1 Abs. 16 des Kreditwesengesetzes zur Sicherung seiner Ansprüche aus dem System oder
2. der Zentralbank eines Mitgliedstaats der Europäischen Union oder der Europäischen Zentralbank gestellt wurden.

(2) Soweit im Plan eine abweichende Regelung getroffen wird, ist im gestaltenden Teil für die absonderungsberechtigten Gläubiger anzugeben, um welchen Bruchteil die Rechte gekürzt, für welchen Zeitraum sie gestundet oder welchen sonstigen Regelungen sie unterworfen werden sollen.

§ 223a Gruppeninterne Drittsicherheiten

Ist im Insolvenzplan nichts anderes bestimmt, so wird das Recht eines Insolvenzgläubigers aus einer gruppeninternen Drittsicherheit (§ 217 Absatz 2) durch den Insolvenzplan nicht berührt. Wird eine Regelung getroffen, ist der Eingriff angemessen zu entschädigen. § 223 Absatz 1 Satz 2 und Absatz 2 gilt entsprechend.

Kommentar:
Durch das Gesetz über den Stabilisierungs- und Restrukturierungsrahmen für Unternehmen (BGBl. I 2020, S. 3256) wurde mit Wirkung zum 1. Januar 2021 der § 223a neu hinzugefügt.

§ 224 Rechte der Insolvenzgläubiger

Für die nicht nachrangigen Gläubiger ist im gestaltenden Teil des Insolvenzplans anzugeben, um welchen Bruchteil die Forderungen gekürzt, für welchen Zeitraum sie gestundet, wie sie gesichert oder welchen sonstigen Regelungen sie unterworfen werden sollen.

§ 225 Rechte der nachrangigen Insolvenzgläubiger

(1) Die Forderungen nachrangiger Insolvenzgläubiger gelten, wenn im Insolvenzplan nichts anderes bestimmt ist, als erlassen.

(2) Soweit im Plan eine abweichende Regelung getroffen wird, sind im gestaltenden Teil für jede Gruppe der nachrangigen Gläubiger die in § 224 vorgeschriebenen Angaben zu machen.

(3) Die Haftung des Schuldners nach der Beendigung des Insolvenzverfahrens für Geldstrafen und die diesen in § 39 Abs. 1 Nr. 3 gleichgestellten Verbindlichkeiten kann durch einen Plan weder ausgeschlossen noch eingeschränkt werden.

§ 225a Rechte der Anteilsinhaber

(1) Die Anteils- oder Mitgliedschaftsrechte der am Schuldner beteiligten Personen bleiben vom Insolvenzplan unberührt, es sei denn, dass der Plan etwas anderes bestimmt.

(2) Im gestaltenden Teil des Plans kann vorgesehen werden, dass Forderungen von Gläubigern in Anteils- oder Mitgliedschaftsrechte am Schuldner umgewandelt werden. Eine Umwandlung gegen den Willen der betroffenen Gläubiger ist ausgeschlossen. Insbesondere kann der Plan eine Kapitalherabsetzung oder -erhöhung, die Leistung von Sacheinlagen, den Ausschluss von Bezugsrechten oder die Zahlung von Abfindungen an ausscheidende Anteilsinhaber vorsehen.

(3) Im Plan kann jede Regelung getroffen werden, die gesellschaftsrechtlich zulässig ist, insbesondere die Fortsetzung einer aufgelösten Gesell-

schaft oder die Übertragung von Anteils- oder Mitgliedschaftsrechten.

(4) Maßnahmen nach Absatz 2 oder 3 berechtigen nicht zum Rücktritt oder zur Kündigung von Verträgen, an denen der Schuldner beteiligt ist. Sie führen auch nicht zu einer anderweitigen Beendigung der Verträge. Entgegenstehende vertragliche Vereinbarungen sind unwirksam. Von den Sätzen 1 und 2 bleiben Vereinbarungen unberührt, welche an eine Pflichtverletzung des Schuldners anknüpfen, sofern sich diese nicht darin erschöpft, dass eine Maßnahme nach Absatz 2 oder 3 in Aussicht genommen oder durchgeführt wird.

(5) Stellt eine Maßnahme nach Absatz 2 oder 3 für eine am Schuldner beteiligte Person einen wichtigen Grund zum Austritt aus der juristischen Person oder Gesellschaft ohne Rechtspersönlichkeit dar und wird von diesem Austrittsrecht Gebrauch gemacht, so ist für die Bestimmung der Höhe eines etwaigen Abfindungsanspruches die Vermögenslage maßgeblich, die sich bei einer Abwicklung des Schuldners eingestellt hätte. Die Auszahlung des Abfindungsanspruches kann zur Vermeidung einer unangemessenen Belastung der Finanzlage des Schuldners über einen Zeitraum von bis zu drei Jahren gestundet werden. Nicht ausgezahlte Abfindungsguthaben sind zu verzinsen.

§ 226 Gleichbehandlung der Beteiligten

(1) Innerhalb jeder Gruppe sind allen Beteiligten gleiche Rechte anzubieten.

(2) Eine unterschiedliche Behandlung der Beteiligten einer Gruppe ist nur mit Zustimmung aller betroffenen Beteiligten zulässig. In diesem Fall ist dem Insolvenzplan die zustimmende Erklärung eines jeden betroffenen Beteiligten beizufügen.

(3) Jedes Abkommen des Insolvenzverwalters, des Schuldners oder anderer Personen mit einzelnen Beteiligten, durch das diesen für ihr Verhalten bei Abstimmungen oder sonst im Zusammenhang mit dem Insolvenzverfahren ein nicht im Plan vorgesehener Vorteil gewährt wird, ist nichtig.

§ 227 Haftung des Schuldners

(1) Ist im Insolvenzplan nichts anderes bestimmt, so wird der Schuldner mit der im gestaltenden Teil vorgesehenen Befriedigung der Insolvenzgläubiger von seinen restlichen Verbindlichkeiten gegenüber diesen Gläubigern befreit.

(2) Ist der Schuldner eine Gesellschaft ohne Rechtspersönlichkeit oder eine Kommanditgesellschaft auf Aktien, so gilt Absatz 1 entsprechend für die persönliche Haftung der Gesellschafter.

§ 228 Änderung sachenrechtlicher Verhältnisse

Sollen Rechte an Gegenständen begründet, geändert, übertragen oder aufgehoben werden, so können die erforderlichen Willenserklärungen der Beteiligten in den gestaltenden Teil des Insolvenzplans aufgenommen werden. Sind im Grundbuch eingetragene Rechte an einem Grundstück oder an eingetragenen Rechten betroffen, so sind diese Rechte unter Beachtung des § 28 der Grundbuchordnung genau zu bezeichnen. Für Rechte, die im Schiffsregister, im Schiffsbauregister oder im Register für Pfandrechte an Luftfahrzeugen eingetragen sind, gilt Satz 2 entsprechend.

§ 229 Vermögensübersicht. Ergebnis- und Finanzplan

Sollen die Gläubiger aus den Erträgen des vom Schuldner oder von einem Dritten fortgeführten Unternehmens befriedigt werden, so ist dem Insolvenzplan eine Vermögensübersicht beizufügen, in der die Vermögensgegenstände und die Verbindlichkeiten, die sich bei einem Wirksamwerden des Plans gegenüberstünden, mit ihren Werten aufgeführt werden. Ergänzend ist darzustellen, welche Aufwendungen und Erträge für den Zeitraum, während dessen die Gläubiger befriedigt werden sollen, zu erwarten sind und durch welche Abfolge von Einnahmen und Ausgaben die Zahlungsfähigkeit des Unternehmens während dieses Zeitraums gewährleistet werden soll. Dabei sind auch die Gläubiger zu berücksichtigen, die zwar ihre Forderungen nicht angemeldet haben, jedoch bei der Ausarbeitung des Plans bekannt sind.

§ 230 Weitere Anlagen

(1) Ist im Insolvenzplan vorgesehen, daß der Schuldner sein Unternehmen fortführt, und ist der Schuldner eine natürliche Person, so ist dem Plan die Erklärung des Schuldners beizufügen, daß er zur Fortführung des Unternehmens auf der Grundlage des Plans bereit ist. Ist der Schuldner eine Gesellschaft ohne Rechtspersönlichkeit oder eine Kommanditgesellschaft auf Aktien, so ist dem Plan eine entsprechende Erklärung der Personen beizufügen, die nach dem Plan persönlich haftende Gesellschafter des Unternehmens sein sollen. Die Erklärung des Schuldners nach Satz 1 ist nicht erforderlich, wenn dieser selbst den Plan vorlegt.

(2) Sollen Gläubiger Anteils- oder Mitgliedschaftsrechte oder Beteiligungen an einer juristischen Person, einem nicht rechtsfähigen Verein oder einer Gesellschaft ohne Rechtspersönlichkeit übernehmen, so ist dem Plan die zustimmende Erklärung eines jeden dieser Gläubiger beizufügen.

(3) Hat ein Dritter für den Fall der Bestätigung des Plans Verpflichtungen gegenüber den Gläubigern

übernommen, so ist dem Plan die Erklärung des Dritten beizufügen.

(4) Sieht der Insolvenzplan Eingriffe in die Rechte von Gläubigern aus gruppeninternen Drittsicherheiten vor, so ist dem Plan die Zustimmung des verbundenen Unternehmens beizufügen, das die Sicherheit gestellt hat.

Kommentar:
Durch das Gesetz über den Stabilisierungs- und Restrukturierungsrahmen für Unternehmen (BGBl. I 2020, S. 3256) wurde mit Wirkung zum 1. Januar 2021 der Abs. 4 neu angefügt.

§ 231 Zurückweisung des Plans

(1) Das Insolvenzgericht weist den Insolvenzplan von Amts wegen zurück,

1. wenn die Vorschriften über das Recht zur Vorlage und den Inhalt des Plans, insbesondere zur Bildung von Gruppen, nicht beachtet sind und der Vorlegende den Mangel nicht beheben kann oder innerhalb einer angemessenen, vom Gericht gesetzten Frist nicht behebt,
2. wenn ein vom Schuldner vorgelegter Plan offensichtlich keine Aussicht auf Annahme durch die Beteiligten oder auf Bestätigung durch das Gericht hat oder
3. wenn die Ansprüche, die den Beteiligten nach dem gestaltenden Teil eines vom Schuldner vorgelegten Plans zustehen, offensichtlich nicht erfüllt werden können.

Die Entscheidung des Gerichts soll innerhalb von zwei Wochen nach Vorlage des Plans erfolgen.

(2) Hatte der Schuldner in dem Insolvenzverfahren bereits einen Plan vorgelegt, der von den Beteiligten abgelehnt, vom Gericht nicht bestätigt oder vom Schuldner nach der öffentlichen Bekanntmachung des Erörterungstermins zurückgezogen worden ist, so hat das Gericht einen neuen Plan des Schuldners zurückzuweisen, wenn der Insolvenzverwalter mit Zustimmung des Gläubigerausschusses, wenn ein solcher bestellt ist, die Zurückweisung beantragt.

(3) Gegen den Beschluß, durch den der Plan zurückgewiesen wird, steht dem Vorlegenden die sofortige Beschwerde zu.

§ 232 Stellungnahmen zum Plan

(1) Wird der Insolvenzplan nicht zurückgewiesen, so leitet das Insolvenzgericht ihn zur Stellungnahme, insbesondere zur Vergleichsrechnung, zu:

1. dem Gläubigerausschuß, wenn ein solcher bestellt ist, dem Betriebsrat und dem Sprecherausschuß der leitenden Angestellten;
2. dem Schuldner, wenn der Insolvenzverwalter den Plan vorgelegt hat;
3. dem Verwalter, wenn der Schuldner den Plan vorgelegt hat.

(2) Das Gericht kann auch der für den Schuldner zuständigen amtlichen Berufsvertretung der Industrie, des Handels, des Handwerks oder der Landwirtschaft oder anderen sachkundigen Stellen Gelegenheit zur Äußerung geben.

(3) Das Gericht bestimmt eine Frist für die Abgabe der Stellungnahmen. Die Frist soll zwei Wochen nicht überschreiten.

(4) Das Gericht kann den in Absatz 1 und 2 Genannten den Plan bereits vor der Entscheidung nach § 231 zur Stellungnahme zuleiten. Enthält eine daraufhin eingehende Stellungnahme neuen Tatsachenvortrag, auf den das Gericht eine Zurückweisungsentscheidung stützen will, hat das Gericht die Stellungnahme dem Planvorleger und den anderen nach Absatz 1 zur Stellungnahme Berechtigen zur Stellungnahme binnen einer Frist von höchstens einer Woche zuzuleiten.

Kommentar:
Durch das Gesetz über den Stabilisierungs- und Restrukturierungsrahmen für Unternehmen (BGBl. I 2020, S. 3256) wurde mit Wirkung zum 1. Januar 2021 der Abs. 1 geändert und der Abs. 4 neu angefügt.

§ 233 Aussetzung von Verwertung und Verteilung

Soweit die Durchführung eines vorgelegten Insolvenzplans durch die Fortsetzung der Verwertung und Verteilung der Insolvenzmasse gefährdet würde, ordnet das Insolvenzgericht auf Antrag des Schuldners oder des Insolvenzverwalters die Aussetzung der Verwertung und Verteilung an. Das Gericht sieht von der Aussetzung ab oder hebt sie auf, soweit mit ihr die Gefahr erheblicher Nachteile für die Masse verbunden ist oder soweit der Verwalter mit Zustimmung des Gläubigerausschusses oder der Gläubigerversammlung die Fortsetzung der Verwertung und Verteilung beantragt.

§ 234 Niederlegung des Plans

Der Insolvenzplan ist mit seinen Anlagen und den eingegangenen Stellungnahmen in der Geschäftsstelle zur Einsicht der Beteiligten niederzulegen.

Zweiter Abschnitt – Annahme und Bestätigung des Plans

§ 235 Erörterungs- und Abstimmungstermin

(1) Das Insolvenzgericht bestimmt einen Termin, in dem der Insolvenzplan und das Stimmrecht der

Beteiligten erörtert werden und anschließend über den Plan abgestimmt wird (Erörterungs- und Abstimmungstermin). Der Termin soll nicht über einen Monat hinaus angesetzt werden. Er kann gleichzeitig mit der Einholung der Stellungnahmen nach § 232 anberaumt werden.

(2) Der Erörterungs- und Abstimmungstermin ist öffentlich bekanntzumachen. Dabei ist darauf hinzuweisen, dass der Plan und die eingegangenen Stellungnahmen in der Geschäftsstelle eingesehen werden können. § 74 Abs. 2 Satz 2 gilt entsprechend.

(3) Die Insolvenzgläubiger, die Forderungen angemeldet haben, die absonderungsberechtigten Gläubiger, der Insolvenzverwalter, der Schuldner, der Betriebsrat und der Sprecherausschuß der leitenden Angestellten sind besonders zu laden. Mit der Ladung ist ein Abdruck des Plans oder eine Zusammenfassung seines wesentlichen Inhalts, die der Vorlegende auf Aufforderung einzureichen hat, zu übersenden. Sind die Anteils- oder Mitgliedschaftsrechte der am Schuldner beteiligten Personen in den Plan einbezogen, so sind auch diese Personen gemäß den Sätzen 1 und 2 zu laden; dies gilt nicht für Aktionäre oder Kommanditaktionäre. Für börsennotierte Gesellschaften findet § 121 Absatz 4a des Aktiengesetzes entsprechende Anwendung; sie haben eine Zusammenfassung des wesentlichen Inhalts des Plans über ihre Internetseite zugänglich zu machen. § 8 Absatz 3 gilt entsprechend.

Kommentar:
Durch das Gesetz über den Stabilisierungs- und Restrukturierungsrahmen für Unternehmen (BGBl. I 2020, S. 3256) wurde mit Wirkung zum 1. Januar 2021 nach Abs. 3 Satz 3 ein weiterer Satz eingefügt.

§ 236 Verbindung mit dem Prüfungstermin

Der Erörterungs- und Abstimmungstermin darf nicht vor dem Prüfungstermin stattfinden. Beide Termine können jedoch verbunden werden.

§ 237 Stimmrecht der Insolvenzgläubiger

(1) Für das Stimmrecht der Insolvenzgläubiger bei der Abstimmung über den Insolvenzplan gilt § 77 Abs. 1 Satz 1, Abs. 2 und 3 Nr. 1 entsprechend. Absonderungsberechtigte Gläubiger sind nur insoweit zur Abstimmung als Insolvenzgläubiger berechtigt, als ihnen der Schuldner auch persönlich haftet und sie auf die abgesonderte Befriedigung verzichten oder bei ihr ausfallen; solange der Ausfall nicht feststeht, sind sie mit dem mutmaßlichen Ausfall zu berücksichtigen.

(2) Gläubiger, deren Forderungen durch den Plan nicht beeinträchtigt werden, haben kein Stimmrecht.

§ 238 Stimmrecht der absonderungsberechtigten Gläubiger

(1) Soweit im Insolvenzplan auch die Rechtsstellung absonderungsberechtigter Gläubiger geregelt wird, sind im Termin die Rechte dieser Gläubiger einzeln zu erörtern. Ein Stimmrecht gewähren die Absonderungsrechte, die weder vom Insolvenzverwalter noch von einem absonderungsberechtigten Gläubiger noch von einem Insolvenzgläubiger bestritten werden. Für das Stimmrecht bei streitigen, aufschiebend bedingten oder nicht fälligen Rechten gelten die §§ 41, 77 Abs. 2, 3 Nr. 1 entsprechend.

(2) § 237 Abs. 2 gilt entsprechend.

§ 238a Stimmrecht der Anteilsinhaber

(1) Das Stimmrecht der Anteilsinhaber des Schuldners bestimmt sich allein nach deren Beteiligung am gezeichneten Kapital oder Vermögen des Schuldners. Stimmrechtsbeschränkungen, Sonder- oder Mehrstimmrechte bleiben außer Betracht.

(2) § 237 Absatz 2 gilt entsprechend.

§ 238b Stimmrecht der Berechtigten aus gruppeninternen Drittsicherheiten

Sieht der Plan Eingriffe in Rechte aus gruppeninternen Drittsicherheiten vor, richtet sich das Stimmrecht nach dem Befriedigungsbeitrag, der aus der Geltendmachung der Rechte aus der Drittsicherheit mutmaßlich zu erwarten ist.

Kommentar:
Durch das Gesetz über den Stabilisierungs- und Restrukturierungsrahmen für Unternehmen (BGBl. I 2020, S. 3256) wurde mit Wirkung zum 1. Januar 2021 der § 238b neu hinzugefügt.

§ 239 Stimmliste

Der Urkundsbeamte der Geschäftsstelle hält in einem Verzeichnis fest, welche Stimmrechte den Beteiligten nach dem Ergebnis der Erörterung im Termin zustehen.

§ 240 Änderung des Plans

Der Vorlegende ist berechtigt, einzelne Regelungen des Insolvenzplans auf Grund der Erörterung im Termin inhaltlich zu ändern. Über den geänderten Plan kann noch in demselben Termin abgestimmt werden.

§ 241 Gesonderter Abstimmungstermin

(1) Das Insolvenzgericht kann einen gesonderten Termin zur Abstimmung über den Insolvenzplan bestimmen. In diesem Fall soll der Zeitraum zwischen dem Erörterungstermin und dem Abstimmungstermin nicht mehr als einen Monat betragen.

(2) Zum Abstimmungstermin sind die stimmberechtigten Beteiligten und der Schuldner zu laden. Dies gilt nicht für Aktionäre oder Kommanditaktionäre. Für diese reicht es aus, den Termin öffentlich bekannt zu machen. Für börsennotierte Gesellschaften findet § 121 Absatz 4a des Aktiengesetzes entsprechende Anwendung. Im Fall einer Änderung des Plans ist auf die Änderung besonders hinzuweisen.

§ 242 Schriftliche Abstimmung

(1) Ist ein gesonderter Abstimmungstermin bestimmt, so kann das Stimmrecht schriftlich ausgeübt werden.

(2) Das Insolvenzgericht übersendet den stimmberechtigten Beteiligten nach dem Erörterungstermin den Stimmzettel und teilt ihnen dabei ihr Stimmrecht mit. Die schriftliche Stimmabgabe wird nur berücksichtigt, wenn sie dem Gericht spätestens am Tag vor dem Abstimmungstermin zugegangen ist; darauf ist bei der Übersendung des Stimmzettels hinzuweisen.

§ 243 Abstimmung in Gruppen

Jede Gruppe der stimmberechtigten Beteiligten stimmt gesondert über den Insolvenzplan ab.

§ 244 Erforderliche Mehrheiten

(1) Zur Annahme des Insolvenzplans durch die Gläubiger ist erforderlich, daß in jeder Gruppe
1. die Mehrheit der abstimmenden Gläubiger dem Plan zustimmt und
2. die Summe der Ansprüche der zustimmenden Gläubiger mehr als die Hälfte der Summe der Ansprüche der abstimmenden Gläubiger beträgt.

(2) Gläubiger, denen ein Recht gemeinschaftlich zusteht oder deren Rechte bis zum Eintritt des Eröffnungsgrunds ein einheitliches Recht gebildet haben, werden bei der Abstimmung als ein Gläubiger gerechnet. Entsprechendes gilt, wenn an einem Recht ein Pfandrecht oder ein Nießbrauch besteht.

(3) Für die am Schuldner beteiligten Personen gilt Absatz 1 Nummer 2 entsprechend mit der Maßgabe, dass an die Stelle der Summe der Ansprüche die Summe der Beteiligungen tritt.

§ 245 Obstruktionsverbot

(1) Auch wenn die erforderlichen Mehrheiten nicht erreicht worden sind, gilt die Zustimmung einer Abstimmungsgruppe als erteilt, wenn
1. die Angehörigen dieser Gruppe durch den Insolvenzplan voraussichtlich nicht schlechter gestellt werden, als sie ohne einen Plan stünden,
2. die Angehörigen dieser Gruppe angemessen an dem wirtschaftlichen Wert beteiligt werden, der auf der Grundlage des Plans den Beteiligten zufließen soll, und
3. die Mehrheit der abstimmenden Gruppen dem Plan mit den erforderlichen Mehrheiten zugestimmt hat.

(2) Für eine Gruppe der Gläubiger liegt eine angemessene Beteiligung im Sinne des Absatzes 1 Nummer 2 vor, wenn nach dem Plan
1. kein anderer Gläubiger wirtschaftliche Werte erhält, die den vollen Betrag seines Anspruchs übersteigen,
2. weder ein Gläubiger, der ohne einen Plan mit Nachrang gegenüber den Gläubigern der Gruppe zu befriedigen wäre, noch der Schuldner oder eine an ihm beteiligte Person einen durch Leistung in das Vermögen des Schuldners nicht vollständig ausgeglichenen wirtschaftlichen Wert erhält und
3. kein Gläubiger, der ohne einen Plan gleichrangig mit den Gläubigern der Gruppe zu befriedigen wäre, bessergestellt wird als diese Gläubiger.
Handelt es sich bei dem Schuldner um eine natürliche Person, deren Mitwirkung bei der Fortführung des Unternehmens infolge besonderer, in der Person des Schuldners liegender Umstände unerlässlich ist, um den Planmehrwert zu verwirklichen, und hat sich der Schuldner im Plan zur Fortführung des Unternehmens sowie dazu verpflichtet, die wirtschaftlichen Werte, die er erhält oder behält, zu übertragen, wenn seine Mitwirkung aus von ihm zu vertretenen Gründen vor Ablauf von fünf Jahren oder einer kürzeren, für den Planvollzug vorgesehenen Frist endet, kann eine angemessene Beteiligung der Gläubigergruppe auch dann vorliegen, wenn der Schuldner in Abweichung von Satz 1 Nummer 2 wirtschaftliche Werte erhält. Satz 2 gilt entsprechend für an der Geschäftsführung beteiligte Inhaber von Anteils- oder Mitgliedschaftsrechten.

(2a) Wird die erforderliche Mehrheit in der nach § 222 Absatz 1 Satz 2 Nummer 5 zu bildenden Gruppe nicht erreicht, gelten die Absätze 1 und 2 für diese Gruppe nur, wenn die für den Eingriff vorgesehene Entschädigung die Inhaber der Rechte aus der gruppeninternen Drittsicherheit für den zu erleidenden Rechtsverlust angemessen entschädigt.

(3) Für eine Gruppe der Anteilsinhaber liegt eine angemessene Beteiligung im Sinne des Absatzes 1 Nummer 2 vor, wenn nach dem Plan
1. kein Gläubiger wirtschaftliche Werte erhält, die den vollen Betrag seines Anspruchs übersteigen, und

2. kein Anteilsinhaber, der ohne einen Plan den Anteilsinhabern der Gruppe gleichgestellt wäre, bessergestellt wird als diese.

Kommentar:
Durch das Gesetz über den Stabilisierungs- und Restrukturierungsrahmen für Unternehmen (BGBl. I 2020, S. 3256) wurde mit Wirkung zum 1. Januar 2021 der Abs. 2 geändert und der Abs. 2a neu eingefügt.

§ 245a Schlechterstellung bei natürlichen Personen

Ist der Schuldner eine natürliche Person, ist für die Prüfung einer voraussichtlichen Schlechterstellung nach § 245 Absatz 1 Nummer 1 im Zweifel davon auszugehen, dass die Einkommens-, Vermögens- und Familienverhältnisse des Schuldners zum Zeitpunkt der Abstimmung über den Insolvenzplan für die Verfahrensdauer und den Zeitraum, in dem die Insolvenzgläubiger ihre restlichen Forderungen gegen den Schuldner unbeschränkt geltend machen können, maßgeblich bleiben. Hat der Schuldner einen zulässigen Antrag auf Restschuldbefreiung gestellt, ist im Zweifel zudem anzunehmen, dass die Restschuldbefreiung zum Ablauf der Abtretungsfrist des § 287 Absatz 2 erteilt wird.

Kommentar:
Durch das Gesetz über den Stabilisierungs- und Restrukturierungsrahmen für Unternehmen (BGBl. I 2020, S. 3256) wurde mit Wirkung zum 1. Januar 2021 der § 245a neu hinzugefügt.

§ 246 Zustimmung nachrangiger Insolvenzgläubiger

Für die Annahme des Insolvenzplans durch die nachrangigen Insolvenzgläubiger gelten ergänzend folgende Bestimmungen:

1. Die Zustimmung der Gruppen mit einem Rang hinter § 39 Abs. 1 Nr. 3 gilt als erteilt, wenn kein Insolvenzgläubiger durch den Plan besser gestellt wird als die Gläubiger dieser Gruppen.
2. Beteiligt sich kein Gläubiger einer Gruppe an der Abstimmung, so gilt die Zustimmung der Gruppe als erteilt.

§ 246a Zustimmung der Anteilsinhaber

Beteiligt sich keines der Mitglieder einer Gruppe der Anteilsinhaber an der Abstimmung, so gilt die Zustimmung der Gruppe als erteilt.

§ 247 Zustimmung des Schuldners

(1) Die Zustimmung des Schuldners zum Plan gilt als erteilt, wenn der Schuldner dem Plan nicht spätestens im Abstimmungstermin schriftlich widerspricht.

(2) Ein Widerspruch ist im Rahmen des Absatzes 1 unbeachtlich, wenn
1. der Schuldner durch den Plan voraussichtlich nicht schlechter gestellt wird, als er ohne einen Plan stünde, und
2. kein Gläubiger einen wirtschaftlichen Wert erhält, der den vollen Betrag seines Anspruchs übersteigt.

§ 248 Gerichtliche Bestätigung

(1) Nach der Annahme des Insolvenzplans durch die Beteiligten (§§ 244 bis 246a) und der Zustimmung des Schuldners bedarf der Plan der Bestätigung durch das Insolvenzgericht.

(2) Das Gericht soll vor der Entscheidung über die Bestätigung den Insolvenzverwalter, den Gläubigerausschuß, wenn ein solcher bestellt ist, und den Schuldner hören.

§ 248a Gerichtliche Bestätigung einer Planberichtigung

(1) Eine Berichtigung des Insolvenzplans durch den Insolvenzverwalter nach § 221 Satz 2 bedarf der Bestätigung durch das Insolvenzgericht.

(2) Das Gericht soll vor der Entscheidung über die Bestätigung den Insolvenzverwalter, den Gläubigerausschuss, wenn ein solcher bestellt ist, die Gläubiger und die Anteilsinhaber, sofern ihre Rechte betroffen sind, sowie den Schuldner hören.

(3) Die Bestätigung ist auf Antrag zu versagen, wenn ein Beteiligter durch die mit der Berichtigung einhergehende Planänderung voraussichtlich schlechtergestellt wird, als er nach den mit dem Plan beabsichtigten Wirkungen stünde.

(4) Gegen den Beschluss, durch den die Berichtigung bestätigt oder versagt wird, steht den in Absatz 2 genannten Gläubigern und Anteilsinhabern sowie dem Verwalter die sofortige Beschwerde zu. § 253 Absatz 4 gilt entsprechend.

§ 249 Bedingter Plan

Ist im Insolvenzplan vorgesehen, daß vor der Bestätigung bestimmte Leistungen erbracht oder andere Maßnahmen verwirklicht werden sollen, so darf der Plan nur bestätigt werden, wenn diese Voraussetzungen erfüllt sind. Die Bestätigung ist von Amts wegen zu versagen, wenn die Voraussetzungen auch nach Ablauf einer angemessenen, vom Insolvenzgericht gesetzten Frist nicht erfüllt sind.

§ 250 Verstoß gegen Verfahrensvorschriften

Die Bestätigung ist von Amts wegen zu versagen,
1. wenn die Vorschriften über den Inhalt und die verfahrensmäßige Behandlung des Insolvenz-

plans sowie über die Annahme durch die Beteiligten und die Zustimmung des Schuldners in einem wesentlichen Punkt nicht beachtet worden sind und der Mangel nicht behoben werden kann oder
2. wenn die Annahme des Plans unlauter, insbesondere durch Begünstigung eines Beteiligten, herbeigeführt worden ist.

§ 251 Minderheitenschutz

(1) Auf Antrag eines Gläubigers oder, wenn der Schuldner keine natürliche Person ist, einer am Schuldner beteiligten Person ist die Bestätigung des Insolvenzplans zu versagen, wenn
1. der Antragsteller dem Plan spätestens im Abstimmungstermin schriftlich oder zu Protokoll widersprochen hat und
2. der Antragsteller durch den Plan voraussichtlich schlechtergestellt wird, als er ohne einen Plan stünde; ist der Schuldner eine natürliche Person, gilt § 245a entsprechend.

(2) Der Antrag ist nur zulässig, wenn der Antragsteller spätestens im Abstimmungstermin glaubhaft macht, dass er durch den Plan voraussichtlich schlechtergestellt wird.

(3) Der Antrag ist abzuweisen, wenn im gestaltenden Teil des Plans Mittel für den Fall bereitgestellt werden, dass ein Beteiligter eine Schlechterstellung nachweist. Ob der Beteiligte einen Ausgleich aus diesen Mitteln erhält, ist außerhalb des Insolvenzverfahrens zu klären.

Kommentar:
Durch das Gesetz über den Stabilisierungs- und Restrukturierungsrahmen für Unternehmen (BGBl. I 2020, S. 3256) wurde mit Wirkung zum 1. Januar 2021 der Abs. 1 Nr. 2 geändert.

§ 252 Bekanntgabe der Entscheidung

(1) Der Beschluß, durch den der Insolvenzplan bestätigt oder seine Bestätigung versagt wird, ist im Abstimmungstermin oder in einem alsbald zu bestimmenden besonderen Termin zu verkünden. § 74 Abs. 2 Satz 2 gilt entsprechend.

(2) Wird der Plan bestätigt, so ist den Insolvenzgläubigern, die Forderungen angemeldet haben, und den absonderungsberechtigten Gläubigern unter Hinweis auf die Bestätigung ein Abdruck des Plans oder eine Zusammenfassung seines wesentlichen Inhalts zu übersenden. Sind die Anteils- oder Mitgliedschaftsrechte der am Schuldner beteiligten Personen in den Plan einbezogen, so sind auch diesen die Unterlagen zu übersenden; dies gilt nicht für Aktionäre oder Kommanditaktionäre. Die Übersendung eines Abdrucks des Plans oder eine Zusammenfassung seines wesentlichen Inhalts nach Satz 1 und 2 kann unterbleiben, wenn ein Abdruck des Plans mit der Ladung nach § 235 Absatz 2 Satz 2 übersendet und der Plan unverändert angenommen wurde. § 8 Absatz 3 gilt entsprechend. Börsennotierte Gesellschaften haben eine Zusammenfassung des wesentlichen Inhalts des Plans über ihre Internetseite zugänglich zu machen.

Kommentar:
Durch das Gesetz über den Stabilisierungs- und Restrukturierungsrahmen für Unternehmen (BGBl. I 2020, S. 3256) wurden mit Wirkung zum 1. Januar 2021 nach Abs. 2 Satz 2 zwei Sätze neu eingefügt.

§ 253 Rechtsmittel

(1) Gegen den Beschluss, durch den der Insolvenzplan bestätigt oder durch den die Bestätigung versagt wird, steht den Gläubigern, dem Schuldner und, wenn dieser keine natürliche Person ist, den am Schuldner beteiligten Personen die sofortige Beschwerde zu.

(2) Die sofortige Beschwerde gegen die Bestätigung ist nur zulässig, wenn der Beschwerdeführer
1. dem Plan spätestens im Abstimmungstermin schriftlich oder zu Protokoll widersprochen hat,
2. gegen den Plan gestimmt hat und
3. glaubhaft macht, dass er durch den Plan wesentlich schlechtergestellt wird, als er ohne einen Plan stünde, und dass dieser Nachteil nicht durch eine Zahlung aus den in § 251 Absatz 3 genannten Mitteln ausgeglichen werden kann; ist der Schuldner eine natürliche Person, gilt § 245a entsprechend.

(3) Absatz 2 Nummer 1 und 2 gilt nur, wenn in der öffentlichen Bekanntmachung des Termins (§ 235 Absatz 2) und in den Ladungen zum Termin (§ 235 Absatz 3) auf die Notwendigkeit des Widerspruchs und der Ablehnung des Plans besonders hingewiesen wurde.

(4) Auf Antrag des Insolvenzverwalters weist das Landgericht die Beschwerde unverzüglich zurück, wenn das alsbaldige Wirksamwerden des Insolvenzplans vorrangig erscheint, weil die Nachteile einer Verzögerung des Planvollzugs nach freier Überzeugung des Gerichts die Nachteile für den Beschwerdeführer überwiegen; ein Abhilfeverfahren nach § 572 Absatz 1 Satz 1 der Zivilprozessordnung findet nicht statt. Dies gilt nicht, wenn ein besonders schwerer Rechtsverstoß vorliegt. Weist das Gericht die Beschwerde nach Satz 1 zurück, ist dem Beschwerdeführer aus der Masse der Schaden zu ersetzen, der ihm durch den Planvollzug entsteht; die Rückgängigmachung der Wirkungen des Insolven-

zplans kann nicht als Schadensersatz verlangt werden. Für Klagen, mit denen Schadensersatzansprüche nach Satz 3 geltend gemacht werden, ist das Landgericht ausschließlich zuständig, das die sofortige Beschwerde zurückgewiesen hat.

Kommentar:
Durch das Gesetz über den Stabilisierungs- und Restrukturierungsrahmen für Unternehmen (BGBl. I 2020, S. 3256) wurde mit Wirkung zum 1. Januar 2021 der Abs. 2 Nr. 3 geändert.

Dritter Abschnitt – Wirkungen des bestätigten Plans. Überwachung der Planerfüllung

§ 254 Allgemeine Wirkungen des Plans

(1) Mit der Rechtskraft der Bestätigung des Insolvenzplans treten die im gestaltenden Teil festgelegten Wirkungen für und gegen alle Beteiligten ein.

(2) Die Rechte der Insolvenzgläubiger gegen Mitschuldner und Bürgen des Schuldners sowie die Rechte dieser Gläubiger an Gegenständen, die nicht zur Insolvenzmasse gehören, oder aus einer Vormerkung, die sich auf solche Gegenstände bezieht, werden mit Ausnahme der nach § 223a gestalteten Rechte aus gruppeninternen Drittsicherheiten (§ 217 Absatz 2) durch den Plan nicht berührt. Der Schuldner wird jedoch durch den Plan gegenüber dem Mitschuldner, dem Bürgen oder anderen Rückgriffsberechtigten in gleicher Weise befreit wie gegenüber dem Gläubiger.

(3) Ist ein Gläubiger weitergehend befriedigt worden, als er nach dem Plan zu beanspruchen hat, so begründet dies keine Pflicht zur Rückgewähr des Erlangten.

(4) Werden Forderungen von Gläubigern in Anteils- oder Mitgliedschaftsrechte am Schuldner umgewandelt, kann der Schuldner nach der gerichtlichen Bestätigung keine Ansprüche wegen einer Überbewertung der Forderungen im Plan gegen die bisherigen Gläubiger geltend machen.

Kommentar:
Durch das Gesetz über den Stabilisierungs- und Restrukturierungsrahmen für Unternehmen (BGBl. I 2020, S. 3256) wurde mit Wirkung zum 1. Januar 2021 der Abs. 2 Satz 1 geändert.

§ 254a Rechte an Gegenständen. Sonstige Wirkungen des Plans

(1) Wenn Rechte an Gegenständen begründet, geändert, übertragen oder aufgehoben oder Geschäftsanteile an einer Gesellschaft mit beschränkter Haftung abgetreten werden sollen, gelten die in den Insolvenzplan aufgenommenen Willenserklärungen der Beteiligten als in der vorgeschriebenen Form abgegeben.

(2) Wenn die Anteils- oder Mitgliedschaftsrechte der am Schuldner beteiligten Personen in den Plan einbezogen sind (§ 225a), gelten die in den Plan aufgenommenen Beschlüsse der Anteilsinhaber oder sonstigen Willenserklärungen der Beteiligten als in der vorgeschriebenen Form abgegeben. Gesellschaftsrechtlich erforderliche Ladungen, Bekanntmachungen und sonstige Maßnahmen zur Vorbereitung von Beschlüssen der Anteilsinhaber gelten als in der vorgeschriebenen Form bewirkt. Der Insolvenzverwalter ist berechtigt, die erforderlichen Anmeldungen beim jeweiligen Registergericht vorzunehmen.

(3) Entsprechendes gilt für die in den Plan aufgenommenen Verpflichtungserklärungen, die einer Maßnahme nach Absatz 1 oder 2 zugrunde liegen.

§ 254b Wirkung für alle Beteiligten

Die §§ 254 und 254a gelten auch für Insolvenzgläubiger, die ihre Forderungen nicht angemeldet haben, und für Beteiligte, die dem Insolvenzplan widersprochen haben.

§ 255 Wiederauflebensklausel

(1) Sind auf Grund des gestaltenden Teils des Insolvenzplans Forderungen von Insolvenzgläubigern gestundet oder teilweise erlassen worden, so wird die Stundung oder der Erlaß für den Gläubiger hinfällig, gegenüber dem der Schuldner mit der Erfüllung des Plans erheblich in Rückstand gerät. Ein erheblicher Rückstand ist erst anzunehmen, wenn der Schuldner eine fällige Verbindlichkeit nicht bezahlt hat, obwohl der Gläubiger ihn schriftlich gemahnt und ihm dabei eine mindestens zweiwöchige Nachfrist gesetzt hat.

(2) Wird vor vollständiger Erfüllung des Plans über das Vermögen des Schuldners ein neues Insolvenzverfahren eröffnet, so ist die Stundung oder der Erlaß für alle Insolvenzgläubiger hinfällig.

(3) Im Plan kann etwas anderes vorgesehen werden. Jedoch kann von Absatz 1 nicht zum Nachteil des Schuldners abgewichen werden.

§ 256 Streitige Forderungen. Ausfallforderungen

(1) Ist eine Forderung im Prüfungstermin bestritten worden oder steht die Höhe der Ausfallforderung eines absonderungsberechtigten Gläubigers noch nicht fest, so ist ein Rückstand mit der Erfüllung des Insolvenzplans im Sinne des § 255 Abs. 1 nicht anzunehmen, wenn der Schuldner die Forderung bis zur endgültigen Feststellung ihrer Höhe in dem Ausmaß berücksichtigt, das der Entscheidung des Insolvenzgerichts über das Stimm-

recht des Gläubigers bei der Abstimmung über den Plan entspricht. Ist keine Entscheidung über das Stimmrecht getroffen worden, so hat das Gericht auf Antrag des Schuldners oder des Gläubigers nachträglich festzustellen, in welchem Ausmaß der Schuldner vorläufig die Forderung zu berücksichtigen hat.

(2) Ergibt die endgültige Feststellung, daß der Schuldner zu wenig gezahlt hat, so hat er das Fehlende nachzuzahlen. Ein erheblicher Rückstand mit der Erfüllung des Plans ist erst anzunehmen, wenn der Schuldner das Fehlende nicht nachzahlt, obwohl der Gläubiger ihn schriftlich gemahnt und ihm dabei eine mindestens zweiwöchige Nachfrist gesetzt hat.

(3) Ergibt die endgültige Feststellung, daß der Schuldner zu viel gezahlt hat, so kann er den Mehrbetrag nur insoweit zurückfordern, als dieser auch den nicht fälligen Teil der Forderung übersteigt, die dem Gläubiger nach dem Insolvenzplan zusteht.

§ 257 Vollstreckung aus dem Plan

(1) Aus dem rechtskräftig bestätigten Insolvenzplan in Verbindung mit der Eintragung in die Tabelle können die Insolvenzgläubiger, deren Forderungen festgestellt und nicht vom Schuldner im Prüfungstermin bestritten worden sind, wie aus einem vollstreckbaren Urteil die Zwangsvollstreckung gegen den Schuldner betreiben. Einer nicht bestrittenen Forderung steht eine Forderung gleich, bei der ein erhobener Widerspruch beseitigt ist. § 202 gilt entsprechend.

(2) Gleiches gilt für die Zwangsvollstreckung gegen einen Dritten, der durch eine dem Insolvenzgericht eingereichte schriftliche Erklärung für die Erfüllung des Plans neben dem Schuldner ohne Vorbehalt der Einrede der Vorausklage Verpflichtungen übernommen hat.

(3) Macht ein Gläubiger die Rechte geltend, die ihm im Falle eines erheblichen Rückstands des Schuldners mit der Erfüllung des Plans zustehen, so hat er zur Erteilung der Vollstreckungsklausel für diese Rechte und zur Durchführung der Vollstreckung die Mahnung und den Ablauf der Nachfrist glaubhaft zu machen, jedoch keinen weiteren Beweis für den Rückstand des Schuldners zu führen.

§ 258 Aufhebung des Insolvenzverfahrens

(1) Sobald die Bestätigung des Insolvenzplans rechtskräftig ist und der Insolvenzplan nicht etwas anderes vorsieht, beschließt das Insolvenzgericht die Aufhebung des Insolvenzverfahrens.

(2) Vor der Aufhebung hat der Verwalter die unstreitigen fälligen Masseansprüche zu berichtigen und für die streitigen oder nicht fälligen Sicherheit zu leisten. Für die nicht fälligen Masseansprüche kann auch ein Finanzplan vorgelegt werden, aus dem sich ergibt, dass ihre Erfüllung gewährleistet ist.

(3) Der Beschluss enthält den Zeitpunkt der Aufhebung, der frühestens zwei Tage nach der Beschlussfassung liegen soll. Der Beschluss und der Grund der Aufhebung sind öffentlich bekanntzumachen. Der Schuldner, der Insolvenzverwalter und die Mitglieder des Gläubigerausschusses sind vorab über den Zeitpunkt der Aufhebung zu unterrichten. Die §§ 31 bis 33 gelten entsprechend. Ist der Zeitpunkt der Aufhebung nicht angegeben, wird die Aufhebung wirksam, sobald nach dem Tag der Veröffentlichung zwei weitere Tage verstrichen sind.

Kommentar:
Durch das Gesetz über den Stabilisierungs- und Restrukturierungsrahmen für Unternehmen (BGBl. I 2020, S. 3256) wurde mit Wirkung zum 1. Januar 2021 der Abs. 3 geändert.

§ 259 Wirkungen der Aufhebung

(1) Mit der Aufhebung des Insolvenzverfahrens erlöschen die Ämter des Insolvenzverwalters und der Mitglieder des Gläubigerausschusses. Der Schuldner erhält das Recht zurück, über die Insolvenzmasse frei zu verfügen.

(2) Die Vorschriften über die Überwachung der Planerfüllung bleiben unberührt.

(3) Einen anhängigen Rechtsstreit, der die Insolvenzanfechtung zum Gegenstand hat, kann der Verwalter auch nach der Aufhebung des Verfahrens fortführen, wenn dies im gestaltenden Teil des Plans vorgesehen ist. In diesem Fall wird der Rechtsstreit für Rechnung des Schuldners geführt, wenn im Plan keine abweichende Regelung getroffen wird.

§ 259a Vollstreckungsschutz

(1) Gefährden nach der Aufhebung des Verfahrens Zwangsvollstreckungen einzelner Insolvenzgläubiger, die ihre Forderungen bis zum Abstimmungstermin nicht angemeldet haben, die Durchführung des Insolvenzplans, kann das Insolvenzgericht auf Antrag des Schuldners eine Maßnahme der Zwangsvollstreckung ganz oder teilweise aufheben oder längstens für drei Jahre untersagen. Der Antrag ist nur zulässig, wenn der Schuldner die tatsächlichen Behauptungen, die die Gefährdung begründen, glaubhaft macht.

(2) Ist die Gefährdung glaubhaft gemacht, kann das Gericht die Zwangsvollstreckung auch einstweilen einstellen.

(3) Das Gericht hebt seinen Beschluss auf Antrag auf oder ändert ihn ab, wenn dies mit Rücksicht auf eine Änderung der Sachlage geboten ist.

§ 259b Besondere Verjährungsfrist

(1) Die Forderung eines Insolvenzgläubigers, die nicht bis zum Abstimmungstermin angemeldet worden ist, verjährt in einem Jahr.

(2) Die Verjährungsfrist beginnt, wenn die Forderung fällig und der Beschluss rechtskräftig ist, durch den der Insolvenzplan bestätigt wurde.

(3) Die Absätze 1 und 2 sind nur anzuwenden, wenn dadurch die Verjährung einer Forderung früher vollendet wird als bei Anwendung der ansonsten geltenden Verjährungsvorschriften.

(4) Die Verjährung einer Forderung eines Insolvenzgläubigers ist gehemmt, solange wegen Vollstreckungsschutzes nach § 259a nicht vollstreckt werden darf. Die Hemmung endet drei Monate nach Beendigung des Vollstreckungsschutzes.

§ 260 Überwachung der Planerfüllung

(1) Im gestaltenden Teil des Insolvenzplans kann vorgesehen werden, daß die Erfüllung des Plans überwacht wird.

(2) Im Falle des Absatzes 1 wird nach der Aufhebung des Insolvenzverfahrens überwacht, ob die Ansprüche erfüllt werden, die den Gläubigern nach dem gestaltenden Teil gegen den Schuldner zustehen.

(3) Wenn dies im gestaltenden Teil vorgesehen ist, erstreckt sich die Überwachung auf die Erfüllung der Ansprüche, die den Gläubigern nach dem gestaltenden Teil gegen eine juristische Person oder Gesellschaft ohne Rechtspersönlichkeit zustehen, die nach der Eröffnung des Insolvenzverfahrens gegründet worden ist, um das Unternehmen oder einen Betrieb des Schuldners zu übernehmen und weiterzuführen (Übernahmegesellschaft).

§ 261 Aufgaben und Befugnisse des Insolvenzverwalters

(1) Die Überwachung ist Aufgabe des Insolvenzverwalters. Die Ämter des Verwalters und der Mitglieder des Gläubigerausschusses und die Aufsicht des Insolvenzgerichts bestehen insoweit fort. § 22 Abs. 3 gilt entsprechend.

(2) Während der Zeit der Überwachung hat der Verwalter dem Gläubigerausschuß, wenn ein solcher bestellt ist, und dem Gericht jährlich über den jeweiligen Stand und die weiteren Aussichten der Erfüllung des Insolvenzplans zu berichten. Unberührt bleibt das Recht des Gläubigerausschusses und des Gerichts, jederzeit einzelne Auskünfte oder einen Zwischenbericht zu verlangen.

§ 262 Anzeigepflicht des Insolvenzverwalters

Stellt der Insolvenzverwalter fest, daß Ansprüche, deren Erfüllung überwacht wird, nicht erfüllt werden oder nicht erfüllt werden können, so hat er dies unverzüglich dem Gläubigerausschuß und dem Insolvenzgericht anzuzeigen. Ist ein Gläubigerausschuß nicht bestellt, so hat der Verwalter an dessen Stelle alle Gläubiger zu unterrichten, denen nach dem gestaltenden Teil des Insolvenzplans Ansprüche gegen den Schuldner oder die Übernahmegesellschaft zustehen.

§ 263 Zustimmungsbedürftige Geschäfte

Im gestaltenden Teil des Insolvenzplans kann vorgesehen werden, daß bestimmte Rechtsgeschäfte des Schuldners oder der Übernahmegesellschaft während der Zeit der Überwachung nur wirksam sind, wenn der Insolvenzverwalter ihnen zustimmt. § 81 Abs. 1 und § 82 gelten entsprechend.

§ 264 Kreditrahmen

(1) Im gestaltenden Teil des Insolvenzplans kann vorgesehen werden, daß die Insolvenzgläubiger nachrangig sind gegenüber Gläubigern mit Forderungen aus Darlehen und sonstigen Krediten, die der Schuldner oder die Übernahmegesellschaft während der Zeit der Überwachung aufnimmt oder die ein Massegläubiger in die Zeit der Überwachung hinein stehen läßt. In diesem Fall ist zugleich ein Gesamtbetrag für derartige Kredite festzulegen (Kreditrahmen). Dieser darf den Wert der Vermögensgegenstände nicht übersteigen, die in der Vermögensübersicht des Plans (§ 229 Satz 1) aufgeführt sind.

(2) Der Nachrang der Insolvenzgläubiger gemäß Absatz 1 besteht nur gegenüber Gläubigern, mit denen vereinbart wird, daß und in welcher Höhe der von ihnen gewährte Kredit nach Hauptforderung, Zinsen und Kosten innerhalb des Kreditrahmens liegt, und gegenüber denen der Insolvenzverwalter diese Vereinbarung schriftlich bestätigt.

(3) § 39 Abs. 1 Nr. 5 bleibt unberührt.

§ 265 Nachrang von Neugläubigern

Gegenüber den Gläubigern mit Forderungen aus Krediten, die nach Maßgabe des § 264 aufgenommen oder stehen gelassen werden, sind nachrangig auch die Gläubiger mit sonstigen vertraglichen Ansprüchen, die während der Zeit der Überwachung begründet werden. Als solche Ansprüche gelten auch die Ansprüche aus einem vor der Überwachung vertraglich begründeten Dauerschuldverhältnis für die Zeit nach dem ersten Termin, zu dem der Gläubiger nach Beginn der Überwachung kündigen konnte.

§ 266 Berücksichtigung des Nachrangs

(1) Der Nachrang der Insolvenzgläubiger und der in § 265 bezeichneten Gläubiger wird nur in einem Insolvenzverfahren berücksichtigt, das vor der Aufhebung der Überwachung eröffnet wird.

(2) In diesem neuen Insolvenzverfahren gehen diese Gläubiger den übrigen nachrangigen Gläubigern im Range vor.

§ 267 Bekanntmachung der Überwachung

(1) Wird die Erfüllung des Insolvenzplans überwacht, so ist dies zusammen mit dem Beschluß über die Aufhebung des Insolvenzverfahrens öffentlich bekanntzumachen.

(2) Ebenso ist bekanntzumachen:
1. im Falle des § 260 Abs. 3 die Erstreckung der Überwachung auf die Übernahmegesellschaft;
2. im Falle des § 263, welche Rechtsgeschäfte an die Zustimmung des Insolvenzverwalters gebunden werden;
3. im Falle des § 264, in welcher Höhe ein Kreditrahmen vorgesehen ist.

(3) § 31 gilt entsprechend. Soweit im Falle des § 263 das Recht zur Verfügung über ein Grundstück, ein eingetragenes Schiff, Schiffsbauwerk oder Luftfahrzeug, ein Recht an einem solchen Gegenstand oder ein Recht an einem solchen Recht beschränkt wird, gelten die §§ 32 und 33 entsprechend.

§ 268 Aufhebung der Überwachung

(1) Das Insolvenzgericht beschließt die Aufhebung der Überwachung,
1. wenn die Ansprüche, deren Erfüllung überwacht wird, erfüllt sind oder die Erfüllung dieser Ansprüche gewährleistet ist oder
2. wenn seit der Aufhebung des Insolvenzverfahrens drei Jahre verstrichen sind und kein Antrag auf Eröffnung eines neuen Insolvenzverfahrens vorliegt.

(2) Der Beschluß ist öffentlich bekanntzumachen. § 267 Abs. 3 gilt entsprechend.

§ 269 Kosten der Überwachung

Die Kosten der Überwachung trägt der Schuldner. Im Falle des § 260 Abs. 3 trägt die Übernahmegesellschaft die durch ihre Überwachung entstehenden Kosten.

Siebter Teil – Koordinierung der Verfahren von Schuldnern, die derselben Unternehmensgruppe angehören

Erster Abschnitt – Allgemeine Bestimmungen

§ 269a Zusammenarbeit der Insolvenzverwalter

Die Insolvenzverwalter gruppenangehöriger Schuldner sind untereinander zur Unterrichtung und Zusammenarbeit verpflichtet, soweit hierdurch nicht die Interessen der Beteiligten des Verfahrens beeinträchtigt werden, für das sie bestellt sind. Insbesondere haben sie auf Anforderung unverzüglich alle Informationen mitzuteilen, die für das andere Verfahren von Bedeutung sein können.

§ 269b Zusammenarbeit der Gerichte

Werden die Insolvenzverfahren über das Vermögen von gruppenangehörigen Schuldnern bei verschiedenen Insolvenzgerichten geführt, sind die Gerichte zur Zusammenarbeit und insbesondere zum Austausch der Informationen verpflichtet, die für das andere Verfahren von Bedeutung sein können. Dies gilt insbesondere für:
1. die Anordnung von Sicherungsmaßnahmen,
2. die Eröffnung des Verfahrens,
3. die Bestellung eines Insolvenzverwalters,
4. wesentliche verfahrensleitende Entscheidungen,
5. den Umfang der Insolvenzmasse und
6. die Vorlage von Insolvenzplänen sowie sonstige Maßnahmen zur Beendigung des Insolvenzverfahrens.

§ 269c Zusammenarbeit der Gläubigerausschüsse

(1) Auf Antrag eines Gläubigerausschusses, der in einem Verfahren über das Vermögen eines gruppenangehörigen Schuldners bestellt ist, kann das Gericht des Gruppen-Gerichtsstands nach Anhörung der anderen Gläubigerausschüsse einen Gruppen-Gläubigerausschuss einsetzen. Jeder Gläubigerausschuss oder vorläufige Gläubigerausschuss eines gruppenangehörigen Schuldners, der nicht von offensichtlich untergeordneter Bedeutung für die gesamte Unternehmensgruppe ist, stellt ein Mitglied des Gruppen-Gläubigerausschusses. Ein weiteres Mitglied dieses Ausschusses wird aus dem Kreis der Vertreter der Arbeitnehmer bestimmt.

(2) Der Gruppen-Gläubigerausschuss unterstützt die Insolvenzverwalter und die Gläubigerausschüsse in den einzelnen Verfahren, um eine abgestimmte Abwicklung dieser Verfahren zu erleichtern. Die §§ 70 bis 73 gelten entsprechend. Hinsichtlich der Vergütung gilt die Tätigkeit als Mitglied im Gruppen-Gläubigerausschuss als Tätigkeit in dem Gläubigerausschuss, den das Mitglied im Gruppen-Gläubigerausschuss vertritt.

(3) Dem Gläubigerausschuss steht in den Fällen der Absätze 1 und 2 ein vorläufiger Gläubigerausschuss gleich.

Zweiter Abschnitt – Koordinationsverfahren

§ 269d Koordinationsgericht

(1) Wird über die Vermögen von gruppenangehörigen Schuldnern die Eröffnung von Insolvenzverfahren beantragt oder wurden solche Verfahren eröffnet, kann das für die Eröffnung von Gruppen-Folgeverfahren zuständige Gericht (Koordinationsgericht) auf Antrag ein Koordinationsverfahren einleiten.

(2) Antragsberechtigt ist jeder gruppenangehörige Schuldner. § 3a Absatz 3 findet entsprechende Anwendung. Antragsberechtigt ist auch jeder Gläubigerausschuss oder vorläufige Gläubigerausschuss eines gruppenangehörigen Schuldners auf der Grundlage eines einstimmigen Beschlusses.

§ 269e Verfahrenskoordinator

(1) Das Koordinationsgericht bestellt eine von den gruppenangehörigen Schuldnern und deren Gläubigern unabhängige Person zum Verfahrenskoordinator. Die zu bestellende Person soll von den Insolvenzverwaltern und Sachwaltern der gruppenangehörigen Schuldner unabhängig sein. Die Bestellung eines gruppenangehörigen Schuldners ist ausgeschlossen.

(2) Vor der Bestellung des Verfahrenskoordinators gibt das Koordinationsgericht einem bestellten Gruppen-Gläubigerausschuss Gelegenheit, sich zu der Person des Verfahrenskoordinators und den an ihn zu stellenden Anforderungen zu äußern.

§ 269f Aufgaben und Rechtsstellung des Verfahrenskoordinators

(1) Der Verfahrenskoordinator hat für eine abgestimmte Abwicklung der Verfahren über die gruppenangehörigen Schuldner zu sorgen, soweit dies im Interesse der Gläubiger liegt. Zu diesem Zweck kann er insbesondere einen Koordinationsplan vorlegen. Er kann diesen in den jeweiligen Gläubigerversammlungen erläutern oder durch eine von ihm bevollmächtigte Person erläutern lassen.

(2) Die Insolvenzverwalter und vorläufigen Insolvenzverwalter der gruppenangehörigen Schuldner sind zur Zusammenarbeit mit dem Verfahrenskoordinator verpflichtet. Sie haben ihm auf Aufforderung insbesondere die Informationen mitzuteilen, die er für eine zweckentsprechende Ausübung seiner Tätigkeit benötigt.

(3) Soweit in diesem Teil nichts anderes bestimmt ist, gelten für die Bestellung des Verfahrenskoordinators, für die Aufsicht durch das Insolvenzgericht sowie für die Haftung und Vergütung § 27 Absatz 2 Nummer 4 und die §§ 56 bis 60, 62 bis 65 entsprechend.

Kommentar:
Durch das Gesetz über den Stabilisierungs- und Restrukturierungsrahmen für Unternehmen (BGBl. I 2020, S. 3256) wurde mit Wirkung zum 1. Januar 2021 der Abs. 3 geändert.

§ 269g Vergütung des Verfahrenskoordinators

(1) Der Verfahrenskoordinator hat Anspruch auf Vergütung für seine Tätigkeit und auf Erstattung angemessener Auslagen. Der Regelsatz der Vergütung wird nach dem Wert der zusammengefassten Insolvenzmassen der in das Koordinationsverfahren einbezogenen Verfahren über gruppenangehörige Schuldner berechnet. Dem Umfang und der Schwierigkeit der Koordinationsaufgabe wird durch Abweichungen vom Regelsatz Rechnung getragen. Die §§ 64 und 65 gelten entsprechend.

(2) Die Vergütung des Verfahrenskoordinators ist anteilig aus den Insolvenzmassen der gruppenangehörigen Schuldner zu berichtigen, wobei im Zweifel das Verhältnis des Werts der einzelnen Massen zueinander maßgebend ist.

§ 269h Koordinationsplan

(1) Zur abgestimmten Abwicklung der Insolvenzverfahren über das Vermögen von gruppenangehörigen Schuldnern können der Verfahrenskoordinator und, wenn ein solcher noch nicht bestellt ist, die Insolvenzverwalter der gruppenangehörigen Schuldner gemeinsam dem Koordinationsgericht einen Koordinationsplan zur Bestätigung vorlegen. Der Koordinationsplan bedarf der Zustimmung eines bestellten Gruppen-Gläubigerausschusses. Das Gericht weist den Plan von Amts wegen zurück, wenn die Vorschriften über das Recht zur Vorlage, den Inhalt des Plans oder über die verfahrensmäßige Behandlung nicht beachtet worden sind und die Vorlegenden den Mangel nicht beheben können oder innerhalb einer angemessenen vom Gericht gesetzten Frist nicht beheben.

(2) In dem Koordinationsplan können alle Maßnahmen beschrieben werden, die für eine abgestimmte Abwicklung der Verfahren sachdienlich sind. Insbesondere kann der Plan Vorschläge enthalten:
1. zur Wiederherstellung der wirtschaftlichen Leistungsfähigkeit der einzelnen gruppenangehörigen Schuldner und der Unternehmensgruppe,
2. zur Beilegung gruppeninterner Streitigkeiten,
3. zu vertraglichen Vereinbarungen zwischen den Insolvenzverwaltern.

(3) Gegen den Beschluss, durch den die Bestätigung des Koordinationsplans versagt wird, steht jedem Vorlegenden die sofortige Beschwerde zu. Die übrigen Vorlegenden sind in dem Verfahren zuzuziehen.

§ 269i Abweichungen vom Koordinationsplan

(1) Der Insolvenzverwalter eines gruppenangehörigen Schuldners hat im Berichtstermin den Koordinationsplan zu erläutern, wenn dies nicht durch den Verfahrenskoordinator oder eine von diesem bevollmächtigte Person erfolgt. Der Insolvenzverwalter hat im Anschluss an die Erläuterung zu begründen, von welchen im Plan beschriebenen Maßnahmen er abweichen will. Liegt zum Zeit-

punkt des Berichtstermins noch kein Koordinationsplan vor, so kommt der Insolvenzverwalter seinen Pflichten nach den Sätzen 1 und 2 in einer Gläubigerversammlung nach, für die das Insolvenzgericht alsbald einen Termin bestimmt.

(2) Auf Beschluss der Gläubigerversammlung ist der Koordinationsplan einem vom Insolvenzverwalter auszuarbeitenden Insolvenzplan zugrunde zu legen.

Achter Teil – Eigenverwaltung

§ 270 Grundsatz

(1) Der Schuldner ist berechtigt, unter der Aufsicht eines Sachwalters die Insolvenzmasse zu verwalten und über sie zu verfügen, wenn das Insolvenzgericht in dem Beschluss über die Eröffnung des Insolvenzverfahrens die Eigenverwaltung anordnet. Für das Verfahren gelten die allgemeinen Vorschriften, soweit in diesem Teil nichts anderes bestimmt ist.

(2) Die Vorschriften dieses Teils sind auf Verbraucherinsolvenzverfahren nach § 304 nicht anzuwenden.

Kommentar:
Durch das Gesetz über den Stabilisierungs- und Restrukturierungsrahmen für Unternehmen (BGBl. I 2020, S. 3256) wurde mit Wirkung zum 1. Januar 2021 der § 270 neu gefasst.

§ 270a Antrag; Eigenverwaltungsplanung

(1) Der Schuldner fügt dem Antrag auf Anordnung der Eigenverwaltung eine Eigenverwaltungsplanung bei, welche umfasst:
1. einen Finanzplan, der den Zeitraum von sechs Monaten abdeckt und eine fundierte Darstellung der Finanzierungsquellen enthält, durch welche die Fortführung des gewöhnlichen Geschäftsbetriebes und die Deckung der Kosten des Verfahrens in diesem Zeitraum sichergestellt werden soll,
2. ein Konzept für die Durchführung des Insolvenzverfahrens, welches auf Grundlage einer Darstellung von Art, Ausmaß und Ursachen der Krise das Ziel der Eigenverwaltung und die Maßnahmen beschreibt, welche zur Erreichung des Ziels in Aussicht genommen werden,
3. eine Darstellung des Stands von Verhandlungen mit Gläubigern, den am Schuldner beteiligten Personen und Dritten zu den in Aussicht genommenen Maßnahmen,
4. eine Darstellung der Vorkehrungen, die der Schuldner getroffen hat, um seine Fähigkeit sicherzustellen, insolvenzrechtliche Pflichten zu erfüllen, und
5. eine begründete Darstellung etwaiger Mehr- oder Minderkosten, die im Rahmen der Eigenverwaltung im Vergleich zu einem Regelverfahren und im Verhältnis zur Insolvenzmasse voraussichtlich anfallen werden.

(2 Des Weiteren hat der Schuldner zu erklären,
1. ob, in welchem Umfang und gegenüber welchen Gläubigern er sich mit der Erfüllung von Verbindlichkeiten aus Arbeitsverhältnissen, Pensionszusagen oder dem Steuerschuldverhältnis, gegenüber Sozialversicherungsträgern oder Lieferanten in Verzug befindet,
2. ob und in welchen Verfahren zu seinen Gunsten innerhalb der letzten drei Jahre vor dem Antrag Vollstreckungs- oder Verwertungssperren nach diesem Gesetz oder nach dem Unternehmensstabilisierungs- und -restrukturierungsgesetz angeordnet wurden und
3. ob er für die letzten drei Geschäftsjahre seinen Offenlegungspflichten, insbesondere nach den §§ 325 bis 328 oder 339 des Handelsgesetzbuchs nachgekommen ist.

Kommentar:
Durch das Gesetz über den Stabilisierungs- und Restrukturierungsrahmen für Unternehmen (BGBl. I 2020, S. 3256) wurde mit Wirkung zum 1. Januar 2021 der § 270a neu gefasst.

§ 270b Anordnung der vorläufigen Eigenverwaltung

(1) Das Gericht bestellt einen vorläufigen Sachwalter, auf den die §§ 274 und 275 anzuwenden sind (vorläufige Eigenverwaltung), wenn
1. die Eigenverwaltungsplanung des Schuldners vollständig und schlüssig ist und
2. keine Umstände bekannt sind, aus denen sich ergibt, dass die Eigenverwaltungsplanung in wesentlichen Punkten auf unzutreffenden Tatsachen beruht.
Weist die Eigenverwaltungsplanung behebbare Mängel auf, kann das Gericht die vorläufige Eigenverwaltung einstweilen anordnen; in diesem Fall setzt es dem Schuldner eine Frist zur Nachbesserung, die 20 Tage nicht übersteigt.

(2) Sind nach dem gemäß § 270a Absatz 1 Nummer 1 übermittelten Finanzplan die Kosten der Eigenverwaltung und der Fortführung des gewöhnlichen Geschäftsbetriebs nicht gedeckt, übersteigen die nach § 270a Absatz 1 Nummer 5 ausgewiesenen voraussichtlichen Kosten der Eigenverwaltung in wesentlicher Weise die voraussichtlichen Kosten des Regelverfahrens oder sind Umstände bekannt, aus denen sich ergibt, dass
1. Zahlungsrückstände gegenüber Arbeitnehmern oder erhebliche Zahlungsrückstände

gegenüber den weiteren in § 270a Absatz 2 Nummer 1 genannten Gläubigern bestehen,
2. zugunsten des Schuldners in den letzten drei Jahren vor der Stellung des Antrags Vollstreckungs- oder Verwertungssperren nach diesem Gesetz oder nach dem Unternehmensstabilisierungs- und -restrukturierungsgesetz angeordnet worden sind oder
3. der Schuldner in einem der letzten drei Jahre vor der Antragstellung gegen die Offenlegungsverpflichtungen, insbesondere nach den §§ 325 bis 328 oder 339 des Handelsgesetzbuchs verstoßen hat,
erfolgt die Bestellung des vorläufigen Sachwalters nur, wenn trotz dieser Umstände zu erwarten ist, dass der Schuldner bereit und in der Lage ist, seine Geschäftsführung an den Interessen der Gläubiger auszurichten.

(3) Einem vorläufigen Gläubigerausschuss ist vor Erlass der Entscheidung nach Absatz 2 Gelegenheit zur Äußerung zu geben. Ohne Äußerung des Gläubigerausschusses darf eine Entscheidung nur ergehen, wenn seit der Antragstellung zwei Werktage vergangen sind oder wenn offensichtlich mit nachteiligen Veränderungen der Vermögenslage des Schuldners zu rechnen ist, die sich nicht anders als durch Bestellung eines vorläufigen Insolvenzverwalters abwenden lassen. An einen die vorläufige Eigenverwaltung unterstützenden einstimmigen Beschluss des vorläufigen Gläubigerausschusses ist das Gericht gebunden. Stimmt der vorläufige Gläubigerausschuss einstimmig gegen die vorläufige Eigenverwaltung, unterbleibt die Anordnung.

(4) Bestellt das Gericht einen vorläufigen Insolvenzverwalter, sind die Gründe hierfür schriftlich darzulegen. § 27 Absatz 2 Nummer 4 gilt entsprechend.

Kommentar:
Durch das Gesetz über den Stabilisierungs- und Restrukturierungsrahmen für Unternehmen (BGBl. I 2020, S. 3256) wurde mit Wirkung zum 1. Januar 2021 der § 270b neu gefasst.

§ 270c Vorläufiges Eigenverwaltungsverfahren

(1) Das Gericht kann den vorläufigen Sachwalter beauftragten, Bericht zu erstatten über
1. die vom Schuldner vorgelegten Eigenverwaltungsplanung, insbesondere, ob diese von den erkannten und erkennbaren tatsächlichen Gegebenheiten ausgeht, schlüssig ist und durchführbar erscheint,
2. die Vollständigkeit und Geeignetheit der Rechnungslegung und Buchführung als Grundlage für die Eigenverwaltungsplanung, insbesondere für die Finanzplanung,
3. das Bestehen von Haftungsansprüchen des Schuldners gegen amtierende oder ehemalige Mitglieder der Organe.

(2) Der Schuldner hat dem Gericht und dem vorläufigen Sachwalter unverzüglich wesentliche Änderungen mitzuteilen, welche die Eigenverwaltungsplanung betreffen.

(3) Das Gericht kann vorläufige Maßnahmen nach § 21 Absatz 1 und 2 Satz 1 Nummer 1a, 3 bis 5 anordnen. Ordnet das Gericht die vorläufige Eigenverwaltung nach § 270b Absatz 1 Satz 2 an, kann es zudem anordnen, dass Verfügungen des Schuldners der Zustimmung durch den vorläufigen Sachwalter bedürfen.

(4) Auf Antrag des Schuldners hat das Gericht anzuordnen, dass der Schuldner Masseverbindlichkeiten begründet. Soll sich die Ermächtigung auf Verbindlichkeiten erstrecken, die im Finanzplan nicht berücksichtigt sind, bedarf dies einer besonderen Begründung. § 55 Absatz 2 gilt entsprechend.

(5) Hat der Schuldner den Eröffnungsantrag bei drohender Zahlungsunfähigkeit gestellt und die Eigenverwaltung beantragt, sieht das Gericht jedoch die Voraussetzungen der Eigenverwaltung als nicht gegeben an, so hat es seine Bedenken dem Schuldner mitzuteilen und diesem Gelegenheit zu geben, den Eröffnungsantrag vor der Entscheidung über die Eröffnung zurückzunehmen.

Kommentar:
Durch das Gesetz über den Stabilisierungs- und Restrukturierungsrahmen für Unternehmen (BGBl. I 2020, S. 3256) wurde mit Wirkung zum 1. Januar 2021 der § 270c neu gefasst.

§ 270d Vorbereitung einer Sanierung; Schutzschirm

(1) Hat der Schuldner mit dem Antrag eine mit Gründen versehene Bescheinigung eines in Insolvenzsachen erfahrenen Steuerberaters, Wirtschaftsprüfers oder Rechtsanwalts oder einer Person mit vergleichbarer Qualifikation vorgelegt, aus der sich ergibt, dass drohende Zahlungsunfähigkeit oder Überschuldung, aber keine Zahlungsunfähigkeit vorliegt und die angestrebte Sanierung nicht offensichtlich aussichtslos ist, so bestimmt das Insolvenzgericht auf Antrag des Schuldners eine Frist zur Vorlage eines Insolvenzplans. Die Frist darf höchstens drei Monate betragen.

(2) Der Aussteller der Bescheinigung nach Absatz 1 darf nicht zum vorläufigen Sachwalter bestellt werden. Der Schuldner kann dem Gericht Vorschläge für die Person des vorläufigen Sachwalters unterbreiten. Das Gericht kann von einem

Vorschlag des Schuldners nur abweichen, wenn die vorgeschlagene Person offensichtlich für die Übernahme des Amtes nicht geeignet ist; dies ist vom Gericht schriftlich zu begründen.

(3) Das Gericht hat Maßnahmen nach § 21 Absatz 2 Satz 1 Nummer 3 anzuordnen, wenn der Schuldner dies beantragt.

(4) Der Schuldner oder der vorläufige Sachwalter haben dem Gericht den Eintritt der Zahlungsunfähigkeit unverzüglich anzuzeigen. Nach Aufhebung der Anordnung nach Absatz 1 oder nach Ablauf der Frist entscheidet das Gericht über die Eröffnung des Insolvenzverfahrens.

Kommentar:
Durch das Gesetz über den Stabilisierungs- und Restrukturierungsrahmen für Unternehmen (BGBl. I 2020, S. 3256) wurde mit Wirkung zum 1. Januar 2021 der § 270d neu gefasst. Der bisherige Text ist nun § 270g.

§ 270e Aufhebung der vorläufigen Eigenverwaltung

(1) Die vorläufige Eigenverwaltung wird durch Bestellung eines vorläufigen Insolvenzverwalters aufgehoben, wenn

1. der Schuldner in schwerwiegender Weise gegen insolvenzrechtliche Pflichten verstößt oder sich auf sonstige Weise zeigt, dass er nicht bereit oder in der Lage ist, seine Geschäftsführung am Interesse der Gläubiger auszurichten, insbesondere wenn sich erweist, dass

a) der Schuldner die Eigenverwaltungsplanung in wesentlichen Punkten auf unzutreffende Tatsachen gestützt hat oder seinen Pflichten nach § 270c Absatz 2 nicht nachkommt,

b) die Rechnungslegung und Buchführung so unvollständig oder mangelhaft sind, dass sie keine Beurteilung der Eigenverwaltungsplanung, insbesondere des Finanzplans, ermöglichen,

c) Haftungsansprüche des Schuldners gegen amtierende oder ehemalige Mitglieder seiner Organe bestehen, deren Durchsetzung in der Eigenverwaltung erschwert werden könnte,

2. Mängel der Eigenverwaltungsplanung nicht innerhalb der gemäß § 270b Absatz 1 Satz 2 gesetzten Frist behoben werden,

3. die Erreichung des Eigenverwaltungsziels, insbesondere eine angestrebte Sanierung sich als aussichtslos erweist,

4. der vorläufige Sachwalter dies mit Zustimmung des vorläufigen Gläubigerausschusses oder der vorläufige Gläubigerausschuss dies beantragt,

5. der Schuldner dies beantragt.

(2) Die vorläufige Eigenverwaltung wird durch Bestellung eines vorläufigen Insolvenzverwalters zudem aufgehoben, wenn ein absonderungsberechtigter Gläubiger oder Insolvenzgläubiger die Aufhebung beantragt und glaubhaft macht, dass die Voraussetzungen für eine Anordnung der vorläufigen Eigenverwaltung nicht vorliegen und ihm durch die Eigenverwaltung erhebliche Nachteile drohen. Vor der Entscheidung über den Antrag ist der Schuldner zu hören. Gegen die Entscheidung steht dem Gläubiger und dem Schuldner die sofortige Beschwerde zu.

(3) Zum vorläufigen Insolvenzverwalter kann der bisherige vorläufige Sachwalter bestellt werden.

(4) Dem vorläufigen Gläubigerausschuss ist vor Erlass der Entscheidung nach Absatz 1 Nummer 1 oder 3 Gelegenheit zur Äußerung zu geben. § 270b Absatz 3 Satz 2 gilt entsprechend. Bestellt das Gericht einen vorläufigen Insolvenzverwalter sind die Gründe hierfür schriftlich darzulegen. § 27 Absatz 2 Nummer 4 gilt entsprechend.

Kommentar:
Durch das Gesetz über den Stabilisierungs- und Restrukturierungsrahmen für Unternehmen (BGBl. I 2020, S. 3256) wurde mit Wirkung zum 1. Januar 2021 der § 270e neu hinzugefügt.

§ 270f Anordnung der Eigenverwaltung

(1) Die Eigenverwaltung wird auf Antrag des Schuldners angeordnet, es sei denn, eine vorläufige Eigenverwaltung wäre nach § 270b nicht anzuordnen oder nach § 270e aufzuheben.

(2) Anstelle eines Insolvenzverwalters wird ein Sachwalter bestellt. Die Forderungen der Insolvenzgläubiger sind beim Sachwalter anzumelden. Die §§ 32 und 33 sind nicht anzuwenden.

(3) § 270b Absatz 1 Satz 1, Absatz 2 und 3 ist entsprechend anzuwenden.

Kommentar:
Durch das Gesetz über den Stabilisierungs- und Restrukturierungsrahmen für Unternehmen (BGBl. I 2020, S. 3256) wurde mit Wirkung zum 1. Januar 2021 der § 270f neu hinzugefügt.

§ 270g Eigenverwaltung bei gruppenangehörigen Schuldnern

Wird die Eigenverwaltung oder die vorläufige Eigenverwaltung bei einem gruppenangehörigen Schuldner angeordnet, unterliegt der Schuldner den Kooperationspflichten des § 1269a. Dem eigenverwaltenden Schuldner stehen nach Verfahrenseröffnung die Antragsrechte nach § 13a

Absatz 1, § 13d Absatz 2 und § 1269d Absatz 2 Satz 2 zu.

> **Kommentar:**
> Durch das Gesetz über den Stabilisierungs- und Restrukturierungsrahmen für Unternehmen (BGBl. I 2020, S. 3256) wird mit Wirkung zum 1. Januar 2021 der bisherige § 270d der § 270g.

§ 271 Nachträgliche Anordnung

Beantragt die Gläubigerversammlung mit der in § 76 Absatz 2 genannten Mehrheit und der Mehrheit der abstimmenden Gläubiger die Eigenverwaltung, so ordnet das Gericht diese an, sofern der Schuldner zustimmt. Zum Sachwalter kann der bisherige Insolvenzverwalter bestellt werden.

§ 272 Aufhebung der Anordnung

(1) Das Insolvenzgericht hebt die Anordnung der Eigenverwaltung auf, wenn

1. der Schuldner in schwerwiegender Weise gegen insolvenzrechtliche Pflichten verstößt oder sich auf sonstige Weise zeigt, dass er nicht bereit oder in der Lage ist, seine Geschäftsführung am Interesse der Gläubiger auszurichten; dies gilt auch dann, wenn sich erweist, dass
a) der Schuldner die Eigenverwaltungsplanung in wesentlichen Punkten auf unzutreffende Tatsachen gestützt hat,
b) die Rechnungslegung und Buchführung so unvollständig oder mangelhaft sind, dass sie keine Beurteilung der Eigenverwaltungsplanung, insbesondere des Finanzplans, ermöglichen,
c) Haftungsansprüche des Schuldners gegen amtierende oder ehemalige Mitglieder des vertretungsberechtigten Organs bestehen, deren Durchsetzung in der Eigenverwaltung erschwert werden könnte,
2. die Erreichung des Eigenverwaltungsziels, insbesondere eine angestrebte Sanierung sich als aussichtslos erweist,
3. dies von der Gläubigerversammlung mit der in § 76 Absatz 2 genannten Mehrheit und der Mehrheit der abstimmenden Gläubiger beantragt wird,
4. dies von einem absonderungsberechtigten Gläubiger oder von einem Insolvenzgläubiger beantragt wird, die Voraussetzungen der Anordnung der Eigenverwaltung des § 270f Absatz 1 in Verbindung mit § 270b Absatz 1 Satz 1 weggefallen sind und dem Antragsteller durch die Eigenverwaltung erhebliche Nachteile drohen,
5. dies vom Schuldner beantragt wird.

(2) Der Antrag eines Gläubigers ist nur zulässig, wenn die in Absatz 1 Nummer 4 genannten Voraussetzungen glaubhaft gemacht werden. Vor der Entscheidung über den Antrag ist der Schuldner zu hören. Gegen die Entscheidung steht dem Gläubiger und dem Schuldner die sofortige Beschwerde zu.

(3) Zum Insolvenzverwalter kann der bisherige Sachwalter bestellt werden.

> **Kommentar:**
> Durch das Gesetz über den Stabilisierungs- und Restrukturierungsrahmen für Unternehmen (BGBl. I 2020, S. 3256) wurden mit Wirkung zum 1. Januar 2021 die Abs. 1 und 2 geändert.

§ 273 Öffentliche Bekanntmachung

Der Beschluß des Insolvenzgerichts, durch den nach der Eröffnung des Insolvenzverfahrens die Eigenverwaltung angeordnet oder die Anordnung aufgehoben wird, ist öffentlich bekanntzumachen.

§ 274 Rechtsstellung des Sachwalters

(1) Für die Bestellung des Sachwalters, für die Aufsicht des Insolvenzgerichts sowie für die Haftung und die Vergütung des Sachwalters gelten § 27 Absatz 2 Nummer 4, § 54 Nummer 2 und die §§ 56 bis 60, 62 bis 65 entsprechend.

(2) Der Sachwalter hat die wirtschaftliche Lage des Schuldners zu prüfen und die Geschäftsführung sowie die Ausgaben für die Lebensführung zu überwachen. Das Gericht kann anordnen, dass der Sachwalter den Schuldner im Rahmen der Insolvenzgeldvorfinanzierung, der insolvenzrechtlichen Buchführung und der Verhandlungen mit Kunden und Lieferanten unterstützen kann. § 22 Abs. 3 gilt entsprechend.

(3) Stellt der Sachwalter Umstände fest, die erwarten lassen, daß die Fortsetzung der Eigenverwaltung zu Nachteilen für die Gläubiger führen wird, so hat er dies unverzüglich dem Gläubigerausschuß und dem Insolvenzgericht anzuzeigen. Ist ein Gläubigerausschuß nicht bestellt, so hat der Sachwalter an dessen Stelle die Insolvenzgläubiger, die Forderungen angemeldet haben, und die absonderungsberechtigten Gläubiger zu unterrichten.

> **Kommentar:**
> Durch das Gesetz über den Stabilisierungs- und Restrukturierungsrahmen für Unternehmen (BGBl. I 2020, S. 3256) wurde mit Wirkung zum 1. Januar 2021 bei Abs. 2 der Satz 2 neu eingefügt.

§ 275 Mitwirkung des Sachwalters

(1) Verbindlichkeiten, die nicht zum gewöhnlichen Geschäftsbetrieb gehören, soll der Schuldner nur

mit Zustimmung des Sachwalters eingehen. Auch Verbindlichkeiten, die zum gewöhnlichen Geschäftsbetrieb gehören, soll er nicht eingehen, wenn der Sachwalter widerspricht.

(2) Der Sachwalter kann vom Schuldner verlangen, daß alle eingehenden Gelder nur vom Sachwalter entgegengenommen und Zahlungen nur vom Sachwalter geleistet werden.

§ 276 Mitwirkung des Gläubigerausschusses

Der Schuldner hat die Zustimmung des Gläubiger-ausschusses einzuholen, wenn er Rechtshandlungen vornehmen will, die für das Insolvenzverfahren von besonderer Bedeutung sind. § 160 Abs. 1 Satz 2, Abs. 2, § 161 Satz 2 und § 164 gelten entsprechend.

§ 276a Mitwirkung der Überwachungsorgane

(1) Ist der Schuldner eine juristische Person oder eine Gesellschaft ohne Rechtspersönlichkeit, so haben der Aufsichtsrat, die Gesellschafterversammlung oder entsprechende Organe keinen Einfluss auf die Geschäftsführung des Schuldners. Die Abberufung und Neubestellung von Mitgliedern der Geschäftsleitung ist nur wirksam, wenn der Sachwalter zustimmt. Die Zustimmung ist zu erteilen, wenn die Maßnahme nicht zu Nachteilen für die Gläubiger führt.

(2) Ist der Schuldner als juristische Person verfasst, so haften auch die Mitglieder des Vertretungsorgans nach Maßgabe der §§ 60 bis 62. Bei einer Gesellschaft ohne Rechtspersönlichkeit gilt dies für die zur Vertretung der Gesellschaft ermächtigten Gesellschafter. Ist kein zur Vertretung der Gesellschaft ermächtigter Gesellschafter eine natürliche Person, gilt dies für die organschaftlichen Vertreter der zur Vertretung ermächtigten Gesellschafter. Satz 3 gilt sinngemäß, wenn es sich bei den organschaftlichen Vertretern um Gesellschaften ohne Rechtspersönlichkeit handelt, bei denen keine natürliche Person zur organschaftlichen Vertretung ermächtigt ist, oder wenn sich die Verbindung von Gesellschaften in dieser Art fortsetzt.

(3) Die Absätze 1 und 2 finden im Zeitraum zwischen der Anordnung der vorläufigen Eigenverwaltung oder der Anordnung vorläufiger Maßnahmen nach § 270c Absatz 3 und der Verfahrenseröffnung entsprechende Anwendung.

Kommentar:

Durch das Gesetz über den Stabilisierungs- und Restrukturierungsrahmen für Unternehmen (BGBl. I 2020, S. 3256) wurden mit Wirkung zum 1. Januar 2021 die Abs. 2 und 3 neu hinzugefügt.

§ 277 Anordnung der Zustimmungsbedürftigkeit

(1) Auf Antrag der Gläubigerversammlung ordnet das Insolvenzgericht an, daß bestimmte Rechtsgeschäfte des Schuldners nur wirksam sind, wenn der Sachwalter ihnen zustimmt. § 81 Abs. 1 Satz 2 und 3 und § 82 gelten entsprechend. Stimmt der Sachwalter der Begründung einer Masseverbindlichkeit zu, so gilt § 61 entsprechend.

(2) Die Anordnung kann auch auf den Antrag eines absonderungsberechtigten Gläubigers oder eines Insolvenzgläubigers ergehen, wenn sie unaufschiebbar erforderlich ist, um Nachteile für die Gläubiger zu vermeiden. Der Antrag ist nur zulässig, wenn diese Voraussetzung der Anordnung glaubhaft gemacht wird.

(3) Die Anordnung ist öffentlich bekanntzumachen. § 31 gilt entsprechend. Soweit das Recht zur Verfügung über ein Grundstück, ein eingetragenes Schiff, Schiffsbauwerk oder Luftfahrzeug, ein Recht an einem solchen Gegenstand oder ein Recht an einem solchen Recht beschränkt wird, gelten die §§ 32 und 33 entsprechend.

§ 278 Mittel zur Lebensführung des Schuldners

(1) Der Schuldner ist berechtigt, für sich und die in § 100 Abs. 2 Satz 2 genannten Familienangehörigen aus der Insolvenzmasse die Mittel zu entnehmen, die unter Berücksichtigung der bisherigen Lebensverhältnisse des Schuldners eine bescheidene Lebensführung gestatten.

(2) Ist der Schuldner keine natürliche Person, so gilt Absatz 1 entsprechend für die vertretungsberechtigten persönlich haftenden Gesellschafter des Schuldners.

§ 279 Gegenseitige Verträge

Die Vorschriften über die Erfüllung der Rechtsgeschäfte und die Mitwirkung des Betriebsrats (§§ 103 bis 128) gelten mit der Maßgabe, daß an die Stelle des Insolvenzverwalters der Schuldner tritt. Der Schuldner soll seine Rechte nach diesen Vorschriften im Einvernehmen mit dem Sachwalter ausüben. Die Rechte nach den §§ 120, 122 und 126 kann er wirksam nur mit Zustimmung des Sachwalters ausüben.

§ 280 Haftung. Insolvenzanfechtung

Nur der Sachwalter kann die Haftung nach den §§ 92 und 93 für die Insolvenzmasse geltend machen und Rechtshandlungen nach den §§ 129 bis 147 anfechten.

§ 281 Unterrichtung der Gläubiger

(1) Das Verzeichnis der Massegegenstände, das Gläubigerverzeichnis und die Vermögensübersicht (§§ 151 bis 153) hat der Schuldner zu erstellen. Der Sachwalter hat die Verzeichnisse und die

Vermögensübersicht zu prüfen und jeweils schriftlich zu erklären, ob nach dem Ergebnis seiner Prüfung Einwendungen zu erheben sind.

(2) Im Berichtstermin hat der Schuldner den Bericht zu erstatten. Der Sachwalter hat zu dem Bericht Stellung zu nehmen.

(3) Zur Rechnungslegung (§§ 66, 155) ist der Schuldner verpflichtet. Für die Schlußrechnung des Schuldners gilt Absatz 1 Satz 2 entsprechend.

§ 282 Verwertung von Sicherungsgut

(1) Das Recht des Insolvenzverwalters zur Verwertung von Gegenständen, an denen Absonderungsrechte bestehen, steht dem Schuldner zu. Kosten der Feststellung der Gegenstände und der Rechte an diesen werden jedoch nicht erhoben. Als Kosten der Verwertung können nur die tatsächlich entstandenen, für die Verwertung erforderlichen Kosten und der Umsatzsteuerbetrag angesetzt werden.

(2) Der Schuldner soll sein Verwertungsrecht im Einvernehmen mit dem Sachwalter ausüben.

§ 283 Befriedigung der Insolvenzgläubiger

(1) Bei der Prüfung der Forderungen können außer den Insolvenzgläubigern der Schuldner und der Sachwalter angemeldete Forderungen bestreiten. Eine Forderung, die ein Insolvenzgläubiger, der Schuldner oder der Sachwalter bestritten hat, gilt nicht als festgestellt.

(2) Die Verteilungen werden vom Schuldner vorgenommen. Der Sachwalter hat die Verteilungsverzeichnisse zu prüfen und jeweils schriftlich zu erklären, ob nach dem Ergebnis seiner Prüfung Einwendungen zu erheben sind.

§ 284 Insolvenzplan

(1) Ein Auftrag der Gläubigerversammlung zur Ausarbeitung eines Insolvenzplans ist an den Sachwalter oder an den Schuldner zu richten. Der vorläufige Gläubigerausschuss kann einen Auftrag zur Ausarbeitung eines Insolvenzplans an den vorläufigen Sachwalter oder den Schuldner richten. Wird der Auftrag an den Schuldner gerichtet, so wirkt der vorläufige Sachwalter oder der Sachwalter beratend mit.

(2) Eine Überwachung der Planerfüllung ist Aufgabe des Sachwalters.

Kommentar:

Durch das Gesetz über den Stabilisierungs- und Restrukturierungsrahmen für Unternehmen (BGBl. I 2020, S. 3256) wurde mit Wirkung zum 1. Januar 2021 der Abs. 1 geändert.

§ 285 Masseunzulänglichkeit

Masseunzulänglichkeit ist vom Sachwalter dem Insolvenzgericht anzuzeigen.

Neunter Teil – Restschuldbefreiung

§ 286 Grundsatz

Ist der Schuldner eine natürliche Person, so wird er nach Maßgabe der §§ 287 bis 303a von den im Insolvenzverfahren nicht erfüllten Verbindlichkeiten gegenüber den Insolvenzgläubigern befreit.

Kommentar:

Durch das Gesetz zur weiteren Verkürzung des Restschuldbefreiungsverfahrens und zur Anpassung pandemiebedingter Vorschriften im Gesellschafts-, Genossenschafts-, Vereins- und Stiftungsrecht sowie im Miet- und Pachtrecht (BGBl. I 2020, S. 3328) wurde rückwirkend mit Wirkung zum 1. Oktober 2020 der § 286 geändert.

§ 287 Antrag des Schuldners

(1) Die Restschuldbefreiung setzt einen Antrag des Schuldners voraus, der mit seinem Antrag auf Eröffnung des Insolvenzverfahrens verbunden werden soll. Wird er nicht mit diesem verbunden, so ist er innerhalb von zwei Wochen nach dem Hinweis gemäß § 20 Abs. 2 zu stellen. Der Schuldner hat dem Antrag eine Erklärung beizufügen, ob ein Fall des § 287a Absatz 2 Satz 1 Nummer 1 oder 2 vorliegt. Die Richtigkeit und Vollständigkeit der Erklärung nach Satz 3 hat der Schuldner zu versichern.

(2) Dem Antrag ist die Erklärung des Schuldners beizufügen, dass dieser seine pfändbaren Forderungen auf Bezüge aus einem Dienstverhältnis oder auf an deren Stelle tretende laufende Bezüge für den Zeitraum von drei Jahren nach der Eröffnung des Insolvenzverfahrens (Abtretungsfrist) an einen vom Gericht zu bestimmenden Treuhänder abtritt. Ist dem Schuldner auf Grundlage eines nach dem 30. September 2020 gestellten Antrags bereits einmal Restschuldbefreiung erteilt worden, so beträgt die Abtretungsfrist in einem erneuten Verfahren fünf Jahre; der Schuldner hat dem Antrag eine entsprechende Abtretungserklärung beizufügen.

(3) Vereinbarungen des Schuldners sind insoweit unwirksam, als sie die Abtretungserklärung nach Absatz 2 vereiteln oder beeinträchtigen würden.

(4) Die Insolvenzgläubiger, die Forderungen angemeldet haben, sind bis zum Schlusstermin zu dem Antrag des Schuldners zu hören.

Kommentar:
Durch das Gesetz zur weiteren Verkürzung des Restschuldbefreiungsverfahrens und zur Anpassung pandemiebedingter Vorschriften im Gesellschafts-, Genossenschafts-, Vereins- und Stiftungsrecht sowie im Miet- und Pachtrecht (BGBl. I 2020, S. 3328) wurde rückwirkend mit Wirkung zum 1. Oktober 2020 der Abs. 2 geändert.

§ 287a Entscheidung des Insolvenzgerichts

(1) Ist der Antrag auf Restschuldbefreiung zulässig, so stellt das Insolvenzgericht durch Beschluss fest, dass der Schuldner Restschuldbefreiung erlangt, wenn er den Obliegenheiten nach den §§ 295 und 295a nachkommt und die Voraussetzungen für eine Versagung nach den §§ 290, 297 bis 298 nicht vorliegen. Der Beschluss ist öffentlich bekannt zu machen. Gegen den Beschluss steht dem Schuldner die sofortige Beschwerde zu.

(2) Der Antrag auf Restschuldbefreiung ist unzulässig, wenn
1. dem Schuldner in den letzten elf Jahren vor dem Antrag auf Eröffnung des Insolvenzverfahrens oder nach diesem Antrag Restschuldbefreiung erteilt oder wenn ihm die Restschuldbefreiung in den letzten fünf Jahren vor dem Antrag auf Eröffnung des Insolvenzverfahrens oder nach diesem Antrag nach § 297 versagt worden ist oder
2. dem Schuldner in den letzten drei Jahren vor dem Antrag auf Eröffnung des Insolvenzverfahrens oder nach diesem Antrag Restschuldbefreiung nach § 290 Absatz 1 Nummer 5, 6 oder 7 oder nach § 296 versagt worden ist; dies gilt auch im Falle des § 297a, wenn die nachträgliche Versagung auf Gründe nach § 290 Absatz 1 Nummer 5, 6 oder 7 gestützt worden ist.
In diesen Fällen hat das Gericht dem Schuldner Gelegenheit zu geben, den Eröffnungsantrag vor der Entscheidung über die Eröffnung zurückzunehmen.

Kommentar:
Durch das Gesetz zur weiteren Verkürzung des Restschuldbefreiungsverfahrens und zur Anpassung pandemiebedingter Vorschriften im Gesellschafts-, Genossenschafts-, Vereins- und Stiftungsrecht sowie im Miet- und Pachtrecht (BGBl. I 2020, S 3328) wurde rückwirkend mit Wirkung zum 1. Oktober 2020 der Abs. 2 Nr. 1 geändert. Darüber hinaus wurde der Abs. 1 mit Wirkung zum 31. Dezember 2020 geändert.

§ 287b Erwerbsobliegenheit des Schuldners

Ab Beginn der Abtretungsfrist bis zur Beendigung des Insolvenzverfahrens obliegt es dem Schuldner, eine angemessene Erwerbstätigkeit auszuüben und, wenn er ohne Beschäftigung ist, sich um eine solche zu bemühen und keine zumutbare Tätigkeit abzulehnen.

§ 288 Bestimmung des Treuhänders

Der Schuldner und die Gläubiger können dem Insolvenzgericht als Treuhänder eine für den jeweiligen Einzelfall geeignete natürliche Person vorschlagen. Wenn noch keine Entscheidung über die Restschuldbefreiung ergangen ist, bestimmt das Gericht zusammen mit der Entscheidung, mit der es die Aufhebung oder die Einstellung des Insolvenzverfahrens wegen Masseunzulänglichkeit beschließt, den Treuhänder, auf den die pfändbaren Bezüge des Schuldners nach Maßgabe der Abtretungserklärung (§ 287 Absatz 2) übergehen.

§ 289 Einstellung des Insolvenzverfahrens

Im Fall der Einstellung des Insolvenzverfahrens kann Restschuldbefreiung nur erteilt werden, wenn nach Anzeige der Masseunzulänglichkeit die Insolvenzmasse nach § 209 verteilt worden ist und die Einstellung nach § 211 erfolgt.

§ 290 Versagung der Restschuldbefreiung

(1) Die Restschuldbefreiung ist durch Beschluss zu versagen, wenn dies von einem Insolvenzgläubiger, der seine Forderung angemeldet hat, beantragt worden ist und wenn
1. der Schuldner in den letzten fünf Jahren vor dem Antrag auf Eröffnung des Insolvenzverfahrens oder nach diesem Antrag wegen einer Straftat nach den §§ 283 bis 283c des Strafgesetzbuchs rechtskräftig zu einer Geldstrafe von mehr als 90 Tagessätzen oder einer Freiheitsstrafe von mehr als drei Monaten verurteilt worden ist,
2. der Schuldner in den letzten drei Jahren vor dem Antrag auf Eröffnung des Insolvenzverfahrens oder nach diesem Antrag vorsätzlich oder grob fahrlässig schriftlich unrichtige oder unvollständige Angaben über seine wirtschaftlichen Verhältnisse gemacht hat, um einen Kredit zu erhalten, Leistungen aus öffentlichen Mitteln zu beziehen oder Leistungen an öffentliche Kassen zu vermeiden,
3. (weggefallen)
4. der Schuldner in den letzten drei Jahren vor dem Antrag auf Eröffnung des Insolvenzverfahrens oder nach diesem Antrag vorsätzlich oder grob fahrlässig die Befriedigung der Insolvenzgläubiger dadurch beeinträchtigt hat, daß er unangemessene Verbindlichkeiten begründet

oder Vermögen verschwendet oder ohne Aussicht auf eine Besserung seiner wirtschaftlichen Lage die Eröffnung des Insolvenzverfahrens verzögert hat,
5. der Schuldner Auskunfts- oder Mitwirkungspflichten nach diesem Gesetz vorsätzlich oder grob fahrlässig verletzt hat,
6. der Schuldner in der nach § 287 Absatz 1 Satz 3 vorzulegenden Erklärung und in den nach § 305 Absatz 1 Nummer 3 vorzulegenden Verzeichnissen seines Vermögens und seines Einkommens, seiner Gläubiger und der gegen ihn gerichteten Forderungen vorsätzlich oder grob fahrlässig unrichtige oder unvollständige Angaben gemacht hat,
7. der Schuldner seine Erwerbsobliegenheit nach § 287b verletzt und dadurch die Befriedigung der Insolvenzgläubiger beeinträchtigt; dies gilt nicht, wenn den Schuldner kein Verschulden trifft; § 296 Absatz 2 Satz 2 und 3 gilt entsprechend.

(2) Der Antrag des Gläubigers kann bis zum Schlusstermin oder bis zur Entscheidung nach § 211 Absatz 1 schriftlich gestellt werden; er ist nur zulässig, wenn ein Versagungsgrund glaubhaft gemacht wird. Die Entscheidung über den Versagungsantrag erfolgt nach dem gemäß Satz 1 maßgeblichen Zeitpunkt.

(3) Gegen den Beschluss steht dem Schuldner und jedem Insolvenzgläubiger, der die Versagung der Restschuldbefreiung beantragt hat, die sofortige Beschwerde zu. Der Beschluss ist öffentlich bekannt zu machen.

§ 291 (weggefallen)

§ 292 Rechtsstellung des Treuhänders

(1) Der Treuhänder hat den zur Zahlung der Bezüge Verpflichteten über die Abtretung zu unterrichten. Er hat die Beträge, die er durch die Abtretung erlangt, und sonstige Leistungen des Schuldners oder Dritter von seinem Vermögen getrennt zu halten und einmal jährlich auf Grund des Schlußverzeichnisses an die Insolvenzgläubiger zu verteilen, sofern die nach § 4a gestundeten Verfahrenskosten abzüglich der Kosten für die Beiordnung eines Rechtsanwalts berichtigt sind. § 36 Abs. 1 Satz 2, Abs. 4 gilt entsprechend. Der Treuhänder kann die Verteilung längstens bis zum Ende der Abtretungsfrist aussetzen, wenn dies angesichts der Geringfügigkeit der zu verteilenden Beträge angemessen erscheint; er hat dies dem Gericht einmal jährlich unter Angabe der Höhe der erlangten Beträge mitzuteilen.

(2) Die Gläubigerversammlung kann dem Treuhänder zusätzlich die Aufgabe übertragen, die Erfüllung der Obliegenheiten des Schuldners zu überwachen. In diesem Fall hat der Treuhänder die Gläubiger unverzüglich zu benachrichtigen, wenn er einen Verstoß gegen diese Obliegenheiten feststellt. Der Treuhänder ist nur zur Überwachung verpflichtet, soweit die ihm dafür zustehende zusätzliche Vergütung gedeckt ist oder vorgeschossen wird.

(3) Der Treuhänder hat bei der Beendigung seines Amtes dem Insolvenzgericht Rechnung zu legen. Die §§ 58 und 59 gelten entsprechend, § 59 jedoch mit der Maßgabe, daß die Entlassung auch wegen anderer Entlassungsgründe als der fehlenden Unabhängigkeit von jedem Insolvenzgläubiger beantragt werden kann und daß die sofortige Beschwerde jedem Insolvenzgläubiger zusteht.

Kommentar:
Durch das Gesetz über den Stabilisierungs- und Restrukturierungsrahmen für Unternehmen (BGBl. I 2020, S. 3256) wurde mit Wirkung zum 1. Januar 2021 der Abs. 3 Satz 2 geändert.

§ 293 Vergütung des Treuhänders

(1) Der Treuhänder hat Anspruch auf Vergütung für seine Tätigkeit und auf Erstattung angemessener Auslagen.
Dabei ist dem Zeitaufwand des Treuhänders und dem Umfang seiner Tätigkeit Rechnung zu tragen.

(2) § 63 Abs. 2 sowie die §§ 64 und 65 gelten entsprechend.

§ 294 Gleichbehandlung der Gläubiger

(1) Zwangsvollstreckungen für einzelne Insolvenzgläubiger in das Vermögen des Schuldners sind in dem Zeitraum zwischen Beendigung des Insolvenzverfahrens und dem Ende der Abtretungsfrist nicht zulässig.

(2) Jedes Abkommen des Schuldners oder anderer Personen mit einzelnen Insolvenzgläubigern, durch das diesen ein Sondervorteil verschafft wird, ist nichtig.

(3) Eine Aufrechnung gegen die Forderung auf die Bezüge, die von der Abtretungserklärung erfasst werden, ist nicht zulässig.

§ 295 Obliegenheiten des Schuldners

Dem Schuldner obliegt es, in dem Zeitraum zwischen Beendigung des Insolvenzverfahrens und dem Ende der Abtretungsfrist
1. eine angemessene Erwerbstätigkeit auszuüben und, wenn er ohne Beschäftigung ist, sich um eine solche zu bemühen und keine zumutbare Tätigkeit abzulehnen;
2. Vermögen, das er von Todes wegen oder mit Rücksicht auf ein künftiges Erbrecht oder durch Schenkung erwirbt, zur Hälfte des Wertes sowie Vermögen, das er als Gewinn in einer Lotterie,

Ausspielung oder in einem anderen Spiel mit Gewinnmöglichkeit erwirbt, zum vollen Wert an den Treuhänder herauszugeben; von der Herausgabepflicht sind gebräuchliche Gelegenheitsgeschenke und Gewinne von geringem Wert ausgenommen;

3. jeden Wechsel des Wohnsitzes oder der Beschäftigungsstelle unverzüglich dem Insolvenzgericht und dem Treuhänder anzuzeigen, keine von der Abtretungserklärung erfassten Bezüge und kein von Nummer 2 erfasstes Vermögen zu verheimlichen und dem Gericht und dem Treuhänder auf Verlangen Auskunft über seine Erwerbstätigkeit oder seine Bemühungen um eine solche sowie über seine Bezüge und sein Vermögen zu erteilen;

4. Zahlungen zur Befriedigung der Insolvenzgläubiger nur an den Treuhänder zu leisten und keinem Insolvenzgläubiger einen Sondervorteil zu verschaffen;

5. keine unangemessenen Verbindlichkeiten im Sinne des § 290 Absatz 1 Nummer 4 zu begründen.

Auf Antrag des Schuldners stellt das Insolvenzgericht fest, ob ein Vermögenserwerb nach Satz 1 Nummer 2 von der Herausgabeobliegenheit ausgenommen ist.

Kommentar:
Durch das Gesetz zur weiteren Verkürzung des Restschuldbefreiungsverfahrens und zur Anpassung pandemiebedingter Vorschriften im Gesellschafts-, Genossenschafts-, Vereins- und Stiftungsrecht sowie im Miet- und Pachtrecht (BGBl. I 2020, S. 3328) wurde rückwirkend mit Wirkung zum 1. Oktober 2020 der Abs. 1 Nr. 2 geändert. Mit Wirkung zum 31. Dezember 2020 ist die Vorschrift nochmals durch dieses Gesetz geändert worden (Abs. 2 wurde aufgehoben).

§ 295a Obliegenheiten des Schuldners bei selbständiger Tätigkeit

(1) Soweit der Schuldner eine selbständige Tätigkeit ausübt, obliegt es ihm, die Insolvenzgläubiger durch Zahlungen an den Treuhänder so zu stellen, als wenn er ein angemessenes Dienstverhältnis eingegangen wäre. Die Zahlungen sind kalenderjährlich bis zum 31. Januar des Folgejahres zu leisten.

(2) Auf Antrag des Schuldners stellt das Gericht den Betrag fest, der den Bezügen aus dem nach Absatz 1 zugrunde zu legenden Dienstverhältnis entspricht. Der Schuldner hat die Höhe der Bezüge, die er aus einem angemessenen Dienstverhältnis erzielen könnte, glaubhaft zu machen. Der Treuhänder und die Insolvenzgläubiger sind vor der Entscheidung anzuhören. Gegen die Entscheidung steht dem Schuldner und jedem Insolvenzgläubiger die sofortige Beschwerde zu.

Kommentar:
Durch das Gesetz zur weiteren Verkürzung des Restschuldbefreiungsverfahrens und zur Anpassung pandemiebedingter Vorschriften im Gesellschafts-, Genossenschafts-, Vereins- und Stiftungsrecht sowie im Miet- und Pachtrecht (BGBl. I 2020, S. 3328) wurde § 295a mit Wirkung zum 31. Dezember 2020 neu eingefügt.

§ 296 Verstoß gegen Obliegenheiten

(1) Das Insolvenzgericht versagt die Restschuldbefreiung auf Antrag eines Insolvenzgläubigers, wenn der Schuldner in dem Zeitraum zwischen Beendigung des Insolvenzverfahrens und dem Ende der Abtretungsfrist eine seiner Obliegenheiten verletzt und dadurch die Befriedigung der Insolvenzgläubiger beeinträchtigt; dies gilt nicht, wenn den Schuldner kein Verschulden trifft; im Fall des § 295 Satz 1 Nummer 5 bleibt einfache Fahrlässigkeit außer Betracht. Der Antrag kann nur binnen eines Jahres nach dem Zeitpunkt gestellt werden, in dem die Obliegenheitsverletzung dem Gläubiger bekanntgeworden ist. Er ist nur zulässig, wenn die Voraussetzungen der Sätze 1 und 2 glaubhaft gemacht werden.

(2) Vor der Entscheidung über den Antrag sind der Treuhänder, der Schuldner und die Insolvenzgläubiger zu hören. Der Schuldner hat über die Erfüllung seiner Obliegenheiten Auskunft zu erteilen und, wenn es der Gläubiger beantragt, die Richtigkeit dieser Auskunft an Eides Statt zu versichern. Gibt er die Auskunft oder die eidesstattliche Versicherung ohne hinreichende Entschuldigung nicht innerhalb der ihm gesetzten Frist ab oder erscheint er trotz ordnungsgemäßer Ladung ohne hinreichende Entschuldigung nicht zu einem Termin, den das Gericht für die Erteilung der Auskunft oder die eidesstattliche Versicherung anberaumt hat, so ist die Restschuldbefreiung zu versagen.

(3) Gegen die Entscheidung steht dem Antragsteller und dem Schuldner die sofortige Beschwerde zu. Die Versagung der Restschuldbefreiung ist öffentlich bekanntzumachen.

Kommentar:
Änderung des Abs. 1 aufgrund des Gesetzes zur weiteren Verkürzung des Restschuldbefreiungsverfahrens und zur Anpassung pandemiebedingter Vorschriften im Gesellschafts-, Genossenschafts-, Vereins- und Stiftungsrecht sowie im Miet- und Pachtrecht (BGBl. I 2020, S. 3328). Die Änderung ist rückwirkend zum 1. Oktober 2020 in Kraft getreten. Mit Wirkung zum 31. Dezember 2020 ist die Vorschrift – an derselben Textstelle – nochmals durch das Gesetz geändert worden.

§ 297 Insolvenzstraftaten

(1) Das Insolvenzgericht versagt die Restschuldbefreiung auf Antrag eines Insolvenzgläubigers, wenn der Schuldner in dem Zeitraum zwischen Schlusstermin und Aufhebung des Insolvenzverfahrens oder in dem Zeitraum zwischen Beendigung des Insolvenzverfahrens und dem Ende der Abtretungsfrist wegen einer Straftat nach den §§ 283 bis 283c des Strafgesetzbuchs rechtskräftig zu einer Geldstrafe von mehr als 90 Tagessätzen oder einer Freiheitsstrafe von mehr als drei Monaten verurteilt wird.

(2) § 296 Absatz 1 Satz 2 und 3, Absatz 3 gilt entsprechend.

§ 297a Nachträglich bekannt gewordene Versagungsgründe

(1) Das Insolvenzgericht versagt die Restschuldbefreiung auf Antrag eines Insolvenzgläubigers, wenn sich nach dem Schlusstermin oder im Falle des § 211 nach der Einstellung herausstellt, dass ein Versagungsgrund nach § 290 Absatz 1 vorgelegen hat. Der Antrag kann nur binnen sechs Monaten nach dem Zeitpunkt gestellt werden, zu dem der Versagungsgrund dem Gläubiger bekannt geworden ist. Er ist nur zulässig, wenn glaubhaft gemacht wird, dass die Voraussetzungen der Sätze 1 und 2 vorliegen und dass der Gläubiger bis zu dem gemäß Satz 1 maßgeblichen Zeitpunkt keine Kenntnis von ihnen hatte.

(2) § 296 Absatz 3 gilt entsprechend.

§ 298 Deckung der Mindestvergütung des Treuhänders

(1) Das Insolvenzgericht versagt die Restschuldbefreiung auf Antrag des Treuhänders, wenn die an diesen abgeführten Beträge für das vorangegangene Jahr seiner Tätigkeit die Mindestvergütung nicht decken und der Schuldner den fehlenden Betrag nicht einzahlt, obwohl ihn der Treuhänder schriftlich zur Zahlung binnen einer Frist von mindestens zwei Wochen aufgefordert und ihn dabei auf die Möglichkeit der Versagung der Restschuldbefreiung hingewiesen hat. Dies gilt nicht, wenn die Kosten des Insolvenzverfahrens nach § 4a gestundet wurden.

(2) Vor der Entscheidung ist der Schuldner zu hören. Die Versagung unterbleibt, wenn der Schuldner binnen zwei Wochen nach Aufforderung durch das Gericht den fehlenden Betrag einzahlt oder ihm dieser entsprechend § 4a gestundet wird.

(3) § 296 Abs. 3 gilt entsprechend.

§ 299 Vorzeitige Beendigung

Wird die Restschuldbefreiung nach den §§ 296, 297, 297a oder 298 versagt, so enden die Abtretungsfrist, das Amt des Treuhänders und die Beschränkung der Rechte der Gläubiger mit der Rechtskraft der Entscheidung.

§ 300 Entscheidung über die Restschuldbefreiung

(1) Das Insolvenzgericht entscheidet nach dem regulären Ablauf der Abtretungsfrist über die Erteilung der Restschuldbefreiung. Der Beschluss ergeht nach Anhörung der Insolvenzgläubiger, des Insolvenzverwalters oder Treuhänders und des Schuldners. Eine nach Satz 1 erteilte Restschuldbefreiung gilt als mit Ablauf der Abtretungsfrist erteilt.

(2) Wurden im Insolvenzverfahren keine Forderungen angemeldet oder sind die Insolvenzforderungen befriedigt worden und hat der Schuldner die Kosten des Verfahrens und die sonstigen Masseverbindlichkeiten berichtigt, so entscheidet das Gericht auf Antrag des Schuldners schon vor Ablauf der Abtretungsfrist über die Erteilung der Restschuldbefreiung. Absatz 1 Satz 2 gilt entsprechend. Das Vorliegen der Voraussetzungen nach Satz 1 ist vom Schuldner glaubhaft zu machen. Wird die Restschuldbefreiung nach Satz 1 erteilt, so gelten die § 299 und § 300a entsprechend.

(3) Das Insolvenzgericht versagt die Restschuldbefreiung auf Antrag eines Insolvenzgläubigers, wenn die Voraussetzungen des § 290 Absatz 1, des § 296 Absatz 1 oder Absatz 2 Satz 3, des § 297 oder des § 297a vorliegen, oder auf Antrag des Treuhänders, wenn die Voraussetzungen des § 298 vorliegen.

(4) Der Beschluss ist öffentlich bekannt zu machen. Gegen den Beschluss steht dem Schuldner und jedem Insolvenzgläubiger, der bei der Anhörung nach Absatz 1 oder Absatz 2 die Versagung der Restschuldbefreiung beantragt oder der das Nichtvorliegen der Voraussetzungen einer vorzeitigen Restschuldbefreiung nach Absatz 2 geltend gemacht hat, die sofortige Beschwerde zu.

Kommentar:
Durch das Gesetz zur weiteren Verkürzung des Restschuldbefreiungsverfahrens und zur Anpassung pandemiebedingter Vorschriften im Gesellschafts-, Genossenschafts-, Vereins- und Stiftungsrecht sowie im Miet- und Pachtrecht (BGBl. I 2020, S. 3328) wurde rückwirkend mit Wirkung zum 1. Oktober 2020 der § 300 neu gefasst.

§300a Neuerwerb im laufenden Insolvenzverfahren

(1) Wird dem Schuldner Restschuldbefreiung erteilt, gehört das Vermögen, das der Schuldner nach Ende der Abtretungsfrist oder nach Eintritt der Voraussetzungen des § 300 Absatz 2 Satz 1 erwirbt, nicht mehr zur Insolvenzmasse. Satz 1 gilt nicht für Vermögensbestandteile, die auf Grund einer Anfechtung des Insolvenzverwalters zur Insolvenzmasse zurückgewährt werden oder die auf Grund eines vom Insolvenzverwalter geführten Rechtsstreits oder auf Grund Verwertungshandlungen des Insolvenzverwalters zur Insolvenzmasse gehören.

(2) Bis zur rechtskräftigen Erteilung der Restschuldbefreiung hat der Verwalter den Neuerwerb, der dem Schuldner zusteht, treuhänderisch zu vereinnahmen und zu verwalten. Nach rechtskräftiger Erteilung der Restschuldbefreiung findet die Vorschrift des § 89 keine Anwendung. Der Insolvenzverwalter hat bei Rechtskraft der Erteilung der Restschuldbefreiung dem Schuldner den Neuerwerb herauszugeben und über die Verwaltung des Neuerwerbs Rechnung zu legen.

(3) Der Insolvenzverwalter hat für seine Tätigkeit nach Absatz 2, sofern Restschuldbefreiung rechtskräftig erteilt wird, gegenüber dem Schuldner Anspruch auf Vergütung und auf Erstattung angemessener Auslagen. § 293 gilt entsprechend.

Kommentar:
Durch das Gesetz zur weiteren Verkürzung des Restschuldbefreiungsverfahrens und zur Anpassung pandemiebedingter Vorschriften im Gesellschafts-, Genossenschafts-, Vereins- und Stiftungsrecht sowie im Miet- und Pachtrecht (BGBl. I 2020, S. 3328) wurde rückwirkend mit Wirkung zum 1. Oktober 2020 der Abs. 1 geändert.

§ 301 Wirkung der Restschuldbefreiung

(1) Wird die Restschuldbefreiung erteilt, so wirkt sie gegen alle Insolvenzgläubiger. Dies gilt auch für Gläubiger, die ihre Forderungen nicht angemeldet haben.

(2) Die Rechte der Insolvenzgläubiger gegen Mitschuldner und Bürgen des Schuldners sowie die Rechte dieser Gläubiger aus einer zu ihrer Sicherung eingetragenen Vormerkung oder aus einem Recht, das im Insolvenzverfahren zur abgesonderten Befriedigung berechtigt, werden durch die Restschuldbefreiung nicht berührt. Der Schuldner wird jedoch gegenüber dem Mitschuldner, dem Bürgen oder anderen Rückgriffsberechtigten in gleicher Weise befreit wie gegenüber den Insolvenzgläubigern.

(3) Wird ein Gläubiger befriedigt, obwohl er auf Grund der Restschuldbefreiung keine Befriedigung zu beanspruchen hat, so begründet dies keine Pflicht zur Rückgewähr des Erlangten.

(4) Ein allein aufgrund der Insolvenz des Schuldners erlassenes Verbot, eine gewerbliche, geschäftliche, handwerkliche oder freiberufliche Tätigkeit aufzunehmen oder auszuüben, tritt mit Rechtskraft der Erteilung der Restschuldbefreiung außer Kraft. Satz 1 gilt nicht für die Versagung und die Aufhebung einer Zulassung zu einer erlaubnispflichtigen Tätigkeit.

Kommentar:
Durch das Gesetz zur weiteren Verkürzung des Restschuldbefreiungsverfahrens und zur Anpassung pandemiebedingter Vorschriften im Gesellschafts-, Genossenschafts-, Vereins- und Stiftungsrecht sowie im Miet- und Pachtrecht (BGBl. I 2020, S. 3328) wurde rückwirkend mit Wirkung zum 1. Oktober 2020 der Abs. 4 angefügt.

§ 302 Ausgenommene Forderungen

Von der Erteilung der Restschuldbefreiung werden nicht berührt:

1. Verbindlichkeiten des Schuldners aus einer vorsätzlich begangenen unerlaubten Handlung, aus rückständigem gesetzlichen Unterhalt, den der Schuldner vorsätzlich pflichtwidrig nicht gewährt hat, oder aus einem Steuerschuldverhältnis, sofern der Schuldner im Zusammenhang damit wegen einer Steuerstraftat nach den §§ 370, 373 oder § 374 der Abgabenordnung rechtskräftig verurteilt worden ist; der Gläubiger hat die entsprechende Forderung unter Angabe dieses Rechtsgrundes nach § 174 Absatz 2 anzumelden;
2. Geldstrafen und die diesen in § 39 Abs. 1 Nr. 3 gleichgestellten Verbindlichkeiten des Schuldners;
3. Verbindlichkeiten aus zinslosen Darlehen, die dem Schuldner zur Begleichung der Kosten des Insolvenzverfahrens gewährt wurden.

§ 303 Widerruf der Restschuldbefreiung

(1) Auf Antrag eines Insolvenzgläubigers widerruft das Insolvenzgericht die Erteilung der Restschuldbefreiung, wenn

1. sich nachträglich herausstellt, dass der Schuldner eine seiner Obliegenheiten vorsätzlich verletzt und dadurch die Befriedigung der Insolvenzgläubiger erheblich beeinträchtigt hat,
2. sich nachträglich herausstellt, dass der Schuldner während der Abtretungsfrist nach Maßgabe von § 297 Absatz 1 verurteilt worden ist, oder wenn der Schuldner erst nach Erteilung der Restschuldbefreiung wegen einer bis zum Ende der Abtretungsfrist begangenen Straftat nach Maßgabe von § 297 Absatz 1 verurteilt wird oder
3. der Schuldner nach Erteilung der Restschuldbefreiung Auskunfts- oder Mitwirkungspflichten vorsätzlich oder grob fahrlässig verletzt hat, die ihm nach diesem Gesetz während des Insolvenzverfahrens obliegen.

(2) Der Antrag des Gläubigers ist nur zulässig, wenn er innerhalb eines Jahres nach der Rechtskraft der Entscheidung über die Restschuldbefreiung gestellt wird; ein Widerruf nach Absatz 1 Nummer 3 kann bis zu sechs Monate nach rechtskräftiger Aufhebung des Insolvenzverfahrens beantragt werden. Der Gläubiger hat die Voraussetzungen des Widerrufsgrundes glaubhaft zu machen. In den Fällen des Absatzes 1 Nummer 1 hat der Gläubiger zudem glaubhaft zu machen, dass er bis zur Rechtskraft der Entscheidung keine Kenntnis vom Widerrufsgrund hatte.

(3) Vor der Entscheidung sind der Schuldner und in den Fällen des Absatzes 1 Nummer 1 und 3 auch der Treuhänder oder Insolvenzverwalter zu hören. Gegen die Entscheidung steht dem Antragsteller und dem Schuldner die sofortige Beschwerde zu. Die Entscheidung, durch welche die Restschuldbefreiung widerrufen wird, ist öffentlich bekanntzumachen.

§ 303a Eintragung in das Schuldnerverzeichnis

Das Insolvenzgericht ordnet die Eintragung in das Schuldnerverzeichnis nach § 882b der Zivilprozessordnung an. Eingetragen werden Schuldner,

1. denen die Restschuldbefreiung nach den §§ 290, 296, 297 oder 297a oder auf Antrag eines Insolvenzgläubigers nach § 300 Absatz 3 versagt worden ist,
2. deren Restschuldbefreiung widerrufen worden ist.

Es übermittelt die Anordnung unverzüglich elektronisch dem zentralen Vollstreckungsgericht nach § 882h Absatz 1 der Zivilprozessordnung. § 882c Absatz 2 und 3 der Zivilprozessordnung gilt entsprechend.

Zehnter Teil – Verbraucherinsolvenzverfahren

§ 304 Grundsatz

(1) Ist der Schuldner eine natürliche Person, die keine selbständige wirtschaftliche Tätigkeit ausübt oder ausgeübt hat, so gelten für das Verfahren die allgemeinen Vorschriften, soweit in diesem Teil nichts anderes bestimmt ist. Hat der Schuldner eine selbständige wirtschaftliche Tätigkeit ausgeübt, so findet Satz 1 Anwendung, wenn seine Vermögensverhältnisse überschaubar sind und gegen ihn keine Forderungen aus Arbeitsverhältnissen bestehen.

(2) Überschaubar sind die Vermögensverhältnisse im Sinne von Absatz 1 Satz 2 nur, wenn der Schuldner zu dem Zeitpunkt, zu dem der Antrag auf Eröffnung des Insolvenzverfahrens gestellt wird, weniger als 20 Gläubiger hat.

§ 305 Eröffnungsantrag des Schuldners

(1) Mit dem schriftlich einzureichenden Antrag auf Eröffnung des Insolvenzverfahrens oder unverzüglich nach diesem Antrag hat der Schuldner vorzulegen:

1. eine Bescheinigung, die von einer geeigneten Person oder Stelle auf der Grundlage persönlicher Beratung und eingehender Prüfung der Einkommens- und Vermögensverhältnisse des Schuldners ausgestellt ist und aus der sich ergibt, daß eine außergerichtliche Einigung mit den Gläubigern über die Schuldenbereinigung auf der Grundlage eines Plans innerhalb der letzten sechs Monate vor dem Eröffnungsantrag erfolglos versucht worden ist; der Plan ist beizufügen und die wesentlichen Gründe für sein Scheitern sind darzulegen; die Länder können bestimmen, welche Personen oder Stellen als geeignet anzusehen sind;
2. den Antrag auf Erteilung von Restschuldbefreiung (§ 287) oder die Erklärung, dass Restschuldbefreiung nicht beantragt werden soll;
3. ein Verzeichnis des vorhandenen Vermögens und des Einkommens (Vermögensverzeichnis), eine Zusammenfassung des wesentlichen Inhalts dieses Verzeichnisses (Vermögensübersicht), ein Verzeichnis der Gläubiger und ein Verzeichnis der gegen ihn gerichteten Forderungen; den Verzeichnissen und der Vermögensübersicht ist die Erklärung beizufügen, dass die enthaltenen Angaben richtig und vollständig sind;
4. einen Schuldenbereinigungsplan; dieser kann alle Regelungen enthalten, die unter Berücksichtigung der Gläubigerinteressen sowie der Vermögens-, Einkommens- und Familienverhältnisse des Schuldners geeignet sind, zu einer angemessenen Schuldenbereinigung zu führen; in den Plan ist aufzunehmen, ob und inwieweit Bürgschaften,

Pfandrechte und andere Sicherheiten der Gläubiger vom Plan berührt werden sollen.

(2) In dem Verzeichnis der Forderungen nach Absatz 1 Nr. 3 kann auch auf beigefügte Forderungsaufstellungen der Gläubiger Bezug genommen werden. Auf Aufforderung des Schuldners sind die Gläubiger verpflichtet, auf ihre Kosten dem Schuldner zur Vorbereitung des Forderungsverzeichnisses eine schriftliche Aufstellung ihrer gegen diesen gerichteten Forderungen zu erteilen; insbesondere haben sie ihm die Höhe ihrer Forderungen und deren Aufgliederung in Hauptforderung, Zinsen und Kosten anzugeben. Die Aufforderung des Schuldners muß einen Hinweis auf einen bereits bei Gericht eingereichten oder in naher Zukunft beabsichtigten Antrag auf Eröffnung eines Insolvenzverfahrens enthalten.

(3) Hat der Schuldner die amtlichen Formulare nach Absatz 5 nicht vollständig ausgefüllt abgegeben, fordert ihn das Insolvenzgericht auf, das Fehlende unverzüglich zu ergänzen. Kommt der Schuldner dieser Aufforderung nicht binnen eines Monats nach, so gilt sein Antrag auf Eröffnung des Insolvenzverfahrens als zurückgenommen. Im Falle des § 306 Abs. 3 Satz 3 beträgt die Frist drei Monate.

(4) Der Schuldner kann sich vor dem Insolvenzgericht von einer geeigneten Person oder einem Angehörigen einer als geeignet anerkannten Stelle im Sinne des Absatzes 1 Nr. 1 vertreten lassen. Für die Vertretung des Gläubigers gilt § 174 Abs. 1 Satz 3 entsprechend.

(5) Das Bundesministerium der Justiz und für Verbraucherschutz wird ermächtigt, durch Rechtsverordnung mit Zustimmung des Bundesrates zur Vereinfachung des Verbraucherinsolvenzverfahrens für die Beteiligten Formulare für die nach Absatz 1 Nummer 1 bis 4 vorzulegenden Bescheinigungen, Anträge und Verzeichnisse einzuführen. Soweit nach Satz 1 Formulare eingeführt sind, muß sich der Schuldner ihrer bedienen. Für Verfahren bei Gerichten, die die Verfahren maschinell bearbeiten und für Verfahren bei Gerichten, die die Verfahren nicht maschinell bearbeiten, können unterschiedliche Formulare eingeführt werden.

§ 305a Scheitern der außergerichtlichen Schuldenbereinigung

Der Versuch, eine außergerichtliche Einigung mit den Gläubigern über die Schuldenbereinigung herbeizuführen, gilt als gescheitert, wenn ein Gläubiger die Zwangsvollstreckung betreibt, nachdem die Verhandlungen über die außergerichtliche Schuldenbereinigung aufgenommen wurden.

§ 306 Ruhen des Verfahrens

(1) Das Verfahren über den Antrag auf Eröffnung des Insolvenzverfahrens ruht bis zur Entscheidung über den Schuldenbereinigungsplan. Dieser Zeitraum soll drei Monate nicht überschreiten. Das Gericht ordnet nach Anhörung des Schuldners die Fortsetzung des Verfahrens über den Eröffnungsantrag an, wenn nach seiner freien Überzeugung der Schuldenbereinigungsplan voraussichtlich nicht angenommen wird.

(2) Absatz 1 steht der Anordnung von Sicherungsmaßnahmen nicht entgegen. Ruht das Verfahren, so hat der Schuldner in der für die Zustellung erforderlichen Zahl Abschriften des Schuldenbereinigungsplans und der Vermögensübersicht innerhalb von zwei Wochen nach Aufforderung durch das Gericht nachzureichen. § 305 Abs. 3 Satz 2 gilt entsprechend.

(3) Beantragt ein Gläubiger die Eröffnung des Verfahrens, so hat das Insolvenzgericht vor der Entscheidung über die Eröffnung dem Schuldner Gelegenheit zu geben, ebenfalls einen Antrag zu stellen. Stellt der Schuldner einen Antrag, so gilt Absatz 1 auch für den Antrag des Gläubigers. In diesem Fall hat der Schuldner zunächst eine außergerichtliche Einigung nach § 305 Abs. 1 Nr. 1 zu versuchen.

§ 307 Zustellung an die Gläubiger

(1) Das Insolvenzgericht stellt den vom Schuldner genannten Gläubigern den Schuldenbereinigungsplan sowie die Vermögensübersicht zu und fordert die Gläubiger zugleich auf, binnen einer Notfrist von einem Monat zu den in § 305 Abs. 1 Nr. 3 genannten Verzeichnissen und zu dem Schuldenbereinigungsplan Stellung zu nehmen; die Gläubiger sind darauf hinzuweisen, dass die Verzeichnisse beim Insolvenzgericht zur Einsicht niedergelegt sind. Zugleich ist jedem Gläubiger mit ausdrücklichem Hinweis auf die Rechtsfolgen des § 308 Abs. 3 Satz 2 Gelegenheit zu geben, binnen der Frist nach Satz 1 die Angaben über seine Forderungen in dem beim Insolvenzgericht zur Einsicht niedergelegten Forderungsverzeichnis zu überprüfen und erforderlichenfalls zu ergänzen. Auf die Zustellung nach Satz 1 ist § 8 Abs. 1 Satz 2, 3, Abs. 2 und 3 nicht anzuwenden.

(2) Geht binnen der Frist nach Absatz 1 Satz 1 bei Gericht die Stellungnahme eines Gläubigers nicht ein, so gilt dies als Einverständnis mit dem Schuldenbereinigungsplan. Darauf ist in der Aufforderung hinzuweisen.

(3) Nach Ablauf der Frist nach Absatz 1 Satz 1 ist dem Schuldner Gelegenheit zu geben, den Schuldenbereinigungsplan binnen einer vom Gericht zu bestimmenden Frist zu ändern oder zu ergänzen, wenn dies auf Grund der Stellungnahme eines Gläubigers erforderlich oder zur Förderung einer einverständlichen Schuldenbereinigung sinnvoll erscheint. Die Änderungen oder Ergänzungen

sind den Gläubigern zuzustellen, soweit dies erforderlich ist. Absatz 1 Satz 1, 3 und Absatz 2 gelten entsprechend.

§ 308 Annahme des Schuldenbereinigungsplans

(1) Hat kein Gläubiger Einwendungen gegen den Schuldenbereinigungsplan erhoben oder wird die Zustimmung nach § 309 ersetzt, so gilt der Schuldenbereinigungsplan als angenommen; das Insolvenzgericht stellt dies durch Beschluß fest. Der Schuldenbereinigungsplan hat die Wirkung eines Vergleichs im Sinne des § 794 Abs. 1 Nr. 1 der Zivilprozeßordnung. Den Gläubigern und dem Schuldner ist eine Ausfertigung des Schuldenbereinigungsplans und des Beschlusses nach Satz 1 zuzustellen.

(2) Die Anträge auf Eröffnung des Insolvenzverfahrens und auf Erteilung von Restschuldbefreiung gelten als zurückgenommen.

(3) Soweit Forderungen in dem Verzeichnis des Schuldners nicht enthalten sind und auch nicht nachträglich bei dem Zustandekommen des Schuldenbereinigungsplans berücksichtigt worden sind, können die Gläubiger von dem Schuldner Erfüllung verlangen. Dies gilt nicht, soweit ein Gläubiger die Angaben über seine Forderung in dem beim Insolvenzgericht zur Einsicht niedergelegten Forderungsverzeichnis nicht innerhalb der gesetzten Frist ergänzt hat, obwohl ihm der Schuldenbereinigungsplan übersandt wurde und die Forderung vor dem Ablauf der Frist entstanden war; insoweit erlischt die Forderung.

§ 309 Ersetzung der Zustimmung

(1) Hat dem Schuldenbereinigungsplan mehr als die Hälfte der benannten Gläubiger zugestimmt und beträgt die Summe der Ansprüche der zustimmenden Gläubiger mehr als die Hälfte der Summe der Ansprüche der benannten Gläubiger, so ersetzt das Insolvenzgericht auf Antrag eines Gläubigers oder des Schuldners die Einwendungen eines Gläubigers gegen den Schuldenbereinigungsplan durch eine Zustimmung. Dies gilt nicht, wenn
1. der Gläubiger, der Einwendungen erhoben hat, im Verhältnis zu den übrigen Gläubigern nicht angemessen beteiligt wird oder
2. dieser Gläubiger durch den Schuldenbereinigungsplan voraussichtlich wirtschaftlich schlechter gestellt wird, als er bei Durchführung des Verfahrens über die Anträge auf Eröffnung des Insolvenzverfahrens und Erteilung von Restschuldbefreiung stünde; hierbei ist im Zweifel zugrunde zu legen, daß die Einkommens-, Vermögens- und Familienverhältnisse des Schuldners zum Zeitpunkt des Antrags nach Satz 1 während der gesamten Dauer des Verfahrens maßgeblich bleiben.

(2) Vor der Entscheidung ist der Gläubiger zu hören. Die Gründe, die gemäß Absatz 1 Satz 2 einer Ersetzung seiner Einwendungen durch eine Zustimmung entgegenstehen, hat er glaubhaft zu machen. Gegen den Beschluß steht dem Antragsteller und dem Gläubiger, dessen Zustimmung ersetzt wird, die sofortige Beschwerde zu. § 4a Abs. 2 gilt entsprechend.

(3) Macht ein Gläubiger Tatsachen glaubhaft, aus denen sich ernsthafte Zweifel ergeben, ob eine vom Schuldner angegebene Forderung besteht oder sich auf einen höheren oder niedrigeren Betrag richtet als angegeben, und hängt vom Ausgang des Streits ab, ob der Gläubiger im Verhältnis zu den übrigen Gläubigern angemessen beteiligt wird (Absatz 1 Satz 2 Nr. 1), so kann die Zustimmung dieses Gläubigers nicht ersetzt werden.

§ 310 Kosten

Die Gläubiger haben gegen den Schuldner keinen Anspruch auf Erstattung der Kosten, die ihnen im Zusammenhang mit dem Schuldenbereinigungsplan entstehen.

§ 311 Aufnahme des Verfahrens über den Eröffnungsantrag

Werden Einwendungen gegen den Schuldenbereinigungsplan erhoben, die nicht gemäß § 309 durch gerichtliche Zustimmung ersetzt werden, so wird das Verfahren über den Eröffnungsantrag von Amts wegen wieder aufgenommen.

§ 312 (weggefallen)

§ 313 (weggefallen)

§ 314 (weggefallen)

Elfter Teil – Besondere Arten des Insolvenzverfahrens

Erster Abschnitt – Nachlaßinsolvenzverfahren

§ 315 Örtliche Zuständigkeit

Für das Insolvenzverfahren über einen Nachlaß ist ausschließlich das Insolvenzgericht örtlich zuständig, in dessen Bezirk der Erblasser zur Zeit seines Todes seinen allgemeinen Gerichtsstand hatte. Lag der Mittelpunkt einer selbständigen wirtschaftlichen Tätigkeit des Erblassers an einem anderen Ort, so ist ausschließlich das Insolvenzgericht zuständig, in dessen Bezirk dieser Ort liegt.

§ 316 Zulässigkeit der Eröffnung

(1) Die Eröffnung des Insolvenzverfahrens wird nicht dadurch ausgeschlossen, daß der Erbe die Erbschaft noch nicht angenommen hat oder daß er

für die Nachlaßverbindlichkeiten unbeschränkt haftet.

(2) Sind mehrere Erben vorhanden, so ist die Eröffnung des Verfahrens auch nach der Teilung des Nachlasses zulässig.

(3) Über einen Erbteil findet ein Insolvenzverfahren nicht statt.

§ 317 Antragsberechtigte

(1) Zum Antrag auf Eröffnung des Insolvenzverfahrens über einen Nachlaß ist jeder Erbe, der Nachlaßverwalter sowie ein anderer Nachlaßpfleger, ein Testamentsvollstrecker, dem die Verwaltung des Nachlasses zusteht, und jeder Nachlaßgläubiger berechtigt.

(2) Wird der Antrag nicht von allen Erben gestellt, so ist er zulässig, wenn der Eröffnungsgrund glaubhaft gemacht wird. Das Insolvenzgericht hat die übrigen Erben zu hören.

(3) Steht die Verwaltung des Nachlasses einem Testamentsvollstrecker zu, so ist, wenn der Erbe die Eröffnung beantragt, der Testamentsvollstrecker, wenn der Testamentsvollstrecker den Antrag stellt, der Erbe zu hören.

§ 318 Antragsrecht beim Gesamtgut

(1) Gehört der Nachlaß zum Gesamtgut einer Gütergemeinschaft, so kann sowohl der Ehegatte, der Erbe ist, als auch der Ehegatte, der nicht Erbe ist, aber das Gesamtgut allein oder mit seinem Ehegatten gemeinschaftlich verwaltet, die Eröffnung des Insolvenzverfahrens über den Nachlaß beantragen. Die Zustimmung des anderen Ehegatten ist nicht erforderlich. Die Ehegatten behalten das Antragsrecht, wenn die Gütergemeinschaft endet.

(2) Wird der Antrag nicht von beiden Ehegatten gestellt, so ist er zulässig, wenn der Eröffnungsgrund glaubhaft gemacht wird. Das Insolvenzgericht hat den anderen Ehegatten zu hören.

(3) Die Absätze 1 und 2 gelten für Lebenspartner entsprechend.

§ 319 Antragsfrist

Der Antrag eines Nachlaßgläubigers auf Eröffnung des Insolvenzverfahrens ist unzulässig, wenn seit der Annahme der Erbschaft zwei Jahre verstrichen sind.

§ 320 Eröffnungsgründe

Gründe für die Eröffnung des Insolvenzverfahrens über einen Nachlaß sind die Zahlungsunfähigkeit und die Überschuldung. Beantragt der Erbe, der Nachlaßverwalter oder ein anderer Nachlaßpfleger oder ein Testamentsvollstrecker die Eröffnung des Verfahrens, so ist auch die drohende Zahlungsunfähigkeit Eröffnungsgrund.

§ 321 Zwangsvollstreckung nach Erbfall

Maßnahmen der Zwangsvollstreckung in den Nachlaß, die nach dem Eintritt des Erbfalls erfolgt sind, gewähren kein Recht zur abgesonderten Befriedigung.

§ 322 Anfechtbare Rechtshandlungen des Erben

Hat der Erbe vor der Eröffnung des Insolvenzverfahrens aus dem Nachlaß Pflichtteilsansprüche, Vermächtnisse oder Auflagen erfüllt, so ist diese Rechtshandlung in gleicher Weise anfechtbar wie eine unentgeltliche Leistung des Erben.

§ 323 Aufwendungen des Erben

Dem Erben steht wegen der Aufwendungen, die ihm nach den §§ 1978, 1979 des Bürgerlichen Gesetzbuchs aus dem Nachlaß zu ersetzen sind, ein Zurückbehaltungsrecht nicht zu.

§ 324 Masseverbindlichkeiten

(1) Masseverbindlichkeiten sind außer den in den §§ 54, 55 bezeichneten Verbindlichkeiten:

1. die Aufwendungen, die dem Erben nach den §§ 1978, 1979 des Bürgerlichen Gesetzbuchs aus dem Nachlaß zu ersetzen sind;
2. die Kosten der Beerdigung des Erblassers;
3. die im Falle der Todeserklärung des Erblassers dem Nachlaß zur Last fallenden Kosten des Verfahrens;
4. die Kosten der Eröffnung einer Verfügung des Erblassers von Todes wegen, der gerichtlichen Sicherung des Nachlasses, einer Nachlaßpflegschaft, des Aufgebots der Nachlaßgläubiger und der Inventarerrichtung;
5. die Verbindlichkeiten aus den von einem Nachlaßpfleger oder einem Testamentsvollstrecker vorgenommenen Rechtsgeschäften;
6. die Verbindlichkeiten, die für den Erben gegenüber einem Nachlaßpfleger, einem Testamentsvollstrecker oder einem Erben, der die Erbschaft ausgeschlagen hat, aus der Geschäftsführung dieser Personen entstanden sind, soweit die Nachlaßgläubiger verpflichtet wären, wenn die bezeichneten Personen die Geschäfte für sie zu besorgen gehabt hätten.

(2) Im Falle der Masseunzulänglichkeit haben die in Absatz 1 bezeichneten Verbindlichkeiten den Rang des § 209 Abs. 1 Nr. 3.

§ 325 Nachlaßverbindlichkeiten

Im Insolvenzverfahren über einen Nachlaß können nur die Nachlaßverbindlichkeiten geltend gemacht werden.

§ 326 Ansprüche des Erben

(1) Der Erbe kann die ihm gegen den Erblasser zustehenden Ansprüche geltend machen.

(2) Hat der Erbe eine Nachlaßverbindlichkeit erfüllt, so tritt er, soweit nicht die Erfüllung nach § 1979 des Bürgerlichen Gesetzbuchs als für Rechnung des Nachlasses erfolgt gilt, an die Stelle des Gläubigers, es sei denn, daß er für die Nachlaßverbindlichkeiten unbeschränkt haftet.

(3) Haftet der Erbe einem einzelnen Gläubiger gegenüber unbeschränkt, so kann er dessen Forderung für den Fall geltend machen, daß der Gläubiger sie nicht geltend macht.

§ 327 Nachrangige Verbindlichkeiten

(1) Im Rang nach den in § 39 bezeichneten Verbindlichkeiten und in folgender Rangfolge, bei gleichem Rang nach dem Verhältnis ihrer Beträge, werden erfüllt:
1. die Verbindlichkeiten gegenüber Pflichtteilsberechtigten;
2. die Verbindlichkeiten aus den vom Erblasser angeordneten Vermächtnissen und Auflagen;
3. (weggefallen)

(2) Ein Vermächtnis, durch welches das Recht des Bedachten auf den Pflichtteil nach § 2307 des Bürgerlichen Gesetzbuchs ausgeschlossen wird, steht, soweit es den Pflichtteil nicht übersteigt, im Rang den Pflichtteilsrechten gleich. Hat der Erblasser durch Verfügung von Todes wegen angeordnet, daß ein Vermächtnis oder eine Auflage vor einem anderen Vermächtnis oder einer anderen Auflage erfüllt werden soll, so hat das Vermächtnis oder die Auflage den Vorrang.

(3) Eine Verbindlichkeit, deren Gläubiger im Wege des Aufgebotsverfahrens ausgeschlossen ist oder nach § 1974 des Bürgerlichen Gesetzbuchs einem ausgeschlossenen Gläubiger gleichsteht, wird erst nach den in § 39 bezeichneten Verbindlichkeiten und, soweit sie zu den in Absatz 1 bezeichneten Verbindlichkeiten gehört, erst nach den Verbindlichkeiten erfüllt, mit denen sie ohne die Beschränkung gleichen Rang hätte. Im übrigen wird durch die Beschränkungen an der Rangordnung nichts geändert.

§ 328 Zurückgewährte Gegenstände

(1) Was infolge der Anfechtung einer vom Erblasser oder ihm gegenüber vorgenommenen Rechtshandlung zur Insolvenzmasse zurückgewährt wird, darf nicht zur Erfüllung der in § 327 Abs. 1 bezeichneten Verbindlichkeiten verwendet werden.

(2) Was der Erbe auf Grund der §§ 1978 bis 1980 des Bürgerlichen Gesetzbuchs zur Masse zu ersetzen hat, kann von den Gläubigern, die im Wege des Aufgebotsverfahrens ausgeschlossen sind oder nach § 1974 des Bürgerlichen Gesetzbuchs einem ausgeschlossenen Gläubiger gleichstehen, nur insoweit beansprucht werden, als der Erbe auch nach den Vorschriften über die Herausgabe einer ungerechtfertigten Bereicherung ersatzpflichtig wäre.

§ 329 Nacherbfolge

Die §§ 323, 324 Abs. 1 Nr. 1 und § 326 Abs. 2, 3 gelten für den Vorerben auch nach dem Eintritt der Nacherbfolge.

§ 330 Erbschaftskauf

(1) Hat der Erbe die Erbschaft verkauft, so tritt für das Insolvenzverfahren der Käufer an seine Stelle.

(2) Der Erbe ist wegen einer Nachlaßverbindlichkeit, die im Verhältnis zwischen ihm und dem Käufer diesem zur Last fällt, wie ein Nachlaßgläubiger zum Antrag auf Eröffnung des Verfahrens berechtigt. Das gleiche Recht steht ihm auch wegen einer anderen Nachlaßverbindlichkeit zu, es sei denn, daß er unbeschränkt haftet oder daß eine Nachlaßverwaltung angeordnet ist. Die §§ 323, 324 Abs. 1 Nr. 1 und § 326 gelten für den Erben auch nach dem Verkauf der Erbschaft.

(3) Die Absätze 1 und 2 gelten entsprechend für den Fall, daß jemand eine durch Vertrag erworbene Erbschaft verkauft oder sich in sonstiger Weise zur Veräußerung einer ihm angefallenen oder anderweitig von ihm erworbenen Erbschaft verpflichtet hat.

§ 331 Gleichzeitige Insolvenz des Erben

(1) Im Insolvenzverfahren über das Vermögen des Erben gelten, wenn auch über den Nachlaß das Insolvenzverfahren eröffnet oder wenn eine Nachlaßverwaltung angeordnet ist, die §§ 52, 190, 192, 198, 237 Abs. 1 Satz 2 entsprechend für Nachlaßgläubiger, denen gegenüber der Erbe unbeschränkt haftet.

(2) Gleiches gilt, wenn ein Ehegatte der Erbe ist und der Nachlaß zum Gesamtgut gehört, das vom anderen Ehegatten allein verwaltet wird, auch im Insolvenzverfahren über das Vermögen des anderen Ehegatten und, wenn das Gesamtgut von den Ehegatten gemeinschaftlich verwaltet wird, auch im Insolvenzverfahren über das Gesamtgut und im Insolvenzverfahren über das sonstige Vermögen des Ehegatten, der nicht Erbe ist. Satz 1 gilt für Lebenspartner entsprechend.

Zweiter Abschnitt – Insolvenzverfahren über das Gesamtgut einer fortgesetzten Gütergemeinschaft

§ 332 Verweisung auf das Nachlaßinsolvenzverfahren

(1) Im Falle der fortgesetzten Gütergemeinschaft gelten die §§ 315 bis 331 entsprechend für das Insolvenzverfahren über das Gesamtgut.

(2) Insolvenzgläubiger sind nur die Gläubiger, deren Forderungen schon zur Zeit des Eintritts der fort-

gesetzten Gütergemeinschaft als Gesamtgutsverbindlichkeiten bestanden.

(3) Die anteilsberechtigten Abkömmlinge sind nicht berechtigt, die Eröffnung des Verfahrens zu beantragen. Sie sind jedoch vom Insolvenzgericht zu einem Eröffnungsantrag zu hören.

Dritter Abschnitt – Insolvenzverfahren über das gemeinschaftlich verwaltete Gesamtgut einer Gütergemeinschaft

§ 333 Antragsrecht. Eröffnungsgründe

(1) Zum Antrag auf Eröffnung des Insolvenzverfahrens über das Gesamtgut einer Gütergemeinschaft, das von den Ehegatten gemeinschaftlich verwaltet wird, ist jeder Gläubiger berechtigt, der die Erfüllung einer Verbindlichkeit aus dem Gesamtgut verlangen kann.

(2) Antragsberechtigt ist auch jeder Ehegatte. Wird der Antrag nicht von beiden Ehegatten gestellt, so ist er zulässig, wenn die Zahlungsunfähigkeit des Gesamtguts glaubhaft gemacht wird; das Insolvenzgericht hat den anderen Ehegatten zu hören. Wird der Antrag von beiden Ehegatten gestellt, so ist auch die drohende Zahlungsunfähigkeit Eröffnungsgrund.

(3) Die Absätze 1 und 2 gelten für Lebenspartner entsprechend.

§ 334 Persönliche Haftung der Ehegatten

(1) Die persönliche Haftung der Ehegatten oder Lebenspartner für die Verbindlichkeiten, deren Erfüllung aus dem Gesamtgut verlangt werden kann, kann während der Dauer des Insolvenzverfahrens nur vom Insolvenzverwalter oder vom Sachwalter geltend gemacht werden.

(2) Im Falle eines Insolvenzplans gilt für die persönliche Haftung der Ehegatten oder Lebenspartner § 227 Abs. 1 entsprechend.

Zwölfter Teil – Internationales Insolvenzrecht

Erster Abschnitt – Allgemeine Vorschriften

§ 335 Grundsatz

Das Insolvenzverfahren und seine Wirkungen unterliegen, soweit nichts anderes bestimmt ist, dem Recht des Staats, in dem das Verfahren eröffnet worden ist.

§ 336 Vertrag über einen unbeweglichen Gegenstand

Die Wirkungen des Insolvenzverfahrens auf einen Vertrag, der ein dingliches Recht an einem unbeweglichen Gegenstand oder ein Recht zur Nutzung eines unbeweglichen Gegenstandes betrifft, unterliegen dem Recht des Staats, in dem der Gegenstand belegen ist. Bei einem im Schiffsregister, Schiffsbauregister oder Register für Pfandrechte an Luftfahrzeugen eingetragenen Gegenstand ist das Recht des Staats maßgebend, unter dessen Aufsicht das Register geführt wird.

§ 337 Arbeitsverhältnis

Die Wirkungen des Insolvenzverfahrens auf ein Arbeitsverhältnis unterliegen dem Recht, das nach der Verordnung (EG) Nr. 593/2008 des Europäischen Parlaments und des Rates vom 17. Juni 2008 über das auf vertragliche Schuldverhältnisse anzuwendende Recht (Rom I) (ABl. L 177 vom 4.7.2008, S. 6) für das Arbeitsverhältnis maßgebend ist.

§ 338 Aufrechnung

Das Recht eines Insolvenzgläubigers zur Aufrechnung wird von der Eröffnung des Insolvenzverfahrens nicht berührt, wenn er nach dem für die Forderung des Schuldners maßgebenden Recht zur Zeit der Eröffnung des Insolvenzverfahrens zur Aufrechnung berechtigt ist.

§ 339 Insolvenzanfechtung

Eine Rechtshandlung kann angefochten werden, wenn die Voraussetzungen der Insolvenzanfechtung nach dem Recht des Staats der Verfahrenseröffnung erfüllt sind, es sei denn, der Anfechtungsgegner weist nach, dass für die Rechtshandlung das Recht eines anderen Staats maßgebend und die Rechtshandlung nach diesem Recht in keiner Weise angreifbar ist.

§ 340 Organisierte Märkte. Pensionsgeschäfte

(1) Die Wirkungen des Insolvenzverfahrens auf die Rechte und Pflichten der Teilnehmer an einem organisierten Markt nach § 2 Absatz 11 des Wertpapierhandelsgesetzes unterliegen dem Recht des Staats, das für diesen Markt gilt.

(2) Die Wirkungen des Insolvenzverfahrens auf Pensionsgeschäfte im Sinne des § 340b des Handelsgesetzbuchs sowie auf Schuldumwandlungsverträge und Aufrechnungsvereinbarungen unterliegen dem Recht des Staats, das für diese Verträge maßgebend ist.

(3) Für die Teilnehmer an einem System im Sinne von § 1 Abs. 16 des Kreditwesengesetzes gilt Absatz 1 entsprechend.

§ 341 Ausübung von Gläubigerrechten

(1) Jeder Gläubiger kann seine Forderungen im Hauptinsolvenzverfahren und in jedem Sekundärinsolvenzverfahren anmelden.

(2) Der Insolvenzverwalter ist berechtigt, eine in dem Verfahren, für das er bestellt ist, angemeldete Forderung in einem anderen Insolvenzverfahren über das Vermögen des Schuldners anzumelden.

Das Recht des Gläubigers, die Anmeldung abzulehnen oder zurückzunehmen, bleibt unberührt.

(3) Der Verwalter gilt als bevollmächtigt, das Stimmrecht aus einer Forderung, die in dem Verfahren, für das er bestellt ist, angemeldet worden ist, in einem anderen Insolvenzverfahren über das Vermögen des Schuldners auszuüben, sofern der Gläubiger keine anderweitige Bestimmung trifft.

§ 342 Herausgabepflicht. Anrechnung

(1) Erlangt ein Insolvenzgläubiger durch Zwangsvollstreckung, durch eine Leistung des Schuldners oder in sonstiger Weise etwas auf Kosten der Insolvenzmasse aus dem Vermögen, das nicht im Staat der Verfahrenseröffnung belegen ist, so hat er das Erlangte dem Insolvenzverwalter herauszugeben. Die Vorschriften über die Rechtsfolgen einer ungerechtfertigten Bereicherung gelten entsprechend.

(2) Der Insolvenzgläubiger darf behalten, was er in einem Insolvenzverfahren erlangt hat, das in einem anderen Staat eröffnet worden ist. Er wird jedoch bei den Verteilungen erst berücksichtigt, wenn die übrigen Gläubiger mit ihm gleichgestellt sind.

(3) Der Insolvenzgläubiger hat auf Verlangen des Insolvenzverwalters Auskunft über das Erlangte zu geben.

Zweiter Abschnitt – Ausländisches Insolvenzverfahren

§ 343 Anerkennung

(1) Die Eröffnung eines ausländischen Insolvenzverfahrens wird anerkannt. Dies gilt nicht,

1. wenn die Gerichte des Staats der Verfahrenseröffnung nach deutschem Recht nicht zuständig sind;
2. soweit die Anerkennung zu einem Ergebnis führt, das mit wesentlichen Grundsätzen des deutschen Rechts offensichtlich unvereinbar ist, insbesondere soweit sie mit den Grundrechten unvereinbar ist.

(2) Absatz 1 gilt entsprechend für Sicherungsmaßnahmen, die nach dem Antrag auf Eröffnung des Insolvenzverfahrens getroffen werden, sowie für Entscheidungen, die zur Durchführung oder Beendigung des anerkannten Insolvenzverfahrens ergangen sind.

§ 344 Sicherungsmaßnahmen

(1) Wurde im Ausland vor Eröffnung eines Hauptinsolvenzverfahrens ein vorläufiger Verwalter bestellt, so kann auf seinen Antrag das zuständige Insolvenzgericht die Maßnahmen nach § 21 anordnen, die zur Sicherung des von einem inländischen Sekundärinsolvenzverfahren erfassten Vermögens erforderlich erscheinen.

(2) Gegen den Beschluss steht auch dem vorläufigen Verwalter die sofortige Beschwerde zu.

§ 345 Öffentliche Bekanntmachung

(1) Sind die Voraussetzungen für die Anerkennung der Verfahrenseröffnung gegeben, so hat das Insolvenzgericht auf Antrag des ausländischen Insolvenzverwalters den wesentlichen Inhalt der Entscheidung über die Verfahrenseröffnung und der Entscheidung über die Bestellung des Insolvenzverwalters im Inland bekannt zu machen. § 9 Abs. 1 und 2 und § 30 Abs. 1 gelten entsprechend. Ist die Eröffnung des Insolvenzverfahrens bekannt gemacht worden, so ist die Beendigung in gleicher Weise bekannt zu machen.

(2) Hat der Schuldner im Inland eine Niederlassung, so erfolgt die öffentliche Bekanntmachung von Amts wegen. Der Insolvenzverwalter oder ein ständiger Vertreter nach § 13e Abs. 2 Satz 5 Nr. 3 des Handelsgesetzbuchs unterrichtet das nach § 348 Abs. 1 zuständige Insolvenzgericht.

(3) Der Antrag ist nur zulässig, wenn glaubhaft gemacht wird, dass die tatsächlichen Voraussetzungen für die Anerkennung der Verfahrenseröffnung vorliegen. Dem Verwalter ist eine Ausfertigung des Beschlusses, durch den die Bekanntmachung angeordnet wird, zu erteilen. Gegen die Entscheidung des Insolvenzgerichts, mit der die öffentliche Bekanntmachung abgelehnt wird, steht dem ausländischen Verwalter die sofortige Beschwerde zu.

§ 346 Grundbuch

(1) Wird durch die Verfahrenseröffnung oder durch Anordnung von Sicherungsmaßnahmen nach § 343 Abs. 2 oder § 344 Abs. 1 die Verfügungsbefugnis des Schuldners eingeschränkt, so hat das Insolvenzgericht auf Antrag des ausländischen Insolvenzverwalters das Grundbuchamt zu ersuchen, die Eröffnung des Insolvenzverfahrens und die Art der Einschränkung der Verfügungsbefugnis des Schuldners in das Grundbuch einzutragen:

1. bei Grundstücken, als deren Eigentümer der Schuldner eingetragen ist;
2. bei den für den Schuldner eingetragenen Rechten an Grundstücken und an eingetragenen Rechten, wenn nach der Art des Rechts und den Umständen zu befürchten ist, dass ohne die Eintragung die Insolvenzgläubiger benachteiligt würden.

(2) Der Antrag nach Absatz 1 ist nur zulässig, wenn glaubhaft gemacht wird, dass die tatsächlichen Voraussetzungen für die Anerkennung der Verfahrenseröffnung vorliegen. Gegen die Entscheidung des Insolvenzgerichts steht dem ausländischen Verwalter die sofortige Beschwerde zu. Für die Löschung der Eintragung gilt § 32 Abs. 3 Satz 1 entsprechend.

(3) Für die Eintragung der Verfahrenseröffnung in das Schiffsregister, das Schiffsbauregister und das Register für Pfandrechte an Luftfahrzeugen gelten die Absätze 1 und 2 entsprechend.

§ 347 Nachweis der Verwalterbestellung. Unterrichtung des Gerichts

(1) Der ausländische Insolvenzverwalter weist seine Bestellung durch eine beglaubigte Abschrift der Entscheidung, durch die er bestellt worden ist, oder durch eine andere von der zuständigen Stelle ausgestellte Bescheinigung nach. Das Insolvenzgericht kann eine Übersetzung verlangen, die von einer hierzu im Staat der Verfahrenseröffnung befugten Person zu beglaubigen ist.

(2) Der ausländische Insolvenzverwalter, der einen Antrag nach den §§ 344 bis 346 gestellt hat, unterrichtet das Insolvenzgericht über alle wesentlichen Änderungen in dem ausländischen Verfahren und über alle ihm bekannten weiteren ausländischen Insolvenzverfahren über das Vermögen des Schuldners.

§ 348 Zuständiges Insolvenzgericht. Zusammenarbeit der Insolvenzgerichte

(1) Für die Entscheidungen nach den §§ 344 bis 346 ist ausschließlich das Insolvenzgericht zuständig, in dessen Bezirk die Niederlassung oder, wenn eine Niederlassung fehlt, Vermögen des Schuldners belegen ist. § 3 Absatz 3 gilt entsprechend.

(2) Sind die Voraussetzungen für die Anerkennung eines ausländischen Insolvenzverfahrens gegeben oder soll geklärt werden, ob die Voraussetzungen vorliegen, so kann das Insolvenzgericht mit dem ausländischen Insolvenzgericht zusammenarbeiten, insbesondere Informationen weitergeben, die für das ausländische Verfahren von Bedeutung sind.

(3) Die Landesregierungen werden ermächtigt, zur sachdienlichen Förderung oder schnelleren Erledigung der Verfahren durch Rechtsverordnung die Entscheidungen nach den §§ 344 bis 346 für die Bezirke mehrerer Insolvenzgerichte einem von diesen zuzuweisen. Die Landesregierungen können die Ermächtigungen auf die Landesjustizverwaltungen übertragen.

(4) Die Länder können vereinbaren, dass die Entscheidungen nach den §§ 344 bis 346 für mehrere Länder den Gerichten eines Landes zugewiesen werden. Geht ein Antrag nach den §§ 344 bis 346 bei einem unzuständigen Gericht ein, so leitet dieses den Antrag unverzüglich an das zuständige Gericht weiter und unterrichtet hierüber den Antragsteller.

> **Kommentar:**
> Durch das Gesetz über den Stabilisierungs- und Restrukturierungsrahmen für Unternehmen (BGBl. I 2020, S. 3256) wurde mit Wirkung zum 1. Januar 2021 der Abs. 1 Satz 2 geändert.

§ 349 Verfügungen über unbewegliche Gegenstände

(1) Hat der Schuldner über einen Gegenstand der Insolvenzmasse, der im Inland im Grundbuch, Schiffsregister, Schiffsbauregister oder Register für Pfandrechte an Luftfahrzeugen eingetragen ist, oder über ein Recht an einem solchen Gegenstand verfügt, so sind die §§ 878, 892, 893 des Bürgerlichen Gesetzbuchs, § 3 Abs. 3, §§ 16, 17 des Gesetzes über Rechte an eingetragenen Schiffen und Schiffsbauwerken und § 5 Abs. 3, §§ 16, 17 des Gesetzes über Rechte an Luftfahrzeugen anzuwenden.

(2) Ist zur Sicherung eines Anspruchs im Inland eine Vormerkung im Grundbuch, Schiffsregister, Schiffsbauregister oder Register für Pfandrechte an Luftfahrzeugen eingetragen, so bleibt § 106 unberührt.

§ 350 Leistung an den Schuldner

Ist im Inland zur Erfüllung einer Verbindlichkeit an den Schuldner geleistet worden, obwohl die Verbindlichkeit zur Insolvenzmasse des ausländischen Insolvenzverfahrens zu erfüllen war, so wird der Leistende befreit, wenn er zur Zeit der Leistung die Eröffnung des Verfahrens nicht kannte. Hat er vor der öffentlichen Bekanntmachung nach § 345 geleistet, so wird vermutet, dass er die Eröffnung nicht kannte.

§ 351 Dingliche Rechte

(1) Das Recht eines Dritten an einem Gegenstand der Insolvenzmasse, der zur Zeit der Eröffnung des ausländischen Insolvenzverfahrens im Inland belegen war, und das nach inländischem Recht einen Anspruch auf Aussonderung oder auf ab gesonderte Befriedigung gewährt, wird von der Eröffnung des ausländischen Insolvenzverfahrens nicht berührt.

(2) Die Wirkungen des ausländischen Insolvenzverfahrens auf Rechte des Schuldners an unbeweglichen Gegenständen, die im Inland belegen sind, bestimmen sich, unbeschadet des § 336 Satz 2, nach deutschem Recht.

§ 352 Unterbrechung und Aufnahme eines Rechtsstreits

(1) Durch die Eröffnung des ausländischen Insolvenzverfahrens wird ein Rechtsstreit unterbrochen, der zur Zeit der Eröffnung anhängig ist und die Insolvenzmasse betrifft. Die Unterbrechung dauert an, bis der Rechtsstreit von einer Person aufgenommen wird, die nach dem Recht des Staats der Ver-

fahrenseröffnung zur Fortführung des Rechtsstreits berechtigt ist, oder bis das Insolvenzverfahren beendet ist.

(2) Absatz 1 gilt entsprechend, wenn die Verwaltungs- und Verfügungsbefugnis über das Vermögen des Schuldners durch die Anordnung von Sicherungsmaßnahmen nach § 343 Abs. 2 auf einen vorläufigen Insolvenzverwalter übergeht.

§ 353 Vollstreckbarkeit ausländischer Entscheidungen

(1) Aus einer Entscheidung, die in dem ausländischen Insolvenzverfahren ergeht, findet die Zwangsvollstreckung nur statt, wenn ihre Zulässigkeit durch ein Vollstreckungsurteil ausgesprochen ist. § 722 Abs. 2 und § 723 Abs. 1 der Zivilprozessordnung gelten entsprechend.

(2) Für die in § 343 Abs. 2 genannten Sicherungsmaßnahmen gilt Absatz 1 entsprechend.

Dritter Abschnitt – Partikularverfahren über das Inlandsvermögen

§ 354 Voraussetzungen des Partikularverfahrens

(1) Ist die Zuständigkeit eines deutschen Gerichts zur Eröffnung eines Insolvenzverfahrens über das gesamte Vermögen des Schuldners nicht gegeben, hat der Schuldner jedoch im Inland eine Niederlassung oder sonstiges Vermögen, so ist auf Antrag eines Gläubigers ein besonderes Insolvenzverfahren über das inländische Vermögen des Schuldners (Partikularverfahren) zulässig.

(2) Hat der Schuldner im Inland keine Niederlassung, so ist der Antrag eines Gläubigers auf Eröffnung eines Partikularverfahrens nur zulässig, wenn dieser ein besonderes Interesse an der Eröffnung des Verfahrens hat, insbesondere, wenn er in einem ausländischen Verfahren voraussichtlich erheblich schlechter stehen wird als in einem inländischen Verfahren. Das besondere Interesse ist vom Antragsteller glaubhaft zu machen.

(3) Für das Verfahren ist ausschließlich das Insolvenzgericht zuständig, in dessen Bezirk die Niederlassung oder, wenn eine Niederlassung fehlt, Vermögen des Schuldners belegen ist. § 3 Absatz 3 gilt entsprechend.

Kommentar:
Durch das Gesetz über den Stabilisierungs- und Restrukturierungsrahmen für Unternehmen (BGBl. I 2020, S. 3256) wurde mit Wirkung zum 1. Januar 2021 der Abs. 3 Satz 2 geändert.

§ 355 Restschuldbefreiung. Insolvenzplan

(1) Im Partikularverfahren sind die Vorschriften über die Restschuldbefreiung nicht anzuwenden.

(2) Ein Insolvenzplan, in dem eine Stundung, ein Erlass oder sonstige Einschränkungen der Rechte der Gläubiger vorgesehen sind, kann in diesem Verfahren nur bestätigt werden, wenn alle betroffenen Gläubiger dem Plan zugestimmt haben.

§ 356 Sekundärinsolvenzverfahren

(1) Die Anerkennung eines ausländischen Hauptinsolvenzverfahrens schließt ein Sekundärinsolvenzverfahren über das inländische Vermögen nicht aus. Für das Sekundärinsolvenzverfahren gelten ergänzend die §§ 357 und 358.

(2) Zum Antrag auf Eröffnung des Sekundärinsolvenzverfahrens ist auch der ausländische Insolvenzverwalter berechtigt.

(3) Das Verfahren wird eröffnet, ohne dass ein Eröffnungsgrund festgestellt werden muss.

§ 357 Zusammenarbeit der Insolvenzverwalter

(1) Der Insolvenzverwalter hat dem ausländischen Verwalter unverzüglich alle Umstände mitzuteilen, die für die Durchführung des ausländischen Verfahrens Bedeutung haben können. Er hat dem ausländischen Verwalter Gelegenheit zu geben, Vorschläge für die Verwertung oder sonstige Verwendung des inländischen Vermögens zu unterbreiten.

(2) Der ausländische Verwalter ist berechtigt, an den Gläubigerversammlungen teilzunehmen.

(3) Ein Insolvenzplan ist dem ausländischen Verwalter zur Stellungnahme zuzuleiten. Der ausländische Verwalter ist berechtigt, selbst einen Plan vorzulegen. § 218 Abs. 1 Satz 2 und 3 gilt entsprechend.

§ 358 Überschuss bei der Schlussverteilung

Können bei der Schlussverteilung im Sekundärinsolvenzverfahren alle Forderungen in voller Höhe berichtigt werden, so hat der Insolvenzverwalter einen verbleibenden Überschuss dem ausländischen Verwalter des Hauptinsolvenzverfahrens herauszugeben.

Dreizehnter Teil – Inkrafttreten

§ 359 Verweisung auf das Einführungsgesetz

Dieses Gesetz tritt an dem Tage in Kraft, der durch das Einführungsgesetz zur Insolvenzordnung bestimmt wird.

Gesetz zur vorübergehenden Aussetzung der Insolvenzantragspflicht und zur Begrenzung der Organhaftung bei einer durch die COVID-19-Pandemie bedingten Insolvenz (COVID-19-Insolvenzaussetzungsgesetz - COVInsAG)

Vom 27. März 2020 (BGBl. I 2020, S. 569), zuletzt geändert durch Art. 10 des Gesetzes vom 22. Dezember 2020 (BGBl. I 2020, S. 3256)

§ 1 Aussetzung der Insolvenzantragspflicht

(1) Die Pflicht zur Stellung eines Insolvenzantrags nach § 15a der Insolvenzordnung und nach § 42 Absatz 2 des Bürgerlichen Gesetzbuchs ist bis zum 30. September 2020 ausgesetzt. Dies gilt nicht, wenn die Insolvenzreife nicht auf den Folgen der Ausbreitung des SARS-CoV-2-Virus (COVID-19-Pandemie) beruht oder wenn keine Aussichten darauf bestehen, eine bestehende Zahlungsunfähigkeit zu beseitigen. War der Schuldner am 31. Dezember 2019 nicht zahlungsunfähig, wird vermutet, dass die Insolvenzreife auf den Auswirkungen der COVID-19-Pandemie beruht und Aussichten darauf bestehen, eine bestehende Zahlungsunfähigkeit zu beseitigen. Ist der Schuldner eine natürliche Person, so ist § 290 Absatz 1 Nummer 4 der Insolvenzordnung mit der Maßgabe anzuwenden, dass auf die Verzögerung der Eröffnung des Insolvenzverfahrens im Zeitraum zwischen dem 1. März 2020 und dem 30. September 2020 keine Versagung der Restschuldbefreiung gestützt werden kann. Die Sätze 2 und 3 gelten entsprechend.

(2) Vom 1. Oktober 2020 bis 31. Dezember 2020 ist allein die Pflicht zur Stellung des Insolvenzantrages wegen Überschuldung nach Maßgabe des Absatzes 1 ausgesetzt.

(3) Vom 1. Januar 2021 bis zum 31. Januar 2021 ist die Pflicht zur Stellung eines Insolvenzantrags nach Maßgabe des Absatzes 1 für die Geschäftsleiter solcher Schuldner ausgesetzt, die im Zeitraum vom 1. November 2020 bis zum 31. Dezember 2020 einen Antrag auf die Gewährung finanzieller Hilfeleistungen im Rahmen staatlicher Hilfsprogramme zur Abmilderung der Folgen der COVID-19-Pandemie gestellt haben. War eine Antragstellung aus rechtlichen oder tatsächlichen Gründen innerhalb des Zeitraums nicht möglich, gilt Satz 1 auch für Schuldner, die nach den Bedingungen des staatlichen Hilfsprogramms in den Kreis der Antragsberechtigten fallen. Die Sätze 1 und 2 gelten nicht, wenn offensichtlich keine Aussicht auf Erlangung der Hilfeleistung besteht oder die erlangbare Hilfeleistung für die Beseitigung der Insolvenzreife unzureichend ist.

§ 2 Folgen der Aussetzung

(1) Soweit nach § 1 Absatz 1 die Pflicht zur Stellung eines Insolvenzantrags ausgesetzt ist,

1. gelten Zahlungen, die im ordnungsgemäßen Geschäftsgang erfolgen, insbesondere solche Zahlungen, die der Aufrechterhaltung oder Wiederaufnahme des Geschäftsbetriebes oder der Umsetzung eines Sanierungskonzepts dienen, als mit der Sorgfalt eines ordentlichen und gewissenhaften Geschäftsleiters im Sinne des § 64 Satz 2 des Gesetzes betreffend die Gesellschaften mit beschränkter Haftung, des § 92 Absatz 2 Satz 2 des Aktiengesetzes, des § 130a Absatz 1 Satz 2, auch in Verbindung mit § 177a Satz 1, des Handelsgesetzbuchs und des § 99 Satz 2 des Genossenschaftsgesetzes vereinbar;

2. gilt die bis zum 30. September 2023 erfolgende Rückgewähr eines im Aussetzungszeitraum gewährten neuen Kredits sowie die im Aussetzungszeitraum erfolgte Bestellung von Sicherheiten zur Absicherung solcher Kredite als nicht gläubigerbenachteiligend; dies gilt auch für die Rückgewähr von Gesellschafterdarlehen und Zahlungen auf Forderungen aus Rechtshandlungen, die einem solchen Darlehen wirtschaftlich entsprechen, nicht aber deren Besicherung; § 39 Absatz 1 Nummer 5 und § 44a der Insolvenzordnung finden insoweit in Insolvenzverfahren über das Vermögen des Schuldners, die bis zum 30. September 2023 beantragt wurden, keine Anwendung;

3. sind Kreditgewährungen und Besicherungen im Aussetzungszeitraum nicht als sittenwidriger Beitrag zur Insolvenzverschleppung anzusehen;

4. sind Rechtshandlungen, die dem anderen Teil eine Sicherung oder Befriedigung gewährt oder ermöglicht haben, die dieser in der Art und zu der Zeit beanspruchen konnte, in einem späteren Insolvenzverfahren nicht anfechtbar; dies gilt nicht, wenn dem anderen Teil bekannt war, dass die Sanierungs- und Finanzierungsbemühungen des Schuldners nicht zur Beseitigung einer eingetretenen Zahlungsunfähigkeit geeignet gewesen sind. Entsprechendes gilt für

a) Leistungen an Erfüllungs statt oder erfüllungshalber;

b) Zahlungen durch einen Dritten auf Anweisung des Schuldners;

c) die Bestellung einer anderen als der ursprünglich vereinbarten Sicherheit, wenn diese nicht werthaltiger ist;
d) die Verkürzung von Zahlungszielen und
e) die Gewährung von Zahlungserleichterungen.

(2) Absatz 1 Nummer 2, 3 und 4 gilt auch für Unternehmen, die keiner Antragspflicht unterliegen, sowie für Schuldner, die weder zahlungsunfähig noch überschuldet sind.

(3) Absatz 1 Nummer 2 und 3 gilt im Fall von Krediten, die von der Kreditanstalt für Wiederaufbau und ihren Finanzierungspartnern oder von anderen Institutionen im Rahmen staatlicher Hilfsprogramme anlässlich der COVID-19-Pandemie gewährt werden, auch dann, wenn der Kredit nach dem Ende des Aussetzungszeitraums gewährt oder besichert wird, und unbefristet für deren Rückgewähr.

(4) Soweit nach § 1 Absatz 2 die Pflicht zur Stellung eines Insolvenzantrages ausgesetzt ist und keine Zahlungsunfähigkeit vorliegt, ist Absatz 1 anwendbar. Absatz 2 findet entsprechende Anwendung. Absatz 3 bleibt unberührt.

(5) Ist die Pflicht zur Stellung eines Insolvenzantrags nach § 1 Absatz 3 ausgesetzt, gelten die Absätze 1 bis 3 entsprechend.

§ 3 Eröffnungsgrund bei Gläubigerinsolvenzanträgen

Bei zwischen dem 28. März 2020 und dem 28. Juni 2020 gestellten Gläubigerinsolvenzanträgen setzt die Eröffnung des Insolvenzverfahrens voraus, dass der Eröffnungsgrund bereits am 1. März 2020 vorlag.

§ 4 Prognosezeitraum für die Überschuldungsprüfung

Abweichend von § 19 Absatz 2 Satz 1 der Insolvenzordnung ist zwischen dem 1. Januar 2021 und dem 31. Dezember 2021 anstelle des Zeitraums von zwölf Monaten ein Zeitraum von vier Monaten zugrunde zu legen, wenn die Überschuldung des Schuldners auf die COVID-19-Pandemie zurückzuführen ist. Dies wird vermutet, wenn
1. der Schuldner am 31. Dezember 2019 nicht zahlungsunfähig war,
2. der Schuldner in dem letzten, vor dem 1. Januar 2020 abgeschlossenen Geschäftsjahr ein positives Ergebnis aus der gewöhnlichen Geschäftstätigkeit erwirtschaftet hat und
3. der Umsatz aus der gewöhnlichen Geschäftstätigkeit im Kalenderjahr 2020 im Vergleich zum Vorjahr um mehr als 30 vom Hundert eingebrochen ist.

§ 5 Anwendung des bisherigen Rechts

(1) Auf Eigenverwaltungsverfahren, die zwischen dem 1. Januar 2021 und dem 31. Dezember 2021 beantragt werden, sind, soweit in den folgenden Absätzen und § 6 nichts anderes bestimmt ist, die §§ 270 bis 285 der Insolvenzordnung in der bis zum 31. Dezember 2020 geltenden Fassung weiter anzuwenden, wenn die Zahlungsunfähigkeit oder Überschuldung des Schuldners auf die COVID-19-Pandemie zurückzuführen ist.

(2) Die Insolvenzreife gilt als auf die COVID-19-Pandemie zurückführbar, wenn der Schuldner eine von einem in Insolvenzsachen erfahrenen Steuerberater, Wirtschaftsprüfer oder Rechtsanwalt oder einer Person mit vergleichbarer Qualifikation ausgestellte Bescheinigung vorlegt, aus der sich ergibt, dass
1. der Schuldner am 31. Dezember 2019 weder zahlungsunfähig noch überschuldet war,
2. der Schuldner in dem letzten vor dem 1. Januar 2020 abgeschlossenen Geschäftsjahr ein positives Ergebnis aus der gewöhnlichen Geschäftstätigkeit erwirtschaftet hat und
3. der Umsatz aus der gewöhnlichen Geschäftstätigkeit im Kalenderjahr 2020 im Vergleich zum Vorjahr um mehr als 30 Prozent eingebrochen ist.
Satz 1 gilt entsprechend, wenn die nach Satz 1 Nummer 2 und 3 zu bescheinigenden Voraussetzungen zwar nicht oder nicht vollständig vorliegen, aus der Bescheinigung jedoch hervorgeht, dass aufgrund von Besonderheiten, die im Schuldner oder in der Branche, der er angehört, begründet sind oder aufgrund sonstiger Umstände oder Verhältnisse, dennoch davon ausgegangen werden kann, dass die Insolvenzreife auf die COVID-19-Pandemie zurückzuführen ist.

(3) Die Insolvenzreife gilt auch als auf die COVID-19-Pandemie zurückführbar, wenn der Schuldner im Eröffnungsantrag darlegt, dass keine Verbindlichkeiten bestehen, die am 31. Dezember 2019 bereits fällig und zu diesem Zeitpunkt noch nicht bestritten waren. Die Erklärung zur Richtigkeit und Vollständigkeit der Angaben nach § 13 Absatz 1 Satz 7 der Insolvenzordnung muss sich auch auf die Angaben nach Satz 1 beziehen.

(4) Erlangt das Gericht Kenntnis davon, dass die Zahlungsunfähigkeit oder Überschuldung des Schuldners nicht auf die Auswirkungen der COVID-19-Pandemie zurückzuführen ist, kann es auch aus diesem Grund
1. anstelle des vorläufigen Sachwalters einen vorläufigen Insolvenzverwalter bestellen,
2. die Anordnung nach § 270b Absatz 1 der Insolvenzordnung in der bis zum 31. Dezember 2020 geltenden Fassung vor Ablauf der Frist aufheben, oder
3. die Anordnung der Eigenverwaltung aufheben.

(5) Ordnet das Gericht die vorläufige Eigenverwaltung oder Eigenverwaltung an, kann es zugleich anordnen, dass Verfügungen des Schuldners der

Zustimmung durch den vorläufigen Sachwalter oder den Sachwalter bedürfen.

(6) Die Annahme von Nachteilen für die Gläubiger kann nicht allein darauf gestützt werden, dass der Schuldner keine Vorkehrungen zur Sicherstellung seiner Fähigkeit zur Erfüllung insolvenzrechtlicher Pflichten getroffen hat.

(7) Ordnet das Gericht die vorläufige Eigenverwaltung oder Eigenverwaltung an, so ist die Insolvenzrechtliche Vergütungsverordnung in der bis zum 31. Dezember 2020 geltenden Fassung anzuwenden. Dies gilt auch, wenn die vorläufige Eigenverwaltung oder Eigenverwaltung aufgehoben wird.

§ 6 Erleichterter Zugang zum Schutzschirmverfahren

Die Zahlungsunfähigkeit eines Schuldners steht der Anwendung des § 270b der Insolvenzordnung in der bis zum 31. Dezember 2020 geltenden Fassung bei einem zwischen dem 1. Januar 2021 und dem 31. Dezember 2021 gestellten Insolvenzantrag nicht entgegen, wenn in der Bescheinigung nach § 270b Absatz 1 Satz 3 der Insolvenzordnung in der bis zum 31. Dezember 2020 geltenden Fassung auch bestätigt wird, dass

1. der Schuldner am 31. Dezember 2019 nicht zahlungsunfähig war,
2. der Schuldner in dem letzten, vor dem 1. Januar 2020 abgeschlossenen Geschäftsjahr ein positives Er- gebnis aus der gewöhnlichen Geschäftstätigkeit erwirtschaftet hat und
3. der Umsatz aus der gewöhnlichen Geschäftstätigkeit im Kalenderjahr 2020 im Vergleich zum Vorjahr um mehr als 30 Prozent eingebrochen ist.

Satz 1 gilt entsprechend, wenn die nach Satz 1 Nummer 2 und 3 zu bescheinigenden Voraussetzungen zwar nicht oder nicht vollständig vorliegen, aus der Bescheinigung jedoch hervorgeht, dass aufgrund von Besonderheiten, die im Schuldner oder in der Branche, der er angehört, begründet sind oder aufgrund sonstiger Umstände oder Verhältnisse, dennoch davon ausgegangen werden kann, dass die Zahlungsunfähigkeit auf die COVID-19-Pandemie zurückzuführen ist. § 5 Absatz 7 gilt entsprechend.

§ 7 Sicherstellung der Gläubigergleichbehandlung bei Stützungsmaßnahmen anlässlich der COVID-19-Pandemie

Der Umstand, dass Forderungen im Zusammenhang mit staatlichen Leistungen stehen, die im Rahmen von staatlichen Programmen zur Bewältigung der COVID-19-Pandemie gewährt wurden, ist für sich allein kein geeignetes Kriterium für die Einbeziehung in den Restrukturierungsplan nach § 8 des Unternehmensstabilisierungs- und -restrukturierungsgesetzes oder die Abgrenzung der Gruppen nach § 9 des Unternehmensstabilisierungs- und -restrukturierungsgesetzes oder § 222 der Insolvenzordnung. Staatliche Leistungen im Sinne von Satz 1 sind sämtliche Finanzhilfen einschließlich der Gewährung von Darlehen und die Übernahme einer Bürgschaft, einer Garantie oder eine sonstige Übernahme des Ausfallrisikos bezüglich von Forderungen Dritter, die durch öffentliche Anstalten, Körperschaften oder Rechtsträgern öffentlicher Sondervermögen sowie im Mehrheitsbesitz des Bundes, der Länder oder der Kommunen stehenden Rechtsträger gewährt werden. Soweit im Rahmen einer staatlichen Leistung das Ausfallrisiko übernommen worden ist, ist die besicherte Forderung als eine Forderung anzusehen, die nach Satz 1 im Zusammenhang mit staatlichen Leistungen steht.

Auszug aus dem Einführungsgesetz zur Insolvenzordnung (EGInsO)

Vom 5. Oktober 1994 (BGBl. I 1994, S. 2911), zuletzt geändert durch Art. 8 des Gesetzes vom 22. Dezember 2020 (BGBl. I 2020, S. 3256 und S. 3328)

Art. 102 Durchführung der Verordnung (EG) Nr. 1346/2000 über Insolvenzverfahren

§ 1 Örtliche Zuständigkeit

(1) Kommt in einem Insolvenzverfahren den deutschen Gerichten nach Artikel 3 Abs. 1 der Verordnung (EG) Nr. 1346/2000 des Rates vom 29. Mai 2000 über Insolvenzverfahren (ABl. EG Nr. L 160 S. 1) die internationale Zuständigkeit zu, ohne dass nach § 3 der Insolvenzordnung ein inländischer Gerichtsstand begründet wäre, so ist das Insolvenzgericht ausschließlich zuständig, in dessen Bezirk der Schuldner den Mittelpunkt seiner hauptsächlichen Interessen hat.

(2) Besteht eine Zuständigkeit der deutschen Gerichte nach Artikel 3 Abs. 2 der Verordnung (EG) Nr. 1346/2000, so ist ausschließlich das Insolvenzgericht zuständig, in dessen Bezirk die Niederlassung des Schuldners liegt. § 3 Abs. 2 der Insolvenzordnung gilt entsprechend.

(3) Unbeschadet der Zuständigkeit nach den Absätzen 1 und 2 ist für Entscheidungen oder sonstige Maßnahmen nach der Verordnung (EG) Nr. 1346/2000 jedes inländische Insolvenzgericht zuständig, in dessen Bezirk Vermögen des Schuldners belegen ist. Die Landesregierungen werden ermächtigt, zur sachdienlichen Förderung oder schnelleren Erledigung der Verfahren durch Rechtsverordnung die Entscheidungen oder Maßnahmen nach der Verordnung (EG) Nr. 1346/2000 für die Bezirke mehrerer Insolvenzgerichte einem von diesen zuzuweisen. Die Landesregierungen können die Ermächtigung auf die Landesjustizverwaltungen übertragen.

§ 2 Begründung des Eröffnungsbeschlusses

Ist anzunehmen, dass sich Vermögen des Schuldners in einem anderen Mitgliedstaat der Europäischen Union befindet, sollen im Eröffnungsbeschluss die tatsächlichen Feststellungen und rechtlichen Erwägungen kurz dargestellt werden, aus denen sich eine Zuständigkeit nach Artikel 3 der Verordnung (EG) Nr. 1346/2000 für die deutschen Gerichte ergibt.

§ 3 Vermeidung von Kompetenzkonflikten

(1) Hat das Gericht eines anderen Mitgliedstaats der Europäischen Union ein Hauptinsolvenzverfahren eröffnet, so ist, solange dieses Insolvenzverfahren anhängig ist, ein bei einem inländischen Insolvenzgericht gestellter Antrag auf Eröffnung eines solchen Verfahrens über das zur Insolvenzmasse gehörende Vermögen unzulässig. Ein entgegen Satz 1 eröffnetes Verfahren darf nicht fortgesetzt werden. Gegen die Eröffnung des inländischen Verfahrens ist auch der Verwalter des ausländischen Hauptinsolvenzverfahrens beschwerdebefugt.

(2) Hat das Gericht eines Mitgliedstaats der Europäischen Union die Eröffnung des Insolvenzverfahrens abgelehnt, weil nach Artikel 3 Abs. 1 der Verordnung (EG) Nr. 1346/2000 die deutschen Gerichte zuständig seien, so darf ein deutsches Insolvenzgericht die Eröffnung des Insolvenzverfahrens nicht ablehnen, weil die Gerichte des anderen Mitgliedstaats zuständig seien.

§ 4 Einstellung des Insolvenzverfahrens zugunsten der Gerichte eines anderen Mitgliedstaats

(1) Darf das Insolvenzgericht ein bereits eröffnetes Insolvenzverfahren nach § 3 Abs. 1 nicht fortsetzen, so stellt es von Amts wegen das Verfahren zugunsten der Gerichte des anderen Mitgliedstaats der Europäischen Union ein. Das Insolvenzgericht soll vor der Einstellung den Insolvenzverwalter, den Gläubigerausschuss, wenn ein solcher bestellt ist, und den Schuldner hören. Wird das Insolvenzverfahren eingestellt, so ist jeder Insolvenzgläubiger beschwerdebefugt.

(2) Wirkungen des Insolvenzverfahrens, die vor dessen Einstellung bereits eingetreten und nicht auf die Dauer dieses Verfahrens beschränkt sind, bleiben auch dann bestehen, wenn sie Wirkungen eines in einem anderen Mitgliedstaat der Europäischen Union eröffneten Insolvenzverfahrens widersprechen, die sich nach der Verordnung (EG) Nr. 1346/2000 auf das Inland erstrecken. Dies gilt auch für Rechtshandlungen, die während des eingestellten Verfahrens vom Insolvenzverwalter oder ihm gegenüber in Ausübung seines Amtes vorgenommen worden sind.

(3) Vor der Einstellung nach Absatz 1 hat das Insolvenzgericht das Gericht des anderen Mitgliedstaats der Europäischen Union, bei dem das Verfahren anhängig ist, über die bevorstehende Einstellung zu unterrichten; dabei soll angegeben werden, wie die Eröffnung des einzustellenden Verfahrens bekannt gemacht wurde, in welchen öffentlichen Büchern und Registern die Eröffnung eingetragen und wer Insolvenzverwalter ist. In dem Einstellungsbeschluss ist das Gericht des anderen Mitgliedstaats zu bezeichnen, zu

dessen Gunsten das Verfahren eingestellt wird. Diesem Gericht ist eine Ausfertigung des Einstellungsbeschlusses zu übersenden. § 215 Abs. 2 der Insolvenzordnung ist nicht anzuwenden.

§ 5 Öffentliche Bekanntmachung

(1) Der Antrag auf öffentliche Bekanntmachung des wesentlichen Inhalts der Entscheidungen nach Artikel 21 Abs. 1 der Verordnung (EG) Nr. 1346/2000 ist an das nach § 1 zuständige Gericht zu richten. Das Gericht kann eine Übersetzung verlangen, die von einer hierzu in einem der Mitgliedsstaaten der Europäischen Union befugten Person zu beglaubigen ist. § 9 Abs. 1 und 2 und § 30 Abs. 1 der Insolvenzordnung gelten entsprechend.

(2) Besitzt der Schuldner im Inland eine Niederlassung, so erfolgt die öffentliche Bekanntmachung nach Absatz 1 von Amts wegen. Ist die Eröffnung des Insolvenzverfahrens bekannt gemacht worden, so ist die Beendigung in gleicher Weise bekannt zu machen.

§ 6 Eintragung in öffentliche Bücher und Register

(1) Der Antrag auf Eintragung nach Artikel 22 der Verordnung (EG) Nr. 1346/2000 ist an das nach § 1 zuständige Gericht zu richten. Dieses ersucht die Register führende Stelle um Eintragung, wenn nach dem Recht des Staats, in dem das Hauptinsolvenzverfahren eröffnet wurde, die Verfahrenseröffnung ebenfalls eingetragen wird. § 32 Abs. 2 Satz 2 der Insolvenzordnung findet keine Anwendung.

(2) Die Form und der Inhalt der Eintragung richten sich nach deutschem Recht. Kennt das Recht des Staats der Verfahrenseröffnung Eintragungen, die dem deutschen Recht unbekannt sind, so hat das Insolvenzgericht eine Eintragung zu wählen, die der des Staats der Verfahrenseröffnung am nächsten kommt.

(3) Geht der Antrag nach Absatz 1 oder nach § 5 Abs. 1 bei einem unzuständigen Gericht ein, so leitet dieses den Antrag unverzüglich an das zuständige Gericht weiter und unterrichtet hierüber den Antragsteller.

§ 7 Rechtsmittel

Gegen die Entscheidung des Insolvenzgerichts nach § 5 oder § 6 findet die sofortige Beschwerde statt. Die §§ 574 bis 577 der Zivilprozessordnung gelten entsprechend.

§ 8 Vollstreckung aus der Eröffnungsentscheidung

(1) Ist der Verwalter eines Hauptinsolvenzverfahrens nach dem Recht des Staats der Verfahrenseröffnung befugt, auf Grund der Entscheidung über die Verfahrenseröffnung die Herausgabe der Sachen, die sich im Gewahrsam des Schuldners befinden, im Wege der Zwangsvollstreckung durchzusetzen, so gilt für die Vollstreckbarerklärung im Inland Artikel 25 Abs. 1 Unterabs. 1 der Verordnung (EG) Nr. 1346/2000. Für die Verwertung von Gegenständen der Insolvenzmasse im Wege der Zwangsvollstreckung gilt Satz 1 entsprechend.

(2) § 6 Abs. 3 findet entsprechend Anwendung.

§ 9 Insolvenzplan

Sieht ein Insolvenzplan eine Stundung, einen Erlass oder sonstige Einschränkungen der Rechte der Gläubiger vor, so darf er vom Insolvenzgericht nur bestätigt werden, wenn alle betroffenen Gläubiger dem Plan zugestimmt haben.

§ 10 Aussetzung der Verwertung

Wird auf Antrag des Verwalters des Hauptinsolvenzverfahrens nach Artikel 33 der Verordnung (EG) Nr. 1346/2000 in einem inländischen Sekundärinsolvenzverfahren die Verwertung eines Gegenstandes ausgesetzt, an dem ein Absonderungsrecht besteht, so sind dem Gläubiger laufend die geschuldeten Zinsen aus der Insolvenzmasse zu zahlen.

§ 11 Unterrichtung der Gläubiger

Neben dem Eröffnungsbeschluss ist den Gläubigern, die in einem anderen Mitgliedstaat der Europäischen Union ihren gewöhnlichen Aufenthalt, Wohnsitz oder Sitz haben, ein Hinweis zuzustellen, mit dem sie über die Folgen einer nachträglichen Forderungsanmeldung nach § 177 der Insolvenzordnung unterrichtet werden. § 8 der Insolvenzordnung gilt entsprechend.

Art. 102a Insolvenzverwalter aus anderen Mitgliedsstaaten der Europäischen Union

Angehörige eines anderen Mitgliedstaates der Europäischen Union oder Vertragsstaates des Abkommens über den Europäischen Wirtschaftsraum und Personen, die in einem dieser Staaten ihre berufliche Niederlassung haben, können das Verfahren zur Aufnahme in eine von dem Insolvenzgericht geführte Vorauswahlliste für Insolvenzverwalter über eine einheitliche Stelle nach den Vorschriften des Verwaltungsverfahrensgesetzes abwickeln. Über Anträge auf Aufnahme in eine Vorauswahlliste ist in diesen Fällen innerhalb einer Frist von drei Monaten zu entscheiden. § 42a Absatz 2 Satz 2 bis 4 des Verwaltungsverfahrensgesetzes gilt entsprechend.

Art. 102b Durchführung der Verordnung (EU) Nr. 648/2012

§ 1 Ausfallbestimmungen von zentralen Gegenparteien

(1) Die Eröffnung des Insolvenzverfahrens hindert nicht
1. die Durchführung der nach Artikel 48 Absatz 2, 4, 5 Satz 3 und Absatz 6 Satz 3 der Verordnung (EU) Nr. 648/2012 des Europäischen Parlaments und des Rates vom 4. Juli 2012 über OTC-Derivate, zentrale Gegenparteien und Transaktionsregister (ABl. L 201 vom 27.7.2012, S. 1) gebotenen Maßnahmen zur Verwaltung, Glattstellung und sonstigen Abwicklung von Kundenpositionen und Eigenhandelspositionen des Clearingmitglieds,
2. die Durchführung der nach Artikel 48 Absatz 4 bis 6 der Verordnung (EU) Nr. 648/2012 gebotenen Maßnahmen der Übertragung von Kundenpositionen sowie
3. die nach Artikel 48 Absatz 7 der Verordnung (EU) Nr. 648/2012 gebotene Verwendung und Rückgewähr von Kundensicherheiten.

(2) Absatz 1 gilt entsprechend für die Anordnung von Sicherungsmaßnahmen nach § 21 der Insolvenzordnung.

§ 2 Unanfechtbarkeit

Die nach § 1 zulässigen Maßnahmen unterliegen nicht der Insolvenzanfechtung.

Art. 102c Durchführung der Verordnung (EU) 2015/848 über Insolvenzverfahren

Teil 1 Allgemeine Bestimmungen

§ 1 Örtliche Zuständigkeit; Verordnungsermächtigung

(1) Kommt in einem Insolvenzverfahren den deutschen Gerichten nach Artikel 3 Absatz 1 der Verordnung (EU) 2015/848 des Europäischen Parlaments und des Rates vom 20. Mai 2015 über Insolvenzverfahren (ABl. L 141 vom 5.6.2015, S. 19; L 349 vom 21.12.2016, S. 6), die zuletzt durch die Verordnung (EU) 2017/353 (ABl. L 57 vom 3.3.2017, S. 19) geändert worden ist, die internationale Zuständigkeit zu, ohne dass nach § 3 der Insolvenzordnung ein Gerichtsstand begründet wäre, so ist das Insolvenzgericht ausschließlich örtlich zuständig, in dessen Bezirk der Schuldner den Mittelpunkt seiner hauptsächlichen Interessen hat.

(2) Besteht eine Zuständigkeit der deutschen Gerichte nach Artikel 3 Absatz 2 der Verordnung (EU) 2015/848, so ist das Insolvenzgericht ausschließlich örtlich zuständig, in dessen Bezirk die Niederlassung des Schuldners liegt. § 3 Absatz 2 der Insolvenzordnung gilt entsprechend.

(3) Unbeschadet der Zuständigkeiten nach diesem Artikel ist für Entscheidungen oder sonstige Maßnahmen nach der Verordnung (EU) 2015/848 jedes Insolvenzgericht örtlich zuständig, in dessen Bezirk sich Vermögen des Schuldners befindet. Zur sachdienlichen Förderung oder schnelleren Erledigung von Verfahren nach der Verordnung (EU) 2015/848 werden die Landesregierungen ermächtigt, diese Verfahren durch Rechtsverordnung für die Bezirke mehrerer Insolvenzgerichte einem von diesen zuzuweisen. Die Landesregierungen können die Ermächtigung auf die Landesjustizverwaltungen übertragen.

§ 2 Vermeidung von Kompetenzkonflikten

(1) Hat das Gericht eines anderen Mitgliedstaats der Europäischen Union ein Hauptinsolvenzverfahren eröffnet, so ist, solange dieses Insolvenzverfahren anhängig ist, ein bei einem deutschen Insolvenzgericht gestellter Antrag auf Eröffnung eines solchen Verfahrens über das zur Insolvenzmasse gehörende Vermögen unzulässig. Ein entgegen Satz 1 eröffnetes Verfahren ist nach Maßgabe der Artikel 34 bis 52 der Verordnung (EU) 2015/848 als Sekundärinsolvenzverfahren fortzuführen, wenn eine Zuständigkeit der deutschen Gerichte nach Artikel 3 Absatz 2 der Verordnung (EU) 2015/848 besteht; liegen die Voraussetzungen für eine Fortführung nicht vor, ist es einzustellen.

(2) Hat das Gericht eines Mitgliedstaats der Europäischen Union die Eröffnung des Insolvenzverfahrens abgelehnt, weil nach Artikel 3 Absatz 1 der Verordnung (EU) 2015/848 die deutschen Gerichte zuständig seien, so darf ein deutsches Insolvenzgericht die Eröffnung des Insolvenzverfahrens nicht mit der Begründung ablehnen, dass die Gerichte des anderen Mitgliedstaats zuständig seien.

§ 3 Einstellung des Insolvenzverfahrens zugunsten eines anderen Mitgliedstaats

(1) Vor der Einstellung eines bereits eröffneten Insolvenzverfahrens nach § 2 Absatz 1 Satz 2 soll das Insolvenzgericht den Insolvenzverwalter, den Gläubigerausschuss, wenn ein solcher bestellt ist, und den Schuldner hören. Wird das Insolvenzverfahren eingestellt, so ist jeder Insolvenzgläubiger beschwerdebefugt.

(2) Wirkungen des Insolvenzverfahrens, die vor dessen Einstellung bereits eingetreten und nicht auf die Dauer dieses Verfahrens beschränkt sind, bleiben auch dann bestehen, wenn sie Wirkungen eines in einem anderen Mitgliedstaat der Europäischen Union eröffneten Insolvenzverfahrens widersprechen, die sich nach der Verordnung (EU) 2015/848 auf die Bundesrepublik Deutschland erstrecken. Dies gilt auch für Rechtshandlungen, die während des eingestellten Verfahrens vom

Insolvenzverwalter oder ihm gegenüber in Ausübung seines Amtes vorgenommen worden sind.

(3) Vor der Einstellung nach § 2 Absatz 1 Satz 2 hat das Insolvenzgericht das Gericht des anderen Mitgliedstaats der Europäischen Union, bei dem das Verfahren anhängig ist, und den Insolvenzverwalter, der in dem anderen Mitgliedstaat bestellt wurde, über die bevorstehende Einstellung zu unterrichten. Dabei soll angegeben werden, wie die Eröffnung des einzustellenden Verfahrens bekannt gemacht wurde, in welchen öffentlichen Büchern und Registern die Eröffnung eingetragen wurde und wer Insolvenzverwalter ist. In dem Einstellungsbeschluss ist das Gericht des anderen Mitgliedstaats zu bezeichnen, zu dessen Gunsten das Verfahren eingestellt wird. Diesem Gericht ist eine Ausfertigung des Einstellungsbeschlusses zu übersenden. § 215 Absatz 2 der Insolvenzordnung ist nicht anzuwenden.

§ 4 Rechtsmittel nach Artikel 5 der Verordnung (EU) 2015/848

Unbeschadet des § 21 Absatz 1 Satz 2 und des § 34 der Insolvenzordnung steht dem Schuldner und jedem Gläubiger gegen die Entscheidung über die Eröffnung des Hauptinsolvenzverfahrens nach Artikel 3 Absatz 1 der Verordnung (EU) 2015/848 die sofortige Beschwerde zu, wenn nach Artikel 5 Absatz 1 der Verordnung (EU) 2015/848 das Fehlen der internationalen Zuständigkeit für die Eröffnung eines Hauptinsolvenzverfahrens gerügt werden soll. Die §§ 574 bis 577 der Zivilprozessordnung gelten entsprechend, wobei die Entscheidung über die Beschwerde gemäß § 6 Absatz 3 der Insolvenzordnung erst mit Rechtskraft wirksam wird.

Kommentar:
Durch das Gesetz über den Stabilisierungs- und Restrukturierungsrahmen für Unternehmen (BGBl. I 2020, S. 3256) wurde mit Wirkung zum 1. Januar 2021 der § 4 Satz 2 neu gefasst.

§ 5 Zusätzliche Angaben im Eröffnungsantrag des Schuldners

Bestehen Anhaltspunkte dafür, dass auch die internationale Zuständigkeit eines anderen Mitgliedstaats der Europäischen Union für die Eröffnung eines Hauptinsolvenzverfahrens nach Artikel 3 Absatz 1 der Verordnung (EU) 2015/848 begründet sein könnte, so soll der Eröffnungsantrag des Schuldners auch folgende Angaben enthalten:

1. seit wann der Sitz, die Hauptniederlassung oder der gewöhnliche Aufenthalt an dem im Antrag genannten Ort besteht,
2. Tatsachen, aus denen sich ergibt, dass der Schuldner gewöhnlich der Verwaltung seiner Interessen in der Bundesrepublik Deutschland nachgeht,
3. in welchen anderen Mitgliedstaaten sich Gläubiger oder wesentliche Teile des Vermögens befinden oder wesentliche Teile der Tätigkeit ausgeübt werden und
4. ob bereits in einem anderen Mitgliedstaat ein Eröffnungsantrag gestellt oder ein Hauptinsolvenzverfahren eröffnet wurde.

Satz 1 findet keine Anwendung auf die im Verbraucherinsolvenzverfahren nach § 305 Absatz 1 der Insolvenzordnung zu stellenden Anträge.

§ 6 Örtliche Zuständigkeit für Annexklagen

(1) Kommt den deutschen Gerichten infolge der Eröffnung eines Insolvenzverfahrens die Zuständigkeit für Klagen nach Artikel 6 Absatz 1 der Verordnung (EU) 2015/848 zu, ohne dass sich aus anderen Vorschriften eine örtliche Zuständigkeit ergibt, so wird der Gerichtsstand durch den Sitz des Insolvenzgerichts bestimmt.

(2) Für Klagen nach Artikel 6 Absatz 1 der Verordnung (EU) 2015/848, die nach Artikel 6 Absatz 2 der Verordnung in Zusammenhang mit einer anderen zivil- oder handelsrechtlichen Klage gegen denselben Beklagten stehen, ist auch das Gericht örtlich zuständig, das für die andere zivil- oder handelsrechtliche Klage zuständig ist.

§ 7 Öffentliche Bekanntmachung

(1) Der Antrag auf öffentliche Bekanntmachung nach Artikel 28 Absatz 1 der Verordnung (EU) 2015/848 ist an das nach § 1 Absatz 2 zuständige Gericht zu richten.

(2) Der Antrag auf öffentliche Bekanntmachung nach Artikel 28 Absatz 2 der Verordnung (EU) 2015/848 ist an das Insolvenzgericht zu richten, in dessen Bezirk sich der wesentliche Teil des Vermögens des Schuldners befindet. Hat der Schuldner in der Bundesrepublik Deutschland kein Vermögen, so kann der Antrag bei jedem Insolvenzgericht gestellt werden.

(3) Das Gericht kann eine Übersetzung des Antrags verlangen, die von einer hierzu in einem der Mitgliedstaaten der Europäischen Union befugten Person zu beglaubigen ist. § 9 Absatz 1 und 2 und § 30 Absatz 1 der Insolvenzordnung gelten entsprechend. Ist die Eröffnung des Insolvenzverfahrens bekannt gemacht worden, so ist dessen Beendigung in gleicher Weise von Amts wegen bekannt zu machen.

(4) Geht der Antrag nach Absatz 1 bei einem unzuständigen Gericht ein, so leitet dieses den Antrag unverzüglich an das zuständige Gericht weiter und unterrichtet den Antragsteller hierüber.

§ 8 Eintragung in öffentliche Bücher und Register

(1) Der Antrag auf Eintragung nach Artikel 29 Absatz 1 der Verordnung (EU) 2015/848 ist an das nach § 1 Absatz 2 zuständige Gericht zu richten. Er soll mit dem Antrag nach Artikel 28 Absatz 1 der Verordnung (EU) 2015/848 verbunden werden. Das Gericht ersucht die registerführende Stelle um Eintragung. § 32 Absatz 2 Satz 2 der Insolvenzordnung findet keine Anwendung.

(2) Der Antrag auf Eintragung nach Artikel 29 Absatz 2 der Verordnung (EU) 2015/848 ist an das nach § 7 Absatz 2 zuständige Gericht zu richten. Er soll mit dem Antrag nach Artikel 28 Absatz 2 der Verordnung (EU) 2015/848 verbunden werden.

(3) Die Form und der Inhalt der Eintragung richten sich nach deutschem Recht. Kennt das Recht des Mitgliedstaats der Europäischen Union, in dem das Insolvenzverfahren eröffnet worden ist, Eintragungen, die dem deutschen Recht unbekannt sind, so hat das Insolvenzgericht eine Eintragung zu wählen, die der des Mitgliedstaats der Verfahrenseröffnung am nächsten kommt.

(4) § 7 Absatz 4 gilt entsprechend.

§ 9 Rechtsmittel gegen eine Entscheidung nach § 7 oder § 8

Gegen die Entscheidung des Insolvenzgerichts nach § 7 oder § 8 findet die sofortige Beschwerde statt. Die §§ 574 bis 577 der Zivilprozessordnung gelten entsprechend, wobei die Entscheidung über die Beschwerde gemäß § 6 Absatz 3 der Insolvenzordnung erst mit Rechtskraft wirksam wird.

Kommentar:
Durch das Gesetz über den Stabilisierungs- und Restrukturierungsrahmen für Unternehmen (BGBl. I 2020, S. 3256) wurde mit Wirkung zum 1. Januar 2021 der § 9 Satz 2 neu gefasst.

§ 10 Vollstreckung aus der Eröffnungsentscheidung

Ist der Verwalter eines Hauptinsolvenzverfahrens nach dem Recht des Mitgliedstaats der Europäischen Union, in dem das Insolvenzverfahren eröffnet worden ist, befugt, auf Grund der Entscheidung über die Verfahrenseröffnung die Herausgabe der Sachen, die sich im Gewahrsam des Schuldners befinden, im Wege der Zwangsvollstreckung durchzusetzen, so gilt für die Vollstreckung in der Bundesrepublik Deutschland Artikel 32 Absatz 1 Unterabsatz 1 der Verordnung (EU) 2015/848. Für die Verwertung von Gegenständen der Insolvenzmasse im Wege der Zwangsvollstreckung gilt Satz 1 entsprechend.

Teil 2 Sekundärinsolvenzverfahren

Abschnitt 1 Hauptinsolvenzverfahren in der Bundesrepublik Deutschland

§ 11 Voraussetzungen für die Abgabe der Zusicherung

(1) Soll in einem in der Bundesrepublik Deutschland anhängigen Insolvenzverfahren eine Zusicherung nach Artikel 36 der Verordnung (EU) 2015/848 abgegeben werden, hat der Insolvenzverwalter zuvor die Zustimmung des Gläubigerausschusses oder des vorläufigen Gläubigerausschusses nach § 21 Absatz 2 Satz 1 Nummer 1a der Insolvenzordnung einzuholen, sofern ein solcher bestellt ist.

(2) Hat das Insolvenzgericht die Eigenverwaltung angeordnet, gilt Absatz 1 entsprechend.

§ 12 Öffentliche Bekanntmachung der Zusicherung

Der Insolvenzverwalter hat die öffentliche Bekanntmachung der Zusicherung sowie den Termin und das Verfahren zu deren Billigung zu veranlassen. Den bekannten lokalen Gläubigern ist die Zusicherung durch den Insolvenzverwalter besonders zuzustellen; § 8 Absatz 3 Satz 2 und 3 der Insolvenzordnung gilt entsprechend.

§ 13 Benachrichtigung über die beabsichtigte Verteilung

Für die Benachrichtigung nach Artikel 36 Absatz 7 Satz 1 der Verordnung (EU) 2015/848 gilt § 12 Satz 2 entsprechend.

§ 14 Haftung des Insolvenzverwalters bei einer Zusicherung

Für die Haftung des Insolvenzverwalters nach Artikel 36 Absatz 10 der Verordnung (EU) 2015/848 in einem in der Bundesrepublik Deutschland anhängigen Insolvenzverfahren gilt § 92 der Insolvenzordnung entsprechend.

Abschnitt 2 Hauptinsolvenzverfahren in einem anderen Mitgliedstaat der Europäischen Union

§ 15 Insolvenzplan

Sieht ein Insolvenzplan in einem in der Bundesrepublik Deutschland eröffneten Sekundärinsolvenzverfahren eine Stundung, einen Erlass oder sonstige Einschränkungen der Rechte der Gläubiger vor, so darf er vom Insolvenzgericht nur bestätigt werden, wenn alle betroffenen Gläubiger dem Insolvenzplan zugestimmt haben. Satz 1 gilt nicht für Planregelungen, mit denen in Absonderungsrechte eingegriffen wird.

§ 16 Aussetzung der Verwertung
Wird auf Antrag des Verwalters des Hauptinsolvenzverfahrens nach Artikel 46 der Verordnung (EU) 2015/848 in einem in der Bundesrepublik Deutschland eröffneten Sekundärinsolvenzverfahren die Verwertung eines Gegenstandes ausgesetzt, an dem ein Absonderungsrecht besteht, so sind dem Gläubiger laufend die geschuldeten Zinsen aus der Insolvenzmasse zu zahlen.

§ 17 Abstimmung über die Zusicherung
(1) Der Verwalter des Hauptinsolvenzverfahrens führt die Abstimmung über die Zusicherung nach Artikel 36 der Verordnung (EU) 2015/848 durch. Die §§ 222, 243, 244 Absatz 1 und 2 sowie die §§ 245 und 246 der Insolvenzordnung gelten entsprechend.
(2) Im Rahmen der Unterrichtung nach Artikel 36 Absatz 5 Satz 4 der Verordnung (EU) 2015/848 informiert der Verwalter des Hauptinsolvenzverfahrens die lokalen Gläubiger, welche Fernkommunikationsmittel bei der Abstimmung zulässig sind und welche Gruppen für die Abstimmung gebildet wurden. Er hat ferner darauf hinzuweisen, dass diese Gläubiger bei der Anmeldung ihrer Forderungen Urkunden beifügen sollen, aus denen sich ergibt, dass sie lokale Gläubiger im Sinne von Artikel 2 Nummer 11 der Verordnung (EU) 2015/848 sind.

§ 18 Stimmrecht bei der Abstimmung über die Zusicherung
(1) Der Inhaber einer zur Teilnahme an der Abstimmung über die Zusicherung angemeldeten Forderung gilt vorbehaltlich des Satzes 2 auch dann als stimmberechtigt, wenn der Verwalter des Hauptinsolvenzverfahrens oder ein anderer lokaler Gläubiger bestreitet, dass die Forderung besteht oder dass es sich um die Forderung eines lokalen Gläubigers handelt. Hängt das Abstimmungsergebnis von Stimmen ab, die auf bestrittene Forderungen entfallen, kann der Verwalter oder der bestreitende lokale Gläubiger bei dem nach § 1 Absatz 2 zuständigen Gericht eine Entscheidung über das Stimmrecht erwirken, das durch die bestrittenen Forderungen oder eines Teils davon gewährt wird; § 77 Absatz 2 Satz 2 der Insolvenzordnung gilt entsprechend. Die Sätze 1 und 2 gelten auch für aufschiebend bedingte Forderungen. § 237 Absatz 1 Satz 2 der Insolvenzordnung gilt entsprechend.
(2) Im Rahmen des Verfahrens über eine Zusicherung gilt die Bundesagentur für Arbeit als lokaler Gläubiger nach Artikel 36 Absatz 11 der Verordnung (EU) 2015/848.

§ 19 Unterrichtung über das Ergebnis der Abstimmung
Für die Unterrichtung nach Artikel 36 Absatz 5 Satz 4 der Verordnung (EU) 2015/848 gilt § 12 Satz 2 entsprechend.

§ 20 Rechtsbehelfe gegen Entscheidungen über die Eröffnung eines Sekundärinsolvenzverfahrens
(1) Wird unter Hinweis auf die Zusicherung die Eröffnung eines Sekundärinsolvenzverfahrens nach Artikel 38 Absatz 2 der Verordnung (EU) 2015/848 abgelehnt, so steht dem Antragsteller die sofortige Beschwerde zu. Die §§ 574 bis 577 der Zivilprozessordnung gelten entsprechend, wobei die Entscheidung über die Beschwerde gemäß § 6 Absatz 3 der Insolvenzordnung erst mit Rechtskraft wirksam wird.
(2) Wird in der Bundesrepublik Deutschland ein Sekundärinsolvenzverfahren eröffnet, ist der Rechtsbehelf nach Artikel 39 der Verordnung (EU) 2015/848 als sofortige Beschwerde zu behandeln. Die §§ 574 bis 577 der Zivilprozessordnung gelten entsprechend, wobei die Entscheidung über die Beschwerde gemäß § 6 Absatz 3 der Insolvenzordnung erst mit Rechtskraft wirksam wird.

Kommentar:
Durch das Gesetz über den Stabilisierungs- und Restrukturierungsrahmen für Unternehmen (BGBl. I 2020, S. 3256) wurden mit Wirkung zum 1. Januar 2021 der § 20 Abs. 1 Satz 2 und Abs. 2 Satz 2 neu gefasst.

Abschnitt 3 Maßnahmen zur Einhaltung einer Zusicherung

§ 21 Rechtsbehelfe und Anträge nach Artikel 36 der Verordnung (EU) 2015/848
(1) Für Entscheidungen über Anträge nach Artikel 36 Absatz 7 Satz 2 oder Absatz 8 der Verordnung (EU) 2015/848 ist das Insolvenzgericht ausschließlich örtlich zuständig, bei dem das Hauptinsolvenzverfahren anhängig ist. Der Antrag nach Artikel 36 Absatz 7 Satz 2 der Verordnung (EU) 2015/848 muss binnen einer Notfrist von zwei Wochen bei dem Insolvenzgericht gestellt werden. Die Notfrist beginnt mit der Zustellung der Benachrichtigung über die beabsichtigte Verteilung.
(2) Für die Entscheidung über Anträge nach Artikel 36 Absatz 9 der Verordnung (EU) 2015/848 ist das Gericht nach § 1 Absatz 2 zuständig.
(3) Unbeschadet des § 58 Absatz 2 Satz 3 der Insolvenzordnung entscheidet das Gericht durch unanfechtbaren Beschluss.

Teil 3 Insolvenzverfahren über das Vermögen von Mitgliedern einer Unternehmensgruppe

§ 22 Eingeschränkte Anwendbarkeit des § 56b und der §§ 269a bis 269i der Insolvenzordnung

(1) Gehören Unternehmen einer Unternehmensgruppe im Sinne von § 3e der Insolvenzordnung auch einer Unternehmensgruppe im Sinne von Artikel 2 Nummer 13 der Verordnung (EU) 2015/848 an,

1. findet § 269a der Insolvenzordnung keine Anwendung, soweit Artikel 56 der Verordnung (EU) 2015/848 anzuwenden ist,

2. finden § 56b Absatz 1 und § 269b der Insolvenzordnung keine Anwendung, soweit Artikel 57 der Verordnung (EU) 2015/848 anzuwenden ist.

(2) Gehören Unternehmen einer Unternehmensgruppe im Sinne von § 3e der Insolvenzordnung auch einer Unternehmensgruppe im Sinne von Artikel 2 Nummer 13 der Verordnung (EU) 2015/848 an, ist die Einleitung eines Koordinationsverfahrens nach den §§ 269d bis 269i der Insolvenzordnung ausgeschlossen, wenn die Durchführung des Koordinationsverfahrens die Wirksamkeit eines Gruppen-Koordinationsverfahrens nach den Artikeln 61 bis 77 der Verordnung (EU) 2015/848 beeinträchtigen würde.

§ 23 Beteiligung der Gläubiger

(1) Beabsichtigt der Verwalter, die Einleitung eines Gruppen-Koordinationsverfahrens nach Artikel 61 Absatz 1 der Verordnung (EU) 2015/848 zu beantragen und ist die Durchführung eines solchen Verfahrens von besonderer Bedeutung für das Insolvenzverfahren, hat er die Zustimmung nach den §§ 160 und 161 der Insolvenzordnung einzuholen. Dem Gläubigerausschuss sind die in Artikel 61 Absatz 3 der Verordnung (EU) 2015/848 genannten Unterlagen vorzulegen.

(2) Absatz 1 gilt entsprechend

1. für die Erklärung eines Einwands nach Artikel 64 Absatz 1 Buchstabe a der Verordnung (EU) 2015/848 gegen die Einbeziehung des Verfahrens in das Gruppen-Koordinationsverfahren,

2. für den Antrag auf Einbeziehung des Verfahrens in ein bereits eröffnetes Gruppen-Koordinationsverfahren nach Artikel 69 Absatz 1 der Verordnung (EU) 2015/848 sowie

3. für die Zustimmungserklärung zu einem entsprechenden Antrag eines Verwalters, der in einem Verfahren über das Vermögen eines anderen gruppenangehörigen Unternehmens bestellt wurde (Artikel 69 Absatz 2 Buchstabe b der Verordnung (EU) 2015/848).

§ 24 Aussetzung der Verwertung

§ 16 gilt entsprechend bei der Aussetzung

1. der Verwertung auf Antrag des Verwalters eines anderen gruppenangehörigen Unternehmens nach Artikel 60 Absatz 1 Buchstabe b der Verordnung (EU) 2015/848 und

2. des Verfahrens auf Antrag des Koordinators nach Artikel 72 Absatz 2 Buchstabe e der Verordnung (EU) 2015/848.

§ 25 Rechtsbehelf gegen die Entscheidung nach Artikel 69 Absatz 2 der Verordnung (EU) 2015/848

Gegen die Entscheidung des Koordinators nach Artikel 69 Absatz 2 der Verordnung (EU) 2015/848 ist die Erinnerung statthaft. § 573 der Zivilprozessordnung gilt entsprechend.

§ 26 Rechtsmittel gegen die Kostenentscheidung nach Artikel 77 Absatz 4 der Verordnung (EU) 2015/848

Gegen die Entscheidung über die Kosten des Gruppen-Koordinationsverfahrens nach Artikel 77 Absatz 4 der Verordnung (EU) 2015/848 ist die sofortige Beschwerde statthaft. Die §§ 574 bis 577 der Zivilprozessordnung gelten entsprechend, wobei die Entscheidung über die Beschwerde gemäß § 6 Absatz 3 der Insolvenzordnung erst mit Rechtskraft wirksam wird.

Kommentar:

Durch das Gesetz über den Stabilisierungs- und Restrukturierungsrahmen für Unternehmen (BGBl. I 2020, S. 3256) wurde mit Wirkung zum 1. Januar 2021 der § 26 Satz 2 neu gefasst.

Art. 103 Anwendung des bisherigen Rechts

Auf Konkurs-, Vergleichs- und Gesamtvollstreckungsverfahren, die vor dem 1. Januar 1999 beantragt worden sind, und deren Wirkungen sind weiter die bisherigen gesetzlichen Vorschriften anzuwenden. Gleiches gilt für Anschlußkonkursverfahren, bei denen der dem Verfahren vorausgehende Vergleichsantrag vor dem 1. Januar 1999 gestellt worden ist.

Art. 103a Überleitungsvorschrift

Auf Insolvenzverfahren, die vor dem 1. Dezember 2001 eröffnet worden sind, sind die bis dahin geltenden gesetzlichen Vorschriften weiter anzuwenden.

Art. 103b Überleitungsvorschrift zum Gesetz zur Umsetzung der Richtlinie 2002/47/EG vom 6. Juni 2002 über Finanzsicherheiten und zur Änderung des Hypothekenbankgesetzes und anderer Gesetze

Auf Insolvenzverfahren, die vor dem 9. April 2004 eröffnet worden sind, sind die bis dahin geltenden gesetzlichen Vorschriften weiter anzuwenden.

Art. 103c Überleitungsvorschrift zum Gesetz zur Vereinfachung des Insolvenzverfahrens

(1) Auf Insolvenzverfahren, die vor dem Inkrafttreten des Gesetzes zur Vereinfachung des Insolvenzverfahrens vom 13. April 2007 (BGBl. I S. 509) am 1. Juli 2007 eröffnet worden sind, sind mit Ausnahme der §§ 8 und 9 der Insolvenzordnung und der Verordnung zu öffentlichen Bekanntmachungen in Insolvenzverfahren im Internet die bis dahin geltenden gesetzlichen Vorschriften weiter anzuwenden. In solchen Insolvenzverfahren erfolgen alle durch das Gericht vorzunehmenden öffentlichen Bekanntmachungen unbeschadet von Absatz 2 nur nach Maßgabe des § 9 der Insolvenzordnung. § 188 Satz 3 der Insolvenzordnung ist auch auf Insolvenzverfahren anzuwenden, die vor dem Inkrafttreten des Gesetzes zur Neuregelung des Rechtsberatungsrechts vom 12. Dezember 2007 (BGBl. I S. 2840) am 18. Dezember 2007 eröffnet worden sind.

(2) Die öffentliche Bekanntmachung kann bis zum 31. Dezember 2008 zusätzlich zu der elektronischen Bekanntmachung nach § 9 Abs. 1 Satz 1 der Insolvenzordnung in einem am Wohnort oder Sitz des Schuldners periodisch erscheinenden Blatt erfolgen; die Veröffentlichung kann auszugsweise geschehen. Für den Eintritt der Wirkungen der Bekanntmachung ist ausschließlich die Bekanntmachung im Internet nach § 9 Abs. 1 Satz 1 der Insolvenzordnung maßgebend.

Art. 103d Überleitungsvorschrift zum Gesetz zur Modernisierung des GmbH-Rechts und zur Bekämpfung von Missbräuchen

Auf Insolvenzverfahren, die vor dem Inkrafttreten des Gesetzes vom 23. Oktober 2008 (BGBl. I S. 2026) am 1. November 2008 eröffnet worden sind, sind die bis dahin geltenden gesetzlichen Vorschriften weiter anzuwenden. Im Rahmen von nach dem 1. November 2008 eröffneten Insolvenzverfahren sind auf vor dem 1. November 2008 vorgenommene Rechtshandlungen die bis dahin geltenden Vorschriften der Insolvenzordnung über die Anfechtung von Rechtshandlungen anzuwenden, soweit die Rechtshandlungen nach dem bisherigen Recht der Anfechtung entzogen oder in geringerem Umfang unterworfen sind.

Art. 103e Überleitungsvorschrift zum Haushaltsbegleitgesetz 2011

Auf Insolvenzverfahren, die vor dem 1. Januar 2011 beantragt worden sind, sind die bis dahin geltenden Vorschriften weiter anzuwenden.

Art. 103f Überleitungsvorschrift zum Gesetz zur Änderung des § 522 der Zivilprozessordnung

Für Entscheidungen über die sofortige Beschwerde nach § 6 der Insolvenzordnung, bei denen die Frist des § 575 der Zivilprozessordnung am 27. Oktober 2011 noch nicht abgelaufen ist, ist die Insolvenzordnung in der bis zum 27. Oktober 2011 geltenden Fassung weiter anzuwenden. Für Entscheidungen über die sofortige Beschwerde nach Artikel 102 § 7 Satz 1 des Einführungsgesetzes zur Insolvenzordnung gilt Satz 1 entsprechend.

Art. 103g Überleitungsvorschrift zum Gesetz zur weiteren Erleichterung der Sanierung von Unternehmen

Auf Insolvenzverfahren, die vor dem 1. März 2012 beantragt worden sind, sind die bis dahin geltenden Vorschriften weiter anzuwenden. § 18 Absatz 1 Nummer 2 des Rechtspflegergesetzes in der ab dem 1. Januar 2013 geltenden Fassung ist nur auf Insolvenzverfahren anzuwenden, die ab dem 1. Januar 2013 beantragt werden.

Art. 103h Überleitungsvorschrift zum Gesetz zur Verkürzung des Restschuldbefreiungsverfahrens und zur Stärkung der Gläubigerrechte

Auf Insolvenzverfahren, die vor dem 1. Juli 2014 beantragt worden sind, sind vorbehaltlich der Sätze 2 und 3 die bis dahin geltenden gesetzlichen Vorschriften weiter anzuwenden. Auf Insolvenzverfahren nach den §§ 304 bis 314 der Insolvenzordnung in der vor dem 1. Juli 2014 geltenden Fassung, die vor diesem Datum beantragt worden sind, sind auch die §§ 217 bis 269 der Insolvenzordnung anzuwenden. § 63 Absatz 3 und § 65 der Insolvenzordnung in der ab dem 19. Juli 2013 geltenden Fassung sind auf Insolvenzverfahren, die ab dem 19. Juli 2013 beantragt worden sind, anzuwenden.

Art. 103i Überleitungsvorschrift zum Bilanzrichtlinie-Umsetzungsgesetz

§ 22a Absatz 1 der Insolvenzordnung in der Fassung des Bilanzrichtlinie-Umsetzungsgesetz vom 17. Juli 2015 (BGBl. I S. 1245) ist erstmals auf Verfahren anzuwenden, deren Eröffnung nach dem 31. Dezember 2015 beantragt worden ist.

Art. 103j Überleitungsvorschrift zum Gesetz zur Verbesserung der Rechtssicherheit bei Anfechtungen nach der Insolvenzordnung und nach dem Anfechtungsgesetz

(1) Auf Insolvenzverfahren, die vor dem 5. April 2017 eröffnet worden sind, sind vorbehaltlich des Absatzes 2 die bis dahin geltenden Vorschriften weiter anzuwenden.

(2) Im Rahmen einer Insolvenzanfechtung entstandene Ansprüche auf Zinsen oder die Herausgabe von Nutzungen unterliegen vor dem 5. April 2017 den bis dahin geltenden Vorschriften. Für die Zeit ab dem 5. April 2017 ist auf diese Ansprüche § 143 Absatz 1 Satz 3 der Insolvenzordnung in der ab dem 5. April 2017 geltenden Fassung anzuwenden.

Art. 103k. Überleitungsvorschrift zu Artikel 2 des Gesetzes zur weiteren Verkürzung des Restschuldbefreiungsverfahrens und zur Anpassung pandemiebedingter Vorschriften im Gesellschafts-, Genossenschafts-, Vereins- und Stiftungsrecht sowie im Miet- und Pachtrecht

(1) Auf Insolvenzverfahren, die vor dem 1. Oktober 2020 beantragt worden sind, sind vorbehaltlich des Absatzes 2 die bis dahin geltenden Vorschriften weiter anzuwenden.

(2) Auf Insolvenzverfahren, die im Zeitraum vom 17. Dezember 2019 bis einschließlich 30. September 2020 beantragt worden sind, verkürzt sich die Abtretungsfrist im Sinne des § 287 Absatz 2 der Insolvenzordnung für jeden vollen Monat, der seit dem 16. Juli 2019 bis zur Stellung des Insolvenzantrages vergangen ist, um denselben Zeitraum. Demgemäß beträgt die Abtretungsfrist:

Datum der Stellung des Insolvenzantrages:	Abtretungsfrist
zwischen dem 17. Dezember 2019 und 16. Januar 2020	fünf Jahre und sieben Monate
zwischen dem 17. Januar 2020 und 16. Februar 2020	fünf Jahre und sechs Monate
zwischen dem 17. Februar 2020 und 16. März 2020	fünf Jahre und fünf Monate
zwischen dem 17. März 2020 und 16. April 2020	fünf Jahre und vier Monate
zwischen dem 17. April 2020 und 16. Mai 2020	fünf Jahre und drei Monate
zwischen dem 17. Mai 2020 und 16. Juni 2020	fünf Jahre und zwei Monate
zwischen dem 17. Juni 2020 und 16. Juli 2020	fünf Jahre und ein Monat
zwischen dem 17. Juli 2020 und 16. August 2020	fünf Jahre
zwischen dem 17. August 2020 und 16. September 2020	vier Jahre und elf Monate
zwischen dem 17. September 2020 und 30. September 2020	vier Jahre und zehn Monate

In Verfahren nach Satz 1 ist eine in der Abtretungserklärung erklärte, anderslautende Abtretungsfrist insoweit unbeachtlich.

(3) Wurde dem Schuldner letztmalig nach den bis einschließlich 30. September 2020 geltenden Vorschriften eine Restschuldbefreiung erteilt, so ist § 287a Absatz 2 Satz 1 Nummer 1 der Insolvenzordnung in der bis einschließlich 30. September 2020 geltenden Fassung weiter anzuwenden.

(4) Wird ein Antrag auf Eröffnung eines Verbraucherinsolvenzverfahrens zwischen dem 31. Dezember 2020 und dem 30. Juni 2021 gestellt, genügt die vom Schuldner vorzulegende Bescheinigung auch dann den in § 305 Absatz 1 Nummer 1 der Insolvenzordnung genannten Anforderungen, wenn sich aus ihr ergibt, dass eine außergerichtliche Einigung mit den Gläubigern über die Schuldenbereinigung auf der Grundlage eines Plans innerhalb der letzten zwölf Monate vor dem Eröffnungsantrag erfolglos versucht worden ist.

Kommentar:

§ 103k neu eingefügt aufgrund des Gesetzes zur weiteren Verkürzung des Restschuldbefreiungsverfahrens und zur Anpassung pandemiebedingter Vorschriften im Gesellschafts-, Genossenschafts-, Vereins- und Stiftungsrecht sowie im Miet- und Pachtrecht (BGBl. I 2020, S. 3328). Die Änderung ist rückwirkend zum 1. Oktober 2020 in Kraft getreten.

Art. 103l Überleitungsvorschrift zu Artikel 6 des Gesetzes zur weiteren Verkürzung des Restschuldbefreiungsverfahrens und zur Anpassung pandemiebedingter Vorschriften im Gesellschafts-, Genossenschafts-, Vereins- und Stiftungsrecht sowie im Miet- und Pachtrecht

Auf Insolvenzverfahren, die vor dem 31. Dezember 2020 beantragt worden sind, sind die bis dahin geltenden Vorschriften weiter anzuwenden.

Kommentar:
§ 103l neu eingefügt aufgrund des Gesetzes zur weiteren Verkürzung des Restschuldbefreiungsverfahrens und zur Anpassung pandemiebedingter Vorschriften im Gesellschafts-, Genossenschafts-, Vereins- und Stiftungsrecht sowie im Miet- und Pachtrecht (BGBl. I 2020, S. 3328). Die Änderung tritt zum 31. Dezember 2020 in Kraft.

Art. 103m Überleitungsvorschrift zum Sanierungs- und Insolvenzrechtsfortentwicklungsgesetz

Auf Insolvenzverfahren, die vor dem1. Januar 2021 beantragt worden sind, sind die bis dahin geltenden Vorschriften weiter anzuwenden.

Kommentar:
Durch das Gesetz über den Stabilisierungs- und Restrukturierungsrahmen für Unternehmen (BGBl. I 2020, S. 3256) wurde mit Wirkung zum 1. Januar 2021 der Art. 103m neu hinzugefügt.

Art. 104 Anwendung des neuen Rechts

In einem Insolvenzverfahren, das nach dem 31. Dezember 1998 beantragt wird, gelten die Insolvenzordnung und dieses Gesetz auch für Rechtsverhältnisse und Rechte, die vor dem 1. Januar 1999 begründet worden sind.

Art. 105 Finanztermingeschäfte

(1) War für Finanzleistungen, die einen Markt- oder Börsenpreis haben, eine bestimmte Zeit oder eine bestimmte Frist vereinbart und tritt die Zeit oder der Ablauf der Frist erst nach der Eröffnung eines Konkursverfahrens ein, so kann nicht die Erfüllung verlangt, sondern nur eine Forderung wegen der Nichterfüllung geltend gemacht werden. Als Finanzleistungen gelten insbesondere
1. die Lieferung von Edelmetallen,
2. die Lieferung von Wertpapieren oder vergleichbaren Rechten, soweit nicht der Erwerb einer Beteiligung an einem Unternehmen zur Herstellung einer dauernden Verbindung zu diesem Unternehmen beabsichtigt ist,
3. Geldleistungen, die in ausländischer Währung oder in einer Rechnungseinheit zu erbringen sind,
4. Geldleistungen, deren Höhe unmittelbar oder mittelbar durch den Kurs einer ausländischen Währung oder einer Rechnungseinheit, durch den Zinssatz von Forderungen oder durch den Preis anderer Güter oder Leistungen bestimmt wird,
5. Optionen und andere Rechte auf Lieferungen oder Geldleistungen im Sinne der Nummern 1 bis 4.

Sind Geschäfte über Finanzleistungen in einem Rahmenvertrag zusammengefaßt, für den vereinbart ist, daß er bei Vertragsverletzungen nur einheitlich beendet werden kann, so gilt die Gesamtheit dieser Geschäfte als ein gegenseitiger Vertrag.

(2) Die Forderung wegen der Nichterfüllung richtet sich auf den Unterschied zwischen dem vereinbarten Preis und dem Markt- oder Börsenpreis, der am zweiten Werktag nach der Eröffnung des Verfahrens am Erfüllungsort für einen Vertrag mit der vereinbarten Erfüllungszeit maßgeblich ist. Der andere Teil kann eine solche Forderung nur als Konkursgläubiger geltend machen.

(3) Die in den Absätzen 1 und 2 für den Fall der Eröffnung eines Konkursverfahrens getroffenen Regelungen gelten entsprechend für den Fall der Eröffnung eines Vergleichs- oder Gesamtvollstreckungsverfahrens.

Art. 105a Überleitungsvorschrift zum Gesetz zur Änderung der Insolvenzordnung und zur Änderung des Gesetzes, betreffend die Einführung der Zivilprozessordnung

(1) Auf Insolvenzverfahren, die vor dem 10. Juni 2016 beantragt worden sind, ist § 104 der Insolvenzordnung in der bis dahin geltenden Fassung anzuwenden.

(2) Auf Insolvenzverfahren, die vor dem 29. Dezember 2016 beantragt worden sind, ist § 104 der Insolvenzordnung in der bis dahin geltenden Fassung anzuwenden.

Art. 106 Insolvenzanfechtung

Die Vorschriften der Insolvenzordnung über die Anfechtung von Rechtshandlungen sind auf die vor dem 1. Januar 1999 vorgenommenen Rechtshandlungen nur anzuwenden, soweit diese nicht nach dem bisherigen Recht der Anfechtung entzogen oder in geringerem Umfang unterworfen sind.

Art. 107 Evaluierungsvorschrift zum Gesetz zur Verkürzung des Restschuldbefreiungsverfahrens und zur Stärkung der Gläubigerrechte

(1) Die Bundesregierung berichtet dem Deutschen Bundestag bis zum 30. Juni 2018, in wie vielen Fällen bereits nach drei Jahren eine Restschuldbefreiung erteilt werden konnte. Der Bericht hat auch Angaben über die Höhe der im Insolvenz- und Restschuldbefreiungsverfahren erzielten Befriedigungsquoten zu enthalten.

(2) Sofern sich aus dem Bericht die Notwendigkeit gesetzgeberischer Maßnahmen ergibt, soll die Bundesregierung diese vorschlagen.

Art. 107a Evaluationsvorschrift zum Gesetz zur weiteren Verkürzung des Restschuldbefreiungsverfahrens und zur Anpassung pandemiebedingter Vorschriften im Gesellschafts-, Genossenschafts-, Vereins- und Stiftungsrecht sowie im Miet- und Pachtrecht

(1) Die Bundesregierung berichtet dem Deutschen Bundestag bis zum 30. Juni 2024, wie sich die Verkürzung des Restschuldbefreiungsverfahrens auf das Antrags-, Zahlungs- und Wirtschaftsverhalten von Verbraucherinnen und Verbrauchern ausgewirkt hat. Der Bericht geht auch auf etwaige Hindernisse ein, die von den bestehenden Möglichkeiten der Speicherung insolvenzbezogener Informationen durch Auskunfteien für einen wirtschaftlichen Neustart nach Erteilung der Restschuldbefreiung ausgehen.

(2) Sofern sich aus dem Bericht die Notwendigkeit gesetzgeberischer Maßnahmen ergibt, soll die Bundesregierung diese vorschlagen.

Kommentar:

§ 107a neu eingefügt aufgrund des Gesetzes zur weiteren Verkürzung des Restschuldbefreiungsverfahrens und zur Anpassung pandemiebedingter Vorschriften im Gesellschafts-, Genossenschafts-, Vereins- und Stiftungsrecht sowie im Miet- und Pachtrecht (BGBl. I 2020, S. 3328). Die Änderung ist rückwirkend zum 1. Oktober 2020 in Kraft getreten.

Art. 108 Fortbestand der Vollstreckungsbeschränkung

(1) Bei der Zwangsvollstreckung gegen einen Schuldner, über dessen Vermögen ein Gesamtvollstreckungsverfahren durchgeführt worden ist, ist auch nach dem 31. Dezember 1998 die Vollstreckungsbeschränkung des § 18 Abs. 2 Satz 3 der Gesamtvollstreckungsordnung zu beachten.

(2) Wird über das Vermögen eines solchen Schuldners nach den Vorschriften der Insolvenzordnung ein Insolvenzverfahren eröffnet, so sind die Forderungen, die der Vollstreckungsbeschränkung unterliegen, im Rang nach den in § 39 Abs. 1 der Insolvenzordnung bezeichneten Forderungen zu berichtigen.

Art. 109 Schuldverschreibungen

Soweit den Inhabern von Schuldverschreibungen, die vor dem 1. Januar 1963 von anderen Kreditinstituten als Hypothekenbanken ausgegeben worden sind, nach Vorschriften des Landesrechts in Verbindung mit § 17 Abs. 1 des Einführungsgesetzes zur Konkursordnung ein Vorrecht bei der Befriedigung aus Hypotheken, Reallasten oder Darlehen des Kreditinstituts zusteht, ist dieses Vorrecht auch in künftigen Insolvenzverfahren zu beachten.

Art. 110 Inkrafttreten

(1) Die Insolvenzordnung und dieses Gesetz treten, soweit nichts anderes bestimmt ist, am 1. Januar 1999 in Kraft.

(2) § 2 Abs. 2 und § 7 Abs. 3 der Insolvenzordnung sowie die Ermächtigung der Länder in § 305 Abs. 1 Nr. 1 der Insolvenzordnung treten am Tage nach der Verkündung in Kraft. Gleiches gilt für § 65 der Insolvenzordnung und für § 21 Abs. 2 Nr. 1, § 73 Abs. 2, § 274 Abs. 1, § 293 Abs. 2 und § 313 der Insolvenzordnung, soweit sie § 65 der Insolvenzordnung für entsprechend anwendbar erklären.

(3) Artikel 2 Nr. 9 dieses Gesetzes, soweit darin die Aufhebung von § 2 Abs. 1 Satz 2 des Gesetzes über die Auflösung und Löschung von Gesellschaften und Genossenschaften angeordnet wird, Artikel 22, Artikel 24 Nr. 2, Artikel 32 Nr. 3, Artikel 48 Nr. 4, Artikel 54 Nr. 4 und Artikel 85 Nr. 1 und 2 Buchstabe e, Artikel 87 Nr. 8 Buchstabe d und Artikel 105 dieses Gesetzes treten am Tage nach der Verkündung in Kraft.

Gesetz über den Stabilisierungs- und Restrukturierungsrahmen für Unternehmen (Unternehmensstabilisierungs- und -restrukturierungsgesetz – StaRUG)

Vom 22. Dezember 2020 (BGBl. I 2020, S. 3256)

Inhaltsübersicht

Teil 1 – Krisenfrüherkennung und -management

§ 1 Krisenfrüherkennung und Krisenmanagement bei haftungsbeschränkten Unternehmensträgern

(1) Die Mitglieder des zur Geschäftsführung berufenen Organs einer juristischen Person (Geschäftsleiter) wachen fortlaufend über Entwicklungen, welche den Fortbestand der juristischen Person gefährden können. Erkennen sie solche Entwicklungen, ergreifen sie geeignete Gegenmaßnahmen und erstatten den zur Überwachung der Geschäftsleitung berufenen Organen (Überwachungsorganen) unverzüglich Bericht. Berühren die zu ergreifenden Maßnahmen die Zuständigkeiten anderer Organe, wirken die Geschäftsleiter unverzüglich auf deren Befassung hin.

(2) Bei Gesellschaften ohne Rechtspersönlichkeit im Sinne von § 15a Absatz 1 Satz 3 und Absatz 2 der Insolvenzordnung gilt Absatz 1 entsprechend für die Geschäftsleiter der zur Geschäftsführung berufenen Gesellschafter.

(3) Weitergehende Pflichten, die sich aus anderen Gesetzen ergeben, bleiben unberührt.

Teil 2 – Stabilisierungs- und Restrukturierungsrahmen

Kapitel 1 Restrukturierungsplan

Abschnitt 1 – Gestaltung von Rechtsverhältnissen

§ 2 Gestaltbare Rechtsverhältnisse

(1) Auf der Grundlage eines Restrukturierungsplans können gestaltet werden:
1. Forderungen, die gegen eine restrukturierungsfähige Person (Schuldner) begründet sind (Restrukturierungsforderungen), und
2. die an Gegenständen des schuldnerischen Vermögens bestehenden Rechte, die im Falle der Eröffnung eines Insolvenzverfahrens zur Absonderung berechtigen würden, es sei denn, es handelt sich bei ihnen um Finanzsicherheiten im Sinne des § 1 Ab satz 17 des Kreditwesengesetzes oder um Sicherheiten, die dem Betreiber eines Systems nach § 1 Absatz 16 des Kreditwesengesetzes zur Absicherung seiner Ansprüche aus dem System oder der Zentralbank eines Mitgliedsstaats der Europäischen Union oder der Europäischen Zentralbank gestellt wurden (Absonderungsanwartschaften).

(2) Beruhen Restrukturierungsforderungen oder Absonderungsanwartschaften auf einem mehrseitigen Rechtsverhältnis zwischen dem Schuldner und mehreren Gläubigern, so sind auch Einzelbestimmungen in diesem Rechtsverhältnis durch den Restrukturierungsplan gestaltbar. Satz 1 gilt auch für die Bedingungen von Schuldtiteln im Sinne des § 2 Absatz 1 Nummer 3 des Wertpapierhandelsgesetzes und von Verträgen, die zu gleichlautenden Bedingungen mit einer Vielzahl von Gläubigern geschlossen wurden. Beruhen Restrukturierungsforderungen oder Absonderungsanwartschaften auf unterschiedlichen Rechtsverhältnissen und haben die Inhaber der Forderungen oder Anwartschaften untereinander und mit dem Schuldner Vereinbarungen über die Durchsetzung der gegenüber diesem bestehenden Forderungen oder Anwartschaften und das relative Rangverhältnis der aus der Durchsetzung resultierenden Erlöse getroffen, so sind auch die Bedingungen dieser Vereinbarung durch den Plan gestaltbar.

(3) Ist der Schuldner eine juristische Person oder eine Gesellschaft ohne Rechtspersönlichkeit, können auch die Anteils- oder Mitgliedschaftsrechte der an dem Schuldner beteiligten Personen durch den Restrukturierungsplan gestaltet, sonstige gesellschaftsrechtlich zulässige Regelungen getroffen sowie Anteils- und Mitgliedschaftsrechte übertragen werden.

(4) Der Restrukturierungsplan kann auch die Rechte der Inhaber von Restrukturierungsforderungen gestalten, die diesen aus einer von einem verbundenen Unternehmen im Sinne des § 15 des Aktiengesetzes als Bürge, Mitschuldner oder aufgrund einer anderweitig übernommenen Haftung oder an Gegenständen des Vermögens dieses Unternehmens zustehen (gruppeninterne Drittsicherheit); der Eingriff ist durch eine angemessene Entschädigung zu kompensieren. Satz 1 Halbsatz 2 gilt entsprechend für eine Beschränkung der persönlichen Haftung eines persönlich haftenden Gesellschafters eines als Gesellschaft ohne Rechtspersönlichkeit verfassten Schuldners.

(5) Maßgeblich für die Absätze 1 bis 4 sind die Rechtsverhältnisse zum Zeitpunkt der Unterbreitung des Planangebots (§ 17), im Falle einer Abstimmung im gerichtlichen Planabstimmungsverfahren (§§ 45) zum Zeitpunkt der Antragstellung. Erwirkt der Schuldner vorher eine Stabilisierungsanordnung (§ 49), tritt an die Stelle des Planangebots oder des Antrags der Zeitpunkt der Erstanordnung.

§ 3 Bedingte und nicht fällige Restrukturierungsforderungen; Forderungen aus gegenseitigen Verträgen

(1) Restrukturierungsforderungen sind auch dann gestaltbar, wenn sie bedingt oder noch nicht fällig sind.

(2) Restrukturierungsforderungen aus gegenseitigen Verträgen sind nur insoweit gestaltbar, als

die dem anderen Teil obliegende Leistung bereits erbracht ist.

§ 4 Ausgenommene Rechtsverhältnisse

Einer Gestaltung durch einen Restrukturierungsplan sind unzugänglich:
1. Forderungen von Arbeitnehmern aus oder im Zusammenhang mit dem Arbeitsverhältnis, einschließlich der Rechte aus Zusagen auf betriebliche Altersversorgung,
2. Forderungen aus vorsätzlich begangenen unerlaubten Handlungen und
3. Forderungen nach § 39 Absatz 1 Nummer 3 der Insolvenzordnung.
Handelt es sich bei dem Schuldner um eine natürliche Person, gilt dies auch für Forderungen und Absonderungsanwartschaften, die mit dessen unternehmerischer Tätigkeit in keinem Zusammenhang stehen.

Abschnitt 2 – Anforderungen an den Restrukturierungsplan

§ 5 Gliederung des Restrukturierungsplans

Der Restrukturierungsplan besteht aus einem darstellenden und einem gestaltenden Teil. Er enthält mindestens die nach der Anlage zu diesem Gesetz erforderlichen Angaben. Dem Restrukturierungsplan sind die nach den §§ 14 und 15 erforderlichen Anlagen beizufügen.

§ 6 Darstellender Teil

(1) Der darstellende Teil beschreibt die Grundlagen und die Auswirkungen des Restrukturierungsplans. Der darstellende Teil enthält alle Angaben, die für die Entscheidung der von dem Plan Betroffenen über die Zustimmung zum Plan und für dessen gerichtliche Bestätigung erheblich sind, einschließlich der Krisenursachen und der zur Krisenbewältigung vorzunehmenden Maßnahmen. Soweit Restrukturierungsmaßnahmen vorgesehen sind, die nicht über den gestaltenden Teil des Plans umgesetzt werden können oder sollen, sind sie im darstellenden Teil gesondert hervorzuheben.

(2) Der darstellende Teil enthält insbesondere eine Vergleichsrechnung, in der die Auswirkungen des Restrukturierungsplans auf die Befriedigungsaussichten der Planbetroffenen dargestellt werden. Sieht der Plan eine Fortführung des Unternehmens vor, ist für die Ermittlung der Befriedigungsaussichten ohne Plan zu unterstellen, dass das Unternehmen fortgeführt wird. Dies gilt nicht, wenn ein Verkauf des Unternehmens oder eine anderweitige Fortführung aussichtslos ist.

(3) Sieht der Restrukturierungsplan Eingriffe in die Rechte von Gläubigern aus gruppeninternen Drittsicherheiten (§ 2 Absatz 4) vor, sind in die Darstellung auch die Verhältnisse des die Sicherheit gewährenden verbundenen Unternehmens und die Auswirkungen des Plans auf dieses Unternehmen einzubeziehen.

§ 7 Gestaltender Teil

(1) Der gestaltende Teil des Restrukturierungsplans legt fest, wie die Rechtsstellung der Inhaber der Restrukturierungsforderungen, der Absonderungsanwartschaften, der Rechte aus gruppeninternen Drittsicherheiten und der Anteilsoder Mitgliedschaftsrechte (Planbetroffenen) durch den Plan geändert werden soll.

(2) Soweit Restrukturierungsforderungen oder Absonderungsanwartschaften gestaltet werden, ist zu bestimmen, um welchen Bruchteil diese gekürzt, für welchen Zeitraum sie gestundet, wie sie gesichert und welchen sonstigen Regelungen sie unterworfen werden sollen. Satz 1 gilt entsprechend für die Gestaltung der Rechte aus gruppeninternen Drittsicherheiten (§ 2 Absatz 4).

(3) Soweit vertragliche Nebenbestimmungen oder Vereinbarungen nach § 2 Absatz 2 gestaltet werden, legt der gestaltende Teil fest, wie diese abgeändert werden sollen.

(4) Restrukturierungsforderungen können auch in Anteils- oder Mitgliedschaftsrechte an dem Schuldner umgewandelt werden. Eine Umwandlung gegen den Willen der betroffenen Gläubiger ist ausgeschlossen. Insbeondere kann der Plan eine Kapitalherabsetzung oder -erhöhung, die Leistung von Sacheinlagen, den Ausschluss von Bezugsrechten oder die Zahlung von Abfindungen an ausscheidende an dem Schuldner beteiligte Personen vorsehen. Der Plan kann vorsehen, dass Anteils- oder Mitgliedschaftsrechte übertragen werden. Im Übrigen kann jede Regelung getroffen werden, die gesellschaftsrechtlich zulässig ist. § 225a Absatz 4 und 5 der Insolvenzordnung ist entsprechend anzuwenden.

§ 8 Auswahl der Planbetroffenen

Die Auswahl der Planbetroffenen hat nach sachgerechten Kriterien zu erfolgen, die im darstellenden Teil des Plans anzugeben und zu erläutern sind. Die Auswahl ist sachgerecht, wenn
1. die nicht einbezogenen Forderungen auch in einem Insolvenzverfahren voraussichtlich vollständig erfüllt würden,
2. die in der Auswahl angelegte Differenzierung nach der Art der zu bewältigenden wirtschaftlichen Schwierigkeiten des Schuldners und den Umständen angemessen erscheint, insbesondere wenn ausschließlich Finanzverbindlichkeiten und

die zu deren Sicherung bestellten Sicherheiten gestaltet werden oder die Forderungen von Kleingläubigern, insbesondere Verbrauchern, Klein- und Kleinstunternehmen oder mittleren Unternehmen, unberührt bleiben oder

3. mit Ausnahme der in § 4 genannten Forderungen sämtliche Forderungen einbezogen werden.

§ 9 Einteilung der Planbetroffenen in Gruppen

(1) Bei der Festlegung der Rechte der Planbetroffenen im Restrukturierungsplan sind Gruppen zu bilden, soweit Planbetroffene mit unterschiedlicher Rechtsstellung betroffen sind. Es ist zu unterscheiden zwischen

1. den Inhabern von Absonderungsanwartschaften,
2. den Inhabern von Forderungen, die im Falle der Eröffnung eines Insolvenzverfahrens als nicht nachrangige Insolvenzforderungen geltend zu machen wären, nebst darauf entfallender Zinsen und Säumniszuschläge (einfache Restrukturierungsgläubiger),
3. den Inhabern von Forderungen, die im Falle der Eröffnung eines Insolvenzverfahrens nach § 39 Absatz 1 Nummer 4, 5 oder Absatz 2 der Insolvenzordnung als nachrangige Insolvenzforderungen anzumelden wären (nachrangige Restrukturierungsgläubiger), wobei für jede Rangklasse eine Gruppe zu bilden ist und
4. den Inhabern von Anteils- oder Mitgliedschaftsrechten.

Sieht der gestaltende Teil des Restrukturierungsplans Eingriffe in die Rechte von Gläubigern aus gruppeninternen Drittsicherheiten vor, bilden die davon betroffenen Gläubiger eigenständige Gruppen.

(2) Die Gruppen können nach Maßgabe wirtschaftlicher Interessen in weitere Gruppen unterteilt werden. Sie müssen sachgerecht voneinander abgegrenzt werden. Die Kriterien für die Abgrenzung sind im Plan anzugeben. Kleingläubiger sind im Rahmen der nach Absatz 1 zu bildenden Gruppen zu eigenständigen Gruppen zusammenzufassen.

§ 10 Gleichbehandlung von Planbetroffenen

(1) Innerhalb jeder Gruppe sind allen Planbetroffenen gleiche Rechte anzubieten.

(2) Eine unterschiedliche Behandlung der Planbetroffenen in einer Gruppe ist nur mit Zustimmung aller Planbetroffenen, zu deren Lasten die unterschiedliche Behandlung geht, zulässig. In diesem Fall ist dem Restrukturierungsplan die zustimmende Erklärung einer jeden Planbetroffenen, zu deren Lasten die unterschiedliche Behandlung geht, beizufügen.

(3) Jedes Abkommen des Schuldners oder Dritter mit einzelnen Planbetroffenen, durch das diesen für ihr Verhalten bei Abstimmungen oder sonst im Zusammenhang mit dem Restrukturierungsverfahren ein nicht im Plan vorgesehener Vorteil gewährt wird, ist nichtig.

§ 11 Haftung des Schuldners

Ist im Restrukturierungsplan nichts anderes bestimmt, wird der Schuldner mit der im gestaltenden Teil vorgesehenen Befriedigung der Gläubiger von seinen restlichen Verbindlichkeiten gegenüber diesen aus den in den Plan einbezogenen Restrukturierungsforderungen und Absonderungsanwartschaften befreit. Handelt es sich bei dem Schuldner um eine Gesellschaft ohne Rechtspersönlichkeit oder eine Kommanditgesellschaft auf Aktien, so gilt Satz 1 entsprechend für die persönliche Haftung der unbeschränkt haftenden Gesellschafter.

§ 12 Neue Finanzierung

Im Restrukturierungsplan können Regelungen zur Zusage von Darlehen oder sonstigen Krediten aufgenommen werden, die zur Finanzierung der Restrukturierung auf der Grundlage des Plans erforderlich sind (neue Finanzierung). Als neue Finanzierung gilt auch deren Besicherung.

§ 13 Änderung sachenrechtlicher Verhältnisse

Sollen Rechte an Gegenständen begründet, geändert, übertragen oder aufgehoben werden, so können die erforderlichen Willenserklärungen der Beteiligten in den gestaltenden Teil des Restrukturierungsplans aufgenommen werden. Sind im Grundbuch eingetragene Rechte an einem Grundstück oder an eingetragenen Rechten betroffen, so sind diese Rechte unter Beachtung des § 28 der Grundbuchordnung genau zu bezeichnen. Für Rechte, die im Schiffsregister, im Schiffsbauregister oder im Register für Pfandrechte an Luftfahrzeugen eingetragen sind, gilt Satz 2 entsprechend.

§ 14 Erklärung zur Bestandsfähigkeit; Vermögensübersicht; Ergebnis- und Finanzplan

(1) Dem Restrukturierungsplan ist eine begründete Erklärung zu den Aussichten darauf beizufügen, dass die drohende Zahlungsunfähigkeit des Schuldners durch den Plan beseitigt wird und dass die Bestandsfähigkeit des Schuldners sicher- oder wiederhergestellt wird.

(2) Dem Restrukturierungsplan ist eine Vermögensübersicht beizufügen, in der die Vermögensgegenstände und die Verbindlichkeiten, die sich bei Wirksamwerden des Plans gegenüberstünden, mit ihren Werten aufgeführt sind. Zudem ist aufzuführen, welche Aufwendungen und Erträge für den Zeitraum, während dessen die Gläubiger

befriedigt werden sollen, zu erwarten sind und durch welche Abfolge von Einnahmen und Ausgaben die Zahlungsfähigkeit des Unternehmens während dieses Zeitraums gewährleistet werden soll. Dabei sind neben den Restrukturierungsforderungen auch die vom Plan unberührt bleibenden Forderungen sowie die künftig nach dem Plan zu begründenden Forderungen zu berücksichtigen.

§ 15 Weitere beizufügende Erklärungen

(1) Handelt es sich bei dem Schuldner um eine Gesellschaft ohne Rechtspersönlichkeit oder eine Kommanditgesellschaft auf Aktien, so ist dem Restrukturierungsplan eine Erklärung der Personen beizufügen, die nach dem Plan persönlich haftende Gesellschafter des Unternehmens sein sollen, dass sie zur Fortführung des Unternehmens auf der Grundlage des Plans bereit sind.

(2) Sollen Gläubiger Anteils- oder Mitgliedschaftsrechte oder Beteiligungen an einer juristischen Person, einem nicht rechtsfähigen Verein oder einer Gesellschaft ohne Rechtspersönlichkeit übernehmen, so ist dem Restrukturierungsplan die Zustimmungserklärung eines jeden dieser Gläubiger beizufügen.

(3) Hat ein Dritter für den Fall der Bestätigung des Restrukturierungsplans Verpflichtungen gegenüber den Gläubigern übernommen, so ist dem Plan die Erklärung des Dritten beizufügen.

(4) Sieht der Restrukturierungsplan Eingriffe in die Rechte von Gläubigern aus gruppeninternen Drittsicherheiten vor, so ist dem Plan die Zustimmung des verbundenen Unternehmens beizufügen, das die Sicherheit gestellt hat.

§ 16 Checkliste für Restrukturierungspläne

Das Bundesministerium der Justiz und für Verbraucherschutz macht eine Checkliste für Restrukturierungspläne bekannt, welche an die Bedürfnisse von kleinen und mittleren Unternehmen angepasst ist. Die Checkliste wird auf der Internetseite www.bmjv.bund.de veröffentlicht.

Abschnitt 3 – Planabstimmung

Unterabschnitt 1 – Planangebot und Planannahme

§ 17 Planangebot

(1) Das an die Planbetroffenen gerichtete Angebot des Schuldners, den Restrukturierungsplan anzunehmen (Planangebot), hat den deutlichen Hinweis darauf zu enthalten, dass der Plan im Fall seiner mehrheitlichen Annahme und gerichtlichen Bestätigung auch gegenüber Planbetroffenen wirksam wird, die das Angebot nicht annehmen. Dem Planangebot ist der vollständige Restrukturierungsplan nebst Anlagen sowie eine Darstellung der bereits angefallenen und der noch zu erwartenden Kosten des Restrukturierungsverfahrens einschließlich der Vergütung des Restrukturierungsbeauftragten beizufügen.

(2) Aus dem Planangebot muss hervorgehen, mit welchen Forderungen oder Rechten der jeweilige Planbetroffene in den Restrukturierungsplan einbezogen ist, welchen Gruppen der Planbetroffene zugeordnet ist und welche Stimmrechte die ihm zustehenden Forderungen und Rechte gewähren.

(3) Hat der Schuldner vor Abgabe des Planangebots nicht allen Planbetroffenen Gelegenheit zur gemeinschaftlichen Erörterung des Plans oder des Restrukturierungskonzepts gegeben, das durch den Plan umgesetzt werden soll, hat das Planangebot den Hinweis darauf zu enthalten, dass auf Verlangen einer oder mehrerer Planbetroffener eine Versammlung der Planbetroffenen zwecks Erörterung des Plans abgehalten wird.

(4) Sofern im Verhältnis zu einzelnen Planbetroffenen nichts anderes vereinbart ist, unterliegt das Planangebot der Schriftform. Bestimmt der Schuldner im Planangebot keine andere Form, unterliegt auch die Planannahme der Schriftform.

§ 18 Auslegung des Planangebots

Im Zweifel ist anzunehmen, dass das Planangebot unter der Bedingung steht, dass sämtliche Planbetroffene zustimmen oder dass der Plan gerichtlich bestätigt wird.

§ 19 Annahmefrist

Für die Annahme des Restrukturierungsplans setzt der Schuldner eine Frist. Die Frist beträgt mindestens 14 Tage. Sie kann kürzer sein, wenn dem Plan ein Restrukturierungskonzept zugrunde liegt, das allen Planbetroffenen seit mindestens 14 Tagen in Textform zugänglich gemacht ist.

§ 20 Abstimmung im Rahmen einer Versammlung der Planbetroffenen

(1) Der Schuldner kann den Restrukturierungsplan im Rahmen einer Versammlung der Planbetroffenen zur Abstimmung stellen. Die Einberufung erfolgt schriftlich. Die Einberufungsfrist beträgt 14 Tage. Räumt der Schuldner die Möglichkeit einer elektronischen Teilnahme ein, beträgt die Frist sieben Tage. Der Einberufung ist der vollständige Restrukturierungsplan nebst Anlagen beizufügen.

(2) Das Planangebot kann vorsehen, dass Planbetroffene auch ohne Anwesenheit an dem Versammlungsort teilnehmen und sämtliche oder einzelne ihrer Rechte ganz oder teilweise im Wege

elektronischer Kommunikation ausüben können (elektronische Teilnahme).

(3) Den Vorsitz der Versammlung führt der Schuldner. Er hat jedem Planbetroffenen auf Verlangen Auskunft über den Restrukturierungsplan und die für die sachgemäße Beurteilung des Plans relevanten Verhältnisse sowie im Fall des § 2 Absatz 4 Satz 1 jeder betroffenen Tochtergesellschaft zu erteilen. Planbetroffene haben das Recht, Vorschläge zur Abänderung des Plans zu unterbreiten. Die Vorschläge sind dem Schuldner mindestens einen Tag vor dem Beginn der Versammlung in Textform zugänglich zu machen.

(4) In der Versammlung kann auch dann über den Plan abgestimmt werden, wenn dieser auf Grund der Erörterungen in der Versammlung inhaltlich in einzelnen Punkten abgeändert wird.

(5) Jede Gruppe der Planbetroffenen stimmt gesondert ab. Im Übrigen legt der Schuldner die Modalitäten der Abstimmung fest. Üben Planbetroffene ihr Stimmrecht elektronisch aus, ist diesen der Zugang der elektronisch abgegebenen Stimme elektronisch zu bestätigen. Die Stimmabgabe ist auch ohne Teilnahme an der Versammlung bis zum Ende der Abstimmung möglich.

§ 21 Erörterung des Restrukturierungsplans

(1) Findet eine Abstimmung im Rahmen einer Versammlung der Planbetroffenen nicht statt, ist unter den Voraussetzungen des § 17 Absatz 3 auf Verlangen eines Planbetroffenen eine Versammlung der Planbetroffenen zur Erörterung des Plans abzuhalten.

(2) Die Einberufung erfolgt schriftlich. Die Frist zur Einberufung beträgt mindestens 14 Tage. Räumt der Schuldner die Möglichkeit einer elektronischen Teilnahme ein, beträgt die Frist sieben Tage.

(3) § 20 Absatz 3 gilt entsprechend.

(4) Findet die Versammlung nach Ablauf einer zur Planannahme gesetzten Frist statt, verlängert sich diese bis zum Ablauf des Tags der Versammlung oder bis zu dem Termin, den der Schuldner bis zum Ende der Versammlung bestimmt. Hatte sich ein Planbetroffener bereits zum Planangebot erklärt, entfällt die Bindung an diese Erklärung, wenn er sich binnen der verlängerten Frist erneut erklärt.

§ 22 Dokumentation der Abstimmung

(1) Der Schuldner dokumentiert den Ablauf des Plananahmeverfahrens und hält das Ergebnis der Abstimmung nach Ablauf der Annahmefrist oder nach Durchführung der Abstimmung unverzüglich schriftlich fest. Ist die Auswahl der Planbetroffenen, deren Einteilung in Gruppen oder die Zuweisung von Stimmrechten streitig geworden, ist dies in der Dokumentation zu vermerken.

(2) Die Dokumentation ist den Planbetroffenen unverzüglich zugänglich zu machen.

§ 23 Gerichtliches Planabstimmungsverfahren

Der Schuldner kann den Restrukturierungsplan in einem gerichtlichen Verfahren zur Abstimmung stellen, welches nach den §§ 45 und 46 durchzuführen ist; die §§ 17 bis 22 finden in diesem Fall keine Anwendung.

Unterabschnitt 2 Stimmrecht und erforderliche Mehrheiten

§ 24 Stimmrecht

(1) Das Stimmrecht richtet sich

1. bei Restrukturierungsforderungen nach deren Betrag, soweit sich aus Absatz 2 nichts anders ergibt,

2. bei Absonderungsanwartschaften und gruppeninternen Drittsicherheiten nach deren Wert, und

3. bei Anteils- oder Mitgliedschaftsrechten nach dem Anteil am gezeichneten Kapital oder Vermögen des Schuldners; Stimmrechtsbeschränkungen, Sonder- oder Mehrstimmrechte bleiben außer Betracht.

(2) Für Zwecke der Bestimmung des Stimmrechts, das Restrukturierungsforderungen gewähren, werden angesetzt:

1. bedingte Forderungen mit dem ihnen unter Berücksichtigung der Wahrscheinlichkeit des Bedingungseintritts zukommenden Wert;

2. unverzinsliche Forderungen mit dem Betrag, der sich in Anwendung des § 41 Absatz 2 der Insolvenzordnung durch Abzinsung auf den Tag der Planvorlage ergibt;

3. Forderungen, die auf Geldbeträge unbestimmter Höhe gerichtet oder in ausländischer Währung oder einer Rechnungseinheit ausgedrückt sind, mit dem nach § 45 der Insolvenzordnung zu bestimmenden Wert;

4. auf wiederkehrende Leistungen gerichtete Forderungen mit dem nach Maßgabe des § 46 der Insolvenzordnung bestimmten Wert.

(3) Durch Absonderungsanwartschaften oder gruppeninterne Drittsicherheiten gesicherte Forderungen vermitteln in einer Gruppe von Restrukturierungsgläubigern nur insoweit ein Stimmrecht, wie der Schuldner für die gesicherten Forderungen auch persönlich haftet und der Inhaber der Absonderungsanwartschaft auf diese verzichtet oder mit einer abgesonderten Befriedigung ausfallen würde. Solange der Ausfall nicht feststeht, ist die Forderung mit dem mutmaßlichen Ausfall zu berücksichtigen.

(4) Ist das auf eine Forderung oder ein Recht entfallende Stimmrecht streitig, kann der Schuldner der Abstimmung das Stimmrecht zugrunde legen, das er den Planbetroffenen zugewiesen hat. In der Dokumentation der Abstimmung vermerkt er, dass, inwieweit und aus welchem Grund das Stimmrecht streitig ist.

§ 25 Erforderliche Mehrheiten

(1) Zur Annahme des Restrukturierungsplans ist erforderlich, dass in jeder Gruppe auf die dem Plan zustimmenden Gruppenmitglieder mindestens drei Viertel der Stimmrechte in dieser Gruppe entfallen.

(2) Planbetroffene, denen eine Forderung oder ein Recht gemeinschaftlich zusteht, werden bei der Abstimmung als ein Planbetroffener behandelt. Entsprechendes gilt, wenn an einem Recht ein Pfandrecht oder ein Nießbrauch besteht.

§ 26 Gruppenübergreifende Mehrheitsentscheidung

(1) Wird in einer Gruppe die nach § 25 erforderliche Mehrheit nicht erreicht, gilt die Zustimmung dieser Gruppe als erteilt, wenn
1. die Mitglieder dieser Gruppe durch den Restrukturierungsplan voraussichtlich nicht schlechter gestellt werden, als sie ohne einen Plan stünden,
2. die Mitglieder dieser Gruppe angemessen an dem wirtschaftlichen Wert beteiligt werden, der auf der Grundlage des Plans den Planbetroffenen zufließen soll (Planwert), und
3. die Mehrheit der abstimmenden Gruppen dem Plan mit den erforderlichen Mehrheiten zugestimmt hat; wurden lediglich zwei Gruppen gebildet, genügt die Zustimmung der anderen Gruppe; die zustimmenden Gruppen dürfen nicht ausschließlich durch Anteilsinhaber oder nachrangige Restrukturierungsgläubiger gebildet sein.

(2) Wird die nach § 25 erforderliche Mehrheit in einer Gruppe nicht erreicht, die nach § 11 Absatz 1 Satz 3 zu bilden ist, so gelten Absatz 1, § 27 Absatz 1 und § 28 für diese Gruppe nur, wenn die vorgesehene Entschädigung die Inhaber der Rechte aus der gruppeninternen Drittsicherheit für den zu erleidenden Rechtsverlust oder den Verlust der Haftung des persönlich haftenden Gesellschafters angemessen entschädigt.

§ 27 Absolute Priorität

(1) Eine Gruppe von Gläubigern ist angemessen am Planwert beteiligt, wenn
1. kein anderer planbetroffener Gläubiger wirtschaftliche Werte erhält, die den vollen Betrag seines Anspruchs übersteigen,
2. weder ein planbetroffener Gläubiger, der ohne einen Plan in einem Insolvenzverfahren mit Nachrang gegenüber den Gläubigern der Gruppe zu befriedigen wäre, noch der Schuldner oder eine an dem Schuldner beteiligte Person einen nicht durch Leistung in das Vermögen des Schuldners vollständig ausgeglichenen wirtschaftlichen Wert erhält und
3. kein planbetroffener Gläubiger, der in einem Insolvenzverfahren gleichrangig mit den Gläubigern der Gruppe zu befriedigen wäre, bessergestellt wird als diese Gläubiger.

(2) Für eine Gruppe der an dem Schuldner beteiligten Personen liegt eine angemessene Beteiligung am Planwert vor, wenn nach dem Plan
1. kein planbetroffener Gläubiger wirtschaftliche Werte erhält, die den vollen Betrag seines Anspruchs übersteigen, und
2. vorbehaltlich des § 28 Absatz 2 Nummer 1 keine an dem Schuldner beteiligte Person, die ohne Plan den Mitgliedern der Gruppe gleichgestellt wäre, einen wirtschaftlichen Wert behält.

§ 28 Durchbrechung der absoluten Priorität

(1) Der angemessenen Beteiligung einer Gruppe von planbetroffenen Gläubigern am Planwert steht es nicht entgegen, wenn eine von § 27 Absatz 1 Nummer 3 abweichende Regelung nach der Art der zu bewältigenden wirtschaftlichen Schwierigkeiten und nach den Umständen sachgerecht ist. Eine von § 27 Absatz 1 Nummer 3 abweichende Regelung ist nicht sachgerecht, wenn auf die überstimmte Gruppe mehr als die Hälfte der Stimmrechte der Gläubiger der betroffenen Rangklasse entfällt.

(2) Einer angemessenen Beteiligung einer Gruppe von planbetroffenen Gläubigern am Planwert steht es nicht entgegen, wenn der Schuldner oder eine an dem Schuldner beteiligte Person entgegen § 27 Absatz 1 Nummer 2 am Unternehmensvermögen beteiligt bleibt, sofern
1. die Mitwirkung des Schuldners oder der an dem Schuldner beteiligten Person an der Fortführung des Unternehmens infolge besonderer, in seiner Person liegender Umstände unerlässlich ist, um den Planwert zu verwirklichen, und sich der Schuldner oder die an dem Schuldner beteiligte Person im Plan zu der erforderlichen Mitwirkung sowie zur Übertragung der wirtschaftlichen Werte für den Fall verpflichtet, dass seine Mitwirkung aus von ihm zu vertretenen Gründen vor dem Ablauf von fünf Jahren oder einer kürzeren, für den Planvollzug vorgesehenen Frist endet oder
2. die Eingriffe in die Rechte der Gläubiger geringfügig sind, insbesondere weil die Rechte nicht

gekürzt werden und deren Fälligkeiten um nicht mehr als 18 Monate verschoben werden.

Kapitel 2 – Stabilisierungs- und Restrukturierungsinstrumente

Abschnitt 1 – Allgemeine Bestimmungen

Unterabschnitt 1 – Instrumente des Stabilisierungs- und Restrukturierungsrahmens; Verfahren

§ 29 Instrumente des Stabilisierungs- und Restrukturierungsrahmens

(1) Zur nachhaltigen Beseitigung einer drohenden Zahlungsunfähigkeit im Sinne des § 18 Absatz 2 der Insolvenzordnung können folgende Verfahrenshilfen des Stabilisierungs- und Restrukturierungsrahmens (Instrumente) in Anspruch genommen werden.

(2) Instrumente des Stabilisierungs- und Restrukturierungsrahmens im Sinne des Absatzes 1 sind:
1. die Durchführung eines gerichtlichen Planabstimmungsverfahrens (gerichtliche Planabstimmung),
2. die gerichtliche Vorprüfung von Fragen, die für die Bestätigung des Restrukturierungsplans erheblich sind (Vorprüfung),
3. die gerichtliche Anordnung von Regelungen zur Einschränkung von Maßnahmen der individuellen Rechtsdurchsetzung (Stabilisierung) und
4. die gerichtliche Bestätigung eines Restrukturierungsplans (Planbestätigung).

(3) Soweit sich aus den Bestimmungen dieses Gesetzes nichts Abweichendes ergibt, kann der Schuldner die Instrumente des Stabilisierungs- und Restrukturierungsrahmens unabhängig voneinander in Anspruch nehmen.

§ 30 Restrukturierungsfähigkeit

(1) Die Instrumente des Stabilisierungs- und Restrukturierungsrahmens können vorbehaltlich des Absatzes 2 von jedem insolvenzfähigen Schuldner in Anspruch genommen werden. Für natürliche Personen gilt dies nur, soweit sie unternehmerisch tätig sind.

(2) Die Bestimmungen dieses Kapitels sind auf Unternehmen der Finanzbranche im Sinne des § 1 Absatz 19 des Kreditwesengesetzes nicht anzuwenden.

§ 31 Anzeige des Restrukturierungsvorhabens

(1) Voraussetzung für die Inanspruchnahme der Instrumente des Stabilisierungs- und Restrukturierungsrahmens ist die Anzeige des Restrukturierungsvorhabens bei dem zuständigen Restrukturierungsgericht.

(2) Der Anzeige ist beizufügen:
1. der Entwurf eines Restrukturierungsplans oder, sofern ein solcher nach dem Stand des angezeigten Vorhabens noch nicht ausgearbeitet und ausgehandelt werden konnte, ein Konzept für die Restrukturierung, welches auf Grundlage einer Darstellung von Art, Ausmaß und Ursachen der Krise das Ziel der Restrukturierung (Restrukturierungsziel) sowie die Maßnahmen beschreibt, welche zur Erreichung des Restrukturierungsziels in Aussicht genommen werden,
2. eine Darstellung des Stands von Verhandlungen mit Gläubigern, an dem Schuldner beteiligten Personen und Dritten zu den in Aussicht genommenen Maßnahmen und
3. eine Darstellung der Vorkehrungen, welche der Schuldner getroffen hat, um seine Fähigkeit sicherzustellen, seine Pflichten nach diesem Gesetz zu erfüllen.

Der Schuldner hat bei der Anzeige zudem anzugeben, ob die Rechte von Verbrauchern oder von mittleren, kleinen oder Kleinstunternehmen berührt werden sollen, insbesondere, weil deren Forderungen oder Absonderungsanwartschaften durch einen Restrukturierungsplan gestaltet oder die Durchsetzung dieser Forderungen durch eine Stabilisierungsanordnung vorübergehend gesperrt werden sollen. Anzugeben ist auch, ob damit zu rechnen ist, dass das Restrukturierungsziel nur gegen den Widerstand einer nach Maßgabe des § 9 zu bildenden Gruppe durchgesetzt werden kann. Des Weiteren sind frühere Restrukturierungssachen unter Angabe des befassten Gerichts und Aktenzeichens anzugeben.

(3) Mit der Anzeige wird die Restrukturierungssache rechtshängig.

(4) Die Anzeige verliert ihre Wirkung, wenn
1. der Schuldner die Anzeige zurücknimmt,
2. die Entscheidung über die Planbestätigung rechtskräftig wird,
3. das Gericht die Restrukturierungssache nach § 33 aufhebt oder
4. seit der Anzeige sechs Monate oder, sofern der Schuldner die Anzeige zuvor erneuert hat, zwölf Monate vergangen sind.

§ 32 Pflichten des Schuldners

(1) Der Schuldner betreibt die Restrukturierungssache mit der Sorgfalt eines ordentlichen und gewissenhaften Sanierungsgeschäftsführers und wahrt dabei die Interessen der Gesamtheit der Gläubiger. Insbesondere unterlässt er Maßnahmen, welche sich mit dem Restrukturierungsziel nicht vereinbaren lassen oder welche die Erfolgsaussichten der in Aussicht genommenen Restrukturierung gefährden. Mit dem Restrukturierungsziel ist es in der Regel nicht vereinbar, Forderungen zu begleichen oder zu besichern, die

durch den Restrukturierungsplan gestaltet werden sollen.

(2) Der Schuldner teilt dem Gericht jede wesentliche Änderung mit, welche den Gegenstand des angezeigten Restrukturierungsvorhabens und die Darstellung des Verhandlungsstands betrifft. Hat der Schuldner eine Stabilisierungsanordnung nach § 49 erwirkt, teilt er auch unverzüglich wesentliche Änderungen mit, welche die Restrukturierungsplanung betreffen. Ist ein Restrukturierungsbeauftragter bestellt, bestehen die Pflichten nach Satz 1 und 2 auch gegenüber dem Restrukturierungsbeauftragten.

(3) Während der Rechtshängigkeit der Restrukturierungssache ist der Schuldner verpflichtet, dem Restrukturierungsgericht den Eintritt einer Zahlungsunfähigkeit im Sinne des § 17 Absatz 2 der Insolvenzordnung unverzüglich anzuzeigen. Handelt es sich bei dem Schuldner um eine juristische Person oder um eine Gesellschaft ohne Rechtspersönlichkeit, für deren Verbindlichkeiten keine natürliche Person als unmittelbarer oder mittelbarer Gesellschafter haftet, steht der Zahlungsunfähigkeit eine Überschuldung im Sinne des § 19 Absatz 2 der Insolvenzordnung gleich.

(4) Der Schuldner ist verpflichtet, dem Gericht unverzüglich anzuzeigen, wenn das Restrukturierungsvorhaben keine Aussicht auf Umsetzung hat, insbesondere, wenn infolge der erkennbar gewordenen ernsthaften und endgültigen Ablehnung des vorgelegten Restrukturierungsplans durch Planbetroffene nicht davon ausgegangen werden kann, dass die für eine Planannahme erforderlichen Mehrheiten erreicht werden können.

§ 33 Aufhebung der Restrukturierungssache

(1) Das Restrukturierungsgericht hebt die Restrukturierungssache von Amts wegen auf, wenn
1. der Schuldner einen Insolvenzantrag stellt oder über das Vermögen des Schuldners ein Insolvenzverfahren eröffnet ist,
2. das Restrukturierungsgericht für die Restrukturierungssache unzuständig ist und der Schuldner innerhalb einer vom Restrukturierungsgericht gesetzten Frist keinen Verweisungsantrag gestellt oder die Anzeige zurückgenommen hat, oder
3. der Schuldner in schwerwiegender Weise gegen seine Pflichten zur Mitwirkung und Auskunftserteilung gegenüber dem Gericht oder einem Restrukturierungsbeauftragten verstößt.

(2) Das Gericht hebt die Restrukturierungssache ferner auf, wenn
1. der Schuldner seine Zahlungsunfähigkeit oder Überschuldung nach § 32 Absatz 3 angezeigt hat oder andere Umstände bekannt sind, aus denen sich ergibt, dass der Schuldner insolvenzreif ist; von einer Aufhebung der Restrukturierungssache kann abgesehen werden, wenn die Eröffnung eines Insolvenzverfahrens mit Blick auf den erreichten Stand in der Restrukturierungssache offensichtlich nicht im Interesse der Gesamtheit der Gläubiger liegen würde; von einer Aufhebung kann auch abgesehen werden, wenn die Zahlungsunfähigkeit oder Überschuldung aus der Kündigung oder sonstigen Fälligstellung einer Forderung resultiert, die nach dem angezeigten Restrukturierungskonzept einer Gestaltung durch den Plan unterworfen werden soll, sofern die Erreichung des Restrukturierungsziels überwiegend wahrscheinlich ist,
2. sich aufgrund einer Anzeige nach § 32 Absatz 4 oder aus sonstigen Umständen ergibt, dass das angezeigte Restrukturierungsvorhaben keine Aussicht auf Umsetzung hat,
3. ihm Umstände bekannt sind, aus denen sich ergibt, dass der Schuldner in schwerwiegender Weise gegen die ihm nach § 32 obliegenden Pflichten verstoßen hat, oder
4. in einer früheren Restrukturierungssache
a) der Schuldner eine Stabilisierungsanordnung oder eine Planbestätigung erwirkt hat oder
b) eine Aufhebung nach Nummer 3 oder nach Absatz 1 Nummer 3 erfolgt ist.

Satz 1 Nummer 4 ist nicht anwendbar, wenn der Anlass für die frühere Restrukturierungssache infolge einer nachhaltigen Sanierung bewältigt wurde. Sind seit dem Ende des Anordnungszeitraums oder der Entscheidung über den Antrag auf Planbestätigung in der früheren Restrukturierungssache weniger als drei Jahre vergangen, ist im Zweifel anzunehmen, dass eine nachhaltige Sanierung nicht erfolgt ist. Der Inanspruchnahme von Instrumenten des Restrukturierungsrahmens steht ein in Eigenverwaltung geführtes Insolvenzverfahren gleich.

(3) Eine Aufhebung der Restrukturierungssache unterbleibt, solange das Gericht von einer Aufhebung einer Stabilisierungsanordnung gemäß § 59 Absatz 3 abgesehen hat.

(4) Gegen die Aufhebung der Restrukturierungssache nach den Absätzen 1 bis 3 steht dem Schuldner die sofortige Beschwerde zu.

§ 34 Restrukturierungsgericht; Verordnungsermächtigung

(1) Für Entscheidungen in Restrukturierungssachen ist das Amtsgericht, in dessen Bezirk ein Oberlandesgericht seinen Sitz hat, als Restrukturierungsgericht für den Bezirk des Oberlandesgerichts ausschließlich zuständig. Ist dieses Amtsgericht nicht für Regelinsolvenzsachen zuständig, so ist das Amtsgericht zuständig, das für Regelinsolvenzsachen am Sitz des Oberlandesgerichts zuständig ist.

(2) Die Landesregierungen werden ermächtigt, zur sachdienlichen Förderung oder schnelleren Erledigung von Restrukturierungssachen durch Rechtsverordnung
1. innerhalb eines Bezirks die Zuständigkeit eines anderen, für Regelinsolvenzsachen zuständigen Amtsgerichts zu bestimmen oder
2. die Zuständigkeit eines Restrukturierungsgerichts innerhalb eines Landes zusätzlich auf den Bezirk eines oder mehrerer weiterer Oberlandesgerichte zu erstrecken.
Die Landesregierungen können die Ermächtigung durch Rechtsverordnung auf die Landesjustizverwaltungen übertragen. Mehrere Länder können die Errichtung gemeinsamer Abteilungen eines Amtsgerichts für Restrukturierungssachen oder die Ausdehnung von Gerichtsbezirken für Restrukturierungssachen über die Landesgrenzen hinaus vereinbaren.

§ 35 Örtliche Zuständigkeit

Örtlich zuständig ist ausschließlich das Restrukturierungsgericht, in dessen Bezirk der Schuldner seinen allgemeinen Gerichtsstand hat. Liegt der Mittelpunkt einer wirtschaftlichen Tätigkeit des Schuldners an einem anderen Ort, so ist ausschließlich das Restrukturierungsgericht zuständig, in dessen Bezirk dieser Ort liegt.

§ 36 Einheitliche Zuständigkeit

Für alle Entscheidungen und Maßnahmen in der Restrukturierungssache ist die Abteilung zuständig, die für die erste Entscheidung zuständig war.

§ 37 Gruppen-Gerichtsstand

(1) Auf Antrag eines Schuldners, der einer Unternehmensgruppe im Sinne des § 3e der Insolvenzordnung angehört (gruppenangehöriger Schuldner), erklärt sich das angerufene Restrukturierungsgericht für Restrukturierungssachen anderer gruppenangehöriger Schuldner (Gruppen-Folgeverfahren) für zuständig, wenn dieser Schuldner einen zulässigen Antrag in der Restrukturierungssache gestellt hat und er nicht offensichtlich von untergeordneter Bedeutung für die gesamte Unternehmensgruppe ist.

(2) § 3a Absatz 1 Satz 2 bis 4, Absatz 2, § 3b, § 3c Absatz 1, § 3d Absatz 1 Satz 1, Absatz 2 Satz 1 und § 13a der Insolvenzordnung gelten entsprechend.

(3) Auf Antrag des Schuldners erklärt sich unter den Voraussetzungen des Absatzes 1 das für Gruppen-Folgeverfahren in Restrukturierungssachen zuständige Gericht als Insolvenzgericht auch für Gruppen-Folgeverfahren in Insolvenzsachen nach § 3a Absatz 1 der Insolvenzordnung für zuständig.

§ 38 Anwendbarkeit der Zivilprozessordnung

Für Verfahren in Restrukturierungssachen gelten, soweit dieses Gesetz nichts anderes bestimmt, die Vorschriften der Zivilprozessordnung entsprechend. § 128a der Zivilprozessordnung gilt mit der Maßgabe, dass bei Versammlungen und Terminen die Beteiligten in der Ladung auf die Verpflichtung hinzuweisen sind, wissentliche Ton- und Bildaufzeichnungen zu unterlassen und durch geeignete Maßnahmen sicherzustellen, dass Dritte die Ton- und Bildübertragung nicht wahrnehmen können.

§ 39 Verfahrensgrundsätze

(1) Das Restrukturierungsgericht hat von Amts wegen alle Umstände zu ermitteln, die für das Verfahren in der Restrukturierungssache von Bedeutung sind, soweit in diesem Gesetz nichts Abweichendes bestimmt ist. Es kann zu diesem Zweck insbesondere Zeugen und Sachverständige vernehmen.

(2) Der Schuldner hat dem Restrukturierungsgericht die Auskünfte zu erteilen, die zur Entscheidung über seine Anträge erforderlich sind, und es auch sonst bei der Erfüllung seiner Aufgaben zu unterstützen.

(3) Die Entscheidungen des Restrukturierungsgerichts können ohne mündliche Verhandlung ergehen. Findet eine mündliche Verhandlung statt, so ist § 227 Absatz 3 Satz 1 der Zivilprozessordnung nicht anzuwenden.

§ 40 Rechtsmittel

(1) Die Entscheidungen des Restrukturierungsgerichts unterliegen nur in den Fällen einem Rechtsmittel, in denen dieses Gesetz die sofortige Beschwerde vorsieht. Die sofortige Beschwerde ist bei dem Restrukturierungsgericht einzulegen.

(2) Die Beschwerdefrist beginnt mit der Verkündung der Entscheidung oder, wenn diese nicht verkündet wird, mit deren Zustellung.

(3) Die Entscheidung über die Beschwerde wird erst mit der Rechtskraft wirksam. Das Beschwerdegericht kann jedoch die sofortige Wirksamkeit der Entscheidung anordnen.

§ 41 Zustellungen

(1) Zustellungen erfolgen von Amts wegen, ohne dass es einer Beglaubigung des zuzustellenden Schriftstücks bedarf. Sie können dadurch bewirkt werden, dass das Schriftstück unter der Anschrift des Zustellungsadressaten zur Post gegeben wird; § 184 Absatz 2 Satz 1, 2 und 4 der Zivilprozessordnung gilt entsprechend. Soll die Zustellung im Inland bewirkt werden, gilt das

Schriftstück drei Tage nach Aufgabe zur Post als zugestellt.

(2) An Personen, deren Aufenthalt unbekannt ist, wird nicht zugestellt. Haben sie einen zur Entgegennahme von Zustellungen berechtigten Vertreter, so wird dem Vertreter zugestellt.

(3) Beauftragt das Gericht den Schuldner mit der Zustellung, erfolgt diese nach Maßgabe der §§ 191 bis 194 der Zivilprozessordnung.

Unterabschnitt 2 Restrukturierungsrecht

§ 42 Anzeige von Zahlungsunfähigkeit und Überschuldung; Strafvorschrift

(1) Während der Rechtshängigkeit der Restrukturierungssache ruht die Antragspflicht nach § 15a Absatz 1 bis 3 der Insolvenzordnung und § 42 Absatz 2 des Bürgerlichen Gesetzbuchs. Die Antragspflichtigen sind jedoch verpflichtet, dem Restrukturierungsgericht den Eintritt einer Zahlungsunfähigkeit im Sinne des § 17 Absatz 2 der Insolvenzordnung oder einer Überschuldung im Sinne des § 19 Absatz 2 der Insolvenzordnung ohne schuldhaftes Zögern anzuzeigen.

(2) Die Stellung eines den Anforderungen des § 15a der Insolvenzordnung genügenden Insolvenzantrags gilt als rechtzeitige Erfüllung der Anzeigepflicht nach Absatz 1 Satz 2.

(3) Mit Freiheitsstrafe bis zu drei Jahren oder mit Geldstrafe wird bestraft, wer entgegen Absatz 1 Satz 2 den Eintritt der Zahlungsunfähigkeit oder der Überschuldung nicht oder nicht rechtzeitig anzeigt. Handelt der Täter fahrlässig, ist die Strafe Freiheitsstrafe bis zu einem Jahr oder Geldstrafe. Die Sätze 1 und 2 sind nicht anzuwenden auf Vereine und Stiftungen, für die die Pflicht nach Absatz 1 Satz 1 gilt.

(4) Wenn die Anzeige der Restrukturierungssache nach § 31 Absatz 4 ihre Wirkung verliert, leben die nach Absatz 1 Satz 1 ruhenden Antragspflichten wieder auf.

§ 43 Pflichten und Haftung der Organe

(1) Handelt es sich bei dem Schuldner um eine juristische Person oder um eine Gesellschaft ohne Rechts- persönlichkeit im Sinne des § 15a Absatz 1 Satz 3, Absatz 2 der Insolvenzordnung, wirken dessen Geschäftsleiter darauf hin, dass der Schuldner die Restrukturierungssache mit der Sorgfalt eines ordentlichen und gewissenhaften Geschäftsleiters betreibt und die Interessen der Gesamtheit der Gläubiger wahrt. Für die Verletzung dieser Pflicht haften sie dem Schuldner in Höhe des den Gläubigern entstandenen Schadens, es sei denn sie haben die Pflichtverletzung nicht zu vertreten.

(2) Ein Verzicht des Schuldners auf Ansprüche nach Absatz 1 Satz 2 oder ein Vergleich über diese Ansprüche ist unwirksam, soweit der Ersatz zur Befriedigung der Gläubiger erforderlich ist. Dies gilt nicht, wenn sich der Ersatzpflichtige zur Abwendung eines Insolvenzverfahrens über sein Vermögen mit seinen Gläubigern vergleicht, wenn die Ersatzpflicht in einem Insolvenzplan geregelt wird oder wenn für den Ersatzberechtigten ein Insolvenzverwalter handelt.

(3) Ansprüche nach Absatz 1 Satz 2 verjähren in fünf Jahren. Ist der Schuldner zum Zeitpunkt der Pflicht- verletzung eine börsennotierte Gesellschaft, verjähren die Ansprüche in zehn Jahren.

§ 44 Verbot von Lösungsklauseln

(1) Die Rechtshängigkeit der Restrukturierungssache oder die Inanspruchnahme von Instrumenten des Stabilisierungs- und Restrukturierungsrahmens durch den Schuldner sind ohne Weiteres keinen Grund

1. für die Beendigung von Vertragsverhältnissen, an denen der Schuldner beteiligt ist,
2. für die Fälligstellung von Leistungen oder
3. für ein Recht des anderen Teils, die diesem obliegende Leistung zu verweigern oder die Anpassung oder anderweitige Gestaltung des Vertrags zu verlangen.

Sie berühren ohne Weiteres auch nicht die Wirksamkeit des Vertrags.

(2) Absatz 1 entgegenstehende Vereinbarungen sind unwirksam.

(3) Die Absätze 1 und 2 gelten nicht für Geschäfte nach § 104 Absatz 1 der Insolvenzordnung und Vereinbarungen über das Liquidationsnetting nach § 104 Absatz 3 und 4 der Insolvenzordnung und Finanzsicherheiten im Sinne von § 1 Absatz 17 des Kreditwesengesetzes. Dies gilt auch für Geschäfte, die im Rahmen eines Systems nach § 1 Absatz 16 des Kreditwesengesetzes der Verrechnung von Ansprüchen und Leistungen unterliegen.

Abschnitt 2 – Gerichtliche Planabstimmung

§ 45 Erörterungs- und Abstimmungstermin

(1) Auf Antrag des Schuldners bestimmt das Restrukturierungsgericht einen Termin, in dem der Restrukturierungsplan und das Stimmrecht der Planbetroffenen erörtert werden und anschließend über den Plan abgestimmt wird. Die Ladungsfrist beträgt mindestens 14 Tage.

(2) Dem Antrag ist der vollständige Restrukturierungsplan nebst Anlagen beizufügen.

(3) Die Planbetroffenen sind zu dem Termin zu laden. Die Ladung enthält den Hinweis darauf, dass der Termin und die Abstimmung auch dann durchgeführt werden können, wenn nicht alle

Planbetroffenen teilnehmen. Das Gericht kann den Schuldner mit der Zustellung der Ladungen beauftragen.

(4) Auf das Verfahren finden die §§ 239 bis 242 der Insolvenzordnung sowie die §§ 24 bis 28 entsprechende Anwendung. Ist streitig, welches Stimmrecht die Forderung, die Absonderungsanwartschaft, die gruppeninterne Drittsicherheit oder das Anteils- oder Mitgliedschaftsrecht einem Planbetroffenen gewährt und lässt sich darüber keine Einigung zwischen den Beteiligten erzielen, legt das Gericht das Stimmrecht fest.

§ 46 Vorprüfungstermin

(1) Auf Antrag des Schuldners bestimmt das Gericht einen gesonderten Termin zur Vorprüfung des Restrukturierungsplans vor dem Erörterungs- und Abstimmungstermin. Gegenstand dieser Vorprüfung kann jede Frage sein, die für die Bestätigung des Restrukturierungsplans erheblich ist, insbesondere

1. ob die Auswahl der Planbetroffenen und die Einteilung der Planbetroffenen in Gruppen den Anforderungen der §§ 8 bis 9 entspricht,
2. welches Stimmrecht eine Restrukturierungsforderung, eine Absonderungsanwartschaft oder ein Anteils- oder Mitgliedschaftsrecht gewährt, oder
3. ob dem Schuldner die Zahlungsunfähigkeit droht.

§ 45 Absatz 3 gilt entsprechend. Die Ladungsfrist beträgt mindestens sieben Tage.

(2) Das Ergebnis der Vorprüfung fasst das Gericht in einem Hinweis zusammen.

(3) Das Gericht kann einen Vorprüfungstermin auch von Amts wegen bestimmen, wenn dies zweckmäßig ist.

Abschnitt 3 – Vorprüfung

§ 47 Antrag

Auf Antrag des Schuldners führt das Restrukturierungsgericht auch dann eine Vorprüfung durch, wenn der Restrukturierungsplan nicht im gerichtlichen Verfahren zur Abstimmung gebracht werden soll. Gegenstand einer solchen Vorprüfung kann jede Frage sein, die für die Bestätigung des Restrukturierungsplans erheblich ist. Neben den in § 46 Absatz 1 Satz 2 genannten Gegenständen können dies insbesondere auch die Anforderungen sein, die an das Planabstimmungsverfahren nach den §§ 17 bis 22 zu stellen sind.

§ 48 Verfahren

(1) Die von der Vorprüfungsfrage berührten Planbetroffenen sind anzuhören.

(2) Das Ergebnis der Vorprüfung fasst das Gericht in einem Hinweis zusammen. Der Hinweis soll innerhalb von zwei Wochen nach Antragstellung oder, sofern ein Anhörungstermin stattfindet, innerhalb von zwei Wochen nach diesem Termin ergehen. Für die Ladung zu dem Anhörungstermin gelten § 45 Absatz 3 und § 46 Absatz 1 Satz 3 entsprechend.

Abschnitt 4 – Stabilisierung

§ 49 Stabilisierungsanordnung

(1) Soweit dies zur Wahrung der Aussichten auf die Verwirklichung des Restrukturierungsziels erforderlich ist, ordnet das Restrukturierungsgericht auf Antrag des Schuldners an, dass

1. Maßnahmen der Zwangsvollstreckung gegen den Schuldner untersagt oder einstweilen eingestellt werden (Vollstreckungssperre) und
2. Rechte an Gegenständen des beweglichen Vermögens, die im Falle der Eröffnung eines Insolvenzverfahrens als Ab- oder Aussonderungsrecht geltend gemacht werden könnten, von dem Gläubiger nicht durchgesetzt werden dürfen und dass solche Gegenstände zur Fortführung des Unternehmens des Schuldners eingesetzt werden können, soweit sie hierfür von erheblicher Bedeutung sind (Verwertungssperre).

(2) Forderungen, die nach § 4 einer Gestaltung durch einen Restrukturierungsplan unzugänglich sind, bleiben von einer Anordnung nach Absatz 1 und deren vertragsrechtlichen Wirkungen unberührt. Die Anordnung kann sich im Übrigen gegen einzelne, mehrere oder alle Gläubiger richten.

(3) Die Anordnung nach Absatz 1 kann auch das Recht von Gläubigern zur Durchsetzung von Rechten aus gruppeninternen Drittsicherheiten (§ 2 Absatz 4) sperren.

§ 50 Antrag

(1) Der Schuldner hat die beantragte Stabilisierungsanordnung nach § 49 Absatz 1 ihrem Inhalt, dem Adressatenkreis und der Dauer nach zu bezeichnen.

(2) Der Schuldner fügt dem Antrag eine Restrukturierungsplanung bei, welche umfasst:

1. einen auf den Tag der Antragstellung aktualisierten Entwurf des Restrukturierungsplans oder ein auf diesen Tag aktualisiertes Konzept für die Restrukturierung nach 31 Absatz 2 Satz 1 Nummer 1,
2. einen Finanzplan, der den Zeitraum von sechs Monaten umfasst und eine fundierte Darstellung der Finanzierungsquellen enthält, durch welche die Fortführung des Unternehmens in diesem Zeitraum sichergestellt werden soll; dabei bleiben Finanzierungsquellen außer Betracht, die sich mit dem Restrukturierungsziel nicht vereinbaren lassen.

(3) Des Weiteren hat der Schuldner zu erklären,
1. ob, in welchem Umfang und gegenüber welchen Gläubigern er sich mit der Erfüllung von Verbindlichkeiten aus Arbeitsverhältnissen, Pensionszusagen oder dem Steuerschuldverhältnis, gegenüber den Sozialversicherungsträgern oder Lieferanten in Verzug befindet,
2. ob und in welchen Verfahren zu seinen Gunsten innerhalb der letzten drei Jahre vor dem Antrag Vollstreckungs- oder Verwertungssperren nach diesem Gesetz oder nach § 21 Absatz 2 Satz 1 Nummer 3 oder 5 der Insolvenzordnung angeordnet wurden und
3. ob er für die letzten drei abgeschlossenen Geschäftsjahre seinen Verpflichtungen aus den §§ 325 bis 328 oder § 339 des Handelsgesetzbuchs nachgekommen ist.

§ 51 Voraussetzungen der Stabilisierungsanordnung

(1) Die Stabilisierungsanordnung ergeht, wenn die von dem Schuldner vorgelegte Restrukturierungsplanung vollständig und schlüssig ist und keine Umstände bekannt sind, aus denen sich ergibt, dass
1. die Restrukturierungsplanung oder die Erklärungen zu § 50 Absatz 3 in wesentlichen Punkten auf unzutreffenden Tatsachen beruhen,
2. die Restrukturierung aussichtslos ist, weil keine Aussicht darauf besteht, dass ein das Restrukturierungskonzept umsetzender Plan von den Planbetroffenen angenommen oder vom Gericht bestätigt werden würde,
3. der Schuldner noch nicht drohend zahlungsunfähig ist oder
4. die beantragte Anordnung nicht erforderlich ist, um das Restrukturierungsziel zu verwirklichen.
Schlüssig ist die Planung, wenn nicht offensichtlich ist, dass sich das Restrukturierungsziel nicht auf Grundlage der in Aussicht genommenen Maßnahmen erreichen lässt. Weist die Restrukturierungsplanung behebbare Mängel auf, erlässt das Gericht die Anordnung für einen Zeitraum von höchstens 20 Tagen und gibt dem Schuldner auf, die Mängel innerhalb dieses Zeitraums zu beheben.

(2) Sind Umstände bekannt, aus denen sich ergibt, dass
1. erhebliche Zahlungsrückstände gegenüber den in § 50 Absatz 3 Nummer 1 genannten Gläubigern bestehen oder
2. der Schuldner für mindestens eines der letzten drei abgeschlossenen Geschäftsjahre gegen die Offenlegungspflichten nach den §§ 325 bis 328 oder § 339 des Handelsgesetzbuchs verstoßen hat, erfolgt die Stabilisierungsanordnung nur, wenn trotz dieser Umstände zu erwarten ist, dass der Schuldner bereit und in der Lage ist, seine Geschäftsführung an den Interessen der Gläubigergesamtheit auszurichten. Dies gilt auch, wenn zugunsten des Schuldners in den letzten drei Jahren vor der Stellung des Antrags die in § 49 Absatz 1 genannten Vollstreckungs- oder Verwertungssperren oder vorläufige Sicherungsanordnungen nach § 21 Absatz 1 Satz 2 Nummer 3 oder 5 der Insolvenzordnung angeordnet wurden, sofern nicht der Anlass dieser Anordnungen durch eine nachhaltige Sanierung des Schuldners bewältigt wurde.

(3) Liegt zum Zeitpunkt der Stabilisierungsanordnung kein Restrukturierungsplan vor, kann das Gericht dem Schuldner eine Frist setzen, binnen derer der Restrukturierungsplan vorzulegen ist.

(4) Die Stabilisierungsanordnung ist allen Gläubigern, die von ihr betroffen sind, zuzustellen. In öffentlichen Restrukturierungssachen (§ 84) kann auf eine Zustellung verzichtet werden, wenn sich die Anordnung mit Ausnahme der in § 4 genannten Gläubiger gegen alle Gläubiger richtet.

(5) Das Restrukturierungsgericht entscheidet über den Antrag auf Erlass der Stabilisierungsanordnung durch Beschluss. Soweit das Gericht den Antrag zurückweist, steht dem Schuldner gegen den Beschluss die sofortige Beschwerde zu.

§ 52 Folgeanordnung, Neuanordnung

Unter den Voraussetzungen des § 51 Absatz 1 und 2 kann eine Stabilisierungsanordnung auf weitere Gläubiger erstreckt, inhaltlich erweitert oder zeitlich verlängert werden (Folgeanordnung) oder, sofern die Anordnungsdauer bereits überschritten ist, erneuert werden (Neuanordnung).

§ 53 Anordnungsdauer

(1) Die Stabilisierungsanordnung kann für eine Dauer von bis zu drei Monaten ergehen.

(2) Folge- oder Neuanordnungen können nur im Rahmen der Anordnungshöchstdauer nach Absatz 1 ergehen, es sei denn,
1. der Schuldner hat den Gläubigern ein Planangebot unterbreitet und
2. es sind keine Umstände bekannt, aus denen sich ergibt, dass mit einer Planannahme innerhalb eines Monats nicht zu rechnen ist.
In diesem Fall verlängert sich die Anordnungshöchstdauer um einen Monat und die Anordnung richtet sich ausschließlich gegen Planbetroffene.

(3) Hat der Schuldner die gerichtliche Bestätigung des von den Planbetroffenen angenommenen Restrukturierungsplans beantragt, können Folge- oder Neuanordnungen bis zur Rechtskraft der Planbestätigung, höchstens aber bis zum Ablauf von acht Monaten nach dem Erlass der Erstanordnung ergehen. Dies gilt nicht, wenn der

Restrukturierungsplan offensichtlich nicht bestätigungsfähig ist.

(4) Absatz 3 ist nicht anzuwenden, wenn der Mittelpunkt der hauptsächlichen Interessen des Schuldners innerhalb eines Zeitraums von drei Monaten vor der ersten Inanspruchnahme von Instrumenten des Stabilisierungs- und Restrukturierungsrahmens aus einem anderen Mitgliedstaat der Europäischen Union in das Inland verlegt wurde und keine öffentlichen Bekanntmachungen nach den §§ 84 bis 86 erfolgen.

§ 54 Folgen der Verwertungssperre

(1) Ist eine Verwertungssperre ergangen, sind dem Gläubiger die geschuldeten Zinsen zu zahlen und der durch die Nutzung eintretende Wertverlust ist durch laufende Zahlungen an den Gläubiger auszugleichen. Dies gilt nicht, soweit nach der Höhe der Forderung und der sonstigen Belastung des Gegenstands mit einer Befriedigung des Gläubigers aus dem Verwertungserlös nicht zu rechnen ist.

(2) Zieht der Schuldner nach Maßgabe der vertraglichen Vereinbarungen mit dem Berechtigten Forderun- gen ein, die zur Sicherung eines Anspruchs abgetreten sind, oder veräußert oder verarbeitet er bewegliche Sachen, an denen Rechte bestehen, die im Fall der Eröffnung eines Insolvenzverfahrens als Aus- oder Absonderungsrechte geltend gemacht werden könnten, sind die dabei erzielten Erlöse an den Berechtigten auszukehren oder unterscheidbar zu verwahren, es sei denn, der Schuldner trifft mit dem Berechtigten eine anderweitige Vereinbarung.

§ 55 Vertragsrechtliche Wirkungen

(1) Ist der Schuldner zum Zeitpunkt der Stabilisierunganordnung einem Gläubiger etwas aus einem Vertrag schuldig, so kann der Gläubiger nicht allein wegen der rückständigen Leistung eine ihm im Anordnungszeitraum obliegende Leistung verweigern oder Vertragsbeendigungs- oder -abänderungsrechte geltend machen; unberührt bleibt das Recht des Gläubigers, die Erbringung des Teils der ihm obliegenden Gegenleistung zu verweigern, der auf die rückständige Leistung des Schuldners entfällt. Ergehen Folge- oder Neuanordnungen, ist der Zeitpunkt der Erstanordnung maßgeblich.

(2) Absatz 1 gilt nicht, wenn der Schuldner für die Fortführung des Unternehmens nicht auf die dem Gläubiger obliegende Leistung angewiesen ist.

(3) Ist der Gläubiger vorleistungspflichtig, hat er das Recht, die ihm obliegende Leistung gegen Sicherheitsleistung oder Zug um Zug gegen die dem Schuldner obliegende Leistung zu erbringen. Absatz 1 berührt nicht das Recht von Darlehensgebern, den Darlehensvertrag vor der Auszahlung des Darlehens wegen einer Verschlechterung der Vermögensverhältnisse des Schuldners oder der Werthaltigkeit der für das Darlehen gestellten Sicherheit zu kündigen (§ 490 Absatz 1 des Bürgerlichen Gesetzbuchs). Satz 2 gilt auch für andere Kreditzusagen.

§ 56 Finanzsicherheiten, Zahlungs- und Abwicklungssysteme, Liquidationsnetting

(1) Die Stabilisierungsanordnung berührt nicht die Wirksamkeit von Verfügungen über Finanzsicherheiten nach § 1 Absatz 17 des Kreditwesengesetzes und die Wirksamkeit der Verrechnung von Ansprüchen und Leistungen aus Zahlungsaufträgen, Aufträgen zwischen Zahlungsdienstleistern oder zwischengeschalteten Stellen oder Aufträgen zur Übertragung von Wertpapieren, die in Systeme nach § 1 Absatz 16 des Kreditwesengesetzes eingebracht wurden. Dies gilt auch dann, wenn ein solches Rechtsgeschäft des Schuldners am Tag der Anordnung getätigt und verrechnet oder eine Finanzsicherheit bestellt wird und der andere Teil nachweist, dass er die Anordnung weder kannte noch hätte kennen müssen; ist der andere Teil ein Systembetreiber oder Teilnehmer in dem System, bestimmt sich der Tag der Anordnung nach dem Geschäftstag im Sinne des § 1 Absatz 16b des Kreditwesengesetzes.

(2) Von der Stabilisierungsanordnung und ihren Wirkungen bleiben Geschäfte, die den Gegenstand einer Vereinbarung über das Liquidationsnetting im Sinne von § 104 Absatz 3 und 4 der Insolvenzordnung bilden können, sowie Vereinbarungen über das Liquidationsnetting unberührt. Die aus dem Liquidationsnetting resultierende Forderung kann einer Vollstreckungssperre und, im Rahmen des nach Absatz 1 Zulässigen, auch einer Verwertungssperre unterworfen werden.

§ 57 Haftung der Organe

Handelt es sich bei dem Schuldner um eine juristische Person oder um eine Gesellschaft ohne Rechtspersönlichkeit im Sinne des § 15a Absatz 1 Satz 3, Absatz 2 der Insolvenzordnung und erwirkt er aufgrund vorsätzlich oder fahrlässig unrichtiger Angaben eine Stabilisierungsanordnung, ist der Geschäftsleiter den davon betroffenen Gläubigern zum Ersatz des Schadens verpflichtet, den diese durch die Anordnung erleiden. Dies gilt nicht, wenn ihn kein Verschulden trifft. Die Sätze 1 und 2 gelten auch für den Ersatz des Schadens, der einem Gläubiger aus einer nicht ordnungsgemäßen Auskehrung oder Verwahrung der Erlöse nach § 54 Absatz 2 entsteht. Für Ansprüche nach Satz 1 und Satz 3 gilt § 43 Absatz 3 entsprechend.

§ 58 Insolvenzantrag

Das Verfahren über den Antrag eines Gläubigers, das Insolvenzverfahren über das Vermögen des Schuldners zu eröffnen, wird für die Anordnungsdauer ausgesetzt.

§ 59 Aufhebung und Beendigung der Stabilisierungsanordnung

(1) Das Restrukturierungsgericht hebt die Stabilisierungsanordnung auf, wenn
1. der Schuldner dies beantragt,
2. die Anzeige nach § 31 Absatz 4 ihre Wirkungen verloren hat oder wenn die Voraussetzungen einer Aufhebung der Restrukturierungssache nach § 31 Absatz 4 Nummer 3, § 33 vorliegen,
3. der Schuldner es versäumt, dem Gericht nach Ablauf einer zu diesem Zweck eingeräumten angemessenen Frist den Entwurf eines Restrukturierungsplans zu übermitteln oder
4. Umstände bekannt sind, aus denen sich ergibt, dass der Schuldner nicht bereit und in der Lage ist, seine Geschäftsführung an den Interessen der Gläubigergesamtheit auszurichten, insbesondere weil
a) die Restrukturierungsplanung in wesentlichen Punkten auf unzutreffenden Tatsachen beruht oder
b) die Rechnungslegung und Buchführung des Schuldners so unvollständig oder mangelhaft sind, dass sie eine Beurteilung der Restrukturierungsplanung, insbesondere des Finanzplans, nicht ermöglichen.

(2) Die Stabilisierungsanordnung wird wegen der in Absatz 1 Nummer 2 und 4 genannten Gründe auch auf Antrag eines von der Anordnung betroffenen Gläubigers aufgehoben, wenn dieser das Vorliegen des Beendigungsgrunds glaubhaft macht.

(3) Das Restrukturierungsgericht kann von einer Aufhebung absehen, wenn die Fortdauer der Stabilisierungsanordnung geboten erscheint, um im Interesse der Gesamtheit der Gläubiger einen geordneten Übergang in ein Insolvenzverfahren zu gewährleisten. Das Gericht setzt dem Schuldner eine Frist von höchstens 3 Wochen, innerhalb derer er dem Gericht die Beantragung eines Insolvenzverfahrens nachzuweisen hat. Nach Ablauf dieser Frist ist die Stabilisierungsanordnung aufzuheben.

(4) Die Stabilisierungsanordnung endet, wenn der Restrukturierungsplan bestätigt ist oder die Planbestätigung versagt wird.

Abschnitt 6 – Planbestätigung

Unterabschnitt 1 – Bestätigungsverfahren

§ 60 Antrag

(1) Auf Antrag des Schuldners bestätigt das Gericht den von den Planbetroffenen angenommenen Restrukturierungsplan durch Beschluss. Der Antrag kann auch im Erörterungs- und Abstimmungstermin gestellt werden. Ist die Planabstimmung nicht im gerichtlichen Verfahren (§ 45) erfolgt, hat der Schuldner dem Antrag auf Bestätigung des Restrukturierungsplans neben dem zur Abstimmung gestellten Plan und seinen Anlagen die Dokumentation über das Abstimmungsergebnis sowie sämtliche Urkunden und sonstigen Nachweise beizufügen, aus denen sich ergibt, wie die Abstimmung durchgeführt wurde und zu welchem Ergebnis sie geführt hat.

(2) Handelt es sich bei dem Schuldner um eine Gesellschaft ohne Rechtspersönlichkeit oder um eine Kommanditgesellschaft auf Aktien, bedarf der Antrag auf Bestätigung eines Restrukturierungsplans, der die persönlich haftenden Gesellschafter nicht von deren Haftung für die durch den Plan gestalteten Forderungen und Rechte befreit, der Zustimmung aller persönlich haftenden Gesellschafter. Dies gilt nicht, soweit es sich bei den persönlich haftenden Gesellschaftern
1. um juristische Personen oder
2. um Gesellschaften ohne Rechtspersönlichkeit handelt, bei denen kein persönlich haftender Gesellschafter eine natürliche Person ist und kein persönlich haftender Gesellschafter selbst eine Gesellschaft ohne Rechtspersönlichkeit ist, bei dem ein persönlich haftender Gesellschafter eine natürliche Person ist oder sich die Verbindung von Gesellschaften in dieser Art fortsetzt.

§ 61 Anhörung

Vor der Entscheidung über die Bestätigung des Restrukturierungsplans kann das Gericht die Planbetroffenen anhören. Ist die Planabstimmung nicht im gerichtlichen Verfahren erfolgt, hat das Gericht einen Termin zur Anhörung der Planbetroffenen durchzuführen. § 47 Absatz 3 und § 48 Absatz 1 Satz 3 gelten entsprechend.

§ 62 Bedingter Restrukturierungsplan

Ist im Restrukturierungsplan vorgesehen, dass vor dessen Bestätigung bestimmte Leistungen erbracht oder andere Maßnahmen verwirklicht werden sollen, wird der Plan nur bestätigt, wenn diese Voraussetzungen erfüllt sind und Versagungsgründe nicht vorliegen.

§ 63 Versagung der Bestätigung

(1) Die Bestätigung des Restrukturierungsplans ist von Amts wegen zu versagen, wenn
1. der Schuldner nicht drohend zahlungsunfähig ist;
2. die Vorschriften über den Inhalt und die verfahrensmäßige Behandlung des Restrukturierungsplans sowie über die Annahme des Plans durch die Planbetroffenen in einem wesentlichen Punkt nicht beachtet worden sind und der Schuldner den Mangel nicht beheben kann oder innerhalb einer angemessenen, vom Restrukturierungsgericht gesetzten Frist nicht behebt oder
3. die Ansprüche, die den Planbetroffenen durch den gestaltenden Teil des Plans zugewiesen werden, und die durch den Plan nicht berührten Ansprüche der übrigen Gläubiger offensichtlich nicht erfüllt werden können.

(2) Sieht der Restrukturierungsplan eine neue Finanzierung vor, ist die Bestätigung zu versagen, wenn das dem Plan zugrundeliegende Restrukturierungskonzept unschlüssig ist oder wenn Umstände bekannt sind, aus denen sich ergibt, dass das Konzept nicht von den tatsächlichen Gegebenheiten ausgeht oder keine begründete Aussicht auf Erfolg vermittelt.

(3) Ist die Planabstimmung nicht im gerichtlichen Verfahren erfolgt, gehen Zweifel an der ordnungsgemäßen Annahme des Restrukturierungsplans durch die Planbetroffenen zulasten des Schuldners. Besteht Streit über das einem Planbetroffenen zustehende Stimmrecht, legt das Gericht seiner Entscheidung das nach Maßgabe des § 24 zu bestimmende Stimmrecht zugrunde.

(4) Die Bestätigung ist auch zu versagen, wenn die Annahme des Restrukturierungsplans unlauter herbeigeführt worden ist, insbesondere durch Begünstigung eines Planbetroffenen.

§ 64 Minderheitenschutz

(1) Auf Antrag eines Planbetroffenen, der gegen den Restrukturierungsplan gestimmt hat, ist die Bestätigung des Plans zu versagen, wenn der Antragsteller durch den Restrukturierungsplan voraussichtlich schlechter gestellt wird, als er ohne den Plan stünde. Hat der Schuldner gegen den Inhaber einer Absonderungsanwartschaft eine Vollstreckungs- oder Verwertungssperre erwirkt, die diesen an der Verwertung der Anwartschaft hinderte, bleiben Minderungen im Wert der Anwartschaft, die sich während der Dauer der Anordnung ergeben, für die Bestimmung der Stellung des Berechtigten ohne Plan außer Betracht, es sei denn, die Wertminderung hätte sich auch ohne die Anordnung ergeben.

(2) Der Antrag nach Absatz 1 ist nur zulässig, wenn der Antragsteller bereits im Abstimmungsverfahren dem Plan widersprochen und geltend gemacht hat, dass er durch den Plan voraussichtlich schlechter gestellt wird, als er ohne Plan stünde. Ist die Planabstimmung in einem gerichtlichen Erörterungs- und Abstimmungstermin erfolgt, muss der Antragsteller spätestens in diesem Termin glaubhaft machen, durch den Plan voraussichtlich schlechter gestellt zu werden.

(3) Der Antrag nach Absatz 1 ist abzuweisen, wenn im gestaltenden Teil des Restrukturierungsplans Mittel für den Fall bereitgestellt werden, dass ein Planbetroffener eine Schlechterstellung nachweist. Ob der Antragsteller einen Ausgleich aus diesen Mitteln erhält, ist außerhalb der Restrukturierungssache zu klären.

(4) Hat weder eine Versammlung der Planbetroffenen (§ 20) noch ein Erörterungs- und Abstimmungstermin (§ 45) stattgefunden, gilt Absatz 2 Satz 1 nur, wenn im Planangebot besonders auf das Erfordernis der Geltendmachung der voraussichtlichen Schlechterstellung durch den Plan im Abstimmungsverfahren hingewiesen wurde. Hat eine Versammlung der Planbetroffenen stattgefunden, gilt Absatz 2 Satz 1 nur, wenn in dem Einberufungsschreiben besonders auf das Erfordernis der Geltendmachung der voraussichtlichen Schlechterstellung durch den Plan im Abstimmungsverfahren hingewiesen wurde. Absatz 2 Satz 2 gilt nur, wenn in der Ladung besonders auf das Erfordernis der Glaubhaftmachung der voraussichtlichen Schlechterstellung durch den Plan spätestens im Erörterungs- und Abstimmungstermin hingewiesen wurde.

§ 65 Bekanntgabe der Entscheidung

(1) Wird die Entscheidung über den Antrag auf Bestätigung des Restrukturierungsplans nicht im Anhörungstermin oder im Erörterungs- und Abstimmungstermin verkündet, ist sie in einem alsbald zu bestimmenden besonderen Termin zu verkünden.

(2) Wird der Restrukturierungsplan bestätigt, so ist den Planbetroffenen unter Hinweis auf die Bestätigung ein Abdruck des Plans oder eine Zusammenfassung seines wesentlichen Inhalts zuzusenden; für an dem Schuldner beteiligte Aktionäre oder Kommanditaktionäre gilt dies nicht. Börsennotierte Gesellschaften haben eine Zusammenfassung des wesentlichen Inhalts des Plans über ihre Internetseite zugänglich zu machen. Die Übersendung eines Abdrucks des Plans oder eine Zusammenfassung seines wesentlichen Inhalts nach Satz 1 kann unterbleiben, wenn der vor der Abstimmung übersendete Plan unverändert angenommen wurde.

§ 66 Sofortige Beschwerde

(1) Gegen den Beschluss, durch den der Restrukturierungsplan bestätigt wird, steht jedem Planbetroffenen die sofortige Beschwerde zu. Dem Schuldner steht die sofortige Beschwerde zu, wenn die Bestätigung des Restrukturierungsplans abgelehnt worden ist.

(2) Die sofortige Beschwerde gegen die Bestätigung des Restrukturierungsplans ist nur zulässig, wenn der Beschwerdeführer
1. dem Plan im Abstimmungsverfahren widersprochen hat (§ 64 Absatz 2),
2. gegen den Plan gestimmt hat und
3. glaubhaft macht, dass er durch den Plan wesentlich schlechter gestellt wird, als er ohne den Plan stünde, und dass dieser Nachteil nicht durch eine Zahlung aus den in § 64 Absatz 3 genannten Mitteln ausgeglichen werden kann.

(3) Absatz 2 Nummer 1 und 2 gilt nur, wenn im Einberufungsschreiben oder der Ladung zum Termin auf die Notwendigkeit des Widerspruchs und der Ablehnung des Plans besonders hingewiesen wurde. Hat weder eine Versammlung der Planbetroffenen (§ 20) noch ein Erörterungs- und Abstimmungstermin (§ 45) stattgefunden, so gilt Absatz 2 Nummer 1 und 2 nur, wenn im Planangebot auf die Notwendigkeit des Widerspruchs und der Ablehnung des Plans besonders hingewiesen wurde.

(4) Auf Antrag des Beschwerdeführers ordnet das Gericht die aufschiebende Wirkung der Beschwerde an, wenn der Vollzug des Restrukturierungsplans mit schwerwiegenden, insbesondere nicht rückgängig zu machenden Nachteilen für den Beschwerdeführer einhergeht, die außer Verhältnis zu den Vorteilen des sofortigen Planvollzugs stehen.

(5) Das Beschwerdegericht weist die Beschwerde gegen die Bestätigung des Restrukturierungsplans auf Antrag des Schuldners unverzüglich zurück, wenn die alsbaldige Rechtskraft der Planbestätigung vorrangig erscheint, weil die Nachteile eines verzögerten Planvollzugs die Nachteile für den Beschwerdeführer überwiegen; ein Abhilfeverfahren findet nicht statt. Dies gilt nicht, wenn ein besonders schwerer Rechtsverstoß vorliegt. Weist das Beschwerdegericht die Beschwerde nach Satz 1 zurück, ist der Schuldner dem Beschwerdeführer zum Ersatz des Schadens verpflichtet, der ihm durch den Planvollzug entsteht; die Rückgängigmachung der Wirkungen des Restrukturierungsplans kann nicht als Schadensersatz verlangt werden. Für Klagen, mit denen Schadensersatzans prüche nach Satz 3 geltend gemacht werden, ist das Landgericht ausschließlich zuständig, das die Beschwerde zurückgewiesen hat.

Unterabschnitt 2 – Wirkungen des bestätigten Plans; Überwachung der Planerfüllung

§ 67 Wirkungen des Restrukturierungsplans

(1) Mit der Bestätigung des Restrukturierungsplans treten die im gestaltenden Teil festgelegten Wirkungen ein. Dies gilt auch im Verhältnis zu Planbetroffenen, die gegen den Plan gestimmt haben oder die an der Abstimmung nicht teilgenommen haben, obgleich sie ordnungsgemäß an dem Abstimmungsverfahren beteiligt worden sind.

(2) Handelt es sich bei dem Schuldner um eine Gesellschaft ohne Rechtspersönlichkeit oder eine Kommanditgesellschaft auf Aktien, wirkt eine Befreiung des Schuldners von Verbindlichkeiten auch zugunsten seiner persönlich haftenden Gesellschafter, sofern im Re-strukturierungsplan nichts anderes bestimmt ist.

(3) Die Rechte der Restrukturierungsgläubiger gegen Mitschuldner und Bürgen des Schuldners sowie die Rechte der Gläubiger an Gegenständen, die nicht zum Vermögen des Schuldners gehören, oder aus einer Vormerkung, die sich auf solche Gegenstände bezieht, werden mit Ausnahme der nach § 2 Absatz 4 gestalteten Rechte aus gruppeninternen Drittsicherheiten von dem Restrukturierungsplan nicht berührt. Der Schuldner wird jedoch durch den Plan gegenüber dem Mitschuldner, Bürgen oder sonstigen Rückgriffsberechtigten befreit wie gegenüber dem Gläubiger.

(4) Ist ein Gläubiger weitergehend befriedigt worden, als er es nach dem Restrukturierungsplan zu beanspruchen hat, so begründet dies keine Pflicht zur Rückgewähr des Erlangten.

(5) Werden Restrukturierungsforderungen in Anteils- oder Mitgliedschaftsrechte an dem Schuldner umgewandelt, kann der Schuldner nach der gerichtlichen Bestätigung des Restrukturierungsplans keine Ansprüche wegen einer Überbewertung der Forderungen im Plan gegen die bisherigen Gläubiger geltend machen.

(6) Mit der rechtskräftigen Bestätigung des Restrukturierungsplans gelten Mängel im Verfahren der Planabstimmung sowie Willensmängel von Planangebot und Planannahme als geheilt.

§ 68 Sonstige Wirkungen des Restrukturierungsplans

(1) Wenn Rechte an Gegenständen begründet, geändert, übertragen oder aufgehoben oder Geschäftsanteile an einer Gesellschaft mit beschränkter Haftung abgetreten werden sollen, gelten die in den Restrukturierungsplan aufgenommenen Willenserklärungen der Planbetroffenen und des Schuldners als in der vorgeschriebenen Form abgegeben.

(2) Die in den Restrukturierungsplan aufgenommenen Beschlüsse und sonstigen Willenserklärungen

der Planbetroffenen und des Schuldners gelten als in der vorgeschriebenen Form abgegeben. Gesellschaftsrechtlich erforderliche Ladungen, Bekanntmachungen und sonstige Maßnahmen zur Vorbereitung von Beschlüssen der Planbetroffenen gelten als in der vorgeschriebenen Form bewirkt.

(3) Entsprechendes gilt für die in den Restrukturierungsplan aufgenommenen Verpflichtungserklärungen, die einer Maßnahme nach Absatz 1 oder Absatz 2 zugrunde liegen.

§ 69 Wiederaufleben gestundeter oder erlassener Forderungen

(1) Sind auf Grund des gestaltenden Teils des Restrukturierungsplans einbezogene Restrukturierungsforderungen gestundet oder teilweise erlassen worden, so wird die Stundung oder der Erlass für den Gläubiger hinfällig, gegenüber dem der Schuldner mit der Erfüllung des Plans erheblich in Rückstand gerät. Ein erheblicher Rückstand ist erst anzunehmen, wenn der Schuldner eine fällige Verbindlichkeit nicht bezahlt hat, obwohl der Gläubiger ihn schriftlich gemahnt und ihm dabei eine mindestens zweiwöchige Nachfrist gesetzt hat.

(2) Wird vor vollständiger Erfüllung des Restrukturierungsplans über das Vermögen des Schuldners ein Insolvenzverfahren eröffnet, so ist die Stundung oder der Erlass im Sinne des Absatzes 1 für alle Gläubiger hinfällig.

(3) Im Restrukturierungsplan kann etwas von den Absätzen 1 oder 2 Abweichendes vorgesehen werden. Jedoch kann von Absatz 1 nicht zum Nachteil des Schuldners abgewichen werden.

§ 70 Streitige Forderungen und Ausfallforderungen

(1) Streitige Restrukturierungsforderungen unterliegen der auf sie anwendbaren Regelung des Restrukturierungsplans in der Höhe, in der sie später festgestellt sind, nicht aber über den Betrag hinaus, der dem Plan zugrunde gelegt wurde.

(2) Ist eine Restrukturierungsforderung im Abstimmungsverfahren bestritten worden oder steht die Höhe der Ausfallforderung des Inhabers einer Absonderungsanwartschaft noch nicht fest, so ist ein Rückstand mit der Erfüllung des Restrukturierungsplans im Sinne des § 69 Absatz 1 nicht anzunehmen, wenn der Schuldner die Forderung bis zur endgültigen Feststellung in der Höhe berücksichtigt, die der Entscheidung über das Stimmrecht bei der Abstimmung über den Plan entspricht. Ist keine Entscheidung des Restrukturierungsgerichts über das Stimmrecht getroffen worden, so hat das Restrukturierungsgericht auf Antrag des Schuldners oder des Gläubigers nachträglich festzustellen, in welchem Ausmaß der Schuldner die Forderung vorläufig zu berücksichtigen hat.

(3) Ergibt die endgültige Feststellung der Forderung, dass der Schuldner zu wenig gezahlt hat, so hat er das Fehlende nachzuzahlen. Ein erheblicher Rückstand mit der Erfüllung des Restrukturierungsplans ist erst anzunehmen, wenn der Schuldner das Fehlende nicht nachzahlt, obwohl der Gläubiger ihn schriftlich gemahnt und ihm dabei eine mindestens zweiwöchige Nachfrist gesetzt hat.

(4) Ergibt die endgültige Feststellung der Forderung, dass der Schuldner zu viel gezahlt hat, so kann er den Mehrbetrag nur insoweit zurückfordern, als dieser auch den nicht fälligen Teil der Forderung übersteigt, die dem Gläubiger nach dem Restrukturierungsplan zusteht.

§ 71 Vollstreckung aus dem Restrukturierungsplan

(1) Aus dem rechtskräftig bestätigten Restrukturierungsplan können die Restrukturierungsgläubiger, deren Forderungen im Bestätigungsbeschluss nicht als bestritten ausgewiesen sind, wie aus einem vollstreckbaren Urteil die Zwangsvollstreckung gegen den Schuldner betreiben. § 202 der Insolvenzordnung gilt entsprechend.

(2) Absatz 1 gilt auch für die Zwangsvollstreckung gegen einen Dritten, der durch eine dem Restrukturierungsgericht eingereichte schriftliche Erklärung für die Erfüllung des Plans neben dem Schuldner ohne Vorbehalt der Einrede der Vorausklage Verpflichtungen übernommen hat.

(3) Macht ein Gläubiger die Rechte geltend, die ihm im Falle eines erheblichen Rückstands des Schuldners mit der Erfüllung des Plans zustehen, so hat er zur Erteilung der Vollstreckungsklausel für diese Rechte und zur Durchführung der Vollstreckung die Mahnung und den Ablauf der Nachfrist glaubhaft zu machen, jedoch keinen weiteren Beweis für den Rückstand des Schuldners zu führen.

(4) Bestand für die einer Planregelung unterliegende Forderung bereits ein vollstreckbarer Titel, tritt der rechtskräftig bestätigte Restrukturierungsplan an dessen Stelle; die weitere Vollstreckung aus dem früheren Titel ist insoweit unzulässig.

§ 72 Planüberwachung

(1) Im gestaltenden Teil des Restrukturierungsplans kann vorgesehen werden, dass die Erfüllung der den Gläubigern nach dem gestaltenden Teil zustehenden Ansprüche überwacht wird.

(2) Die Überwachung ist einem Restrukturierungsbeauftragten zu übertragen.

(3) Stellt der Restrukturierungsbeauftragte fest, dass Ansprüche, deren Erfüllung überwacht wird, nicht erfüllt werden oder nicht erfüllt werden können, so hat er dies unverzüglich dem Restrukturierungsgericht und den Gläubigern anzuzeigen,

denen nach dem gestaltenden Teil des Plans Ansprüche gegen den Schuldner zustehen.

(4) Das Restrukturierungsgericht beschließt die Aufhebung der Überwachung, wenn
1. die Ansprüche, deren Erfüllung überwacht wird, erfüllt sind oder wenn gewährleistet ist, dass sie erfüllt werden,
2. seit dem Eintritt der Rechtskraft des Restrukturierungsplans drei Jahre verstrichen sind oder
3. das Insolvenzverfahren über das Vermögen des Schuldners eröffnet oder die Eröffnung mangels Masse abgewiesen wird.

Kapitel 3 – Restrukturierungsbeauftragter

Abschnitt 1 – Bestellung von Amts wegen

§ 73 Bestellung von Amts wegen

(1) Das Restrukturierungsgericht bestellt einen Restrukturierungsbeauftragten, wenn
1. im Rahmen der Restrukturierung die Rechte von Verbrauchern oder mittleren, kleinen oder Kleinstunternehmen berührt werden sollen, weil deren Forderungen oder Absonderungsanwartschaften durch den Restrukturierungsplan gestaltet werden sollen oder die Durchsetzung solcher Forderungen oder Absonderungsanwartschaften durch eine Stabilisierungsanordnung gesperrt werden soll,
2. der Schuldner eine Stabilisierungsanordnung beantragt, welche sich mit Ausnahme der nach § 4 ausgenommenen Forderungen gegen alle oder im Wesentlichen alle Gläubiger richten soll,
3. der Restrukturierungsplan eine Überwachung der Erfüllung der den Gläubigern zustehenden Ansprüche vorsieht (§ 72).
Das Gericht kann im Einzelfall von einer Bestellung absehen, wenn die Bestellung zur Wahrung der Rechte der Beteiligten nicht erforderlich oder offensichtlich unverhältnismäßig ist.

(2) Eine Bestellung erfolgt auch, wenn absehbar ist, dass das Restrukturierungsziel nur gegen den Willen von Inhabern von Restrukturierungsforderungen oder Absonderungsanwartschaften erreichbar ist, ohne deren Zustimmung zum Restrukturierungsplan eine Planbestätigung allein unter den Voraussetzungen des § 26 möglich ist. Dies gilt nicht, wenn an der Restrukturierung allein Unternehmen des Finanzsektors als Planbetroffene beteiligt sind. Den Unternehmen des Finanzsektors stehen Planbetroffene gleich, die als Rechtsnachfolger in die von Unternehmen des Finanzsektors begründeten Forderungen eingetreten sind oder die mit Forderungen aus geld- oder kapitalmarktgehandelten Instrumenten betroffen werden. Den geld- und kapitalmarktgehandelten Instrumenten stehen nicht verbriefte Instrumente gleich, die zu gleichlautenden Bedingungen ausgegeben wurden.

(3) Das Gericht kann einen Restrukturierungsbeauftragten bestellen, um Prüfungen als Sachverständiger vorzunehmen, insbesondere
1. zu den Bestätigungsvoraussetzungen nach § 63 Absatz 1 Nummer 1, Absatz 2 und § 64 Absatz 1 oder
2. zur Angemessenheit der Entschädigung bei einem Eingriff in gruppeninterne Drittsicherheiten oder einer Beschränkung der Haftung von unbeschränkt haftenden Gesellschaftern.

§ 74 Bestellung

(1) Zum Restrukturierungsbeauftragten ist ein für den jeweiligen Einzelfall geeigneter, in Restrukturierungs- und Insolvenzsachen erfahrener Steuerberater, Wirtschaftsprüfer oder Rechtsanwalt oder eine sonstige natürliche Person mit vergleichbarer Qualifikation zu bestellen, die von den Gläubigern und dem Schuldner unabhängig ist und die aus dem Kreis aller zur Übernahme des Amtes bereiten Personen auszuwählen ist.

(2) Das Restrukturierungsgericht berücksichtigt bei der Auswahl eines Restrukturierungsbeauftragten nach § 73 Absatz 1 und 2 Vorschläge des Schuldners, der Gläubiger und der an dem Schuldner beteiligten Personen. Hat der Schuldner die Bescheinigung eines in Restrukturierungs- und Insolvenzsachen erfahrenen Steuerberaters, Wirtschaftsprüfers, Rechtsanwalts oder einer Person mit vergleichbarer Qualifikation vorgelegt, aus der sich ergibt, dass der Schuldner die Voraussetzungen des § 51 Absatz 1 und 2 erfüllt, kann das Gericht vom Vorschlag des Schuldners nur dann abweichen, wenn die vorgeschlagene Person offensichtlich ungeeignet ist; dies ist zu begründen. Wenn Planbetroffene, auf welche in jeder der nach § 9 gebildeten oder zu bildenden Gruppen von Inhabern von Restrukturierungsforderungen und Absonderungsanwartschaften mehr als 25 Prozent des Stimmrechts entfallen oder voraussichtlich entfallen werden, einen gemeinschaftlichen Vorschlag unterbreiten und wenn keine Bindung des Gerichts nach Satz 2 besteht, kann das Gericht vom gemeinsamen Vorschlag der Planbetroffenen nur dann abweichen, wenn die vorgeschlagene Person offensichtlich ungeeignet ist; dies ist zu begründen.

(3) Folgt das Restrukturierungsgericht einem Vorschlag des Schuldners nach Absatz 2 Satz 2 oder der Planbetroffenen nach Absatz 2 Satz 3, kann es einen weiteren Restrukturierungsbeauftragten bestellen und diesem dessen Aufgaben übertragen; dies gilt nicht für die Aufgaben nach § 76 Absatz 2 Nummer 1 Halbsatz 1 und 2.

§ 75 Rechtsstellung

(1) Der Restrukturierungsbeauftragte steht unter der Aufsicht des Restrukturierungsgerichts. Das Gericht kann jederzeit einzelne Auskünfte oder einen Bericht über den Sachstand verlangen.

(2) Das Restrukturierungsgericht kann den Restrukturierungsbeauftragten aus wichtigem Grund aus dem Amt entlassen. Die Entlassung kann von Amts wegen oder auf Antrag des Restrukturierungsbeauftragten, des Schuldners oder eines Gläubigers erfolgen. Auf Antrag des Schuldners oder eines Gläubigers erfolgt die Entlassung nur, wenn der Beauftragte nicht unabhängig ist; dies ist von dem Antragsteller glaubhaft zu machen. Vor der Entscheidung ist der Restrukturierungsbeauftragte zu hören.

(3) Gegen die Entlassung steht dem Beauftragten die sofortige Beschwerde zu. Gegen die Ablehnung des Antrags steht dem Antragsteller die sofortige Beschwerde zu.

(4) Der Restrukturierungsbeauftragte erfüllt seine Aufgaben mit der gebotenen Sorgfalt und Gewissenhaftigkeit. Er nimmt seine Aufgaben unparteiisch wahr. Verletzt er die ihm obliegenden Pflichten in schuldhafter Weise, ist er den Betroffenen zum Schadensersatz verpflichtet. Die Verjährung des Anspruchs auf Ersatz des Schadens, der aus einer Pflichtverletzung des Restrukturierungsbeauftragten entstanden ist, richtet sich nach den Regelungen über die regelmäßige Verjährung nach dem Bürgerlichen Gesetzbuch. Der Anspruch verjährt spätestens in drei Jahren nach der Beendigung der Rechtshängigkeit der Restrukturierungssache. Ist eine Planüberwachung angeordnet, tritt an die Stelle des Endes der Rechtshängigkeit der Restrukturierungssache der Abschluss der Planüberwachung.

§ 76 Aufgaben

(1) Stellt der Restrukturierungsbeauftragte Umstände fest, die eine Aufhebung der Restrukturierungssache nach § 33 rechtfertigen, hat er diese dem Restrukturierungsgericht unverzüglich mitzuteilen.

(2) Liegen die Voraussetzungen von § 73 Absatz 1 Nummer 1 oder 2 oder Absatz 2 vor,

1. steht dem Restrukturierungsbeauftragten die Entscheidung darüber zu, wie der Restrukturierungsplan zur Abstimmung gebracht wird; erfolgt die Abstimmung nicht im gerichtlichen Verfahren, leitet der Beauftragte die Versammlung der Planbetroffenen und dokumentiert die Abstimmung; der Beauftragte prüft die Forderungen, Absonderungsanwartschaften, gruppeninternen Drittsicherheiten und Anteils- und Mitgliedschaftsrechte der Planbetroffenen; ist eine Restrukturierungsforderung, Absonderungsanwartschaft oder gruppeninterne Drittsicherheit oder ein Anteils- und Mitgliedschaftsrecht dem Grunde oder der Höhe nach streitig oder zweifelhaft, weist er die anderen Planbetroffenen darauf hin und wirkt auf eine Klärung des Stimmrechts im Wege einer Vorprüfung nach §§ 47 und 48 hin,

2. kann das Gericht dem Beauftragten die Befugnis übertragen,

a) die wirtschaftliche Lage des Schuldners zu prüfen und dessen Geschäftsführung zu überwachen,

b) von dem Schuldner zu verlangen, dass eingehende Gelder nur von dem Beauftragten entgegengenommen und Zahlungen nur von dem Beauftragten geleistet werden können,

3. kann das Gericht dem Schuldner aufgeben, dem Beauftragten Zahlungen anzuzeigen und Zahlungen außerhalb des gewöhnlichen Geschäftsbetriebs nur zu tätigen, wenn der Beauftragte zustimmt.

(3) Wird zugunsten des Schuldners eine Stabilisierungsanordnung erlassen,

1. prüft der Beauftragte fortlaufend, ob die Anordnungsvoraussetzungen fortbestehen und ob ein Aufhebungsgrund vorliegt; zu diesem Zweck untersucht der Beauftragte die Verhältnisse des Schuldners;

2. steht dem Beauftragten das Recht zu, die Gründe für die Aufhebung der Anordnung geltend zu machen.

(4) Legt der Schuldner einen Restrukturierungsplan zur Bestätigung vor, nimmt der Beauftragte Stellung zur Erklärung nach § 14 Absatz 1. Erfolgt die Bestellung des Beauftragten vor der Planabstimmung, ist die Stellungnahme den Planbetroffenen als weitere Anlage beizufügen. Der Bericht nach Satz 1 stellt auch die Zweifel am Bestehen oder an der Höhe einer Restrukturierungsforderung, einer Absonderungsanwartschaft, einer gruppeninternen Drittsicherheit oder eines Anteils- und Mitgliedschaftsrechts nach Absatz 2 Nummer 1 Halbsatz 4 oder einen diesbezüglichen Streit dar.

(5) Der Schuldner ist verpflichtet, dem Beauftragten die erforderlichen Auskünfte zu erteilen, ihm Einsicht in die Bücher und Geschäftspapiere zu gewähren und ihn bei der Erfüllung seiner Aufgaben zu unterstützen.

(6) Das Restrukturierungsgericht kann den Restrukturierungsbeauftragte beauftragen, die dem Gericht obliegenden Zustellungen durchzuführen. Zur Durchführung der Zustellung und zur Erfassung in den Akten kann der Beauftragte sich Dritter, insbesondere auch eigenen Personals, bedienen. Er hat die von ihm nach § 184 Absatz 2 Satz 4 der Zivilprozessordnung angefertigten Vermerke unverzüglich zu den Gerichtsakten zu reichen.

Abschnitt 2 – Bestellung auf Antrag

§ 77 Antrag

(1) Auf Antrag des Schuldners bestellt das Restrukturierungsgericht einen Restrukturierungsbeauftragten zur Förderung der Verhandlungen zwischen den Beteiligten (fakultativer Restrukturierungsbeauftragter). Gläubigern steht dieses Recht gemeinschaftlich zu, wenn auf sie mehr als 25 Prozent der Stimmrechte in einer Gruppe entfallen oder voraussichtlich entfallen werden und wenn sie sich zur gesamtschuldnerischen Übernahme der Kosten der Beauftragung verpflichten.

(2) Der Antrag kann darauf gerichtet sein, dem Beauftragten zusätzlich eine oder mehrere Aufgaben nach § 76 zuzuweisen.

§ 78 Bestellung und Rechtsstellung

(1) Auf die Bestellung des fakultativen Restrukturierungsbeauftragten findet § 74 Absatz 1 entsprechende Anwendung.

(2) Wird von Gläubigern, die zusammen alle voraussichtlich in den Restrukturierungsplan einbezogenen Gruppen repräsentieren, ein Vorschlag zur Person des fakultativen Restrukturierungsbeauftragten gemacht, kann das Gericht von diesem nur dann abweichen, wenn die Person offensichtlich ungeeignet ist oder, falls der Beauftragte lediglich zum Zwecke der Förderung der Verhandlungen zwischen den Beteiligten bestellt werden soll, der Schuldner dem Vorschlag widerspricht; eine Abweichung ist zu begründen.

(3) Auf die Rechtsstellung des fakultativen Restrukturierungsbeauftragten findet § 75 entsprechende Anwendung.

§ 79 Aufgaben

Der fakultative Restrukturierungsbeauftragte unterstützt den Schuldner und die Gläubiger bei der Ausarbeitung und Aushandlung des Restrukturierungskonzepts und des auf ihm basierenden Plans.

Abschnitt 3 – Vergütung

§ 80 Vergütungsanspruch

Der Restrukturierungsbeauftragte hat nach Maßgabe der nachfolgenden Bestimmungen Anspruch auf Vergütung (Honorar und Auslagen). Vereinbarungen über die Vergütung sind nur dann wirksam, wenn die nachfolgenden Bestimmungen zum zulässigen Inhalt und zum Verfahren beachtet sind.

§ 81 Regelvergütung

(1) Der Restrukturierungsbeauftragte erhält, soweit er persönlich tätig wird, ein Honorar auf der Grundlage angemessener Stundensätze.

(2) Soweit der unterstützende Einsatz qualifizierter Mitarbeiter erforderlich ist, erhält der Restrukturierungsbeauftragte auch für deren Tätigkeit ein Honorar auf der Grundlage angemessener Stundensätze.

(3) Bei der Bemessung der Stundensätze berücksichtigt das Restrukturierungsgericht die Unternehmensgröße, Art und Umfang der wirtschaftlichen Schwierigkeiten des Schuldners und die Qualifikation des Restrukturierungsbeauftragten sowie der qualifizierten Mitarbeiter. Im Regelfall beläuft sich der Stundensatz für die persönliche Tätigkeit des Restrukturierungsbeauftragten auf bis zu 350 Euro und für die Tätigkeit qualifizierter Mitarbeiter auf bis zu 200 Euro.

(4) Mit der Bestellung des Restrukturierungsbeauftragten setzt das Restrukturierungsgericht die Stundensätze fest. Zugleich bestimmt es auf der Grundlage von Stundenbudgets, die dem voraussichtlichen Aufwand und der Qualifikation des Beauftragten und der qualifizierten Mitarbeiter angemessen Rechnung tragen, einen Höchstbetrag für das Honorar. Dazu hört das Restrukturierungsgericht die zu bestellende Person und diejenigen an, die die Auslagen nach Nummer 9017 des Kostenverzeichnisses zum Gerichtskostengesetz schulden (Auslagenschuldner).

(5) Die Bestellung eines fakultativen Restrukturierungsbeauftragten soll erst nach Zahlung der Gerichtsgebühr für die Bestellung nach Nummer 2513 des Kostenverzeichnisses zum Gerichtskostengesetz und eines Vorschusses auf die Auslagen nach Nummer 9017 des Kostenverzeichnisses zum Gerichtskostengesetz erfolgen. Erfolgt eine Bestellung von Amts wegen, soll das Restrukturierungsgericht auch über jeden Antrag des Schuldners auf Inanspruchnahme eines Instruments des Stabilisierungs- und Restrukturierungsrahmens erst nach Zahlung der Gerichtsgebühr für die Bestellung nach Nummer 2513 des Kostenverzeichnisses zum Gerichtskostengesetz und eines Vorschusses auf die Auslagen nach Nummer 9017 des Kostenverzeichnisses zum Gerichtskostengesetz entscheiden.

(6) Reichen die der Ermittlung des Höchstbetrags zugrunde gelegten Stundenbudgets für eine sachgerechte Wahrnehmung der Aufgaben und Befugnisse nicht aus, legt der Beauftragte Grund und Ausmaß des Erhöhungsbedarfs unverzüglich dem Restrukturierungsgericht dar. Das Restrukturierungsgericht hat in diesem Fall nach Anhörung der Auslagenschuldner unverzüglich über

eine Anpassung der Budgets zu entscheiden. Absatz 5 gilt entsprechend.

(7) Für den Ersatz der Auslagen gelten § 5 Absatz 2 Satz 1 Nummer 2 und die §§ 6, 7 und § 12 Absatz 1 Satz 2 Nummer 4 des Justizvergütungs- und -entschädigungsgesetzes entsprechend.

§ 82 Festsetzung der Vergütung

(1) Auf Antrag des Restrukturierungsbeauftragten setzt das Restrukturierungsgericht nach Beendigung des Amtes des Restrukturierungsbeauftragten die Vergütung durch Beschluss fest.

(2) Das Restrukturierungsgericht entscheidet bei der Festsetzung der Vergütung nach Absatz 1 auch darüber, wer in welchem Umfang die Auslagen nach Nummer 9017 des Kostenverzeichnisses zum Gerichtskostengesetz zu tragen hat. Die Auslagen sind dem Schuldner aufzuerlegen. Abweichend von Satz 2 sind die Auslagen bei Bestellung eines fakultativen Restrukturierungsbeauftragten auf Antrag von Gläubigern den antragstellenden Gläubigern aufzuerlegen, soweit sie nicht für Tätigkeiten entstehen, die das Restrukturierungsgericht dem Restrukturierungsbeauftragten von Amts wegen oder auf Antrag des Schuldners übertragen hat.

(3) Gegen die Festsetzung des Stundensatzes nach § 81 Absatz 4, gegen die Bestimmung oder Anpassung des Höchstbetrags nach § 81 Absatz 4 und 6 und gegen die Festsetzung der Vergütung steht dem Restrukturierungsbeauftragten und jedem Auslagenschuldner die sofortige Beschwerde zu.

(4) Auf Antrag des Restrukturierungsbeauftragten ist ein angemessener Vorschuss auszuzahlen, wenn ihm erhebliche Auslagen entstanden sind oder voraussichtlich entstehen werden oder wenn die zu erwartende Vergütung für bereits erbrachte Arbeiten einen Betrag von 10 000 Euro übersteigt.

§ 83 Vergütung in besonderen Fällen

(1) In besonderen Fällen können Stundensätze als Grundlage für das Honorar festgesetzt werden, welche die Höchstbeträge des § 81 Absatz 3 übersteigen, insbesondere wenn
1. alle voraussichtlichen Auslagenschuldner zustimmen,
2. sich ansonsten keine geeignete Person zur Übernahme des Amtes bereit erklärt oder
3. die dem Restrukturierungsbeauftragten übertragenen Aufgaben unter den besonderen Umständen der Restrukturierungssache den Aufgaben nahekommen, die einem Sachwalter in einem in Eigenverwaltung geführten Insolvenzverfahren übertragen sind, insbesondere weil eine allgemeine Stabilisierungsanordnung ergeht oder weil in den Restrukturierungsplan mit Ausnahme der nach § 4 auszunehmenden Gläubigern alle oder im Wesentlichen alle Gläubiger und an dem Schuldner beteiligten Personen einbezogen werden.

Im Fall des Satzes 1 Nummer 3 kommt auch eine Vergütung nach anderen Grundsätzen, insbesondere eine Bemessung auf Grundlage des Wertes der in den Restrukturierungsplan einbezogenen Forderungen gegen den Schuldner oder des Unternehmensvermögens in Betracht.

(2) Wenn der Restrukturierungsbeauftragte auf Antrag und auf Vorschlag aller voraussichtlichen Auslagenschuldner bestellt wird und der Restrukturierungsbeauftragte und sämtliche Auslagenschuldner eine Vereinbarung über die Vergütung vorlegen, hat das Gericht diese Vereinbarung der Bemessung der Vergütung zugrunde zu legen, wenn die Vereinbarung nicht zu einer unangemessenen Vergütung führt.

Kapitel 4 – Öffentliche Restrukturierungssachen

§ 84 Antrag und erste Entscheidung

(1) In Verfahren über Restrukturierungssachen erfolgen öffentliche Bekanntmachungen nur, wenn der Schuldner dies beantragt. Der Antrag ist vor der ersten Entscheidung in der Restrukturierungssache zu stellen und kann nur bis zur ersten Entscheidung zurückgenommen werden. Auf den Antrag findet Artikel 102c § 5 des Einführungsgesetzes zur Insolvenzordnung entsprechende Anwendung.

(2) Hat der Schuldner beantragt, dass in den Verfahren in der Restrukturierungssache öffentliche Bekanntmachungen erfolgen sollen, sind in der ersten Entscheidung, die in der Restrukturierungssache ergeht, anzugeben
1. die Gründe, auf denen die internationale Zuständigkeit des Gerichts beruht, sowie
2. ob die Zuständigkeit auf Artikel 3 Absatz 1 oder Absatz 2 in der jeweils geltenden Fassung der Verordnung (EU) 2015/848 des Europäischen Parlaments und des Rates vom 20. Mai 2015 über Insolvenzverfahren (ABl. L 141 vom 5.6.2015, S. 19; L 349 vom 21.12.2016, S. 6) beruht.

Öffentlich bekannt zu machen sind die in Artikel 24 Absatz 2 der Verordnung (EU) 2015/848 genannten Angaben. Artikel 102c § 4 des Einführungsgesetzes zur Insolvenzordnung ist entsprechend anzuwenden.

§ 85 Besondere Bestimmungen

(1) Öffentlich bekanntzumachen sind neben den in § 84 Absatz 2 Satz 2 genannten Angaben:
1. Ort und Zeit gerichtlicher Termine,

2. die Bestellung und Abberufung eines Restrukturierungsbeauftragten,
3. sämtliche gerichtliche Entscheidungen, die in der Restrukturierungssache ergehen.

(2) Erfolgen öffentliche Bekanntmachungen nach Absatz 1, ist eine Zustellung von Ladungen zu Terminen gegenüber Aktionären, Kommanditaktionären und Inhabern von Schuldverschreibungen nicht erforderlich. Handelt es sich bei dem Schuldner um eine börsennotierte Aktiengesellschaft, findet § 121 Absatz 4a des Aktiengesetzes entsprechende Anwendung.

§ 86 Öffentliche Bekanntmachung; Verordnungsermächtigung

(1) Die öffentliche Bekanntmachung erfolgt durch eine zentrale und länderübergreifende Veröffentlichung im Internet; diese kann auszugsweise geschehen. Die Bekanntmachung gilt als bewirkt, sobald nach dem Tag der Veröffentlichung zwei weitere Tage verstrichen sind.

(2) Das Bundesministerium der Justiz und für Verbraucherschutz wird ermächtigt, durch Rechtsverordnung mit Zustimmung des Bundesrates die Einzelheiten der zentralen und länderübergreifenden Veröffentlichung im Internet zu regeln. Dabei sind insbesondere Löschungsfristen vorzusehen sowie Vorschriften, die sicherstellen, dass die Veröffentlichungen
1. unversehrt, vollständig, sachlich richtig und aktuell bleiben,
2. jederzeit ihrem Ursprung nach zugeordnet werden können.

(3) Die öffentliche Bekanntmachung genügt zum Nachweis der Zustellung an alle Beteiligten, auch wenn dieses Gesetz neben ihr eine besondere Zustellung vorschreibt.

§ 87 Restrukturierungsforum; Verordnungsermächtigung

(1) Planbetroffene können im Restrukturierungsforum des Bundesanzeigers andere Planbetroffene auffordern, das Stimmrecht im Rahmen einer Planabstimmung in bestimmter Weise auszuüben, eine Stimmrechtsvollmacht zu erteilen oder einen Vorschlag zur Änderung des vorgelegten Restrukturierungsplans zu unterstützen.

(2) Die Aufforderung hat die folgenden Angaben zu enthalten:
1. den Namen und eine Anschrift des Planbetroffenen,
2. den Schuldner,
3. das Restrukturierungsgericht und das Aktenzeichen der Restrukturierungssache,
4. den Vorschlag für die Stimmrechtsausübung, für die Stimmrechtsvollmacht oder zur Änderung des Plans und
5. den Tag der Versammlung der Planbetroffenen oder des Fristablaufs zur Annahme des Planangebots.

(3) Die Aufforderung kann auf eine Begründung auf der Internetseite des Auffordernden und deren elektronische Adresse hinweisen.

(4) Der Schuldner kann im Restrukturierungsforum des Bundesanzeigers auf eine Stellungnahme zu der Aufforderung auf seiner Internetseite hinweisen.

(5) Das Bundesministerium der Justiz und für Verbraucherschutz wird ermächtigt, durch Rechtsverordnung, die nicht der Zustimmung des Bundesrates bedarf, die äußere Gestaltung des Restrukturierungsforums und weitere Einzelheiten insbesondere zu der Aufforderung, dem Hinweis, den Entgelten, zu Löschungsfristen, Löschungsanspruch, zu Missbrauchsfällen und zur Einsichtnahme zu regeln.

§ 88 Anwendbarkeit des Artikels 102c des Einführungsgesetzes zur Insolvenzordnung

In öffentlichen Restrukturierungssachen ist Artikel 102c §§ 1, 2, 3 Absatz 1 und 3, §§ 6, 15, 25 und 26 des Einführungsgesetzes zur Insolvenzordnung entsprechend anwendbar.

Kommentar:
Das Unternehmensstabilisierungs- und -restrukturierungsgesetz ist zum 1. Januar 2021 in Kraft getreten, die §§ 84 bis 88 werden jedoch erst am 17. Juli 2022 in Kraft treten.

Kapitel 5 – Anfechtungs- und Haftungsrecht

§ 89 Rechtshandlungen, die während der Rechtshängigkeit der Restrukturierungssache vorgenommen werden

(1) Die Annahme eines sittenwidrigen Beitrags zur Insolvenzverschleppung oder einer Rechtshandlung, die mit dem Vorsatz einer Benachteiligung der Gläubiger vorgenommen wurde, kann nicht allein darauf gestützt werden, dass ein an der Rechtshandlung Beteiligter Kenntnis davon hatte, dass die Restrukturierungssache rechtshängig war oder dass der Schuldner Instrumente des Stabilisierungsund Restrukturierungsrahmens in Anspruch nahm.

(2) Hebt das Gericht nach einer Anzeige der Zahlungsunfähigkeit oder Überschuldung die Restrukturierungssache nicht nach § 33 Absatz 2 Nummer 1 auf, so gilt Absatz 1 auch für die Kenntnis der Zahlungsunfähigkeit oder Überschuldung.

(3) Hat der Schuldner eine Zahlungsunfähigkeit oder Überschuldung nach § 32 Absatz 3 angezeigt, so gilt bis zur Aufhebung der Restrukturierungssache

nach § 33 Absatz 2 Nummer 1 jede Zahlung im ordnungsgemäßen Geschäftsgang, insbesondere Zahlungen, die für die Fortführung der gewöhnlichen Geschäftstätigkeit und die Vorbereitung und Umsetzung des angezeigten Restrukturierungsvorhabens erforderlich sind, als mit der Sorgfalt eines ordentlichen Geschäftsleiters vereinbar. Das gilt nicht für Zahlungen, die bis zu der absehbar zu erwartenden Entscheidung des Restrukturierungsgerichts zurückgehalten werden können, ohne dass damit Nachteile für eine Fortsetzung des Restrukturierungsvorhabens verbunden sind.

§ 90 Planfolgen und Planvollzug

(1) Die Regelungen eines rechtskräftig bestätigten Restrukturierungsplans und Rechtshandlungen, die im Vollzug eines solchen Plans erfolgen, sind mit Ausnahme von Forderungen im Rang des § 39 Absatz 1 Nummer 5 der Insolvenzordnung und Sicherheitsleistungen, die nach § 135 der Insolvenzordnung oder § 6 des Anfechtungsgesetzes anfechtbar sind, bis zur nachhaltigen Restrukturierung einer Anfechtung nur zugänglich, wenn die Bestätigung auf der Grundlage unrichtiger oder unvollständiger Angaben des Schuldners erfolgte und dem anderen Teil dies bekannt war.

(2) Sieht der gestaltende Teil des Restrukturierungsplans die Übertragung des gesamten schuldnerischen Vermögens oder wesentlicher Teile davon vor, gilt Absatz 1 nur, soweit sichergestellt wird, dass die Gläubiger, die nicht planbetroffen sind, sich gegenüber den Planbetroffenen vorrangig aus der dem Wert des Gegenstands der Übertragung angemessenen Gegenleistung befriedigen können.

§ 91 Berechnung von Fristen

In die Fristen der §§ 3 bis 6a des Anfechtungsgesetzes sowie der §§ 88, 130 bis 136 der Insolvenzordnung wird die Zeit der Rechtshängigkeit der Restrukturierungssache nicht eingerechnet.

Kapitel 6 – Arbeitnehmerbeteiligung; Gläubigerbeirat

§ 92 Beteiligungsrechte nach dem Betriebsverfassungsgesetz

Die Verpflichtungen des Schuldners gegenüber den Arbeitnehmervertretungsorganen und deren Beteiligungsrechte nach dem Betriebsverfassungsgesetz bleiben von diesem Gesetz unberührt.

§ 93. Gläubigerbeirat

(1) Sollen in einer Restrukturierungssache mit Ausnahme der in § 4 genannten Forderungen die Forderungen aller Gläubiger durch einen Restrukturierungsplan gestaltet werden, und weist die Restrukturierungssache gesamtverfahrensartige Züge auf, kann das Gericht einen Gläubigerbeirat einsetzen. § 21 Absatz 2 Satz 1 Nummer 1a der Insolvenzordnung gilt entsprechend. In dem Beirat können auch nicht planbetroffene Gläubiger vertreten sein.

(2) Ist ein Gläubigerbeirat eingerichtet, tritt an die Stelle des gemeinschaftlichen Vorschlags der Planbetroffenen nach § 74 Absatz 2 Satz 3 der einstimmige Beschluss des Gläubigerbeirats.

(3) Die Mitglieder des Beirats unterstützen und überwachen den Schuldner bei seiner Geschäftsführung. Der Schuldner zeigt dem Beirat die Inanspruchnahme der Instrumente des Stabilisierungs- und Restrukturierungsrahmens an.

(4) Die Mitglieder des Gläubigerbeirates haben Anspruch auf Vergütung für ihre Tätigkeit und auf Erstattung angemessener Auslagen. Die Höhe der Vergütung richtet sich nach § 17 der Insolvenzrechtlichen Vergütungsverordnung.

Teil 3 – Sanierungsmoderation

§ 94 Antrag

(1) Auf Antrag eines restrukturierungsfähigen Schuldners bestellt das Gericht eine geeignete, insbesondere geschäftskundige und von den Gläubigern und dem Schuldner unabhängige natürliche Person zum Sanierungsmoderator. Dies gilt nicht, wenn der Schuldner offensichtlich zahlungsunfähig ist. Handelt es sich bei dem Schuldner um eine juristische Person oder eine Person ohne Rechtspersönlichkeit, für deren Verbindlichkeiten keine natürliche Person als unmittelbarer oder mittelbarer Gesellschafter haftet, gilt Satz 2 auch bei einer offensichtlichen Überschuldung.

(2) Im Antrag sind anzugeben:
1. der Gegenstand des Unternehmens und
2. die Art der wirtschaftlichen oder finanziellen Schwierigkeiten.

Dem Antrag sind ein Verzeichnis der Gläubiger und ein Verzeichnis des Vermögens sowie die Erklärung des Schuldners beizufügen, nicht zahlungsunfähig zu sein. Handelt es sich bei dem Schuldner um eine juristische Person oder eine Person ohne Rechtspersönlichkeit, für deren Verbindlichkeiten keine natürliche Person als unmittelbarer oder mittelbarer Gesellschafter haftet, hat sich die Erklärung auch darauf zu erstrecken, dass keine Überschuldung vorliegt.

(3) Der Antrag ist an das für Restrukturierungssachen zuständige Gericht zu richten.

StaRUG

§ 95 Bestellung

(1) Die Bestellung des Sanierungsmoderators erfolgt für einen Zeitraum von bis zu drei Monaten. Auf Antrag des Moderators, welcher der Zustimmung des Schuldners und der in die Verhandlungen einbezogenen Gläubiger bedarf, kann der Bestellungszeitraum um bis zu drei weitere Monate verlängert werden. Wird innerhalb dieses Zeitraums die Bestätigung eines Sanierungsvergleichs nach § 97 beantragt, verlängert sich die Bestellung bis zur Entscheidung über die Bestätigung des Vergleichs.

(2) Die Bestellung wird nicht öffentlich bekannt gemacht.

§ 96 Sanierungsmoderation

(1) Der Sanierungsmoderator vermittelt zwischen dem Schuldner und seinen Gläubigern bei der Herbeiführung einer Lösung zur Überwindung der wirtschaftlichen oder finanziellen Schwierigkeiten.

(2) Der Schuldner gewährt dem Moderator Einblick in seine Bücher und Geschäftsunterlagen und erteilt ihm die angeforderten zweckmäßigen Auskünfte.

(3) Der Sanierungsmoderator erstattet dem Gericht über den Fortgang der Sanierungsmoderation monatlich schriftlich Bericht. Der Bericht enthält mindestens Angaben über
1. die Art und Ursachen der wirtschaftlichen oder finanziellen Schwierigkeiten;
2. den Kreis der in die Verhandlungen einbezogenen Gläubiger und sonstigen Beteiligten;
3. den Gegenstand der Verhandlungen und
4. das Ziel und den voraussichtlichen Fortgang der Verhandlungen.

(4) Der Sanierungsmoderator zeigt dem Gericht eine ihm bekannt gewordene Zahlungsunfähigkeit des Schuldners an. Handelt es sich bei dem Schuldner um eine juristische Person oder um eine Gesellschaft ohne Rechtspersönlichkeit, bei der kein persönlich haftender Gesellschafter eine natürliche Person ist, gilt dies auch für die Überschuldung des Schuldners.

(5) Der Sanierungsmoderator steht unter der Aufsicht des Restrukturierungsgerichts. Das Restrukturierungsgericht kann den Sanierungsmoderator aus wichtigem Grund aus dem Amt entlassen. Vor der Entscheidung ist der Sanierungsmoderator zu hören.

§ 97 Bestätigung eines Sanierungsvergleichs

(1) Ein Sanierungsvergleich, den der Schuldner mit seinen Gläubigern schließt und an dem sich auch Dritte beteiligen können, kann auf Antrag des Schuldners durch das Restrukturierungsgericht bestätigt werden. Die Bestätigung wird versagt, wenn das dem Vergleich zugrundeliegende Sanierungskonzept
1. nicht schlüssig ist oder nicht von den tatsächlichen Gegebenheiten ausgeht oder
2. keine vernünftige Aussicht auf Erfolg hat.

(2) Der Sanierungsmoderator nimmt zu den Voraussetzungen des Absatzes 1 Satz 2 schriftlich Stellung.

(3) Ein nach Absatz 1 bestätigter Sanierungsvergleich ist nur unter den Voraussetzungen des § 90 anfechtbar.

§ 98 Vergütung

(1) Der Sanierungsmoderator hat Anspruch auf eine angemessene Vergütung. Diese bemisst sich nach dem Zeit- und Sachaufwand der mit der Sanierungsmoderation verbundenen Aufgaben.

(2) Die §§ 80 bis 83 finden entsprechende Anwendung.

§ 99 Abberufung

(1) Der Sanierungsmoderator wird abberufen:
1. auf eigenen Antrag oder auf Antrag des Schuldners,
2. von Amts wegen, wenn dem Restrukturierungsgericht durch den Moderator die Insolvenzreife des Schuldners angezeigt wurde.

(2) Wird der Moderator nach Absatz 1 Nummer 1 abberufen, bestellt das Gericht auf Antrag des Schuldners einen anderen Moderator.

§ 100 Übergang in den Stabilisierungs- und Restrukturierungsrahmen

(1) Nimmt der Schuldner Instrumente des Stabilisierungs- und Restrukturierungsrahmens in Anspruch, bleibt der Sanierungsmoderator im Amt, bis der Bestellungszeitraum abläuft, er nach § 99 abberufen wird oder ein Restrukturierungsbeauftragter bestellt wird.

(2) Das Restrukturierungsgericht kann den Sanierungsmoderator zum Restrukturierungsbeauftragten bestellen.

Teil 4 – Frühwarnsysteme

§ 101 Informationen zu Frühwarnsystemen

Informationen über die Verfügbarkeit der von öffentlichen Stellen bereitgestellten Instrumentarien zur frühzeitigen Identifizierung von Krisen werden vom Bundesministerium der Justiz und für Verbraucherschutz unter seiner Internetadresse www.bmjv.bund.de bereitgestellt.

§ 102 Hinweis- und Warnpflichten

Bei der Erstellung eines Jahresabschlusses für einen Mandanten haben Steuerberater, Steuerbevollmächtigte, Wirtschaftsprüfer, vereidigte Buchprüfer und Rechtsanwälte den Mandanten auf das Vorliegen eines möglichen Insolvenzgrundes nach den §§ 17 bis 19 der Insolvenzordnung und die sich daran anknüpfenden Pflichten der Geschäftsleiter und Mitglieder der Überwachungsorgane hinzuweisen, wenn entsprechende Anhaltspunkte offenkundig sind und sie annehmen müssen, dass dem Mandanten die mögliche Insolvenzreife nicht bewusst ist.

Anlage (zu § 5 Satz 2)

Notwendige Angaben im Restrukturierungsplan

Neben den sich aus den §§ 5 bis 15 ergebenden Angaben hat der Restrukturierungsplan mindestens die folgenden Angaben zu enthalten:

1. Firma oder Namen und Vornamen, Geburtsdatum, Registergericht und Registernummer, unter der der Schuldner in das Handelsregister eingetragen ist, Geschäftszweig oder Beschäftigung, gewerbliche Niederlassungen oder Wohnung des Schuldners und bei mehreren Niederlassungen die Hauptniederlassung;
2. die Vermögenswerte und Verbindlichkeiten des Schuldners zum Zeitpunkt der Vorlage des Restrukturierungsplans, einschließlich einer Bewertung der Vermögenswerte, eine Beschreibung der wirtschaftlichen Situation des Schuldners und der Position der Arbeitnehmer sowie eine Beschreibung der Ursachen und des Umfangs der wirtschaftlichen Schwierigkeiten des Schuldners;
3. die Planbetroffenen, die entweder namentlich zu benennen oder unter hinreichend konkreter Bezeichnung der Forderungen oder Rechte zu beschreiben sind;
4. die Gruppen, in welche die Planbetroffenen für die Zwecke der Annahme des Restrukturierungsplans unterteilt wurden, und die auf deren Forderungen und Rechte entfallenden Stimmrechte;
5. die Gläubiger, Inhaber von Absonderungsanwartschaften sowie Inhaber von Anteils- oder Mitgliedschaftsrechten, die nicht in den Restrukturierungsplan einbezogen wurden, zusammen mit einer Erläuterung der Gründe für die unterbliebene Einbeziehung; eine Beschreibung unter Bezugnahme auf Kategorien gleichartiger Gläubiger, Inhaber von Absonderungsanwartschaften sowie Inhaber von Anteils- oder Mitgliedschaftsrechten genügt, wenn dadurch die Überprüfung der sachgerechten Abgrenzung nach § 8 nicht erschwert wird;
6. Name und Anschrift des Restrukturierungsbeauftragten, sofern ein solcher bestellt ist;
7. die Auswirkungen des Restrukturierungsvorhabens auf die Beschäftigungsverhältnisse sowie Entlassungen und Kurzarbeiterregelungen und die Modalitäten der Unterrichtung und Anhörung der Arbeitnehmervertretung;
8. sofern der Restrukturierungsplan eine neue Finanzierung (§ 12) vorsieht, die Gründe für die Erforderlichkeit dieser Finanzierung.

Insolvenzrechtliche Vergütungsverordnung (InsVV)

Vom 5. Oktober 1994 (BGBl. I 1994, S. 2866), zuletzt geändert durch Art. 6 des Gesetzes vom 22. Dezember 2020 (BGBl. I 2020, S. 3256 und S. 3328)

Erster Abschnitt

Vergütung des Insolvenzverwalters

§ 1 Berechnungsgrundlage

(1) Die Vergütung des Insolvenzverwalters wird nach dem Wert der Insolvenzmasse berechnet, auf die sich die Schluss-rechnung bezieht. Wird das Verfahren nach Bestätigung eines Insolvenzplans aufgehoben oder durch Einstellung vorzeitig beendet, so ist die Vergütung nach dem Schätzwert der Masse zur Zeit der Beendigung des Verfahrens zu berechnen.

(2) Die maßgebliche Masse ist im Einzelnen wie folgt zu bestimmen:
1. Massegegenstände, die mit Absonderungsrechten belastet sind, werden berücksichtigt, wenn sie durch den Verwalter verwertet werden. Der Mehrbetrag der Vergütung, der auf diese Gegenstände entfällt, darf jedoch 50 vom Hundert des Betrages nicht übersteigen, der für die Kosten ihrer Feststellung in die Masse geflossen ist. Im Übrigen werden die mit Absonderungsrechten belasteten Gegenstände nur insoweit berücksichtigt, als aus ihnen der Masse ein Überschuss zusteht.
2. Werden Aus- und Absonderungsrechte abgefunden, so wird die aus der Masse hierfür gewährte Leistung vom Sachwert der Gegenstände abgezogen, auf die sich diese Rechte erstreckten.
3. Steht einer Forderung eine Gegenforderung gegenüber, so wird lediglich der Überschuss berücksichtigt, der sich bei einer Verrechnung ergibt.
4. Die Kosten des Insolvenzverfahrens und die sonstigen Masseverbindlichkeiten werden nicht abgesetzt. Es gelten jedoch folgende Ausnahmen:
a) Beträge, die der Verwalter nach § 5 als Vergütung für den Einsatz besonderer Sachkunde erhält, werden abgezogen.
b) Wird das Unternehmen des Schuldners fortgeführt, so ist nur der Überschuss zu berücksichtigen, der sich nach Abzug der Ausgaben von den Einnahmen ergibt.
5. Ein Vorschuss, der von einer anderen Person als dem Schuldner zur Durchführung des Verfahrens geleistet worden ist, und ein Zuschuss, den ein Dritter zur Erfüllung eines Insolvenzplans oder zum Zweck der Erteilung der Restschuldbefreiung vor Ablauf der Abtretungsfrist geleistet hat, bleiben außer Betracht.

Kommentar:
Durch das Gesetz zur weiteren Verkürzung des Restschuldbefreiungsverfahrens und zur Anpassung pandemiebedingter Vorschriften im Gesellschafts-, Genossenschafts-, Vereins- und Stiftungsrecht sowie im Miet- und Pachtrecht (BGBl. I 2020, S. 3328) wurde Abs. 2 Nr. 5 geändert. Die Änderung ist rückwirkend zum 1. Oktober 2020 in Kraft getreten.

§ 2 Regelsätze

(1) Der Insolvenzverwalter erhält in der Regel
1. von den ersten 35 000 Euro der Insolvenzmasse 40 Prozent,
2. von dem Mehrbetrag bis zu 70 000 Euro 26 Prozent
3. von dem Mehrbetrag bis zu 350 000 Euro 7,5 Prozent,
4. von dem Mehrbetrag bis zu 700 000 Euro 3,3 Prozent,
5. von dem Mehrbetrag bis zu 35 000 000 Euro 2,2 Prozent,
6. von dem Mehrbetrag bis zu 70 000 000 Euro 1,1 Prozent,
7. von dem Mehrbetrag bis zu 350 000 000 Euro 0,5 Prozent,
8. von dem Mehrbetrag bis zu 700 000 000 Euro 0,4 Prozent,
9. von dem darüber hinausgehenden Betrag 0,2 Prozent.

(2) Haben in dem Verfahren nicht mehr als 10 Gläubiger ihre Forderungen angemeldet, so soll die Vergütung in der Regel mindestens 1 400 Euro betragen. Von 11 bis 30 Gläubigern erhöht sich die Vergütung für je angefangene 5 Gläubiger um 210 Euro. Ab 31 Gläubiger erhöht sich die Vergütung je angefangene 5 Gläubiger um 140 Euro.

Kommentar:
Durch das Gesetz über den Stabilisierungs- und Restrukturierungsrahmen für Unternehmen (BGBl. I 2020, S. 3256) wurden mit Wirkung zum 1. Januar 2021 die Abs. 1 und 2 geändert.

§ 3 Zu- und Abschläge

(1) Eine den Regelsatz übersteigende Vergütung ist insbesondere festzusetzen, wenn

a) die Bearbeitung von Aus- und Absonderungsrechten einen erheblichen Teil der Tätigkeit des Insolvenzverwalters ausgemacht hat, ohne dass ein entsprechender Mehrbetrag nach § 1 AbS. 2 Nr. 1 angefallen ist,
b) der Verwalter das Unternehmen fortgeführt oder Häuser verwaltet hat und die Masse nicht entsprechend größer geworden ist,
c) die Masse groß war und die Regelvergütung wegen der Degression der Regelsätze keine angemessene Gegenleistung dafür darstellt, dass der Verwalter mit erheblichem Arbeitsaufwand die Masse vermehrt oder zusätzliche Masse festgestellt hat,
d) arbeitsrechtliche Fragen zum Beispiel in Bezug auf das Insolvenzgeld, den Kündigungsschutz oder einen Sozialplan den Verwalter erheblich in Anspruch genommen haben oder
e) der Verwalter einen Insolvenzplan ausgearbeitet hat.

(2) Ein Zurückbleiben hinter dem Regelsatz ist insbesondere gerechtfertigt, wenn
a) ein vorläufiger Insolvenzverwalter im Verfahren tätig war,
b) die Masse bereits zu einem wesentlichen Teil verwertet war, als der Verwalter das Amt übernahm,
c) das Insolvenzverfahren vorzeitig beendet wird oder das Amt des Verwalters vorzeitig endet,
d) die Masse groß war und die Geschäftsführung geringe Anforderungen an den Verwalter stellte,
e) die Vermögensverhältnisse des Schuldners überschaubar sind und die Zahl der Gläubiger oder die Höhe der Verbindlichkeiten gering ist oder
f) der Schuldner in ein Koordinationsverfahren einbezogen ist, in dem ein Verfahrenskoordinator nach § 269e der Insolvenzordnung bestellt worden ist.

§ 4 Geschäftskosten, Haftpflichtversicherung

(1) Mit der Vergütung sind die allgemeinen Geschäftskosten abgegolten. Zu den allgemeinen Geschäftskosten gehört der Büroaufwand des Insolvenzverwalters einschließlich der Gehälter seiner Angestellten, auch soweit diese anlässlich des Insolvenzverfahrens eingestellt worden sind. Unberührt bleibt das Recht des Verwalters, zur Erledigung besonderer Aufgaben im Rahmen der Verwaltung für die Masse Dienst- oder Werkverträge abzuschließen und die angemessene Vergütung aus der Masse zu zahlen.

(2) Besondere Kosten, die dem Verwalter im Einzelfall, zum Beispiel durch Reisen, tatsächlich entstehen, sind als Auslagen zu erstatten. Für die Übertragung der Zustellungen im Sinne des § 8 Absatz 3 der Insolvenzordnung gilt Nummer 9002 des Kostenverzeichnisses zum Gerichtskostengesetz entsprechend.

(3) Mit der Vergütung sind auch die Kosten einer Haftpflichtversicherung mit einer Versicherungssumme bis zu 2 000 000 Euro pro Versicherungsfall und mit einer Jahreshöchstleistung bis zu 4 000 000 Euro abgegolten. Ist die Verwaltung mit einem darüber hinausgehenden Haftungsrisiko verbunden, so sind die Kosten einer entsprechend höheren Versicherung als Auslagen zu erstatten.

Kommentar:
Durch das Gesetz über den Stabilisierungs- und Restrukturierungsrahmen für Unternehmen (BGBl. I 2020, S. 3256) wurde mit Wirkung zum 1. Januar 2021 bei Abs. 2 ein Satz 2 angefügt und der Abs. 3 neu gefasst.

§ 5 Einsatz besonderer Sachkunde

(1) Ist der Insolvenzverwalter als Rechtsanwalt zugelassen, so kann er für Tätigkeiten, die ein nicht als Rechtsanwalt zugelassener Verwalter angemessenerweise einem Rechtsanwalt übertragen hätte, nach Maßgabe des Rechtsanwaltsvergütungsgesetzes Gebühren und Auslagen gesondert aus der Insolvenzmasse entnehmen.

(2) Ist der Verwalter Wirtschaftsprüfer oder Steuerberater oder besitzt er eine andere besondere Qualifikation, so gilt Absatz 1 entsprechend.

§ 6 Nachtragsverteilung. Überwachung der Erfüllung eines Insolvenzplans

(1) Für eine Nachtragsverteilung erhält der Insolvenzverwalter eine gesonderte Vergütung, die unter Berücksichtigung des Werts der nachträglich verteilten Insolvenzmasse nach billigem Ermessen festzusetzen ist. Satz 1 gilt nicht, wenn die Nachtragsverteilung voraussehbar war und schon bei der Festsetzung der Vergütung für das Insolvenzverfahren berücksichtigt worden ist.

(2) Die Überwachung der Erfüllung eines Insolvenzplans nach den §§ 260 bis 269 der Insolvenzordnung wird gesondert vergütet. Die Vergütung ist unter Berücksichtigung des Umfangs der Tätigkeit nach billigem Ermessen festzusetzen.

§ 7 Umsatzsteuer

Zusätzlich zur Vergütung und zur Erstattung der Auslagen wird ein Betrag in Höhe der vom Insolvenzverwalter zu zahlenden Umsatzsteuer festgesetzt.

§ 8 Festsetzung der Vergütung und Auslagen

(1) Die Vergütung und die Auslagen werden auf Antrag des Insolvenzverwalters vom Insolvenzgericht festgesetzt. Die Festsetzung erfolgt für

Vergütung und Auslagen gesondert. Der Antrag soll gestellt werden, wenn die Schlussrechnung an das Gericht gesandt wird.

(2) In dem Antrag ist näher darzulegen, wie die nach § 1 AbS. 2 maßgebliche Insolvenzmasse berechnet worden ist und welche Dienst- oder Werkverträge für besondere Aufgaben im Rahmen der Insolvenzverwaltung abgeschlossen worden sind (§ 4 AbS. 1 Satz 3).

(3) Der Verwalter kann nach seiner Wahl anstelle der tatsächlich entstandenen Auslagen einen Pauschsatz fordern, der im ersten Jahr 15 vom Hundert, danach 10 vom Hundert der Regelvergütung, höchstens jedoch 350 Euro je angefangenen Monat der Dauer der Tätigkeit des Verwalters beträgt. Der Pauschsatz darf 30 vom Hundert der Regelvergütung nicht übersteigen.

Kommentar:
Durch das Gesetz über den Stabilisierungs- und Restrukturierungsrahmen für Unternehmen (BGBl. I 2020, S. 3256) wurde mit Wirkung zum 1. Januar 2021 der Abs. 3 Satz 1 geändert.

§ 9 Vorschuss

Der Insolvenzverwalter kann aus der Insolvenzmasse einen Vorschuss auf die Vergütung und die Auslagen entnehmen, wenn das Insolvenzgericht zustimmt. Die Zustimmung soll erteilt werden, wenn das Insolvenzverfahren länger als sechs Monate dauert oder wenn besonders hohe Auslagen erforderlich werden. Sind die Kosten des Verfahrens nach § 4a der Insolvenzordnung gestundet, so bewilligt das Gericht einen Vorschuss, sofern die Voraussetzungen nach Satz 2 gegeben sind.

Zweiter Abschnitt

Vergütung des vorläufigen Insolvenzverwalters, des Sachwalters und des Insolvenzverwalters im Verbraucherinsolvenzverfahren

§ 10 Grundsatz

Für die Vergütung des vorläufigen Insolvenzverwalters, des Sachwalters, des vorläufigen Sachwalters und des Insolvenzverwalters im Verbraucherinsolvenzverfahren gelten die Vorschriften des Ersten Abschnitts entsprechend, soweit in den §§ 11 bis 13 nichts anderes bestimmt ist.

Kommentar:
Durch das Gesetz über den Stabilisierungs- und Restrukturierungsrahmen für Unternehmen (BGBl. I 2020, S. 3256) wurde mit Wirkung zum 1. Januar 2021 der § 10 geändert.

§ 11 Vergütung des vorläufigen Insolvenzverwalters

(1) Für die Berechnung der Vergütung des vorläufigen Insolvenzverwalters ist das Vermögen zugrunde zu legen, auf das sich seine Tätigkeit während des Eröffnungsverfahrens erstreckt. Vermögensgegenstände, an denen bei Verfahrenseröffnung Aus- und Absonderungsrechte bestehen, werden dem Vermögen nach Satz 1 hinzugerechnet, sofern sich der vorläufige Insolvenzverwalter in erheblichen Umfang mit ihnen befasst. Sie bleiben unberücksichtigt, sofern der Schuldner die Gegenstände lediglich auf Grund eines Besitzüberlassungsvertrages in Besitz hat.

(2) Wird die Festsetzung der Vergütung beantragt, bevor die von Absatz 1 Satz 1 erfassten Gegenstände veräußert wurden, ist das Insolvenzgericht spätestens mit Vorlage der Schlussrechnung auf eine Abweichung des tatsächlichen Werts von dem der Vergütung zugrunde liegenden Wert hinzuweisen, sofern die Wertdifferenz 20 vom Hundert bezogen auf die Gesamtheit dieser Gegenstände übersteigt.

(3) Art, Dauer und der Umfang der Tätigkeit des vorläufigen Insolvenzverwalters sind bei der Festsetzung der Vergütung zu berücksichtigen.

(4) Hat das Insolvenzgericht den vorläufigen Insolvenzverwalter als Sachverständigen beauftragt zu prüfen, ob ein Eröffnungsgrund vorliegt und welche Aussichten für eine Fortführung des Unternehmens des Schuldners bestehen, so erhält er gesondert eine Vergütung nach dem Justizvergütungs- und -entschädigungsgesetz.

§ 12 Vergütung des Sachwalters

(1) Der Sachwalter erhält in der Regel 60 vom Hundert der für den Insolvenzverwalter bestimmten Vergütung.

(2) Eine den Regelsatz übersteigende Vergütung ist insbesondere festzusetzen, wenn das Insolvenzgericht gemäß § 277 AbS. 1 der Insolvenzordnung angeordnet hat, dass bestimmte Rechtsgeschäfte des Schuldners nur mit Zustimmung des Sachwalters wirksam sind.

(3) § 8 AbS. 3 gilt mit der Maßgabe, dass an die Stelle des Betrages von 350 Euro der Betrag von 175 Euro tritt.

Kommentar:
Durch das Gesetz über den Stabilisierungs- und Restrukturierungsrahmen für Unternehmen (BGBl. I 2020, S. 3256) wurde mit Wirkung zum 1. Januar 2021 der Abs. 3 geändert.

§ 12a Vergütung des vorläufigen Sachwalters

(1) Die Tätigkeit des vorläufigen Sachwalters wird gesondert vergütet. Er erhält in der Regel 25 Prozent der Vergütung des Sachwalters bezogen auf das Vermögen, auf das sich seine Tätigkeit während des Eröffnungsverfahrens erstreckt. Maßgebend für die Wertermittlung ist der Zeitpunkt der Beendigung der vorläufigen Eigenverwaltung oder der Zeitpunkt, ab dem der Gegenstand nicht mehr der Verfügungsbefugnis des eigenverwaltenden Schuldners unterliegt. Vermögensgegenstände, an denen bei Verfahrenseröffnung Aus oder Absonderungsrechte bestehen, werden dem Vermögen nach Satz 2 hinzugerechnet, sofern sich der vorläufige Sachwalter in erheblichem Umfang mit ihnen befasst. Sie bleiben unberücksichtigt, sofern der Schuldner die Gegenstände lediglich auf Grund eines Besitzüberlassungsvertrages in Besitz hat.

(2) Wird die Festsetzung der Vergütung beantragt, bevor die von Absatz 1 Satz 2 erfassten Gegenstände veräußert wurden, ist das Insolvenzgericht spätestens mit Vorlage der Schlussrechnung auf eine Abweichung des tatsächlichen Werts von dem der Vergütung zugrunde liegenden Wert hinzuweisen, sofern die Wertdifferenz 20 Prozent bezogen auf die Gesamtheit dieser Gegenstände übersteigt.

(3) Art, Dauer und Umfang der Tätigkeit des vorläufigen Sachwalters sind bei der Festsetzung der Vergütung zu berücksichtigen.

(4) Hat das Insolvenzgericht den vorläufigen Sachwalter als Sachverständigen gesondert beauftragt zu prüfen, ob ein Eröffnungsgrund vorliegt und welche Aussichten für eine Fortführung des Unternehmens des Schuldners bestehen, so erhält er gesondert eine Vergütung nach dem Justizvergütungs- und Entschädigungsgesetz.

(5) § 12 Absatz 3 gilt entsprechend.

Kommentar:
Durch das Gesetz über den Stabilisierungs- und Restrukturierungsrahmen für Unternehmen (BGBl. I 2020, S. 3256) wurde mit Wirkung zum 1. Januar 2021 der § 12a neu hinzugefügt

§ 13 Vergütung des Insolvenzverwalters im Verbraucherinsolvenzverfahren

Werden in einem Verfahren nach dem Neunten Teil der Insolvenzordnung die Unterlagen nach § 305 Absatz 1 Nummer 3 der Insolvenzordnung von einer geeigneten Person oder Stelle erstellt, ermäßigt sich die Vergütung nach § 2 Absatz 2 Satz 1 auf 1 120 Euro.

Kommentar:
Durch das Gesetz über den Stabilisierungs- und Restrukturierungsrahmen für Unternehmen (BGBl. I 2020, S. 3256) wurde mit Wirkung zum 1. Januar 2021 der § 13 geändert.

Dritter Abschnitt

Vergütung des Treuhänders nach § 293 der Insolvenzordnung

§ 14 Grundsatz

(1) Die Vergütung des Treuhänders nach § 293 der Insolvenzordnung wird nach der Summe der Beträge berechnet, die aufgrund der Abtretungserklärung des Schuldners (§ 287 AbS. 2 der Insolvenzordnung) oder auf andere Weise zur Befriedigung der Gläubiger des Schuldners beim Treuhänder eingehen.

(2) Der Treuhänder erhält
1. von den ersten 35 000 Euro 5 vom Hundert,
2. von dem Mehrbetrag bis 70 000 Euro 3 vom Hundert und
3. von dem darüber hinausgehenden Betrag 1 vom Hundert.

(3) Die Vergütung beträgt mindestens 140 Euro für jedes Jahr der Tätigkeit des Treuhänders. Hat er die durch Abtretung eingehenden Beträge an mehr als 5 Gläubiger verteilt, so erhöht sich diese Vergütung je 5 Gläubiger um 70 Euro.

Kommentar:
Durch das Gesetz über den Stabilisierungs- und Restrukturierungsrahmen für Unternehmen (BGBl. I 2020, S. 3256) wurden mit Wirkung zum 1. Januar 2021 die Abs. 2 und 3 geändert.

§ 15 Überwachung der Obliegenheiten des Schuldners

(1) Hat der Treuhänder die Aufgabe, die Erfüllung der Obliegenheiten des Schuldners zu überwachen (§ 292 AbS. 2 der Insolvenzordnung), so erhält er eine zusätzliche Vergütung. Diese beträgt regelmäßig 50 Euro je Stunde.

(2) Der Gesamtbetrag der zusätzlichen Vergütung darf den Gesamtbetrag der Vergütung nach § 14

nicht überschreiten. Die Gläubigerversammlung kann eine abweichende Regelung treffen.

Kommentar:
Durch das Gesetz über den Stabilisierungs- und Restrukturierungsrahmen für Unternehmen (BGBl. I 2020, S. 3256) wurde mit Wirkung zum 1. Januar 2021 der Abs. 1 Satz 1 geändert.

§ 16 Festsetzung der Vergütung. Vorschüsse

(1) Die Höhe des Stundensatzes der Vergütung des Treuhänders, der die Erfüllung der Obliegenheiten des Schuldners überwacht, wird vom Insolvenzgericht bei der Ankündigung der Restschuldbefreiung festgesetzt. Im Übrigen werden die Vergütung und die zu erstattenden Auslagen auf Antrag des Treuhänders bei der Beendigung seines Amtes festgesetzt. Auslagen sind einzeln anzuführen und zu belegen. Soweit Umsatzsteuer anfällt, gilt § 7 entsprechend.

(2) Der Treuhänder kann aus den eingehenden Beträgen Vorschüsse auf seine Vergütung entnehmen. Diese dürfen den von ihm bereits verdienten Teil der Vergütung und die Mindestvergütung seiner Tätigkeit nicht überschreiten. Sind die Kosten des Verfahrens nach § 4a der Insolvenzordnung gestundet, so kann das Gericht Vorschüsse bewilligen, auf die Satz 2 entsprechend Anwendung findet.

Vierter Abschnitt

Vergütung der Mitglieder des Gläubigerausschusses

§ 17 Berechnung der Vergütung

(1) Die Vergütung der Mitglieder des Gläubigerausschusses beträgt regelmäßig zwischen 50 und 300 Euro je Stunde. Bei der Festsetzung des Stundensatzes sind insbesondere der Umfang der Tätigkeit und die berufliche Qualifikation des Ausschussmitglieds zu berücksichtigen.

(2) Die Vergütung der Mitglieder des vorläufigen Gläubigerausschusses für die Erfüllung der ihm nach § 56a und § 270b Absatz 3 der Insolvenzordnung zugewiesenen Aufgaben beträgt einmalig 500 Euro. Nach der Bestellung eines vorläufigen Insolvenzverwalters oder eines vorläufigen Sachwalters richtet sich die weitere Vergütung nach Absatz 1.

Kommentar:
Durch das Gesetz über den Stabilisierungs- und Restrukturierungsrahmen für Unternehmen (BGBl. I 2020, S. 3256) wurden mit Wirkung zum 1. Januar 2021 die Abs. 1 und 2 geändert.

§ 18 Auslagen. Umsatzsteuer

(1) Auslagen sind einzeln anzuführen und zu belegen.

(2) Soweit Umsatzsteuer anfällt, gilt § 7 entsprechend.

Fünfter Abschnitt

Übergangs- und Schlussvorschriften

§ 19 Übergangsregelung

(1) Auf Insolvenzverfahren, die vor dem 1. Januar 2004 eröffnet wurden, sind die Vorschriften dieser Verordnung in ihrer bis zum Inkrafttreten der Verordnung vom 4. Oktober 2004 (BGBl. I S. 2569) am 7. Oktober 2004 geltenden Fassung weiter anzuwenden.

(2) Auf Vergütungen aus vorläufigen Insolvenzverwaltungen, die zum 29. Dezember 2006 bereits rechtskräftig abgerechnet sind, sind die bis zum Inkrafttreten der Zweiten Verordnung zur Änderung der Insolvenzrechtlichen Vergütungsverordnung vom 21. Dezember 2006 (BGBl. I S. 3389) geltenden Vorschriften anzuwenden.

(3) Auf Insolvenzverfahren, die vor dem 1. März 2012 beantragt worden sind, sind die Vorschriften dieser Verordnung in ihrer bis zum Inkrafttreten des Gesetzes vom 7. Dezember 2011 (BGBl. I S. 2582) am 1. März 2012 geltenden Fassung weiter anzuwenden.

(4) Auf Insolvenzverfahren, die vor dem 1. Juli 2014 beantragt worden sind, sind die Vorschriften dieser Verordnung in ihrer bis zum Inkrafttreten des Gesetzes vom 15. Juli 2013 (BGBl. I S. 2379) am 1. Juli 2014 geltenden Fassung weiter anzuwenden.

(5) Auf Insolvenzverfahren, die vor dem 1. Januar 2021 beantragt worden sind, sind die bis zum 31. Dezember 2020 geltenden Vorschriften anzuwenden.

Kommentar:

Aufgrund des Gesetzes zur weiteren Verkürzung des Restschuldbefreiungsverfahrens und zur Anpassung pandemiebedingter Vorschriften im Gesellschafts-, Genossenschafts-, Vereins- und Stiftungsrecht sowie im Miet- und Pachtrecht (BGBl. I 2020, S. 3328) lautete Abs. 5 folgendermaßen: „Auf Insolvenzverfahren, die vor dem 1. Januar 2021 beantragt worden sind, sind die bis zum 31. Dezember 2020 geltenden Vorschriften anzuwenden." Die Änderung war rückwirkend zum 1. Oktober 2020 in Kraft getreten. Durch das Gesetz über den Stabilisierungs- und Restrukturierungsrahmen für Unternehmen (BGBl. I 2020, S. 3256) wurde mit Wirkung zum 1. Januar 2021 der Abs. 5 geändert.

§ 20 Inkrafttreten

Die Verordnung tritt am 1. Januar 1999 in Kraft.

Auszug aus dem Bürgerlichen Gesetzbuch (BGB)

Vom 18. August 1896 (RGBl. 1896, 195), in der Fassung der Bekanntmachung vom 2. Januar 2002 (BGBl. I 2002, 42 u. 2909 und BGBl. I 2003, 738), zuletzt geändert durch Art. 13 des Gesetzes vom 22. Dezember 2020 (BGBl. I 2020, 3256)

§ 613a Rechte und Pflichten bei Betriebsübergang

(1) Geht ein Betrieb oder Betriebsteil durch Rechtsgeschäft auf einen anderen Inhaber über, so tritt dieser in die Rechte und Pflichten aus den im Zeitpunkt des Übergangs bestehenden Arbeitsverhältnissen ein. Sind diese Rechte und Pflichten durch Rechtsnormen eines Tarifvertrags oder durch eine Betriebsvereinbarung geregelt, so werden sie Inhalt des Arbeitsverhältnisses zwischen dem neuen Inhaber und dem Arbeitnehmer und dürfen nicht vor Ablauf eines Jahres nach dem Zeitpunkt des Übergangs zum Nachteil des Arbeitnehmers geändert werden. Satz 2 gilt nicht, wenn die Rechte und Pflichten bei dem neuen Inhaber durch Rechtsnormen eines anderen Tarifvertrags oder durch eine andere Betriebsvereinbarung geregelt werden. Vor Ablauf der Frist nach Satz 2 können die Rechte und Pflichten geändert werden, wenn der Tarifvertrag oder die Betriebsvereinbarung nicht mehr gilt oder bei fehlender beiderseitiger Tarifgebundenheit im Geltungsbereich eines anderen Tarifvertrags dessen Anwendung zwischen dem neuen Inhaber und dem Arbeitnehmer vereinbart wird.

(2) Der bisherige Arbeitgeber haftet neben dem neuen Inhaber für Verpflichtungen nach Absatz 1, soweit sie vor dem Zeitpunkt des Übergangs entstanden sind und vor Ablauf von einem Jahr nach diesem Zeitpunkt fällig werden, als Gesamtschuldner. Werden solche Verpflichtungen nach dem Zeitpunkt des Übergangs fällig, so haftet der bisherige Arbeitgeber für sie jedoch nur in dem Umfang, der dem im Zeitpunkt des Übergangs abgelaufenen Teil ihres Bemessungszeitraums entspricht.

(3) Absatz 2 gilt nicht, wenn eine juristische Person oder eine Personenhandelsgesellschaft durch Umwandlung erlischt.

(4) Die Kündigung des Arbeitsverhältnisses eines Arbeitnehmers durch den bisherigen Arbeitgeber oder durch den neuen Inhaber wegen des Übergangs eines Betriebs oder eines Betriebsteils ist unwirksam. Das Recht zur Kündigung des Arbeitsverhältnisses aus anderen Gründen bleibt unberührt.

(5) Der bisherige Arbeitgeber oder der neue Inhaber hat die von einem Übergang betroffenen Arbeitnehmer vor dem Übergang in Textform zu unterrichten über:

1. den Zeitpunkt oder den geplanten Zeitpunkt des Übergangs,
2. den Grund für den Übergang,
3. die rechtlichen, wirtschaftlichen und sozialen Folgen des Übergangs für die Arbeitnehmer und
4. die hinsichtlich der Arbeitnehmer in Aussicht genommenen Maßnahmen.

(6) Der Arbeitnehmer kann dem Übergang des Arbeitsverhältnisses innerhalb eines Monats nach Zugang der Unterrichtung nach Absatz 5 schriftlich widersprechen. Der Widerspruch kann gegenüber dem bisherigen Arbeitgeber oder dem neuen Inhaber erklärt werden.

Auszug aus dem Gesetz für Gesellschaften mit beschränkter Haftung (GmbHG)

Vom 20. April 1892 (RGBl. 1892, S. 477), in der Fassung der Bekanntmachung vom 20. Mai 1898 (RGBl. 1898, S. 846), zuletzt geändert durch Art. 16 des Gesetzes vom 22. Dezember 2020 (BGBl. I 2020, S. 3256)

§ 30 Kapitalerhaltung

(1) Das zur Erhaltung des Stammkapitals erforderliche Vermögen der Gesellschaft darf an die Gesellschafter nicht ausgezahlt werden. Satz 1 gilt nicht bei Leistungen, die bei Bestehen eines Beherrschungs- oder Gewinnabführungsvertrags (§ 291 des Aktiengesetzes) erfolgen oder durch einen vollwertigen Gegenleistungs- oder Rückgewähranspruch gegen den Gesellschafter gedeckt sind. Satz 1 ist zudem nicht anzuwenden auf die Rückgewähr eines Gesellschafterdarlehens und Leistungen auf Forderungen aus Rechtshandlungen, die einem Gesellschafterdarlehen wirtschaftlich entsprechen.

(2) Eingezahlte Nachschüsse können, soweit sie nicht zur Deckung eines Verlustes am Stammkapital erforderlich sind, an die Gesellschafter zurückgezahlt werden. Die Zurückzahlung darf nicht vor Ablauf von drei Monaten erfolgen, nachdem der Rückzahlungsbeschluß nach § 12 bekanntgemacht ist. Im Fall des § 28 Abs. 2 ist die Zurückzahlung von Nachschüssen vor der Volleinzahlung des Stammkapitals unzulässig. Zurückgezahlte Nachschüsse gelten als nicht eingezogen.

§ 31 Erstattung verbotener Rückzahlungen

(1) Zahlungen, welche den Vorschriften des § 30 zuwider geleistet sind, müssen der Gesellschaft erstattet werden.

(2) War der Empfänger in gutem Glauben, so kann die Erstattung nur insoweit verlangt werden, als sie zur Befriedigung der Gesellschaftsgläubiger erforderlich ist.

(3) Ist die Erstattung von dem Empfänger nicht zu erlangen, so haften für den zu erstattenden Betrag, soweit er zur Befriedigung der Gesellschaftsgläubiger erforderlich ist, die übrigen Gesellschafter nach Verhältnis ihrer Geschäftsanteile. Beiträge, welche von einzelnen Gesellschaftern nicht zu erlangen sind, werden nach dem bezeichneten Verhältnis auf die übrigen verteilt.

(4) Zahlungen, welche auf Grund der vorstehenden Bestimmungen zu leisten sind, können den Verpflichteten nicht erlassen werden.

(5) Die Ansprüche der Gesellschaft verjähren in den Fällen des Absatzes 1 in zehn Jahren sowie in den Fällen des Absatzes 3 in fünf Jahren. Die Verjährung beginnt mit dem Ablauf des Tages, an welchem die Zahlung, deren Erstattung beansprucht wird, geleistet ist. In den Fällen des Absatzes 1 findet § 19 Abs. 6 Satz 2 entsprechende Anwendung.

(6) Für die in den Fällen des Absatzes 3 geleistete Erstattung einer Zahlung sind den Gesellschaftern die Geschäftsführer, welchen in betreff der geleisteten Zahlung ein Verschulden zur Last fällt, solidarisch zum Ersatz verpflichtet. Die Bestimmungen in § 43 Abs. 1 und 4 finden entsprechende Anwendung.

§ 32 Rückzahlung von Gewinn

Liegt die in § 31 Abs. 1 bezeichnete Voraussetzung nicht vor, so sind die Gesellschafter in keinem Fall verpflichtet, Beträge, welche sie in gutem Glauben als Gewinnanteile bezogen haben, zurückzuzahlen.

§ 32a (weggefallen)

§ 32b (weggefallen)

§ 64 (weggefallen)

Kommentar:
Durch das Gesetz über den Stabilisierungs- und Restrukturierungsrahmen für Unternehmen (BGBl. I 2020, S. 3256) ist mit Wirkung zum 1. Januar 2021 der § 64 weggefallen.

Insolvenzstatistikgesetz (InsStatG)

Vom 7. Dezember 2011 (BGBl. I 2011, S. 2582), zuletzt geändert durch Art. 9 des Gesetzes vom 22. Dezember 2020 (BGBl. I 2020, S. 3256)

§ 1 Insolvenzstatistik

Für wirtschaftspolitische Planungsentscheidungen werden über Insolvenzverfahren monatliche und jährliche Erhebungen als Bundesstatistik durchgeführt.

§ 2 Erhebungsmerkmale in Insolvenzverfahren

Die Erhebungen erfassen folgende Erhebungsmerkmale:

1. bei Stellung des Antrags auf Eröffnung des Insolvenzverfahrens:
a) Datum der Antragstellung,
b) Antragsteller,
c) Schuldner, die in den letzten drei Jahren vor dem Antrag auf Eröffnung des Insolvenzverfahrens die Bestätigung eines Restrukturierungsplans in einer Restrukturierungssache erlangt haben;

2. bei Eröffnung des Insolvenzverfahrens oder dessen Abweisung mangels Masse:
a) Art des Verfahrens und des internationalen Bezugs,
b) Art des Rechtsträgers oder der Vermögensmasse (Schuldner); bei Unternehmen zusätzlich Rechtsform, Geschäftszweig, Jahr der Gründung, Zahl der betroffenen Arbeitnehmer und die Eintragung in das Handels-, Genossenschafts-, Vereins- oder Partnerschaftsregister,
c) Datum der Veröffentlichung,
d) Eröffnungsgrund,
e) Anordnung oder Ablehnung der Eigenverwaltung,
f) voraussichtliche Summe der Forderungen;

3. bei Annahme eines Schuldenbereinigungsplans, bei Eröffnung eines Verbraucherinsolvenzverfahrens oder bei der Abweisung des Antrags auf Eröffnung eines solchen Verfahrens mangels Masse:
a) Summe der Forderungen,
b) geschätzte Summe der zu erbringenden Leistungen;

4. bei Einstellung oder Aufhebung des Insolvenzverfahrens:
a) Art der erfolgten Beendigung des Verfahrens,
b) Höhe der befriedigten Absonderungsrechte und die Höhe der nicht befriedigten Absonderungsrechte,
c) Höhe der quotenberechtigten Insolvenzforderungen und Höhe des zur Verteilung an die Insolvenzgläubiger verfügbaren Betrags, bei öffentlich-rechtlichen Insolvenzgläubigern zusätzlich deren jeweiliger Anteil,
d) Angaben zur Betriebsfortführung, zum Sanierungserfolg und zur Eigenverwaltung,
e) Angaben über die Vorfinanzierung von Arbeitsentgelt im Rahmen der Gewährung von Insolvenzgeld,
f) Datum der Einreichung des Schlussberichts bei Gericht,
g) Angaben über Abschlagsverteilungen,
h) Datum der Beendigung des Verfahrens;

5. bei Restschuldbefreiung:
a) Ankündigung der Restschuldbefreiung,
b) Entscheidung über die Restschuldbefreiung und das Datum der Entscheidung,
c) bei Versagung der Restschuldbefreiung das Datum und die Gründe für die Versagung,
d) Widerruf der erteilten Restschuldbefreiung und das Datum des Widerrufs,
e) sonstige Beendigung des Verfahrens und das Datum der sonstigen Beendigung,
f) Höhe des zur Verteilung an die Insolvenzgläubiger verfügbaren Betrages, bei öffentlich-rechtlichen Insolvenzgläubigern zusätzlich deren jeweiliger Anteil;

6. bei Kostenfestsetzung:
a) die festgesetzte Höhe der Gerichtskosten sowie der Vergütungen und Auslagen von Insolvenzverwalter, Sachwalter, Treuhänder und Mitgliedern des Gläubigerausschusses;
b) das Datum der Festsetzung.

Kommentar:
Durch das Gesetz über den Stabilisierungs- und Restrukturierungsrahmen für Unternehmen (BGBl. I 2020, S. 3256) wurde mit Wirkung zum 1. Januar 2021 der § 2 neu gefasst.

§ 3 Hilfsmerkmale in Insolvenzverfahren

(1) Hilfsmerkmale der Erhebungen sind:
1. Datum der Verfahrenshandlungen nach § 2,
2. Name oder Firma und Anschrift oder Mittelpunkt der selbständigen wirtschaftlichen Tätigkeit des Schuldners,
3. bei Unternehmen die Umsatzsteuernummer,
4. Name, Nummer und Aktenzeichen des Amtsgerichts,
5. Name und Anschrift des Insolvenzverwalters, Sachwalters oder des Treuhänders,

6. Name, Rufnummern und E-Mail-Adressen der für eventuelle Rückfragen zur Verfügung stehenden Personen,
7. bei Schuldnern, die im Handels-, Genossenschafts-, Vereins- oder Partnerschaftsregister eingetragen sind, die Art und der Ort des Registers und die Nummer der Eintragung.

(2) Hilfsmerkmale für die Vollzähligkeitsprüfung der nach § 4 Absatz 1 Nummer 2 zu übermittelnden Angaben sind:
1. Nummer und Name des Amtsgerichts,
2. Name oder Firma des Schuldners,
3. Art der vom Insolvenzverwalter, Sachwalter oder Treuhänder abzugebenden Meldung,
4. ursprüngliches Aktenzeichen,
5. Datum des Eröffnungsbeschlusses,
6. Verfahrens-Identifikationsnummer,
7. Kalenderjahr, für das die Meldung erfolgen musste,
8. Name, Anschrift, Rufnummer und E-Mail-Adresse des Insolvenzverwalters, Sachwalters oder Treuhänders,
9. Name, Rufnummer und E-Mail-Adresse einer Ansprechperson im Amtsgericht.

Kommentar:
Durch das Dritte Gesetz zur Entlastung insbesondere der mittelständischen Wirtschaft von Bürokratie (BGBl. I 2019, S. 1746) wurde mit Wirkung zum 1. Januar 2021 der Abs. 2 angefügt. Darüber hinaus wurde durch das Gesetz über den Stabilisierungs- und Restrukturierungsrahmen für Unternehmen (BGBl. I 2020, S. 3256) mit Wirkung zum 1. Januar 2021 die Überschrift geändert.

§ 4 Auskunftspflicht und Erteilung der Auskunft in Insolvenzverfahren

(1) Für die Erhebung besteht Auskunftspflicht. Die Angaben zu § 3 Absatz 1 Nummer 6 und Absatz 2 Nummer 9 sind freiwillig. Auskunftspflichtig sind
1. bezüglich der Angaben nach § 2 Nummer 1 bis 3 und 6 sowie nach § 3 Absatz 1 Nummer 1, 2, 4, 5 und 7 sowie Absatz 2 Nummer 1 bis 8: die zuständigen Amtsgerichte,
2. bezüglich der Angaben nach § 2 Nummer 4 und 5 sowie nach § 3 Absatz 1 Nummer 1 bis 5 und 7: die zuständigen Insolvenzverwalter, Sachwalter oder Treuhänder.

(2) Die Angaben nach Absatz 1 werden den statistischen Ämtern von den Auskunftspflichtigen aus den vorhandenen Unterlagen übermittelt. Die Angaben nach Absatz 1 Satz 3 Nummer 1 mit Ausnahmeder Angaben nach § 3 Absatz 2 Nummer 1 bis 8 werden von den statistischen Ämtern monatlich erfasst. Die Angaben nach Absatz 1 Satz 3 Nummer 2 und nach § 3 Absatz 2 Nummer 1 bis 8 werden von den statistischen Ämtern jährlich erfasst.

(3) Die Angaben sind innerhalb der folgenden Fristen zu übermitteln:
1. die Angaben der Amtsgerichte mit Ausnahme der Angaben zu § 3 Absatz 2 Nummer 1 bis 8: innerhalb von zwei Wochen nach Ablauf des Kalendermonats, in dem die jeweilige gerichtliche Entscheidung erlassen wurde; die Merkmale nach § 2 Nummer 1 sind zeitgleich mit den Angaben zu § 2 Nummer 2 zu übermitteln,
2. die Angaben der Amtsgerichte zu § 3 Absatz 2 Nummer 1 bis 8: bis zum 31. März für alle Verfahren, für die nach Absatz 1 Satz 3 Nummer 2 für das vorangegangene Kalenderjahr Angaben zu melden waren,
3. die Angaben der Insolvenzverwalter, Sachwalter oder Treuhänder mit Ausnahme der Angaben zu § 2 Nummer 5 Buchstabe b bis e: innerhalb von sechs Wochen nachdem das Insolvenzverfahren eingestellt oder aufgehoben wurde,
4. die Angaben der Insolvenzverwalter oder Treuhänder zu § 2 Nummer 5 Buchstabe b bis e:innerhalb von sechs Wochen nach Rechtskraft der Entscheidung.

(4) Für die Übermittlung der Angaben der Insolvenzverwalter, Sachwalter und Treuhänder gilt § 11a Absatz 2 und 3 des Bundesstatistikgesetzes entsprechend. Die statistischen Ämter prüfen unter Mithilfe der zuständigen Amtsgerichte die Vollzähligkeit der durch die Insolvenzverwalter, Treuhänder und Sachwalter übermittelten Angaben.

Kommentar:
Durch das Dritte Gesetz zur Entlastung insbesondere der mittelständischen Wirtschaft von Bürokratie (BGBl. I 2019, S. 1746) wurde mit Wirkung zum 1. Januar 2021 der § 4 neu gefasst. Darüber hinaus wurden durch das Gesetz über den Stabilisierungs- und Restrukturierungsrahmen für Unternehmen (BGBl. I 2020, S. 3256) mit Wirkung zum 1. Januar 2021 die Überschrift sowie Abs. 1 Satz 3 und Abs. 3 geändert.

§ 4a Erhebungsmerkmale in Restrukturierungssachen

Die Erhebungen erfassen folgende Erhebungsmerkmale:
1. bei Anzeige des Restrukturierungsvorhabens:
a) Datum der Anzeige,
b) Art des Rechtsträgers oder der Vermögensmasse (Schuldner); zusätzlich Rechtsform, Geschäftszweig, Jahr der Gründung, Zahl der Arbeitnehmer und die Eintragung in das Handels-, Genossenschafts-, Vereins- oder Partnerschaftsregister,

c) ob der Schuldner in den letzten drei Jahren vor der Anzeige des Restrukturierungsvorhabens die Bestätigung eines Restrukturierungsplans in einer Restrukturierungssache erwirkt hat;
2. bei Verlust der Wirkung der Anzeige des Restrukturierungsvorhabens:
a) Bestätigung oder Versagung der Bestätigung des Restrukturierungsplans und Datum der Rechtskraft der Bestätigung oder Versagung,
b) Höhe der befriedigten Anwartschaften und die Höhe der nicht befriedigten Anwartschaften der Inhaber von Absonderungsanwartschaften gemäß dem rechtskräftig bestätigten Restrukturierungsplan,
c) Summe der Forderungen von Restrukturierungsgläubigern und die Höhe des zur Verteilung verfügbaren Betrages gemäß dem rechtskräftig bestätigten Restrukturierungsplan,
d) Rücknahme der Anzeige und Datum der Rücknahme,
e) Aufhebung der Restrukturierungssache und Datum der Aufhebung,
f) Datum, zu dem die Anzeige ihre Wirkung kraft Zeitablaufs verloren hat;
3. bei Kostenfestsetzung:
a) die festgesetzte Höhe der Gerichtskosten sowie der Vergütungen und Auslagen eines Restrukturierungsbeauftragten und Sanierungsmoderators;
b) das Datum der Festsetzung.

Kommentar:
Durch das Gesetz über den Stabilisierungs- und Restrukturierungsrahmen für Unternehmen (BGBl. I 2020, S. 3256) wurde mit Wirkung zum 1. Januar 2021 der § 4a neu angefügt.

§ 4b Hilfsmerkmale in Restrukturierungssachen

Hilfsmerkmale der Erhebungen sind:
1. Datum der Verfahrenshandlungen nach § 4a,
2. Name oder Firma und Anschrift oder Mittelpunkt der selbständigen wirtschaftlichen Tätigkeit des Schuldners,
3. Umsatzsteuernummer,
4. Name, Nummer und Aktenzeichen des Amtsgerichts,
5. Name und Kontaktdaten der für eventuelle Rückfragen zur Verfügung stehenden Personen,
6. bei Schuldnern, die im Handels-, Genossenschafts-, Vereins- oder Partnerschaftsregister eingetragen sind, die Art und der Ort des Registers und die Nummer der Eintragung.

Kommentar:
Durch das Gesetz über den Stabilisierungs- und Restrukturierungsrahmen für Unternehmen (BGBl. I 2020, S. 3256) wurde mit Wirkung zum 1. Januar 2021 der § 4b neu angefügt.

§ 4c Auskunftspflicht und Erteilung der Auskunft in Restrukturierungssachen

(1) Für die Erhebung besteht Auskunftspflicht. Die Angaben zu § 4b Absatz 1 Nummer 5 sind freiwillig. Auskunftspflichtig sind bezüglich der Angaben nach den § 4a und § 4b die zuständigen Amtsgerichte.

(2) Die Angaben nach Absatz 1 werden den statistischen Ämtern von den Auskunftspflichtigen aus den vorhandenen Unterlagen übermittelt. Die Angaben nach Absatz 1 werden von den statistischen Ämtern monatlich erfasst.

(3) Die Angaben der Amtsgerichte zu den §§ 4a und 4b sind innerhalb von zwei Wochen nach Ablauf des Kalendermonats, in dem die jeweilige gerichtliche Entscheidung erlassen oder die jeweilige Verfahrenshandlung vorgenommen wurde, zu übermitteln.

Kommentar:
Durch das Gesetz über den Stabilisierungs- und Restrukturierungsrahmen für Unternehmen (BGBl. I 2020, S. 3256) wurde mit Wirkung zum 1. Januar 2021 der § 4c neu angefügt.

§ 5 Veröffentlichung und Übermittlung

(1) Die statistischen Ämter dürfen Ergebnisse veröffentlichen, auch wenn Tabellenfelder nur einen einzigen Fall ausweisen, sofern diese Tabellenfelder keine Angaben zur Summe der Forderungen und zur Zahl der betroffenen Arbeitnehmer enthalten.

(2) Für die Verwendung gegenüber den gesetzgebenden Körperschaften und für Zwecke der Planung, jedoch nicht für die Regelung von Einzelfällen, dürfen Tabellen mit statistischen Ergebnissen, auch wenn Tabellenfelder nur einen einzigen Fall ausweisen, vom Statistischen Bundesamt und den statistischen Ämtern der Länder an die fachlich zuständigen obersten Bundes- und Landesbehörden übermittelt werden.

(3) Das Statistische Bundesamt übermittelt der Europäischen Kommission jährlich bis zum 31. Dezember des auf das Erhebungsjahr folgenden Kalenderjahres auf dem Übermittlungsformular nach Artikel 29 Absatz 7 der Richtlinie (EU) 2019/1023 des Europäischen Parlaments und des

Rates vom 20. Juni 2019 über präventive Restrukturierungsrahmen, über Entschuldung und über Tätigkeitsverbote sowie über Maßnahmen zur Steigerung der Effizienz von Restrukturierungs-, Insolvenz- und Entschuldungsverfahren und zur Änderung der Richtlinie (EU) 2017/1132 (ABl. L 172 vom 26.6.2019, S. 18) die folgenden Daten über Insolvenz- und Restschuldbefreiungsverfahren sowie Restrukturierungssachen, aufgeschlüsselt nach jeder Verfahrensart:

1. die Zahl der eröffneten, anhängigen und beendeten Insolvenz- und Restschuldbefreiungsverfahren,
2. die durchschnittliche Dauer der Insolvenz- und Restschuldbefreiungsverfahren von der Verfahrenseröffnung bis zur Beendigung des Verfahrens,
3. die durchschnittlichen Befriedigungsquoten der befriedigten Absonderungsrechte und der quotenberechtigen Insolvenzgläubiger in Insolvenz- und Restschuldbefreiungsverfahren,
4. die durchschnittlichen Kosten in Insolvenz- und Restschuldbefreiungsverfahren,
5. die Zahl der angezeigten und anhängigen Restrukturierungssachen sowie die Zahl der Restrukturierungssachen, in denen die Anzeige ihre Wirkung verloren hat,
6. die durchschnittliche Dauer der Restrukturierungssachen von der Anzeige des Restrukturierungsvorhabens bis die Anzeige ihre Wirkung verloren hat,
7. die durchschnittlichen Befriedigungsquoten der Inhaber von Absonderungsanwartschaften und Restrukturierungsforderungen in Restrukturierungssachen,
8. die durchschnittlichen Kosten in Restrukturierungssachen,
9. die Zahl der Restrukturierungssachen, in denen die Anzeige des Restrukturierungsvorhabens zurückgenommen, die Bestätigung des Restrukturierungsplans rechtskräftig versagt oder die Restrukturierungssache aufgehoben worden ist oder die Anzeige des Restrukturierungsvorhabens ihre Wirkung kraft Zeitablaufs verloren hat,
10. die Zahl der Schuldner, die Gegenstand eines Insolvenzverfahrens oder einer Restrukturierungssache waren und in den letzten drei Jahren vor der Eröffnung des Insolvenzverfahrens oder vor Anzeige des Restrukturierungsvorhabens die Bestätigung eines Restrukturierungsplans in einer Restrukturierungssache erlangt haben.

(4) Die nach Absatz 3 Nummer 1 bis 8 zu übermittelnden Daten sind ferner aufzuschlüsseln:

1. nach Größe der Schuldner, die keine natürlichen Personen sind, gemäß der Zahl der Arbeitnehmer,
2. danach, ob die Schuldner in Insolvenzverfahren oder Restrukturierungssachen natürliche oder juristische Personen sind,
3. danach, ob das Restschuldbefreiungsverfahren nur Unternehmer oder sonstige natürlichen Personen betrifft.

Die Übermittlung nach Absatz 3 erfolgt erstmals für das Erhebungsjahr, das dem Tag der erstmaligen Anwendung des Durchführungsrechtsaktes nach Artikel 29 Absatz 7 der Richtlinie (EU) 2019/1023 folgt

Kommentar:
Durch das Gesetz über den Stabilisierungs- und Restrukturierungsrahmen für Unternehmen (BGBl. I 2020, S. 3256) wurden mit Wirkung zum 1. Januar 2021 die Abs. 3 und 4 neu angefügt.

InsStatG

§ 5a Nutzung der Insolvenzbekanntmachungen

Der Betreiber des elektronischen Informations- und Kommunikationssystems für öffentliche Bekanntmachungen in Insolvenzverfahren im Internet nach § 9 Absatz 1 der Insolvenzordnung sowie der Betreiber des elektronischen Informations- und Kommunikationssystems für öffentliche Bekanntmachungen in Restrukturierungssachen im Internet nach § 86 Absatz 1 des Unternehmensstabilisierunges- und -restrukturierungsgesetzes dürfen im Rahmen der technischen Möglichkeiten den statistischen Ämtern jeweils für ihren Zuständigkeitsbereich Daten über die öffentlichen Bekanntmachungen übermitteln. Die Übermittlung kann auch in einem Abrufverfahren erfolgen. Die übermittelten Daten dürfen nur für Zwecke der Plausibilisierung der Insolvenz- und Restrukturierungsstatistiken sowie zur Erfüllung von anderen gesetzlich festgelegten Aufgaben der amtlichen Statistik verwendet werden. Personenbezogene Daten, die für die Erfüllung dieser Aufgaben nicht erforderlich sind, sind nach dem Empfang der Daten zu löschen.

Kommentar:
Durch das Dritte Gesetz zur Entlastung insbesondere der mittelständischen Wirtschaft von Bürokratie (BGBl. I 2019, S. 1746) wurde mit Wirkung zum 1. Januar 2021 § 5a neu eingefügt. Darüber hinaus wurden durch das Gesetz über den Stabilisierungs- und Restrukturierungsrahmen für Unternehmen (BGBl. I 2020, S. 3256) mit Wirkung zum 1. Januar 2021 der Satz 1 und Satz 3 geändert.

§ 6 Übergangsregelung

(1) Die Insolvenzverwalter, Sachwalter und Treuhänder sind nach § 4 Absatz 1 auskunftspflichtig bezüglich der Angaben, die sich auf Insolvenzverfahren beziehen, die nach dem 31. Dezember 2008 eröffnet wurden.

(2) Erfolgte die Einstellung oder Aufhebung des Insolvenzverfahrens oder die Ankündigung der Restschuldbefreiung nach dem 1. Januar 2009, aber vor dem Inkrafttreten dieses Gesetzes, sind die Angaben innerhalb von vier Monaten nach Inkrafttreten dieses Gesetzes zu übermitteln.

(3) Die Amtsgerichte sind nach § 4c Absatz 1 auskunftspflichtig bezüglich der Angaben, die sich auf Restrukturierungssachen beziehen, in denen nach dem 31. Dezember 2021 eine Anzeige des Restrukturierungsvorhabens vorgenommen wurde.

Kommentar:
Durch das Gesetz über den Stabilisierungs- und Restrukturierungsrahmen für Unternehmen (BGBl. I 2020, S. 3256) wurde mit Wirkung zum 1. Januar 2021 der Abs. 3 angefügt.

Auszug aus dem Gesetz betreffend die Erwerbs- und Wirtschaftsgenossenschaften (Genossenschaftsgesetz – GenG)

Vom 16. Oktober 2006 (BGBl. I 2006, S. 2230), zuletzt geändert durch Art. 17 des Gesetzes vom 22. Dezember 2020 (BGBl. I 2020, S. 3256)

§ 66a Kündigung im Insolvenzverfahren

Wird das Insolvenzverfahren über das Vermögen eines Mitglieds eröffnet und ein Insolvenzverwalter bestellt, so kann der Insolvenzverwalter das Kündigungsrecht des Mitglieds an dessen Stelle ausüben.

§ 67c Kündigungsausschluss bei Wohnungsgenossenschaften

(1) Die Kündigung der Mitgliedschaft in einer Wohnungsgenossenschaft durch den Gläubiger (§ 66) oder den Insolvenzverwalter (§ 66a) ist ausgeschlossen, wenn

1. die Mitgliedschaft Voraussetzung für die Nutzung der Wohnung des Mitglieds ist und
2. das Geschäftsguthaben des Mitglieds höchstens das Vierfache des auf einen Monat entfallenden Nutzungsentgelts ohne die als Pauschale oder Vorauszahlung ausgewiesenen Betriebskosten oder höchstens 2 000 Euro beträgt.

(2) Übersteigt das Geschäftsguthaben des Mitglieds den Betrag nach Absatz 1 Nummer 2, ist die Kündigung der Mitgliedschaft nach Absatz 1 auch dann ausgeschlossen, wenn es durch Kündigung einzelner Geschäftsanteile nach § 67b auf einen nach Absatz 1 Nummer 2 zulässigen Betrag vermindert werden kann.

GenG

Verordnung (EU) Nr. 2015/848 des Europäischen Parlaments und des Rates vom 20. Mai 2015 über Insolvenzverfahren (EuInsVO)

Zuletzt geändert durch Art. 1 ÄndVO (EU) 2018/946 vom 4. Juli 2018 (ABl. Nr. L 171 S. 1)

DAS EUROPÄISCHE PARLAMENT UND DER RAT DER EUROPÄISCHEN UNION – gestützt auf den Vertrag über die Arbeitsweise der Europäischen Union, insbesondere auf Artikel 81, auf Vorschlag der Europäischen Kommission, nach Zuleitung des Entwurfs des Gesetzgebungsakts an die nationalen Parlamente, nach Stellungnahme des Europäischen Wirtschafts- und Sozialausschusses[1], gemäß dem ordentlichen Gesetzgebungsverfahren[2], in Erwägung nachstehender Gründe:

(1) Die Kommission hat am 12. Dezember 2012 einen Bericht über die Anwendung der Verordnung (EG) Nr. 1346/2000 des Rates[3] angenommen. Dem Bericht zufolge funktioniert die Verordnung im Allgemeinen gut, doch sollte die Anwendung einiger Vorschriften verbessert werden, um grenzüberschreitende Insolvenz verfahren noch effizienter abwickeln zu können. Da die Verordnung mehrfach geändert wurde und weitere Änderungen erfolgen sollen, sollte aus Gründen der Klarheit eine Neufassung vorgenommen werden.

(2) Die Union hat sich die Schaffung eines Raums der Freiheit, der Sicherheit und des Rechts zum Ziel gesetzt.

(3) Für ein reibungsloses Funktionieren des Binnenmarktes sind effiziente und wirksame grenzüberschreitende Insolvenzverfahren erforderlich. Die Annahme dieser Verordnung ist zur Verwirklichung dieses Ziels erforderlich, das in den Bereich der justiziellen Zusammenarbeit in Zivilsachen im Sinne des Artikels 81 des Vertrags fällt.

(4) Die Geschäftstätigkeit von Unternehmen greift mehr und mehr über die einzelstaatlichen Grenzen hinaus und unterliegt damit in zunehmendem Maß den Vorschriften des Unionsrechts. Die Insolvenz solcher Unternehmen hat auch nachteilige Auswirkungen auf das ordnungsgemäße Funktionieren des Binnenmarktes, und es bedarf eines Unionsrechtsakts, der eine Koordinierung der Maßnahmen in Bezug auf das Vermögen eines zahlungsunfähigen Schuldners vorschreibt.

(5) Im Interesse eines ordnungsgemäßen Funktionierens des Binnenmarkts muss verhindert werden, dass es für Beteiligte vorteilhafter ist, Vermögensgegenstände oder Gerichtsverfahren von einem Mitgliedstaat in einen anderen zu verlagern, um auf diese Weise eine günstigere Rechtsstellung zum Nachteil der Gesamtheit der Gläubiger zu erlangen (im Folgenden „Forum Shopping").

(6) Diese Verordnung sollte Vorschriften enthalten, die die Zuständigkeit für die Eröffnung von Insolvenzverfahren und für Klagen regeln, die sich direkt aus diesen Insolvenzverfahren ableiten und eng damit verknüpft sind. Darüber hinaus sollte diese Verordnung Vorschriften für die Anerkennung und Vollstreckung von in solchen Verfahren ergangenen Entscheidungen sowie Vorschriften über das auf Insolvenzverfahren anwendbare Recht enthalten. Sie sollte auch die Koordinierung von Insolvenzverfahren regeln, die sich gegen denselben Schuldner oder gegen mehrere Mitglieder derselben Unternehmensgruppe richten.

(7) Konkurse, Vergleiche und ähnliche Verfahren sowie damit zusammenhängende Klagen sind vom Anwendungsbereich der Verordnung (EU) Nr. 1215/2012 des Europäischen Parlaments und des Rates ausgenommen[4]. Diese Verfahren sollten unter die vorliegende Verordnung fallen. Die vorliegende Verordnung ist so auszulegen, dass Rechtslücken zwischen den beiden vorgenannten Rechtsinstrumenten so weit wie möglich vermieden werden. Allerdings sollte der alleinige Umstand, dass ein nationales Verfahren nicht in Anhang A dieser Verordnung aufgeführt ist, nicht bedeuten, dass es unter die Verordnung (EU) Nr. 1215/2012 fällt.

(8) Zur Verwirklichung des Ziels einer Verbesserung der Effizienz und Wirksamkeit der Insolvenzverfahren mit grenzüberschreitender Wirkung ist es notwendig und angemessen, die Bestimmungen über den Gerichtsstand, die Anerkennung und das anwendbare Recht in diesem Bereich in einer Maßnahme der Union zu bündeln, die in den Mitgliedstaaten verbindlich ist und unmittelbar gilt.

(9) Diese Verordnung sollte für alle Insolvenzverfahren gelten, die die in ihr festgelegten Voraussetzungen erfüllen, unabhängig davon, ob es sich

1 ABl. C 271 vom 19.9.2013, 55.

2 Standpunkt des Europäischen Parlaments vom 5. Februar 2014 (noch nicht im Amtsblatt veröffentlicht) und Standpunkt des Rats in erster Lesung vom 12. März 2015 (noch nicht im Amtsblatt veröffentlicht). Standpunkt des Europäischen Parlaments vom 20. Mai 2015 (noch nicht im Amtsblatt veröffentlicht).

3 Verordnung (EG) Nr. 1346/2000 des Rates vom 29. Mai 2000 über Insolvenzverfahren (ABl. L 160 vom 30.6.2000, 1).

4 Verordnung (EU) Nr. 1215/2012 des Europäischen Parlaments und des Rates vom 12. Dezember 2012 über die gerichtliche Zuständigkeit und die Anerkennung und Vollstreckung von Entscheidungen in Zivil- und Handelssachen (ABl. L 351 vom 20.12.2012, 1).

beim Schuldner um eine natürliche oder juristische Person, einen Kaufmann oder eine Privatperson handelt. Diese Insolvenzverfahren sind erschöpfend in Anhang A aufgeführt. Bezüglich der in Anhang A aufgeführten nationalen Verfahren sollte diese Verordnung Anwendung finden, ohne dass die Gerichte eines anderen Mitgliedstaats die Erfüllung der Anwendungsvoraussetzungen dieser Verordnung nachprüfen. Nationale Insolvenzverfahren, die nicht in Anhang A aufgeführt sind, sollten nicht in den Anwendungsbereich dieser Verordnung fallen.

(10) In den Anwendungsbereich dieser Verordnung sollten Verfahren einbezogen werden, die die Rettung wirtschaftlich bestandsfähiger Unternehmen, die sich jedoch in finanziellen Schwierigkeiten befinden, begünstigen und Unternehmern eine zweite Chance bieten. Einbezogen werden sollten vor allem Verfahren, die auf eine Sanierung des Schuldners in einer Situation gerichtet sind, in der lediglich die Wahrscheinlichkeit einer Insolvenz besteht, und Verfahren, bei denen der Schuldner ganz oder teilweise die Kontrolle über seine Vermögenswerte und Geschäfte behält. Der Anwendungsbereich sollte sich auch auf Verfahren erstrecken, die eine Schuldbefreiung oder eine Schuldenanpassung in Bezug auf Verbraucher und Selbständige zum Ziel haben, indem z. B. der vom Schuldner zu zahlende Betrag verringert oder die dem Schuldner gewährte Zahlungsfrist verlängert wird. Da in solchen Verfahren nicht unbedingt ein Verwalter bestellt werden muss, sollten sie unter diese Verordnung fallen, wenn sie der Kontrolle oder Aufsicht eines Gerichts unterliegen. In diesem Zusammenhang sollte der Ausdruck „Kontrolle" auch Sachverhalte einschließen, in denen ein Gericht nur aufgrund des Rechtsbehelfs eines Gläubigers oder anderer Verfahrensbeteiligter tätig wird.

(11) Diese Verordnung sollte auch für Verfahren gelten, die einen vorläufigen Aufschub von Vollstreckungsmaßnahmen einzelner Gläubiger gewähren, wenn derartige Maßnahmen die Verhandlungen beeinträchtigen und die Aussichten auf eine Sanierung des Unternehmens des Schuldners mindern könnten. Diese Verfahren sollten sich nicht nachteilig auf die Gesamtheit der Gläubiger auswirken und sollten, wenn keine Einigung über einen Sanierungsplan erzielt werden kann, anderen Verfahren, die unter diese Verordnung fallen, vorgeschaltet sein.

(12) Diese Verordnung sollte für Verfahren gelten, deren Eröffnung öffentlich bekanntzugeben ist, damit Gläubiger Kenntnis von dem Verfahren erlangen und ihre Forderungen anmelden können, und dadurch der kollektive Charakter des Verfahrens sichergestellt wird, und damit den Gläubigern Gelegenheit gegeben wird, die Zuständigkeit des Gerichts überprüfen zu lassen, das das Verfahren eröffnet hat.

(13) Dementsprechend sollten vertraulich geführte Insolvenzverfahren vom Anwendungsbereich dieser Verordnung ausgenommen werden. Solche Verfahren mögen zwar in manchen Mitgliedstaaten von großer Bedeutung sein, es ist jedoch aufgrund ihrer Vertraulichkeit unmöglich, dass ein Gläubiger oder Gericht in einem anderen Mitgliedstaat Kenntnis von der Eröffnung eines solchen Verfahrens erlangt, so dass es schwierig ist, ihren Wirkungen unionsweit Anerkennung zu verschaffen.

(14) Ein Gesamtverfahren, das unter diese Verordnung fällt, sollte alle oder einen wesentlichen Teil der Gläubiger des Schuldners einschließen, auf die die gesamten oder ein erheblicher Anteil der ausstehenden Verbindlichkeiten des Schuldners entfallen, vorausgesetzt, dass die Forderungen der Gläubiger, die nicht an einem solchen Verfahren beteiligt sind, davon unberührt bleiben. Verfahren, die nur die finanziellen Gläubiger des Schuldners betreffen, sollten auch unter diese Verordnung fallen. Ein Verfahren, das nicht alle Gläubiger eines Schuldners einschließt, sollte ein Verfahren sein, dessen Ziel die Rettung des Schuldners ist. Ein Verfahren, das zur endgültigen Einstellung der Unternehmenstätigkeit des Schuldners oder zur Verwertung seines Vermögens führt, sollte alle Gläubiger des Schuldners einschließen. Einige Insolvenzverfahren für natürliche Personen schließen bestimmte Arten von Forderungen, wie etwa Unterhaltsforderungen, von der Möglichkeit einer Schuldenbefreiung aus, was aber nicht bedeuten sollte, dass diese Verfahren keine Gesamtverfahren sind.

(15) Diese Verordnung sollte auch für Verfahren gelten, die nach dem Recht einiger Mitgliedstaaten für eine bestimmte Zeit vorläufig oder einstweilig eröffnet und durchgeführt werden können, bevor ein Gericht durch eine Entscheidung die Fortführung des Verfahrens als nicht vorläufiges Verfahren bestätigt. Auch wenn diese Verfahren als „vorläufig" bezeichnet werden, sollten sie alle anderen Anforderungen dieser Verordnung erfüllen.

(16) Diese Verordnung sollte für Verfahren gelten, die sich auf gesetzliche Regelungen zur Insolvenz stützen. Allerdings sollten Verfahren, die sich auf allgemeines Gesellschaftsrecht stützen, das nicht ausschließlich auf Insolvenzfälle ausgerichtet ist, nicht als Verfahren gelten, die sich auf gesetzliche Regelungen zur Insolvenz stützen. Ebenso sollten Verfahren zur Schuldenanpassung nicht bestimmte Verfahren umfassen, in denen es um den Erlass von Schulden einer natürlichen Person

mit sehr geringem Einkommen und Vermögen geht, sofern derartige Verfahren nie eine Zahlung an Gläubiger vorsehen.

(17) Der Anwendungsbereich dieser Verordnung sollte sich auf Verfahren erstrecken, die eingeleitet werden, wenn sich ein Schuldner in nicht finanziellen Schwierigkeiten befindet, sofern diese Schwierigkeiten mit der tatsächlichen und erheblichen Gefahr verbunden sind, dass der Schuldner gegenwärtig oder in Zukunft seine Verbindlichkeiten bei Fälligkeit nicht begleichen kann. Der maßgebliche Zeitraum zur Feststellung einer solchen Gefahr kann mehrere Monate oder auch länger betragen, um Fällen Rechnung zu tragen, in denen sich der Schuldner in nicht finanziellen Schwierigkeiten befindet, die die Fortführung seines Unternehmens und mittelfristig seine Liquidität gefährden. Dies kann beispielsweise der Fall sein, wenn der Schuldner einen Auftrag verloren hat, der für ihn von entscheidender Bedeutung war.

(18) Die Vorschriften über die Rückforderung staatlicher Beihilfen von insolventen Unternehmen, wie sie nach der Rechtsprechung des Gerichtshofs der Europäischen Union ausgelegt worden sind, sollten von dieser Verordnung unberührt bleiben.

(19) Insolvenzverfahren über das Vermögen von Versicherungsunternehmen, Kreditinstituten, Wertpapierfirmen und anderen Firmen, Einrichtungen oder Unternehmen, die unter die Richtlinie 2001/24/EG des Europäischen Parlaments und des Rates[5] fallen, und Organismen für gemeinsame Anlagen sollten vom Anwendungsbereich dieser Verordnung ausgenommen werden, da für sie besondere Vorschriften gelten und die nationalen Aufsichts behörden weitreichende Eingriffsbefugnisse haben.

(20) Insolvenzverfahren sind nicht zwingend mit dem Eingreifen einer Justizbehörde verbunden. Der Ausdruck „Gericht" in dieser Verordnung sollte daher in einigen Bestimmungen weit ausgelegt werden und Personen oder Stellen umfassen, die nach einzelstaatlichem Recht befugt sind, Insolvenzverfahren zu eröffnen. Damit diese Verordnung Anwendung findet, muss es sich um ein Verfahren (mit den entsprechenden gesetzlich festgelegten Handlungen und Formalitäten) handeln, das nicht nur im Einklang mit dieser Verordnung steht, sondern auch in dem Mitgliedstaat der Eröffnung des Insolvenzverfahrens offiziell anerkannt und rechtsgültig ist.

(21) Verwalter sind in dieser Verordnung definiert und in Anhang B aufgeführt. Verwalter, die ohne Beteiligung eines Justizorgans bestellt werden, sollten nach nationalem Recht einer angemessenen Regulierung unterliegen und für die Wahrnehmung von Aufgaben in Insolvenzverfahren zugelassen sein. Der nationale Regelungsrahmen sollte angemessene Vorschriften über den Umgang mit potenziellen Interessenkonflikten umfassen.

(22) Diese Verordnung erkennt die Tatsache an, dass aufgrund der großen Unterschiede im materiellen Recht ein einziges Insolvenzverfahren mit universaler Geltung für die Union nicht realisierbar ist. Die ausnahmslose Anwendung des Rechts des Staates der Verfahrenseröffnung würde vor diesem Hintergrund häufig zu Schwierigkeiten führen. Dies gilt etwa für die in den Mitgliedstaaten sehr unterschiedlich ausgeprägten nationalen Regelungen zu den Sicherungsrechten. Aber auch die Vorrechte einzelner Gläubiger im Insolvenzverfahren sind teilweise vollkommen anders ausgestaltet. Bei der nächsten Überprüfung dieser Verordnung wird es erforderlich sein, weitere Maßnahmen zu ermitteln, um die Vorrechte der Arbeitnehmer auf europäischer Ebene zu verbessern. Diese Verordnung sollte solchen unterschiedlichen nationalen Rechten auf zweierlei Weise Rechnung tragen. Zum einen sollten Sonderanknüpfungen für besonders bedeutsame Rechte und Rechtsverhältnisse vorgesehen werden (z. B. dingliche Rechte und Arbeitsverträge). Zum anderen sollten neben einem Hauptinsolvenzverfahren mit universaler Geltung auch innerstaatliche Verfahren zugelassen werden, die lediglich das im Eröffnungsstaat befindliche Vermögen erfassen.

(23) Diese Verordnung gestattet die Eröffnung des Hauptinsolvenzverfahrens in dem Mitgliedstaat, in dem der Schuldner den Mittelpunkt seiner hauptsächlichen Interessen hat. Dieses Verfahren hat universale Geltung sowie das Ziel, das gesamte Vermögen des Schuldners zu erfassen. Zum Schutz der unterschiedlichen Interessen gestattet diese Verordnung die Eröffnung von Sekundärinsolvenzverfahren parallel zum Hauptinsolvenzverfahren. Ein Sekundärinsolvenzverfahren kann in dem Mitgliedstaat eröffnet werden, in dem der Schuldner eine Niederlassung hat. Seine Wirkungen sind auf das in dem betreffenden Mitgliedstaat belegene Vermögen des Schuldners beschränkt. Zwingende Vorschriften für die Koordinierung mit dem Hauptinsolvenzverfahren tragen dem Gebot der Einheitlichkeit in der Union Rechnung.

(24) Wird über das Vermögen einer juristischen Person oder einer Gesellschaft ein Hauptinsolvenzverfahren in einem anderen Mitgliedstaat als dem, in dem sie ihren Sitz hat, eröffnet, so sollte die Möglichkeit bestehen, im Einklang mit der

5 Richtlinie 2001/24/EG des Europäischen Parlaments und des Rates vom 4. April 2001 über die Sanierung und Liquidation von Kreditinstituten (ABl. L 125 vom 5.5.2001, 15).

Rechtsprechung des Gerichtshofs der Europäischen Union ein Sekundärinsolvenzverfahren in dem Mitgliedstaat zu eröffnen, in dem sie ihren Sitz hat, sofern der Schuldner einer wirtschaftlichen Aktivität nachgeht, die den Einsatz von Personal und Vermögenswerten in diesem Mitgliedstaat voraussetzt.

(25) Diese Verordnung gilt nur für Verfahren in Bezug auf einen Schuldner, der Mittelpunkt seiner hauptsächlichen Interessen in der Union hat.

(26) Die Zuständigkeitsvorschriften dieser Verordnung legen nur die internationale Zuständigkeit fest, das heißt, sie geben den Mitgliedstaat an, dessen Gerichte Insolvenzverfahren eröffnen dürfen. Die innerstaatliche Zuständigkeit des betreffenden Mitgliedstaats sollte nach dem nationalen Recht des betreffenden Staates bestimmt werden.

(27) Vor Eröffnung des Insolvenzverfahrens sollte das zuständige Gericht von Amts wegen prüfen, ob sich der Mittelpunkt der hauptsächlichen Interessen des Schuldners oder der Niederlassung des Schuldners tatsächlich in seinem Zuständigkeitsbereich befindet.

(28) Bei der Beantwortung der Frage, ob der Mittelpunkt der hauptsächlichen Interessen des Schuldners für Dritte feststellbar ist, sollte besonders berücksichtigt werden, welchen Ort die Gläubiger als denjenigen wahrnehmen, an dem der Schuldner der Verwaltung seiner Interessen nachgeht. Hierfür kann es erforderlich sein, die Gläubiger im Fall einer Verlegung des Mittelpunkts der hauptsächlichen Interessen zeitnah über den neuen Ort zu unterrichten, an dem der Schuldner seine Tätigkeiten ausübt, z. B. durch Hervorhebung der Adressänderung in der Geschäfts korrespondenz, oder indem der neue Ort in einer anderen geeigneten Weise veröffentlicht wird.

(29) Diese Verordnung sollte eine Reihe von Schutzvorkehrungen enthalten, um betrügerisches oder missbräuchliches Forum Shopping zu verhindern.

(30) Folglich sollten die Annahmen, dass der Sitz, die Hauptniederlassung und der gewöhnliche Aufenthalt jeweils der Mittelpunkt des hauptsächlichen Interesses sind, widerlegbar sein, und das jeweilige Gericht eines Mitgliedstaats sollte sorgfältig prüfen, ob sich der Mittelpunkt der hauptsächlichen Interessen des Schuldners tatsächlich in diesem Mitgliedstaat befindet. Bei einer Gesellschaft sollte diese Vermutung widerlegt werden können, wenn sich die Hauptverwaltung der Gesellschaft in einem anderen Mitgliedstaat befindet als in dem Mitgliedstaat, in dem sich der Sitz der Gesellschaft befindet, und wenn eine Gesamtbetrachtung aller relevanten Faktoren die von Dritten überprüfbare Feststellung zulässt, dass sich der tatsächliche Mittelpunkt der Verwaltung und der Kontrolle der Gesellschaft sowie der Verwaltung ihrer Interessen in diesem anderen Mitgliedstaat befindet. Bei einer natürlichen Person, die keine selbständige gewerbliche oder freiberufliche Tätigkeit ausübt, sollte diese Vermutung widerlegt werden können, wenn sich z. B. der Großteil des Vermögens des Schuldners außerhalb des Mitgliedstaats des gewöhnlichen Aufenthalts des Schuldners befindet oder wenn festgestellt werden kann, dass der Hauptgrund für einen Umzug darin bestand, einen Insolvenzantrag im neuen Gerichtsstand zu stellen, und die Interessen der Gläubiger, die vor dem Umzug eine Rechtsbeziehung mit dem Schuldner eingegangen sind, durch einen solchen Insolvenzantrag wesentlich beeinträchtigt würden.

(31) Im Rahmen desselben Ziels der Verhinderung von betrügerischem oder missbräuchlichem Forum Shopping sollte die Vermutung, dass der Mittelpunkt der hauptsächlichen Interessen der Sitz, die Hauptniederlassung der natürlichen Person bzw. der gewöhnliche Aufenthalt der natürlichen Person ist, nicht gelten, wenn – im Falle einer Gesellschaft, einer juristischen Person oder einer natürlichen Person, die eine selbständige gewerbliche oder freiberufliche Tätigkeit ausübt, – der Schuldner seinen Sitz oder seine Hauptniederlassung in einem Zeitraum von drei Monaten vor dem Antrag auf Eröffnung des Insolvenzverfahrens in einen anderen Mitgliedstaat verlegt hat, oder – im Falle einer natürlichen Person, die keine selbständige gewerbliche oder freiberufliche Tätigkeit ausübt – wenn der Schuldner seinen gewöhnlichen Aufenthalt in einem Zeitraum von sechs Monaten vor dem Antrag auf Eröffnung des Insolvenzverfahrens in einen anderen Mitgliedstaat verlegt hat.

(32) Das Gericht sollte in allen Fällen, in denen die Umstände des Falls Anlass zu Zweifeln an seiner Zuständigkeit geben, den Schuldner auffordern, zusätzliche Nachweise für seine Behauptung vorzulegen, und, wenn das für das Insolvenzverfahren geltende Recht dies erlaubt, den Gläubigern des Schuldners Gelegenheit geben, sich zur Frage der Zuständigkeit zu äußern.

(33) Stellt das mit dem Antrag auf Eröffnung eines Insolvenzverfahrens befasste Gericht fest, dass der Mittelpunkt der hauptsächlichen Interessen nicht in seinem Hoheitsgebiet liegt, so sollte es das Hauptinsolvenzverfahren nicht eröffnen.

(34) Allen Gläubigern des Schuldners sollte darüber hinaus ein wirksamer Rechtsbehelf gegen die Entscheidung, ein Insolvenzverfahren zu eröffnen, zustehen. Die Folgen einer Anfechtung der

Entscheidung, ein Insolvenzverfahren zu eröffnen, sollten dem nationalen Recht unterliegen.

(35) Die Gerichte des Mitgliedstaats, in dessen Hoheitsgebiet das Insolvenzverfahren eröffnet wurde, sollten auch für Klagen zuständig sein, die sich direkt aus dem Insolvenzverfahren ableiten und eng damit verknüpft sind. Zu solchen Klagen sollten unter anderem Anfechtungsklagen gegen Beklagte in anderen Mitgliedstaaten und Klagen in Bezug auf Verpflichtungen gehören, die sich im Verlauf des Insolvenzverfahrens ergeben, wie z. B. zu Vorschüssen für Verfahrenskosten. Im Gegensatz dazu leiten sich Klagen wegen der Erfüllung von Verpflichtungen aus einem Vertrag, der vom Schuldner vor der Eröffnung des Verfahrens abgeschlossen wurde, nicht unmittelbar aus dem Verfahren ab. Steht eine solche Klage im Zusammenhang mit einer anderen zivil- oder handelsrechtlichen Klage, so sollte der Verwalter beide Klagen vor die Gerichte am Wohnsitz des Beklagten bringen können, wenn er sich von einer Erhebung der Klagen an diesem Gerichtsstand einen Effizienzgewinn verspricht. Dies kann beispielsweise dann der Fall sein, wenn der Verwalter eine insolvenzrechtliche Haftungsklage gegen einen Geschäftsführer mit einer gesellschaftsrechtlichen oder deliktsrechtlichen Klage verbinden will.

(36) Das für die Eröffnung des Hauptinsolvenzverfahrens zuständige Gericht sollte zur Anordnung einstweiliger Maßnahmen und von Sicherungsmaßnahmen ab dem Zeitpunkt des Antrags auf Verfahrenseröffnung befugt sein. Sicherungsmaßnahmen sowohl vor als auch nach Beginn des Insolvenzverfahrens sind zur Gewährleistung der Wirksamkeit des Insolvenzverfahrens von großer Bedeutung. Diese Verordnung sollte hierfür verschiedene Möglichkeiten vorsehen. Zum einen sollte das für das Hauptinsolvenzverfahren zuständige Gericht einstweilige Maßnahmen und Sicherungsmaßnahmen auch über Vermögensgegenstände anordnen können, die sich im Hoheitsgebiet anderer Mitgliedstaaten befinden. Zum anderen sollte ein vor Eröffnung des Hauptinsolvenzverfahrens bestellter vorläufiger Verwalter in den Mitgliedstaaten, in denen sich eine Niederlassung des Schuldners befindet, die nach dem Recht dieser Mitgliedstaaten möglichen Sicherungsmaßnahmen beantragen können.

(37) Das Recht, vor der Eröffnung des Hauptinsolvenzverfahrens die Eröffnung eines Insolvenzverfahrens in dem Mitgliedstaat, in dem der Schuldner eine Niederlassung hat, zu beantragen, sollte nur lokalen Gläubigern und Behörden zustehen beziehungsweise auf Fälle beschränkt sein, in denen das Recht des Mitgliedstaats, in dem der Schuldner den Mittelpunkt seiner hauptsächlichen Interessen hat, die Eröffnung eines Hauptinsolvenzverfahrens nicht zulässt. Der Grund für diese Beschränkung ist, dass die Fälle, in denen die Eröffnung eines Partikular verfahrens vor dem Hauptinsolvenzverfahren beantragt wird, auf das unumgängliche Maß beschränkt werden sollen.

(38) Das Recht, nach der Eröffnung des Hauptinsolvenzverfahrens die Eröffnung eines Insolvenzverfahrens in dem Mitgliedstaat, in dem der Schuldner eine Niederlassung hat, zu beantragen, wird durch diese Verordnung nicht beschränkt. Der Verwalter des Hauptinsolvenzverfahrens oder jede andere, nach dem Recht des betreffenden Mitgliedstaats dazu befugte Person sollte die Eröffnung eines Sekundärverfahrens beantragen können.

(39) Diese Verordnung sollte Vorschriften für die Bestimmung der Belegenheit der Vermögenswerte des Schuldners vorsehen, und diese Vorschriften sollten bei der Feststellung, welche Vermögenswerte zur Masse des Haupt- oder des Sekundärinsolvenzverfahrens gehören, und auf Situationen, in denen die dinglichen Rechte Dritter betroffen sind, Anwendung finden. Insbesondere sollte in dieser Verordnung bestimmt werden, dass Europäische Patente mit einheitlicher Wirkung, eine Gemeinschaftsmarke oder jedes andere ähnliche Recht, wie gemeinschaftliche Sortenschutzrechte oder das Gemeinschaftsgeschmacksmuster, nur in das Hauptinsolvenzverfahren mit einbezogen werden dürfen.

(40) Ein Sekundärinsolvenzverfahren kann neben dem Schutz der inländischen Interessen auch anderen Zwecken dienen. Dies kann der Fall sein, wenn die Insolvenzmasse des Schuldners zu verschachtelt ist, um als Ganzes verwaltet zu werden, oder weil die Unterschiede in den betroffenen Rechtssystemen so groß sind, dass sich Schwierigkeiten ergeben können, wenn das Recht des Staates der Verfahrenseröffnung seine Wirkung in den anderen Staaten, in denen Vermögensgegenstände belegen sind, entfaltet. Aus diesem Grund kann der Verwalter des Hauptinsolvenzverfahrens die Eröffnung eines Sekundärinsolvenzverfahrens beantragen, wenn dies für die effiziente Verwaltung der Masse erforderlich ist.

(41) Sekundärinsolvenzverfahren können eine effiziente Verwaltung der Insolvenzmasse auch behindern. Daher sind in dieser Verordnung zwei spezifische Situationen vorgesehen, in denen das mit einem Antrag auf Eröffnung eines Sekundärinsolvenzverfahrens befasste Gericht auf Antrag des Verwalters des Hauptinsolvenzverfahrens die Eröffnung eines solchen Verfahrens aufschieben oder ablehnen können sollte.

(42) Erstens erhält der Verwalter des Hauptinsolvenzverfahrens im Rahmen dieser Verordnung die Möglichkeit, den lokalen Gläubigern die Zusicherung zu geben, dass sie so behandelt werden, als wäre das Sekundärinsolvenz verfahren eröffnet worden. Bei dieser Zusicherung ist eine Reihe von in dieser Verordnung festgelegten Voraussetzungen zu erfüllen, insbesondere muss sie von einer qualifizierten Mehrheit der lokalen Gläubiger gebilligt werden. Wurde eine solche Zusicherung gegeben, so sollte das mit einem Antrag auf Eröffnung eines Sekundärinsolvenzverfahrens befasste Gericht den Antrag ablehnen können, wenn es der Überzeugung ist, dass diese Zusicherung die allgemeinen Interessen der lokalen Gläubiger angemessen schützt. Das Gericht sollte bei der Beurteilung dieser Interessen die Tatsache berücksichtigen, dass die Zusicherung von einer qualifizierten Mehrheit der lokalen Gläubiger gebilligt worden ist.

(43) Für die Zwecke der Abgabe einer Zusicherung an die lokalen Gläubiger sollten die in dem Mitgliedstaat, in dem der Schuldner eine Niederlassung hat, belegenen Vermögenswerte und Rechte eine Teilmasse der Insolvenzmasse bilden, und der Verwalter des Hauptinsolvenzverfahrens sollte bei ihrer Verteilung bzw. der Verteilung des aus ihrer Verwertung erzielten Erlöses die Vorzugsrechte wahren, die Gläubiger bei Eröffnung eines Sekundärinsol venzverfahrens in diesem Mitgliedstaat hätten.

(44) Für die Billigung der Zusicherung sollte, soweit angemessen, das nationale Recht Anwendung finden. Insbesondere sollten Forderungen der Gläubiger für die Zwecke der Abstimmung über die Zusicherung als festgestellt gelten, wenn die Abstimmungsregeln für die Annahme eines Sanierungsplans nach nationalem Recht die vorherige Feststellung dieser Forderungen vorschreiben. Gibt es nach nationalem Recht unterschiedliche Verfahren für die Annahme von Sanierungsplänen, so sollten die Mitgliedstaaten das spezifische Verfahren benennen, das in diesem Zusammenhang maßgeblich sein sollte.

(45) Zweitens sollte in dieser Verordnung die Möglichkeit vorgesehen werden, dass das Gericht die Eröffnung des Sekundärinsolvenzverfahrens vorläufig aussetzt, wenn im Hauptinsolvenzverfahren eine vorläufige Aussetzung von Einzelvollstreckungsverfahren gewährt wurde, um die Wirksamkeit der im Hauptinsolvenzverfahren gewährten Aussetzung zu wahren. Das Gericht sollte die vorläufige Aussetzung gewähren können, wenn es der Überzeugung ist, dass geeignete Maßnahmen zum Schutz der Interessen der lokalen Gläubiger bestehen. In diesem Fall sollten alle Gläubiger, die von dem Ergebnis der Verhandlungen über einen Sanierungsplan betroffen sein könnten, über diese Verhandlungen informiert werden und daran teilnehmen dürfen.

(46) Im Interesse eines wirksamen Schutzes lokaler Interessen sollte es dem Verwalter im Hauptinsolvenzverfahren nicht möglich sein, das in dem Mitgliedstaat der Niederlassung befindliche Vermögen missbräuchlich zu verwerten oder missbräuchlich an einen anderen Ort zu bringen, insbesondere wenn dies in der Absicht geschieht, die wirksame Befriedigung dieser Interessen für den Fall, dass im Anschluss ein Sekundärinsolvenz verfahren eröffnet wird, zu vereiteln.

(47) Diese Verordnung sollte die Gerichte der Mitgliedstaaten, in denen Sekundärinsolvenzverfahren eröffnet worden sind, nicht daran hindern, gegen Mitglieder der Geschäftsleitung des Schuldners Sanktionen wegen etwaiger Pflichtverletzung zu verhängen, sofern diese Gerichte nach nationalem Recht für diese Streitigkeiten zuständig sind.

(48) Hauptinsolvenzverfahren und Sekundärinsolvenzverfahren können zur wirksamen Verwaltung der Insolvenzmasse oder der effizienten Verwertung des Gesamtvermögens beitragen, wenn die an allen parallelen Verfahren beteiligten Akteure ordnungsgemäß zusammenarbeiten. Ordnungsgemäße Zusammenarbeit setzt voraus, dass die verschiedenen beteiligten Verwalter und Gerichte eng zusammenarbeiten, insbesondere indem sie einander wechselseitig ausreichend informieren. Um die dominierende Rolle des Hauptinsolvenzverfahrens sicherzustellen, sollten dem Verwalter dieses Verfahrens mehrere Einwirkungsmöglichkeiten auf gleichzeitig anhängige Sekundärinsolvenzverfahren gegeben werden. Der Verwalter sollte insbesondere einen Sanierungsplan oder Vergleich vorschlagen oder die Aussetzung der Verwertung der Masse im Sekundärinsolvenzverfahren beantragen können. Bei ihrer Zusammenarbeit sollten Verwalter und Gerichte die bewährten Praktiken für grenzüberschreitende Insolvenzfälle berücksichtigen, wie sie in den Kommunikations- und Kooperationsgrundsätzen und -leitlinien, die von europäischen und internationalen Organisationen auf dem Gebiet des Insolvenzrechts ausgearbeitet worden sind, niedergelegt sind, insbesondere den einschlägigen Leitlinien der Kommission der Vereinten Nationen für internationales Handelsrecht (UNCITRAL).

(49) Zum Zwecke dieser Zusammenarbeit sollten Verwalter und Gerichte Vereinbarungen schließen und Verständigungen herbeiführen können, die der Erleichterung der grenzüberschreitenden Zusammenarbeit zwischen mehreren Insolvenzverfahren in verschiedenen Mitgliedstaaten über

das Vermögen desselben Schuldners oder von Mitgliedern derselben Unternehmensgruppe dienen, sofern dies mit den für die jeweiligen Verfahren geltenden Vorschriften vereinbar ist. Diese Vereinbarungen und Verständigungen können in der Form – sie können schriftlich oder mündlich sein – und im Umfang – von allgemein bis spezifisch – variieren und von verschiedenen Parteien geschlossen werden. In einfachen allgemeinen Vereinbarungen kann die Notwendigkeit einer engen Zusammenarbeit der Parteien hervorgehoben werden, ohne dass dabei auf konkrete Punkte eingegangen wird, während in spezifischen Vereinbarungen ein Rahmen von Grundsätzen für die Verwaltung mehrerer Insolvenzverfahren festgelegt werden und von den beteiligten Gerichten gebilligt werden kann, sofern die nationalen Rechtsvorschriften dies erfordern. In ihnen kann zum Ausdruck gebracht werden, dass Einvernehmen unter den Parteien besteht, bestimmte Schritte zu unternehmen oder Maßnahmen zu treffen oder davon abzusehen.

(50) In ähnlicher Weise können Gerichte verschiedener Mitgliedstaaten durch die Koordinierung der Bestellung von Verwaltern zusammenarbeiten. In diesem Zusammenhang können sie dieselbe Person zum Verwalter für mehrere Insolvenzverfahren über das Vermögen desselben Schuldners oder verschiedener Mitglieder einer Unternehmensgruppe bestellen, vorausgesetzt, dies ist mit den für die jeweiligen Verfahren geltenden Vorschriften – insbesondere mit etwaigen Anforderungen an die Qualifikation und Zulassung von Verwaltern – vereinbar.

(51) Diese Verordnung sollte gewährleisten, dass Insolvenzverfahren über das Vermögen verschiedener Gesellschaften, die einer Unternehmensgruppe angehören, effizient geführt werden.

(52) Wurden über das Vermögen mehrerer Gesellschaften derselben Unternehmensgruppe Insolvenzverfahren eröffnet, so sollten die an diesen Verfahren beteiligten Akteure ordnungsgemäß zusammenarbeiten. Die verschiedenen beteiligten Verwalter und Gerichte sollten deshalb in ähnlicher Weise wie die Verwalter und Gerichte in denselben Schuldner betreffenden Haupt- und Sekundärinsolvenzverfahren Verpflichtet sein, miteinander zu kommunizieren und zusammenzuarbeiten. Die Zusammenarbeit der Verwalter sollte nicht den Interessen der Gläubiger in den jeweiligen Verfahren zuwiderlaufen, und das Ziel dieser Zusammenarbeit sollte sein, eine Lösung zu finden, durch die Synergien innerhalb der Gruppe ausgeschöpft werden.

(53) Durch die Einführung von Vorschriften über die Insolvenzverfahren von Unternehmensgruppen sollte ein Gericht nicht in seiner Möglichkeit eingeschränkt werden, Insolvenzverfahren über das Vermögen mehrerer Gesellschaften, die derselben Unternehmensgruppe angehören, nur an einem Gerichtsstand zu eröffnen, wenn es feststellt, dass der Mittelpunkt der hauptsächlichen Interessen dieser Gesellschaften in einem einzigen Mitgliedstaat liegt. In diesen Fällen sollte das Gericht für alle Verfahren gegebenenfalls dieselbe Person als Verwalter bestellen können, sofern dies mit den dafür geltenden Vorschriften vereinbar ist.

(54) Um die Koordinierung der Insolvenzverfahren über das Vermögen von Mitgliedern einer Unternehmensgruppe weiter zu verbessern und eine koordinierte Sanierung der Gruppe zu ermöglichen, sollten mit dieser Verordnung Verfahrensvorschriften für die Koordinierung der Insolvenzverfahren gegen Mitglieder einer Unternehmensgruppe eingeführt werden. Bei einer derartigen Koordinierung sollte angestrebt werden, dass die Effizienz der Koordinierung gewährleistet wird, wobei gleichzeitig die eigene Rechtspersönlichkeit jedes einzelnen Gruppenmitglieds zu achten ist.

(55) Ein Verwalter, der in einem Insolvenzverfahren über das Vermögen eines Mitglieds einer Unternehmensgruppe bestellt worden ist, sollte die Eröffnung eines Gruppen-Koordinationsverfahrens beantragen können. Allerdings sollte dieser Verwalter vor der Einreichung eines solchen Antrags die erforderliche Genehmigung einholen, sofern das für das Insolvenzverfahren geltende Recht dies vorschreibt. Im Antrag sollten Angaben zu den wesentlichen Elementen der Koordinierung erfolgen, insbesondere eine Darlegung des Koordinationsplans, ein Vorschlag für die als Koordinator zu bestellende Person und eine Übersicht der geschätzten Kosten für die Koordinierung.

(56) Um die Freiwilligkeit des Gruppen-Koordinationsverfahrens sicherzustellen, sollten die beteiligten Verwalter innerhalb einer festgelegten Frist Widerspruch gegen ihre Teilnahme am Verfahren einlegen können. Damit die beteiligten Verwalter eine fundierte Entscheidung über ihre Teilnahme am Gruppen-Koordinationsverfahren treffen können, sollten sie in einer frühen Phase über die wesentlichen Elemente der Koordinierung unterrichtet werden. Allerdings sollten Verwalter, die einer Einbeziehung in ein Gruppen-Koordinationsverfahren ursprünglich widersprochen haben, eine Beteiligung nachträglich beantragen können. In einem solchen Fall sollte der Koordinator über die Zulässigkeit des Antrags befinden. Alle Verwalter einschließlich des antragstellenden Verwalters sollten über die Entscheidung des Koordinators in Kenntnis gesetzt werden und die Gelegenheit haben, diese Ent-

scheidung bei dem Gericht anzufechten, von dem das Gruppen-Koordinationsverfahren eröffnet wurde.

(57) Gruppen-Koordinationsverfahren sollten stets zum Ziel haben, dass die wirksame Verwaltung in den Insolvenz verfahren über das Vermögen der Gruppenmitglieder erleichtert wird, und sie sollten sich allgemein positiv für die Gläubiger auswirken. Mit dieser Verordnung sollte daher sichergestellt werden, dass das Gericht, bei dem ein Antrag auf ein Gruppen-Koordinationsverfahren gestellt wurde, diese Kriterien vor der Eröffnung des Gruppen- Koordinationsverfahrens prüft.

(58) Die Kosten des Gruppen-Koordinationsverfahrens sollten dessen Vorteile nicht überwiegen. Daher muss sichergestellt werden, dass die Kosten der Koordinierung und der von jedem Gruppenmitglied zu tragende Anteil an diesen Kosten angemessen, verhältnismäßig und vertretbar sind und im Einklang mit den nationalen Rechtsvorschriften des Mitgliedstaats, in dem das Gruppen-Koordinationsverfahren eröffnet wurde, festzulegen sind. Die beteiligten Verwalter sollten auch die Möglichkeit haben, diese Kosten ab einer frühen Phase des Verfahrens zu kontrollieren. Wenn es die nationalen Rechtsvorschriften erfordern, kann die Kontrolle der Kosten ab einer frühen Phase des Verfahrens damit verbunden sein, dass der Verwalter die Genehmigung eines Gerichts oder eines Gläubigerausschusses einholt.

(59) Wenn nach Überlegung des Koordinators die Wahrnehmung seiner Aufgaben zu einer – im Vergleich zu der eingangs vorgenommenen Kostenschätzung – erheblichen Kostensteigerung führen wird, und auf jeden Fall, wenn die Kosten 10 % der geschätzten Kosten übersteigen, sollte der Koordinator von dem Gericht, das das Gruppen-Koordinationsverfahren eröffnet hat, die Genehmigung zur Überschreitung dieser Kosten einholen. Bevor das Gericht, das das Gruppen-Koordinationsverfahren eröffnet hat, seine Entscheidung trifft, sollte es den beteiligten Verwaltern Gelegenheit geben, gehört zu werden und dem Gericht ihre Bemerkungen dazu darzulegen, ob der Antrag des Koordinators angebracht ist.

(60) Diese Verordnung sollte für Mitglieder einer Unternehmensgruppe, die nicht in ein Gruppen-Koordinations verfahren einbezogen sind, auch einen alternativen Mechanismus vorsehen, um eine koordinierte Sanierung der Gruppe zu erreichen. Ein in einem Verfahren, das über das Vermögen eines Mitglieds einer Unternehmensgruppe anhängig ist, bestellter Verwalter sollte die Aussetzung jeder Maßnahme im Zusammenhang mit der Verwertung der Masse in Verfahren über das Vermögen anderer Mitglieder der Unternehmensgruppe, die nicht in ein Gruppen-Koordinationsverfahren einbezogen sind, beantragen können. Es sollte nur möglich sein, eine solche Aussetzung zu beantragen, wenn ein Sanierungsplan für die betroffenen Mitglieder der Gruppe vorgelegt wird, der den Gläubigern des Verfahrens, für das die Aussetzung beantragt wird, zugute kommt und die Aussetzung notwendig ist, um die ordnungsgemäße Durchführung des Plans sicherzustellen.

(61) Diese Verordnung sollte die Mitgliedstaaten nicht daran hindern, nationale Bestimmungen zu erlassen, mit denen die Bestimmungen dieser Verordnung über die Zusammenarbeit, Kommunikation und Koordinierung im Zusammenhang mit Insolvenzverfahren über das Vermögen von Mitgliedern einer Unternehmensgruppe ergänzt würden, vorausgesetzt, der Geltungsbereich der nationalen Vorschriften beschränkt sich auf die nationale Rechtsordnung und ihre Anwendung beeinträchtigt nicht die Wirksamkeit der in dieser Verordnung enthaltenen Vorschriften.

(62) Die Vorschriften dieser Verordnung über die Zusammenarbeit, Kommunikation und Koordinierung im Rahmen von Insolvenzverfahren über das Vermögen von Mitgliedern einer Unternehmensgruppe sollten nur insoweit Anwendung finden, als Verfahren über das Vermögen verschiedener Mitglieder derselben Unternehmensgruppe in mehr als einem Mitgliedstaat eröffnet worden sind.

(63) Jeder Gläubiger, der seinen gewöhnlichen Aufenthalt, Wohnsitz oder Sitz in der Union hat, sollte das Recht haben, seine Forderungen in jedem in der Union anhängigen Insolvenzverfahren über das Vermögen des Schuldners anzumelden. Dies sollte auch für Steuerbehörden und Sozialversicherungsträger gelten. Diese Verordnung sollte den Verwalter nicht daran hindern, Forderungen im Namen bestimmter Gläubigergruppen – z. B. der Arbeitnehmer – anzumelden, sofern dies im nationalen Recht vorgesehen ist. Im Interesse der Gläubigergleichbehandlung sollte jedoch die Verteilung des Erlöses koordiniert werden. Jeder Gläubiger sollte zwar behalten dürfen, was er im Rahmen eines Insolvenzverfahrens erhalten hat, sollte aber an der Verteilung der Masse in einem anderen Verfahren erst dann teilnehmen können, wenn die Gläubiger gleichen Rangs die gleiche Quote auf ihre Forderungen erlangt haben.

(64) Es ist von grundlegender Bedeutung, dass Gläubiger, die ihren gewöhnlichen Aufenthalt, Wohnsitz oder Sitz in der Union haben, über die Eröffnung von Insolvenzverfahren über das Vermögen ihres Schuldners informiert werden. Um eine rasche Übermittlung der Informationen an die

Gläubiger sicherzustellen, sollte die Verordnung (EG) Nr. 1393/2007 des Europäischen Parlaments und des Rates[6] keine Anwendung finden, wenn in der vorliegenden Verordnung auf die Pflicht zur Information der Gläubiger verwiesen wird. Gläubigern sollte die Anmeldung ihrer Forderungen in Verfahren, die in einem anderen Mitgliedstaat eröffnet werden, durch die Bereitstellung von Standardformularen in allen Amtssprachen der Organe der Union erleichtert werden. Die Folgen des unvollständigen Ausfüllens des Standardformulars sollten durch das nationale Recht geregelt werden.

(65) In dieser Verordnung sollte die unmittelbare Anerkennung von Entscheidungen zur Eröffnung, Abwicklung und Beendigung der in ihren Geltungsbereich fallenden Insolvenzverfahren sowie von Entscheidungen, die in unmittelbarem Zusammenhang mit diesen Insolvenzverfahren ergehen, vorgesehen werden. Die automatische Anerkennung sollte somit zur Folge haben, dass die Wirkungen, die das Recht des Mitgliedstaats der Verfahrens eröffnung dem Verfahren beilegt, auf alle übrigen Mitgliedstaaten ausgedehnt werden. Die Anerkennung der Entscheidungen der Gerichte der Mitgliedstaaten sollte sich auf den Grundsatz des gegenseitigen Vertrauens stützen. Die Gründe für eine Nichtanerkennung sollten daher auf das unbedingt notwendige Maß beschränkt sein. Nach diesem Grundsatz sollte auch der Konflikt gelöst werden, wenn sich die Gerichte zweier Mitgliedstaaten für zuständig halten, ein Hauptinsolvenzverfahren zu eröffnen. Die Entscheidung des zuerst eröffnenden Gerichts sollte in den anderen Mitgliedstaaten anerkannt werden; diese Mitgliedstaaten sollten die Entscheidung dieses Gerichts keiner Überprüfung unterziehen dürfen.

(66) Diese Verordnung sollte für den Insolvenzbereich einheitliche Kollisionsnormen formulieren, die die nationalen Vorschriften des internationalen Privatrechts ersetzen. Soweit nichts anderes bestimmt ist, sollte das Recht des Staates der Verfahrenseröffnung *(lex concursus)* Anwendung finden. Diese Kollisionsnorm sollte für Hauptinsolvenzverfahren und Partikularverfahren gleichermaßen gelten. Die lex concursus regelt sowohl die verfahrens rechtlichen als auch die materiellen Wirkungen des Insolvenzverfahrens auf die davon betroffenen Personen und Rechtsverhältnisse. Nach ihr bestimmen sich alle Voraussetzungen für die Eröffnung, Abwicklung und Beendigung des Insolvenzverfahrens.

(67) Die automatische Anerkennung eines Insolvenzverfahrens, auf das regelmäßig das Recht des Staats der Verfahrens eröffnung Anwendung findet, kann mit den Vorschriften anderer Mitgliedstaaten für die Vornahme von Rechtshandlungen kollidieren. Um in den anderen Mitgliedstaaten als dem Staat der Verfahrenseröffnung Vertrauensschutz und Rechtssicherheit zu gewährleisten, sollte eine Reihe von Ausnahmen von der allgemeinen Vorschrift vorgesehen werden.

(68) Ein besonderes Bedürfnis für eine vom Recht des Eröffnungsstaats abweichende Sonderanknüpfung besteht bei dinglichen Rechten, da solche Rechte für die Gewährung von Krediten von erheblicher Bedeutung sind. Die Begründung, Gültigkeit und Tragweite von dinglichen Rechten sollten sich deshalb regelmäßig nach dem Recht des Belegenheitsorts bestimmen und von der Eröffnung des Insolvenzverfahrens nicht berührt werden. Der Inhaber des dinglichen Rechts sollte somit sein Recht zur Aus- bzw. Absonderung an dem Sicherungsgegenstand weiter geltend machen können. Falls an Vermögensgegenständen in einem Mitgliedstaat dingliche Rechte nach dem Recht des Belegenheitsstaats bestehen, das Hauptinsolvenzverfahren aber in einem anderen Mitgliedstaat stattfindet, sollte der Verwalter des Hauptinsolvenzverfahrens die Eröffnung eines Sekundärinsolvenzverfahrens in dem Zuständigkeitsgebiet, in dem die dinglichen Rechte bestehen, beantragen können, sofern der Schuldner dort eine Niederlassung hat. Wird kein Sekundärinsolvenzverfahren eröffnet, so sollte ein etwaiger überschießender Erlös aus der Veräußerung der Vermögensgegenstände, an denen dingliche Rechte bestanden, an den Verwalter des Hauptinsolvenzverfahrens abzuführen sein.

(69) Diese Verordnung enthält mehrere Bestimmungen, wonach ein Gericht die Aussetzung der Eröffnung eines Verfahrens oder die Aussetzung von Vollstreckungsverfahren anordnen kann. Eine solche Aussetzung sollte die dinglichen Rechte von Gläubigern oder Dritten unberührt lassen.

(70) Ist nach dem Recht des Staats der Verfahrenseröffnung eine Aufrechnung von Forderungen nicht zulässig, so sollte ein Gläubiger gleichwohl zur Aufrechnung berechtigt sein, wenn diese nach dem für die Forderung des insolventen Schuldners maßgeblichen Recht möglich ist. Auf diese Weise würde die Aufrechnung eine Art Garantiefunktion aufgrund von Rechtsvorschriften erhalten, auf die sich der betreffende Gläubiger zum Zeitpunkt der Entstehung der Forderung verlassen kann.

(71) Ein besonderes Schutzbedürfnis besteht auch bei Zahlungssystemen und Finanzmärkten, etwa im Zusammenhang mit den in diesen Systemen

6 Verordnung (EG) Nr. 1393/2007 des Europäischen Parlaments und des Rates vom 13. November 2007 über die Zustellung gerichtlicher und außergerichtlicher Schriftstücke in Zivil- oder Handelssachen in den Mitgliedstaaten (Zustellung von Schriftstücken) und zur Aufhebung der Verordnung (EG) Nr. 1348/2000 des Rates (ABl. L 324 vom 10.12.2007, S. 79).

anzutreffenden Glattstellungsverträgen und Nettingvereinbarungen sowie der Veräußerung von Wertpapieren und den zur Absicherung dieser Transaktionen gestellten Sicherheiten, wie dies insbesondere in der Richtlinie 98/26/EG des Europäischen Parlaments und des Rates[7] geregelt ist. Für diese Transaktionen sollte deshalb allein das Recht maßgebend sein, das auf das betreffende System bzw. den betreffenden Markt anwendbar ist. Dieses Recht soll verhindern, dass im Fall der Insolvenz eines Geschäfts partners die in Zahlungs- oder Aufrechnungssystemen und auf den geregelten Finanzmärkten der Mitgliedstaaten vorgesehenen Mechanismen zur Zahlung und Abwicklung von Transaktionen geändert werden können. Die Richtlinie 98/26/EG enthält Sondervorschriften, die den in dieser Verordnung festgelegten allgemeinen Regelungen vorgehen sollten.

(72) Zum Schutz der Arbeitnehmer und der Arbeitsverhältnisse sollten die Wirkungen der Insolvenzverfahren auf die Fortsetzung oder Beendigung von Arbeitsverhältnissen sowie auf die Rechte und Pf lichten aller an einem solchen Arbeitsverhältnis beteiligten Parteien durch das gemäß den allgemeinen Kollisionsnormen für den jeweiligen Arbeitsvertrag maßgebliche Recht bestimmt werden. Zudem sollte in Fällen, in denen zur Beendigung von Arbeitsverträgen die Zustimmung eines Gerichts oder einer Verwaltungsbehörde erforderlich ist, die Zuständigkeit zur Erteilung dieser Zustimmung bei dem Mitgliedstaat verbleiben, in dem sich eine Niederlassung des Schuldners befindet, selbst wenn in diesem Mitgliedstaat kein Insolvenzverfahren eröffnet wurde. Für sonstige insolvenz rechtliche Fragen, wie etwa, ob die Forderungen der Arbeitnehmer durch ein Vorrecht geschützt sind und welchen Rang dieses Vorrecht gegebenenfalls erhalten soll, sollte das Recht des Mitgliedstaats maßgeblich sein, in dem das Insolvenzverfahren (Haupt- oder Sekundärverfahren) eröffnet wurde, es sei denn, im Einklang mit dieser Verordnung wurde eine Zusicherung gegeben, um ein Sekundärinsolvenzverfahren zu vermeiden.

(73) Auf die Wirkungen des Insolvenzverfahrens auf ein anhängiges Gerichts- oder Schiedsverfahren über einen Vermögenswert oder ein Recht, der bzw. das Teil der Insolvenzmasse ist, sollte das Recht des Mitgliedstaats Anwendung finden, in dem das Gerichtsverfahren anhängig ist oder die Schiedsgerichtsbarkeit ihren Sitz hat. Diese Bestimmung sollte allerdings die nationalen Vorschriften über die Anerkennung und Vollstreckung von Schiedssprüchen nicht berühren.

(74) Um den verfahrensrechtlichen Besonderheiten der Rechtssysteme einiger Mitgliedstaaten Rechnung zu tragen, sollten bestimmte Vorschriften dieser Verordnung die erforderliche Flexibilität aufweisen. Dementsprechend sollten Bezugnahmen in dieser Verordnung auf Mitteilungen eines Justizorgans eines Mitgliedstaats, sofern es die Verfahrensvorschriften eines Mitgliedstaats erforderlich machen, eine Anordnung dieses Justizorgans umfassen, die Mitteilung vorzunehmen.

(75) Im Interesse des Geschäftsverkehrs sollte der wesentliche Inhalt der Entscheidung über die Verfahrenseröffnung auf Antrag des Verwalters in einem anderen Mitgliedstaat als in dem, in dem das Gericht diese Entscheidung erlassen hat, bekanntgemacht werden. Befindet sich in dem betreffenden Mitgliedstaat eine Niederlassung, sollte die Bekanntmachung obligatorisch sein. In keinem dieser Fälle sollte die Bekanntmachung jedoch Voraussetzung für die Anerkennung des ausländischen Verfahrens sein.

EuInsVO

(76) Um eine bessere Information der betroffenen Gläubiger und Gerichte zu gewährleisten und die Eröffnung von Parallelverfahren zu verhindern, sollten die Mitgliedstaaten Verpflichtet werden, relevante Informationen in grenz überschreitenden Insolvenzfällen in einem öffentlich zugänglichen elektronischen Register bekanntzumachen. Um Gläubigern und Gerichten in anderen Mitgliedstaaten den Zugriff auf diese Informationen zu erleichtern, sollte diese Verordnung die Vernetzung solcher Insolvenzregister über das Europäische Justizportal vorsehen. Den Mitgliedstaaten sollte freistehen, relevante Informationen in verschiedenen Registern bekanntzumachen, und es sollte möglich sein, mehr als ein Register je Mitgliedstaat zu vernetzen.

(77) In dieser Verordnung sollte der Mindestumfang der Informationen, die in den Insolvenzregistern bekanntzumachen sind, festgelegt werden. Die Mitgliedstaaten sollten zusätzliche Informationen aufnehmen dürfen. Ist der Schuldner eine natürliche Person, so sollte in den Insolvenzregistern nur dann eine Registrie rungsnummer angegeben werden, wenn der Schuldner eine selbständige gewerbliche oder freiberufliche Tätigkeit ausübt. Diese Registrierungsnummer sollte gegebenenfalls als die einheitliche Registrierungsnummer seiner selbständigen oder freiberuflichen Tätigkeit im Handelsregister zu verstehen sein.

(78) Informationen über bestimmte Aspekte des Insolvenzverfahrens, wie z. B. die Fristen für die Anmeldung von Forderungen oder die Anfechtung von Entscheidungen, sind für die Gläubiger

7 Richtlinie 98/26/EG des Europäischen Parlaments und des Rates vom 19. Mai 1998 über die Wirksamkeit von Abrechnungen in Zahlungs- sowie Wertpapierliefer- und -abrechnungssystemen (ABl. L 166 vom 11.6.1998, S. 45).

von grundlegender Bedeutung. Diese Verordnung sollte allerdings die Mitgliedstaaten nicht dazu Verpflichten, diese Fristen im Einzelfall zu berechnen. Die Mitgliedstaaten sollten ihren Pflichten nachkommen können, indem sie Hyperlinks zum Europäischen Justizportal einfügen, über das selbsterklärende Angaben zu den Kriterien zur Berechnung dieser Fristen verfügbar zu machen sind.

(79) Damit ausreichender Schutz der Informationen über natürliche Personen, die keine selbständige gewerbliche oder freiberuf liche Tätigkeit ausüben, gewährleistet ist, sollte es den Mitgliedstaaten möglich sein, den Zugang zu diesen Informationen von zusätzlichen Suchkriterien wie der persönlichen Kennnummer des Schuldners, seiner Anschrift, seinem Geburtsdatum oder dem Bezirk des zuständigen Gerichts abhängig zu machen oder den Zugang an die Voraussetzung eines Antrags an die zuständige Behörde oder der Feststellung eines rechtmäßigen Interesses zu knüpfen.

(80) Den Mitgliedstaaten sollte es auch möglich sein, Informationen über natürliche Personen, die keine selbständige gewerbliche oder freiberufliche Tätigkeit ausüben, nicht in ihre Insolvenzregister aufzunehmen. In solchen Fällen sollten die Mitgliedstaaten sicherstellen, dass die einschlägigen Informationen durch individuelle Mitteilung an die Gläubiger übermittelt werden und die Forderungen von Gläubigern, die die Informationen nicht erhalten haben, durch die Verfahren nicht berührt werden.

(81) Es kann der Fall eintreten, dass einige der betroffenen Personen keine Kenntnis von der Eröffnung des Insolvenz verfahrens haben und gutgläubig im Widerspruch zu der neuen Sachlage handeln. Zum Schutz solcher Personen, die in Unkenntnis der ausländischen Verfahrenseröffnung eine Zahlung an den Schuldner statt an den ausländischen Verwalter leisten, sollte eine schuldbefreiende Wirkung der Leistung bzw. Zahlung vorgesehen werden.

(82) Zur Gewährleistung einheitlicher Bedingungen für die Durchführung dieser Verordnung sollten der Kommission Durchführungsbefugnisse übertragen werden. Diese Befugnisse sollten im Einklang mit der Verordnung (EU) Nr. 182/2011 des Europäischen Parlaments und des Rates[8] ausgeübt werden.

(83) Diese Verordnung steht im Einklang mit den Grundrechten und Grundsätzen, die mit der Charta der Grundrechte der Europäischen Union anerkannt wurden. Die Verordnung zielt insbesondere darauf ab, die Anwendung der Artikel 8, 17 und 47 der Charta zu fördern, die den Schutz der personenbezogenen Daten, das Recht auf Eigentum und das Recht auf einen wirksamen Rechtsbehelf und ein faires Verfahren betreffen.

(84) Die Richtlinie 95/46/EG des Europäischen Parlaments und des Rates[9] und die Verordnung (EG) Nr. 45/2001 des Europäischen Parlaments und des Rates[10] regeln die Verarbeitung personenbezogener Daten im Rahmen dieser Verordnung.

(85) Diese Verordnung lässt die Verordnung (EWG, Euratom) Nr. 1182/71 des Rates[11] unberührt.

(86) Da das Ziel dieser Verordnung von den Mitgliedstaaten nicht ausreichend verwirklicht werden kann, sondern vielmehr aufgrund der Schaffung eines rechtlichen Rahmens für die geordnete Abwicklung von grenzüber schreitenden Insolvenzverfahren auf Unionsebene besser zu verwirklichen ist, kann die Union im Einklang mit dem in Artikel 5 des Vertrags über die Europäische Union verankerten Subsidiaritätsprinzip tätig werden. Entsprechend dem in demselben Artikel genannten Grundsatz der Verhältnismäßigkeit geht diese Verordnung nicht über das zur Verwirklichung dieses Ziels erforderliche Maß hinaus.

(87) Gemäß Artikel 3 und Artikel 4a Absatz 1 des dem Vertrag über die Europäische Union und dem Vertrag über die Arbeitsweise der Europäischen Union beigefügten Protokolls Nr. 21 über die Position des Vereinigten Königreichs und Irlands hinsichtlich des Raums der Freiheit, der Sicherheit und des Rechts haben diese Mitgliedstaaten mitgeteilt, dass sie sich an der Annahme und Anwendung der vorliegenden Verordnung beteiligen möchten.

(88) Gemäß den Artikeln 1 und 2 des dem Vertrag über die Europäische Union und dem Vertrag über die Arbeitsweise der Europäischen Union beigefügten Protokolls Nr. 22 über die Position Dänemarks beteiligt sich Dänemark nicht an der Annahme dieser Verordnung und ist weder durch diese Verordnung gebunden noch zu ihrer Anwendung verpflichtet.

(89) Der Europäische Datenschutzbeauftragte wurde angehört und hat seine Stellungnahme am 27. März 2013 abgegeben[12] –

8 Verordnung (EU) Nr. 182/2011 des Europäischen Parlaments und des Rates vom 16. Februar 2011 zur Festlegung der allgemeinen Regeln und Grundsätze, nach denen die Mitgliedstaaten die Wahrnehmung der Durchführungsbefugnisse durch die Kommission kontrollieren (ABl. L 55 vom 28.2.2011, 13).

9 Richtlinie 95/46/EG des Europäischen Parlaments und des Rates vom 24. Oktober 1995 zum Schutz natürlicher Personen bei der Verarbeitung personenbezogener Daten und zum freien Datenverkehr (ABl. L 281 vom 23.11.1995, 31)

10 Verordnung (EG) Nr. 45/2001 des Europäischen Parlaments und des Rates vom 18. Dezember 2000 zum Schutz natürlicher Personen bei der Verarbeitung personenbezogener Daten durch die Organe und Einrichtungen der Gemeinschaft und zum freien Datenverkehr (ABl. L 8 vom 12.1.2001, 1).

11 Verordnung (EWG, Euratom) Nr. 1182/71 des Rates vom 3. Juni 1971 zur Festlegung der Regeln für die Fristen, Daten und Termine (ABl. L 124 vom 8.6.1971, S. 1).

12 ABl. C 358 vom 7.12.2013, 15.

– HABEN FOLGENDE VERORDNUNG ERLASSEN:

KAPITEL I: ALLGEMEINE BESTIMMUNGEN

Artikel 1 Anwendungsbereich

(1) Diese Verordnung gilt für öffentliche Gesamtverfahren einschließlich vorläufiger Verfahren, die auf der Grundlage gesetzlicher Regelungen zur Insolvenz stattfinden und in denen zu Zwecken der Rettung, Schuldenanpassung, Reorganisation oder Liquidation

a) dem Schuldner die Verfügungsgewalt über sein Vermögen ganz oder teilweise entzogen und ein Verwalter bestellt wird,

b) das Vermögen und die Geschäfte des Schuldners der Kontrolle oder Aufsicht durch ein Gericht unterstellt werden oder

c) die vorübergehende Aussetzung von Einzelvollstreckungsverfahren von einem Gericht oder kraft Gesetzes gewährt wird, um Verhandlungen zwischen dem Schuldner und seinen Gläubigern zu ermöglichen, sofern das Verfahren, in dem die Aussetzung gewährt wird, geeignete Maßnahmen zum Schutz der Gesamtheit der Gläubiger vorsieht und in dem Fall, dass keine Einigung erzielt wird, einem der in den Buchstaben a oder b genannten Verfahren vorgeschaltet ist.

Kann ein in diesem Absatz genanntes Verfahren in Situationen eingeleitet werden, in denen lediglich die Wahrschein lichkeit einer Insolvenz besteht, ist der Zweck des Verfahrens die Vermeidung der Insolvenz des Schuldners oder der Einstellung seiner Geschäftstätigkeit.

Die Verfahren, auf die in diesem Absatz Bezug genommen wird, sind in Anhang A aufgeführt.

(2) Diese Verordnung gilt nicht für Verfahren nach Absatz 1 in Bezug auf

a) Versicherungsunternehmen,

b) Kreditinstitute,

c) Wertpapierfirmen und andere Firmen, Einrichtungen und Unternehmen, soweit sie unter die Richtlinie 2001/24/EG fallen, oder

d) Organismen für gemeinsame Anlagen.

Artikel 2 Begriffsbestimmungen

Für die Zwecke dieser Verordnung bezeichnet der Ausdruck

1. „Gesamtverfahren" ein Verfahren, an dem alle oder ein wesentlicher Teil der Gläubiger des Schuldners beteiligt sind, vorausgesetzt, dass im letzteren Fall das Verfahren nicht die Forderungen der Gläubiger berührt, die nicht daran beteiligt sind;

2. „Organismen für gemeinsame Anlagen" Organismen für gemeinsame Anlagen in Wertpapieren (OGAW) im Sinne der Richtlinie 2009/65/EG des Europäischen Parlaments und des Rates[13] und alternative Investmentfonds (AIF) im Sinne der Richtlinie 2011/61/EU des Europäischen Parlaments und des Rates[14];

3. „Schuldner in Eigenverwaltung" einen Schuldner, über dessen Vermögen ein Insolvenzverfahren eröffnet wurde, das nicht zwingend mit der Bestellung eines Verwalters oder der vollständigen Übertragung der Rechte und Pf lichten zur Verwaltung des Vermögens des Schuldners auf einen Verwalter verbunden ist, und bei dem der Schuldner daher ganz oder zumindest teilweise die Kontrolle über sein Vermögen und seine Geschäfte behält;

4. „Insolvenzverfahren" ein in Anhang A aufgeführtes Verfahren;

5. „Verwalter" jede Person oder Stelle, deren Aufgabe es ist, auch vorläufig

i) die in Insolvenzverfahren angemeldeten Forderungen zu prüfen und zuzulassen;

ii) die Gesamtinteressen der Gläubiger zu vertreten;

iii) die Insolvenzmasse entweder vollständig oder teilweise zu verwalten;

iv) die Insolvenzmasse im Sinne der Ziffer iii zu verwerten oder

v) die Geschäftstätigkeit des Schuldners zu überwachen.

Die in Unterabsatz 1 genannten Personen und Stellen sind in Anhang B aufgeführt;

6. „Gericht"

i) in Artikel 1 Absatz 1 Buchstaben b und c, Artikel 4 Absatz 2, Artikel 5, Artikel 6, Artikel 21 Absatz 3, Artikel 24 Absatz 2 Buchstabe j, Artikel 36, Artikel 39 und Artikel 61 bis Artikel 77 das Justizorgan eines Mitgliedstaats;

ii) in allen anderen Artikeln das Justizorgan oder jede sonstige zuständige Stelle eines Mitgliedstaats, die befugt ist, ein Insolvenzverfahren zu eröffnen, die Eröffnung eines solchen Verfahrens zu bestätigen oder im Rahmen dieses Verfahrens Entscheidungen zu treffen;

7. „Entscheidung zur Eröffnung eines Insolvenzverfahrens"

i) die Entscheidung eines Gerichts zur Eröffnung eines Insolvenzverfahrens oder zur Bestätigung der Eröffnung eines solchen Verfahrens und

ii) die Entscheidung eines Gerichts zur Bestellung eines Verwalters;

EuInsVO

13 Richtlinie 2009/65/EG des Europäischen Parlaments und des Rates vom 13. Juli 2009 zur Koordinierung der Rechts- und Verwaltungsvorschriften betreffend bestimmte Organismen für gemeinsame Anlagen in Wertpapieren (OGAW) (ABl. L 302 vom 17.11.2009, 32).

14 Richtlinie 2011/61/EU des Europäischen Parlaments und des Rates vom 8. Juni 2011 über die Verwalter alternativer Investmentfonds und zur Änderung der Richtlinien 2003/41/EG und 2009/65/EG und der Verordnungen (EG) Nr. 1060/2009 und (EU) Nr. 1095/2010 (ABl. L 174 vom 1.7.2011, 1).

8. „Zeitpunkt der Verfahrenseröffnung" den Zeitpunkt, zu dem die Entscheidung zur Eröffnung des Insolvenzverfahrens wirksam wird, unabhängig davon, ob die Entscheidung endgültig ist oder nicht;

9. „Mitgliedstaat, in dem sich ein Vermögensgegenstand befindet", im Fall von

i) Namensaktien, soweit sie nicht von Ziffer ii erfasst sind, den Mitgliedstaat, in dessen Hoheitsgebiet die Gesellschaft, die die Aktien ausgegeben hat, ihren Sitz hat;

ii) Finanzinstrumenten, bei denen die Rechtsinhaberschaft durch Eintrag in ein Register oder Buchung auf ein Konto, das von einem oder für einen Intermediär geführt wird, nachgewiesen wird („im Effektengiro übertragbare Wertpapiere"), den Mitgliedstaat, in dem das betreffende Register oder Konto geführt wird;

iii) Guthaben auf Konten bei einem Kreditinstitut den Mitgliedstaat, der in der internationalen Kontonummer (IBAN) angegeben ist, oder im Fall von Guthaben auf Konten bei einem Kreditinstitut ohne IBAN den Mitgliedstaat, in dem das Kreditinstitut, bei dem das Konto geführt wird, seine Hauptverwaltung hat, oder, sofern das Konto bei einer Zweigniederlassung, Agentur oder sonstigen Niederlassung geführt wird, den Mitgliedstaat, in dem sich die Zweigniederlassung, Agentur oder sonstige Niederlassung befindet;

iv) Gegenständen oder Rechten, bei denen das Eigentum oder die Rechtsinhaberschaft in anderen als den unter Ziffer i genannten öffentlichen Registern eingetragen ist, den Mitgliedstaat, unter dessen Aufsicht das Register geführt wird;

v) Europäischen Patenten den Mitgliedstaat, für den das Europäische Patent erteilt wurde;

vi) Urheberrechten und verwandten Schutzrechten den Mitgliedstaat, in dessen Hoheitsgebiet der Eigentümer solcher Rechte seinen gewöhnlichen Aufenthalt oder Sitz hat;

vii) anderen als den unter den Ziffern i bis iv genannten körperlichen Gegenständen den Mitgliedstaat, in dessen Hoheitsgebiet sich der Gegenstand befindet;

viii) anderen Forderungen gegen Dritte als solchen, die sich auf Vermögenswerte gemäß Ziffer iii beziehen, den Mitgliedstaat, in dessen Hoheitsgebiet der zur Leistung Verpflichtete Dritte den Mittelpunkt seiner hauptsächlichen Interessen im Sinne des Artikels 3 Absatz 1 hat;

10. „Niederlassung" jeden Tätigkeitsort, an dem der Schuldner einer wirtschaftlichen Aktivität von nicht vorübergehender Art nachgeht oder in den drei Monaten vor dem Antrag auf Eröffnung des Hauptinsolvenz verfahrens nachgegangen ist, die den Einsatz von Personal und Vermögenswerten voraussetzt;

11. „lokaler Gläubiger" den Gläubiger, dessen Forderungen gegen den Schuldner aus oder in Zusammenhang mit dem Betrieb einer Niederlassung in einem anderen Mitgliedstaat als dem Mitgliedstaat entstanden sind, in dem sich der Mittelpunkt der hauptsächlichen Interessen des Schuldners befindet;

12. „ausländischer Gläubiger" den Gläubiger, der seinen gewöhnlichen Aufenthalt, Wohnsitz oder Sitz in einem anderen Mitgliedstaat als dem Mitgliedstaat der Verfahrenseröffnung hat, einschließlich der Steuerbehörden und der Sozialversicherungsträger der Mitgliedstaaten;

13 „Unternehmensgruppe" ein Mutterunternehmen und alle seine Tochterunternehmen;

14. „Mutterunternehmen" ein Unternehmen, das ein oder mehrere Tochterunternehmen entweder unmittelbar oder mittelbar kontrolliert. Ein Unternehmen, das einen konsolidierten Abschluss gemäß der Richtlinie 2013/34/EU des Europäischen Parlaments und des Rates[15] erstellt, wird als Mutterunternehmen angesehen.

Artikel 3 Internationale Zuständigkeit

(1) Für die Eröffnung des Insolvenzverfahrens sind die Gerichte des Mitgliedstaats zuständig, in dessen Hoheitsgebiet der Schuldner den Mittelpunkt seiner hauptsächlichen Interessen hat (im Folgenden „Hauptinsolvenzverfahren"). Mittelpunkt der hauptsächlichen Interessen ist der Ort, an dem der Schuldner gewöhnlich der Verwaltung seiner Interessen nachgeht und der für Dritte feststellbar ist.

Bei Gesellschaften oder juristischen Personen wird bis zum Beweis des Gegenteils vermutet, dass der Mittelpunkt ihrer hauptsächlichen Interessen der Ort ihres Sitzes ist. Diese Annahme gilt nur, wenn der Sitz nicht in einem Zeitraum von drei Monaten vor dem Antrag auf Eröffnung des Insolvenzverfahrens in einen anderen Mitgliedstaat verlegt wurde.

Bei einer natürlichen Person, die eine selbständige gewerbliche oder freiberuf liche Tätigkeit ausübt, wird bis zum Beweis des Gegenteils vermutet, dass der Mittelpunkt ihrer hauptsächlichen Interessen ihre Hauptniederlassung ist. Diese Annahme gilt nur, wenn die Hauptniederlassung der natürlichen Person nicht in einem Zeitraum von drei Monaten vor dem Antrag auf

15 Richtlinie 2013/34/EU des Europäischen Parlaments und des Rates vom 26. Juni 2013 über den Jahresabschluss, den konsolidierten Abschluss und damit verbundene Berichte von Unternehmen bestimmter Rechtsformen und zur Änderung der Richtlinie 2006/43/EG des Europäischen Parlaments und des Rates und zur Aufhebung der Richtlinien 78/660/EWG und 83/349/EWG des Rates (ABl. L 182 vom 29.6.2013, 19).

Eröffnung des Insolvenzverfahrens in einen anderen Mitgliedstaat verlegt wurde.
Bei allen anderen natürlichen Personen wird bis zum Beweis des Gegenteils vermutet, dass der Mittelpunkt ihrer hauptsächlichen Interessen der Ort ihres gewöhnlichen Aufenthalts ist. Diese Annahme gilt nur, wenn der gewöhnliche Aufenthalt nicht in einem Zeitraum von sechs Monaten vor dem Antrag auf Eröffnung des Insolvenzverfahrens in einen anderen Mitgliedstaat verlegt wurde.

(2) Hat der Schuldner den Mittelpunkt seiner hauptsächlichen Interessen im Hoheitsgebiet eines Mitgliedstaats, so sind die Gerichte eines anderen Mitgliedstaats nur dann zur Eröffnung eines Insolvenzverfahrens befugt, wenn der Schuldner eine Niederlassung im Hoheitsgebiet dieses anderen Mitgliedstaats hat. Die Wirkungen dieses Verfahrens sind auf das im Hoheitsgebiet dieses letzteren Mitgliedstaats befindliche Vermögen des Schuldners beschränkt.

(3) Wird ein Insolvenzverfahren nach Absatz 1 eröffnet, so ist jedes zu einem späteren Zeitpunkt nach Absatz 2 eröffnete Insolvenzverfahren ein Sekundärinsolvenzverfahren.

(4) Vor der Eröffnung eines Insolvenzverfahrens nach Absatz 1 kann ein Partikularverfahren nach Absatz 2 nur eröffnet werden, falls:
a) die Eröffnung eines Insolvenzverfahrens nach Absatz 1 angesichts der Bedingungen, die das Recht des Mitgliedstaats vorschreibt, in dessen Hoheitsgebiet der Schuldner den Mittelpunkt seiner hauptsächlichen Interessen hat, nicht möglich ist oder
b) die Eröffnung des Partikularverfahrens von
i) einem Gläubiger beantragt wird, dessen Forderung sich aus dem Betrieb einer Niederlassung ergibt oder damit im Zusammenhang steht, die sich im Hoheitsgebiet des Mitgliedstaats befindet, in dem die Eröffnung des Partikularverfahrens beantragt wird, oder
ii) einer Behörde beantragt wird, die nach dem Recht des Mitgliedstaats, in dessen Hoheitsgebiet sich die Niederlassung befindet, das Recht hat, die Eröffnung von Insolvenzverfahren zu beantragen.
Nach der Eröffnung des Hauptinsolvenzverfahrens wird das Partikularverfahren zum Sekundärinsolvenzverfahren.

Artikel 4 Prüfung der Zuständigkeit

(1) Das mit einem Antrag auf Eröffnung eines Insolvenzverfahrens befasste Gericht prüft von Amts wegen, ob es nach Artikel 3 zuständig ist. In der Entscheidung zur Eröffnung des Insolvenzverfahrens sind die Gründe anzugeben, auf denen die Zuständigkeit des Gerichts beruht sowie insbesondere, ob die Zuständigkeit auf Artikel 3 Absatz 1 oder Absatz 2 gestützt ist.

(2) Unbeschadet des Absatzes 1 können die Mitgliedstaaten in Insolvenzverfahren, die gemäß den nationalen Rechtsvorschriften ohne gerichtliche Entscheidung eröffnet werden, den in einem solchen Verfahren bestellten Verwalter damit betrauen, zu prüfen, ob der Mitgliedstaat, in dem der Antrag auf Eröffnung des Verfahrens anhängig ist, gemäß Artikel 3 zuständig ist. Ist dies der Fall, führt der Verwalter in der Entscheidung zur Verfahrenseröffnung die Gründe auf, auf welchen die Zuständigkeit beruht sowie insbesondere, ob die Zuständigkeit auf Artikel 3 Absatz 1 oder Absatz 2 gestützt ist.

Artikel 5 Gerichtliche Nachprüfung der Entscheidung zur Eröffnung des Hauptinsolvenzverfahrens

(1) Der Schuldner oder jeder Gläubiger kann die Entscheidung zur Eröffnung des Hauptinsolvenzverfahrens vor Gericht aus Gründen der internationalen Zuständigkeit anfechten.

(2) Die Entscheidung zur Eröffnung des Hauptinsolvenzverfahrens kann von anderen als den in Absatz 1 genannten Verfahrensbeteiligten oder aus anderen Gründen als einer mangelnden internationalen Zuständigkeit angefochten werden, wenn dies nach nationalem Recht vorgesehen ist.

Artikel 6 Zuständigkeit für Klagen, die unmittelbar aus dem Insolvenzverfahren hervorgehen und in engem Zusammenhang damit stehen

(1) Die Gerichte des Mitgliedstaats, in dessen Hoheitsgebiet das Insolvenzverfahren nach Artikel 3 eröffnet worden ist, sind zuständig für alle Klagen, die unmittelbar aus dem Insolvenzverfahren hervorgehen und in engem Zusammenhang damit stehen, wie beispielsweise Anfechtungsklagen.

(2) Steht eine Klage nach Absatz 1 im Zusammenhang mit einer anderen zivil- oder handelsrechtlichen Klage gegen denselben Beklagten, so kann der Verwalter beide Klagen bei den Gerichten in dem Mitgliedstaat, in dessen Hoheitsgebiet der Beklagte seinen Wohnsitz hat, oder – bei einer Klage gegen mehrere Beklagte – bei den Gerichten in dem Mitgliedstaat, in dessen Hoheitsgebiet einer der Beklagten seinen Wohnsitz hat, erheben, vorausgesetzt, die betreffenden Gerichte sind nach der Verordnung (EU) Nr. 1215/2012 zuständig.
Unterabsatz 1 gilt auch für den Schuldner in Eigenverwaltung, sofern der Schuldner in Eigenverwaltung nach nationalem Recht Klage für die Insolvenzmasse erheben kann.

(3) Klagen gelten für die Zwecke des Absatzes 2 als miteinander im Zusammenhang stehend, wenn zwischen ihnen eine so enge Beziehung gegeben ist, dass eine gemeinsame Verhandlung und Entscheidung zweckmäßig ist, um die Gefahr zu vermeiden, dass in getrennten Verfahren miteinander unvereinbare Entscheidungen ergehen.

Artikel 7 Anwendbares Recht

(1) Soweit diese Verordnung nichts anderes bestimmt, gilt für das Insolvenzverfahren und seine Wirkungen das Insolvenzrecht des Mitgliedstaats, in dessen Hoheitsgebiet das Verfahren eröffnet wird (im Folgenden „Staat der Verfahrenseröffnung").

(2) Das Recht des Staates der Verfahrenseröffnung regelt, unter welchen Voraussetzungen das Insolvenzverfahren eröffnet wird und wie es durchzuführen und zu beenden ist. Es regelt insbesondere:

a) bei welcher Art von Schuldnern ein Insolvenzverfahren zulässig ist;

b) welche Vermögenswerte zur Insolvenzmasse gehören und wie die nach der Verfahrenseröffnung vom Schuldner erworbenen Vermögenswerte zu behandeln sind;

c) die jeweiligen Befugnisse des Schuldners und des Verwalters;

d) die Voraussetzungen für die Wirksamkeit einer Aufrechnung;

e) wie sich das Insolvenzverfahren auf laufende Verträge des Schuldners auswirkt;

f) wie sich die Eröffnung eines Insolvenzverfahrens auf Rechtsverfolgungsmaßnahmen einzelner Gläubiger auswirkt;
ausgenommen sind die Wirkungen auf anhängige Rechtsstreitigkeiten;

g) welche Forderungen als Insolvenzforderungen anzumelden sind und wie Forderungen zu behandeln sind, die nach der Eröffnung des Insolvenzverfahrens entstehen;

h) die Anmeldung, die Prüfung und die Feststellung der Forderungen;

i) die Verteilung des Erlöses aus der Verwertung des Vermögens, den Rang der Forderungen und die Rechte der Gläubiger, die nach der Eröffnung des Insolvenzverfahrens aufgrund eines dinglichen Rechts oder infolge einer Aufrechnung teilweise befriedigt wurden;

j) die Voraussetzungen und die Wirkungen der Beendigung des Insolvenzverfahrens, insbesondere durch Vergleich;

k) die Rechte der Gläubiger nach der Beendigung des Insolvenzverfahrens;

l) wer die Kosten des Insolvenzverfahrens einschließlich der Auslagen zu tragen hat;

m) welche Rechtshandlungen nichtig, anfechtbar oder relativ unwirksam sind, weil sie die Gesamtheit der Gläubiger benachteiligen.

Artikel 8 Dingliche Rechte Dritter

(1) Das dingliche Recht eines Gläubigers oder eines Dritten an körperlichen oder unkörperlichen, beweglichen oder unbeweglichen Gegenständen des Schuldners – sowohl an bestimmten Gegenständen als auch an einer Mehrheit von nicht bestimmten Gegenständen mit wechselnder Zusammensetzung –, die sich zum Zeitpunkt der Eröffnung des Insolvenzverfahrens im Hoheitsgebiet eines anderen Mitgliedstaats befinden, wird von der Eröffnung des Verfahrens nicht berührt.

(2) Rechte im Sinne von Absatz 1 sind insbesondere

a) das Recht, den Gegenstand zu verwerten oder verwerten zu lassen und aus dem Erlös oder den Nutzungen diesesGegenstands befriedigt zu werden, insbesondere aufgrund eines Pfandrechts oder einer Hypothek;

b) das ausschließliche Recht, eine Forderung einzuziehen, insbesondere aufgrund eines Pfandrechts an einer Forderung oder aufgrund einer Sicherheitsabtretung dieser Forderung;

c) das Recht, die Herausgabe von Gegenständen von jedermann zu verlangen, der diese gegen den Willen des Berechtigten besitzt oder nutzt;

d) das dingliche Recht, die Früchte eines Gegenstands zu ziehen.

(3) Das in einem öffentlichen Register eingetragene und gegen jedermann wirksame Recht, ein dingliches Recht im Sinne von Absatz 1 zu erlangen, wird einem dinglichen Recht gleichgestellt.

(4) Absatz 1 steht der Nichtigkeit, Anfechtbarkeit oder relativen Unwirksamkeit einer Rechtshandlung nach Artikel 7 Absatz 2 Buchstabe m nicht entgegen.

Artikel 9 Aufrechnung

(1) Die Befugnis eines Gläubigers, mit seiner Forderung gegen eine Forderung eines Schuldners aufzurechnen, wird von der Eröffnung des Insolvenzverfahrens nicht berührt, wenn diese Aufrechnung nach dem für die Forderung des insolventen Schuldners maßgeblichen Recht zulässig ist.

(2) Absatz 1 steht der Nichtigkeit, Anfechtbarkeit oder relativen Unwirksamkeit einer Rechtshandlung nach Artikel 7 Absatz 2 Buchstabe m nicht entgegen.

Artikel 10 Eigentumsvorbehalt

(1) Die Eröffnung eines Insolvenzverfahrens gegen den Käufer einer Sache lässt die Rechte der Verkäufer aus einem Eigentumsvorbehalt unberührt, wenn sich diese Sache zum Zeitpunkt der

Eröffnung des Verfahrens im Hoheitsgebiet eines anderen Mitgliedstaats als dem der Verfahrenseröffnung befindet.

(2) Die Eröffnung eines Insolvenzverfahrens gegen den Verkäufer einer Sache nach deren Lieferung rechtfertigt nicht die Auflösung oder Beendigung des Kaufvertrags und steht dem Eigentumserwerb des Käufers nicht entgegen, wenn sich diese Sache zum Zeitpunkt der Verfahrenseröffnung im Hoheitsgebiet eines anderen Mitgliedstaats als dem der Verfahrenseröffnung befindet.

(3) Die Absätze 1 und 2 stehen der Nichtigkeit, Anfechtbarkeit oder relativen Unwirksamkeit einer Rechtshandlung nach Artikel 7 Absatz 2 Buchstabe m nicht entgegen.

Artikel 11 Vertrag über einen unbeweglichen Gegenstand

(1) Für die Wirkungen des Insolvenzverfahrens auf einen Vertrag, der zum Erwerb oder zur Nutzung eines unbeweglichen Gegenstands berechtigt, ist ausschließlich das Recht des Mitgliedstaats maßgebend, in dessen Hoheitsgebiet sich dieser Gegenstand befindet.

(2) Die Zuständigkeit für die Zustimmung zu einer Beendigung oder Änderung von Verträgen nach diesem Artikel liegt bei dem Gericht, das das Hauptinsolvenzverfahren eröffnet hat, wenn

a) ein derartiger Vertrag nach den für diese Verträge geltenden Rechtsvorschriften des Mitgliedstaats nur mit Zustimmung des Gerichts der Verfahrenseröffnung beendet oder geändert werden kann und

b) in dem betreffenden Mitgliedstaat kein Insolvenzverfahren eröffnet worden ist.

Artikel 12 Zahlungssysteme und Finanzmärkte

(1) Unbeschadet des Artikels 8 ist für die Wirkungen des Insolvenzverfahrens auf die Rechte und Pflichten der Mitglieder eines Zahlungs- oder Abwicklungssystems oder eines Finanzmarktes ausschließlich das Recht des Mitgliedstaats maßgebend, das für das betreffende System oder den betreffenden Markt gilt.

(2) Absatz 1 steht einer Nichtigkeit, Anfechtbarkeit oder relativen Unwirksamkeit der Zahlungen oder Transaktionen gemäß den für das betreffende Zahlungssystem oder den betreffenden Finanzmarkt geltenden Rechtsvorschriften nicht entgegen.

Artikel 13 Arbeitsvertrag

(1) Für die Wirkungen des Insolvenzverfahrens auf einen Arbeitsvertrag und auf das Arbeitsverhältnis gilt ausschließlich das Recht des Mitgliedstaats, das auf den Arbeitsvertrag anzuwenden ist.

(2) Die Zuständigkeit für die Zustimmung zu einer Beendigung oder Änderung von Verträgen nach diesem Artikel verbleibt bei den Gerichten des Mitgliedstaats, in dem ein Sekundärinsolvenzverfahren eröffnet werden kann, auch wenn in dem betreffenden Mitgliedstaat kein Insolvenzverfahren eröffnet worden ist.

Unterabsatz 1 gilt auch für eine Behörde, die nach nationalem Recht für die Zustimmung zu einer Beendigung oder Änderung von Verträgen nach diesem Artikel zuständig ist.

Artikel 14 Wirkung auf eintragungspflichtige Rechte

Für die Wirkungen des Insolvenzverfahrens auf Rechte des Schuldners an einem unbeweglichen Gegenstand, einem Schiff oder einem Luftfahrzeug, die der Eintragung in ein öffentliches Register unterliegen, ist das Recht des Mitgliedstaats maßgebend, unter dessen Aufsicht das Register geführt wird.

Artikel 15 Europäische Patente mit einheitlicher Wirkung und Gemeinschaftsmarken

Für die Zwecke dieser Verordnung kann ein Europäisches Patent mit einheitlicher Wirkung, eine Gemeinschaftsmarke oder jedes andere durch Unionsrecht begründete ähnliche Recht nur in ein Verfahren nach Artikel 3 Absatz 1 miteinbezogen werden.

Artikel 16 Benachteiligende Handlungen

Artikel 7 Absatz 2 Buchstabe m findet keine Anwendung, wenn die Person, die durch eine die Gesamtheit der Gläubiger benachteiligende Handlung begünstigt wurde, nachweist, dass a) für diese Handlung das Recht eines anderen Mitgliedstaats als des Staates der Verfahrenseröffnung maßgeblich ist und b) diese Handlung im vorliegenden Fall in keiner Weise nach dem Recht dieses Mitgliedstaats angreifbar ist.

Artikel 17 Schutz des Dritterwerbers

Verfügt der Schuldner durch eine nach Eröffnung des Insolvenzverfahrens vorgenommene Handlung gegen Entgelt über

a) einen unbeweglichen Gegenstand,

b) ein Schiff oder ein Luftfahrzeug, das der Eintragung in ein öffentliches Register unterliegt, oder

c) Wertpapiere, deren Eintragung in ein gesetzlich vorgeschriebenes Register Voraussetzung für ihre Existenz ist,

so richtet sich die Wirksamkeit dieser Rechtshandlung nach dem Recht des Staats, in dessen Hoheitsgebiet sich dieser unbewegliche Gegenstand befindet oder unter dessen Aufsicht das Register geführt wird.

Artikel 18 Wirkungen des Insolvenzverfahrens auf anhängige Rechtstreitigkeiten und Schiedsverfahren

Für die Wirkungen des Insolvenzverfahrens auf einen anhängigen Rechtsstreit oder ein anhängiges Schiedsverfahren über einen Gegenstand oder ein Recht, der bzw. das Teil der Insolvenzmasse ist, gilt ausschließlich das Recht des Mitgliedstaats, in dem der Rechtsstreit anhängig oder in dem das Schiedsgericht belegen ist.

KAPITEL II: ANERKENNUNG DER INSOLVENZVERFAHREN

Artikel 19 Grundsatz

(1) Die Eröffnung eines Insolvenzverfahrens durch ein nach Artikel 3 zuständiges Gericht eines Mitgliedstaats wird in allen übrigen Mitgliedstaaten anerkannt, sobald die Entscheidung im Staat der Verfahrenseröffnung wirksam ist.
Die Regel nach Unterabsatz 1 gilt auch, wenn in den übrigen Mitgliedstaaten über das Vermögen des Schuldners wegen seiner Eigenschaft ein Insolvenzverfahren nicht eröffnet werden könnte.

(2) Die Anerkennung eines Verfahrens nach Artikel 3 Absatz 1 steht der Eröffnung eines Verfahrens nach Artikel 3 Absatz 2 durch ein Gericht eines anderen Mitgliedstaats nicht entgegen. In diesem Fall ist das Verfahren nach Artikel 3 Absatz 2 ein Sekundärinsolvenzverfahren im Sinne von Kapitel III.

Artikel 20 Wirkungen der Anerkennung

(1) Die Eröffnung eines Insolvenzverfahrens nach Artikel 3 Absatz 1 entfaltet in jedem anderen Mitgliedstaat, ohne dass es hierfür irgendwelcher Förmlichkeiten bedürfte, die Wirkungen, die das Recht des Staates der Verfahrenseröffnung dem Verfahren beilegt, sofern diese Verordnung nichts anderes bestimmt und solange in diesem anderen Mitgliedstaat kein Verfahren nach Artikel 3 Absatz 2 eröffnet ist.

(2) Die Wirkungen eines Verfahrens nach Artikel 3 Absatz 2 dürfen in den anderen Mitgliedstaaten nicht in Frage gestellt werden. Jegliche Beschränkung der Rechte der Gläubiger, insbesondere eine Stundung oder eine Schuldbefreiung infolge des Verfahrens, wirkt hinsichtlich des im Hoheitsgebiet eines anderen Mitgliedstaats befindlichen Vermögens nur gegenüber den Gläubigern, die ihre Zustimmung hierzu erteilt haben.

Artikel 21 Befugnisse des Verwalters

(1) Der Verwalter, der durch ein nach Artikel 3 Absatz 1 zuständiges Gericht bestellt worden ist, darf im Gebiet eines anderen Mitgliedstaats alle Befugnisse ausüben, die ihm nach dem Recht des Staates der Verfahrenseröffnung zustehen, solange in dem anderen Staat nicht ein weiteres Insolvenzverfahren eröffnet ist oder eine gegenteilige Sicherungs maßnahme auf einen Antrag auf Eröffnung eines Insolvenzverfahrens hin ergriffen worden ist. Er darf insbesondere vorbehaltlich der Artikel 8 und 10 die zur Masse gehörenden Gegenstände aus dem Hoheitsgebiet des Mitgliedstaats entfernen, in dem diese sich befinden.

(2) Der Verwalter, der durch ein nach Artikel 3 Absatz 2 zuständiges Gericht bestellt worden ist, darf in jedem anderen Mitgliedstaat gerichtlich und außergerichtlich geltend machen, dass ein beweglicher Gegenstand nach der Eröffnung des Insolvenzverfahrens aus dem Hoheitsgebiet des Staates der Verfahrenseröffnung in das Hoheitsgebiet dieses anderen Mitgliedstaats verbracht worden ist. Des Weiteren kann der Verwalter eine den Interessen der Gläubiger dienende Anfechtungsklage erheben.

(3) Bei der Ausübung seiner Befugnisse hat der Verwalter das Recht des Mitgliedstaats, in dessen Hoheitsgebiet er handeln will, zu beachten, insbesondere hinsichtlich der Art und Weise der Verwertung eines Gegenstands der Masse. Diese Befugnisse dürfen nicht die Anwendung von Zwangsmitteln ohne Anordnung durch ein Gerichts dieses Mitgliedstaats oder das Recht umfassen, Rechtsstreitigkeiten oder andere Auseinandersetzungen zu entscheiden.

Artikel 22 Nachweis der Verwalterbestellung

Die Bestellung zum Verwalter wird durch eine beglaubigte Abschrift der Entscheidung, durch die er bestellt worden ist, oder durch eine andere von dem zuständigen Gericht ausgestellte Bescheinigung nachgewiesen.
Es kann eine Übersetzung in die Amtssprache oder eine der Amtssprachen des Mitgliedstaats, in dessen Hoheitsgebiet er handeln will, verlangt werden. Eine Legalisation oder eine entsprechende andere Förmlichkeit wird nicht verlangt.

Artikel 23 Herausgabepf licht und Anrechnung

(1) Ein Gläubiger, der nach der Eröffnung eines Insolvenzverfahrens nach Artikel 3 Absatz 1 auf irgendeine Weise, insbesondere durch Zwangsvollstreckung, vollständig oder teilweise aus einem Gegenstand der Masse befriedigt wird, der im Hoheitsgebiet eines anderen Mitgliedstaat belegen ist, hat vorbehaltlich der Artikel 8 und 10 das Erlangte an den Verwalter herauszugeben.

(2) Zur Wahrung der Gleichbehandlung der Gläubiger nimmt ein Gläubiger, der in einem Insolvenzverfahren eine Quote auf seine Forderung

erlangt hat, an der Verteilung im Rahmen eines anderen Verfahrens erst dann teil, wenn die Gläubiger gleichen Ranges oder gleicher Gruppenzugehörigkeit in diesem anderen Verfahren die gleiche Quote erlangt haben.

Artikel 24 Einrichtung von Insolvenzregistern

(1) Die Mitgliedstaaten errichten und unterhalten in ihrem Hoheitsgebiet ein oder mehrere Register, um Informationen über Insolvenzerfahren bekanntzumachen (im Folgenden „Insolvenzregister"). Diese Informationen werden so bald als möglich nach Eröffnung eines solchen Verfahrens bekanntgemacht.

(2) Die Informationen nach Absatz 1 sind gemäß den Voraussetzungen nach Artikel 27 öffentlich bekanntzumachen und umfassen die folgenden Informationen (im Folgenden „Pflichtinformationen"):

a) Datum der Eröffnung des Insolvenzverfahrens;

b) Gericht, das das Insolvenzverfahren eröffnet hat, und – soweit vorhanden – Aktenzeichen;

c) Art des eröffneten Insolvenzverfahrens nach Anhang A und gegebenenfalls Unterart des nach nationalem Recht eröffneten Verfahrens;

d) Angaben dazu, ob die Zuständigkeit für die Eröffnung des Verfahrens auf Artikel 3 Absatz 1, 2 oder 4 beruht;

e) Name, Registernummer, Sitz oder, sofern davon abweichend, Postanschrift des Schuldners, wenn es sich um eine Gesellschaft oder eine juristische Person handelt;

f) Name, gegebenenfalls Registernummer sowie Postanschrift des Schuldners oder, falls die Anschrift geschützt ist, Geburtsort und Geburtsdatum des Schuldners, wenn er eine natürliche Person ist, unabhängig davon, ob er eine selbständige gewerbliche oder freiberufliche Tätigkeit ausübt;

g) gegebenenfalls Name, Postanschrift oder E-Mail-Adresse des für das Verfahren bestellten Verwalters;

h) gegebenenfalls die Frist für die Anmeldung der Forderungen bzw. einen Verweis auf die Kriterien für die Berechnung dieser Frist;

i) gegebenenfalls das Datum der Beendigung des Hauptinsolvenzverfahrens;

j) das Gericht, das gemäß Artikel 5 für eine Anfechtung der Entscheidung zur Eröffnung des Insolvenzverfahrens zuständig ist und gegebenenfalls die Frist für die Anfechtung bzw. einen Verweis auf die Kriterien für die Berechnung dieser Frist.

(3) Absatz 2 hindert die Mitgliedstaaten nicht, Dokumente oder zusätzliche Informationen, beispielsweise denn Ausschluss von einer Tätigkeit als Geschäftsleiter im Zusammenhang mit der Insolvenz, in ihre nationalen Insolvenz register aufzunehmen.

(4) Die Mitgliedstaaten sind nicht Verpflichtet, die in Absatz 1 dieses Artikels genannten Informationen über natürliche Personen, die keine selbständige gewerbliche oder freiberuf liche Tätigkeit ausüben, in die Insolvenzregister aufzunehmen oder diese Informationen über das System der Vernetzung dieser Register öffentlich zugänglich zu machen, sofern bekannte ausländische Gläubiger gemäß Artikel 54 über die in Absatz 2 Buchstabe j dieses Artikels genannten Elemente informiert werden.

Macht ein Mitgliedstaat von der in Unterabsatz 1 genannten Möglichkeit Gebrauch, so berührt das Insolvenzverfahren nicht die Forderungen der ausländischen Gläubiger, die die Informationen gemäß Unterabsatz 1 nicht erhalten haben.

(5) Die Bekanntmachung von Informationen in den Registern gemäß dieser Verordnung hat keine anderen Rechtswirkungen als die, die nach nationalem Recht und in Artikel 55 Absatz 6 festgelegt sind.

Artikel 25 Vernetzung von Insolvenzregistern

(1) Die Kommission richtet im Wege von Durchführungsrechtsakten ein dezentrales System zur Vernetzung der Insolvenzregister ein. Dieses System besteht aus den Insolvenzregistern und dem Europäischen Justizportal, das für die Öffentlichkeit als zentraler elektronischer Zugangspunkt zu Informationen im System dient. Das System bietet für die Abfrage der Pf lichtinformationen und alle anderen Dokumente oder Informationen in den Insolvenzregistern, die von den Mitgliedstaaten über das Europäische Justizportal verfügbar gemacht werden, einen Suchdienst in allen Amtssprachen der Organe der Union.

(2) Die Kommission legt im Wege von Durchführungsrechtsakten gemäß dem Verfahren nach Artikel 87 bis zum 26. Juni 2019 Folgendes fest:

a) die technischen Spezifikationen für die elektronische Kommunikation und den elektronischen Informationsaustausch auf der Grundlage der festgelegten Schnittstellenspezifikation für das System zur Vernetzung der Insolvenzregister;

b) die technischen Maßnahmen, durch die die IT-Mindestsicherheitsstandards für die Übermittlung und Verbreitung von Informationen innerhalb des Systems zur Vernetzung der Insolvenzregister gewährleistet werden;

c) die Mindestkriterien für den vom Europäischen Justizportal bereitgestellten Suchdienst anhand der Informationen nach Artikel 24;

d) die Mindestkriterien für die Anzeige der Suchergebnisse in Bezug auf die Informationen nach Artikel 24;

e) die Mittel und technischen Voraussetzungen für die Verfügbarkeit der durch das System der Vernetzung von Insolvenzregistern angebotenen Dienste und

f) ein Glossar mit einer allgemeinen Erläuterung der in Anhang A aufgeführten nationalen Insolvenzverfahren.

Artikel 26 Kosten für die Einrichtung und Vernetzung der Insolvenzregister

(1) Die Einrichtung, Unterhaltung und Weiterentwicklung des Systems zur Vernetzung der Insolvenzregister wird aus dem Gesamthaushalt der Union finanziert.

(2) Jeder Mitgliedstaat trägt die Kosten für die Einrichtung und Anpassung seiner nationalen Insolvenzregister für deren Interoperabilität mit dem Europäischen Justizportal sowie die Kosten für die Verwaltung, den Betrieb und die Pflege dieser Register. Davon unberührt bleibt die Möglichkeit, Zuschüsse zur Unterstützung dieser Vorhaben im Rahmen der Finanzierungsprogramme der Union zu beantragen.

Artikel 27 Voraussetzungen für den Zugang zu Informationen über das System der Vernetzung

(1) Die Mitgliedstaaten stellen sicher, dass die Pflichtinformationen nach Artikel 24 Absatz 2 Buchstaben a bis j über das System der Vernetzung von Insolvenzregistern gebührenfrei zur Verfügung stehen.

(2) Diese Verordnung hindert die Mitgliedstaaten nicht, für den Zugang zu den Dokumenten oder zusätzlichen Informationen nach Artikel 24 Absatz 3 über das System der Vernetzung von Insolvenzregister eine angemessene Gebühr zu erheben.

(3) Die Mitgliedstaaten können den Zugang zu Pflichtinformationen bezüglich natürlicher Personen, die keine selbständige gewerbliche oder freiberufliche Tätigkeit ausüben sowie bezüglich natürlicher Personen, die eine selbständige gewerbliche oder freiberuf liche Tätigkeit ausüben, sofern sich das Insolvenzverfahren nicht auf diese Tätigkeit bezieht, von zusätzlichen, über die Mindestkriterien nach Artikel 25 Absatz 2 Buchstabe c hinausgehenden Suchkriterien in Bezug auf den Schuldner abhängig machen.

(4) Die Mitgliedstaaten können ferner verlangen, dass der Zugang zu den Informationen nach Absatz 3 von einem Antrag an die zuständige Behörde abhängig zu machen ist. Die Mitgliedstaaten können den Zugang von der Prüfung des berechtigten Interesses am Zugang zu diesen Daten anhängig machen. Der anfragenden Person muss es möglich sein, die Auskunftsanfrage in elektronischer Form anhand eines Standardformulars über das Europäische Justizportal zu übermitteln. Ist ein berechtigtes Interesse erforderlich, so ist es zulässig, dass die anfragende Person die Rechtmäßigkeit ihres Antrags anhand von Kopien einschlägiger Dokumente in elektronischer Form belegt. Die anfragende Person erhält innerhalb von drei Arbeitstagen eine Antwort von der zuständigen Behörde.
Die anfragende Person ist weder verpflichtet, Übersetzungen der Dokumente, die die Berechtigung ihrer Anfrage belegen, zur Verfügung zu stellen, noch dazu, die bei der Behörde möglicherweise aufgrund der Übersetzungen anfallenden Kosten zu tragen.

Artikel 28 Öffentliche Bekanntmachung in einem anderen Mitgliedstaat

(1) Der Verwalter oder der Schuldner in Eigenverwaltung hat zu beantragen, dass eine Bekanntmachung der Entscheidung zur Eröffnung des Insolvenzverfahrens und gegebenenfalls der Entscheidung zur Bestellung des Verwalters in jedem anderen Mitgliedstaat, in dem sich eine Niederlassung des Schuldners befindet, nach den in diesem Mitgliedstaat vorgesehenen Verfahren veröffentlicht wird. In der Bekanntmachung ist gegebenenfalls anzugeben, wer als Verwalter bestellt wurde und ob sich die Zuständigkeit aus Artikel 3 Absatz 1 oder Absatz 2 ergibt.

(2) Der Verwalter oder der Schuldner in Eigenverwaltung kann beantragen, dass die Bekanntmachung nach Absatz 1 in jedem anderen Mitgliedstaat, in dem er dies für notwendig hält, nach dem in diesem Mitgliedstaat vorgesehenen Verfahren der Bekanntmachung veröffentlicht wird.

Artikel 29 Eintragung in öffentliche Register eines anderen Mitgliedstaats

(1) Ist es in einem Mitgliedstaat, in dem sich eine Niederlassung des Schuldners befindet und diese Niederlassung in einem öffentlichen Register dieses Mitgliedstaats eingetragen ist oder in dem unbewegliches Vermögen des Schuldners belegen ist, gesetzlich vorgeschrieben, dass die Informationen nach Artikel 28 über die Eröffnung eines Insolvenz verfahrens im Grundbuch, Handelsregister oder einem sonstigen öffentlichen Register einzutragen sind, stellt der Verwalter oder der Schuldner in Eigenverwaltung die Eintragung im Register durch alle dazu erforderlichen Maßnahmen sicher.

(2) Der Verwalter oder der Schuldner in Eigenverwaltung kann diese Eintragung in jedem anderen Mitgliedstaat beantragen, sofern das Recht des Mitgliedstaats, in dem das Register geführt wird, eine solche Eintragung zulässt.

Artikel 30 Kosten

Die Kosten der öffentlichen Bekanntmachung nach Artikel 28 und der Eintragung nach Artikel 29 gelten als Kosten und Aufwendungen des Verfahrens.

Artikel 31 Leistung an den Schuldner

(1) Wer in einem Mitgliedstaat an einen Schuldner leistet, über dessen Vermögen in einem anderen Mitgliedstaat ein Insolvenzverfahren eröffnet worden ist, obwohl er an den Verwalter des Insolvenzverfahrens hätte leisten müssen, wird befreit, wenn ihm die Eröffnung des Verfahrens nicht bekannt war.

(2) Erfolgt die Leistung vor der öffentlichen Bekanntmachung nach Artikel 28, so wird bis zum Beweis des Gegenteils vermutet, dass dem Leistenden die Eröffnung nicht bekannt war. Erfolgt die Leistung nach der Bekanntmachung gemäß Artikel 28, so wird bis zum Beweis des Gegenteils vermutet, dass dem Leistenden die Eröffnung bekannt war.

Artikel 32 Anerkennung und Vollstreckbarkeit sonstiger Entscheidungen

(1) Die zur Durchführung und Beendigung eines Insolvenzverfahrens ergangenen Entscheidungen eines Gerichts, dessen Eröffnungsentscheidung nach Artikel 19 anerkannt wird, sowie ein von diesem Gericht bestätigter Vergleich werden ebenfalls ohne weitere Förmlichkeiten anerkannt. Diese Entscheidungen werden nach den Artikeln 39 bis 44 und 47 bis 57 der Verordnung (EU) Nr. 1215/2012 vollstreckt.

Unterabsatz 1 gilt auch für Entscheidungen, die unmittelbar aufgrund des Insolvenzverfahrens ergehen und in engem Zusammenhang damit stehen, auch wenn diese Entscheidungen von einem anderen Gericht erlassen werden.

Unterabsatz 1 gilt auch für Entscheidungen über Sicherungsmaßnahmen, die nach dem Antrag auf Eröffnung eines Insolvenzverfahrens oder in Verbindung damit getroffen werden.

(2) Die Anerkennung und Vollstreckung anderer als der in Absatz 1 dieses Artikels genannten Entscheidungen unterliegen der Verordnung (EU) Nr. 1215/2012, sofern jene Verordnung anwendbar ist.

Artikel 33 Öffentliche Ordnung

Jeder Mitgliedstaat kann sich weigern, ein in einem anderen Mitgliedstaat eröffnetes Insolvenzverfahren anzuerkennen oder eine in einem solchen Verfahren ergangene Entscheidung zu vollstrecken, soweit diese Anerkennung oder Vollstreckung zu einem Ergebnis führt, das offensichtlich mit seiner öffentlichen Ordnung, insbesondere mit den Grundprinzipien oder den verfassungsmäßig garantierten Rechten und Freiheiten des Einzelnen, unvereinbar ist.

KAPITEL III: SEKUNDÄRINSOLVENZVERFAHREN

Artikel 34 Verfahrenseröffnung

Ist durch ein Gericht eines Mitgliedstaats ein Hauptinsolvenzverfahren eröffnet worden, das in einem anderen Mitgliedstaat anerkannt worden ist, kann ein nach Artikel 3 Absatz 2 zuständiges Gericht dieses anderen Mitgliedstaats nach Maßgabe der Vorschriften dieses Kapitels ein Sekundärinsolvenzverfahren eröffnen. War es für das Hauptinsolvenz verfahren erforderlich, dass der Schuldner insolvent ist, so wird die Insolvenz des Schuldners in dem Mitgliedstaat, in dem ein Sekundärinsolvenzverfahren eröffnet werden kann, nicht erneut geprüft. Die Wirkungen des Sekundärinsolvenz verfahrens sind auf das Vermögen des Schuldners beschränkt, das im Hoheitsgebiet des Mitgliedstaats belegen ist, in dem dieses Verfahren eröffnet wurde.

Artikel 35 Anwendbares Recht

Soweit diese Verordnung nichts anderes bestimmt, finden auf das Sekundärinsolvenzverfahren die Rechtsvorschriften des Mitgliedstaats Anwendung, in dessen Hoheitsgebiet das Sekundärinsolvenzverfahren eröffnet worden ist.

Artikel 36 Recht, zur Vermeidung eines Sekundärinsolvenzverfahrens eine Zusicherung zu geben

(1) Um die Eröffnung eines Sekundärinsolvenzverfahrens zu vermeiden, kann der Verwalter des Hauptinsolvenz verfahrens in Bezug auf das Vermögen, das in dem Mitgliedstaat, in dem ein Sekundärinsolvenzverfahren eröffnet werden könnte, belegen ist, eine einseitige Zusicherung (im Folgenden „Zusicherung“) des Inhalts geben, dass er bei der Verteilung dieses Vermögens oder des bei seiner Verwertung erzielten Erlöses die Verteilungs- und Vorzugsrechte nach nationalem Recht wahrt, die Gläubiger hätten, wenn ein Sekundärinsolvenzverfahren in diesem Mitgliedstaat eröffnet worden wäre. Die Zusicherung nennt die ihr zugrunde liegenden tatsächlichen Annahmen, insbesondere in Bezug auf den Wert der in dem betreffenden Mitgliedstaat belegenen Gegenstände der Masse und die Möglichkeiten ihrer Verwertung.

(2) Wurde eine Zusicherung im Einklang mit diesem Artikel gegeben, so gilt für die Verteilung des Erlöses aus der Verwertung von Gegenständen der Masse nach Absatz 1, für den Rang der Forderungen und für die Rechte der Gläubiger in Bezug auf

Gegenstände der Masse nach Absatz 1 das Recht des Mitgliedstaats, in dem das Sekundärinsolvenzverfahren hätte eröffnet werden können. Maßgebender Zeitpunkt für die Feststellung, welche Gegenstände nach Absatz 1 betroffen sind, ist der Zeitpunkt der Abgabe der Zusicherung.

(3) Die Zusicherung erfolgt in der Amtssprache oder einer der Amtssprachen des Mitgliedstaats, in dem ein Sekundär insolvenzverfahren hätte eröffnet werden können, oder – falls es in dem betreffenden Mitgliedstaat mehrere Amtssprachen gibt – in der Amtssprache oder einer Amtssprache des Ortes, an dem das Sekundärinsolvenzverfahren hätte eröffnet werden können.

(4) Die Zusicherung erfolgt in schriftlicher Form. Sie unterliegt den gegebenenfalls im Staat der Eröffnung des Hauptinsolvenzverfahrens geltenden Formerfordernissen und Zustimmungserfordernissen hinsichtlich der Verteilung.

(5) Die Zusicherung muss von den bekannten lokalen Gläubigern gebilligt werden. Die Regeln über die qualifizierte Mehrheit und über die Abstimmung, die für die Annahme von Sanierungsplänen gemäß dem Recht des Mitgliedstaats, in dem ein Sekundärinsolvenzverfahren hätte eröffnet werden können, gelten, gelten auch für die Billigung der Zusicherung. Die Gläubiger können über Fernkommunikationsmittel an der Abstimmung teilzunehmen, sofern das nationale Recht dies gestattet. Der Verwalter unterrichtet die bekannten lokalen Gläubiger über die Zusicherung, die Regeln und Verfahren für deren Billigung sowie die Billigung oder deren Ablehnung.

(6) Eine gemäß diesem Artikel gegebene und gebilligte Zusicherung ist für die Insolvenzmasse verbindlich. Wird ein Sekundärinsolvenzverfahren gemäß den Artikeln 37 und 38 eröffnet, so gibt der Verwalter des Hauptinsolvenzverfahrens Gegenstände der Masse, die er nach Abgabe der Zusicherung aus dem Hoheitsgebiet dieses Mitgliedstaats entfernt hat, oder – falls diese bereits verwertet wurden – ihren Erlös an den Verwalter des Sekundärinsolvenzverfahrens heraus.

(7) Hat der Verwalter eine Zusicherung gegeben, so benachrichtigt er die lokalen Gläubiger, bevor er Massegegenstände und Erlöse im Sinne des Absatzes 1 verteilt, über die beabsichtigte Verteilung. Entspricht diese Benachrichtigung nicht dem Inhalt der Zusicherung oder dem geltendem Recht, so kann jeder lokale Gläubiger diese Verteilung vor einem Gericht des Mitgliedstaats anfechten, in dem das Hauptinsolvenzverfahren eröffnet wurde, um eine Verteilung gemäß dem Inhalt der Zusicherung und dem geltendem Recht zu erreichen. In diesen Fällen findet keine Verteilung statt, bis das Gericht über die Anfechtung entschieden hat.

(8) Lokale Gläubiger können die Gerichte des Mitgliedstaats, in dem das Hauptinsolvenzverfahren eröffnet wurde, anrufen, um den Verwalter des Hauptinsolvenzverfahrens zu Verpflichten, die Einhaltung des Inhalts der Zusicherung durch alle geeigneten Maßnahmen nach dem Recht des Staats, in dem das Hauptinsolvenzverfahren eröffnet wurde, sicherzustellen.

(9) Lokale Gläubiger können auch die Gerichte des Mitgliedstaats, in dem ein Sekundärinsolvenzverfahren eröffnet worden wäre, anrufen, damit das Gericht einstweilige Maßnahmen oder Sicherungsmaßnahmen trifft, um die Einhaltung des Inhalts der Zusicherung durch den Verwalter sicherzustellen.

(10) Der Verwalter haftet gegenüber den lokalen Gläubigern für jeden Schaden infolge der Nichterfüllung seiner Pf lichten und Auflagen im Sinne dieses Artikels.

(11) Für die Zwecke dieses Artikels gilt eine Behörde, die in dem Mitgliedstaat, in dem ein Sekundärinsolvenz verfahren hätte eröffnet werden können, eingerichtet ist und die nach der Richtlinie 2008/94/EG des Europäischen Parlaments und des Rates[16] Verpflichtet ist, die Befriedigung nicht erfüllter Ansprüche von Arbeitnehmern aus Arbeitsverträgen oder Arbeitsverhältnissen zu garantieren, als lokaler Gläubiger, sofern dies im nationalen Recht geregelt ist.

Artikel 37 Recht auf Beantragung eines Sekundärinsolvenzverfahrens

(1) Die Eröffnung eines Sekundärinsolvenzverfahrens kann beantragt werden von
a) dem Verwalter des Hauptinsolvenzverfahrens,
b) jeder anderen Person oder Behörde, die nach dem Recht des Mitgliedstaats, in dessen Hoheitsgebiet die Eröffnung des Sekundärinsolvenzverfahrens beantragt wird, dazu befugt ist.

(2) Ist eine Zusicherung im Einklang mit Artikel 36 bindend geworden, so ist der Antrag auf Eröffnung eines Sekundärinsolvenzverfahrens innerhalb von 30 Tagen nach Erhalt der Mitteilung über die Billigung der Zusicherung zu stellen.

Artikel 38 Entscheidung zur Eröffnung eines Sekundärinsolvenzverfahrens

(1) Das mit einem Antrag auf Eröffnung eines Sekundärinsolvenzverfahrens befasste Gericht unterrichtet den Verwalter oder den Schuldner in Eigenverwaltung des Hauptinsolvenzverfahrens umgehend davon und gibt ihm Gelegenheit, sich zu dem Antrag zu äußern.

16 Richtlinie 2008/94/EG des Europäischen Parlaments und des Rates vom 22. Oktober 2008 über den Schutz der Arbeitnehmer bei Zahlungsunfähigkeit des Arbeitgebers (ABl. L 283 vom 28.10.2008, 36).

(2) Hat der Verwalter des Hauptinsolvenzverfahrens eine Zusicherung gemäß Artikel 36 gegeben, so eröffnet das in Absatz 1 dieses Artikels genannte Gericht auf Antrag des Verwalters kein Sekundärinsolvenzverfahren, wenn es der Überzeugung ist, dass die Zusicherung die allgemeinen Interessen der lokalen Gläubiger angemessen schützt.

(3) Wurde eine vorübergehende Aussetzung eines Einzelvollstreckungsverfahrens gewährt, um Verhandlungen zwischen dem Schuldner und seinen Gläubigern zu ermöglichen, so kann das Gericht auf Antrag des Verwalters oder des Schuldners in Eigenverwaltung die Eröffnung eines Sekundärinsolvenzverfahrens für einen Zeitraum von höchstens drei Monaten aussetzen, wenn geeignete Maßnahmen zum Schutz des Interesses der lokalen Gläubiger bestehen.

Das in Absatz 1 genannte Gericht kann Sicherungsmaßnahmen zum Schutz des Interesses der lokalen Gläubiger anordnen, indem es dem Verwalter oder Schuldner in Eigenverwaltung untersagt, Gegenstände der Masse, die in dem Mitgliedstaat belegen sind, in dem sich seine Niederlassung befindet, zu entfernen oder zu veräußern, es sei denn, dies erfolgt im Rahmen des gewöhnlichen Geschäftsbetriebs. Das Gericht kann ferner andere Maßnahmen zum Schutz des Interesses der lokalen Gläubiger während einer Aussetzung anordnen, es sei denn, dies ist mit den nationalen Vorschriften über Zivilverfahren unvereinbar.

Die Aussetzung der Eröffnung eines Sekundärinsolvenzverfahrens wird vom Gericht von Amts wegen oder auf Antrag eines Gläubigers widerrufen, wenn während der Aussetzung im Zuge der Verhandlungen gemäß Unterabsatz 1 eine Vereinbarung geschlossen wurde.

Die Aussetzung kann vom Gericht von Amts wegen oder auf Antrag eines Gläubigers widerrufen werden, wenn die Fortdauer der Aussetzung für die Rechte des Gläubigers nachteilig ist, insbesondere wenn die Verhandlungen zum Erliegen gekommen sind oder wenn offensichtlich geworden ist, dass sie wahrscheinlich nicht abgeschlossen werden, oder wenn der Verwalter oder der Schuldner in Eigenverwaltung gegen das Verbot der Veräußerung von Gegenständen der Masse oder ihres Entfernens aus dem Hoheitsgebiet des Mitgliedstaats, in dem sich seine Niederlassung befindet, verstoßen hat.

(4) Auf Antrag des Verwalters des Hauptinsolvenzverfahrens kann das Gericht nach Absatz 1 abweichend von der ursprünglich beantragten Art des Insolvenzverfahrens ein anderes in Anhang A aufgeführtes Insolvenzverfahren eröffnen, sofern die Voraussetzungen für die Eröffnung dieses anderen Verfahrens nach nationalem Recht erfüllt sind und dieses Verfahren im Hinblick auf die Interessen der lokalen Gläubiger und die Kohärenz zwischen Haupt- und Sekundär insolvenzverfahren am geeignetsten ist. Artikel 34 Satz 2 findet Anwendung.

Artikel 39 Gerichtliche Nachprüfung der Entscheidung zur Eröffnung des Sekundärinsolvenzverfahrens

Der Verwalter des Hauptinsolvenzverfahrens kann die Entscheidung zur Eröffnung eines Sekundärinsolvenzverfahrens bei dem Gericht des Mitgliedstaats, in dem das Sekundärinsolvenzverfahren eröffnet wurde, mit der Begründung anfechten, dass das Gericht den Voraussetzungen und Anforderungen des Artikels 38 nicht entsprochen hat.

Artikel 40 Kostenvorschuss

Verlangt das Recht des Mitgliedstaats, in dem ein Sekundärinsolvenzverfahren beantragt wird, dass die Kosten des Verfahrens einschließlich der Auslagen ganz oder teilweise durch die Masse gedeckt sind, so kann das Gericht, bei dem ein solcher Antrag gestellt wird, vom Antragsteller einen Kostenvorschuss oder eine angemessene Sicherheitsleistung verlangen.

Artikel 41 Zusammenarbeit und Kommunikation der Verwalter

(1) Der Verwalter des Hauptinsolvenzverfahrens und der oder die in Sekundärinsolvenzverfahren über das Vermögen desselben Schuldners bestellten Verwalter arbeiten soweit zusammen, wie eine solche Zusammenarbeit mit den für das jeweilige Verfahren geltenden Vorschriften vereinbar ist. Die Zusammenarbeit kann in beliebiger Form, einschließlich durch den Abschluss von Vereinbarungen oder Verständigungen, erfolgen.

(2) Bei der Durchführung der Zusammenarbeit nach Absatz 1 obliegt es den Verwaltern,

a) einander so bald wie möglich alle Informationen mitzuteilen, die für das jeweilige andere Verfahren von Bedeutung sein können, insbesondere den Stand der Anmeldung und Prüfung der Forderungen sowie alle Maßnahmen zur Rettung oder Sanierung des Schuldners oder zur Beendigung des Insolvenzverfahrens, vorausgesetzt, es bestehen geeignete Vorkehrungen zum Schutz vertraulicher Informationen;

b) die Möglichkeit einer Sanierung des Schuldners zu prüfen und, falls eine solche Möglichkeit besteht, die Ausarbeitung und Umsetzung eines Sanierungsplans zu koordinieren;

c) die Verwertung oder Verwendung der Insolvenzmasse und die Verwaltung der Geschäfte des Schuldners zu koordinieren; der Verwalter eines Sekundärinsolvenzverfahrens gibt dem

Verwalter des Hauptinsolvenzverfahrens frühzeitig Gelegenheit, Vorschläge für die Verwertung oder Verwendung der Masse des Sekundärinsolvenzverfahrens zu unterbreiten.

(3) Die Absätze 1 und 2 gelten sinngemäß für Fälle, in denen der Schuldner im Haupt- oder Sekundärinsolvenzverfahren oder in einem der Partikularverfahren über das Vermögen desselben Schuldners, das zur gleichen Zeit eröffnet ist, die Verfügungsgewalt über sein Vermögen behält.

Artikel 42 Zusammenarbeit und Kommunikation der Gerichte

(1) Um die Koordinierung von Hauptinsolvenzverfahren, Partikularverfahren und Sekundärinsolvenzverfahren über das Vermögen desselben Schuldners zu erleichtern, arbeitet ein Gericht, das mit einem Antrag auf Eröffnung eines Insolvenzverfahrens befasst ist oder das ein solches Verfahren eröffnet hat, mit jedem anderen Gericht, das mit einem Antrag auf Eröffnung eines Insolvenzverfahrens befasst ist oder das ein solches Verfahren eröffnet hat, zusammen, soweit diese Zusammenarbeit mit den für jedes dieser Verfahren geltenden Vorschriften vereinbar ist. Die Gerichte können hierzu bei Bedarf eine unabhängige Person oder Stelle bestellen bzw. bestimmen, die auf ihre Weisungen hin tätig wird, sofern dies mit den für sie geltenden Vorschriften vereinbar ist.

(2) Bei der Durchführung der Zusammenarbeit nach Absatz 1 können die Gerichte oder eine von ihnen bestellte bzw. bestimmte und in ihrem Auftrag tätige Person oder Stelle im Sinne des Absatzes 1 direkt miteinander kommunizieren oder einander direkt um Informationen und Unterstützung ersuchen, vorausgesetzt, bei dieser Kommunikation werden die Verfahrensrechte der Verfahrensbeteiligten sowie die Vertraulichkeit der Informationen gewahrt.

(3) Die Zusammenarbeit im Sinne des Absatzes 1 kann auf jedem von dem Gericht als geeignet erachteten Weg erfolgen. Sie kann sich insbesondere beziehen auf

a) die Koordinierung bei der Bestellung von Verwaltern,

b) die Mitteilung von Informationen auf jedem von dem betreffenden Gericht als geeignet erachteten Weg,

c) die Koordinierung der Verwaltung und Überwachung des Vermögens und der Geschäfte des Schuldners,

d) die Koordinierung der Verhandlungen,

e) soweit erforderlich die Koordinierung der Zustimmung zu einer Verständigung der Verwalter.

Artikel 43 Zusammenarbeit und Kommunikation zwischen Verwaltern und Gerichten

(1) Um die Koordinierung von Hauptinsolvenzverfahren, Partikularverfahren und Sekundärinsolvenzverfahren über das Vermögen desselben Schuldners zu erleichtern,

a) arbeitet der Verwalter des Hauptinsolvenzverfahrens mit jedem Gericht, das mit einem Antrag auf Eröffnung eines Sekundärinsolvenzverfahrens befasst ist oder das ein solches Verfahren eröffnet hat, zusammen und kommuniziert mit diesem,

b) arbeitet der Verwalter eines Partikularverfahrens oder Sekundärinsolvenzverfahrens mit dem Gericht, das mit einem Antrag auf Eröffnung des Hauptinsolvenzverfahrens befasst ist oder das ein solches Verfahren eröffnet hat, zusammen und kommuniziert mit diesem, und

c) arbeitet der Verwalter eines Partikularverfahrens oder Sekundärinsolvenzverfahrens mit dem Gericht, das mit einem Antrag auf Eröffnung eines anderen Partikularverfahrens oder Sekundärinsolvenzverfahrens befasst ist oder das ein solches Verfahren eröffnet hat, zusammen und kommuniziert mit diesem, soweit diese Zusammenarbeit und Kommunikation mit den für die einzelnen Verfahren geltenden Vorschriften vereinbar sind und keine Interessenkonflikte nach sich ziehen.

(2) Die Zusammenarbeit im Sinne des Absatzes 1 kann auf jedem geeigneten Weg, wie etwa in Artikel 42 Absatz 3 bestimmt, erfolgen.

Artikel 44 Kosten der Zusammenarbeit und Kommunikation

Die Anforderungen nach Artikel 42 und 43 dürfen nicht zur Folge haben, dass Gerichte einander die Kosten der Zusammenarbeit und Kommunikation in Rechnung stellen.

Artikel 45 Ausübung von Gläubigerrechten

(1) Jeder Gläubiger kann seine Forderung im Hauptinsolvenzverfahren und in jedem Sekundärinsolvenzverfahren anmelden.

(2) Die Verwalter des Hauptinsolvenzverfahrens und der Sekundärinsolvenzverfahren melden in den anderen Verfahren die Forderungen an, die in dem Verfahren, für das sie bestellt sind, bereits angemeldet worden sind, soweit dies für die Gläubiger des letztgenannten Verfahrens zweckmäßig ist und vorbehaltlich des Rechts dieser Gläubiger, eine solche Anmeldung abzulehnen oder die Anmeldung ihrer Ansprüche zurückzunehmen, sofern das anwendbare Recht dies vorsieht.

(3) Der Verwalter eines Haupt- oder eines Sekundärinsolvenzverfahrens ist berechtigt, wie ein Gläubiger an einem anderen Insolvenzverfahren

mitzuwirken, insbesondere indem er an einer Gläubigerversammlung teilnimmt.

Artikel 46 Aussetzung der Verwertung der Masse

(1) Das Gericht, welches das Sekundärinsolvenzverfahren eröffnet hat, setzt auf Antrag des Verwalters des Hauptinsol venzverfahrens die Verwertung der Masse ganz oder teilweise aus. In diesem Fall kann das Gericht jedoch vom Verwalter des Hauptinsolvenzverfahrens verlangen, alle angemessenen Maßnahmen zum Schutz der Interessen der Gläubiger des Sekundärinsolvenzverfahrens sowie einzelner Gruppen von Gläubigern zu ergreifen. Der Antrag des Verwalters des Hauptinsolvenzverfahrens kann nur abgelehnt werden, wenn die Aussetzung offensichtlich für die Gläubiger des Hauptinsolvenzverfahrens nicht von Interesse ist. Die Aussetzung der Verwertung der Masse kann für höchstens drei Monate angeordnet werden. Sie kann für jeweils denselben Zeitraum verlängert oder erneuert werden.

(2) Das Gericht nach Absatz 1 hebt die Aussetzung der Verwertung der Masse in folgenden Fällen auf:
a) auf Antrag des Verwalters des Hauptinsolvenzverfahrens,
b) von Amts wegen, auf Antrag eines Gläubigers oder auf Antrag des Verwalters des Sekundärinsolvenzverfahrens, wenn sich herausstellt, dass diese Maßnahme insbesondere nicht mehr mit dem Interesse der Gläubiger des Haupt- oder des Sekundärinsolvenzverfahrens zu rechtfertigen ist.

Artikel 47 Recht des Verwalters, Sanierungspläne vorzuschlagen

(1) Kann nach dem Recht des Mitgliedstaats, in dem das Sekundärinsolvenzverfahren eröffnet worden ist, ein solches Verfahren ohne Liquidation durch einen Sanierungsplan, einen Vergleich oder eine andere vergleichbare Maßnahme beendet werden, so hat der Verwalter des Hauptinsolvenzverfahrens das Recht, eine solche Maßnahme im Einklang mit dem Verfahren des betreffenden Mitgliedstaats vorzuschlagen.

(2) Jede Beschränkung der Rechte der Gläubiger, wie zum Beispiel eine Stundung oder eine Schuldbefreiung, die sich aus einer im Sekundärinsolvenzverfahren vorgeschlagenen Maßnahme im Sinne des Absatzes 1 ergibt, darf ohne Zustimmung aller von ihr betroffenen Gläubiger keine Auswirkungen auf das nicht von diesem Verfahren erfasste Vermögen des Schuldners haben.

Artikel 48 Auswirkungen der Beendigung eines Insolvenzverfahrens

(1) Unbeschadet des Artikels 49 steht die Beendigung eines Insolvenzverfahrens der Fortführung eines zu diesem Zeitpunkt noch anhängigen anderen Insolvenzverfahrens über das Vermögen desselben Schuldners nicht entgegen.

(2) Hätte ein Insolvenzverfahren über das Vermögen einer juristischen Person oder einer Gesellschaft in dem Mitgliedstaat, in dem diese Person oder Gesellschaft ihren Sitz hat, deren Auf lösung zur Folge, so besteht die betreffende juristische Person oder Gesellschaft so lange fort, bis jedes andere Insolvenzverfahren über das Vermögen desselben Schuldners beendet ist oder von dem Verwalter in diesem bzw. den Verwaltern in diesen anderen Verfahren der Auf lösung zugestimmt wurde.

Artikel 49 Überschuss im Sekundärinsolvenzverfahren

Können bei der Verwertung der Masse des Sekundärinsolvenzverfahrens alle in diesem Verfahren festgestellten Forderungen befriedigt werden, so übergibt der in diesem Verfahren bestellte Verwalter den verbleibenden Überschuss unverzüglich dem Verwalter des Hauptinsolvenzverfahrens.

Artikel 50 Nachträgliche Eröffnung des Hauptinsolvenzverfahrens

Wird ein Verfahren nach Artikel 3 Absatz 1 eröffnet, nachdem in einem anderen Mitgliedstaat ein Verfahren nach Artikel 3 Absatz 2 eröffnet worden ist, so gelten die Artikel 41, 45, 46, 47 und 49 für das zuerst eröffnete Insolvenz verfahren, soweit dies nach dem Stand dieses Verfahrens möglich ist.

Artikel 51 Umwandlung von Sekundärinsolvenzverfahren

(1) Auf Antrag des Verwalters des Hauptinsolvenzverfahrens kann das Gericht eines Mitgliedstaats, bei dem ein Sekundärinsolvenzverfahren eröffnet worden ist, die Umwandlung des Sekundärinsolvenzverfahrens in ein anderes der in Anhang A aufgeführten Insolvenzverfahren anordnen, sofern die Voraussetzungen nach nationalem Recht für die Eröffnung dieses anderen Verfahrens erfüllt sind und dieses Verfahren im Hinblick auf die Interessen der lokalen Gläubiger und die Kohärenz zwischen Haupt- und Sekundärinsolvenzverfahren am geeignetsten ist.

(2) Bei der Prüfung des Antrags nach Absatz 1 kann das Gericht Informationen von den Verwaltern beider Verfahren anfordern.

Artikel 52 Sicherungsmaßnahmen

Bestellt das nach Artikel 3 Absatz 1 zuständige Gericht eines Mitgliedstaats zur Sicherung des Schuldnervermögens einen vorläufigen Verwalter, so ist dieser berechtigt, zur Sicherung und Erhaltung des Schuldnervermögens, das sich in einem anderen Mitgliedstaat befindet, jede Maßnahme zu beantragen, die nach dem Recht dieses Mitgliedstaats für die Zeit zwischen dem Antrag auf Eröffnung eines Insolvenzverfahrens und dessen Eröffnung vorgesehen ist.

KAPITEL IV: UNTERRICHTUNG DER GLÄUBIGER UND ANMELDUNG IHRER FORDERUNGEN

Artikel 53 Recht auf Forderungsanmeldung

Jeder ausländische Gläubiger kann sich zur Anmeldung seiner Forderungen in dem Insolvenzverfahren aller Kommunikationsmittel bedienen, die nach dem Recht des Staats der Verfahrenseröffnung zulässig sind. Allein für die Anmeldung einer Forderung ist die Vertretung durch einen Rechtsanwalt oder sonstigen Rechtsbeistand nicht zwingend.

Artikel 54 Pflicht zur Unterrichtung der Gläubiger

(1) Sobald in einem Mitgliedstaat ein Insolvenzverfahren eröffnet wird, unterrichtet das zuständige Gericht dieses Staates oder der von diesem Gericht bestellte Verwalter unverzüglich alle bekannten ausländischen Gläubiger.

(2) Die Unterrichtung nach Absatz 1 erfolgt durch individuelle Übersendung eines Vermerks und gibt insbesondere an, welche Fristen einzuhalten sind, welches die Versäumnisfolgen sind, welche Stelle für die Entgegennahme der Anmeldungen zuständig ist und welche weiteren Maßnahmen vorgeschrieben sind. In dem Vermerk ist auch anzugeben, ob die bevorrechtigten oder dinglich gesicherten Gläubiger ihre Forderungen anmelden müssen. Dem Vermerk ist des Weiteren eine Kopie des Standardformulars für die Anmeldung von Forderungen gemäß Artikel 55 beizufügen oder es ist anzugeben, wo dieses Formular erhältlich ist.

(3) Die Unterrichtung nach den Absätzen 1 und 2 dieses Artikels erfolgt mithilfe eines Standardmitteilungsformulars, das gemäß Artikel 88 festgelegt wird. Das Formular wird im Europäischen Justizportal veröffentlicht und trägt die Überschrift „Mitteilung über ein Insolvenzverfahren" in sämtlichen Amtssprachen der Organe der Union. Es wird in der Amtssprache des Staates der Verfahrenseröffnung oder – falls es in dem betreffenden Mitgliedstaat mehrere Amtssprachen gibt – in der Amtssprache oder einer der Amtssprachen des Ortes, an dem das Insolvenzverfahren eröffnet wurde, oder in einer anderen Sprache übermittelt, die dieser Staat gemäß Artikel 55 Absatz 5 zugelassen hat, wenn anzunehmen ist, dass diese Sprache für ausländische Gläubiger leichter zu verstehen ist.

(4) Bei Insolvenzverfahren bezüglich einer natürlichen Person, die keine selbständige gewerbliche oder freiberufliche Tätigkeit ausübt, ist die Verwendung des in diesem Artikel genannten Standardformulars nicht vorgeschrieben, sofern die Gläubiger nicht Verpflichtet sind, ihre Forderungen anzumelden, damit diese im Verfahren berücksichtigt werden.

Artikel 55 Verfahren für die Forderungsanmeldung

(1) Ausländische Gläubiger können ihre Forderungen mithilfe des Standardformulars anmelden, das gemäß Artikel 88 festgelegt wird. Das Formular trägt die Überschrift „Forderungsanmeldung" in sämtlichen Amtssprachen der Organe der Union.

(2) Das Standardformular für die Forderungsanmeldung nach Absatz 1 enthält die folgenden Angaben:
a) Name, Postanschrift, E-Mail-Adresse sofern vorhanden, persönliche Kennnummer sofern vorhanden sowie Bankverbindung des ausländischen Gläubigers nach Absatz 1,
b) Forderungsbetrag unter Angabe der Hauptforderung und gegebenenfalls der Zinsen sowie Entstehungszeitpunkt der Forderung und – sofern davon abweichend – Fälligkeitsdatum,
c) umfasst die Forderung auch Zinsen, den Zinssatz unter Angabe, ob es sich um einen gesetzlichen oder vertraglich vereinbarten Zinssatz handelt, sowie den Zeitraum, für den die Zinsen gefordert werden, und den Betrag der kapitalisierten Zinsen,
d) falls Kosten für die Geltendmachung der Forderung vor Eröffnung des Verfahrens gefordert werden, Betrag und Aufschlüsselung dieser Kosten,
e) Art der Forderung,
f) ob ein Status als bevorrechtigter Gläubiger beansprucht wird und die Grundlage für einen solchen Anspruch,
g) ob für die Forderung eine dingliche Sicherheit oder ein Eigentumsvorbehalt geltend gemacht wird und wenn ja, welche Vermögenswerte Gegenstand der Sicherheit sind, Zeitpunkt der Überlassung der Sicherheit und Registernummer, wenn die Sicherheit in ein Register eingetragen wurde, und
h) ob eine Aufrechnung beansprucht wird und wenn ja, die Beträge der zum Zeitpunkt der Eröffnung des Insolvenz verfahrens bestehenden gegenseitigen Forderungen, den Zeitpunkt ihres Entstehens und den geforderten Saldo nach Aufrechnung.

Der Forderungsanmeldung sind etwaige Belege in Kopie beizufügen.

(3) Das Standardformular für die Forderungsanmeldung enthält den Hinweis, dass die Bankverbindung und die persönliche Kennnummer des Gläubigers nach Absatz 2 Buchstabe a nicht zwingend anzugeben sind.

(4) Meldet ein Gläubiger seine Forderung auf anderem Wege als mithilfe des in Absatz 1 genannten Standardformulars an, so muss seine Anmeldung die in Absatz 2 genannten Angaben enthalten.

(5) Forderungen können in einer Amtssprache der Organe der Union angemeldet werden. Das Gericht, der Verwalter oder der Schuldner in Eigenverwaltung können vom Gläubiger eine Übersetzung in die Amtssprache des Staats der Verfahrenseröffnung oder – falls es in dem betreffenden Mitgliedstaat mehrere Amtssprachen gibt – in die Amtssprache oder in eine der Amtssprachen des Ortes, an dem das Insolvenzverfahren eröffnet wurde, oder in eine andere Sprache, die dieser Mitgliedstaat zugelassen hat, verlangen. Jeder Mitgliedstaat gibt an, ob er neben seiner oder seinen eigenen Amtssprachen andere Amtssprachen der Organe der Union für eine Forderungsanmeldung zulässt.

(6) Forderungen sind innerhalb der im Recht des Staats der Verfahrenseröffnung festgelegten Frist anzumelden. Bei ausländischen Gläubigern beträgt diese Frist mindestens 30 Tage nach Bekanntmachung der Eröffnung des Insolvenz verfahrens im Insolvenzregister des Staats der Verfahrenseröffnung. Stützt sich ein Mitgliedstaat auf Artikel 24 Absatz 4, so beträgt diese Frist mindestens 30 Tage ab Unterrichtung eines Gläubigers gemäß Artikel 54.

(7) Hat das Gericht, der Verwalter oder der Schuldner in Eigenverwaltung Zweifel an einer nach Maßgabe dieses Artikels angemeldeten Forderung, so gibt er dem Gläubiger Gelegenheit, zusätzliche Belege für das Bestehen und die Höhe der Forderung vorzulegen.

KAPITEL V: INSOLVENZVERFAHREN ÜBER DAS VERMÖGEN VON MITGLIEDERN EINER UNTERNEHMENSGRUPPE

Abschnitt 1: Zusammenarbeit und Kommunikation

Artikel 56 Zusammenarbeit und Kommunikation der Verwalter

(1) Bei Insolvenzverfahren über das Vermögen von zwei oder mehr Mitgliedern derselben Unternehmensgruppe arbeiten die Verwalter dieser Verfahren zusammen, soweit diese Zusammenarbeit die wirksame Abwicklung der Verfahren erleichtern kann, mit den für die einzelnen Verfahren geltenden Vorschriften vereinbar ist und keine Interessenkonflikte nach sich zieht. Diese Zusammenarbeit kann in beliebiger Form, einschließlich durch den Abschluss von Vereinbarungen oder Verständigungen, erfolgen.

(2) Bei der Durchführung der Zusammenarbeit nach Absatz 1 obliegt es den Verwaltern,

a) einander so bald wie möglich alle Informationen mitzuteilen, die für das jeweilige andere Verfahren von Bedeutung sein können, vorausgesetzt, es bestehen geeignete Vorkehrungen zum Schutz vertraulicher Informationen;

b) zu prüfen, ob Möglichkeiten einer Koordinierung der Verwaltung und Überwachung der Geschäfte der Gruppenmitglieder, über deren Vermögen ein Insolvenzverfahren eröffnet wurde, bestehen; falls eine solche Möglichkeit besteht, koordinieren sie die Verwaltung und Überwachung dieser Geschäfte;

c) zu prüfen, ob Möglichkeiten einer Sanierung von Gruppenmitgliedern, über deren Vermögen ein Insolvenzverfahren eröffnet wurde, bestehen und, falls eine solche Möglichkeit besteht, sich über den Vorschlag für einen koordinierten Sanierungsplan und dazu, wie er ausgehandelt werden soll, abzustimmen.

Für die Zwecke der Buchstaben b und c können alle oder einige der in Absatz 1 genannten Verwalter vereinbaren, einem Verwalter aus ihrer Mitte zusätzliche Befugnisse zu übertragen, wenn eine solche Vereinbarung nach den für die jeweiligen Verfahren geltenden Vorschriften zulässig ist. Sie können ferner vereinbaren, bestimmte Aufgaben unter sich aufzuteilen, wenn eine solche Aufteilung nach den für die jeweiligen Verfahren geltenden Vorschriften zulässig ist.

Artikel 57 Zusammenarbeit und Kommunikation der Gerichte

(1) Bei Insolvenzverfahren über das Vermögen von zwei oder mehr Mitgliedern derselben Unternehmensgruppe arbeitet ein Gericht, das ein solches Verfahren eröffnet hat, mit Gerichten, die mit einem Antrag auf Eröffnung eines Insolvenzverfahrens über das Vermögen eines anderen Mitglieds derselben Unternehmensgruppe befasst sind oder die ein solches Verfahren eröffnet haben, zusammen, soweit diese Zusammenarbeit eine wirksame Verfahrensführung erleichtern kann, mit den für die einzelnen Verfahren geltenden Vorschriften vereinbar ist und keine Interessenkonflikte nach sich zieht. Die Gerichte können hierzu bei Bedarf eine unabhängige Person oder Stelle bestellen bzw. bestimmen, die auf ihre Wei-

sungen hin tätig wird, sofern dies mit den für sie geltenden Vorschriften vereinbar ist.

(2) Bei der Durchführung der Zusammenarbeit nach Absatz 1 können die Gerichte oder eine von ihnen bestellte bzw. bestimmte und in ihrem Auftrag tätige Person oder Stelle im Sinne des Absatzes 1 direkt miteinander kommunizieren oder einander direkt um Informationen und Unterstützung ersuchen, vorausgesetzt, bei dieser Kommunikation werden die Verfahrensrechte der Verfahrensbeteiligten sowie die Vertraulichkeit der Informationen gewahrt.

(3) Die Zusammenarbeit im Sinne des Absatzes 1 kann auf jedem von dem Gericht als geeignet erachteten Weg erfolgen. Sie kann insbesondere Folgendes betreffen:
a) die Koordinierung bei der Bestellung von Verwaltern,
b) die Mitteilung von Informationen auf jedem von dem betreffenden Gericht als geeignet erachteten Weg,
c) die Koordinierung der Verwaltung und Überwachung der Insolvenzmasse und Geschäfte der Mitglieder der Unternehmensgruppe,
d) die Koordinierung der Verhandlungen,
e) soweit erforderlich die Koordinierung der Zustimmung zu einer Verständigung der Verwalter.

Artikel 58 Zusammenarbeit und Kommunikation zwischen Verwaltern und Gerichten

Ein Verwalter, der in einem Insolvenzverfahren über das Vermögen eines Mitglieds einer Unternehmensgruppe bestellt worden ist,
a) arbeitet mit jedem Gericht, das mit einem Antrag auf Eröffnung eines Insolvenzverfahrens über das Vermögen eines anderen Mitglieds derselben Unternehmensgruppe befasst ist oder das ein solches Verfahren eröffnet hat, zusammen und kommuniziert mit diesem und
b) kann dieses Gericht um Informationen zum Verfahren über das Vermögen des anderen Mitgliedes der Unternehmensgruppe oder um Unterstützung in dem Verfahren, für das er bestellt worden ist, ersuchen, soweit eine solche Zusammenarbeit und Kommunikation die wirkungsvolle Verfahrensführung erleichtern können, keine Interessenkonflikte nach sich ziehen und mit den für die Verfahren geltenden Vorschriften vereinbar sind.

Artikel 59 Kosten der Zusammenarbeit und Kommunikation bei Verfahren über das Vermögen von Mitgliedern einer Unternehmensgruppe

Die Kosten der Zusammenarbeit und Kommunikation nach den Artikeln 56 bis 60, die einem Verwalter oder einem Gericht entstehen, gelten als Kosten und Auslagen des Verfahrens, in dem sie angefallen sind.

Artikel 60 Rechte des Verwalters bei Verfahren über das Vermögen von Mitgliedern einer Unternehmensgruppe

(1) Der Verwalter eines über das Vermögen eines Mitglieds einer Unternehmensgruppe eröffneten Insolvenzverfahrens kann, soweit dies eine effektive Verfahrensführung erleichtern kann,
a) in jedem über das Vermögen eines anderen Mitglieds derselben Unternehmensgruppe eröffneten Verfahren gehört werden,
b) eine Aussetzung jeder Maßnahme im Zusammenhang mit der Verwertung der Masse in jedem Verfahren über das Vermögen eines anderen Mitglieds derselben Unternehmensgruppe beantragen, sofern
i) für alle oder einige Mitglieder der Unternehmensgruppe, über deren Vermögen ein Insolvenzverfahren eröffnet worden ist, ein Sanierungsplan gemäß Artikel 56 Absatz 2 Buchstabe c vorgeschlagen wurde und hinreichende Aussicht auf Erfolg hat;
ii) die Aussetzung notwendig ist, um die ordnungsgemäße Durchführung des Sanierungsplans sicherzustellen;
iii) der Sanierungsplan den Gläubigern des Verfahrens, für das die Aussetzung beantragt wird, zugute käme und
iv) weder das Insolvenzverfahren, für das der Verwalter gemäß Absatz 1 bestellt wurde, noch das Verfahren, für das die Aussetzung beantragt wird, einer Koordinierung gemäß Abschnitt 2 dieses Kapitels unterliegt;
c) die Eröffnung eines Gruppen-Koordinationsverfahrens gemäß Artikel 61 beantragen.

(2) Das Gericht, das das Verfahren nach Absatz 1 Buchstabe b eröffnet hat, setzt alle Maßnahmen im Zusammenhang mit der Verwertung der Masse in dem Verfahren ganz oder teilweise aus, wenn es sich überzeugt hat, dass die Voraussetzungen nach Absatz 1 Buchstabe b erfüllt sind.
Vor Anordnung der Aussetzung hört das Gericht den Verwalter des Insolvenzverfahrens, für das die Aussetzung beantragt wird. Die Aussetzung kann für jeden Zeitraum bis zu drei Monaten angeordnet werden, den das Gericht für angemessen hält und der mit den für das Verfahren geltenden Vorschriften vereinbar ist.
Das Gericht, das die Aussetzung anordnet, kann verlangen, dass der Verwalter nach Absatz 1 alle geeigneten Maßnahmen nach nationalem Recht zum Schutz der Interessen der Gläubiger des Verfahrens ergreift.
Das Gericht kann die Dauer der Aussetzung um einen weiteren Zeitraum oder mehrere weitere

Zeiträume verlängern, die es für angemessen hält und die mit den für das Verfahren geltenden Vorschriften vereinbar sind, sofern die in Absatz 1 Buchstabe b Ziffern ii bis iv genannten Voraussetzungen weiterhin erfüllt sind und die Gesamtdauer der Aussetzung (die anfängliche Dauer zuzüglich aller Verlängerungen) sechs Monate nicht überschreitet.

Abschnitt 2: Koordinierung

Unterabschnitt 1: Verfahren

Artikel 61 Antrag auf Eröffnung eines Gruppen-Koordinationsverfahrens

(1) Ein Gruppen-Koordinationsverfahren kann von einem Verwalter, der in einem Insolvenzverfahren über das Vermögen eines Mitglieds der Gruppe bestellt worden ist, bei jedem Gericht, das für das Insolvenzverfahren eines Mitglieds der Gruppe zuständig ist, beantragt werden.

(2) Der Antrag nach Absatz 1 erfolgt gemäß dem für das Verfahren, in dem der Verwalter bestellt wurde, geltenden Recht.

(3) Dem Antrag nach Absatz 1 ist Folgendes beizufügen:

a) ein Vorschlag bezüglich der Person, die zum Gruppenkoordinator (im Folgenden: „Koordinator") ernannt werden soll, Angaben zu ihrer Eignung nach Artikel 71, Angaben zu ihren Qualifikationen und ihre schriftliche Zustimmung zur Tätigkeit als Koordinator;

b) eine Darlegung der vorgeschlagenen Gruppen-Koordination, insbesondere der Gründe, weshalb die Voraussetzungen nach Artikel 63 Absatz 1 erfüllt sind;

c) eine Liste der für die Mitglieder der Gruppe bestellten Verwalter und gegebenenfalls die Gerichte und zuständigen Behörden, die in den Insolvenzverfahren über das Vermögen der Mitglieder der Gruppe betroffen sind;

d) eine Darstellung der geschätzten Kosten der vorgeschlagenen Gruppen-Koordination und eine Schätzung des von jedem Mitglied der Gruppe zu tragenden Anteils dieser Kosten.

Artikel 62 Prioritätsregel

Unbeschadet des Artikels 66 gilt Folgendes: Wird die Eröffnung eines Gruppen-Koordinationsverfahrens bei Gerichten verschiedener Mitgliedstaaten beantragt, so erklären sich die später angerufenen Gerichte zugunsten des zuerst angerufenen Gerichts für unzuständig.

Artikel 63 Mitteilung durch das befasste Gericht

(1) Das mit einem Antrag auf Eröffnung eines Gruppen-Koordinationsverfahrens befasste Gericht unterrichtet so bald als möglich die für die Mitglieder der Gruppe bestellten Verwalter, die im Antrag gemäß Artikel 61 Absatz 3 Buchstabe c angegeben sind, über den Antrag auf Eröffnung eines Gruppen-Koordinationsverfahrens und den vorgeschlagenen Koordinator, wenn es davon überzeugt ist, dass

a) die Eröffnung eines solchen Verfahrens die effektive Führung der Insolvenzverfahren über das Vermögen der verschiedenen Mitglieder der Gruppe erleichtern kann,

b) nicht zu erwarten ist, dass ein Gläubiger eines Mitglieds der Gruppe, das voraussichtlich am Verfahren teilnehmen wird, durch die Einbeziehung dieses Mitglieds in das Verfahren finanziell benachteiligt wird, und

c) der vorgeschlagene Koordinator die Anforderungen gemäß Artikel 71 erfüllt.

(2) In der Mitteilung nach Absatz 1 dieses Artikels sind die in Artikel 61 Absatz 3 Buchstaben a bis d genannten Bestandteile des Antrags aufzulisten.

(3) Die Mitteilung nach Absatz 1 ist eingeschrieben mit Rückschein aufzugeben.

(4) Das befasste Gericht gibt den beteiligten Verwaltern die Gelegenheit, sich zu äußern.

EuInsVO

Artikel 64 Einwände von Verwaltern

(1) Ein für ein Mitglied einer Gruppe bestellter Verwalter kann Einwände erheben gegen

a) die Einbeziehung des Insolvenzverfahrens, für das er bestellt wurde, in ein Gruppen-Koordinationsverfahren oder

b) die als Koordinator vorgeschlagene Person.

(2) Einwände nach Absatz 1 dieses Artikels sind innerhalb von 30 Tagen nach Eingang der Mitteilung über den Antrag auf Eröffnung eines Gruppen-Koordinationsverfahrens durch den Verwalter gemäß Absatz 1 dieses Artikels bei dem Gericht nach Artikel 63 zu erheben.

Der Einwand kann mittels des nach Artikel 88 eingeführten Standardformulars erhoben werden.

(3) Vor der Entscheidung über eine Teilnahme bzw. Nichtteilnahme an der Koordination gemäß Absatz 1 Buchstabe a hat ein Verwalter die Genehmigungen, die gegebenenfalls nach dem Recht des Staats der Verfahrenseröffnung, für das er bestellt wurde, erforderlich sind, zu erwirken.

Artikel 65 Folgen eines Einwands gegen die Einbeziehung in ein Gruppen-Koordinationsverfahren

(1) Hat ein Verwalter gegen die Einbeziehung des Verfahrens, für das er bestellt wurde, in ein Gruppen-Koordinations verfahren Einwand erhoben, so wird dieses Verfahren nicht in das Gruppen-Koordinationsverfahren einbezogen.

(2) Die Befugnisse des Gerichts gemäß Artikel 68 oder des Koordinators, die sich aus diesem Ver-

fahren ergeben, haben keine Wirkung hinsichtlich des betreffenden Mitglieds und ziehen keine Kosten für dieses Mitglied nach sich.

Artikel 66 Wahl des Gerichts für ein Gruppen-Koordinationsverfahren

(1) Sind sich mindestens zwei Drittel aller Verwalter, die für Insolvenzverfahren über das Vermögen der Mitglieder der Gruppe bestellt wurden, darüber einig, dass ein zuständiges Gericht eines anderen Mitgliedstaats am besten für die Eröffnung eines Gruppen-Koordinationsverfahrens geeignet ist, so ist dieses Gericht ausschließlich zuständig.

(2) Die Wahl des Gerichts erfolgt als gemeinsame Vereinbarung in Schriftform oder wird schriftlich festgehalten. Sie kann bis zum Zeitpunkt der Eröffnung des Gruppen-Koordinationsverfahrens gemäß Artikel 68 erfolgen.

(3) Jedes andere als das gemäß Absatz 1 befasste Gericht erklärt sich zugunsten dieses Gerichts für unzuständig.

(4) Der Antrag auf Eröffnung eines Gruppen-Koordinationsverfahrens wird bei dem vereinbarten Gericht gemäß Artikel 61 eingereicht.

Artikel 67 Folgen von Einwänden gegen den vorgeschlagenen Koordinator

Werden gegen die als Koordinator vorgeschlagene Person Einwände von einem Verwalter vorgebracht, der nicht gleichzeitig Einwände gegen die Einbeziehung des Mitglieds, für das er bestellt wurde, in das Gruppen-Koordinations verfahren erhebt, kann das Gericht davon absehen, diese Person zu bestellen und den Einwände erhebenden Verwalter auffordern, einen den Anforderungen nach Artikel 61 Absatz 3 entsprechenden neuen Antrag einzureichen.

Artikel 68 Entscheidung zur Eröffnung eines Gruppen-Koordinationsverfahrens

(1) Nach Ablauf der in Artikel 64 Absatz 2 genannten Frist kann das Gericht ein Gruppen-Koordinationsverfahren eröffnen, sofern es davon überzeugt ist, dass die Voraussetzungen nach Artikel 63 Absatz 1 erfüllt sind. In diesem Fall hat das Gericht:
a) einen Koordinator zu bestellen,
b) über den Entwurf der Koordination zu entscheiden und
c) über die Kostenschätzung und den Anteil, der von den Mitgliedern der Gruppe zu tragen ist, zu entscheiden.

(2) Die Entscheidung zur Eröffnung eines Gruppen-Koordinationsverfahrens wird den beteiligten Verwaltern und dem Koordinator mitgeteilt.

Artikel 69 Nachträgliches Opt-in durch Verwalter

(1) Im Einklang mit dem dafür geltenden nationalen Recht kann jeder Verwalter im Anschluss an die Entscheidung des Gerichts nach Artikel 68 die Einbeziehung des Verfahrens, für das er bestellt wurde, beantragen, wenn
a) ein Einwand gegen die Einbeziehung des Insolvenzverfahrens in das Gruppen-Koordinationsverfahren erhoben wurde oder
b) ein Insolvenzverfahren über das Vermögen eines Mitglieds der Gruppe eröffnet wurde, nachdem das Gericht ein Gruppen-Koordinationsverfahren eröffnet hat.

(2) Unbeschadet des Absatzes 4 kann der Koordinator einem solchen Antrag nach Anhörung der beteiligten Verwalter entsprechen, wenn
a) er davon überzeugt ist, dass unter Berücksichtigung des Stands, den das Gruppen-Koordinationsverfahren zum Zeitpunkt des Antrags erreicht hat, die Voraussetzungen gemäß Artikel 63 Absatz 1 Buchstaben a und b erfüllt sind, oder
b) alle beteiligten Verwalter gemäß den Bestimmungen ihres nationalen Rechts zustimmen.

(3) Der Koordinator unterrichtet das Gericht und die am Verfahren teilnehmenden Verwalter über seine Entscheidung gemäß Absatz 2 und über die Gründe, auf denen sie beruht.

(4) Jeder beteiligte Verwalter und jeder Verwalter, dessen Antrag auf Einbeziehung in das Gruppen-Koordinations verfahren abgelehnt wurde, kann die in Absatz 2 genannte Entscheidung gemäß dem Verfahren anfechten, das nach dem Recht des Mitgliedstaats, in dem das Gruppen-Koordinationsverfahren eröffnet wurde, bestimmt ist.

Artikel 70 Empfehlungen und Gruppen-Koordinationsplan

(1) Bei der Durchführung ihrer Insolvenzverfahren berücksichtigen die Verwalter die Empfehlungen des Koordinators und den Inhalt des in Artikel 72 Absatz 1 genannten Gruppen-Koordinationsplans.

(2) Ein Verwalter ist nicht Verpflichtet, den Empfehlungen des Koordinators oder dem Gruppen-Koordinationsplan ganz oder teilweise Folge zu leisten.
Folgt er den Empfehlungen des Koordinators oder dem Gruppen-Koordinationsplan nicht, so informiert er die Personen oder Stellen, denen er nach seinem nationalen Recht Bericht erstatten muss, und den Koordinator über die Gründe dafür.

Unterabschnitt 2: Allgemeine Vorschriften

Artikel 71 Der Koordinator

(1) Der Koordinator muss eine Person sein, die nach dem Recht eines Mitgliedstaats geeignet ist, als Verwalter tätig zu werden.

(2) Der Koordinator darf keiner der Verwalter sein, die für ein Mitglied der Gruppe bestellt sind, und es darf kein Interessenkonflikt hinsichtlich der Mitglieder der Gruppe, ihrer Gläubiger und der für die Mitglieder der Gruppe bestellten Verwalter vorliegen.

Artikel 72 Aufgaben und Rechte des Koordinators

(1) Der Koordinator

a) legt Empfehlungen für die koordinierte Durchführung der Insolvenzverfahren fest und stellt diese dar,

b) schlägt einen Gruppen-Koordinationsplan vor, der einen umfassenden Katalog geeigneter Maßnahmen für einen integrierten Ansatz zur Bewältigung der Insolvenz der Gruppenmitglieder festlegt, beschreibt und empfiehlt. Der Plan kann insbesondere Vorschläge enthalten zu

i) den Maßnahmen, die zur Wiederherstellung der wirtschaftlichen Leistungsfähigkeit und der Solvenz der Gruppe oder einzelner Mitglieder zu ergreifen sind,

ii) der Beilegung gruppeninterner Streitigkeiten in Bezug auf gruppeninterne Transaktionen und Anfechtungsklagen, iii) Vereinbarungen zwischen den Verwaltern der insolventen Gruppenmitglieder.

(2) Der Koordinator hat zudem das Recht

a) in jedem Insolvenzverfahren über das Vermögen eines Mitglieds der Unternehmensgruppe gehört zu werden und daran mitzuwirken, insbesondere durch Teilnahme an der Gläubigerversammlung,

b) bei allen Streitigkeiten zwischen zwei oder mehr Verwaltern von Gruppenmitgliedern zu vermitteln,

c) seinen Gruppen-Koordinationsplan den Personen oder Stellen vorzulegen und zu erläutern, denen er aufgrund der nationalen Rechtsvorschriften seines Landes Bericht erstatten muss,

d) von jedem Verwalter Informationen in Bezug auf jedes Gruppenmitglied anzufordern, wenn diese Informationen bei der Festlegung und Darstellung von Strategien und Maßnahmen zur Koordinierung der Verfahren von Nutzen sind oder sein könnten, und

e) eine Aussetzung von Verfahren über das Vermögen jedes Mitglieds der Gruppe für bis zu sechs Monate zu beantragen, sofern die Aussetzung notwendig ist, um die ordnungsgemäße Durchführung des Plans sicherzustellen, und den Gläubigern des Verfahrens, für das die Aussetzung beantragt wird, zugute käme, oder die Aufhebung jeder bestehenden Aussetzung zu beantragen. Ein derartiger Antrag ist bei dem Gericht zu stellen, das das Verfahren eröffnet hat, für das die Aussetzung beantragt wird.

(3) Der in Absatz 1 Buchstabe b genannte Plan darf keine Empfehlungen zur Konsolidierung von Verfahren oder Insolvenzmassen umfassen.

(4) Die in diesem Artikel festgelegten Aufgaben und Rechte des Koordinators erstrecken sich nicht auf Mitglieder der Gruppe, die nicht am Gruppen-Koordinationsverfahren beteiligt sind.

(5) Der Koordinator übt seine Pflichten unparteiisch und mit der gebotenen Sorgfalt aus.

(6) Wenn nach Ansicht des Koordinators die Wahrnehmung seiner Aufgaben zu einer – im Vergleich zu der in Artikel 61 Absatz 3 Buchstabe d genannten Kostenschätzung – erheblichen Kostensteigerung führen wird, und auf jeden Fall, wenn die Kosten die geschätzten Kosten um 10 % übersteigen, hat der Koordinator

a) unverzüglich die beteiligten Verwalter zu informieren und

b) die vorherige Zustimmung des Gerichts einzuholen, das das Gruppen-Koordinationsverfahren eröffnet hat.

Artikel 73 Sprachen

(1) Der Koordinator kommuniziert mit dem Verwalter eines beteiligten Gruppenmitglieds in der mit dem Verwalter vereinbarten Sprache oder bei Fehlen einer entsprechenden Vereinbarung in der Amtssprache oder in einer der Amtssprachen der Organe der Union und des Gerichts, das das Verfahren für dieses Gruppenmitglied eröffnet hat.

(2) Der Koordinator kommuniziert mit einem Gericht in der Amtssprache, die dieses Gericht verwendet.

Artikel 74 Zusammenarbeit zwischen den Verwaltern und dem Koordinator

(1) Die für die Mitglieder der Gruppe bestellten Verwalter und der Koordinator arbeiten soweit zusammen, wie diese Zusammenarbeit mit den für das betreffende Verfahren geltenden Vorschriften vereinbar ist.

(2) Insbesondere übermitteln die Verwalter jede Information, die für den Koordinator zur Wahrnehmung seiner Aufgaben von Belang ist.

Artikel 75 Abberufung des Koordinators

Das Gericht ruft den Koordinator von Amts wegen oder auf Antrag des Verwalters eines beteiligten Gruppenmitglieds ab, wenn der Koordinator

a) zum Schaden der Gläubiger eines beteiligten Gruppenmitglieds handelt oder

b) nicht seinen Verpflichtungen nach diesem Kapitel nachkommt.

Artikel 76 Schuldner in Eigenverwaltung

Die gemäß diesem Kapitel für den Verwalter geltenden Bestimmungen gelten soweit einschlägig entsprechend für den Schuldner in Eigenverwaltung.

Artikel 77 Kosten und Kostenaufteilung

(1) Die Vergütung des Koordinators muss angemessen und verhältnismäßig zu den wahrgenommenen Aufgaben sein sowie angemessene Aufwendungen berücksichtigen.

(2) Nach Erfüllung seiner Aufgaben legt der Koordinator die Endabrechnung der Kosten mit dem von jedem Mitglied zu tragenden Anteil vor und übermittelt diese Abrechnung jedem beteiligten Verwalter und dem Gericht, das das Koordinationsverfahren eröffnet hat.

(3) Legt keiner der Verwalter innerhalb von 30 Tagen nach Eingang der in Absatz 2 genannten Abrechnung Widerspruch ein, gelten die Kosten und der von jedem Mitglied zu tragende Anteil als gebilligt. Die Abrechnung wird dem Gericht, das das Koordinationsverfahren eröffnet hat, zur Bestätigung vorgelegt.

(4) Im Falle eines Widerspruchs entscheidet das Gericht, das das Gruppen-Koordinationsverfahren eröffnet hat, auf Antrag des Koordinators oder eines beteiligten Verwalters über die Kosten und den von jedem Mitglied zu tragenden Anteil im Einklang mit den Kriterien gemäß Absatz 1 dieses Artikels und unter Berücksichtigung der Kostenschätzung gemäß Artikel 68 Absatz 1 und gegebenenfalls Artikel 72 Absatz 6.

(5) Jeder beteiligte Verwalter kann die in Absatz 4 genannte Entscheidung gemäß dem Verfahren anfechten, das nach dem Recht des Mitgliedstaats, in dem das Gruppen-Koordinationsverfahren eröffnet wurde, vorgesehen ist.

KAPITEL VI: DATENSCHUTZ

Artikel 78 Datenschutz

(1) Sofern keine Verarbeitungsvorgänge im Sinne des Artikels 3 Absatz 2 der Richtlinie 95/46/EG betroffen sind, finden die nationalen Vorschriften zur Umsetzung der Richtlinie 95/46/EG auf die nach Maßgabe dieser Verordnung in den Mitgliedstaaten durchgeführte Verarbeitung personenbezogener Daten Anwendung.

(2) Die Verordnung (EG) Nr. 45/2001 gilt für die Verarbeitung personenbezogener Daten, die von der Kommission nach Maßgabe der vorliegenden Verordnung durchgeführt wird.

Artikel 79 Aufgaben der Mitgliedstaaten hinsichtlich der Verarbeitung personenbezogener Daten in nationalen Insolvenzregistern

(1) Jeder Mitgliedstaat teilt der Kommission im Hinblick auf seine Bekanntmachung im Europäischen Justizportal den Namen der natürlichen oder juristischen Person, Behörde, Einrichtung oder jeder anderen Stelle mit, die nach den nationalen Rechtsvorschriften für die Ausübung der Aufgaben eines für die Verarbeitung Verantwortlichen gemäß Artikel 2 Buchstabe d der Richtlinie 95/46/EG benannt worden ist.

(2) Die Mitgliedstaaten stellen sicher, dass die technischen Maßnahmen zur Gewährleistung der Sicherheit der in ihren nationalen Insolvenzregistern nach Artikel 24 verarbeiteten personenbezogenen Daten durchgeführt werden.

(3) Es obliegt den Mitgliedstaaten, zu überprüfen, dass der gemäß Artikel 2 Buchstabe d der Richtlinie 95/46/EG benannte für die Verarbeitung Verantwortliche die Einhaltung der Grundsätze in Bezug auf die Qualität der Daten, insbesondere die Richtigkeit und die Aktualisierung der in nationalen Insolvenzregistern gespeicherten Daten sicherstellt.

(4) Es obliegt den Mitgliedstaaten gemäß der Richtlinie 95/46/EG, Daten zu erheben und in nationalen Datenbanken zu speichern und zu entscheiden, diese Daten im vernetzten Register, das über das Europäische Justizportal eingesehen werden kann, zugänglich zu machen.

(5) Als Teil der Information, die betroffene Personen erhalten, um ihre Rechte und insbesondere das Recht auf Löschung von Daten wahrnehmen zu können, teilen die Mitgliedstaaten betroffenen Personen mit, für welchen Zeitraum ihre in Insolvenzregistern gespeicherten personenbezogenen Daten zugänglich sind.

Artikel 80 Aufgaben der Kommission im Zusammenhang mit der Verarbeitung personenbezogener Daten

(1) Die Kommission nimmt die Aufgaben des für die Verarbeitung Verantwortlichen gemäß Artikel 2 Buchstabe d der Verordnung (EG) Nr. 45/2001 im Einklang mit den diesbezüglich in diesem Artikel festgelegten Aufgaben wahr.

(2) Die Kommission legt die notwendigen Grundsätze fest und wendet die notwendigen technischen Lösungen an, um ihre Aufgaben im Aufgabenbereich des für die Verarbeitung Verantwortlichen zu erfüllen.

(3) Die Kommission setzt die technischen Maßnahmen um, die erforderlich sind, um die Sicherheit der personen bezogenen Daten bei der Übermittlung, insbesondere die Vertraulichkeit und Unversehrtheit bei der Übermittlung zum und vom Europäischen Justizportal, zu gewährleisten.

(4) Die Aufgaben der Mitgliedstaaten und anderer Stellen in Bezug auf den Inhalt und den Betrieb der von ihnen geführten, vernetzten nationalen Datenbanken bleiben von den Verpflichtungen der Kommission unberührt.

Artikel 81 Informationspflichten

Unbeschadet der anderen den betroffenen Personen nach Artikel 11 und 12 der Verordnung (EG)

Nr. 45/2001 zu erteilenden Informationen informiert die Kommission die betroffenen Personen durch Bekanntmachung im Europäischen Justizportal über ihre Rolle bei der Datenverarbeitung und die Zwecke dieser Datenverarbeitung.

Artikel 82 Speicherung personenbezogener Daten

Für Informationen aus vernetzten nationalen Datenbanken gilt, dass keine personenbezogenen Daten von betroffenen Personen im Europäischen Justizportal gespeichert werden. Sämtliche derartige Daten werden in den von den Mitgliedstaaten oder anderen Stellen betriebenen nationalen Datenbanken gespeichert.

Artikel 83 Zugang zu personenbezogenen Daten über das Europäische Justizportal

Die in den nationalen Insolvenzregistern nach Artikel 24 gespeicherten personenbezogenen Daten sind solange über das Europäische Justizportal zugänglich, wie sie nach nationalem Recht zugänglich bleiben.

KAPITEL VII: ÜBERGANGS- UND SCHLUSSBESTIMMUNGEN

Artikel 84 Zeitlicher Anwendungsbereich

(1) Diese Verordnung ist nur auf solche Insolvenzverfahren anzuwenden, die nach dem 26. Juni 2017 eröffnet worden sind. Für Rechtshandlungen des Schuldners vor diesem Datum gilt weiterhin das Recht, das für diese Rechtshandlungen anwendbar war, als sie vorgenommen wurden.

(2) Unbeschadet des Artikels 91 der vorliegenden Verordnung gilt die Verordnung (EG) Nr. 1346/2000 weiterhin für Verfahren, die in den Geltungsbereich jener Verordnung fallen und vor dem 26. Juni 2017 eröffnet wurden.

Artikel 85 Verhältnis zu Übereinkünften

(1) Diese Verordnung ersetzt in ihrem sachlichen Anwendungsbereich hinsichtlich der Beziehungen der Mitgliedstaaten untereinander die zwischen zwei oder mehreren Mitgliedstaaten geschlossenen Übereinkünfte, insbesondere

a) das am 8. Juli 1899 in Paris unterzeichnete belgisch-französische Abkommen über die gerichtliche Zuständigkeit, die

Anerkennung und die Vollstreckung von gerichtlichen Entscheidungen, Schiedssprüchen und öffentlichen Urkunden;

b) das am 16. Juli 1969 in Brüssel unterzeichnete belgisch-österreichische Abkommen über Konkurs, Ausgleich und

Zahlungsaufschub (mit Zusatzprotokoll vom 13. Juni 1973);

c) das am 28. März 1925 in Brüssel unterzeichnete belgisch-niederländische Abkommen über die Zuständigkeit der Gerichte, den Konkurs sowie die Anerkennung und die Vollstreckung von gerichtlichen Entscheidungen, Schiedssprüchen und öffentlichen Urkunden;

d) den am 25. Mai 1979 in Wien unterzeichneten deutsch-österreichischen Vertrag auf dem Gebiet des Konkurs- und Vergleichs-(Ausgleichs-)rechts;

e) das am 27. Februar 1979 in Wien unterzeichnete französisch-österreichische Abkommen über die gerichtliche Zuständigkeit, die Anerkennung und die Vollstreckung von Entscheidungen auf dem Gebiet des Insolvenzrechts;

f) das am 3. Juni 1930 in Rom unterzeichnete französisch-italienische Abkommen über die Vollstreckung gerichtlicher Urteile in Zivil- und Handelssachen;

g) das am 12. Juli 1977 in Rom unterzeichnete italienisch-österreichische Abkommen über Konkurs und Ausgleich;

h) den am 30. August 1962 in Den Haag unterzeichneten deutsch-niederländischen Vertrag über die gegenseitige Anerkennung und Vollstreckung gerichtlicher Entscheidungen und anderer Schuldtitel in Zivil- und Handelssachen;

i) das am 2. Mai 1934 in Brüssel unterzeichnete britisch-belgische Abkommen zur gegenseitigen Vollstreckung gerichtlicher Entscheidungen in Zivil- und Handelssachen mit Protokoll;

j) das am 7. November 1933 in Kopenhagen zwischen Dänemark, Finnland, Norwegen, Schweden und Irland geschlossene Konkursübereinkommen;

k) das am 5. Juni 1990 in Istanbul unterzeichnete Europäische Übereinkommen über bestimmte internationale Aspekte des Konkurses;

l) das am 18. Juni 1959 in Athen unterzeichnete Abkommen zwischen der Föderativen Volksrepublik Jugoslawien und dem Königreich Griechenland über die gegenseitige Anerkennung und Vollstreckung gerichtlicher Entscheidungen;

m) das am 18. März 1960 in Belgrad unterzeichnete Abkommen zwischen der Föderativen Volksrepublik Jugoslawien und der Republik Österreich über die gegenseitige Anerkennung und die Vollstreckung von Schiedssprüchen und schiedsgerichtlichen Vergleichen in Handelssachen;

n) das am 3. Dezember 1960 in Rom unterzeichnete Abkommen zwischen der Föderativen Volksrepublik Jugoslawien und der Republik Italien über die gegenseitige justizielle Zusammenarbeit in Zivil- und Handelssachen;

o) das am 24. September 1971 in Belgrad unterzeichnete Abkommen zwischen der Sozialistischen Föderativen

Republik Jugoslawien und dem Königreich Belgien über die justizielle Zusammenarbeit in Zivil- und Handelssachen;
p) das am 18. Mai 1971 in Paris unterzeichnete Abkommen zwischen den Regierungen Jugoslawiens und Frankreichs über die Anerkennung und Vollstreckung gerichtlicher Entscheidungen in Zivil- und Handelssachen;
q) das am 22. Oktober 1980 in Athen unterzeichnete Abkommen zwischen der Tschechoslowakischen Sozialistischen Republik und der Hellenischen Republik über die Rechtshilfe in Zivil- und Strafsachen, der zwischen der Tschechischen Republik und Griechenland noch in Kraft ist;
r) das am 23. April 1982 in Nikosia unterzeichnete Abkommen zwischen der Tschechoslowakischen Sozialistischen Republik und der Republik Zypern über die Rechtshilfe in Zivil- und Strafsachen, der zwischen der Tschechischen Republik und Zypern noch in Kraft ist;
s) den am 10. Mai 1984 in Paris unterzeichneten Vertrag zwischen der Regierung der Tschechoslowakischen Sozialistischen Republik und der Regierung der Französischen Republik über die Rechtshilfe und die Anerkennung und Vollstreckung gerichtlicher Entscheidungen in Zivil-, Familien- und Handelssachen, der zwischen der Tschechischen Republik und Frankreich noch in Kraft ist;
t) den am 6. Dezember 1985 in Prag unterzeichneten Vertrag zwischen der Tschechoslowakischen Sozialistischen Republik und der Republik Italien über die Rechtshilfe in Zivil- und Strafsachen, der zwischen der Tschechischen Republik und Italien noch in Kraft ist;
u) das am 11. November 1992 in Tallinn unterzeichnete Abkommen zwischen der Republik Lettland, der Republik Estland und der Republik Litauen über Rechtshilfe und Rechtsbeziehungen;
v) das am 27. November 1998 in Tallinn unterzeichnete Abkommen zwischen Estland und Polen über Rechtshilfe und Rechtsbeziehungen in Zivil-, Arbeits- und Strafsachen;
w) das am 26. Januar 1993 in Warschau unterzeichnete Abkommen zwischen der Republik Litauen und der Republik Polen über Rechtshilfe und Rechtsbeziehungen in Zivil-, Familien-, Arbeits- und Strafsachen;
x) das am 19. Oktober 1972 in Bukarest unterzeichnete Abkommen zwischen der Sozialistischen Republik Rumänien und der Hellenischen Republik über die Rechtshilfe in Zivil- und Strafsachen mit Protokoll;
y) das am 5. November 1974 in Paris unterzeichnete Abkommen zwischen der Sozialistischen Republik Rumänien und der Französischen Republik über die Rechtshilfe in Zivil- und Handelssachen;
z) das am 10. April 1976 in Athen unterzeichnete Abkommen zwischen der Volksrepublik Bulgarien und der Hellenischen Republik über die Rechtshilfe in Zivil- und Strafsachen;
aa) das am 29. April 1983 in Nikosia unterzeichnete Abkommen zwischen der Volksrepublik Bulgarien und der Republik Zypern über die Rechtshilfe in Zivil- und Strafsachen;
ab) das am 18. Januar 1989 in Sofia unterzeichnete Abkommen zwischen der Volksrepublik Bulgarien und der Regierung der Französischen Republik über die gegenseitige Rechtshilfe in Zivilsachen;
ac) den am 11. Juli 1994 in Bukarest unterzeichneten Vertrag zwischen Rumänien und der Tschechischen Republik über die Rechtshilfe in Zivilsachen;
ad) den am 15. Mai 1999 in Bukarest unterzeichneten Vertrag zwischen Rumänien und der Republik Polen über die Rechtshilfe und die Rechtsbeziehungen in Zivilsachen.

(2) Die in Absatz 1 aufgeführten Übereinkünfte behalten ihre Wirksamkeit hinsichtlich der Verfahren, die vor Inkrafttreten der Verordnung (EG) Nr. 1346/2000 eröffnet worden sind.

(3) Diese Verordnung gilt nicht
a) in einem Mitgliedstaat, soweit es in Konkurssachen mit den Verpflichtungen aus einer Übereinkunft unvereinbar ist, die dieser Mitgliedstaat mit einem oder mehreren Drittstaaten vor Inkrafttreten der Verordnung (EG) Nr. 1346/2000 geschlossen hat;
b) im Vereinigten Königreich Großbritannien und Nordirland, soweit es in Konkurssachen mit den Verpflichtungen aus Vereinbarungen, die im Rahmen des Commonwealth geschlossen wurden und die zum Zeitpunkt des Inkrafttretens der Verordnung (EG) Nr. 1346/2000 wirksam sind, unvereinbar ist.

Artikel 86 Informationen zum Insolvenzrecht der Mitgliedstaaten und der Union

(1) Die Mitgliedstaaten übermitteln im Rahmen des durch die Entscheidung 2001/470/EG des Rates [17] geschaffenen Europäischen Justiziellen Netzes für Zivil- und Handelssachen eine kurze Beschreibung ihres nationalen Rechts und ihrer Verfahren zum Insolvenzrecht, insbesondere zu den in Artikel 7 Absatz 2 aufgeführten Aspekten, damit die betreffenden Informationen der Öffentlichkeit zur Verfügung gestellt werden können.

(2) Die in Absatz 1 genannten Informationen werden von den Mitgliedstaaten regelmäßig aktualisiert.

(3) Die Kommission macht Informationen bezüglich dieser Verordnung öffentlich verfügbar.

17 Entscheidung 2001/470/EG des Rates vom 28. Mai 2001 über die Einrichtung eines Europäischen Justiziellen Netzes für Zivil- und Handelssachen (ABl. L 174 vom 27.6.2001, 25).

Artikel 87 Einrichtung der Vernetzung der Register

Die Kommission erlässt Durchführungsrechtsakte zur Einrichtung der Vernetzung der Insolvenzregister gemäß Artikel 25. Diese Durchführungsrechtsakte werden gemäß dem in Artikel 89 Absatz 3 genannten Prüfverfahren erlassen.

Artikel 88 Erstellung und spätere Änderung von Standardformularen

Die Kommission erlässt Durchführungsrechtsakte zur Erstellung und soweit erforderlich Änderung der in Artikel 27 Absatz 4, Artikel 54, Artikel 55 und Artikel 64 Absatz 2 genannten Formulare. Diese Durchführungsrechtsakte werden gemäß dem in Artikel 89 Absatz 2 genannten Beratungsverfahren erlassen.

Artikel 89 Ausschussverfahren

(1) Die Kommission wird von einem Ausschuss unterstützt. Dieser Ausschuss ist ein Ausschuss im Sinne der Verordnung (EU) Nr. 182/2011.

(2) Wird auf diesen Absatz Bezug genommen, so gilt Artikel 4 der Verordnung (EU) Nr. 182/2011.

(3) Wird auf diesen Absatz Bezug genommen, so gilt Artikel 5 der Verordnung (EU) Nr. 182/2011.

Artikel 90 Überprüfungsklausel

(1) Die Kommission legt dem Europäischen Parlament, dem Rat und dem Europäischen Wirtschafts- und Sozialausschuss spätestens bis zum 27. Juni 2027 und danach alle fünf Jahre einen Bericht über die Anwendung dieser Verordnung vor. Der Bericht enthält gegebenenfalls einen Vorschlag zur Anpassung dieser Verordnung.

(2) Die Kommission legt dem Europäischen Parlament, dem Rat und dem Europäischen Wirtschafts- und Sozialausschuss spätestens bis zum 27. Juni 2022 einen Bericht über die Anwendung des Gruppen-Koordinationsverfahrens vor. Der Bericht enthält gegebenenfalls einen Vorschlag zur Anpassung dieser Verordnung.

(3) Die Kommission übermittelt dem Europäischen Parlament, dem Rat und dem Europäischen Wirtschafts- und Sozialausschuss spätestens bis zum 1. Januar 2016 eine Studie zu den grenzüberschreitenden Aspekten der Haftung von Geschäftsleitern und ihres Ausschlusses von einer Tätigkeit.

(4) Die Kommission übermittelt dem Europäischen Parlament, dem Rat und dem Europäischen Wirtschafts- und Sozialausschuss spätestens bis zum 27. Juni 2020 eine Studie zur Frage der Wahl des Gerichtsstands in missbräuchlicher Absicht.

Artikel 91 Aufhebung

Die Verordnung (EG) Nr. 1346/2000 wird aufgehoben. Verweisungen auf die aufgehobene Verordnung gelten als Verweisungen auf die vorliegende Verordnung und sind nach der Entsprechungstabelle in Anhang D dieser Verordnung zu lesen.

Artikel 92 Inkrafttreten

Diese Verordnung tritt am zwanzigsten Tag nach ihrer Veröffentlichung im Amtsblatt der Europäischen Union in Kraft. Sie gilt ab dem 26. Juni 2017 mit Ausnahme von

a) Artikel 86, der ab dem 26. Juni 2016 gilt,

b) Artikel 24 Absatz 1, der ab dem 26. Juni 2018 gilt und

c) Artikel 25, der ab dem 26. Juni 2019 gilt.

Diese Verordnung ist in allen ihren Teilen verbindlich und gilt gemäß den Verträgen unmittelbar in den Mitgliedstaaten.

Geschehen zu Straßburg am 20. Mai 2015.
Im Namen des Europäischen Parlaments
Der Präsident
M. SCHULZ

Im Namen des Rates
Die Präsidentin
Z. KALNIŅA-LUKAŠEVICA

ANHANG A

Insolvenzverfahren nach Artikel 2 Nummer 4

BELGIQUE/BELGIË
- Het faillissement/La faillite,
- De gerechtelijke reorganisatie door een collectief akkoord/La réorganisation judiciaire par accord collectif,
- De gerechtelijke reorganisatie door een minnelijk akkoord/La réorganisation judiciaire par accord amiable,
- De gerechtelijke reorganisatie door overdracht onder gerechtelijk gezag/La réorganisation judiciaire par transfert sous autorité de justice,
- De collectieve schuldenregeling/Le règlement collectif de dettes,
- De vrijwillige vereffening/La liquidation volontaire,
- De gerechtelijke vereffening/La liquidation judiciaire,
- De voorlopige ontneming van het beheer, als bedoeld in artikel XX.32 van het Wetboek van economisch recht/Le dessaisissement provisoire de la gestion, visé à l'article XX.32 du Code de droit économique,

БЪЛГАРИЯ
- Производство по несъстоятелност,
- Производство по стабилизация на търговеца,

ČESKÁ REPUBLIKA
- Konkurs,
- Reorganizace,
- Oddlužení,

DEUTSCHLAND
- Das Konkursverfahren,
- Das gerichtliche Vergleichsverfahren,
- Das Gesamtvollstreckungsverfahren,
- Das Insolvenzverfahren,

EESTI
- Pankrotimenetlus,
- Võlgade ümberkujundamise menetlus,

ÉIRE/IRELAND
- Compulsory winding-up by the court,
- Bankruptcy,
- The administration in bankruptcy of the estate of persons dying insolvent,
- Winding-up in bankruptcy of partnerships,
- Creditors' voluntary winding-up (with confirmation of a court),
- Arrangements under the control of the court which involve the vesting of all or part of the property of the debtor in the Official Assignee for realisation and distribution,
- Examinership,
- Debt Relief Notice,
- Debt Settlement Arrangement,
- Personal Insolvency Arrangement,

ΕΛΛΑΔΑ
- Η πτώχευση,
- Η ειδική εκκαθάριση εν λειτουργία,
- Σχέδιο αναδιοργάνωσης,
- Απλοποιημένη διαδικασία επί πτωχεύσεων μικρού αντικειμένου,
- Διαδικασία εξυγίανσης,

ESPAÑA
- Concurso,
- Procedimiento de homologación de acuerdos de refinanciación,
- Procedimiento de acuerdos extrajudiciales de pago,
- Procedimiento de negociación pública para la consecución de acuerdos de refinanciación colectivos, acuerdos de refinanciación homologados y propuestas anticipadas de convenio,

FRANCE
- Sauvegarde,
- Sauvegarde accélérée,
- Sauvegarde financière accélérée,
- Redressement judiciaire,
- Liquidation judiciaire,

HRVATSKA
- Stečajni postupak,
- Predstečajni postupak,
- Postupak stečaja potrošača,
- Postupak izvanredne uprave u trgovačkim društvima od sistemskog značaja za Republiku Hrvatsku,

ITALIA
- Fallimento,
- Concordato preventivo,
- Liquidazione coatta amministrativa,
- Amministrazione straordinaria,
- Accordi di ristrutturazione,
- Procedure di composizione della crisi da sovraindebitamento del consumatore (accordo o piano),
- Liquidazione dei beni,

ΚΥΠΡΟΣ
- Υποχρεωτική εκκαθάριση από το Δικαστήριο,
- Εκούσια εκκαθάριση από μέλη,

- Εκούσια εκκαθάριση από πιστωτές
- Εκκαθάριση με την εποπτεία του Δικαστηρίου,
- Διάταγμα παραλαβής και πτώχευσης κατόπιν Δικαστικού Διατάγματος,
- Διαχείριση της περιουσίας προσώπων που απεβίωσαν αφερέγγυα,

LATVIJA
- Tiesiskās aizsardzības process,
- Juridiskās personas maksātnespējas process,
- Fiziskās personas maksātnespējas process,

LIETUVA
- Įmonės restruktūrizavimo byla,
- Įmonės bankroto byla,
- Įmonės bankroto procesas ne teismo tvarka,
- Fizinio asmens bankroto procesas,

LUXEMBOURG
- Faillite,
- Gestion contrôlée,
- Concordat préventif de faillite (par abandon d'actif),
- Régime spécial de liquidation du notariat,
- Procédure de règlement collectif des dettes dans le cadre du surendettement,

MAGYARORSZÁG
- Csődeljárás,
- Felszámolási eljárás,

MALTA
- Xoljiment,
- Amministrazzjoni,
- Stralċ volontarju mill-membri jew mill-kredituri,
- Stralċ mill-Qorti,
- Falliment f'każ ta' kummerċjant,
- Proċedura biex kumpanija tirkupra,

NEDERLAND
- Het faillissement,
- De surséance van betaling,
- De schuldsaneringsregeling natuurlijke personen,

ÖSTERREICH
- Das Konkursverfahren (Insolvenzverfahren),
- Das Sanierungsverfahren ohne Eigenverwaltung (Insolvenzverfahren),
- Das Sanierungsverfahren mit Eigenverwaltung (Insolvenzverfahren),
- Das Schuldenregulierungsverfahren,
- Das Abschöpfungsverfahren,
- Das Ausgleichsverfahren,

POLSKA
- Upadłość,
- Postępowanie o zatwierdzenie układu,
- Przyspieszone postępowanie układowe,
- Postępowanie układowe,
- Postępowanie sanacyjne,

PORTUGAL
- Processo de insolvência,
- Processo especial de revitalização,
- Processo especial para acordo de pagamento,

ROMÂNIA
- Procedura insolvenței,
- Reorganizarea judiciară,
- Procedura falimentului,
- Concordatul preventiv,

SLOVENIJA
- Postopek preventivnega prestrukturiranja,
- Postopek prisilne poravnave,
- Postopek poenostavljene prisilne poravnave,
- Stečajni postopek: stečajni postopek nad pravno osebo, postopek osebnega stečaja in postopek stečaja zapuščine,

SLOVENSKO
- Konkurzné konanie,
- Reštrukturalizačné konanie,
- Oddlženie,

SUOMI/FINLAND
- Konkurssi/konkurs,
- Yrityssaneeraus/företagssanering,
- Yksityishenkilön velkajärjestely/skuldsanering för privatpersoner,

SVERIGE
- Konkurs,
- Företagsrekonstruktion,
- Skuldsanering,

UNITED KINGDOM
- Winding-up by or subject to the supervision of the court,
- Creditors' voluntary winding-up (with confirmation by the court),
- Administration, including appointments made by filing prescribed documents with the court,
- Voluntary arrangements under insolvency legislation,
- Bankruptcy or sequestration.

ANHANG B

Verwalter nach Artikel 2 Nummer 5

BELGIQUE/BELGIË
- De curator/Le curateur,
- De gerechtsmandataris/Le mandataire de justice,
- De schuldbemiddelaar/Le médiateur de dettes,
- De vereffenaar/Le liquidateur,
- De voorlopige bewindvoerder/L'administrateur provisoire,

БЪЛГАРИЯ
- Назначен предварително временен синдик,
- Временен синдик,
- (Постоянен) синдик,
- Служебен синдик,
- Доверено лице,

ČESKÁ REPUBLIKA
- Insolvenční správce,
- Předběžný insolvenční správce,
- Oddělený insolvenční správce,
- Zvláštní insolvenční správce,
- Zástupce insolvenčního správce,

DEUTSCHLAND
- Konkursverwalter,
- Vergleichsverwalter,
- Sachwalter (nach der Vergleichsordnung),
- Verwalter,
- Insolvenzverwalter,
- Sachwalter (nach der Insolvenzordnung),
- Treuhänder,
- Vorläufiger Insolvenzverwalter,
- Vorläufiger Sachwalter,

EESTI
- Pankrotihaldur,
- Ajutine pankrotihaldur,
- Usaldusisik,

ÉIRE/IRELAND
- Liquidator,
- Official Assignee,
- Trustee in bankruptcy,
- Provisional Liquidator,
- Examiner,
- Personal Insolvency Practitioner,
- Insolvency Service,

ΕΛΛΑΔΑ
- Ο σύνδικος,
- Ο εισηγητής,
- Η επιτροπή των πιστωτών,
- Ο ειδικός εκκαθαριστής,

ESPAÑA
- Administrador concursal,
- Mediador concursal,

FRANCE
- Mandataire judiciaire,
- Liquidateur,
- Administrateur judiciaire,
- Commissaire à l'exécution du plan,

HRVATSKA
- Stečajni upravitelj,
- Privremeni stečajni upravitelj,
- Stečajni povjerenik,
- Povjerenik,
- Izvanredni povjerenik,

ITALIA
- Curatore,
- Commissario giudiziale,
- Commissario straordinario,
- Commissario liquidatore,
- Liquidatore giudiziale,
- Professionista nominato dal Tribunale,
- Organismo di composizione della crisi nella procedura di composizione della crisi da sovraindebitamento del consumatore,
- Liquidatore,

ΚΥΠΡΟΣ
- Εκκαθαριστής και Προσωρινός Εκκαθαριστής,
- Επίσημος Παραλήπτης,
- Διαχειριστής της Πτώχευσης,

LATVIJA
- Maksātnespējas procesa administrators,
- Tiesiskās aizsardzības procesa uzraugošā persona,

LIETUVA
- Bankroto administratorius,
- Restruktūrizavimo administratorius,

LUXEMBOURG
- Le curateur,
- Le commissaire,
- Le liquidateur,
- Le conseil de gérance de la section d'assainissement du notariat,
- Le liquidateur dans le cadre du surendettement,

MAGYARORSZÁG
- Vagyonfelügyelő,
- Felszámoló,

MALTA
- Amministratur Provviżorju,
- Riċevitur Uffiċjali,
- Stralċjarju,
- Manager Speċjali,
- Kuraturi f'każ ta' proċeduri ta' falliment,
- Kontrolur Speċjali,

NEDERLAND
- De curator in het faillissement,
- De bewindvoerder in de surséance van betaling,
- De bewindvoerder in de schuldsaneringsregeling natuurlijke personen,

ÖSTERREICH
- Masseverwalter,
- Sanierungsverwalter,
- Ausgleichsverwalter,
- Besonderer Verwalter,
- Einstweiliger Verwalter,
- Sachwalter,
- Treuhänder,
- Insolvenzgericht,
- Konkursgericht,

POLSKA
- Syndyk,
- Nadzorca sądowy,
- Zarządca,
- Nadzorca układu,
- Tymczasowy nadzorca sądowy,
- Tymczasowy zarządca,
- Zarządca przymusowy,

PORTUGAL
- Administrador da insolvência,
- Administrador judicial provisório,

ROMÂNIA
- Practician în insolvență,
- Administrator concordatar,
- Administrator judiciar,
- Lichidator judiciar,

SLOVENIJA
- Upravitelj,

SLOVENSKO
- Predbežný správca,
- Správca,

SUOMI/FINLAND
- Pesänhoitaja/boförvaltare,
- Selvittäjä/utredare,

SVERIGE
- Förvaltare,
- Rekonstruktör,

UNITED KINGDOM
- Liquidator,
- Supervisor of a voluntary arrangement,
- Administrator,
- Official Receiver,
- Trustee,
- Provisional Liquidator,
- Interim Receiver,
- Judicial factor.

ANHANG C

Verwalter nach Artikel 2 Buchstabe b

BELGIQUE/BELGIË
- De curator/Le curateur
- De gedelegeerd rechter/Le juge-délégué
- De gerechtsmandataris/Le mandataire de justice
- De schuldbemiddelaar/Le médiateur de dettes
- De vereffenaar/Le liquidateur
- De voorlopige bewindvoerder/L'administrateur provisoire

БЪЛГАРИЯ
- Назначен предварително временен синдик
- Временен синдик
- (Постоянен) синдик
- Служебен синдик

ČESKÁ REPUBLIKA
- Insolvenční správce
- Předběžný insolvenční správce
- Oddělený insolvenční správce
- Zvláštní insolvenční správce
- Zástupce insolvenčního správce

DEUTSCHLAND
- Konkursverwalter
- Vergleichsverwalter
- Sachwalter (nach der Vergleichsordnung)
- Verwalter
- Insolvenzverwalter
- Sachwalter (nach der Insolvenzordnung)
- Treuhänder
- Vorläufiger Insolvenzverwalter

EESTI
- Pankrotihaldur
- Ajutine pankrotihaldur
- Usaldusisik

ÉIRE/IRELAND
- Liquidator
- Official Assignee
- Trustee in bankruptcy
- Provisional Liquidator
- Examiner
- Personal Insolvency Practitioner
- Insolvency Service

ΕΛΛΑΔΑ
- Ο σύνδικος
- Ο εισηγητής
- Η επιτροπή των πιστωτών
- Ο ειδικός εκκαθαριστής

ESPAÑA
- Administradores concursales

FRANCE
- Mandataire judiciaire
- Liquidateur
- Administrateur judiciaire
- Commissaire à l'exécution du plan

HRVATSKA
- Stečajni upravitelj
- Privremeni stečajni upravitelj
- Stečajni povjerenik
- Povjerenik

ITALIA
- Curatore
- Commissario giudiziale
- Commissario straordinario
- Commissario liquidatore
- Liquidatore giudiziale

ΚΥΠΡΟΣ
- Εκκαθαριστής και Προσωρινός Εκκαθαριστής
- Επίσημος Παραλήπτης
- Διαχειριστής της Πτώχευσης

LATVIJA
- Maksātnespējas procesa administrators

LIETUVA
- Bankroto administratorius
- Restruktūrizavimo administratorius

LUXEMBOURG
- Le curateur
- Le commissaire
- Le liquidateur
- Le conseil de gérance de la section d'assainissement du notariat
- Le liquidateur dans le cadre du surendettement

MAGYARORSZÁG
- Vagyonfelügyelő
- Felszámoló

MALTA
- Amministratur Proviżorju
- Riċevitur Uffiċjali
- Stralċjarju
- Manager Speċjali
- Kuraturi f'każ ta' proċeduri ta' falliment

NEDERLAND
- De curator in het faillissement
- De bewindvoerder in de surséance van betaling
- De bewindvoerder in de schuldsaneringsregeling natuurlijke personen

ÖSTERREICH
- Masseverwalter
- Sanierungsverwalter
- Ausgleichsverwalter
- Besonderer Verwalter
- Einstweiliger Verwalter
- Sachwalter
- Treuhänder
- Insolvenzgericht
- Konkursgericht

POLSKA
- Syndyk
- Nadzorca sądowy
- Zarządca
- Nadzorca układu
- Tymczasowy nadzorca sądowy
- Tymczasowy zarządca
- Zarządca przymusowy

PORTUGAL
- Administrador de insolvência
- Administrador judicial provisório

ROMÂNIA
- Practician în insolvență
- Administrator judiciar
- Lichidator

SLOVENIJA
- Upravitelj prisilne poravnave
- Stečajni upravitelj
- Sodišče, pristojno za postopek prisilne poravnave
- Sodišče, pristojno za stečajni postopek

SLOVENSKO
- Predbežný správca
- Správca

SUOMI/FINLAND
- Pesänhoitaja/boförvaltare
- Selvittäjä/utredare

SVERIGE
- Förvaltare
- Rekonstruktör

UNITED KINGDOM
- Liquidator
- Supervisor of a voluntary arrangement
- Administrator
- Official Receiver
- Trustee
- Provisional Liquidator
- Judicial factor

Abkürzungsverzeichnis

ABA	American Bar Association
ABI	American Bankruptcy Institute
ABl.	Amtsblatt
Abs.	Absatz
aF	alte Fassung
AG	Aktiengesellschaft/Amtsgericht
AIJA	Association Internationale des Jeunes Avocats
AIRA	Association of Insolvency & Restructuring Advisors
ALI	American Law Institute
Art.	Artikel
Az.	Aktenzeichen
BGB	Bürgerliches Gesetzbuch
BGBl.	Bundesgesetzblatt
BGH	Bundesgerichtshof
BIA	Bankruptcy and Insolvency Act
BMJV	Bundesministeriums der Justiz und für Verbraucherschutz
BR-Drucks.	Bundesratsdrucksache
BRAO	Bundesrechtsanwaltsordnung
BT-Drucks.	Bundestagsdrucksache
ca.	circa
bzw.	beziehungsweise
d. h.	das heißt
DAV	Deutscher Anwaltverein
Dtl.	Deutschland
EG	Europäische Gemeinschaft
EGInsO	Einführungsgesetz zur Insolvenzordnung
ESUG	Gesetz zur weiteren Erleichterung der Sanierung von Unternehmen
etc.	et cetera
EU	Europäische Union
EuInsVO	Verordnung des Europäischen Parlaments und des Rates über Insolvenzverfahren
EWG	Europäische Wirtschaftsgemeinschaft
f./ff.	folgende/fortfolgende
gem.	gemäß
GenG	Genossenschaftsgesetz
GF	Geschäftsführer
ggf.	gegebenenfalls
GmbH	Gesellschaft mit beschränkter Haftung
GmbHG	Gesetz für Gesellschaften mit beschränkter Haftung
Hj.	Halbjahr
i. V. m.	in Verbindung mit
IBA	International Bar Association
III	International Insolvency Institute
InsO	Insolvenzordnung
INSOL Europe	European Organisation of Insolvency Professionals

INSOL International	International Association of Restructuring, Insolvency & Bankruptcy Professionals
InsStatG	Insolvenzstatistikgesetz
InsVV	Insolvenzrechtliche Vergütungsverordnung
ISU	Institut für die Standardisierung von Unternehmenssanierungen
IWIRC	International Women's Insolvency & Restructuring Confederation
jurist.	juristische
KG	Kommanditgesellschaft
m. w. N.	mit weiteren Nachweisen
M&A	Mergers and Acquisitions
max.	maximal
natürl.	natürliche
NBC	National Bankruptcy Conference
NJW	Neue Juristische Wochenschrift
Nr./Nrn.	Nummer/Nummern
NZI	Neue Zeitschrift für Insolvenz und Sanierung
RA	Rechtsanwält(e)
RL	Richtlinie
Rn.	Randnummer
SGB	Sozialgesetzbuch
sog.	sogenannte/-r/-s
TMA	Turnaround Management Association
Tz.	Teilziffer
u. a.	unter anderem
UIA	Union Internationale des Avocats
UNCITRAL	United Nations Commission in International Trade Law
vgl.	vergleiche
VID	Verband Insolvenzverwalter Deutschlands e. V.
vs.	versus
z. B.	zum Beispiel
Ziff.	Ziffer

Ansprechpartnerin:

Ronja Erb
Eisenbahnstraße 19–23
77855 Achern
Telefon: 01 51/14 63 46 78
E-Mail: RErb@schultze-braun.de